KB146893

해방 공간의 재일조선인사

: '독립'으로 가는 험난한 길

The History of Zainichi Koreans in the Post-Liberation Space

: Tumultuous Road to the Independence

접경인문학
번역총서
001

The History of Zainichi Koreans in the Post-Liberation Space
: Tumultous Road to the Independence

해방 공간의
재일조선인사

: '독립'으로 가는
험난한 길

정영환 지음 | 임경화 옮김
중앙대·한국외대 HK+ 접경인문학 연구단 기획

푸른역사

일러두기

1. 이 역서는 《朝鮮独立への隘路: 在日朝鮮人の解放五年史》(法政大学出版局, 2013)의 완역에,
   원서 발간 이후에 저자가 발표한 관련 논문 2편(보론1, 2)과 한국어판 특별 보론을 번역 합본한 것이다.
2. '조선', '조선인'이라는 말은 민족을 가리키는 말로 사용했다. 국적의 귀속, 외국인 등록상의 '국적' 표시,
   정치적 지향을 직접적으로 지시하는 것은 아니다.
3. 조선어 사료의 인용은 원사료 표기에 따랐다. 단, 띄어쓰기는 한글 맞춤법 규정[문화체육관광부고시
   제2017~12호(2017. 3. 28.)]에 맞추어 수정했다.
4. 인용문 중의 [ ]는 저자 주이다. 원사료에서 판독 불능의 경우에도 [ ]에 판독이 불가능한 글자 수를 제시했다.
   예 [1자 미상]
5. 미공간 사료의 소장에 대해서는 원칙적으로 주에 기입했다. 다만, 신문과 기관지류에 대해서는 번거로움을
   피하기 위해 생략하고 참고문헌에 소장 정보를 기입했다.
6. 법령명, 단체명, 부국部局명 등에 대해서는 처음 나올 때 정식 명칭을 제시하고 이후부터는 약칭을 사용했다.

이 저서는 2017년 대한민국 교육부와
한국연구재단의 지원을 받아 수행된 연구임.
(NRF-2017S1A6A3A03079318)

추천의 글

한 재일'동포' 역사가가 한국의 '동포'들에게 '재일조선인'의 역사를 가지고 말을 걸어왔다. 정영환 교수의《해방 공간의 재일조선인사》가 바로 그것이다. 이렇게 방대한 책을 가지고 말을 걸은 것을 보니 무척이나 하고 싶은 얘기가 많은가 보다. 일본을 흔히 '가깝고도 먼 나라'라고 한다. 그렇다면 그곳에 살고 있는 재일조선인은 먼 나라에 살고 있는 가까운 이웃인가, 아니면 가까운 나라에 살고 있는 먼 이웃인가?

　한국사회에서 재일교포 또는 재일조선인, 재일한국인, 심지어 재일코리안 등 복수의 명칭으로 지칭되는 이들은 어린 시절 기억에 의하면 어느 날 뜬금없이 간첩단사건으로 신문 지상을 오르내리거나 아니면 추석 성묘단으로 입국하여 김포 공항에서 비행기 트랩을 내려오는 일군의 노인들 이미지로 남아 있다. 성년이 되어 다시 재일조선인의 존재와 마주한 것은 80년대에 대학원에 진학하여 본격적으로 연구자의 길을 걷기 시작한 때였다. 강덕상, 박경식 등 재일조선인 연구자들이 수집, 정리하여 간행한 일제강점기 자료들을 활용해서 민족해방운동사를 연구했고,

또 그들과 가지무라 히데키梶村秀樹 등 일본인 연구자들의 연구를 통해서 일본 학계의 한국 근현대사 연구동향은 물론 그들이 전하는 북한 학계의 연구동향을 접할 수 있었다.

재일조선인에 대해 내가 가진 이미지나 개인적 경험은 사실은 매우 작위作爲적인 것이다. 곰곰이 생각해보면 그 작위성이 남북 분단으로부터 초래되었다는 것을 어렵지 않게 알 수 있다. 90년대 이전 한국사회에서 재일조선인의 존재는 분단의 상흔을 드러내거나 또는 독재정권이 분단체제의 유지를 위해 활용한 희생양으로 비로소 환기되었다. 그리고 남과 북의 학술적 교류가 전혀 불가능한 상황에서 한국 학계는 재일조선인 또는 일본인 연구자의 글을 통해서야 북한 학계의 동정을 어렴풋하게나마 알 수 있었다.

90년대 이후 탈냉전과 한국사회의 민주화라는 역사적 조건의 변화 속에서 일본군 '위안부' 문제, 일본 역사교과서 파동 등 한일 간 과거사 문제가 현실적 지평 위로 부상하면서 우리 사회는 재일조선인과 다시 대면하게 되었다. 때마침 불어닥친 한류韓流와 혐한류嫌韓流의 교체 속에서 삿포로 조선학교 학생들의 생활과 오사카 조선학교 럭비부원들의 일화를 다룬 〈우리학교〉(2007), 〈60만 번의 트라이〉(2014)와 같은 다큐멘터리 필름은 한국사회가 대중적 차원에서 재일조선인들의 생활과 지향, 또 그들이 처한 정치사회적 조건과 그들의 역사를 이해하는 데 도움을 주었고, '가깝고도 먼 나라'에 동포사회가, 그것도 오랜 역사를 간직한 동포들이 있다는 것을 새삼 깨우쳐주었다.

'재일'이라는 공간적 차이와 '조선인'으로 표현되는 시간적 지속성 또는 단절성을 드러내기 위해 나는 서두에서 세 개의 따옴표를 사용했다. 이 따옴표들은 한국 또는 조선 현대사의 일부인 재일조선인의 존재와 역사를 고작 문장부호로 구별할 수밖에 없는 남한 역사연구자의 게으름과

당혹감, 이 주제가 가진 심리적 중압감을 드러낸다. 이러한 상황이 분단과 제대로 청산되지 않은 과거사 문제들로부터 비롯되었음은 앞에서 서술한 대로다.

정영환 교수는 이 책에서 1945년부터 1950년까지 재일조선인들이 걸어온 역사를 재일조선인을 주체로 하여 재구성했다. 이 평범한 문장에 기존 연구사에 대한 그 나름의 비판의식과 그것을 극복하기 위한 노력이 녹아 있다. 그는 일제 패망 이후의 재일조선인을 마치 그 이전에 아무런 전사前史나 역사적 배경도 가지지 않은 일군의 사람들로, 또는 전후 처리 '문제'의 일환이나 전후 처리의 대상으로 다루거나, 아니면 일본에 거류하는 소수민족으로서 자기만의 소우주에 정주하려는 집단으로 간주하는 연구 태도, 그러한 시각과 관점을 모두 비판한다.

이 책은 일제 패망 이후 미군의 점령과 일본정부의 조선인 지배구조 재편이라는 이중의 구속하에서 재일조선인이 외국인으로서 자기 삶의 터전을 지키면서 동시에 조선의 독립을 위해 노력한다는 이중의 과제를 위해 어떤 고투를 벌였는지 방대한 자료들을 종횡으로 구사하여 재구성했다. 이 책은 이러한 문제의식으로부터 시야를 확장하여 재일조선인의 운동을 한반도를 비롯해 당시 동아시아 지역 각국의 민중이 마주한 동시대적 과제와의 관련성 속에서 분석하고자 한다. 이 책은 이러한 시각의 확장을 통해서 이 시기 재일조선인운동 연구가 결국은 역사의식의 측면에서 남북의 분단을 극복하는 하나의 가능성과 계기를 제공할 수 있기를 기대한다.

한마디로 이 책은 재일조선인의 역사를 구성하고 현재의 상황을 규정한 분단과 청산되지 않은 과거사를 출발에서부터 정면으로 응시하고 있으며, 그것을 배태한 역사적 원형原型의 시기를 재일조선인의 활동을 중심으로 분석한다는 과제 설정 위에서 그것을 해명하기 위해 나름의 방법론을 제시하고 이를 치밀한 고증을 통해 메워나가고 있다. 이 책은 기존 연구가 미처 주목하지 않았던 조선인 운동가(일꾼)에 대한 천착, 쓰시마의 사례를 통한 지방사 차원의 재일조선인 운동사 연구, 극동국제군사재판(도쿄재판)에 대한 재일조선인들의 인식과 반응 분석 등 전후 재일조선인사 연구는 물론 동시기 동아시아사의 구조와 성격 해명을 위해서 음미할 만한 여러 가지 참신한 접근을 시도하고 있다. 그리고 이 책의 중요한 연구사적 기여 가운데 하나로 방대한 사료 섭렵과 치밀한 고증 또한 빼놓을 수 없다. 재일조선인을 주체로 하는 역사적 서사가 가능했던 것은 재일조선인 단체들이나 개인들이 생산한 각종 문서와 신문, 잡지 등을 발굴하고 정리할 수 있었기 때문인데 이 책은 그에 덧붙여 일본정부와 연합국 점령 당국의 문서는 물론 프랑게문고Prange Collection, 일본지방자치체의 공문서 등 광범하고 다양한 문서를 발굴하고 구사함으로써 이후 연구를 위한 사료적 토대의 확장에 크게 기여했다.

이 책에는 정영환 교수의 학문적 성실성과 존재론적 고민이 응축되어 있지만 결코 그의 노력만으로 이 책이 완성된 것은 아니라는 점도 지적하고 싶다. 그도 밝히고 있지만 박경식 등 선배 연구자들이 축적한 자료나 일본 학계에서 활동하는 재일조선인, 일본인 연구자들의 선행연구와 동료 연구자들의 비판과 조언이 없었다면 이 책의 완성은 불가능했을 것이다.

십수 년 전 처음 만났을 때 명함을 내밀자마자 질문을 쏟아내던 정 교수와의 첫 대면은 잊지 못할 기억으로 남아 있다. 그는 천성이 연구자이고 일꾼이다. 이후 간헐적으로 그와의 교류를 이어왔고 한국보다 도쿄, 베를린 등 해외에서 만날 기회가 더 많았지만 이제는 한국에서 그와 학문적 관심사와 세상 얘기를 나눌 수 있는 기회가 보다 많아졌으면 한다.

　오랜 시간 공을 들인 그의 저서를 한국어로 읽을 수 있게 되어 기쁘기 그지없다. 한국어판 간행을 위해 수고한 분들에게도 감사의 인사를 전한다. 한국어판 간행을 위해 일본어판 저서에다 해방 이전 재일조선인의 역사를 전사로, 또 해방 이후 재일조선인의 활동과 인식을 구체적으로 예증하는 사례들을 보론으로 추가하는 가외의 수고를 아끼지 않은 것으로 안다. 한국의 독자, 연구자와 보다 진지한 대화를 이어가고 싶다는 필자의 열망을 그렇게 표현한 것이리라. 그의 바람대로 이 책이 한국과 일본의 동포와 시민들이 한국현대사의 동시대적 과제를 직시하면서 건설적인 토론을 이어갈 수 있는 촉매가 되기를 바라고, 또 일본 학계와 한국 학계의 교류를 심화시키고 발전시킬 수 있는 계기를 제공할 수 있기를 바라는 마음이 간절하다.

2019년 7월 23일
베를린에서
정용욱(서울대 국사학과 교수)

한국어판 서문

1.

'동포'가 읽을 만한 책을 쓰고 싶다. 내가 이 연구를 이어가면서 항상 의식해온 소망이다. 재일동포가 이 책을 손에 들었을 때 내가 그려낸 '역사'를 자신들의 경험으로 실감할 수 있을 만한 그런 글을 쓰고 싶었고, 또한 써야 한다고 생각해왔다. 일본의 다수자들이 공유하는 '일본사'에서 빠진 부분을 지적하는 것으로 끝나지 않는 역사. 재일조선인 '문제'의 역사가 아니라 재일조선인이 생존을 위해 벌인 투쟁의 역사. 그들은 자신들이 직면한 난제를 해결하기 위해 어떻게 논의하고 고민하고 갈등하고 도피하고, 그리고 연대했을까. 그러한 역사를 쓰는 것이야말로 동포가 읽을 만한 것이 될 터이다. 그것이 이 책의 바탕이 된 연구에 몰두했을 때의 거짓 없는 심정이었다.

이 책의 한국어판이 간행된 것은 그래서 나에게는 더할 나위 없이 기쁜 일이다. 내가 염두에 두는 '동포'는 결코 일본에 있는 사람들만을 가리키는 것이 아니기 때문이다. 한반도에 있는 사람들, 혹은 일본 이외의 땅에 사는 '동포'들에게 이 책이 다가갈 수 있도록 남북한 현대사 연구로서 읽을 만한 것을 쓰고자 해왔다. 이것은 내 솔직한 심정인 동시에, 선행연구에 대한 나의 입장이기도 하다.

물론 이 책이 다루는 사건의 대부분은 일본열도 안에서 일어났다. 그런 탓에 이 책은 일본 현대사 연구로서의 측면을 가질 수밖에 없다. 하지만 나는 이 책의 바탕이 된 작업을 진행하면서 일본 현대사의 틀을 넘어, 되도록 남북한 현대사로서도 읽을 만한 연구가 될 수 있게 유념했다. 이 책이 다루는 시대의 사람들이 가졌던 의식이나 사상, 행동은 결코 일본열도의 틀로 수렴되는 것이 아니며, 항상 한반도를 시야에 두고 있었고, 때로는 사할린(가라후토樺太)이나 중국, 태평양의 '동포'들로 이어지는 것이었기 때문이다. 이 책의 일본어판에 "조선 독립으로 가는 험난한 길朝鮮独立への隘路"이라는 얼핏 보기에 한반도의 역사 같아 보이는 제목을 붙인 것은 그 때문이다.

남북한 현대사로서의 재일조선인사라는 나의 문제의식은 어떤 의미에서는 지금까지의 연구 흐름에 역행하는 것처럼 보일 수도 있다. 1970년대 이후 재일조선인에 관한 담론에서는, 언젠가는 한반도로 돌아갈 것을 전제로 한 '귀국의 사상'이 상대화되고 '정주', '재일'이 키워드가 되었다. 제2, 3세대의 인구가 점차 늘어나면서 '귀국의 사상', '조국의 사상'은 젊은 세대의 실태에 맞지 않는 관념적인 사상이라는 취급을 받았다. 뿐만 아니라, 일본인들이 '일본=일본인의 국가'라는 전제에 안주하는 것과 마찬가지로, 자신들은 한반도의 정치사회에 당연히 속하며 또한 속해야 한다고 생각해온 그러한 사고야말로 오히려 일본의 '단일민족 국가관'을 보강해왔다는 비판까지 받게 된다. 1990년대 이후의 재일조선인에 관한 연구는 크건 작건 이러한 문제의식을 전제로 해왔다. 사회학자들은 젊은 세대의 아이덴티티에 주목하여 종래의 관념으로는 포착할 수 없는 그들의 '지향'을 파악하려고 했다. 이어서 역사학자나 정치학자들도 일본 속에서의 민족적 소수자, 정주 외국인으로서의 조선인의 존재 방식에 주목하여, 왜 '외국인'이 되어버렸는지, 다른 선택지는 없었는지, 당사자들은 왜 가만히 '외국인'이 되는 것을 받아들였는지를 비판했다.

이 책은 이러한 선행연구의 경향과는 명확히 선을 긋고 있다. 많은 연구는 전후 일본에서 조선인이 '외국인화'된 것을 문제시하여 대일 강화조약 발효에 따른 일본 국적 상실 조치에 관심을 집중시켜 일본 국적의 선택권이 부여되어야 했다고 지적한다. 나 또한 일방적인 국적 상실 조치에는 문제가 있다고 생각하지만 1952년의 국적 상실에 관심을 집중시키는 기존의 문제의식은 일면적이라고 하지 않으면 안 된다. 예전에 가지무라 히데키梶村秀樹가 지적했듯이, "정주 외국인으로서 재일조선인의 역사적으로 형성된 현재의 특질이, 우선 그 굳이 외국인이고자 하는……측면을 포함하여 종합적이고 엄밀하고 구체적으로 해명되지 않으면 안 된다",[1] "모국과의 연결, 외국인으로서의 측면을 무시한다면, 그것은 결과적으로 재일조선인의 전체성에 대한 모독이 되며, 그 인식의 한계와 영향력의 범위 내에서 사실상 민족과의 분단에 관여하게 될 수도 있다"는 문제 제기야말로 다시 한번 상기해야 된다고 생각한다.[2] 그리고 이러한 시점에서 재일조선인의 '해방 5년사'를 바라보면, '외국인화'의 역사라기보다 오히려 조선인들이 바라는 의미에서의 '외국인'이고자 함을 거부당한 역사가 보이게 되는 것이다. 가지무라가 언급한 '재일조선인의 전체성'에 다가가기 위해서는 이 시각은 불가결하다고 생각한다. 이것이 이 책의 기본적인 문제의식이다.

그런데 이 책은 한반도에 있는 조선인과 재일조선인이 완전히 동일한 존재였다고 주장하려는 것이 아니다. 재일조선인의 역사는 '이산'의 역사였다. 식민지 지배의 결과로 땅을 잃거나 혹은 땅을 빼앗겨서, 혹은 애초에 땅도 없었던 농민들이 자진해서 혹은 속아서 종주국 일본으로 건너가 노동할 수밖에 없었던 역사. 1930년대 이후에는 일본의 침략전쟁에 동원되어 '내지'로 보내져 거기에서 생존을 위해 고투하며 함께 살면서 아이를 낳고 기르거나 혹은 혼자서 살았던 사람들의 역사에는 고향땅에서 살았던 사람들과는 다른 결이 새겨질 수밖에 없다.

즉, 재일조선인의 역사는 예전에 농민이었던 사람의, '자유노동'에 종사한 사람의, '강제노동'에 종사할 수밖에 없었던 사람의, 자영업자의, 가사노동자의, 아동노동자의, 노동할 기회를 빼앗긴 사람의, 혹은 그 모든 것을 경험한 사람들의 역사이다. 법적 지위를 살펴보아도 그것은 대한제국 신민의, 대일본제국 외지인의, 일본국 외국인의, 혹은 과거에 외지인이었던 일본국민의, 대한민국 재외동포의, 조선민주주의인민공화국 해외공민의, 그 모든 것을 포함하는 역사이다. 그것은 조선어를 모국어이자 모어로 하는 사람의, 조선어를 모국어로 하면서도 일본어를 모어로 하는 사람의, 조선어를 이해하고 또한 쓸 수 있는 사람의, 조선어를 이해하지만 쓸 수 없는 사람의 역사이며, 조선어를 알아들을 수 있지만 말하지 못하는 사람의 역사이며, 일본어만을 이해하는 사람들의 역사이며, 또는 이것들을 다른 수단으로 표현하는 사람들의 역사인 것이다.

'동포'가 읽을 만한 책을 쓴다는 목표는 이러한 파편화된 삶의 방식을 정면으로 받아 안아 직시할 때 비로소 가능해질 것이다. 내가 이 목표에 도달할 수 있었을까. 솔직히 말하면 불안하기도 하다. 예를 들면 나의 아버지는 어떤가. 〈저자 후기〉에 썼듯이, 나는 이 책을 1997년에 돌아가신 아버지 정상차鄭相次에게 바쳤다. 아버지가 만약 살아계셨다면 내 책을 읽고 어떤 생각을 했을까. 일본 학교에서 교육을 받고 일본어만을 이해 하고 한 번도 한반도 땅을 밟아본 적이 없었던 아버지가 이 책에 쓰인 역 사와 자신의 경험에 모종의 닮은꼴을 발견할 수 있었을까.

내 아버지는 1950년에 지바千葉에서 태어났다. 간토關東 지방의 동남 부, 도쿄도東京都의 동쪽에 있는 현이다. 외국인 등록원표에 기재된 국적 은 조선, 본적지는 경상남도 고성군 구만면九萬面 용와리龍臥里였다. 하지 만 아버지는 '국적'인 조선은 물론 '본적지'인 고성에도 가본 적이 없고, 평생을 지바의 이치하라市原라는 지역에서 살았다. 경남 고성은 친할아 버지인 정종만鄭宗萬이 태어난 땅이다. 바로 동쪽으로 태평양을 끼고 규 슈九州 하카타博多에서 직선거리로 900킬로미터 이상이나 떨어진 이 땅 에서 아버지는 평생을 살았다.

애초에 할아버지는 왜 일본에 왔을까. 만년에는 치매가 심해지기도 해 서 아쉽게도 2015년에 돌아가신 할아버지한테서 생전에 성장 배경을 들 을 기회는 없었다. 만년의 할아버지는 조선어로만 말을 하게 되어 어린 시절에 외운 듯한 조선의 동요 같은 노래를 큰소리로 부르곤 했다. 재일 조선인 1세에게는 흔히 있는 일인 것 같다. 그래서 아래의 내용은 숙부 한테서 들은 조부모의 역사이다.

할아버지는 1921년에 2남 4녀의 막내로 고성에서 태어났다. 그의 아 버지, 즉 증조부는 소작인이었다. 처음에는 대가면大可面에서 살았는데, 할아버지의 누나가 구만면으로 출가했고, 그 시댁에서 집이 너무나 가난 한 것을 불쌍히 여겨 구만면으로 불러들였다고 한다. 그래도 구만면의 농촌은 가난했고, 시골에서는 일본에 가면 돈을 벌 수 있다는 소문이 돌 았다. 그래서 할아버지의 형이 일본으로 돈 벌러 가게 되었다.

그리고 1931년에 할아버지는 자신의 어머니와 함께 형을 찾아 일본으로 건너갔다. 부산에서 하카타나 시모노세키下關로 건너가 규슈에서 일하던 형을 찾았다. 그 후 세 사람은 여러 일을 전전하다가 동쪽으로 옮겨가 도쿄의 고이시카와小石川에 정착했다. 그 당시 동향인의 소개로 할머니인 장맹순張孟順과 알게 되어 결혼했다. 1994년에 돌아가신 내 할머니 장맹순의 '정 씨' 일가의 일원으로서의 삶은 이렇게 시작되었다. 전쟁 말기에는 도쿄에서 지바현으로 소개를 했다. 형의 가족이 지바에서 땅을 사서 농사를 지었다고 한다. 해방도 이 지바의 이치하라군에서 맞게 되었다. 지바현의 중앙부에 위치하는 군이었는데, 1963년에 이치하라정市原町, 아네사키정姉崎町, 고이정五井町, 시즈정市津町, 산와정三和町이 합병하여 현재는 시가 되었다.

해방의 시점에 여섯 가족 중에 일본에는 어머니와 장남, 차남 그리고 3녀 이렇게 네 명이, 조선의 고향에는 아버지와 세 딸이 살았는데, 숙부에 따르면, 해방을 맞은 후에도 이 네 사람이 조선으로 돌아가려 한 형적은 없었다고 한다. 이유는 잘 모른다. 할아버지는 할머니가 살아계실 동안에는 아버지와 세 누나가 사는 고향으로 돌아가지 않았지만, 할머니가 돌아가신 후에 한국적으로 바꾸고 50년 만에 가족과 재회했다. 한편 할머니는 죽을 때까지 조선적朝鮮籍을 유지했다. 물론 고향을 방문할 수도 없었다.

어쨌든, 이리하여 나의 아버지는 1950년에 지바에서 태어나게 되었다. 4남 4녀 중 넷째 아들이다. 일가는 그 후에도 이치하라군을 전전하다가 1970년대 무렵에 기미즈카君塚라는 동네에 정착했다. 직업은 '고철상'이었는데, 고철을 모아 도매상에 파는 고물상 같은 일이다. 지역의 유지였던 동포가 프로레슬링 흥행업과 고철상을 해서 할아버지는 이 유지의 동생 격으로 일을 도왔는데, 70년대에 어떤 동포한테서 가게를 양도받아 직접

회사를 시작하게 되었다고 한다. 아버지도 일본의 공업고교를 졸업한 후, 1987년에 불고기집을 개업할 때까지는 할아버지의 고철상에서 일했다.

민족단체와의 관련은 처음부터 있었던 것 같다. 해방 후에 지바에도 재일본조선인연맹(이하 '조련')과 재일본조선거류민단(이하 '민단')이 생겼는데,《해방신문解放新聞》에 게재된 조련 지바현 본부 이치하라 지부의 임원 명부에는 '총무부장' 정종만이라는 이름이 있다. 할아버지가 조직 활동에 열심이었다는 인상은 없었고, 조선민주주의인민공화국이나 재일본조선인총연합회(이하 '조선총련')에 관한 이야기를 들은 적이 없기 때문에 임원 명부에서 할아버지의 이름을 발견했을 때는 의외였다. 아버지의 일곱 형제자매는 모두 소학교는 조선학교에 다니지 않았고, 큰고모 혼자 중학교 3학년부터, 이외에 몇 명이 고교부터 조선학교에 편입했다. 당시의 이치하라는 민단 세력 쪽이 강해서 할아버지는 그 쪽 회합에도 참가했는데, 자주 "빨갱이가 왔네"란 놀림을 받았다고 한다. 조선총련과 관계를 가진 것은 활동가였던 할아버지 사촌의 영향이었다. 그 후 할아버지의 누나 일가는 조선민주주의인민공화국으로 귀국했다. 지금도 손자들이 평양에서 살고 있다. 나의 숙부와 숙모 중에는 졸업 후에 총련계 신문사에서 근무한 사람도 있어, 아버지는 민족교육은 받지 않았지만 넓은 의미에서 '총련계' 가정에서 자랐다고 해도 좋을 것이다.

나는 아버지와 달리 소학교부터 고등학교까지 민족교육을 받고 자랐다. 고등학교까지 민족교육을 받은 어머니의 선택이었다고 한다. 나는 6세까지는 조선어를 전혀 못했는데, 소학교 1학년 2학기에는 나를 포함한 학급 전원이 나름대로 말을 할 수 있게 된 것으로 기억한다. 지금 생각해도 이상한 광경이었다. 동생도 조선학교에 다녔기 때문에, 그 결과 가족 4명 중에 아버지만 조선어를 전혀 못하게 되었다. 그 심정은 어땠을까. 나의 어머니는 조선학교에 다닌 적도 있어서 조선민주주의인민공화국이나 김일성 주석에 대해서는 소박한 친근감을 품고 있었다. 예를 들면 일본 텔레비전에서 조선이 부정적으로 언급되는 것을 보면 자주 화를 냈는데, 그런 어머니를 보면서 아버지는 왜 그렇게 화를 내는지 이해할 수 없다고 했다 한다. 다만, 한편으로 조선어를 배우려 하기도 했다. 불고기집 일을 하는 틈틈이 녹화한 NHK 한글강좌를 본 것을 기억하고 있다. 글자를 쓸 수 있게 되었을지도 모른다.

아버지의 조선어에 관해서는 지금도 선명하게 기억하는 사건이 있다. 소학교 무렵이었던 것 같다. 학교에서 교과서를 읽고 부모님께 점검을 받아오라는 숙제를 내준 적이 있었다. 보통은 어머니가 보고 체크했다는 의미에서 읽은 곳에 '어머니 검'이라고 연필로 쓰는데, 그날은 일이 있었는지 어머니가 없었다. 그래서 아버지가 들어주었다. 나는 당시에 아버지가 조선어를 모른다는 것을 이해하지 못해 언제나처럼 교과서를 읽고 체크를 받았다. 그리고 아버지는 '아버지 검'이라고 한글로 교과서에 사인을 해주었다.

그런데 숙제를 제출하자, 선생님은 네가 직접 쓰지 않았느냐고 의심했다. 글자가 서툴러 어린아이 글씨 같았기 때문이다. 말도 안 되는 의심에 분개하여 귀가 후 아버지에게 솔직히 이 일을 고백했다. "아버지 글씨가 너무 서툴러서 내가 쓴 걸로 의심 받았어"라고. 그 후 불고기집이 망해서 어머니는 재일동포가 경영하는 파친코 업소의 사무원으로, 아버지는 도로공사 노동자로 일을 하게 되었다. 그리고 1997년 6월의 몹시도 더웠던 어느 날, 아버지는 공사 일을 하다가 심근경색으로 돌아가셨다. 만47세의 짧은 생이었다.

나는 이 일을 줄곧 잊고 있었는데, 아버지가 돌아가신 후 계속해서 반추하게 되었다. 당시에는 정말로 아무렇지도 않게 한 말이었는데, 아버지는 어떻게 받아들였을까 하는 생각이 머리에서 맴돌았다. 나는 조선학교에서 '소년단'이나 '조선청년동맹' 활동에 열성이었고, 제법 애국자인 척하고 다녔다. 중학교 시절에 처음으로 조선민주주의인민공화국을 방문하고 점점 더 빠져들게 되었다. 아버지는 별로 말수가 없었는데, 소탈한 면이 있어서 나는 그런 따뜻한 아버지를 좋아했다. 중학교나 고등학교에서 '재일조선인운동'을 한답시고 기세당당했던 나는 정상차라는 한 사람의 조선인에게 민족이 도대체 어떤 것이었는지를 돌아본 적은 없었던 것이다.

이 책에는 이러한 아버지의 모습보다 오히려 의욕에 차서 '재일조선인운동'을 열심히 하겠다고 생각했던 중학교, 고등학교 이래의 내 문제의식이 보다 짙게 투영되어 있다. 하지만 한편으로 나는 아버지 같은 조선인들의 존재를 어떻게 역사로 그려낼 것인가라는 과제에 몰두하고 싶은 생각도 있다. 그래서 민족성이 넘쳐흘렀던 과거 조선인들은 1세에서 2세, 3세로 대를 이으면서 민족의식이 희박해지고 아이덴티티가 다양해졌다는 역사인식은 내 개인적 경험에 비추어 보면 너무나 일면적이다. 민족의식이나 문화, 언어를 둘러싼 질문은 이미 해방 직후부터 있었다. 물론 변화를 완전히 무시할 수는 없지만, 민족의식의 '획득'을 둘러싼 다양한 고민은 '새 세대'만의 문제는 아니라는 것도 사실이다. 그래서 나는 이 책을 아버지에게 바친 것이다.

2.

여기에서 이 책의 한국어판을 간행하면서 수정한 것에 대해 몇 가지 보충설명을 하고자 한다.

우선 한국어판에 본론에 앞서 해방 전의 재일조선인사를 개괄하는 서설을 추가하였다. 본서의 대상은 1945년 해방에서부터 1950년 한국전쟁 발발 직전까지의 시기, 즉 해방 5년사인데, 이 시대를 살아간 재일조선인들은 이 역사의 무대에 갑작스럽게 등장한 것은 아니었다. 주지하는 바와 같이 재일조선인 사회 형성의 기원은 일제강점기에서 찾을 수 있으며, 따라서 해방 5년사를 깊이 이해하기 위해서는 해방 이전의 재일조선인사까지 거슬러 올라가야 한다. 일본어판 간행 당시에는 분량 관계로 이 부분에 관한 설명을 최소한으로 줄였는데, 이번 한국어판에서는 한국 독자들의 이해를 돕기 위해 1876년부터 1945년까지의 재일조선인사를 싣기로 했다.

또한 한국어판에서는 2편의 논문을 추가했다. 〈저자 후기〉에도 썼듯이, 이 책의 기초가 된 것은 2010년에 히토쓰바시대학一橋大學에 제출한 박사학위 논문이다. 다만 박사학위 논문을 그대로 출판한 것이 아니라, 대폭적으로 보충하고 수정했다. 애초에 박사학위 논문은 서장과 종장 외에 본론이 전 12장으로 구성되었는데, 간행하면서 가격이 오르지 않도록 쪽수를 줄여달라는 출판사의 요망도 있어서 9장으로 정리했다. 전쟁 책임과 식민지 지배 책임에 대한 재일조선인의 인식과 실천을 검토한 보론 1의 글은 그 당시 완전히 생략한 장 중 하나이다. 이 글에 대해서는 그 후에 새로운 사료와 분석을 더해 발표할 기회를 얻었기 때문에 이 책을 간행하면서 수록하기로 했다.

이에 비해 보론 2로 수록한 쓰시마対馬 조선인의 '해방 5년사'에 관한 연구는 《조선 독립으로 가는 험난한 길朝鮮独立への隘路》 출판 이후에 새롭게 몰두한 테마이다. 이 책은 도쿄뿐만 아니라 지방의 동향에도 되도

록 주의를 기울이려고 했는데, 특정한 지역에 한정하여 통시적으로 분석을 한 장은 없다. 전체적인 흐름을 파악한 후에 '국경의 섬 쓰시마'라는 한 지역에 한정하여 조선인의 '해방 5년사'를 살펴보는 것은 독자의 이해에 도움이 될 것이라 생각하여 이번에 수록했다.

그 외의 본론에 대해서는 오·탈자나 단순한 오류의 수정 외에 약간의 보충설명을 추가하는 데 그쳤지만, 제1장 제3절 마지막 항목 〈자치대 해산 후의 경찰권 통제 시도: 조련의 공안위원회 참가 요구〉만은 일본어판과는 놓인 위치가 다르다. 일본어판에서는 제2절 마지막에 배치했는데, 시간상의 혼란을 피하기 위해 이 책에서는 제3절 말미로 옮겼다. 또한 제1장 [표 1-1] 〈불법 탄압정책으로 발생한 사건 예〉도 추가했다.

이상, 몇 가지 추가와 수정을 더했기 때문에 이 책은 원서의 단순한 번역이라기보다 수정증보판이 된 점을 유의하기 바란다.

다음으로 이 책에서 다룬 사료에 대해 보충하고자 한다. 앞에서 언급한 사정으로 인해 박사학위 논문에서는 상세히 설명했던 사료나 선행연구에 대해서도 일본어판 출판에서는 대폭 생략할 수밖에 없었다. 특히 사료에 대해서는 서장에서 충분한 설명을 하지 않았기 때문에 조선어권에서의 앞으로의 연구 진전을 위해서도 아래와 같이 보충하고자 한다.

이 연구가 가능해진 배경에는 2000년대 이후의 사료를 둘러싼 개선된 상황이 있다. 서장에서도 기술한 바와 같이, 해방 이후 시기에 관한 실증적 연구는 1970년대에 시작되어 1980년대 이후에 본격화된다. 80년대까지의 재일조선인사 연구는 일본의 법무성이나 공안조사청 등의 치안당국이 간행한 조선인운동에 관한 보고서, 일본의 전국지나 지방지를 비롯한 신문과 잡지 사료, 재일조선인단체의 기관지나 대회 의사록 외에 당사자들의 인터뷰를 활용하며 진행되었다. 다만, 연합국의 일본 점령

관계 사료의 대부분은 아직 미국에서만 열람이 가능했기 때문에 일부 연구자가 활용하는 데 그쳤다.

하지만 필자가 연구를 시작한 2000년대에는 몇 가지 새로운 사료에 비교적 쉽게 접근할 수 있게 되었다. 주요한 것으로는 아래의 네 가지가 있다.

첫 번째는 재일조선인단체나 개인 자료의 간행, 특히 재일동포 역사학자인 고 박경식朴慶植이 수집한 자료의 간행과 정리가 진전된 것이다. 앞에서 언급했듯이, 1980년대까지의 연구에서도 재일조선인단체의 기관지나 대회 의사록 같은 단체 관계 자료는 이용되었었다. 그 대부분은 역사가 박경식이 편찬한 《조선문제자료총서朝鮮問題資料叢書》(이하 《총서》)에 수록된 것이다. 그러나 박경식이 《총서》에 수록한 것은 그가 인생을 걸고 완전히 자력으로—박경식은 한때 조선대학교에 재직한 것을 제외하면 많은 재일조선인 역사 연구자가 그랬듯이, 일본에서 대학 전임이 된 적은 없다—수집한 자료의 극히 일부에 지나지 않았다. 박경식은 이 컬렉션을 기반으로 '재일동포역사자료관'을 설립할 구상을 가졌는데, 1998년에 불의의 사고로 돌아가셔서 미완으로 끝나고 말았다. 그 후 박경식의 유지를 이은 재일조선인운동사연구회 임원들이 미공간 자료 중에 해방 이후 시기에 관한 주요 자료를 선별하여 자료집을 간행했다. 《재일조선인관계자료집성〈전후 편〉在日朝鮮人關係資料集成〈戰後篇〉》(이하 《집성》)이다. 나아가 유족이 박경식의 방대한 수집 자료를 시가현립대학滋賀縣立大學에 기증하여, 동 대학 도서정보센터에 박경식문고가 개설되었다.

자료집 간행과 박경식문고의 설치 덕에 1990년대까지와 비교해서 훨씬 많은 자료에 접근할 수 있게 되었다. 예를 들면 조련의 중앙위원회 회의록이 그 하나이다. 조련은 매년 10월에 전국대회를 개최했다(임시대회를 포함해서 모두 5회). 《총서》에는 제3회, 제4회, 제5회 의사록이 수록되어 있어, 대회에서 있었던 각 부서의 보고나 토의, 통계기록은 조련의 방침 결정 과정을 아는 데 귀중한 기록이다. 다만, 조련은 매년 1회의 대회 이외에 해마다 4회의 중앙위원회를 개최했는데,《총서》에는 대회와 동시에 개최된 것을 제외하면 중앙위원회의 의사록은 수록되어 있지 않다.

《집성》은 그 가운데 제7회, 제10회, 제11회, 제13회, 제15회 중앙위원회의 의사록을 수록했다. 중앙위원회에는 전국에서 위원이 모여 대회보다도 더욱더 구체적인 사안에 대해 토론한다. 조련 해산과 한국전쟁 발발 후에 비합법 활동을 할 수밖에 없었던 시대와 달리, 이 시기의 의사록에는 중앙위원이나 대회 대의원의 발언이, 중앙상임위원회의 방침에 대한 이론을 포함해서 상세히 기록되어 있다. 예를 들면, 본서 제5장에서 다룬 백무白武 조련 서기장의 파면 문제에 대한 상세한 분석이 가능했던 것도 중앙위원회 의사록이 있었기 때문이다. 기관지에는 서기장 파면 결정 이외의 정보가 없어서 의사록에는 남아 있는 백무의 해명이나 중앙위원의 옹호론은 알 수 없었다. 이것은 일례일 뿐이지만,《집성》의 간행과 박경식문고의 개설이 재일조선인사 연구의 진전에 커다란 역할을 한 것을 알 수 있을 것이다. 그 후 지금은 재일본조선인총연합회가 재일조선인역사연구소와 조선대학교 조선문제연구센터 재일조선인관계자료실을 개설했고, 재일본대한민국민단(민단)도 재일한인역사자료관을 개설하여 관련 자료 수집에 집중하고 있다.

두 번째는 연합국 점령 당국의 일본 점령 관계 문서이다. 그중에서도 연합국 최고사령관 총사령부 문서Records of General Headquarters, Supreme Commander for the Allied Powers(GHQ/SCAP)를 일본의 국회도서관에서 이용할 수 있게 된 의의는 크다. 이 문서에는 GHQ/SCAP의 각 부국 문서나 무전, 각종 교섭 내용 등의 메모나 각서 외에 의견서나 보고서 등이 수록되어 있다. 재일조선인의 귀환이나 법적 지위, 교육 문제 등은 GHQ/SCAP의 중요한 관심사였기 때문에, 이 이슈들에 관한 문서는 방대하게 남아 있다. GHQ/SCAP 문서는 1951년 8월부터 미국 본토로 발송되기 시작하여 처음에 육군성 고급 부副간부 문서과(버지니아주)에 보관된 후 미국국립공문서관으로 이관되었다. 1974년에 비밀 지정이 해제된 후에 국립국회도서관은 1978년부터 마이크로필름으로 촬영 작업을 개시하여 1990년에 거의 완료했다. 그 후 누락된 자료를 다시 촬영했고 2000년도에는 작업이 종료되어 국회도서관 헌정자료실에서 마이크로필름 열람이 가능해졌다. 재일조선인 관련 자료로서는 일본의 중앙성청 소관 자료에 대한 접근이 가장 곤란한 것이 현실이다. 이 때문에 GHQ/SCAP의 각 부국과 일본정부의 의견교환도 수록된 이 문서는 점령 당국뿐만 아니라 일본정부의 동향을 알 수 있는 귀중한 자료가 된다.

세 번째는 마찬가지로 점령군 관계 문서 중 하나인 프랑게문고Gordon W. Prange Collection이다. 메릴랜드대학 맥켈딘도서관McKeldin Library에 있는 프랑게문고에는 1945년부터 49년에 걸쳐 일본에서 발행된 신문, 도서, 팸플릿, 잡지, 보도사진, 포스터, 지도 등의 방대한 컬렉션이 수록되어 있다. 이것들은 GHQ/SCAP의 첩보·검열 담당이었던 참모 제2부(G-2) 배속 민간검열국Civil Censorship Detachment의 검열을 위해 미디어 발행자들이 제출한 것이다. 지금은 국회도서관 헌정자료실에서 마이크로필름(잡지는 마이크로피시)으로 열람이 가능하다. 검열은 1945년 9월 10일부터 1949년 10월 31일까지 행해졌는데, 여기에는 재일조선인이 발행한 신문과 잡지도 다수 포함되어 있다. 조련 강제 해산의 담당자 중 하나였던 점령 당국의 손을 통해서만 포괄적인 사료군에 접근할 수 있다는 사실은 현대사가 초래한 잔혹한 역설임에 틀림없지만, 지금까지 수집, 공간된 사료에 프랑게문고 소장 재일조선인 발행 미디어가 추가된 것의 의의는 극히 크다고 할 수 있다. 예를 들면, 본서 제5장에서 검토한 오사카 발행 민족지《조선신보朝鮮新報》는 프랑게문고 이외에는 볼 수 없는 자료이다.

네 번째는 지방자치체의 공문서이다. 현재 몇몇 도도부현都道府縣(한국의 '광역시'나 '도'에 해당됨)이나 시구정촌市區町村(한국의 '시군구'에 해당됨) 등의 지방자치체에는 공문서관이 설치되어 있고, 이 시설들에서는 행정문서나 특정 역사공문서들 중에 비현용문서非現用文書를 관리하고 있다. 예를 들면 이 책 제3장이나 제9장에서 사용한 외국인 등록에 관한 행정문서인《외국인 등록 예규 통첩철外國人登録例規通牒綴》은 교토부京都府의 공문서관이 2008년 10월에 공개한 자료이다. 외국인 등록 실시 당시 일본정부(내무성)는 GHQ/SCAP의 민정국이나 법무국과 협의를 거듭하며 원안을 작성했고, 화교단체 같은 관계 단체와의 조정을 추진한 후에 일본국 헌법 시행일 전날인 1947년 5월 2일에 칙령 제207호로 공포, 시행했다. 그리고 소관 관청인 내무성은 각 도도부현의 총무과 같은 담당 부서에 통달을 보내 구체적인 시행 방법 등을 지시했다. 도도부현의 담당 부서는 시행 중에 의문이 생겼을 경우에는 내무성에 판단을 요청하는 한편으로, 각 시정촌에 지시를 내려 다시 조선인단체나 화교단체와 교섭했다.《외국인 등록 예규 통첩철》에서는 이러한 일련의 교섭을 알 수 있다. 이 책에서는 교토부 외에 이바라키현茨城縣, 시즈오카현静岡縣의 행정문서를 이용하는 한편, 일부에서는 시정촌의 문서도 이용했다.

이 책은 종래의 자료 외에 이러한 새로운 자료들을 활용한 연구 성과이다. 물론 여기에 들어가지 않은 새로운 자료도 있고, 문서 자료 이외에도 인터뷰 등의 증언 자료나 사진, 화상 자료도 최근의 연구에서는 활용되고 있다.

다양한 주체에 의한 자료를 활용하면 당연히 사료 비판의 질은 높아지고 역사 연구의 기초인 역사적 사실을 확정하는 길이 열린다. 특히 재일조선인운동사의 경우에 종래에는 법무성이나 공안조사청 등 치안 당국이 작성한 보고서 등에 의존해온 측면이 있어서, 특히 민족단체 측 사료의 활용으로 이러한 관헌의 역사 기술에 대한 사료 비판이 가능해진 것의 의의는 크다.

예를 들면 이러한 관헌 측 보고서의 대표적인 것으로 쓰보이 도요키치坪井豊吉의《재일조선인운동의 개황在日朝鮮人運動の槪況》(法務硏修所, 1959)이 있다. 쓰보이 도요키치는 1900년에 태어났고 쓰보이 이와마쓰坪井磐松, 쓰보에 센지坪江汕二라는 이름도 사용했다. 센슈대학專修大學을 중퇴한 후 조선으로 건너가 함경북도 경찰부를 거쳐 훈춘琿春 파견원(1933), 룽징龍井 파견원(1936)으로서 외무성 경관 겸임으로 간도에서 근무했다. 그 후 상하이 파견원, 경무국 보안과 통역생 겸속 등을 역임했고, 일본 패전 당시에는 평안남도 경찰부 감찰관이었다. 그리고 전후에는 공안조사청 조사관이나 법무성 법무사무관, 법무성 법무연구원 등을 역임한다.[3] 《재일조선인운동의 개황》은 이러한 조사 활동의 일환으로 간행된 것이다. 아마도 조련 해산 당시에 몰수한 자료나 민족단체 내부의 협력자 등의 정보제공을 기초로 집필된 것으로 보이며, 그 내용은 극히 상세하여 박경식을 포함하여 많은 선행연구는 쓰보이의 이 보고서에 적지 않게 의존해왔다. 이 책 제5장에서 지적했듯이, 이 기술들을 그대로 사실로 인정하는 것에는 신중할 필요가 있으며, 특히 치안 당국은 권력투쟁, 파벌싸움의 역사로서만 사회운동을 보려는 편견이 존재한다. 다양한 자료를 활용한 비교검증과 사료 비판이라는 역사학의 기본적 작업이 중요해지는 이유이다.

3.

이 책의 한국어판 간행은 2013년 원서를 간행한 이래의 큰 소망이었다. 나는 자신의 전공을 항상 '조선 근현대사'라고 소개해왔다. 그러나 대학원에서 본격적으로 역사 연구를 시작하게 된 후부터 박사학위 논문을 쓸 때까지 내가 한반도에 체재한 것은 2005년과 2006년의 각각 1주일씩뿐이다. 당시에는 아직 고향인 고성에도 간 적이 없었다. 그래서 나의 연구가 '일본사'의 소용돌이 속에 빨려들지 않도록 고집스럽게 스스로가 '조선사'를 한다고 계속 표명했던 것이다.

그 후 2009년에는 학회 참가와 토론을 위해 신청한 한국 방문 허가가 거부되었다. 나의 외국인등록증 '국적'란에는 '조선'(정확히 말하면 조센)이라고 기재되어 있다. 즉, 조선적 재일조선인이다. 한국 여권은 없어서 한국으로 가기 위해서는 정부의 허가가 필요하다. 그런데 이명박정권 출범 후에 한국정부는 조선적 소지자에 대한 여행증명서 발급을 대폭 제한했다. 이 때문에 나도 학회에 참가하지 못했던 것이다. 그러나 두 차례 한국 방문 당시 교류했던 한국의 시민운동단체들, 특히 지구촌동포연대 KIN의 구성원한테서 여행증명서 발급 거부 취소를 요구하는 행정소송을 한국에서 제기하지 않겠느냐는 권유를 받았다. 당시 나는 아직 대학원에 적을 둔 채 어떤 연구센터 계약직 전임연구원으로 있었기 때문에, 지금 돌아보면 그다지 적극적으로 나서지 못할 것 같은 마음도 들었지만, 둘도 없는 기회이기도 했고, 이대로 보수정권이 계속 이어지면 결국 나는 '일본사' 연구자가 되어버리지는 않을지 두려움도 있었다. 그래서 KIN의 도움으로 2009년 8월에 주오사카 대한민국총영사(이후에 당시 외교통상부 장관)를 상대로 여행증명서 발급 거부 처분 취소를 요구하는 재판을 시작하게 되었다.

재판은 시작했어도 한국에 갈 수 없었기 때문에 실제로 법정에 서는 것은 변호사들이었고, 나는 일본에서 업무와 연구를 하면서 자료를 작성하여 변호사에게 보낼 뿐이었다. 고독감과 불안, 무엇보다 무력감이 쌓였다. 굳이 정면으로 재판할 필요가 있었을까. 정권교체를 기다리면 되는 것이 아닐까 하는 생각도 들었다. 예상하기는 했지만, 한국정부 측은 재판이 진행되면서 조선학교 취학이나 조선민주주의인민공화국 방문, 그리고 조선총련계 학생단체 활동 경력을 제시했고, 모두 사실이었기에 나는 그 상세함에 경악했다.

그러나 의외로 서울 행정법원 1심 결과는 나의 승소였다. 조선적 소지자가 한국에 갈 경우 남북교류협력에 관한 법률 제10조에 따라 여행증명서 발급을 받지 않으면 안 된다. 판결의 논리는 이랬다. 남북교류협력에 관한 법률 제10조는 외국 거주 동포가 남쪽을 방문할 경우 여권법 제14조 제1항에 따른 여행증명서 발급을 받아 소지하지 않으면 안 된다고 규정한다. 이 발급을 거부하고 제한할 경우에는 여권법이 정한 여행증명서 발급 거부 또는 제한 사유에 해당하거나, 그에 준하는 합리적인 사유가 없으면 안 된다. 피고인 외교통상부의 주장은 이 사유들에 해당되지 않으므로 본 건 처분은 위법이라는 것이다. 의외의 놀라운 판결이었다.

하지만 이어진 서울고등법원의 항소심 결과는 나의 패소였다. 외교통상부에게는 조선적자에 대한 여행증명서 발급 시에 여권법 규정과는 무관하게 광범위한 사증 발급에서의 그것에 준하는 재량권이 인정된다. 물론 남북협력법이 군사경계선 이남, 이북 지역 간의 상호교류와 협력을 촉진할 목적으로 무국적 외국 거주 동포들에게 한국 출입을 보장하는 취지를 고려하지 않으면 안 된다는 재량권의 한계가 있지만, 본 건의 처분은 이러한 재량권 한계를 일탈, 남용한 것이라고 할 수 없고 적법하다는 이유였다. 2013년 대법원 판결도 이러한 제2심의 판결을 지지하여 상고심에서도 패소하게 되었다. 이 재판을 통해서 본래 조선적은 어느 나라 국민인가라는 중요한 논점이 제기되었지만, 대법원은 이 논점에 대해 판단을 내리지도 않았다.

2016년에는 《제국의 위안부》(박유하 지음)를 비판한 나의 저서 《누구를 위한 화해인가: 《제국의 위안부》의 반역사성》의 출판기념회에 참가하기 위해 다시 여행증명서를 신청했지만, 이것도 마찬가지로 불허되었다. 이렇게 나의 한국 입국 시도는 모조리 실패하게 된다.

그래서 2017년부터 2018년에 걸친 한국의 촛불혁명, 남북정상회담, 북미정상회담으로 탈분단과 한국전쟁 종결의 길이 열리는 가운데 이 책이 다른 곳도 아닌 한국에서 간행된 것은 말로 다 할 수 없이 감개무량한 일이다. 문재인정권은 조선적의 고향 왕래 문제에 대해 인도주의적인 견지에서 해결을 도모한다는 입장을 표명했다. 그 결과 우연히도 2018년 4월 27일 판문점에서 남북정상회담이 개최된 그날 실로 12년 만에 한국을 방문할 수 있었다. 재판을 지원해준 사람들과도 재회했고, 이 책의 한국어판 간행 이야기도 진전되어 이렇게 실현되었다.

한국에 사는 사람들에게 재일조선인의 '해방 5년사'가 갖는 의미는 무엇일까. 이 책이 다룬 재일조선인 '해방 5년사'는 그야말로 분단의 형성기였다. 분단과 반공의 이데올로기 속에서 남북한 현대사의 다양한 사건과 마찬가지로 재일조선인의 해방 5년사도 한국에서는 왜곡 전달되었고 무시되어왔다. 이러한 왜곡된 인식의 시작도 해방 직후의 이 시기였다.

일례를 들자. 이 책 제6장에서 다루었듯이, GHQ/SCAP과 일본정부는 1948년에 각지의 조선학교에 폐쇄령을 발하여 조선인 아동은 일본

학교에 다니도록 명령했다. 이에 항의하는 조선인단체는 폐쇄 명령의 발령자였던 각지의 도도부현 지사와의 교섭을 거듭하여 어떻게든 폐쇄 명령을 철회시키려고 했다. 실제로 야마구치현山口縣이나 오카야마현岡山縣 지사는 폐쇄를 철회했고, 1948년 4월 24일에는 효고현兵庫縣 지사도 철회했다. 하지만 그날 밤에 미 제8군 고베神戸 기지 사령관 메노어Pearson Menoher 준장은 이것을 폭력에 의한 법의 유린으로 간주하고 기지 관내에 '비상사태선언'을 발령하여, 철회 교섭에 임했던 조선인을 체포한다는 명목으로 1,500명 이상의 조선인을 일제히 검거했다. 그 이틀 후인 26일에는 마찬가지로 철회를 요구하며 오사카부청大阪府廳 앞에 모인 사람들을 향해 경관대가 발포하여 16세의 김태일이 사살되었을 뿐만 아니라 수많은 사람들이 부상당하고 검거되었다. 이것이 재일조선인 측에서는 '4·24교육투쟁' 혹은 '한신阪神교육투쟁'이라 불리고, 일본 경찰 측에서는 고베사건, 오사카부청앞 사건이라 불리는 사건이다.

이 민족교육 탄압에 당시 남한에서도 조선어학회를 비롯하여 수많은 단체가 항의했다. 하지만 이런 가운데 당시 민단의 단장이었던 박열은 비서를 서울로 보내 이 사건은 민족문화에 대한 탄압이 아니라 공산주의의 폭동에 대한 진압이라는 주장을 유포했다. 민단 중앙총본부도 이 사건의 책임은 조련과 일본공산당에 있다는 성명을 발표했다. 민족교육 옹호투쟁의 핵심을 반공주의적인 해석에 의해 왜곡하고 오히려 일본정부나 점령군의 행위를 옹호하려는 시도는 이미 당시부터 시작되었던 것이다. 그후 오랫동안 한국에서의 재일조선인 인식은 이러한 반공주의에 의해 크게 일그러지게 되는데, 그 시발점은 바로 이 시기에 있다고 할 수 있을 것이다. 탈분단시대에 새로이 재일조선인의 '해방 5년사'를 한국인들이 다시 음미하는 것은 외교·군사적인 분단체제뿐만 아니라 이러한 역사인식의 저변에 있는 분단을 극복하기 위해서도 의의가 있지 않을까 생각한다.

그런데 올해 '4·24교육투쟁' 70주년을 맞이하여 새로이 자료를 재음미할 기회를 얻어 이 책을 집필했을 당시와는 다른 자료가 눈에 들어오는 경험을 하게 되었다. 고베에서 체포된 사람들의 일부는 그 후 군사재판에 회부되었는데, 실은 조련이 이 사람들의 변호를 의뢰하기 위해 '본국의 변호사'에게 협력을 요청했던 것이다. 여기에서 말하는 '본국'이란 남한을 가리킨다. 그리고 실제로 사비로라도 변호하겠다고 지원하는 변호사가 22명 나타났다고 한다(《朝連中央時報》, 1948년 6월 11일 자).

결과적으로 변호사 파견은 불허되어, 고베 군사위원회는 1948년 6월 30일에 김태삼金台三 조련 니시코베西神戸 지부 위원장에게 중노동 15년의 판결을 내렸을 뿐만 아니라, 9명의 피고들에게 유죄를 선고했다. '본국의 변호사' 없이 내려진 이러한 판결에는, 그런 만큼 강한 반발의 목소리가 나오게 된다. 조련 서울위원회가 항의 성명을 낸 것은 물론, 조선교육협의회도 변호단 파견을 일축한 미군 당국을 비판했고(《朝鮮日報》, 7월 3일 자), 《조선일보》는 사설에서 도쿄재판의 전범 용의자에게도 미국의 변호사가 붙어 있는 것을 비유로 들면서 "동포 변호사가 단 한 사람도 참가하지 못한 채 최고 15년의 징역이 웬 말인가"라며 변호사 파견 불허를 비판했다고 한다(《朝連中央時報》, 7월 30일 자. 단, 이 기사는 《조선일보》에서는 확인되지 않는다).

'해방 5년사'에는 '분단의 역사' 뿐만이 아니라 '탈분단의 역사'도 있었다. 이 사실들이 내 눈에 들어온 배경에는 작금의 남북관계의 변화가 있는 것은 틀림없을 것이다. 현실이 자료를 읽는 내 역사적 상상력을 자극하여 조촐한 '탈분단의 역사'로 이끌었던 것이다. 이러한 의미에서 이 책에서 그려낸 '해방 5년사'가 한글을 이해하는 '동포'들의 분단 극복을 위한 상상력을 아주 조금이라도 자극할 수 있기를 바란다.

이 책의 간행은 많은 사람들의 따뜻한 조력과 격려 없이는 이루어질 수 없었다. 특히 임경화 선생님은 《누구를 위한 화해인가》에 이어 이 책의 번역을 담당해주셨다. 역주를 더해주셨을 뿐만 아니라, 기술의 오류나 설명이 불충분한 부분에 대해 하나하나 지적해 원서의 부족한 부분을 보충할 수 있어서 많은 독자들에게 보다 다가가기 쉬운 저서가 되었다. 또한 권혁태 선생님, 조경희 선생님은 이 책의 출판을 위해 노고를 아끼지 않고 진력해주셨다.

이 책의 집필 과정은 앞에서 언급한 바와 같이, 동시에 입국을 위한 재판 기간이기도 했다. 멀리 떨어져 있었는데도 항상 든든한 연대의 목소리를 내주신 지구촌동포연대KIN의 배덕호 대표를 비롯하여 김종철, 김은영, 배지원, 최상구, 최준혁 씨, 재판을 담당해주셨던 정정훈, 윤지영 변호사, 또한 소송 당시에 귀중한 조언을 해주셨던 김철민 변호사, 그리고 서승 선생님을 비롯, 조선적 재일동포 입국 실현을 위한 모임에 참여해주신 모든 분들께 이 자리를 빌려 감사를 드리고 싶다.

마지막으로 한국어판을 위해 추천사를 흔쾌히 써주신 정용욱 선생님과 엄혹한 출판 사정 속에서 지난 저서에 이어 이 책의 간행을 맡아준 도서출판 푸른역사에 진심으로 감사의 인사를 드리고 싶다.

2019년 8월
정영환

한국어판 특별보론

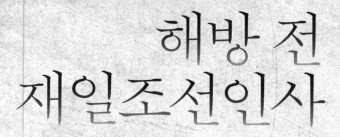

해방 전
재일조선인사

재일조선인들의 해방 5년사는 1910년 식민지화 이전부터
타향에서 생활하며 고투했던 역사의 축적 위에 시작되었다.
여기에서는 해방 5년사로 들어가기에 앞서
이해를 돕기 위해 해방 전의 역사, 즉 재일조선인의 '8·15'로 가는 길을
선행연구 성과를 정리하면서 개관하고자 한다.

1.

조선인의 도일과 정착
19세기 말~1920년대 전반

왜 조선인은 일본으로 건너갔나

'병합' 전의 조선인 노동자

우선 조선인의 도일이 언제 시작되었는지를 확인해두자. 조선민중이 한반도 밖으로 대규모 이동을 시작한 것은 1860년대부터였다. 주요 이동 지역은 극동 러시아, 중국 동북 지방이었다. 일본은 처음부터 많은 조선인이 향한 도항지는 아니었다. 실제로 1910년 현재 중국에 16만 명, 러시아에 5만 4,000명의 조선인이 거주했다는 통계가 있는데, 일본엔 2,200 혹은 2,600명으로 큰 차이가 있다.[1] 일본 측에서 보아도 조선인은 당초부터 최대 이민족 집단은 아니었고, 오히려 1916년까지 통계상 가장 숫자가 많은 집단은 일관되게 중국인(청국인)이었다. 하지만 제1차 세계대전을 전후하여 도일하는 조선인의 수가 급속히 늘기 시작하여 1917년에는 중국인을 추월했고, 1923년에는 일본 거주 조선인 인구가 8만 명이 되었다(〈표 1〉).

재일조선인의 역사적 형성의 특징은 중국이나 극동 러시아 지역으로 이동한 조선인과 달리 일본인의 대규모 조선 식민 이주와 일본 자본의

〈표 1〉 재일조선인 인구 변천(1882~1923)　　　　(단위: 명)

연도	조선인 인구	연도	조선인 인구	연도	조선인 인구
1882	4	1896	19	1910	2,246
1883	16	1897	155	1911	2,527
1884	1	1898	71	1912	3,171
1885	1	1899	187	1913	3,635
1886	0	1900	193	1914	3,542
1887	6	1901	354	1915	3,917
1888	7	1902	235	1916	5,624
1889	8	1903	222	1917	14,502
1890	9	1904	227	1918	22,411
1891	6	1905	303	1919	26,605
1892	5	1906	254	1920	30,189
1893	7	1907	459	1921	38,651
1894	7	1908	459	1922	59,722
1895	12	1909	790	1923	80,415

* 출전: 森田芳夫(1996 : 71).

진출 과정이 조선인의 일본 도항보다 선행했다는 점에 있다. 일본의 조선 침략 과정과 조선인의 일본 도항은 밀접하게 얽혀 표리일체의 관계에 있었다.

그러면 조선인의 도항은 어떠한 법률적인 틀 속에서 이루어졌을까. 조선왕조와 일본의 막번幕藩체제 사이에는 표류민 송환에 관한 약정만 있었고, 노동 목적의 이동은 상정되어 있지 않았다. 양국 간의 법이 이러한 현상을 규정하게 된 것은, 조선의 개항 이후이다. 주지하는 바와 같이, 일본은 1876년에 강화도조약을 체결해 조선을 '개국'시켰는데, 같은 해 8월 4일에 체결된 〈조일수호조규 부록〉 제5관은 "의정議定한 조선국 각 항에서 일본국 인민은 조선국 인민을 고용할 수 있다. 조선국 인민은 그 정부의 허가를 얻으면 일본국에 와도 무방하다"고 규정했다.[2] 이 조항에 따라 일본인은 개항장에서 조선인을 고용하게 되었고, 조선정부의 허가가 있으면 일본에 데려갈 수도 있게 되었다.

다만 1980년까지의 연구는 이로써 조선인 노동자의 합법적인 도일이 시작되었다고 여기지는 않았다. 일본정부는 1899년 7월 27일에 칙령 제352호 〈조약 혹은 관행에 의해 거주의 자유가 없는 외국인의 거주와 영업 등에 관한 건〉을 공포하여 외국인의 거류지였던 곳과 잡거지 이외의 거주와 취로를 금지했기 때문이다. 조선인도 마찬가지로 '병합' 이전에는 '외국인'이므로, 이 칙령의 대상이 된 것으로 여겨졌다. 그래서 '병합' 이전의 재일조선인은 "외교관, 유학생, 망명자가 주"였고, 노동자는 약간의 '비합법적인 이주노동자'라는 견해[3]가 일반적이었다.

그러나 그 후의 연구에 의해 칙령 제352호가 염두에 둔 '외국인'은 청국인 노동자였다는 사실이 밝혀졌다. 칙령을 심의한 추밀원에서는 청국인을 "비열하고", "남을 속이고 절도를 해도 부끄러움을 모른다"고 간주하여 그 입국을 금지하려는 의견이 대세를 차지했고, 실제로 청국인의 노동 가능 직종은 좁게 한정되었다.[4] 한편, 추밀원은 칙령의 적용 범위를 "조약에 따라 자유를 얻은 자와 한국인처럼 관행에 따라 자유를 얻은 자를 제외한 다른 제외국인"으로 정했다. 즉, 거류지와 잡거지 이외의 거주와 취로가 금지된 '외국인'에 조선인은 포함되지 않았던 것이다.[5] 따라서 '병합' 전에도 조선인이 일본에서 노동에 종사하는 것은 '비합법'이 아니었고, 그 숫자도 결코 적지 않았다.

실제로 1890년대 후반에는 조선인이 취업을 목적으로 도일한 사례를 확인할 수 있다. 가장 초기의 예로 1897년 가을에 사가현佐賀縣 조자長者탄광이, 1898년에는 시모야마다下山田탄광이 조선인 광부를 고용했다.[6] 조선인을 고용한 조자탄광의 히가시지마 유이치東島猷一는 나가사키長崎에서 조선인을 고용했던 쓰시마対馬 출신 청과물상이나 혹은 쓰시마 출신 조선어 통역이었던 인물에게 조선인 알선을 의뢰하여, 한성에서 34명, 부산에서 16명의 조선인을 모집했다고 한다. 탄광에서는 일본인과 조선인 노동자를 격리했고, 1일 12시간 노동이라고 했지만 유명무실했을 가능성이 높으며, 또한 임금을 표=탄광지폐로 지불했기 때문에 조선인 노동자의 불만이 높아 도망자가 속출했다고 한다.[7]

러일전쟁 후에는 노동자의 도항이 한층 두드러지게 된다. 규슈九州의 구마모토熊本와 가고시마鹿児島를 잇는 비사쓰선肥薩線 공사(1899~1909)에서는 1906년에 가시마구미鹿島組가 조선인 노동자를 고용했는데, 이 노동자들은 조선에서 철도 공사를 경험한 사람들이었다.[8] 청일전쟁 후에 일본은 경인철도를 시작으로 경부철도, 경의철도 부설에 착수하는데, 이 공사에는 오쿠라구미大倉組나 가시마구미 같은 일본군의 지원을 받은 토건회사가 관여했고, 조선인을 대대적으로 '모집'했다. 그리고 일본의 토건회사는 이 경험을 살려 일본 국내의 토목 공사에도 조선인 노동자를 고용하기 시작한 것이다.[9] 1907년에 시작된 교토에서 야마구치현山口縣을 잇는 산인선山陰線 공사에서도 가시마구미에서 비사쓰선 공사에 관여했던 인물이 조선인 고용을 담당했다.[10] 이와 같이 조선에서 규슈, 간사이關西로 연쇄적으로 조선인 노동자 모집이 이어졌던 것이다. 그 사이 1906년에 조선통감부는 〈한국인 외국여권 규칙〉을 정하여 조선인의 국외 도항과 취로 허가권을 대한제국한테서 빼앗았다.[11] 〈조일수호조규 부록〉 제5관은 조선정부의 허가를 도일의 요건으로 했지만, 이미 그 권한은 상실되었던 것이다.

가장 초기에 조선인이 취업을 목적으로 도항한 것은 이상에서도 알 수 있듯이, 조선인 자신의 자발적인 이주노동이라기보다 일본 측 자본의 요청에 의한 것이었다. 그 숫자가 두드러지는 것은 러일전쟁 전후 조선의 식민지화 과정에서이다. 지역을 보면, 1890년대에는 규슈 중심이었던 것이 1900년대에는 산인, 긴키近畿 지방으로 퍼져나가, 서일본에서는 이러한 조선인 노동자가 눈에 띄는 존재가 되어갔다.[12] 1909년에 안중근이 이토 히로부미伊藤博文를 암살했다는 소식이 전해지자, 효고兵庫 산노미야三宮에서 조선인 엿장수가 몰매를 맞은 사건이 발생했고,[13] 또한 오사카에서 엿의 매상이 급감했다는 기사[14]는 이렇게 형성된 초기 재일조선인을 '발견'한 일본사회의 모습을 비추는 것이라고 할 수 있다.

'병합' 후의 조선인 노동자

'병합' 후에도 이러한 추세는 변하지 않았다. 1911년에 오사카의 셋쓰攝津방적 기즈가와木津川공장이 조선인을 고용한 것을 시작으로 1912년에는 규슈 수력전기회사, 1913년에는 효고의 셋쓰방적 아카시明石공장이 조선인 노동자를 고용한다. 특히 제1차 세계대전 발발 후에 일본기업은 저임금 노동자로서의 조선인에 주목하게 되었다.

일본기업에 의한 고용은 당초에 조선에서 '모집'하는 형식을 취하는 경우가 많았다. 기업이 직접 조선에 가서 일본에서 노동에 종사할 인원을 필요한 만큼 모집해 오는 것이다. 다만, 이러한 '모집'은 완전히 자유재량으로 진행된 것은 아니었다.

우선은 조선총독부 측 노동자 모집 규칙을 살펴보자.[15] 조선총독부는 1913년 4월 24일에 의명통첩 제210호 〈내지의 사업에 종사할 직공 노동자 모집 단속에 관한 건〉에서 '내지' 기업이 10명 이상의 조선인을 고용 혹은 모집할 경우, 각 도 경무부장 혹은 2도 이상의 경우는 경무총장에게 신청하여 허가를 얻어야 한다고 정했다(인가제). 이와 함께 경찰은 기업의 업무 상태나 모집 활동에 종사하는 '대리인'에게 문제가 없는지 조사했다. 모집은 14세 이상으로 한정하고 20세 이하의 경우는 호주나 부모의 승인을 얻을 것, 기혼여성의 경우는 남편의 승인을 얻을 것을 요구했다. 나아가 제1차 세계대전 후인 1918년 1월 29일에는 조선총독부령 제6호 〈노동자 모집 단속 규칙〉에 의해 인가제가 허가제로 바뀌고, 허가 신청 시에는 고용계약서 첨부를 요구했다. 그리고 모집 시에 "사실을 은폐하거나 과대 혹은 허위의 언동을 쓰지 않도록" 준수사항이 정해졌고, 위반자에게는 200만 엔 이하의 벌금 혹은 과태료를 부과한다고 했다.

한편, '내지' 측 관청인 내무성은 1911년에는 조선인의 언동을 감시할 것, 그것을 명부에 등록할 것을 규정하고, 나아가 1913년 10월 29일에는 〈조선인 식별 자료에 관한 건〉에서 조선인의 용모나 행동 등의 특징을 상세히 열거하여 치안 당국이 재일조선인 '식별'이 가능하도록 했다. 이것은 같은 해 12월에 예정된 다이쇼大正천황 즉위식에 대비하여 경찰이 조선인의 '식별'을 도모한 것과 관계가 있다.[16] 내무성은 명확히 조선인을 '치안' 대상으로 여기고 체계적인 단속체제를 정비하기 시작했던 것이다.

그 사이에 조선의 무단통치, 토지조사사업의 진전, 제1차 세계대전 발발을 전후하여 재일조선인의 숫자는 증가일로를 걸어, 1910년의 2,246명에서 1917년에는 1만 4,502명으로 비약적으로 증가하게 되었다. 지역적으로는 1917년 현재 후쿠오카福岡(2,286명), 오사카(2,235명), 홋카이도北海道(1,706명), 효고(1,624명), 히로시마廣島(928명) 순으로 많았고, 서일본과 홋카이도의 방적, 제사, 유리 제조, 석탄 등의 산업에서 일했다.[17] 1918년에는 오히려 조선 내 노동자가 부족한 상황이 발생하여 조선토목건축협회가 '노동자 이출 제한운동'을 전개할 정도가 되었다.[18]

조선인 노동자들은 이 무렵부터 현장에서 상호부조 조직을 형성하기 시작한다. 1916년 8월 가고시마의 일본질소비료주식회사 수력전기발전소 공장에 종사했던 조선인 47명이 결성한 '결맹동지회'라는 단체를 예로 그 활동을 살펴보자.[19] 이 단체는 회원이 갹출금을 내서 회원 중에 환자나 다친 사람이 나올 때 치료비나 조의금을 지불하는 것을 주요 활동으로 삼았다. 열악한 조건하에서 어려운 공사에 종사할 수밖에 없는 조선인 노동자의 위험부담을 경감하기 위한 상호부조 조직이었다고 할 수 있다. 또한 결맹동지회는 이에 더해 "불행의不行儀한 자에 대해서는 계고태벌戒告笞罰을 과하는" 경우도 있었다고 하여, 치료비 갹출뿐만 아니라 회원 상호의 '계고태벌' 같은 일종의 치안기능도 담당했다.

조선인 상호부조 조직이 요청되었던 배경에는 가혹한 노동뿐만 아니라 일본인 고용주에 의한 억압적 처우 속에서의 민족차별 임금, 그리고 일본인 노동자의 멸시라는 상황이 존재했다. 예를 들면 후쿠오카현 다이리大里유리공장의 경우, 일본인 임금이 최고 1엔, 평균 35센인 데 반해 조선인의 임금은 15~45센, 평균 24센이었고, 더욱이 이 공장에서 일하는 200명의 조선인 유년공은 의무교육 취학의무를 규정한 공장법 시행령의 적용에서 제외되어 있었다.[20]

경찰 등의 치안 당국은 조선인의 열악한 노동 상황을 묵인하면서 일본인 노동자와의 '투쟁'을 경계했다. 일본 내무성 경보국의 조사에 따르면, 1917년 조일朝日 노동자의 '투쟁'은 67회, 참가 인원은 일본인 603명, 조선인 1,332명이었다.[21] 원인은 조선인에 대한 '멸시'나 '언어 불통', 그중에서도 일본인 노동자나 감독자가 조선인 노동자를 매도, 모멸, 구타한 것에 대해 조선인이 '단결쇄도'하는 경우가 두드러졌다. 저임금 노동자로서 고용된 조선인에게 일본인 노동자는 증오의 시선을 보냈고, 조선인 노동자는 고용주의 부당 대우와 일본인 노동자의 멸시라는 두 가지 억압과 싸우지 않으면 안 되었다. 조선인 노동자단체 형성의 역사적 배경이다.

재일유학생과 3·1독립운동

조선인 도일의 두 번째 경로는 유학이다. 다만, 1870년대부터 1910년까지의 유학생의 역사는 본서가 다루는 '해방 5년사'와 직접적인 관계가 적기 때문에 간략하게 설명하고자 한다.

조선인 유학생이 증가하는 것은 조선에서 일본 세력이 강해진 러일전쟁 전후 시기라고 일컬어진다. 이후에는 이전처럼 귀국 후 임관을 전제로 한 정치가나 망명 지식인 중심의 유학에서 사비를 포함하는 보다 광범위한 청년층으로 확대되어, 1905년부터 1919년에 걸쳐 연평균 500에서 600명의 유학생이 일본에 체류하게 되었다.[22] 또한 메이지明治대학이나 와세다早稻田대학에서는 그사이 조선인유학생회가 조직되었고, 1909년에는 대한흥학회가 조직되는 등, 유학생의 조직화가 진전되었다. 하지만 러일전쟁 후에 급증한 유학생은 '병합' 후에 일단 감소하였고 1910년 이후에는 더욱더 도일이 급감했다. 총독부가 졸업 후 귀국한 유학생들의 일자리가 없어 실업 상태에 놓일 것을 우려하여 유학 억제정책을 취했기 때문이다.[23]

이와 같은 추세가 변화한 것은 1910년대 중반 이후이다. 한말부터 유학생들은 출신 지역별로 유학생 단체를 만들었는데, 출신 지역을 넘어 전 유학생을 대상으로 한 단체도 만들어졌고, 학술 연구를 목적으로 하는 조선학회나 여자친목회가 결성되었는데, 그중에서도 대표적인 조직은 1912년 10월에 결성된 도쿄조선유학생학우회(이하 '학우회')였다.

학우회의 유학생들은 '다이쇼 데모크라시'의 시대적 영향 아래 요시노 사쿠조吉野作造 같은 민본주의자와도 접촉하며 적극적으로 식민지 조선의 실상을 호소했다.[24] 또한 러시아혁명과 윌슨의 민족자결 선언 등, 19세기 이후의 제국주의적 국제관계를 뒤흔드는 사건의 영향을 강하게 받아 조선 독립을 위한 사상을 연마하게 된다.

그리고 1919년 2월 8일에 도쿄 조선기독교회관에서 400명의 조선인 유학생이 모여 그 자리에서 '조선민족독립단'이라는 이름으로 〈선언서〉와 〈결의문〉이 낭독되었다. 이른바 '2·8독립선언'이다. 2·8독립선언은 1918년 연말부터 학우회가 1919년 1월에 열리는 파리강화회의를 염두에 두고 조선이나 해외 독립운동가와 연락을 취하면서 준비한 것이었다. 학우회 중에서 해외, 특히 중국과의 연락을 담당한 것은 이광수이다.[25] 이 무렵 상하이上海에서는 여운형 등의 신한청년당 계열 사람들이 파리강화회의에 조선민족 대표를 파견하고자 하는 한편, 조선·중국·미국·러시아 조선인들의 독립운동을 계획했다. 이광수는 1918년 10월 16일에 도쿄를 출발, 조선을 경유하여 베이징으로 향한다. 2주 동안 중국에 체재한 이광수는 1919년 1월 10일에 베이징을 출발하여, 각지의 조선인이 독립운동을 개시하고 있다는 정보를 일본 유학생 사회로 가지고 돌아온다. 그사이 도쿄 유학생의 일부는 조선으로 귀향하여 서울의 유학 경험자들에게 독립운동을 벌이도록 했다.[26] 일본, 조선, 중국을 잇는 조선독립운동의 네트워크가 2·8독립선언, 나아가 3·1운동의 중요한 배경이었다는 것을 알 수 있다.

2·8독립선언은 역사적으로 조선민족이 독립국가를 형성해왔다는 것, 19세기 말 이후 일본은 조선의 독립을 보전한다고 약속했음에도 '사기와 폭력'에 의해 조선을 병합했다는 것, 병합 이후 일본은 조선인의 모든 인권을 침해하는 "고대의 비인도적인 정책을 시행했다"는 것을 강하게 비판하며, "우리 민족과 일본인의 이해는 서로 배치"되므로 조선민족은 '생존할 권리'를 위해 독립을 주장하는 것이며, 무엇보다 러시아에 대항한다는 이유로 병합한 것이므로, 혁명이 일어나 러시아가 "제국주의적 야심을 포기"한 이상, 이미 병합의 최대 이유가 소멸되었다는 것을 지적했다. 2·8독립선언은 3·1선언과 비교해도 예리한 대일 비판으로 일관되어 있고 대단히 전투적이다.[27] 이 2·8독립선언은 600부가 인쇄되어 조선과 해외로 송부되었고,[28] 그 내용의 수준은 물론 영향도 결코 작지 않았다.

다만 '재일조선인사'라는 시각에서 보았을 경우, 도쿄의 2·8독립선언보다 흥미를 끄는 것은 오사카에서 발표된 〈독립선언서〉이다. 1919년 3월 19일에 게이오慶応대학 학생이었고 이후에 저명한 작가가 된 염상섭은 조선인 유학생과 노동자를 대상으로 덴노지天王寺공원에서 〈독립선언서〉와 〈격문〉을 공표하려고 했다.[29] 이 시도는 직전에 관헌에 새어나가 염상섭 등은 금고형을 받았다. 염상섭과 행동을 같이했던 이경근李敬根, 백봉제白鳳濟는 모두 오사카의대 학생이었고, 도쿄 유학생과의 네트워크도 있었던 점에서 2·8독립선언과 마찬가지로 유학생 사회의 네트워크 속에서 이루어진 시도라고 할 수 있다.

오사카의 〈독립선언서〉에서 주목할 점은 "재오사카 한국 노동자 일동 대표 염상섭"의 명의로 쓰였고, 3월 19일의 대회도 유학생뿐만 아니라 오사카의 조선인 노동자를 대상으로 했다는 것이다. 〈격문〉에도 "오사카에 거주하는 우리 동포만 구구한 내일의 생계를 염려하여 안전하게 수수방관하는 것은 한반도 민족의 일대 수치이다"라고 재오사카 조선인 노동자의 처지가 명료하게 쓰여 있는데, 이 점은 2·8독립선언이 "토착의 우리 민족이 해외로 유리될 수밖에 없게 만들었다"고 일반적으로 조선인의 해외 이산을 언급하는 데 그친 것과는 현저한 대조를 이루고 있다.

오사카에서는 일찍이 조선인 유학생이 노동자와 접촉하여 단체를 만드는 경우가 보이는데, 예를 들면 1914년 1월에는 간사이關西대학 학생 강만형姜萬馨 등이 '노동자 구호'를 목적으로 '재판조선인친목회在阪朝鮮人親睦會'를 결성했다.[30] 양자의 차이는 유학생이 압도적이었던 도쿄와 노동자 중심의 오사카의 차이라고 할 수도 있을 것이다. 도쿄에서도 1916년 12월에 고학생, 노동자의 상호친목을 위해 노동동지회가 발족되어 동일한 움직임이 보이는데,[31] 이것이 보다 광범위한 재일조선인운동으로 전개되는 것은 3·1독립운동 이후의 일이다.

재일조선인운동의 발전과 '간토대학살'

3·1독립운동 이후의 도일 상황과 여행증명제도

1920년대는 이러한 조선인 노동자나 유학생의 활동이 본격적으로 전개되어 '재일조선인 사회'가 움트기 시작하는 시기이다. 이윽고 '해방 5년사'와의 접점이 보이는 시기이기도 한데, 여기에서 보다 상세히 살펴보아야 할 사건이 1923년에 발생한 간토대지진에서의 조선인 학살사건(이하 '간토대학살')이다.

우선 3·1독립운동 이후 재일조선인의 상황을 확인해두자. 조선에서 건너온 도항자 수는 계속 증가했다. 1919년부터 간토대지진이 일어나는 1923년 사이에 재일조선인의 숫자는 실로 3배 가까이 증가한다(〈표 1〉). 특히 1922~23년의 증가가 현저한데, 이것은 총독부의 정책과 관계가 있다.

조선총독부는 3·1운동 후인 1920년부터 일본 국내 쌀 부족 해소를 위해 조선미 증산을 계획하기 위해 산미증식계획을 실시한다. 그 결과 조선 산 쌀의 일본 수출은 증대했지만 조선 농민은 증산의 혜택을 입지 못하고 오히려 새로운 수리조합비나 토지개량공사 부담용 조달에 몰리게 된다. 이리하여 조선농민은 궁핍해지고 이농자가 발생하여 조선인의 일본 도항의 원인이 되었다.

그러나 조선총독부는 1919년 4월 15일에 경무총감부령 제3호 〈조선인의 여권 단속에 관한 건〉을 발하여 '여행증명서제도'를 도입했다. 이 제도는 조선인이 조선 밖으로 나갈 경우에는 거주지 관할 경찰서 또는 경찰관 주재소에 여행 목적, 여행지를 신고하고 여행증명서를 발급받아 조선 마지막 출발지 경찰관에게 제시하고, 또한 조선에 들어올 경우에는 여행

증명서나 재외 제국공관의 증명서를 조선 최초의 도착지 경찰관에게 제시할 것을 의무로 정한 것이다. 이것은 3·1운동 후의 조선과 중국의 국경 감시 강화를 목적으로 한 제도였는데, 도일하는 조선인에게도 부과되었다. 그때까지 총독부는 기업의 노동자 모집 규제는 시행했지만, 조선인 개개인의 도항과 월경 단속을 개시한 것은 이것이 처음이다.

하지만 3·1독립운동 후에 창간된 민족지는 일본인에게 부과되지 않는 이 도항 규제에 크게 반발했다. 예를 들면 《동아일보》는 여행 증명에 의해 '불령선인' 유입을 저지한다고 하지만, 애초에 "犯人을 搜査하여 逮捕함이 警官의 責任이며, 그 責任을 遂行하기 爲하야 各個 住宅의 安全을 侵犯한다 하면 그 쪼한 엇지 될고, 이는 法을 爲하야 오히려 法의 理를 破壞하는 것"이라고 비판했다.[32] 이러한 비판을 억누를 수 없게 되자, 총독부는 1922년 12월 15일로 여행증명제도를 폐지한다. 1923년에 급격히 재일조선인 숫자가 증가하는 것은 이 증명제도 폐지의 결과라고 할 수 있다.

재일조선인의 직업은 1925년 현재 노동자 10만 3,000명 중에 토목노동 54.5%, 직공 28%, 광산노동 8.3%, 일반 사용인 6.7%, 짐꾼 1.8%였다.[33] 명백히 재일조선인 노동자는 증가일로를 걸었다. 한편 일본은 1920년의 전후 공황 속에 있었고, 내무성은 조선인 노동자의 증가를 '내지'의 실업자 증가와 관련시켜 되도록 조선인 도항자 수를 억제할 것을 강하게 요망했다. 여행증명서의 폐지가 늦어진 것도 내무성이 반대했기 때문이었다.[34] 조·중 국경 경비 강화를 위해 등장한 여행증명제도 폐지 전후로 조선인 노동자의 도일 규제로 그 역점을 바꾸었던 것을 알 수 있다.

일본인 노동자들도 저임금 노동에 종사했던 조선인이나 중국인 노동자를 자신들의 직장을 빼앗는 존재로 간주했다. 기업은 불황 속에서 저임금 조선인 노동자를 고용하려 했기 때문에 일본인 노동자들은 이것을 적대시했던 것이다. 1922년 2월에 요코하마橫浜에서 석탄 하역 노동자를 일본인에서 중국인으로 바꾸자 일본인 노동자들이 회사에 항의하여 중국인 노동자들의 하선을 중지시키려고 난투를 벌이는 사건이 발생했다.[35] 일본인 노동자 사이에 퍼진 이러한 배외적 감정은 이후의 '간토대학살'의 중요한 배경이 된다.

재일조선인운동의 발전과 '불령선인'관의 형성

한편, 재일조선인의 민족운동은 3·1운동 이후에 발전기를 맞이한다. 내무성은 조선인 유학생의 감시와 미행을 강화하여 연설회 단속을 철저히 하는 한편, 그때까지 일본의 민족운동을 주도한 도쿄 유학생 중 지도적 인물들은 조선으로 귀향한 후에는 '문화정치'하에 총독부의 지배체제에 영합해갔다. 그러나 이미 3·1운동 당시에 보였던 학생과 노동자층의 접촉에 의한 새로운 민족운동이 확대되어갔다.

도쿄에서는 노동자와 유학생에 의한 단체 결성이 이어졌다. 1920년 11월에는 도쿄에서 김약수金若水, 박열朴烈, 백무白武 등에 의해 고학생동우회가, 21년 11월에는 마찬가지로 흑도회黑濤會가 결성된다. 또한 1922년에는 북성회北星會가 결성되었다. 1920년대에 결성된 이들 단체의 특징으로는 첫 번째로 사회주의 사상의 강한 영향을 받았다는 점, 두 번째로 일본인 사회주의단체와 긴밀한 제휴를 가졌다는 점을 들 수 있다. 본론에서도 등장하는 박열과 백무는 '해방 5년사'를 내달린 지도적 활동가 중에서도 이 무렵에 활동을 개시한 최장년 세대에 해당한다. 아울러 1922년 5월의 일본노동총동맹 주최 제3회 메이데이에는 고학생동우회 회원이 참가하여 백무 등이 연설했다.

조선인단체는 연대를 강화하여 재일조선인을 둘러싼 여러 문제에도 적극적으로 뛰어들었다. 그중에서도 잘 알려진 것이 1922년 7월에 니가타현新潟縣 시나노가와信濃川강 지류인 나카쓰가와中津川강에서 신에쓰信越전력공사주식회사 공사를 맡은 조선인 하청 노동자가 고용주에 의해 학살당하는 사건의 조사 활동이다. 재경조선인단체나 《동아일보》는 '시나노가와 조선노동자 학살사건 조사회'를 설립하여 현지조사를 떠나 도쿄에서 연설회를 개최했다. 여기에서 박열은 "반인도적 행위는 항상 감독들의 향응을 받았던 3명의 순사에 의해 조장되고 있다"고 주장하여, 이 사건이 고용주에 의한 학살을 넘어 말단 경찰이 관여하여 심각해졌음을 날카롭게 지적했다.[36] 이러한 움직임의 연장선상에서 도쿄에서는 1922년 11월 도쿄조선노동동맹회東京朝鮮勞働同盟會가 결성되었다.

그러나 이 조선인들의 새로운 운동에 대해 치안 당국은 단속 태세를 강화했다. 특히 1923년의 탄압은 격렬했다.[37] 일본 내무성은 조선인 학생의 사회주의 사상 '감염'과 일본인 사회주의자에 대한 접근을 위험시했다. 1923년에 학우회가 50개의 조선인단체에 호소하여 3·1운동 기념집회를 개최하려고 했을 때에는 우에노上野경찰서가 블랙리스트에 오른 조선인 학생들을 밤중에 급습하여 체포했고, 공원 주변에도 잠복하여 참가자를 검속했다. 또한 같은 날 경찰은 도쿄와 요코하마의 조선인이 상하이와 하와이의 조선인단체와 연락을 취하여 무언가 획책하고 있다는 유언비어를 근거로 조선인 유학생이나 노동자의 집주 지역 경찰서장에게 경계 태세를 취하게 했다. 유언비어를 근거로 조선인에 대한 계엄 태세로 전환한 경찰의 움직임은 '간토대학살' 당시에도 재연되는 것이다.

다른 한편, 그사이 일본사회에는 "독립의 음모를 꾀하는 가공할 만한 조선인"이라는 이미지가 깊이 침투하게 된다. 이른바 '불령선인'관의 형성인데, 이러한 인식의 형성에 중요한 역할을 담당한 것은 경찰과 신문이었다.[38] 나카니시 이노스케中西伊之助가 "조선인은 하등의 고려가 없는 저널리즘에 희생되어 일본인의 의식 속에 검은 공포의 환영으로 새겨져 있습니다"라고 비판했듯이, 신문은 "음모를 꾀하는 불령선인단" 등의 선동적 표제로 일본인의 공포를 선동했다.[39] 이러한 경찰의 선제 단속과 그것을 선정적으로 보도하는 신문의 합작에 의해 3·1운동 이후 '불령선인'관은 급속히 사회 깊숙이 침투해갔다. '간토대학살'의 토양은 이렇게 만들어진 것이었다.

'간토대학살'의 발생

간토대지진 중의 조선인 학살은 이러한 상황 속에서 발생했다. 1923년 9월 1일 오전 11시, 간토 지방에 진도 7.9의 대지진이 엄습하였고 지진에 따른 화재로 인해 간토 일대는 잿더미로 변했다. 그리고 한창 지진과 화재가 발생했을 때 "조선인이 우물에 독을 탄다", "조선인이 약탈을 일삼고 있다", "조선인이 도쿄를 향해 진격하고 있다"는 식의 유언비어가 확산되어 군대와 경찰, 자경단에 의해 수천 명의 조선인 학살이 이루어졌다.

왜 이 정도의 대규모 조선인 학살사건이 일어났을까. 조선인의 '폭동'에 관한 유언비어의 발생은 9월 1일 오후에는 확인되었다.[40] 유언비어 발생의 배경에는 앞에서 언급한 '불령선인'관으로 대표되는 조선인에 대한 차별의식이 있었지만, 그 확산의 요인으로는 민중 사이의 입소문뿐만 아니라, 당시의 정부나 군, 경찰 당국의 초기 대응을 들지 않을 수 없다. 지진 발생을 접하고 미즈노 렌타로水野錬太郎 내무대신, 아카이케 아쓰시赤池濃 경시총감, 고토 후미오後藤文夫 내무성 경보국장 등의 치안담당 관료들은 계엄령 공포를 검토하여 9월 2일 저녁 추밀원의 비준도 거치지 않고 또한 '내란' 사실도 없는데 계엄령을 공포했다. 이미 9월 1일부터 2일에 걸쳐 근위사단, 제1사단 외에 센다이仙台, 우쓰노미야宇都宮, 히로사키弘前 등의 다른 사단에도 출병 명령을 내렸고, 계엄령 공포와 출병은 사람들에게 유언비어를 사실로 오인하게 만드는 근거를 제공했다.[41]

뿐만 아니라, 내무성 스스로 이 유언비어를 추인하여 군대나 경찰이 조선인 학살의 주체가 되었다. 내무성 경보국장은 지진 직후에 "도쿄 부근의 지진을 이용하여 조선인들이 각지에 방화하여 불령한 목적을 수행하려 하여 현재 도쿄 시내에서 폭탄을 소지하고 석유를 부어 방화하는 자가 있다"고 유언비어를 공인하는 정보를 전국에 흘리며 지방장관에게 조선인 단속을 강화하도록 명령했다.[42] 내무성 경보국장이 이 전보를 친 것은 9월 2일이어서, 초기 단계에 치안 당국이 유언비어를 공인한 것을 알 수 있다.[43] 나아가 각 신문은 조선인의 '폭동'을 사실로 보도함으로써 유언비어를 확대했고, 각지에서 군대, 경찰, 자경단에 의한 조선인 학살이 벌어졌다.[44] 앞에서 언급한 흑도회 등의 지도적 인물이었던 박열이나 가네코 후미코金子文子도 폭동을 꾀했다고 검속되었다.

간토 전역에서 조선인 학살이 발생하는 가운데 일본정부는 유언비어가 사실 오인이었다는 것을 깨닫자 궤도를 수정하기 시작한다. 하지만 스스로의 잘못을 완전히 인정하지 않고 조선인 중에 '불령선인', '착한 선인'이 있는데 후자는 보호해야 한다는 논법을 채용하는 한편, 살해 책임을 자경단에게만 전가하는 방법을 취했다. 정부는 9월 16일의 〈선인鮮人 문제에 관한 사항〉에서 조선인 학살에 대한 '선전' 방침을 지시했다.[45] 여기에서는 조선과 '제외국'에 대해 실제로 '불령한 선인'에 의한 약탈, 강간, 방화가 존재한 것을 선전하는 한편, 학살의 주체는 '시민'에게 전가되어 있다. 또한 "선인의 불령행위 실례를 제시하여" "정당한 것은 어디까지나 충분히 보호되는 것을 선전"하도록 장려하고 있다. 특히 일본정부가 조선이나 국제 여론에 대한 호소에 힘을 쏟았음을 알 수 있다.

간토대학살 후의 재일조선인의 동요는 상당하여, 1년 후 경시청에 의한 호구조사에서도 도쿄에 있던 약 1만 명의 조선인이 3,609명으로 감소했다고 보고되어 있고, 또한 도쿄에 남은 조선인도 "일정한 주소 없이 벌벌 떨면서 도망다니거나 숨거나 하는 상황이었다"고 한다.[46] 하지만 그 한편으로 민족단체는 진상을 은폐하는 일본정부를 강하게 비판했다. 지진 1년 후에는 도쿄에서 민족주의자, 무정부주의자, 사회주의자들이 공동으로 '피학살 조선동포 기념추도회'를 열었던 것에서도 알 수 있듯이,[47] 1920년대 중반에는 노동운동이나 민족운동의 민족통일전선운동이 활발해졌다.

일본의 치안 당국에게 이러한 상황은 우려할 만한 것이었다. 조선총독부나 일본정부는 학살의 은폐나 조선인의 반일감정에 대한 대응에 몰린 사이토 마코토斎藤実 조선총독의 지시에 따라 지진 직후에 조선인의 '보호구제'와 '내선융화'의 명목으로 '융화'단체가 만들어지게 된다.[48] 1924년 5월에는 조선인 인구가 많은 오사카에서 오사카부 내선협화회大阪府内鮮協和會가 만들어졌고, 이어서 가나가와神奈川나 효고에도 동일한 단체가 만들어졌다. 이 단체들은 조선인의 주택 문제 해결이나 직업 소개, 야학 운영을 하는 등의 사회사업을 전개하는 한편, 지진 당시에 조선인을 구했던 일본인의 '미담집'을 발행하기도 했다. 초기의 이러한 '융화'단체들은 30년대 후반의 협화회와 달리 전국적인 것은 아니었고 각 지방의 조선인 유력자나 민간 독지가가 주체가 되었고 여기에 경찰이나 지방행정 당국이 원조하여 운영하는 형태를 취하는 경우가 많았다.

하지만 이러한 '간토대학살'의 사후처리는 결과적으로 일본인의 기억 속에 유언비어를 '사실'로 기억하게 만드는 부정적 유산을 초래하게 된다. 예를 들면 지진이 일어난 지 정확히 1년이 지난 1924년 8월에 요코하마에서 지진 1주년을 기해 조선인이 일본인에게 복수할 것이라는 유언비어가 퍼졌다. 이로 인해 자경단이 경계 태세를 취했고, 이를 두려워한 요코하마 거주 조선인 중에는 배로 요코하마를 떠나는 자들도 다수 있었다고 한다.[49] '학살의 기억'은 살해당한 당사자인 조선인뿐만 아니라 살해한 일본인의 의식도 움켜쥐고 놓아주지 않은 것을 잘 알 수 있다. 일본인 사이에 있는 '불령선인'관은 어떤 의미에서는 지진 당시와 다름없이 사람들의 뇌리에 새겨져 있었다고 할 수 있다.

2.

재일조선인 사회의 형성

1920년대~1930년대

재일조선인 체류와 도항 관리체제

간토대지진 후의 도일 증가 배경

1924년 6월 간토대지진 이후에 조선총독부가 취했던 도일 제한이 해제되자, 다시 조선에서 도일하는 경우가 증가하기 시작했다. 〈표 2〉는 1923년부터 1945년까지 도일한 조선인의 수를 나타낸 것인데, 이것을 보아도 20년대 이후의 증가 추세는 뚜렷하다. 또한 조일 간에는 극히 빈번한 왕래가 있었고 그 숫자도 증가일로를 달렸다(〈표 3〉).

도일이 이토록 증가한 첫 번째 배경으로 들 수 있는 것은 조선 농민의 궁핍화에 따른 이농자 증가이다. 조선에서는 1920년부터 34년에 걸쳐 '산미증식계획'이 실시되었는데, 이 과정에서 대지주 중심의 토지 겸

병이나 자작, 자소작농 같은 농촌 중간층의 소작농화가 진전된다. 또한 1930년 전후의 쌀값 폭등에 의한 농가 수지 악화, 조세 부담 증가에 더해, 1924년, 28년, 32년, 35년의 연이은 가뭄은 조선농민의 이촌에 박차를 가하게 되었다. 1920년부터 38년 사이에 약 180만 명이 이농했다고 추산하기도 한다.[50]

도항이 증대된 두 번째 이유는 일본기업이 저임금 노동자를 구한 것이다. 도시화의 진전이나 지진 후의 대규모 토목공사 증가 등에 따라 일본의 산업계, 특히 탄광업계는 조선인의 채용에 적극적이었다. 일례를 들

〈표 2〉 재일조선인의 인구(1923~1950)

연도	인원(명)	연도	인원(명)	연도	인원(명)
1923	80,415	1933	456,217	1943	1,882,456
1924	118,152	1934	537,695	1944	1,936,843
1925	129,870	1935	625,678	1945	1,155,594
1926	143,798	1936	690,501	1946	647,006
1927	165,286	1937	735,689	1947	598,507
1928	238,102	1938	799,878	1948	601,772
1929	275,206	1939	961,591	1949	597,561
1930	298,091	1940	1,190,444	1950	544,903
1931	311,247	1941	1,469,230	1951	560,700
1932	390,543	1942	1,625,054	1952	535,065

* 출전: 森田芳夫(1996:71, 103); 外村大(2004:367).
* 주: 1923~44년은 내무성에 의한 통계. 1945년은 자원조사법에 의한 11월 1일 현재의, 46년은 귀환 희망자 등록에 의한 3월 18일 현재의 조사에 의한 통계. 1947~52년은 외국인 등록에 의한 통계.

<표 3> 조선인의 일본 도항과 귀환 수(1917~1945)　　　(단위: 명)

연도	일본 '내지' 측 통계		조선총독부 측 통계		부산항 통과	
	도항	귀환	도항	귀환	도항	귀환
1917	–	–	–	–	14,012	3,927
1918	–	–	8,508	1,801	17,910	9,305
1919	–	–	10,090	2,076	20,968	12,739
1920	–	–	16,756	6,911	27,497	20,947
1921	–	–	24,703	7,724	38,118	25,536
1922	–	–	53,631	15,773	70,462	46,326
1923	–	–	57,297	37,088	97,395	89,745
1924	–	–	122,243	74,432	122,215	75,427
1925	–	–	–	–	131,273	112,471
1926	–	–	–	–	91,092	83,709
1927	–	–	–	–	138,016	93,991
1928	–	–	–	–	166,286	117,522
1929	–	–	–	–	153,570	98,275
1930	127,776	141,860	–	–	95,491	107,771
1931	140,179	107,420	102,164	83,651	93,699	77,578
1932	149,597	103,458	113,615	77,575	101,887	69,488
1933	198,637	113,218	153,299	89,120	136,029	79,280
1934	175,301	117,665	159,176	112,462	132,530	87,707
1935	112,141	105,946	108,659	106,117	85,035	81,844
1936	115,866	113,162	113,714	110,559	–	–
1937	118,912	115,586	121,882	120,748	–	–
1938	161,222	140,789	164,923	142,667	–	–
1939	316,424	195,430	284,726	176,956	–	–
1940	385,822	256,037	334,168	218,027	–	–
1941	368,416	289,838	325,643	242,469	–	–
1942	381,673	268,672	334,565	219,373	–	–
1943	401,059	272,770	–	–	–	–
1944	403,737	249,888	–	–	–	–
1945(1~5월)	121,101	131,294	–	–	–	–

* 출전: 森田芳夫(1996:72).

면, 1925년 5월 부산에서 조선인 노동자 30명이 수상경찰서에 체포된 일이 있다. 이때 리더 격의 인물이 경찰에 진술하기를, 후쿠오카 탄광에서 일했을 때 일본인 노동자 기숙업자가 10명 정도의 노동자를 데려오면 감독을 시켜주겠다고 해서 조선에서 사람을 모아 도항을 시도했다고 한다.[51] 조선인의 도항 배경에는 조선 농촌의 궁핍에 더해 이러한 '내지' 측 기업들의 유인도 존재했다.

조선에서 일본으로 도항하는 경로 중에 첫 번째는 경상남도 부산이나 전라남도 여수에서 시모노세키下關로 가는 항로로, 전시기 말기에 쓰시마해협 봉쇄로 취항이 정지될 때까지 식민지기의 가장 주요한 항로였다. 아울러 1943년에는 하카타博多와 부산 간의 박부博釜연락선도 취항했다. 두 번째는 제주도에서 오사카로 가는 항로이다. 일본인도 다수 이용한 관부關釜연락선과는 달리, '기미가요마루君が代丸'는 승객의 압도적 다수를 조선인이 차지했고, 오사카의 제주도 출신자 커뮤니티 형성의 커다란 요인이 되었다.

또한 소수이지만, 조선에서 러시아, 사할린을 경유하여 홋카이도北海道에 도달하는 경로도 있었다.[52] 노동력이 혼슈로 유출되는 탓에 홋카이도의 탄광업계는 조선인 노동자의 '모집'에 적극적이었는데, 예를 들면, 홋카이도탄광기선北海道炭礦汽船은 총독부와 절충하여 함경남도에서 노동자를 모집하여 1924년 하반기에 1,028명의 조선인 노동자를 고용했다.[53]

재일조선인의 출신지 분포는 압도적으로 한반도 남부에 편중되었다. 1938년의 통계에서는 도일한 조선인의 출신 지역은 많은 순으로 경상남도가 37.5%, 경상북도가 23.1%, 제주도를 포함한 전라남도가 20.6%, 전라북도가 6.1%로, 실로 거의 90%를 조선 남부 출신자가 차지하고 있다.[54] 다만, 학생은 반드시 그렇지는 않았는데, 학생층의 출신지 구성은 조선 전역에 거의 균등하게 분포되어 있었다. 조선 내에서 고등교육을 받을 기회가 제한되어 있었기 때문에, 조선 전역에서 '내지'의 고등교육 기관 취학을 목표로 도항했다고 할 수 있다.

재일조선인의 '체류'

1920년대부터 30년대에 걸쳐 재일조선인의 특징을 결정짓는 요소는 일본 내 '체류'라 할 만한 현상이다. 애초에 조선사회 전체로서는 도일 조선인의 출신 계층은 일정한 소지금과 교통비가 없으면 도항 규제를 통과할 수 없는 사정 등을 반영하여 "최하층보다 조금 위"의 계층으로 일컬어졌고,[55] 1920년대에는 이주노동자가 단신으로 도항하여 고향의 가족에게 송금하는 형태가 두드러졌다. 도항한 재일조선인의 대부분은 노동자가 되었다. 1924년의 전국조사에 따르면, 조선인 노동자 8만 8,262명 중에 '정신노동자'는 불과 0.4%(291명)임에 비해 '근육노동자'는 90%(7만 7,980명)를 차지했다. 더욱이 동일 직종의 경우에도 일본인 노동자와의 사이에는 차별 임금, 차별 노동이 부과되어, 조선인 노동자는 도시 하층 잡업층보다 더 저변에 편입되었다.[56]

그러나 1930년대에 들자 이러한 세대를 가르는 형태의 도일과 송금은 경제적으로 유지가 어려워졌고 세대 전체의 도항이나 가족을 불러들이는 형태가 대세를 점하게 된다.[57] 한편으로 후술하는 도항 관리체제에 의해 일단 조선에 돌아가면 언제 다시 일본으로 도항할 수 있을지 알 수 없는 상황이었기 때문에, 조선인 대다수는 일본 내에 '체류'하게 된다. 조선 내의 빈궁 상황이 개선되지도 않는 가운데 이루어진 아내나 가족 초청은 송금의 부담을 감소시키는 동시에 노동력을 늘리는 의미가 있었던 것이다.

재일조선인 중 여성 비율 증가는 이러한 추세를 잘 나타내고 있다. 1920년의 국세조사 시점에서는 15세부터 34세까지의 남성이 전 재일조선인의 75%를 차지했고, 여성은 11.5%에 지나지 않았던 것이, 1930년에는 여성이 28.95%, 1940년에는 40.04%로 증가했다.[58] 조선에서 세대 전체가 일본으로 건너감으로써 제사를 일본에서 지내는 경향도 늘기 시작하여, 이러한 중농적인 조선 농촌사회의 문화가 재일조선인 사이에서도 유지되는 경향이 현저해지는 것도 이 시기이다.[59]

또한 가족 초청뿐만 아니라, 단신 도항자가 혼인으로 새로이 가족을 형성하는 경우도 증가한다.[60] 여기에서도 혼인은 단신으로는 생활이 곤란해서 일손을 늘릴 목적으로 이루어진 경우가 많아, 조선인 여성의 대부분은 혼인 후에도 가내수공업적인 사업소나 식료품 판매, 공사 현장에서 식사 준비나 고철 수집 같은 노동에 종사했다. 오사카 같은 집주지에서는 조선인을 대상으로 한 식료품점이나 상점이 생겨나기 시작했다. 또한 조선에 쉽게 돌아갈 수 없기 때문에 배우자의 선택(주로 부모 혹은 남자에 의한 선택)에 있어서는 동향자의 유대에 의지하는 경우가 많아 사진만으로 결혼하는 경우도 있었다. 그중에는 노무 관리와 연결된 인신매매 같은 결혼 소개도 존재했다. 이 모순들을 품은 사람들의 인생살이의 축적이 재일조선인 '사회' 형성을 촉진해갔던 것이다.

도항 관리체제

조선인의 도일은 결코 자유로웠던 것은 아니다. 1910년대 총독부에 의한 도항 규제는 앞에서 언급했듯이, 노동자 모집 규제와 여행증명제도라는 양대 축으로 구성되어 있었는데, 간토대지진 후의 여행증명제도가 철폐되고 도항자 수가 증대되자, 내무성과 조선총독부는 도일자 억제를 위한 새로운 방법을 강구하게 된다. 그때 조선인의 도항 규제는 외국인에 대한 출입국 관리와는 다른 틀로 이루어진 것을 염두에 둘 필요가 있다. 중국인 노동자의 경우는 '외국인'의 입국 규제 문제로 다루어졌지만, 조선인은 명목상 '제국 신민'이기 때문에 내무성은 조선총독부에 조선의 출발지점에서의 도항 관리를 요청하여 조선인에 대한 도항 규제는 출경出境 규제라는 형태를 취했다.

그 결과 1925년 10월에 시작된 것이 부산 수상경찰서에 의한 도항 '유지諭止'이다. 이것은 부산 수상경찰서가 취직이 확실한지, 필요 여비 이외에 10엔 이상의 소지금이 있는지, 몰핀주사 상습자는 아닌지, 브로커의 모집에 의한 도항은 아닌지 등을 체크하여 해당자의 도항을 '유지'한다는 것이다. 이 제도는 1928년 7월에 전 조선으로 확대되어 도항 희망자는 거주지 경찰서장으로부터 호적등본의 이서를 수령하고 이것을 소개장으로 부산 수상경찰서가 체크하는 형식이 확립된다. 결과적으로 도항 희망자는 고향, '내지', 그리고 출발항의 각 경찰서에 의한 3종의 체크를 통과하지 않으면 도일할 수 없게 되었다. 특히 '내지'의 취직이나 고용 내용의 체크에 중점을 두고 있어, 재일조선인 실업자의 증대가 치안 문제로 발전하는 것을 꺼려서 생긴 조치였다는 것을 알 수 있다. 부산과 여수항의 도항 저지 통계를 보면, 도항증명제도가 생긴 직후나 1930년대 중반 이후의 저지 인원이 극히 많았고, 또한 각 지역의 도항 출원 수에 비해 실제로 허가된 수는 반수 이하였다(〈표 3〉).

다른 한편, 1929년의 세계공황으로 인해 실업이 사회문제화되자, 내무성은 1929년 8월 3일 자로 통첩 〈조선인 노동자 증명에 관한 건〉을 발표하여 이른바 '일시 귀선歸鮮증명서' 제도를 설치했다. 이것은 재일조선인이 조선에 일시 귀환할 때 미리 취로지 경찰서로부터 증명서를 수급해두면, 다시 도일할 때 도항증명서가 불필요한 제도였다. 대상이 되는 직종은 공장·광산노동자에 한정되어 있으며(이후에 '관공서 고용인, 회사 종업원', '유식 직업', '독립 영업자'로 확대) 재도항 후에 동일한 고용주 밑에서 일하는 것이 발급의 조건이었다. 이것은 조선인의 왕래를 '내지' 측이 필요로 하는 산업노동자로 한정하려는 것이며, 도항증명제도와 쌍을 이루는 것이었다.

이런 식으로 1920년대 말에는 총독부와 내무성에 의한 도항 규제의 뒷받침을 받은 '조선인 선별 도입체제'[61]가 만들어지게 된다. 하지만 도일의 배경인 조선 농촌의 궁핍화에 대처하지 않는 상황 속에서 나온 이러한 시책은 오히려 도항증명제도의 틀을 벗어난 무허가 도항을 낳게 되었고, 결과적으로 도항증명제도 아래 당국은 무허가 도항 단속에 혈안이 되는 한편, 도일을 희망하는 조선인은 '밀항'을 알선하는 업자에 대한 경제적 부담을 지지 않을 수 없게 되었다.

재일조선인운동의 고양

민족운동과 노동운동의 고양

간토대지진 직후의 상황을 관찰했던 문필가 정연규鄭然圭는 지진을 계기로 도쿄 조선인의 사상적 경향이 좌우대립에서 상애회相愛會 같은 친일파를 둘러싼 대립으로 일변했다고 기록하고 있다.[62] 확실히 1924년 이후 재일조선인운동은 종래의 사상적 대립을 넘어 새로운 방향으로 움직이기 시작했다.

그중에서도 가장 급속하게 성장한 것은 노동운동이다. 조선인 노동자의 조직화는 지진 후에 급속히 진전되어 지진 전에 도쿄나 오사카, 나고야名古屋 등에서 차별 임금 철폐나 대우 개선을 요구하며 쟁의를 했던 11개의 노동조합이 모여 1925년 2월에 재일본조선노동총동맹(이하 '재일조선노총')이 결성되기에 이른다.[63] 재일조선노총은 "자본가 계급의 억압과 박해에 대해 철저히 항쟁할 것", "노동조합의 실력으로 노동자 계급의 완전한 해방과 자유평등의 신사회 건설을 기할 것"을 강령으로 내걸고, 8시간 노동, 최저임금 설정, 악법 철폐 등을 주장하며 기관지《조선노동朝鮮勞働》을 발행했다. 최초의 전국적인 재일조선인 노동조합 조직이다.

조선인 노동자는 조선인에 한정한 해고나 체불 임금 혹은 민족차별 임금처럼 노동자의 일반 운동으로 해소될 수 없는 문제에 직면해 있었다.[64] 애초에 노동 현장 자체가 일본인과 구별되어 있는 경우도 많았고, 계약 관계도 일본인 노동자가 공장주한테서 직접 고용되는 데 비해 조선인은 다른 청부업자를 통해 고용되는 등의 사례도 적지 않았다. 더욱이 일본인 노동자의 차별 감정이나 언어 불통으로 인해 일반 노동조합에 들어가는 것도 곤란했다. 이러한 상황이 재일조선노총을 낳은 배경이 되었다. 일본인 고용주뿐만 아니라 조선인 십장을 쫓아내려는 예도 있어, 단순한 조건투쟁이 아니라, 조선인 노동자의 상황을 밑바닥에 밀어넣고 있는 구조 자체를 바꾸려는 움직임이 나타났다고 할 수 있다.

이러한 전투적인 노동운동은 재일조선인 민족단체의 기반이 되어 상호 영향을 주면서 전개된다. 이 무렵 도쿄에서는 안광천安光泉, 이여성李如星 등이 중심이 되어 사상단체 일월회一月會가 25년 1월에 결성되었고,

청년단체인 재도쿄조선무산청년동맹회(25년 1월 결성), 여성단체인 삼월회三月會(같은 해 3월 결성) 등이 조직되어, 사회주의 계열 노동, 사상, 청년, 여성 각 분야의 조선인 조직이 도쿄에 결집된 것이다. 이 네 단체는 25년 11월에 공동성명을 발표하여 조선인 노동자의 단결을 도모할 것, 유학생을 사상적으로 지도하여 무산계급 측에 세울 것, 일조日朝 무산계급 제휴를 행할 것, 출판의 자유가 없는 조선에 '민중교양' 재료를 제공할 것을 재일 각 단체의 임무로 내걸고 조선 사회주의운동의 파벌투쟁을 해소하도록 호소했다.

조선민족운동의 일환으로서의 재일조선인운동이라는 인식과, '운동의 통일'을 도모한다는 방향성은 1920년대 재일조선인운동의 기조가 되었다. 각 단체는 조선 수해기근 구조운동이나 3·1운동 기념식, 간토대지진 학살 추도회, 조선인의 '폭동'을 상정한 오타루小樽고등상업학교의 군사교련에 대한 항의운동 등 활발한 운동을 전개했다. 그리고 1927년 2월에는 18개 단체 대표가 일본제국주의 반대, 총독정치 반대, 민족해방을 목표로 하는 조선인단체협의회를 결성, 나아가 조선에서의 신간회운동과 호응하여 1927년 5월 7일의 신간회 도쿄지회(지회장 조헌영趙憲泳) 설립에 이르렀다.[65]

고양기 재일조선인운동의 자기인식을 명료하게 나타내고 있는 것이 재일조선노총이 발표한 1927년 9월 제3회 대회 선언이다.[66] 이 선언은, 재일조선인이 계급적·민족적인 '이중의 질곡'에 놓여 있으며 그 신분은 '민족적 임금노예'이므로 단순한 '경제적·조합적 세계관'에 머물러 있지 않으며 그 의식은 '제국주의에 대한 항쟁'으로 향한다는 것을 날카롭게 지적하고 있다. 제국주의에 대한 비판과 재일조선인의 형성을 연결시켜 이해한 것이라 할 수 있다. 또한 조선의 운동에 대해서는 오히려 '선발대'라는 의식도 가지고 있었다. 이러한 '이중의 질곡'이라는 이해에 기초하여 재일조선노총이나 신간회, 근화회槿花會 지회는 조선총독 폭압정치 반대투쟁과 동시에, 일본의 노동농민당 지지나 선거에서의 한글 투표 승인 등 일본정치에 대한 적극적인 관여를 가지려는 운동을 전개했다.

그러나 당국은 노동운동과 민족운동에 대해 가혹한 탄압으로 대응했다. 특히 당국은 조선공산당 일본총국, 고려공산청년회 일본부가 설립되어 재일조선인의 공산주의운동의 영향력도 고양된 것을 경계하여 1928년 무렵부터 탄압을 강화하기 시작한다. 특히 쇼와昭和천황 즉위에 맞춘 '어대전御大典 탄압'에서는 김천해金天海를 비롯한 많은 활동가를 체포하여 재일조선노총, 신간회 지회, 조선공산당 일본총국 활동은 곤란한 상황에 처하게 된다.

그 후 재일조선인운동은 오히려 일본 좌익운동에 보다 접근하는 경향을 보인다. 1930년대에 들어서면, 민족통일전선을 견인한 재일조선노총이나 신간회 지회 혹은 조선공산당 일본총국 같은 단체가 코민테른의 '일국일당 원칙' 아래 해소되어 조선인 활동가들이 일본공산당이나 공산당 계열 노동조합인 일본노동조합전국협의회(이하 '전협'), 대중단체인 반제동맹에 참가하여 활동했다.[67] 전후 일본공산당의 중앙위원 후보이자 조선인부 부부장이 되는 김두용金斗鎔은 이 당시 전협으로의 해소를 이론적으로 주도한 인물이다. 민족적인 노동조합이었던 재일조선노총이 없어짐으로써 재일조선인 노동자 전체를 묶는 구심점이 사라져 전협이나 총동맹 지부 등으로 분산되었다.

그래도 전협이나 반제동맹에 모인 재일조선인 활동가는 이러한 엄혹한 상황 속에서 일본의 좌익운동을 뒷받침하게 된다.[68] 전협 오사카 지부 등은 한때 조합원의 반수를 조선인이 차지할 정도였고, 해방 후에 재일조선인운동의 재건에 관여한 활동가들은 1930년대에 노동운동에 참가한 사람들이 많다. 또한 역설적이게도 1930년대 노동운동의 중심이 된 것은 전협이 주요한 투쟁의 장으로 여겼던 대공장 노동자가 아니라 오히려 도시 하층사회를 구성하는 중소·영세공장 노동자에 의한 쟁의였다. 고무 노동자나 방적 노동자, 혹은 실업자나 자유노동자를 중심으로 하는 쟁의는 30년대에 극히 격렬했고 그에 대한 탄압도 혹독했다. 1930년부터 37년까지 치안유지법으로 기소된 재일조선인 활동가는 292명에 달했고, 쟁의 과정에서 살해된 자도 적지 않았다.[69]

한편 당국이 간토대지진이 재일조선인의 반일본 감정을 고양시킨 것을 문제시하여 '내선융화'단체 설치로 이것을 회유하려는 시도를 한 것은 앞에서 언급한 대로이다. '내선융화'단체 중에서도 가장 유력했던 것이 상애회이다. 상애회는 지진 전인 1921년 12월에 도쿄에서 설립되었는데(회장 이기동李起東, 부회장 박춘금朴春琴), 비약적으로 세력을 신장한 것은 지진 당시 소사체焼死體 처리 같은 근로봉사에 대한 보답으로 당국으로부터 거액의 원조를 받은 이후이다. 일본인 임원으로 조선총독인 사이토 마코토를 비롯하여 마루야마 쓰루키치丸山鶴吉, 미즈노 렌타로, 아카이케 아쓰시 같은 유력 인사가 이름을 올렸다. 상애회는 도쿄 이외에도 오사카, 시즈오카静岡, 아이치愛知, 도요하시豊橋, 세토瀬戸, 미에三重, 산인, 규슈 등에 본부를 두고 조선인 노동자에 대한 직업 소개나 숙박소 경영, 조선어와 일본어를 가르치는 야학 운영 등을 행했다.[70] 그중에서도 상애회가 위력을 발휘한 것은 노동쟁의에 대해 경영 측 입장에서 개입하는 '파업 파괴'였기 때문에, 재일조선노총과 정면으로 대립하게 된다. 이와 같이 '내선융화'단체는 당국의 원조를 받으면서 재일조선인이 생활에서 겪는 다양한 문제를 다루며 일본에 비판적인 민족운동을 억제하는 역할을 요청받았다고 할 수 있다.

또한 이 무렵이 되면, 지방행정 당국에 의한 직접적인 재일조선인 조사나 사회사업도 모색되고 있다. 당시 거의 무일푼으로 일본에 도항한 조선인은 극빈층으로 전락하는 경우도 많았고, '극빈자'로 분류되는 조선인의 수도 결코 적지 않았다. 1920년대 중반 이후 도쿄나 오사카, 나고야, 효고 등의 사회국이 재일조선인의 도일 배경이나 직업, 임금, 교육 수준, 범죄 등에 대한 조사를 자주 시행하게 된 것은 이러한 행정 당국의 관심을 나타내고 있다. 그러나 사회사업을 실시할 때는 애초에 조선인의 생활수준이 낮은 점 등을 이유로 조선인과 일본인의 기준에 격차를 설정하는 등 구제기준을 낮게 설정한 지역도 있었다.[71]

'재일조선인 사회'의 풍경

이상과 같은 다양한 단체 활동의 배경에는 이 무렵 성립한 재일조선인 사회라 할 만한 공간이 있었다. 이미 1920년 전후에는 시모노세키, 모지門司를 중심으로 조선인 부락이 성립되었다. 일본인 집주인 측의 "불결하고 시끄럽고 집세를 안 내고 밀집해 있다"는 식의 조선인 노동자관이 조선인의 거주지 확보를 곤란하게 만들었기 때문에 1920년대 말경에는 도쿄, 오사카, 나고야 같은 대도시에 광범위한 조선인 집주지가 형성되었다. 그중에서도 경제적인 힘을 얻으면, 공사장 합숙소, 더부살이나 기숙사에서 셋방이나 셋집으로 옮겨갔고, 일부 임대에 성공한 조선인은 하숙집이나 '인부 숙소'를 경영하며 경영자(십장)와 동향 노동자들이 모이는 경향이 있었다.[72]

이리하여 재일조선인 '사회'가 형성됨에 따라 생활상의 다양한 문제가 발생하게 된다. 그 첫 번째는 아동교육이다. 가족 형성이 진전되면 당연히 교육이 문제가 되는데, 당시에 재일조선인 아동의 취학률은 대체로 낮았다. 1935년 통계에서는 요코하마시만 86%로 예외적으로 높고, 그 외에는 모두 50% 이하이며, 고베시에 이르면 24%였다. 조선인 집주지에는 '서당'이 있어서 거기에서 간단한 읽고 쓰기를 배우거나 했는데, 1930년에 들어서면 도시부에 조선인이 경영하는 교육시설이 나타나기 시작한다. 노동조합이나 기독교 교회, 혹은 상애회 등의 '내선융화' 단체가 이러한 야학을 경영하며 조선어나 일본어, 산술 등을 교습했다. 아동 이외에도 노동자를 대상으로 하는 노동야학 등도 존재했다.[73]

또한 엄격한 도항 관리체제하에서 어떻게 한반도와의 왕래를 확보할 것인가도 문제가 되었다. 무엇보다 당시의 재일조선인과 한반도 출신 지역과의 관계는 대단히 밀접하여, 출신자들이 동향단체를 결성하여 고향의 수해의연금이나 교육을 위한 원조를 하는 등의 '향리사업'을 일상적으로 행했다. 1926년에 전라남도 완도군 소안면의 소안학교가 총독부에 의해 폐쇄 위기에 처했을 때 많은 완도 출신 재일조선인이 폐쇄반대운동에 뛰어든 사례처럼 적극적인 저항운동으로 이어지는 예도 있었다.[74]

그중에서도 동아통항조합東亞通航組合의 활동은 주목된다. 제주도에서 도항하는 경우는 부산과 여수와는 약간 조건이 달라 '제주도 일본 도항자조합'(회장은 제주도청 도사島司)에 매년 1엔의 조합비를 내는 것이 도항의 조건이었다.[75] 이 '조합비'는 실제적으로 승선 시 운임에 추가하는 형태로 징수되었고, 이른바 '내지'의 대자본과 제주도청 당국이 결탁하여 조선인으로부터 운임을 착취하고 있었다. 이로 인해 오사카의 제주도 출신자들은 '어용적 제주 공제조합 박멸운동'을 개시하여 항로를 독점하는 조선우선朝鮮郵船, 아마가사키기선尼崎汽船에 운임 인하를 요구했다. 하지만 이 요구는 받아들여지지 않았기 때문에 1930년에 유지들이 동아통항조합을 결성하게 된다. 통항조합은 '전 무산계급의 배'로서 '후시키마루伏木丸'라는 자신들의 배를 취항시켰다. 조합은 오사카 거주 제주도 출신자 약 1만 명을 조합원으로 하여 후시키마루 취항 외에도 제주청년동맹과 손을 잡고 해녀투쟁과 연대를 하는 등 광범위하게 활동했다. 하지만, 관헌은 후시키마루에 의한 도항자의 재도항 금지 등 방해조치를 취했고 간부 검거 등의 탄압이 격해져 1933년에는 이 운동도 좌절되지만, 자주적인 도항과 왕래라는 재일조선인의 생활과 직결되는 운동으로서 주목된다.

1930년대에는 유력자 중에서 일본의 의회정치에 참가하려는 자가 등장했다. 애초에 조선에서는 중의원의원 선거법이 실시되지 않았는데, 이 법은 속지법이었기 때문에 1925년의 보통선거법 성립에 의해 일정한 조건을 갖춘 25세 이상의 '내지' 재주 조선인 남자에게는 참정권이 인정되었다.[76] 앞에서 언급했듯이, 1920년대부터 재일조선노총이나 신간회는 노동농민당의 선거 응원 등을 했는데, 본격적으로 조선인 입후보자가 등장하는 것은 1930년대이다. 그중에서도 박춘금은 상애회를 이끌며 노동운동 탄압에 가담하여 두각을 나타냈고, 네 차례의 중의원의원 선거에 입후보하여 1932년과 37년 두 차례 당선되었다. 식민지기 유일한 조선인 중의원의원이었다.

박춘금 당선의 영향으로 30년대에는 입후보자가 늘어 1943년까지 중의원에서 연인원 12명, 현회, 부회 등에서 362명이 입후보했고 시회나 구회, 정회町會 등에서는 적지 않은 당선자를 냈다. 입후보자의 직업은 시의회선거를 예로 들면, 총수 184명 중 토목청부업, 인부공급업이 34명으로 압도적으로 많았고, 조선인삼이나 약 판매업, 고물상, 회사원, 철·

금속 가공, 직물 등의 제조업이 뒤를 이었다.[77] 1930년대에 형성된 재일조선인 사회 내부의 유력자가 지방정치에 영향력을 행사하려는 모습을 엿볼 수 있다.

다만, 조선인이 선거인명부에 실리기 위해서는 동일 선거구 내에 1년 이상 거주하지 않으면 안 되었으므로, 이동이 많았던 조선인의 경우 유권자가 되는 데는 높은 장벽이 있었다. 또한 입후보자 대부분은 유권자가 다수 일본인이라는 점도 작용하여 '내선융화'를 내거는 경우가 많아, 오히려 일본의 모델 마이너리티를 연기하는 역할을 부여받았다고 할 수도 있다. 중일전쟁을 전후하여 입후보자가 느는 경향을 띠는 것도 그러한 추세와 무관하지 않을 것이다.

1930년대의 재일조선인 사회를 기반으로 한 노동조합, 소비조합, 융화단체, 상호부조단체 등의 다양한 활동은 해방 후의 재일조선인 운동의 기반이 되었다. 실제로 재일본조선인연맹(조련) 창립대회 당시(1945년 10월 15일)의 중앙위원 72명 중 출생연도를 알 수 있는 27명의 분포를 보면, 1901~5년생이 3명(11%), 1906~10년생이 12명(45%), 1911~1915년생이 10명(37%), 1916~1920년생이 2명(7%)이다.[78] 80% 이상이 1906~1915년생으로 8·15해방 시점에 30~40세였다. 보다 많은 샘플이 입수 가능한 조련 작성 〈전체 조직 통계표〉(1948년 2월 현재)에 기재된 조련 각 본부 임원 404명의 출생연도별 구성을 보아도, 마찬가지로 해방 당시에 30~40세였던 사람들이 전체의 61.5%를 차지하는 것을 알 수 있다(〈표 4〉).[79] 1950년 현재 재일조선인의 출생연도별 구성과 비교하면, 조련의 본부 임원을 상대적으로 젊은 세대가 담당했던 것은 분명하다.

즉, 재일조선인의 '해방 5년사'에서 전개된 운동이란, 1920년대 전반과 후반에 활동에 참가한 사람들(김천해, 박열, 백무, 김두용 등)을 최고참 리더로 앉히고 1930년대 일본공산당 시절에 노동운동, 소비조합운동 혹은 '융화단체'나 생활 상호부조단체 활동에 관여한 사람들이 기반이 되어 10대부터 20대 청년들이 말단에서 뒷받침하는 가운데 전개되어갔던 것이다. '해방 5년사'를 이해하기 위하여 그 역사적 전제로서 1930년대의 재일조선인운동을 알 필요가 있는 이유이다.

〈표 4〉 조련 본부 상임위원 출생연도별 구성

출생년도	인원수(비율)	재일조선인 인구(1950년 현재)에 점하는 각 연대의 비율
1891~1895	4(0.9%)	3.5%
1896~1900	17(4.2%)	6.6%
1901~1905	60(8.9%)	9.0%
1906~1910	83(22.5%)	12.4%
1911~1915	84(21.2%)	15.2%
1916~1920	87(21%)	16.9%
1921~1925	56(15%)	20.1%
1926~1930	21(5.9%)	15.9%

* 출전: 鄭永桓(2005 : 27). 단, 1950년 통계에 대해서는 森田(1996 : 121).

3.
전시체제와 재일조선인
1930년대 후반~1940년대 전반

〈조선인 이주대책 요목〉에서 협화회체제로

마지막으로 일본의 본격적인 중국 침략 개시 후 재일조선인의 상황에 대해 개관하고자 한다. 1932년의 '만주국' 설립으로 일본이 중국 동북 전역을 식민지 지배하에 둔 것은 재일조선인 정책에도 하나의 전기를 초래했다. 일본정부가 1934년 10월 30일에 〈조선인 이주대책 요목〉을 각의 결정함으로써 재일조선인 정책은 보다 종합적인 '조선인 이주' 정책 속에 규정되어갔던 것이다.[80]

〈조선인 이주대책 요목〉은 조선인을 "만주와 북선北鮮"에 이주시켜 '내지' 이주를 줄이고, '내지'에서는 '융화'를 도모하여 '보호단체'의 강화를 꾀하기로 정했다. 그때까지 조선인의 도항에 대해서는 도일 억제를 주장하는 내무성과 조선 내 실업자 체류를 꺼려 도일 규제 완화를 주장하는 조선총독부 사이에 의견의 차이가 있었는데, 〈이주대책 요목〉은 전 조선인을 중국 동북으로 할당하여 이를 '해결'하고자 했다고 할 수 있다.

또한 이미 거주하는 재일조선인에 대해서도 "내지에 동화"시키는 방침을 확실히 천명했다. 그것을 단적으로 보여주는 것이 각지의 조선인 교육시설 폐쇄이다. 1935년에는 "학령아동은 원칙적으로 소학교에 취학시킬 것", "조선인이 경영하는 교육시설은 되도록 인정하지 말 것", "조선어 교육은 절대 행하게 하지 말 것" 등을 정한 〈조선인 간이교육 단속〉이 발령되어 많은 교육시설이 폐쇄되고 말았다.[81] 또한 도항 관리도 강화되어 남편 곁으로 도항하려 했던 아내에게 도항 허가가 내리지 않아 그 결과 이혼하고 가출한 경우가 142건이나 된다고 조선총독이 탁무대신에게 호소할 정도였다.[82] 당시 재일조선인 발행 신문은 도항 규제, 송환, 그리고 경찰에 의한 불시의 가택수색은 '삼위일체'이며, 특히 송환의 공포가 조선인에게 미친 영향은 헤아릴 수 없다고 비판하고 있다.[83] 그러나 실제로는 조일 사이의 왕래가 그 사이에도 끊이지 않았고 오히려 증가했다.

중일전쟁 개전(1937)은 이것을 일보 전진시켰다. 재일조선인을 전시체제에 끌어들이기 위해 전국에 산재한 '내선융화'단체를 정부가 통합, 개편하여 새로운 재일조선인 통제단체가 만들어지게 된다. 이리하여 1939년 6월에 설립된 것이 재단법인 중앙협화회이다.

이미 오사카나 가나가와, 효고 등의 지역에 협화회가 설치되었는데, 중앙협화회 설립으로 1940년에는 이것이 전국적 규모로 확대되어갔다. 전후하여 상애회 같은 종전의 '융화'단체는 그 재산을 '기부'하고 해소되었고, 재일조선인단체는 협화회로 일원화되었다. 재일조선인은 중앙은 후생성, 지부 조직은 모두 각 경찰서의 관할하에 경찰관구마다 조직되었다.

협화회는 치안대책, 전시동원 대책, 지원병·징병 실시 외에 신사참배, 일장기 게양, 헌금, 일본어 강요, 일본 옷 강제 등의 '황민화' 정책도 담당했다.[84] 협화회는 그때까지의 '내선융화' 단체와는 달리, 전 재일조선인을 스스로의 통제하에 두려고 하여 재일조선인 중에 '세대주'를 '회원'으로 하고 그 이외를 '준회원'으로 규정하여 협화회 회원장을 배부했다. 협화회 체제의 확립이다.

강제연행, 강제동원과 도항 관리 강화

전시 동원의 기반이 갖추어진 후, 재일조선인에게는 조선보다 앞서 1942년 10월 국민징용령이 적용되어 일본 국내는 물론, 남방 등의 점령지에 군속으로 보내지게 된다. 특히 해군 군속이 된 자가 많았는데, 이것은 육군 공병대 같은 정식 건설 조직이 없었던 해군이 조선인과 타이완인으로 그것을 보충하려고 했기 때문이다.[85] 또한 1941년 2월 11일에는 조선교육회 장학부를 조선장학회(총재 미나미 지로南次郎 총독, 회장 오노 로쿠이치로大野綠一郎 정무총감)로 개칭하여 학생의 실태조사나 '황국신민'화에 착수한다. 1943년에 조선인 학생에 대한 '지원병' 모집이 시작되자, 조선장학회는 솔선하여 조선인 학생의 '지원' 송출에 열을 올리게 된다.[86]

또한 중일전쟁 개전 후 도항 관리체제도 전시 강제연행, 강제동원 정책에 종속되는 형태로 변화되었다. 일본정부는 1939년 7월 4일에 1939년도 〈노무 동원 실시계획 강령〉을 각의결정하여 이른바 '모집' 형식에 의한 전시 노동 동원을 개시했다. 여기에서는 8만 5,000명이 '이주조선인'으로 상정되었고, 기업은 총독부로부터 허가를 얻어 조선인 노동자를 집단 '모집'하게 되었다. 이 시점에서는 1934년 각의결정 〈이주대책 요목〉이 살아 있었고, 치안정책상의 배려 차원에서도 산업 분야도 한정되었고 인원수도 최소한도가 상정되었다.[87]

하지만, 일본군의 동남아시아 침략과 미일 개전에 따른 군용 인원 확대에 따라 1942년 2월 13일에 각의결정 〈조선인 노무자 활용에 관한 방책〉이 제출되어 "이제 내지 노무자의 자질에 비추어 소요의 조선인 노무자를 내지에서 활용하는 것은 불가결한 요청"이라는 판단이 제시되었다. 되도록 조선인은 일본에 들이지 않는다는 그때까지의 방침이 폐기되고 조선인을 '황국 노무자'로서 '노무 통제' 강화 속에서 '내지'의 노동에 종사하게 했던 것이다. 이후 '관 알선'에서 '징용' 방식으로 바뀐 전시 강제연행·강제동원은 강화일로를 걷게 된다.

이러한 동원정책의 변화는 보다 철저한 도항 관리를 초래했다. 여기에서도 협화회가 도항 증명 발행권을 장악하고 치안정책상 바람직하지 않은 자나 직장이 없는 자의 강제송환까지 담당했다. 또한 협화회 회원장은 강제연행 노동자의 신분증으로 기능하여 그것을 소지하지 않을 경우 국민노무수첩 교부를 받을 수 없으며, 도망자 여부를 분간하는 지표로도 이용되었다. '지원'을 기피하여 일본으로 도망한 조선인 학생에 대한 검문도 강화되었다.[88] 도항증명제도는 '만주국'에도 확대되었다. 1941년 1월에 '만주국'에서는 〈재만조선인 취급요령〉을 작성하여 '내지'로의 직접 도항에 대해 여행자 이외의 '비노동자'는 원칙적으로 이것을 '유지諭止'하고 노동자에 대해서는 조건을 갖춘 자에게만 도항 소개장을 발급하는 것으로 정했다.[89] 도항증명제도라는 동일한 제도가 '만주국'에 이식되었던 것을 알 수 있는 한편, 당시 조선→일본뿐만 아니라 중국 동북 지방에서 직접 일본으로 향하는 조선인의 흐름이 상당수 존재했음을 알 수 있다.

'내선일체'의 현실

재일조선인 사회도 전시체제에 흡수되어가는 가운데 변동을 강요당하게 된다. 특히 군수산업과 관련이 없는 것은 전업이나 폐업이 강제되었을 뿐만 아니라, 국민징용 실시에 따라 재일조선인의 생활은 커다란 타격을 입게 되었다. 특히 "징용에 의해 급속히 수입이 급감한 데다가 최근 징용의 범위가 확대되어 독신자보다 오히려 30세 이상의 기혼자로 그 중심이 이동함에 따라 가족이 받는 영향은 보다 심각한" 상황이므로 징용에 응하지 않는 자가 대단히 많았는데, 1944년 6월 시점에서 응한 자는 60% 정도에 지나지 않았다.[90] 반대로 이러한 상황을 역으로 이용하여 적극적으로 군수산업으로 전환하여 이익을 얻은 자도 있었다.[91]

창씨개명은 '내지'에서도 실시되었는데, 76.4%였던 조선과 달리 '내지'는 14.2%에 머물렀다. 애초에 재일조선인은 장사를 위해 일본 이름을 만들거나 혹은 고용주가 강제적으로 개칭하는 식으로 '내지 이름'을 쓰는 경우가 있었다.[92] 그럼에도 불구하고 창씨의 신고가 조선보다 저조했던 것은 조선에서는 창씨 신고 강요 시에 '도항 허가를 내주지 않는다', '공무원을 시키지 않는다'는 등의 협박이 사용되었지만, 이것이 재일조선인의 경우 기능하지 않았기 때문이라고 일컬어지기도 한다.[93]

더욱이 협화회는 조선인을 보도원과 지도원이라는 이름으로 말단에 배치하여 조선인 중에서 일본어를 할 줄 아는 자나 공사장의 십장들을 선발했다. 해방 후 '친일파' 문제의 역사적 배경이다. 여기에는 1920년대에 민족운동에 관여하거나 '내선융화' 단체의 지도자였던 자가 편입되는 경우도 있었다.[94] 다만 조선인에 의한 '지도'는 재일조선인 전체에게 받아들여졌다고 하기는 힘들었다. 조선인 지도원들은 "지도원은 일반

회원보다 저급하게 보이기" 때문에 협화회 지회에 '정신대'라는 이름의 경찰권을 가진 부대를 조직하여 재일조선인의 복장, 언어를 철저히 지도하게 하면 어떻겠느냐는 강경한 목소리가 있었을 정도였다.[95] 일본어 강습을 위한 야학에 일본인 강사가 10명 대기하고 있었지만, 조선인 참가자는 겨우 5명이었다는 보고도 있다.[96] 재일조선인 사회는 이러한 '비동조' 행동이나 강제연행 노동자를 기존의 조선인들이 가려주는 장이기도 했다.

한편, 당국도 조선인에 대한 의심의 눈을 누그러뜨리지 않았다. '황민화' 교육의 추진으로 미취학 조선인 아동도 점차 학교에 수용되어간다. 이러한 재일조선인 아동에 대해 관헌은 감시를 철저히 하여 1944년 무렵 오사카 특고경찰 이가타 마사토시井形正寿는 조선인 아동의 성적을 의도적으로 내리도록 학교에 압력을 가했다고 한다.[97] 더욱이 당시 조선인과 일본인은 호적상으로 준별되어 있어서 조선인은 '내지'의 호적으로 이전할 수 없었다. 내선일체를 지지하는 재일조선인 사이에서조차도 조선인에게만 부과되는 도항 규제나 이러한 호적 이전 금지는 불만으로 여겨졌다. 이러한 불만을 반영한 것인지 1944년 12월 22일에 〈조선과 타이완 동포에 대한 처우개선에 관한 건〉이 각의결정되어 중앙협화회는 중앙흥생회로 개칭되었고, "내지 도항 제한 완화"나 "호적 이전의 길을 열어야 한다"고 논의되었는데, 결국 실시되지는 못했다.

공습과 피난에서 귀환 그리고 '해방 5년사'로

일본 패전이 다가오는 가운데 재일조선인들은 어떠한 현실을 살았을까. 공습 피해는 재일조선인에게도 미쳤고, 전재자의 수는 23만 9,000명에 달했다.[98] 1945년 8월 6일의 히로시마, 9일의 나가사키 원폭 투하는 조선인에게도 다대한 피해를 입혔다. 피폭자 총수 69만 명 중에 조선인 피폭자는 약 7만 명을 차지했다고 한다.[99] 이런 가운데 도쿄, 교토, 오사카 같은 대도시에 거주하는 재일조선인의 숫자는 1942년 전후를 정점으로 감소하기 시작했고, 반대로 조선으로의 출발항이 있는 야마구치현의 인구는 증가하는 경향을 나타냈다.[100] 즉, 조선 귀환은 8·15에 의해 갑자기 발생한 것이 아니라, 전시기 말기에 '소개疏開', '피난', '탈출'이라는 형태로 시작되었던 것이다. 해방 직후 조선에서의 '밀항'에는 이러한 전시 말기의 피난자도 포함되어 있었음을 유의해야 한다.

더욱이 공습으로 인한 혼란은 일본 민중의식의 심부에 침전되어 있던 '불령선인'관을 불러일으켰다. 예를 들면 내무성 경보국은 "간토대지진 당시와 같은 사태를 상기"하여 "내지인의 방면에서는 공습 등의 혼란을 틈타 조선인이 강도나 절도 혹은 부녀자에 대해 폭행 등을 가할지도 모른다는 우려를 품고 쌍방 간에 상당히 불안한 공기를 자아내 결국에는 유언비어가 되고 그것이 또 의심을 낳는 경향이 있다"는 보고가 이루어졌다.[101] 공습의 혼란기에 간토대지진 당시와 같이 조선인이 '폭행'을 하지 않을지 일본인이 경계하고 있다는 것이다. 또한 히로시마에서 피폭당한 어떤 조선인은 겨우 찾아간 구호소의 텐트에 일장기가 있는 것을 보고 간토대지진 당시의 조선인 학살이 떠올라 망설이다 치료를 포기했다고 한다.[102] '간토대학살'의 진상규명과 명예회복이 이루어지지 않은 부정적 유산이 되살아났던 것이다.

그런 탓에 '8·15'는 '해방'임과 동시에 재일조선인에게는 공포의 시간이기도 했다. 앞에서 언급한 바와 같이 전시 말기에 조선으로 피난하는 움직임이 시작되었는데, 이것은 일본 패전과 동시에 가속화되어 센다이, 하카타, 시모노세키 등의 항구에는 귀환을 기다리는 사람들이 쇄도하게 된다. 이후에 조련은 사람들이 급히 귀국한 배경으로 "종전 직후에 간토지진 같은 학살사건이 일어나지 않을까 하는 공포심이 있었다"고 회고하고 있다.[103] 해방의 기쁨과 공포에서 벗어나기 위한 피난. 8월 15일 이후에 대거 조선을 향한 사람들은 이렇게 스스로 배를 조달하여 조선으로 떠난 사람들이었다. 그 숫자는 약 40만 명에 달했다고 한다.

조선 귀환은 크게 일본정부의 계획에 의한 것과 자주적인 것이 있었다.[104] 전자는 주로 노무 동원 계획, 국민 동원 계획에 의해 조선에서 강제동원된 조선인에 관한 것인데, 정부는 당초에 이 조선인 노동자들을 계속해서 기간산업에 묶어두려고 했다. 하지만 각지에서 미지급 임금 지불이나 조기 귀환을 요구하는 노동쟁의가 일어났기 때문에, 전시 상태의 유지보다 노동자를 송환하는 편이 득책이라 판단하게 되어 8월 21일에 이 조선인들의 징용을 해제하고 군인·군속과 함께 우선적으로 귀환시켰다. 이러한 정부 루트의 귀환에는 일반 재일조선인도 더해져 46년 3월까지 약 100만 명이 귀환한 것으로 추산되고 있다.

한편, 일본 '내지'에 거주한 조선인 중에 사할린에 살았던 사람들은 다른 지역과 다른 역사를 걷게 되었다. 일반적으로 '재일' 조선인의 범위에 사할린 거주 조선인이 포함되는 일은 없지만, 사할린섬 북위 50도 이남 지역은 러일전쟁 이후 '(남)가라후토樺太'로서 일본의 지배하에 놓였고, 1942년에는 가라후토청이 내무성에 이관되어 행정상 '내지'가 되었기 때문에 '재일=재在내지'라고 한다면 재'화樺' 조선인도 마찬가지로 '재일' 조선인의 일부를 구성한다고 할 수도 있다.

남사할린에서는 1910년부터 미쓰이三井광산 가와카미川上광업소가 조선에서 '모집'한 노동자들을 고용하고 있었는데, 시베리아 간섭전쟁에 따른 일본군의 북사할린 점령과 철수에 의해 조선인도 남하했기 때문에 이후 '가라후토'의 조선인 인구는 현저히 증가하여 1926년에는 그 숫자가 4,387명에 달했다고 한다. 재'화'조선인은 광부나 일용 노동, 벌목꾼 외에 농업 종사자도 있었고 농장주가 된 자도 있었다. 탄광 주변에는 연해주나 북사할린에서 온 피난민들이 친목회를 결성하여 비교적 강고한 조선인 사회를 형성했다.[105] 일본인이 압도적 다수를 차지하는 가운데 상대적으로 소수의 조선인이 존재한다는 남사할린의 인구 구성도 '내지'와 유사했다.

더욱이 전시기에는 조선 남부의 농촌을 중심으로 남사할린으로의 강제연행이 자행되어, 1만 7,000명에 달하는 사람들이 가혹한 강제노동에 시달렸다. 그러나 1945년 8월에 소련이 참전하여 남사할린을 침공하자, 많은 일본인은 홋카이도로 긴급 소개되었고, 그 과정에서 "조선인은 소련군의 스파이"라고 하는 유언비어로 인해 조선인 학살사건이 일어난다.[106] 또한 일본 패전 후의 '귀환'에서는 일본인만 대상이 되었기 때문에 사할린 거주 조선인은 그대로 방치되었고, 더욱이 조선 남부 출신자가 많은 사정으로 인해 한국과 소련 간의 귀환협정이 체결되지 않아, 이러한 '기민' 상태가 반세기 이상 계속되었다.[107] '재일조선인'이라는 말에서 누락되기 쉬운 '내지' 남사할린 조선인의 운명은 식민지 지배와 전쟁, 그리고 남북 분단의 한가운데에서 농락당한 이산 조선인의 축도라고 할 수 있다.

'내지'에 남은 60만 재일조선인에 대해서는 일본을 점령한 연합국군이 일본정부에 귀환계획을 책정하도록 지시했고, 46년 3월에는 이 지령에 기초하여 '귀환 희망자'에 관한 조사가 실시되었다. 본론에서도 지적하듯이, 이 조사에 의하면 64만 명 중에 79.5%인 51만 4,060명이 귀환을 희망했지만, GHQ가 귀환 시에 지참할 수 있는 재산을 소액으로 제한하거나 귀환자에게는 일체의 재입국이 금지된 점 등은 재일조선인들이 귀환을 단념하게 만드는 요인이 되었다.

뿐만 아니라 46년에 들어서면 조선에서 일본으로 도항하는 사람들이 다시 증가하기 시작했다. 중국과 일본, 동남아시아 각지에서 돌아온 귀환자에 의해 1946년 현재 남한 지역 인구는 1944년에 비해 22.45%나 증가하여 주택, 식량, 생활필수품 등이 극도로 부족한 상태에 빠져 있었기 때문이다.[108] 이 재도항자들 중에는 전시기 말기에 조선으로 피난한 자나 징용·징병 해제 후에 조선에 직접 송환된 일본 거주자들도 다수 포함되어 있었는데, 일본정부와 GHQ는 이를 '밀항'으로 간주하여 엄하게 단속했다. 엄격한 도항 관리체제하에 있었다 하더라도 식민지기에 그나마 존재했던 조선인의 합법적 일본 왕래는 이로써 완전히 차단되었던 것이다.

어쨌든 '귀환 희망자'의 비율로 보아 재일조선인의 귀환 의사는 결코 미약하지 않았지만, 이러한 환경 속에서 귀환을 선택하는 것은 투기적 성격이 극히 강한 '편도 티켓'을 선택하는 것과 같았다. 결과적으로 당분간 상황을 지켜볼 수밖에 없었던 약 60만 명의 사람들이 일본에 잔류하게 되었지만, 그 후 남북 분단과 한국전쟁이 발발하면서 이러한 상황이 완화되지 않았고, 이 사람들은 해방 후 재일조선인의 기반이 되어갔던 것이다. 재일조선인의 '해방 5년사'는 이렇게 시작되었다.

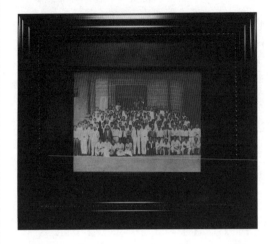

해방 전후의
재일조선인사를
어떻게
볼 것인가

문제의 소재

조선이 일본의 지배로부터 해방된 지 6년이 지난 1951년 1월에 미국의 중개로 일본과 대한민국의 예비회담이 시작되었다. 의제는 재일조선인의 법적 지위 문제였다. 재일조선인이란 일본의 조선 식민지 지배 과정에서 일본으로 도항할 수밖에 없거나 강제 연행된 사람들인데, 다양한 사정으로 해방 후에도 계속해서 일본에 살게 된 이 사람들의 국적, 출입국관리령의 적용과 재류권, 교육 그리고 영주권의 범위 등을 둘러싸고 한일 양 정부는 10년 이상이나 교섭을 계속했다. 즉 '재일조선인 문제'는 1965년에 한일기본조약과 관련한 여러 협정이 조인될 때까지 계속해서 한일 간의 중요한 의제 중 하나였다.

하지만 이 과정에는 항상 하나의 결락이 있었다. 인사치레 정도로 참가가 허락된 옵서버를 제외하면 거기에 당사자인 재일조선인은 없었다는 점이다. 재일조선인은 어디까지나 회담장에서 논의되는 '문제'였고,

말하자면 도마 위에 올려진 생선 같은 존재였다.

그러나 재일조선인은 없었던 것도, 목소리를 내지 않았던 것도 아니다. 오히려 한일회담에서 논의된 대부분의 쟁점들은 1945년 해방에서부터 5년 동안 재일조선인단체와 일본정부, GHQ 사이에서 수도 없이 문제가 되었다. 그리고 그 과정은 교섭이나 회담 같은 온화한 형태뿐만 아니라 오히려 대부분은 탄압과 그에 저항하는 투쟁으로 점철되어 있었다.

재일본조선인연맹(이하 '조련')은 그러한 활동을 담당한, 해방 후 일본에서 생겨난 민족조직 중에서도 최대 규모의 단체였다. 그러나 51년 이후의 한일회담에서 조련의 주장이나 경험이 언급되는 일은 없었다. 이미 2년 전인 49년 9월에 GHQ와 일본정부는 '단체 등 규정령團體等規正令'(이하 '단규령')을 적용하여 조련과 그 청년조직인 재일본조선민주청년동맹(이하 '민청')의 모든 조직을 해산시켰기 때문이다. 한국정부는 항의는커녕 오히려 해산을 요망했다. 또한 그다음 달에 일본정부는 조련이 운영했던 조선학교의 대부분을 강제로 폐쇄해버렸다.

1951년의 한일 예비회담에서 이루어진 '재일조선인 문제'에 관한 교섭은, 이처럼 해방 후 5년 사이에 축적된 재일조선인의 다양한 활동에 대한 탄압과 단체의 파괴 후에 시작된 것이다. 그리고 이 폭력은 일본의 식민주의와 한반도 분단, 미국의 동아시아 정책과 연결되어 발생한 극히 중첩적인 성격을 가진 것이었다. 즉, 한일회담에서의 당사자 부재는 단순한 소수자의 배제가 아니라 일본 내에서만은 조선인에 대한 지배를 계속하려는 일본정부와 반공주의 관점에서 조선민주주의인민공화국을 지지하는 재일조선인을 봉쇄하려는 한미정부의 의지가 어우러진 결과이다. 재일조선인을 둘러싼 '전후' 동아시아 지배구조의 원형은 이렇게 형성되어 지금에 이르고 있다. 또한 이 5년 동안에, 그 후 재일조선인운동의 기반이 형성되면서 주목되었던 조국의 독립과 통일에 대한 기여와 일본에서의 권리 획득의 관계성, '외국인'으로서 요구할 수 있는 권리의 범위, 민족교육의 바람직한 모습, '2세'들의 민족의식 같은 극히 현재적인 논의가 이미 이루어졌다.

그렇기 때문에 현대사 연구자는 정부 간에 논의되는 '재일조선인 문제'에만 주목하지 말고 재일조선인 자신에 의한 활동의 실태와 이것을 파괴한 폭력에 주목하지 않으면 안 된다. 거기에서 무엇이 문제가 되었는지, 또한 다양한 조직 활동이 어떻게 폭력적으로 봉쇄되어갔는지를 묻지 않으면 안 된다.

시각과 과제

이상과 같은 문제의식에 입각하여 이 책은 해방 후 재일조선인운동의 실태와 일본정부와 GHQ 시책의 역사적 분석을 과제로 한다. 두 가지 과제는 분리되어 있는 것이 아니며 오히려 양자의 관계성의 특질을 밝히는 작업이 무엇보다 필요하다.

분석에는 두 가지 시각을 설정한다. 첫 번째는 패전 후 일본에서의 조선인 지배구조의 재편이라는 시각이다. 식민지 지배하에서 일본국가와 재일조선인의 관계가 해방 후 어떠한 것으로 변화했는지에 주목하는, 시간 축에 입각한 통시通時적인 시각이라고 볼 수도 있다. 여기에서 '재편'이라고 한 것은 일본의 시책이 식민지기의 유산을 계승하는 한편으로 연합군에 의한 점령이라는 새로운 상황 속에서 완전히 동일한 지배를 지속하는 것이 곤란했기 때문이다. 장기에 걸친 일본국가의 조선민족 지배

경험이 해방 후의 재일조선인에 대한 시책에 어떻게 반영되었는지를 물을 필요가 있다.

이 가운데 가장 중요한 문제인 재일조선인의 법적 지위에 대해 살펴보자. 일반적으로 재일조선인의 법적 지위는 일본 패전을 끼고 '제국 신민에서 외국인으로' 이행했다고 규정된다. 이러한 인식에 설 경우 법적 지위의 연속보다도 단절이 강조된다. 물론 패전 후 일본정부는 그때까지 '제국 신민'으로 취급해온 조선인을 외국인등록령(1947년 5월 2일 공포 시행. 이하 '외등령')에 의해 "외국인으로 간주"했다(제11조). 나아가 1952년 4월 19일에 무라카미 도모카즈村上朝一 법무부 민사국장이 내린 통달 제438호 〈평화조약에 따른 조선인과 타이완인 등에 관한 국적과 호적 사무의 처리에 대하여〉에 의해 4월 28일 샌프란시스코 강화조약 발효와 함께 조선인과 타이완인은 "일본 국적을 상실"하게 되었다. 이 경과를 살펴보는 한, '제국 신민에서 외국인으로'라는 인식은 틀리지 않은 것처럼 보인다.

하지만 몇 가지 점에서 이러한 인식은 일면적이며 부정확하다. 우선 외등령이 조선인을 "외국인으로 간주한다"고 규정했다 해도 이로써 '신민'으로서의 취급이 끝난 것은 아니었다. 오히려 일본정부는 조선이 강화조약 발효까지는 일본의 영토이며, 조선인도 '일본인'이라는 해석을 견지했다. 정부는 계속 '신민'으로서 지배를 유지하면서 강제 송환이나 등록 의무 등을 과하기 위해 '간주 규정'을 담았던 것이다.

다음으로, 이와 관련하여 '외국인' 개념을 둘러싼 일본정부와 조선인들의 인식 차이에 주목해야 한다. 패전 후 일본의 출입국관리법제의 기둥인 출입국관리령(51년 10월 4일 공포, 11월 1일 시행)과 외국인등록법(52년 4월 28일 공포, 시행)은 모두 '외국인'의 정의를 "일본 국적을 갖지 않은 자"로 했다. 즉 일본의 입관법제상의 '외국인'이란 일본 국적이 아닌 자를 의

미할 뿐이며, 일본이 조선의 독립과 국적을 인정하는지의 여부와는 무관하게 재일조선인은 '외국인'이 된다. 재일조선인의 법적 지위가 '제국 신민에서 외국인으로' 변천했다고 보는 인식의 함정은 여기에 있다. 당시 재일조선인이 요구한 것은 '일본 국적을 갖지 않은 자'로 취급하는 것이 아니라, 조선의 독립국민으로서의 지위를 인정하는 것이었다. '외국인'이라는 말을 동일하게 쓰지만, 그 의미하는 바에 차이가 있었던 것이다.

실제로 패전 직후의 일본정부는 조선의 독립이 재일조선인의 법적 지위에 영향을 미치지 않도록 부심했다. 조선인을 제국의 족쇄에서 '해방'시키지 않으려고 했던 것이다. 다른 한편, 일본정부는 일본국 헌법이 정한 국민의 권리에서 조선인을 배제했지만, 동시에 미국인들과 동등한 '외국인'으로 간주하려 하지도 않았다. 당시의 조선인단체가 '해방민족'이나 '독립국민'의 지위, 혹은 '정당한 외국인 대우'를 강하게 주장한 데에는 이와 같은 배경이 있었다. 따라서 '제국 신민에서 외국인으로' 전환되었다는 인식은 일본정부의 입장에서 바라본 일면적인 것이므로 재검토를 요한다.

또한 일제의 '신민'으로서도 일본인과 조선인의 지위는 동일하지 않았던 점에 유의할 필요가 있다. '대일본제국'에는 크게 '내지'와 '외지'의 두 가지 법체계가 존재했다. 대일본제국 헌법이 시행된 '내지'에 비해, 시행되지 않은 타이완이나 조선 등의 '외지'는 제국헌법이 적용되지 않고, 주로 총독의 제령(조선)이나 율령(타이완)이 미치는 '이법異法 지역'이었다. 또한 조선이 '이법 지역'이었던 것과 마찬가지로 조선인은 일본인과 다른 '이법 인역人域'을 구성하고 있었다.[1] 조선인의 지위는 ① 〈한국병합에 관한 조약〉을 근거로 조선인을 제국 국민으로서 일률적으로 일본의 통치권에 포함한다, ② 조선인의 일본 국적 이탈을 방지하기 위해 조선에 국적법을 시행하지 않는다, ③ 신민 내의 지배 민족과 피지배 민족의 차이를 유지하기 위해 호적에서 조선인과 일본인을 계속 준별한다는 세 기둥으로 이루어져 있었다.

즉, 식민지 지배하의 조선인은 '일시동인一視同仁'의 이름 아래 신민으로서의 지위를 강요당하여 일본 국적으로부터의 이탈(외국인화)조차 인정되지 않았으며, 더욱이 실태로서는 호적제도를 기반으로 한 다양한 제도적 차별 아래 놓여 있었다. 특히, 일본과 조선을 왕래할 때는 엄격한 도항 관리가 이루어져 '밀항'한 것으로 간주된 자에게는 법률적 근거가 불투명한 강제 송환 조치가 취해졌다. 제국헌법상의 '거주와 이전의 자유'(제22조)조차 보장되지 않았던 것이다. 따라서 일본 패전 전후 조선인의 법적 지위의 변동을 '신민'으로서의 권리를 '외국인'이 됨으로써 박탈당하는 과정으로 이해해서는 안 된다. 오히려 '신민'과 '외국인'이라는 법 형식상의 차이에도 불구하고 거기에 지속되는 지배의 실태를 중시해야 한다. 이 책이 지배구조의 재편에 주목하는 이유이다.

그중에서도 지배를 현실적으로 담보한 폭력장치인 경찰 권력의 문제는 중요하다. 식민지기에 경찰은 재일조선인운동의 단속뿐만 아니라, 일상적인 감시나 협화회協和會를 통한 '황민화' 정책, 그리고 밀항자의 체포와 송환과 같은 출입국 관리업무까지 담당하고 있었다. 경찰 지배와 재일조선인의 관계성의 재편 과정을 명확히 할 필요가 있다.

두 번째는 일본 패전 후 동아시아의 동시대성에 주목하는 시각이다. 구체적으로는 한반도의 분단을 초래한 역학이 재일조선인에게 어떻게 드러났는지에 주목하는 공시共時적인 시각이라고 할 수도 있다. 남북한 현대사를 가장 깊게 규정하고 있는 현실이 1948년 여름에 성립한 조선민주주의인민공화국과 대한민국의 분단체제에 있는 것은 말할 필요도 없지만, 이 분단은 미소 냉전과 중국혁명이라는 당시 동아시아의 국제 정세를 빼고는 성립할 수 없었다. 미국의 재일조선인에 대한 대응도 어느 시점부터 한반도 정책과 밀접하게 맺어진다. 이와 같은 상황 속에서 재일조선인운동에 분단은 어떠한 영향을 미쳤는지를 묻지 않으면 안 된다.

재일조선인은 일본에 살고 있다 해도 한반도와 무관한 것이 아니었다. 식민지기에 조선인의 생활권은 일본과 조선에 걸쳐 있었고, 특히 해방 직후에는 귀환이나 재도항 등으로 인적 왕래가 빈번했다. 많은 사람들은 생활 차원에서 한반도와 맺어져 있었다. 재일조선인단체도 한반도의 신국가 수립을 위해 적극적으로 본국의 정치에 관여했다. 일본에서 권리옹호운동만 한 것이 아니다. 또한 본국의 정치적 영향을 그저 받기만 한 것이 아니라, 독립과 통일을 위한 모색을 시도했다. 이 활동들을 한반도와 동아시아의 정치 정세를 시야에 넣으면서 밝혀낼 필요가 있다.

분단체제 형성에 따라 조련은 조선민주주의인민공화국을, 재일본조선거류민단(이하 '민단')은 대한민국을 지지하는데, 이것은 재일조선인단체의 일본과 미국에 대한 대응에도 영향을 미친다. 유엔의 이름 아래 대한민국이 성립하고 미국이 조선민주주의인민공화국을 승인하지 않는 가운데, 조련은 '공화국 국민'으로서의 지위를 요구하여 곤란에 직면한다. 조련은 이러한 상황에서 스스로의 주장을 어떻게 유지하는가, 혹은 변용시키는가. 한편 민단은 '대한민국 국민'임을 승인하도록 요구한다. 이러한 새로운 움직임에 일본이나 미국은 어떻게 대응하는가. 이 질문들을 검토할 필요가 있다.

선행연구

해방 후 재일조선인사에 관한 실증적 연구는 60년대 말부터 70년대에 걸쳐 시작되어 90년대 이후에는 다양한 사료를 이용한 연구가 나왔다. 여기에서는 이 책의 주제와 관련한 것을 중심으로 조금 상세히 검토하고 자 한다.

첫 번째로 정책사 연구부터 보자. 이 분야의 연구는 오누마 야스아키大沼保昭의 출입국 관리체제 형성에 관한 연구를 효시로 재일조선인을 둘러싼 일본정부와 점령 당국의 정책 결정 과정을 상세히 밝혀왔다. 그중에서도 로버트 리케츠Robert Ricketts의 연구는 일본 패전 후 재일조선인이 일본정부와 GHQ 점령 당국에 의한 '이중의 점령' 상태에 있었다는 관점에서 양자의 정책의 전개 과정을 검토한 중요한 업적이다.[2] 리케츠는 외국인등록령이나 민족교육 탄압, 그리고 조련 해산을 조선인의 '민족 자주권' 파괴를 통한 관리체제의 형성 과정으로 파악했다. 리케츠의 '이중점령론'은 문제를 일본정부와 재일조선인운동의 대립에 국한하지 않고, 미국을 포함해서 넓게 동아시아의 냉전구조 속에서 규정하려고 한 것이라고 할 수 있다. 또한 김태기는 연합국 최고사령관 총사령부GHQ/SCAP 관련 문서를 풍부하게 이용하여 1943~52년의 미 점령 당국과 일본정부, 한국정부의 재일조선인 대책의 전모를 해명했다.[3]

양자의 연구가 공통적으로 지적하는 것은 미 점령 당국이 '재일조선인 문제'에 대한 대응을 결정할 때 일본정부가 제공한 정보가 극히 중요한 역할을 하고 있다는 점이다. 점령 당국이 일방적으로 일본정부에게 정책을 밀어붙인 것이 아니라, 오히려 일본정부의 조언이 다대한 영향을 미쳤던 것이다. 이로 인해 점령 당국의 정책은 일본의 식민주의적인 발상

의 대부분을 계승하게 되었다. 극히 중요한 지적이라고 할 수 있다.[4]

다만 리케츠의 연구는 48년 이후를 대상으로 하기 때문에 냉전의 틀로 '관리체제' 형성을 이해하고 있다. 그러나 일본이 조선인에 대한 지배구조를 재편하려는 시도는 1946년부터 시작되었고, 이후에도 일관되게 일본의 강한 이니셔티브 속에서 진행된다. 또한 일본정부는 한국을 지지하는 재일조선인이라도 관리해야 할 대상으로 파악했는데, 여기에서는 반공주의에 입각한 한국이나 미국과는 다른 독자적인 논리가 간취된다. 냉전의 틀만으로는 이러한 반공주의보다도 식민주의가 우선되는 구조가 보이지 않는다. 이 책은 1946년 이후 조선인에 대한 일본정부의 지배 재편 시도에 주목하여 이러한 구조의 형성 과정을 드러내고자 한다.

다음으로 민족운동사 연구를 살펴보자. 이 분야에서는 박경식이 사료 수집과 공개 등을 통해 연구 전체의 진전을 견인했다.[5] 박경식은 그때까지 치안 당국의 보고서에 의거해왔던 재일조선인운동사 연구를 민족운동단체의 사료를 통해 재구성했다. 박경식이나 재일조선인운동사연구회를 중심으로 이루어진 연구 성과로 인해 각 지역의 재일조선인단체의 실태가 해명되었고 수많은 사료들이 발굴되었다. 그 결과 치안 당국의 시각이 투영된 왜곡된 운동의 이미지가 수정되어 연구 기반이 마련되었다고 평가할 수 있다. 90년대 이후에는 고바야시 도모코小林知子가 GHQ 문서를 활용하여 다양한 각도에서 재일조선인운동의 전개 과정을 정리했다. 고바야시의 연구는 전후 동아시아라는 지역적인 틀 속에서 재일조선인운동과 그 '조국'에 대한 의식, 또한 점령 당국의 재일조선인 인식 변화를 규정한 점에 특색이 있다.[6] 재일조선인을 일본 국내 마이너리티 운동으로 간주하는 시각의 문제점을 실증적으로 밝히며, 당시의 운동이 한반도와 구체적인 교섭을 가지면서 활동했음을 명확히 한 연구사적 의미는 작지 않다. 다만, 고바야시는 이러한 '조국'과의 관계와 일본에서의 권리옹호운동의 상관관계에 대해서는 충분히 해명하지 못했다. 재일조선인운동에서는 양자를 어떻게 규정할지가 중요한 과제였기 때문에 그 논리의 해명이 필요하다.

한편, 최근의 특징으로는 재일조선인 사회나 민중의 생활과 의식에 주목한 연구가 나타나고 있는 것을 들 수 있다.[7] 도노무라 마사루外村大는 식민지기에서 해방 후에 이르는 장기간의 '재일조선인 사회' 형성사를 밝히는 과정에서 당시의 민족단체나 민족운동이 민중에게 어떠한 존재였는지를 물었다. 조경달趙慶達은 재일조선인 활동가나 지식인의 민중관에 주목하여 민중을 계몽하려고 하는 지도자 의식의 존재를 지적했다. 모두 중요한 문제 제기이지만, 도노무라의 연구는 식민지기를 중심으로 한 것이어서 해방 후의 실증적 분석이 부족하고, 조경달의 연구도 지식인의 담론의 단편에서 그 의식을 유추하는 데 머물고 있다. 개개의 논설이나 주장의 의미는 당시의 역사적 상황 속에서 규정해야 그 의미를 명확히 할 수 있을 것이다. 이 책은 민족단체와 민중을 기계적으로 나누지 않고, 양자 사이에서 가교 역할을 담당한 활동가의 의식과 행동에 주목하여 보다 입체적으로 당시 재일조선인에게 '운동'이란 무엇이었고 그 실태는 어땠는지를 명확히 하고자 한다.

이 책의 구성

이 책의 구성은 아래와 같다. 우선 이 책은 대상 시기를 1945년 8월부터 50년까지로 했는데, 이것은 이 5년간을 한 단위의 시기로 묶는 것이 해방

후 재일조선인사의 시기 구분으로 적절하다고 생각했기 때문이다. 해방
은 재일조선인의 다양한 단체 활동을 낳는 계기가 되었는데, 49년 가을부
터 50년 초두에 걸친 조련 해산, 학교 폐쇄, 외국인등록령 개정은 재일조
선인운동에 커다란 타격을 가하게 된다. 또한 한국전쟁 발발은 미국 휘하
의 한·일의 접근을 촉진시켜 재일조선인운동에 '전시'라는 새로운 상황을
초래한다. 이 때문에 대상 시기를 1945년에서 50년으로 했다.

제1장에서 제5장까지는 그중에 1945년부터 47년을 대상으로 했다. 제
1장에서는 1945~46년까지의 민족단체 결성과 활동에 대해 조련을 중심
으로 한 '자치' 활동과 동 시기 치안체제의 재편 과정에 대해 명확히 한다.
해방 직후 조련은 '조련 자치대'를 결성하여 동포들의 안전한 귀국과 생명
재산 보호를 임무로 했다. 제1장에서는 이러한 조련 자치대의 활동과 경
찰, 다른 조선인단체와의 관계, 그리고 배경에 있는 '독립'을 둘러싼 인식
의 차이에 대해 논한다.

제2장에서는 46년 초두 이후의 점령 당국, 일본정부의 조선인 귀환·
송환 정책과 재일조선인단체의 권리옹호운동을 검토한다. 남조선의 혼
란이나 재산 반출 제한으로 인해 귀환은 진전되지 않았고, 오히려 일본
으로 돌아오는 재도항자가 증가하는 가운데 일본정부는 경찰을 개입시
켜 그들을 다시 귀환시키려고 한다. 또한 밀입국자의 추적을 위해 오사
카에서는 조선인의 등록제도를 실시하려고 한다. 제2장에서는 이에 대
해 '거주권'을 내세운 재일조선인들의 저항과 생활권옹호운동의 고양,
그에 대한 탄압인 '12월사건'에 대해 고찰한다.

제3장에서는 1947년의 외국인등록령과 조선인단체의 교섭을 다룬다.
전후 최초의 출입국 관리법령인 외국인등록령이 시행 당시에 일본 내무
성과 조선인단체 사이에서 어떠한 교섭이 이루어졌는지, 또한 거기에서

무엇이 쟁점이 되었는지를 명확히 하고자 한다.

그리고 제4장에서는 조련의 활동가 양성정책에 대해 검토한다. 특히 활동가 양성을 위한 고등학원, 청년학원 설립 과정과 교육 내용에 주목하여 거기에서 자란 청년들의 활동 경험과 의식에 대해 고찰한다.

제5장에서는 재일조선인단체의 민족운동론을 '두 개의 과제'를 둘러싼 논의에 초점을 맞춰 검토한다. 한반도와 일본의 정치에 어떻게 관여하고 일본에서 '외국인'으로서 어떠한 권리를 요구할지 등의 문제에 조련이나 민단은 어떻게 대답했는지, 그리고 남북 분단이 이 논의에 어떠한 영향을 미쳤는지를 논한다. 또한 조선인 미디어나 일본의 혁신세력은 이것과 어떻게 관련을 맺었는지를 일본공산당 조선인부와 《조선신보朝鮮新報》의 참정권론을 대상으로 고찰한다.

제6장에서 제9장까지는 48년부터 50년까지가 그 대상이 된다. 제6장에서는 48년의 민족교육 탄압과 교육옹호투쟁을 다룬다. 특히 남한에서의 유엔 감시하 단독선거와 민족교육 탄압의 동시대성에 주목하여 그 구조와 단체의 동향을 주로 단독선거 지지파였던 조선건국촉진청년동맹 효고현兵庫縣 본부를 중심으로 검토한다.

제7장에서는 한반도 분단 후의 재일조선인운동과 일본공산당의 관계를 명확히 하고자 한다. 특히 그때까지 조련이 내걸었던 '정당한 외국인 대우'의 요구에 대한 일본공산당의 비판에 대해 참정권과 식량 배급 문제에 주목하여 논한다. 또한 조련의 '조국과의 직결'이라는 정치노선과 일본의 민주화와의 관련에 대해 검토하고자 한다.

제8장에서는 패전 후 일본의 단체 규제정책 분석을 통해 조련, 민청 해산의 역사적 의미를 고찰한다. 49년 9월에 단규령 적용으로 인해 조련은 해산당하는데, 실은 일본정부는 해방 직후부터 군국주의 단체의 해산

을 위한 법령을 이용하여 조련에게 단체 신고를 촉구했다. 조련은 이에 반발하지만 분단체제 형성은 이러한 입장을 곤란하게 만들었다. 제8장에서는 단규령의 전신인 칙령 101호까지 거슬러 올라가 조련의 해산 문제를 검토하고자 한다.

제9장에서는 1949년 12월의 외국인등록령 개정에 의한 갱신제도 도입과 한국에서의 재외국민 등록과의 관련성을 검토하면서 '외국인 등록 체제'의 확립에 대해 논한다. 한국정부가 수립됨에 따라 재일조선인을 '대한민국 국민'으로 승인하여 재외국민 등록을 일본의 외국인 등록과 연동시키라는 민단의 요구는 외국인 등록의 국적란에 한국 표기가 등장하는 사태를 초래한다. 이것의 역사적 의미를 어떻게 해석할 수 있는지를 한반도에서의 '전쟁의 그림자'와 관련시켜 고찰한다.

보론 1에서는 당시의 재일조선인들이 일본의 식민지 지배 책임을 어떻게 인식하고 논의했는지에 대해 '전쟁 책임' 추궁을 둘러싼 논설이나 실천의 검토를 통해 고찰한다. 극동국제군사재판(도쿄재판)의 귀추, 특히 조선 식민지 지배나 미나미 지로南次郎와 고이소 구니아키小磯国昭 같은 조선총독들이 어떻게 재판받는지를 재일조선인단체나 미디어는 일관해서 주목했고, 특히 그 판결에 대해서는 비판을 포함한 다채로운 반응을 드러내게 된다. 판결에 대한 반응은 조선 식민지 지배의 미처리에 대한 비판이라는 동시대 일본 논설에서는 볼 수 없는 특징이 드러난다는 점에서 오늘날의 '식민지 책임론'과 통하는 문제의식의 싹으로 보이는 것이었다. 동시에 당시의 재일조선인은 전범 문제와 한반도에서의 친일파 처벌 문제를 '전쟁 책임' 문제의 틀 속에서 논하고 있었다. 이에 따라 이 장에서는 도쿄재판이나 각 점령군이 행한 전범재판과 '친일파' 처벌의 관계성에 주목하여, 반민족행위처벌법에 이르는 한반도(특히 38도선 이남)에서의 '친일파' 처벌의 전개에 근거하여 동시대 재일조선인의 인식을 검토하고자 한다.

보론 2에서는 쓰시마(현 나가사키현長崎縣 쓰시마시対馬市)라는 지역에 초점을 맞추어 이 섬에 살았던 조선인의 '해방 5년사'를 검토하고자 한다. 쓰시마는 '대일본제국' 붕괴에 따라 '국경의 섬'이 되어 대규모 인구 이동이 발생했으며, 남북 분단과 한국전쟁 발발에 따라 또다시 전쟁터를 지척에 두게 되었다. 쓰시마에는 많은 조선인들이 숯을 굽거나 해녀로 생계를 이어나갔는데, 이들도 해방 후에 조련이나 민단, 조선학교를 결성하여 활동을 개시했다. 이 장에서는 신문을 비롯한 문서 사료 외에 구술도 활용하면서 일본 패전 후 쓰시마에서 조선으로의 귀환과 재도항 움직임과 '밀항' 경비체제 형성 과정, 쓰시마에서의 조련 결성과 그 활동, 그리고 한반도 분단 전후 시기 쓰시마의 조선인과 일본인의 인식에 대해 1948년의 이승만李承晩 대통령의 쓰시마 '반환' 요구에 대한 대응을 사례로 검토한 후에 마지막으로 조련의 해산에서 한국전쟁 발발 직후까지의 조선인의 동향에 대해 밝히고자 한다.

1장

전시체제기에 재일조선인운동은 가혹한 통제와 탄압 속에 있었다.
하지만 일본 패전과 조선 해방은 민족운동이 다시 살아나는 계기가 되어
일본에서도 전국적인 규모로 조선인단체운동이 부활한다.
해방 직후의 재일조선인운동의 실태는 어떠한 것이었을까.
또한 통제와 탄압의 담당자였던 일본경찰과 재일조선인단체의 관계는
해방에 의해 어떻게 되었을까.
제1장에서는 해방 직후의 조련 자치대의 활동에 주목하여
이 문제를 검토하고자 한다.

해방과
자치

재일조선인연맹의 결성과
조련 자치대

'조선인 폭도관'의 문제

본론에 앞서 이 시기 재일조선인에 대해 일본사회에서 흔히 일컬어지는
'조선인 폭도관'의 문제에 대해 언급하고자 한다. 해방 직후 재일조선인
은 '법을 지키지 않고 암시장에서 발호하며 폭력으로 자신의 요구를 관
철시키려 하는 무질서한 조선인', '제삼국인第三國人'이나 '일본인 외의 세
력' 등으로 묘사되곤 했다. 이러한 왜곡된 이미지는 자연스럽게 발생한
것이 아니라, 일본정부가 식량위기의 책임을 전가하기 위해 패전 직후부
터 유포한 것이며, 특히 조련을 해산시켰을 때 확산시킨 이데올로기이기
도 했다.

　일본 법무부 특별심사국(이하 '특심국')은 조련과 민청 해산의 이유로
조련이 "종종 점령군에 대한 반항, 반대 혹은 폭력주의적 사범을 야기하
여 포츠담선언을 충실히 실천하고 평화로운 민주적 국가를 재건하고 있
는 우리 국민생활의 안전에 중대한 위협을 양성한" 것을 들었다. 특심국

이 1951년에 작성한 〈단체 등 규정령에 기초한 해산 단체의 해산 이유서 団体等規正令に基く解散団体の解散理由書〉(이하 '이유서')에는 조선학교 폐쇄령에 대한 저항이나 조선민주주의인민공화국 국기 계양 금지 위반이 점령정책에 위반한 '폭력주의적'이고 '반민주주의적'인 행위로 열거되어 있다. 로버트 리케츠는 48년의 국기 계양 문제 보도를 통해 점령 당국과 일본정부, 매스컴은 조선인이 파괴 활동자라는 이미지를 확산시켰다고 지적한다.[1] 제8장에서 살펴보겠지만 조련 해산은 이러한 '조선인 폭도관'을 최대한 이용해서 실행된 것이다.

그런데 '조선인 폭도관'은 48년 이후에 갑자기 나타난 것이 아니다. 오히려 해방 직후 조선인 노동자의 쟁의나, '암시장'의 단속과 밀접한 관련이 있다. 〈이유서〉가 제시하는 가장 초기의 '위반행위'도 46년에 발생한 다음과 같은 사건이다.[2]

1946년 5월 16일 나가사키경찰서는 암상인 일제단속을 단행하여 일본인 백 수십 명, 화교 10명과 함께 조선인 약 30명을 검거했다. 이에 대해 조련 나가사키현 본부의 간부는 피체포자의 즉각적인 석방을 요구했다. 그러나 경찰이 거절하자, 같은 이유로 나가사키경찰서로 항의하러 온 화교 등의 선동에 동조하여 조련의 자치대원 등을 포함한 약 200명의 조선인들이 경찰서 안팎에서 투석 등을 자행했고, 나아가 부근의 파출소를 습격했다는 사건이다. 체포된 조련 나가사키현 본부의 청년자치대 제2분대장 정규봉鄭奎鳳과 제4분대장 김형만金亨萬 등 26명의 대원은 46년 8월 23일에 나가사키 지방법원에서 소요, 가옥 침입, 공무 집행 방해 등의 죄로 징역형, 벌금형을 언도받았다. 법무부 특별심사국은 이 사건을 조련의 '폭력주의적' 활동의 첫 사례로 들었다.

초기 재일조선인의 여러 활동을 폭력적이고 불법적인 것으로 간주하는 인식은 그 외에도 산견된다. 예를 들면 법무성 법무사무관이었던 쓰

보이 도요키치는 다음과 같이 기록한다.[3]

종전 후 가장 혼란했을 때이다. 흡사 전승국민이라도 된 양 (전승국민이라면 더욱더 그렇게 하지는 않는 것이 맞지만) 착각한 재일조선인은 패전국의 법률에 복종할 필요는 없다고 하며 용감하고 대담하게 월권적 불법행위를 감행하여 일본인으로부터 빈축을 샀다. 이것은 이른바 해방민족으로서 우쭐대는 태도에 기인한 것이고, 또한 점령군 당국의 그들에 대한 태도가 불명확했던 점, 일본정부와 경찰이 패전의 충격으로 허탈 상태에 놓여 단속대책이 철저하지 않았던 점 등이 종합적으로 반영된 결과일 것이다. 더욱이 그들의 배후에는 조련이나 각지의 좌우 군소단체, 보안대, 자치대 같은 조직이 버티고 서서 다중의 위력을 과시하여 그 중핵이 되어 있었다.

쓰보이는 치안 당국의 입장에서 재일조선인이 "해방민족으로서 우쭐대는 태도"에서 "불법행위"를 저질렀다고 말하고 있다. 이러한 인식은 치안 당국뿐만 아니라 현대 일본의 재일조선인관에 음영을 드리우고 있다.

하지만 과연 당시 조련의 활동은 '우쭐대는 태도'에 기초한 '불법행위' 혹은 '폭력주의적' 활동으로 비난받아야 하는 것이었을까. 이에 대해 가지무라 히데키는 본래 재일조선인이 요구한 '해방민족'이라는 지위는 일본도 받아들인 카이로선언에 기초한 정당한 것이었고, 실제 조련의 활동도 당시 조선인이 처한 입장에서 보면 필연성이 인정되며, "남한에서 실제로 그랬던 것처럼 무도한 권력이 붕괴된 후 인민이 자치적으로 질서유지에 임하는 것이 당연하다는 관점에 서면 특별히 이상한 것이 아니며, 일본인 측에 그러한 발상이 희박했던 것이야말로 오히려 기이하다고 할 수 있다"고 지적했다.[4]

사실 '조선인 폭도관'에 기초한 〈이유서〉나 쓰보이의 기술은 실태와는 전혀 다른 왜곡된 이미지이다. 이런 기술은 일본경찰을 수동적인 존재로만 묘사하는데, 치안 당국의 기술이라서 당연하다 하더라도 경찰의 단속 활동 자체에 문제가 있었던 것은 아닌가라는 시각이 빠져 있다. 오히려 일본경찰이 행사한 폭력을 은폐하기 위해 '조선인 폭도관'이 만들어졌다고 할 수도 있다. 다만, 가지무라의 지적은 타당하지만 당시 조선인들이 전개한 활동의 구체적인 실태를 밝히지는 못했다. 그렇다면 쓰보이가 언급한 '보안대'나 나가사키의 사례에 나타난 '조련 자치대'란 어떠한 조직이었을까. 제1장에서는 조련의 주장과 조련 자치대의 활동을 실증적으로 검토함으로써 '조선인 폭도관'의 문제점을 밝히고자 한다.

재일본동포의 공적 기관: 재일본조선인연맹의 결성

1945년 8월 15일 일본이 포츠담선언 수락을 공표함으로써 조선은 식민지 지배로부터 '해방'을 맞이하게 되었다. 그에 따라 '내지'에 존재했던 다수의 조선인은 조선으로 귀환하고자 했다. 조선인 민족조직이 일본 각지에서 조선 귀환이나 미지불 임금 쟁의를 목적으로 만들어지기 시작하자, 이들을 규합하여 45년 10월 15일 조련 창립 전국대회가 개최되었다.[5] 그리고 46년 1월 7일까지 오키나와를 제외한 모든 도도부현에 지방 본부가 설치되었다.[6]

조련은 당초 조득성趙得聖을 위원장으로 하여 45년 9월경부터 "잔류 희망자의 취직 알선, 귀국자의 수속" 등의 활동을 시작했다.[7] 하지만 그 무렵은 지도층에 민족운동과 노동운동에 뛰어든 사람들뿐만 아니라, 협화회와 흥생회興生會, 일심회一心會 등 전시통제와 협력단체의 간부였던 권일權逸(權赫周) 같은 인물도 포함되어 있었다. 그러나 10월 15일 조련 창립 전국대회에서는 친일파 권일 등이 배제되었고, 위원장에 식민지기부터 YMCA 등에서 활동했던 기독교인 윤근尹槿, 부위원장에 일본공산당원에 노동운동가였던 김정홍金正洪과 김민화金玟華(金民化)가 취임했다.[8] 조련 지도부의 성격이 명확해지는 것은 이 무렵부터이다.

조련이 작성한 45년 11월 〈보고서〉에는 조선의 단체와 기관으로 보낸 4개 항목의 요청이 첨부되어 있는데, 거기에는 "통일정부 수립 촉진을 위하야 대동단결을 희망함", "귀국 동포의 생활 안정을 위하야 토지, 주택, 직업 등의 확보", "조국 반역자를 처분할 것"과 함께 "재일본조선인연맹을 재일본동포의 공적 기관으로 인정할 것"이 제시되었다. 그 이유로 "본 연맹은 재일본 240만 동포를 대표하는 대중적大衆的 선일善一한 기관임으로 중앙정부에서 정식으로 공인할 때 비로소 대내 급 대외적으로 권위가 확립한다"고 하며 구체적으로 아래의 여섯 가지 이유를 열거했다.

ㄱ. 연합군총사령부 급及 일본정부의 연락교섭상 필요하다.

ㄴ. 재일본동포의 생명·재산에 관하야 연합군 총사령부 급 일본정부에 본 연맹으로서 보호를 요구함에 필요하다.

ㄷ. 재일본동포를 외국인으로 취급하도록 연합국 총사령부에 청원하여 식량 1일 4홉 확보를 요구함에 필요하다(중국인은 1일 4홉임).

ㄹ. 본국에서 파견된 각 단체는 본 연맹을 통해 규율적으로 행동케 함에 필요하다.

ㅁ. 우리의 통일을 교란하는 친일적 반동분자를 숙정肅正함에 필요하다.

ㅂ. 재일본동포의 규율 있는 통제 급 자위상 필요하다.

다만 "재일본동포의 공적 기관"이라 해도 민족운동단체로서의 성격을 버린 것은 아니었다. 45년 10월 15일 자《민중신문民衆新聞》에 게재된 〈재일본조선인연맹在日本朝鮮人連盟 창립전국대회創立全國大会에 일언一言을 한다〉라는 기사는 조련 내에는 연맹을 단순한 조선인의 귀환에 종사하는 사업단체로 간주하고 정치성을 부정하려는 의견이 있지만, 조련은 대중조직으로 '조국의 반역자, 전쟁범죄자'를 기관에서 축출하여 민주주의 아래 단결하지 않으면 안 된다고 창립대회에 참가한 중의원의원에게 호소했다.[9] 더욱이 "과거에 좌익운동전선에 섰던 사람들 입으로 이것을 사업단체라고 규정하고 생각하는 그 정견에 있어서는 우리는 의외의 감을 늦기지 않을 수가 없다"고 비판했다. 공적 기관이라고 해도 단순한 사업단체에 그칠지, 혹은 정치적 주장을 내건 민족운동단체도 겸할지의 쟁점이 당초부터 내포되어 있었던 것을 알 수 있다.

나아가 〈보고서〉에서는 1945년 11월 시점에서 조련이 포츠담선언을 근거로 조선인을 '외국인'으로 규정한 것을 확인할 수 있다. 이 규정은 이후의 운동방향을 생각할 때 대단히 중요하다. 재일조선인이 외국인인가, 혹은 제국 신민인가는 이후 재일조선인의 (그리고 조련의) 지위를 둘러싼 대립의 가장 근본적인 쟁점이 되기 때문이다. 배급 문제를 언급하고 있듯이, 재일조선인의 지위를 둘러싼 규정은 생활 전반에 영향을 미치게 된다. 외국인인 조선인의 공적 기관, 이것이 초기 조련의 자기규정이었다.

보안대에서 조련 자치대로

이어서 조선인의 '공적 기관'이고자 한 조련의 성격을 상징하는 조직인 조련 자치대에 대해 검토해보자.

전국조직으로서의 '조련 자치대'가 당초부터 있었던 것은 아니다. 일본 내무성 조사에 따르면 45년 12월 10일 시점에서 야마가타山形, 군마群馬, 사이타마埼玉, 가나가와神奈川, 이시카와石川, 후쿠이福井, 기후岐阜, 미에三重, 오사카, 고베神戸, 나라奈良, 오카야마岡山, 에히메愛媛에 보안대, 자위대, 경비대, 치안대 등의 조직이 있었다.[10] 46년 2월의 《조선국제신문朝鮮國際新聞》은 도쿄의 아카사카赤坂, 아자부麻布에서 조련 보안대·청년대가 결성된 것을 보도했고, 설립 시기나 명칭은 지역마다 다양했던 것 같다.[11] 조련은 자치대 해산 이후인 46년 10월에 "이때 일본의 사회적 혼란으로 인하야 동포의 생명·재산이 위험한 상태였으므로 지역적·국부적으로 각 지방 본부를 중심으로 보안대, 자치대 혹은 청년대 등이 구성되어 이민족과의 마찰 미연 방지와 선처, 재류동포의 생명 재산권 보호에 활발하게 활동을 시작했다"고 총괄했다.[12] 또한 당시 많은 조선인이 조선 귀환을 서두른 배경에는 패전 직후 일본에서 "관동진재와 같은 학살사건이 일어날까 하는 공포심이 있었다."[13] 보안대나 자위대 등의 자위조직은 이러한 상황에서 조선인의 생명과 재산을 지키기 위해 지방 본부에서 설치한 것이었다.

중앙 차원에서 조련 자치대의 결성을 처음 논의한 것은 46년 1월의 제4회 중앙위원회이다(46년 1월 31일~2월 1일).[14] 조련 중앙총본부(이하 '중총')는 이 중앙위원회에 〈청년대 활동과 보안대에 관한 건〉을 제출하여 〈자치대 입대 요강〉을 정했다.[15] 〈요강〉의 내용은 회의록에 수록되지 않았지만, 그 이후 각지에서 자치대가 잇따라 결성되었다. 46년 2월 18일에는 히비야日比谷공원 음악당 앞에서 청년자치대 도쿄대대 결성식이 개최되었다.[16] 4월 20일에는 지바千葉현 본부의 자치대 결성식이 거행된다.[17] 또한 5월 5일 나가노長野현에서는 "우수한 청년 200여 명을 선발"하여 자치대를 결성했다.[18]

더욱이 5월 10일에는 특별자치대장회의가 개최되어 31부현의 대대장이 참가했다. 회의에서는 특별자치대의 임무를 "자치대의 중견이며 자위대요, 자치대원의 지도 훈련에 노력하여 자치대 행동강령을 헌신적으로 실천하여 자치대의 추진력이 되도록 전심 노력하기로 한다"고 정했다. 또한 지방 본부에 특별자치대 대원을 상근시켜 대대, 중대, 소대를 구성하고, 청년 중에서 '특히 우수한 분자'를 선발하여 "대대 영내에 상주"하도록 했다. 활동방침으로 운동경기, 운전기술, 환자의 간호, 국군 훈련, 자경단 조직, 대원의 교양, 불량행위 방지를 들고 전국의 대원에게 제복 2,500벌을 배포했다.[19]

이후의 총괄보고에서는 특별자치대장회의 이후 "자치대의 활동도 맹렬히 전개하였으며 특히 반동분자 맹동 분쇄, 귀국 동포 편리 도모, 범죄의 미연 방지와 선도 등, 그 공적과 성과는 크게 평가하지 않으면 안 될 것이다"라고 하는 한편, "계몽 활동이 미약"해져서 "자치대의 활동이 청년운동의 전부인 것처럼 오해하는 경향이 나타났다"는 지적도 했다.[20] 청년운동의 중심적인 활동으로 자치대가 큰 위치를 차지했던 것을 알 수 있다.

조련 자치대의 전국적 규모를 파악하기는 어렵지만 예를 들면 나가노현에서는 현 전체에서 약 200명, 도쿄도東京都 23지부(산타마三多摩는 제외)는 총계 1,406명이다.[21] 특별자치대는 제복이 2,500벌 배포되었으므로, 전국에서 2,000명 이상이 배치되었을 것이다.

조련 자치대의 활동

특별자치대가 "운동경기, 운전기술, 환자의 간호, 국군 훈련, 자경단 조직, 대원의 교양, 불량행위 방지"를 그 임무로 했듯이, 조련 자치대의 임

조련 자치대 열병식(1946년경)
전원이 같은 제복을 착용하고 있다. 쓰보이 도요키치는 46년 "1월에는 도쿄에서 자치대 결성식
과 사열을 하고 데모를 하여 건청建靑 일파에 대항했다"고 기술했는데, 이것은 '사열'을 촬영한
것일지도 모른다(坪井, 1959: 27).

무는 단순한 자위 활동뿐만 아니라, 조선인의 복리후생에서 교육에까지 미쳤다. 하지만 첫 번째 임무는 역시 동포의 생명과 재산의 보호였다고 할 수 있다.

조련 자치대가 출동한 사례를 살펴보자. 조선인, 일본인, 일본경찰, 점령 당국이 뒤섞인 사건으로, '오사카무라小坂村사건'이 있다.[22] 오사카무라사건은 46년에 군마현 기타칸라군北甘樂郡 오사카무라에서 일어난 조선인과 일본인 간의 분쟁사건이다. 애초의 발단은 다케다武田라는 촌장이 소 20여 마리를 밀도살하여 부정 이득을 취한 사실이 '민주세력'의 폭로로 드러나 촌장 자리를 빼앗기자, 이에 분개하여 소의 부정전매죄를 이 마을 조선인 양재구楊在求에게 전가한 것이다. 양재구는 조련 군마현 본부를 통해 군정부에 사실무근이라고 호소했고, 군정부는 다케다의 잘못을 인정하여 양재구에 대한 사죄와 배상을 결정하고 화해시켰다. 그러나 다케다는 배상금을 지불하지 않을 뿐만 아니라 약 20명의 폭력단이 양재구에게 "폭력행위를 가하여 몸을 묶고 소변을 전신에 뿌리는 야만행위를 하고 조련을 욕하며 조선인은 다 때려죽이겠다는 폭언을 하였다." 조련은 군마현 시모니타下仁田경찰서에 사태 개선을 요구했지만 들어주지 않자, 4월 13일에 군정부에 보고하는 한편, 자치대원 20명과 조사원을 오사카무라에 파견했다. 그러나 조사원들이 오사카무라에서 조사를 시작하자, 갑자기 경종 소리와 함께 나타난 20여 명의 폭력단이 폭행을 가해 조사원은 도망쳤고 그중 한 사람은 빠져나오지 못하고 폭행을 당했다. 더욱이 다케다의 자택에서 조사를 하던 조사원도 "가인家人과 문답 중 돌연 반종半鐘 소리와 동시에 정복正服 경관 14명과 몽둥이를 가진 40여 명의 폭력단"에 둘러싸였고 자치대장 박약슬朴約瑟도 경찰과 말다툼 중에 폭력단에게 곤봉으로 난타당하여 기절하자, "자치대원은 정당방위로 폭력단과 싸워서 불리한 입장에도 불구하고 8명의 폭력단을 체포하였다"고 한다.

이상이 오사카무라사건의 경위인데, 기사도 언급하고 있듯이 "특히 주목해야 할 점은 그 8명 중 2명이 시모니타경찰서 대원이었다는 사실"이다. 즉, 조련 자치대가 '체포'한 8명의 '폭력배' 중에 경찰관이 포함되어 있었던 것이다. 이러한 일본인과 조선인의 분쟁에 폭력단이나 경찰이 개입하여 조선인이 생명과 재산을 보장받지 못하고 노골적인 폭력에 노출되는 가운데, 자치대는 자위를 위해 출동한 것을 알 수 있다. 후술하듯이, 일본정부가 보안대의 해산을 도모했을 때 "신용할 수도 없고 아무런 힘도 없는 일본경찰만으로는 재류동포의 생명과 재산을 보장할 수 없어서 우리가 자위적으로 조직한 조련 자치대를 해산시키려 한다"[23]고 조련이 비판한 것은 이러한 현실을 지적한 것이었다.

한편으로 자치대는 조선인의 '불량행위 방지'를 위한 활동도 했다. 예를 들면 조련 중총 소속 자치대가 "僞造 名함[조련 고문의 명함]을 使用한 까닭으로 本籍 全南 全洲 出身인 김재홍金載弘(27)을 불러 嚴重 警戒"하는 등의 사례가 그것에 해당한다.[24] 또한 전시중에 요코하마에서 약 130명의 조선인 노동자의 해군성 방공호 공사를 감독했던 곽기훈郭基薫이 전쟁이 끝나자 전 중앙흥생회 주사主事들과 함께 해산수당 33만 엔을 착복한 사건이 발생하자 조련 중총은 피해자들의 의뢰를 받아 "이 곽기훈은 여운형呂運亨 씨 제자니 손기정 사건에 입옥하엿느니 하는 자칭 혁명가라고 하여 도라다니는 악독한 행동을 하는 민족반역자이고 이러한 사건이 수다하다. 우리 동포들의 생혈을 빠라먹는 민족반역자들은 엄중히 처벌할 필요가 잇씀으로 그들의 주소를 아는 사람들은 본사로 통지하여줌을 바란다"고 민중신문사를 통해 고지했다.[25]

조련계 조선인이 발행했던 《민중신문》의 사설 〈해방解放된 국민國民으로서의 자존심自尊心과 자제심自制心을 가지라〉는, 조선인을 탄압한 것은 일반 일본국민이 아니라 천황제라고 하여 "사소한 감정으로 일본사람을 모욕하거나 또는 독립국민으로서의 체면을 무릅쓰고 개인 혹은 단체의 명의로 부정한 행위를 함과 같은 불량한 무리가 잇다고 하면 남의 법제의 제재를 기다리기 전에 동포들 자신이 엄정한 제재를 가하여 옳은 길로 지도하여 주어야 할 것이다"라고 주장했다.[26] 조선인들에게 자제를 설파하는 한편으로 조선인 스스로가 '불량한 자들'을 처벌할 것을 촉구한 것을 알 수 있다. 그리고 이 사설이 드러내고 있듯이, '독립국민'이라는 자기인식이야말로 일본인의 간섭을 막고 조선인의 처벌을 정당화하는 논거였다.

조련 자치대와
일본의 경찰권

'신민'으로서의 조선인: 일본정부의 재일조선인 인식

다음으로 일본정부의 재일조선인 활동에 대한 대응을 검토하자. 그 전제로 당시 일본정부가 재일조선인의 법적 지위에 대해 어떻게 인식하고 있었는지를 살펴보자. 이 문제는 일본정부가 조선의 독립을 어떻게 규정했는가와 깊은 관계가 있다.

포츠담선언 제8조는 "카이로선언의 조건은 수행되어야 하며, 우리가 결정한 일본의 주권은 혼슈本州, 홋카이도北海道, 규슈九州, 시코쿠四国처럼 작은 섬으로 제한되어야 한다"고 규정했다. 글자 그대로 해석하면 이로써 조선은 독립을 국제적으로도 인정받은 것이 된다. 사실 조련은 포츠담선언을 근거로 스스로가 '외국인'이라고 주장했다. 그러나 일본정부는 8월 24일의 종전처리회의에서 "조선에 관한 주권은 독립 문제를 규정하는 강화조약 비준일까지 법률상 우리 쪽에 있다"는 입장을 결정하여 포츠담선언 수락 이후에도 조선에 대한 주권은 일본이 가진다고 했다.[27] 한편, 이 결정은 "강화조약 체결 이전이라도 외국 군대에 의해 점령되는 등의 사유로 인해 우리 쪽의 주권은 사실상 휴지 상태에 빠질 수 있다"고도 했다. 여기에서 알 수 있듯이, 이 결정은 미소 양군에 점령되기 직전의 조선총독부에 보낸 일본정부의 대처방침이었다. 그리고 일본에서는 조선의 주권 문제가 재일조선인과의 관계에서 구체적으로 제기되기 시작한다.

일본 치안 당국자는 연합군의 점령을 앞두고 재일조선인은 어디까지나 '대일본제국'에 속한다는 것을 거듭 주장하며 각지의 탄광에서 연이어 발생한 조선인 노동자의 쟁의에 대해 되도록 전시 통제를 유지하려고 했다. 예를 들면 지바현 경찰부장은 8월 16일에 조선인의 노동현장에서 "식량 등의 약탈, 집단폭행 기타 불온책동의 **징후**(강조는 인용자)가 있으면 중심인물을 검속할 것", "공산주의, 민족주의 용의자의 내정內偵을 철저히 하여 불령不逞 책동에 나서려는 자는 신속히 검거할 것"을 지시했다.[28] '징후'만으로 검속하려고 한 것에서도 경찰의 강경한 자세를 엿볼 수 있다.

즉, 일본정부는 포츠담선언 수락이 곧바로 조선인에게 '독립국민'의 지위를 보장하는 것이 아니고, 오히려 계속 일본의 '신민'으로서 경찰권에 복종하는 자로 취급했다. 당시의 치안 당국이 조선인 노동자의 쟁의를 집요하게 '잘못된 전승국민 의식'에 의한 것으로 비난한 것도 이러한 인식에 기초해 있다. 역으로 마쓰무라 겐조松村謙三 후생대신은 45년 9월 조선인 노동자의 귀환 시에 "친애하는 처자와 가족을 남겨두고 혹한, 혹서를 이겨내고 가난을 잘 견뎌내고 감투하신 제군의 정신挺身 협력에 대해서 감사와 감격의 염을 더욱더 깊이 가슴에 새기는 바입니다"라는 담화를 발표했는데,[29] '감사'라는 표현은 '잘못된 전승국민 의식'과 표리일체로 아직 조선인이 '대일본제국'에 속한다는 것을 나타내려는 말로 이해해야 할 것이다.

이것은 재일조선인과 타이완인의 참정권 '정지'의 논리에 잘 드러나 있다. 45년 12월 17일의 중의원의원 선거법 개정으로 인해 종래에 참정권이 인정되었던 재일조선인과 타이완인 성인 남녀의 참정권은 '정지'되었다. 미즈노 나오키水野直樹에 따르면, 이것은 "다음 선거에서 천황제의 폐지를 호소하는 자는 아마도 국적을 조선에 두고 주소는 내지에 가지는 후보자일 것이다"라는 중의원의원 기요세 이치로淸瀨一郞의 반대론에 내무성이 영향을 받았기 때문이었다.[30]

다만 기요세 이치로와 내무성의 논리는 동일하지는 않았다. 기요세의 〈의견서〉는 9월 11일의 항복문서 조인으로 인해 조선과 타이완이 "우리나라의 주권을 떠났으며, 이 두 지역은 이날 이후 우리나라 영토가 아니다"라는 견해로 돌아섰다. 이 때문에 기요세는 참정권은 '제국 신민'임을 요건으로 하는 것이고, 조선인과 타이완인은 일본 국적을 이탈하여 "제국 신민이 아닌 자"이므로, 참정권을 부여하지 않은 것은 차별이 아니라고 주장했다. 즉, 조선의 주권에 관한 해석에서 기요세는 일본정부와는 다른 입장이었던 것이다. 이에 대해 실제로 내무성이 (참정권을) '정지' 할 때 채용한 논리는 '호적법'의 적용을 받지 않는 조선인과 타이완인은 참정권에서 배제된다는 것이었다. 이것은 일본정부가 '조선인=제국 신민'의 전제는 허물고 싶지 않지만 기요세의 우려에는 동의했기 때문에 채용한 방편이었다. 일본정부가 얼마나 '조선인=제국 신민'이라는 입장을 고집했는지를 알 수 있다.

'해방 인민' 규정과 일본의 형사재판권

연합국의 재일조선인에 대한 취급은 45년 11월 1일의 〈일본 점령과 관리를 위한 연합국 최고사령관에 대한 초기 기본지령〉에 제시되었다. 여기에서는 '타이완계 중국인과 조선인'은 "군사상의 안전이 허락하는 한 해방 인민으로 취급한다. 그들은 본 지령에 사용되는 '일본인'이라는 말에는 포함되지 않지만, 그들은 일본 신민이었으므로 필요한 경우에 귀관[연합국군 최고사령관 맥아더]은 적국민으로 처우해도 된다"고 쓰여 있다.[31] 즉, 연합국은 조선인을 '해방 인민'으로 규정하는 한편으로, 간접적이기는 하지만 일본정부가 조선인을 '일본 신민'으로 취급하는 것을 인정할 여지를 남겼다.

실제로는 미군이 조선인의 요구를 승인한 사례는 드물었다. 예를 들면 45년 9월 10일 요코스카시横須賀市에서 '조선인동지회'가 개최한 집회에 요코스카경찰서가 해산 명령을 내린 것에 대해 조선인 대표는 개최 허가를 요구하며 해군사령부에 진정했지만, 미군 측에서는 이러한 신청은 "귀찮으니 이후 사령부의 출입을 일체 금지한다. 일본 측에서 엄중히 단속해주기 바란다"며 돌려보냈다.[32] 필자가 조사한 범위에서 보면 점령 당국이 일본경찰의 조선인 체포권을 부정한 사례는 발견되지 않는다. 즉, 대개 일본의 경찰은 점령 후에도 지속적으로 조선인을 체포했던 것이다. 이에 대해 일본정부는 10월 18일의 각의결정 〈대중운동 등 단속에 관한 건〉에서 중국인 노동자의 쟁의에 대한 대응방침을 정하여 쟁의에 대해서는 "원칙적으로 사법권을 발동하여 신속히 범인을 검거하는" 한편 연합국군에 연락하여 "사법 처분을 할 것"을 결정하고 GHQ의 양해를 얻었다고 한다.[33]

다만 조선인과 중국인에 대한 일본의 기소권과 재판권에 대해서는 현지의 군정부대가 인정하지 않은 경우가 있었다. 예를 들면 45년 12월 29일 사이타마현 구마가야熊谷 주둔 점령군은 조선인과 중국인에 대한 일본의 재판권을 부정했고, 46년 1월 7일에도 제82 군정부는 조선인과 중국인의 소추를 금했다.[34] 일본정부의 사법성司法省은 이를 불길한 사태로 파악하고 1월 14일, "종래에 누차 분쟁의 원인이 되었던, 화인華人, 조선인, 타이완인(연합국군에 속하는 자를 제외)의 재판관할권에 관해서는 만약 연합국군에 대한 중대한 범죄 관계 이외의 모든 사건이 일본 법원의 처리에 맡겨진다면, 사태는 실제적으로도 이론적으로도 적절하고 타당하게 해결될 것이다"라는 문서를 총사령부에 제출했다.[35] 1월 18일에 토건업계 대표가 내무성 경보국과 후생성厚生省 사회국을 방문하여 "자유반도自由半島 노무자와 관련해 재일본조선인연맹 본부 등의 조선인단체의 부당 요구, 불법행위"가 있다고 진정한 것에서도 조선인 노동자의 보상이나 귀환을 요구하는 쟁의를 단속하기 위해, 일본정부는 형사재판권을 요구한 것으로 보인다.[36]

그 결과, 2월 19일에 GHQ는 연합국 최고사령관 각서SCAPIN 제756호 〈형사재판권의 행사〉를 공표하여, 일본의 법원은 연합국민과 점령군 장병 등에 위해를 가한 자에게 형사재판권을 행사할 수 없으며, 일부 예외를 제외하고 정부에는 연합국민을 체포할 권한이 없다고 했다.[37] 즉, "연합국민과 점령군 장병"이 아니면, 일본은 형사재판권을 행사할 수 있게 되었던 것이다.

이 때문에 각서가 말하는 '연합국민'의 범위가 문제시되었다. 종전연락중앙사무국(이하 '종연')의 기다 다키오黃田多喜夫 1부장대리는 2월 21일에 카펜터Albert C. Carpenter 법무국장과 회담하고, SCAPIN 제756호의 "제12지령 제1항의 United Nations Nationals에 조선인, 타이완인은 포함되는 것으로 해석할 수 있는가"라고 물었다. 카펜터는 "조선인은 포함되지 않지만, 타이완인에 대해서는 공적 해석이 아직 접수되지 않았으므로, 명확히 '예스'나 '노'로 답할 수 없으며, 장래에 변경될 수도 있으므로 그때까지는 조선인과 동일한 입장에 둘 수 있다"고 회답했다.[38] 이에 따라 일본정부는 타이완인에 대해서는 해석의 여지가 있지만, 조선인은 '연합국민'에 포함되지는 않는다는 GHQ의 언질을 얻었던 것이다. 조선인이 일본의 재판권 밖에서 재심을 받을 가능성으로서는 2월 19일의 SCAPIN 제757호 〈조선인과 다른 특정국인에게 언도된 판결의 재심리〉에 따라 본국으로 귀환할 의지를 가진 것을 증명한 경우에 한해 최고사령관에 의한 재심 가능성이 있다고 되어 있었는데, 이 외의 경우에는 일본의 형사재판권이 인정되었다고 할 수 있다. GHQ는 조선인에 관한 한 체포, 기소, 재판 모두 46년 2월 시점에서 전면적으로 일본정부의 요구를 수용할 의중을 전했던 것이다.

일본정부의 보안대 단속

1946년 3월 6일에 GHQ와 일본정부, 재일조선인단체 대표가 참여해 형사재판권에 관한 회담이 열렸다.[39] 이 회담에서 GHQ의 맥도널드 중령은 귀환을 희망하지 않는 조선인은 "일본시민과 동일하게 취급을 한다"고 했고, 웨스트 중위는 조선인의 지위는 '일본시민'도 연합국민도 아닌 '해방된 시민'이며, 일본의 헌법에 따라야 한다고 언급했다.

조선인단체 측은 "일본의 법률에 따른다"란, 일본의 '주권'에 따른다는 의미인지, 혹은 단속 법규에 따른다는 의미인지를 물었다. 조선인단체는 일본의 법률 전체를 따르지 않겠다고 주장한 것이 아니라, '해방된 시민'이라는 규정이 애매함을 포함하고 있으므로, 이것을 불식하려고 했

조련 오사카부 본부 아사히(旭) 중대 서부소대(1946년 8월)
제복으로 조련 자치대의 사진임을 알 수 있다.

던 것이다. 특히 '주권'에 집착하는 것에서 알 수 있듯이, 조선인단체 대표들의 관심은 국적과 법적 지위에 있었다. 그러나 웨스트 중위는 "사회 안녕질서를 어기지 않도록 조심할 것(폭동, 암거래 등을 하지 말 것)"이라는 대답만 하고 확언을 피했다.

46년 3월 26일에 내무성 경보국장은 조련, 조선건국촉진청년동맹(이하 '건청'), 신조선건설동맹(이하 '건동'), 재일본조선상공회, 재일본조선학생동맹의 다섯 단체 대표자 11명을 불렀다.[40] 경보국장은 조선인의 범죄에 대해서는 일본정부가 체포·재판권을 가지며, 그 생명과 재산도 일본정부가 보호하므로, 앞으로 보안대 등이 존속할 필요가 없으니 해산하라고 명했다. 또한 앞으로 보안대의 '경찰권 유사 월권행동'은 금지하며 엄중히 단속할 것, 범인 탈환이나 석방 요구, 관공서나 사업주에 공손할 것을 전하며, 위반자는 "강제송환의 방도를 강구한다"고 했다. 제2장에서 알 수 있듯이, 당시 조련은 광범위하게 조선인 수감자 석방운동을 전개했는데, 이것을 금했던 것이다. 경보국장은 동일한 내용을 각지 경찰에 시달했다. 당시로서는 아무런 법적 근거가 없는 강제송환까지 지시했는데, 이는 식민지기에 자의적으로 행했던 조선인 송환을 이번에는 점령군과 협력해서 지속하려는 것이었다.

이 시점에 중앙 차원에서는 조련 자치대의 개편이 진행되었는데, 지방에는 보안대가 남아 있었다. 조련은 이 조치에 반발하면서도 지방에 남아 있던 보안대를 자치대로 개편하는 것으로 대응하려고 했던 것 같다. 예를 들면 오사카에서는 조련이 46년 1월에 보안대를 결성했는데, 4월에 발행된 《대중신문大衆新聞》은 중앙의 방침에 따라 자치대로 개편되었다고 보도했다.[41] 《대중신문》은 개편 경위에 대해 번화가에서의 "사이비 보안대원, 불량배의 행동은 일반 대중에게도 다대한 폐를 끼치게 되고 진주군한테도 수차 경고를 받게 되었으므로, 신성한 평화와 자유와 정의에 입각한 진주군의 사회정책에 전면적으로 순응하기 위하여 보안대를 해소하고 자치대로 개편했다"고 기술했다.

체포·기소·재판권에 대해 GHQ의 '합의'를 얻은 일본정부는 적극적인 단속에 착수한다. 내무성 경보국은 46년 3월 25일부터 20일간, 철도를 이용하는 조선인에 대한 특별단속을 실시했다.[42] GHQ도 철도 이용 조선인에 대한 단속 권한에 대해 4월 4일 자 각서에서 승인했고, 또한 4월 30일 자 각서 〈조선인의 불법행위〉에서 3월 26일의 내무성 경보국장의 조선인단체에 대한 통지를 추인했다.[43]

조선인단체 활동의 범죄화, 조선인 살상 경찰의 면죄

조련은 앞에서 언급한 3월 26일의 내무성 경보국장의 보안대 해산 지시에 강하게 반발했다. 조련은 "일본 경찰력의 심각한 무력화에 대해 중앙지방 가리지 않고 치안을 위해 협력해온 것은 도대체 누구였나. 그것은 물론 조선인 사이에서만이었지만, 침식을 잊고 혹은 몸을 희생해가며 자기 민족의 체면을 더럽히지 않기 위해 싸워온 것은 조련 자치대 전국 15만 여러분이었다"고 반박했다.[44] 또한 조련 후쿠오카현 본부도 46년 4월 25일에 종래에는 "일본 관헌과의 대화를 통해 자치조직이 조선인을 단속해왔으나, 최근에 직접 조선인을 단속하여 조선인 자치조직을 무의미하게 끝나게 만들려고 한다"고 지적하고 있다.[45] 여기에서는 그때까지의 조련 자치대 활동이 경찰이나 점령 당국과의 협조하에 이루어졌고, 일정한 '자치'를 인정받고 있었음을 알 수 있다. 46년 2월 이후의 일본경찰의 행동은 이러한 '자치'를 무력화하고, 조선인에 대한 경찰의 직접적인 단속을 실현하려는 것이었다.

더욱이 단속은 조련의 '자치'를 허물 뿐만 아니라, 조련의 활동을 범죄화하는 식으로 진행되었다. 46년 9월에 일어난 조련 하기萩 지부(야마구치현 소재) 간부 자택의 수색사건은 그것을 잘 나타내고 있다. 하기시 근방에서 발생한 여아 학대치사사건에 대해 조련 하기 지부는 경찰과 협력해서 용의자를 수색, 연행했다. 그러나 하기경찰서는 용의자를 즉각 석방하는 한편, 9월 28일에 조련 간부를 일제히 검거했다. 조선인생활권옹호위원회에 따르면, "하기경찰서에서는 예전에 연맹 지부[2자 미상]를 계획, 용의자 다마오카玉岡를 매수하여 연행 시에 경찰 유사행위가 있었다는 취지를 진술하게 하여 일제히 간부를 검거하여 지부의 파괴를 노린 것으로, 명백히 계획적 음모"라고 한다.[46] 하기 지부장 김용조金用祚 외 27명의 자택을 수색하여 그중 18명을 폭력행위, 공갈, 경찰 유사행위, 불법감금 혐의로 검사국으로 송치, 9명을 기소했다. 경찰은 조련이 단속에 참가하는 것을 알면서도, 그것을 '경찰 유사행위'로 범죄화한 것이다.

또한 검찰은 조선인에 대해서는 적극적으로 기소 권한을 행사했다. 46년의 통계를 보면, 검찰이 처리한 인원은 일본인 43만 7,754명(기소율 34.7%)인데 반해, 조선인은 1만 4,971명(기소율 46.1%)에 달했다.[47] 도쿄고검 우에마쓰 다다시植松正는 그 이유를 "일반 민중은 패전 후 외국인의 불법행위에 대해 겁약해 있으므로 웬만큼 묵과할 수 없는 악질적 범죄가 아니면 관에 고지하지 않는다"고 해석하고 있지만,[48] 오히려 이것은 46년 2월에 기소권을 탈환하여 적극적으로 조선인을 기소한 결과로 보아야 할 것이다.

한편으로, 일본경찰의 조선인 살상은 면죄되는 경향이 있었다. 경찰은 46년 1월 18일 〈경찰 관리의 권총 휴대 사용에 관한 건 의명통첩〉(내무성발 제2호)에서 권총 휴대를 허가받았고, 또한 GHQ의 각서에 의해 '정당방위', "흉악범인이 도망하려 할 때", "흉악범죄 용의자가 도망하려 할 때", '영장의 집행'에 한하여 '사살권'을 인정받았다.[49] 그리고 47년 3월의 조선인생활권옹호위원회가 실사한 조선인 불법 탄압사건에 대한 조사를 보면, 경찰에 의한 조선인 사살과 관련한 사건이 46년 4월부터 12월까지 4건 일어났다([표 1-1] 중 욧카이치四日市사건, 우메다梅田·히가시나리東成·이쿠노生野사건, 후나바시船橋사건, 나카무라中村사건). 또한 46년 9월에 오사카에서는 경찰이 권총 밀매 용의자인 조선인과 경찰 사이에 개입하려 했던 조련의 활동가를 사살했는데, 조련을 배제하는 과정에서 발생한 사건이었다고 할 수 있다.[50] 더욱이 사살한 경관이 처벌받은 예는 드물며, 이러한 면죄의 일상화가 조선인에게 주저하지 않고 총을 들이대는 악순환을 초래했던 것이다. 앞서 언급한 조선인생활권옹호위원회 조사에 따르면 1945년 8월 이래 일본경찰 및 이들과 결탁한 테러단이 조선인에게 가한 피해는 84건이며, 사상자는 1,223명에 달한다. 이런 일본경찰들의 폭행의 배경에는 "일본제국주의시대의 관헌이 지금도 아직 그 지위에 머물러 있는 것, 특히 예전에 조선, 타이완, 만주 등 식민지에서 경찰 관리를 하던 자들이 경찰력 확충의 명목하에 대량으로 채용된 결과이며, 검사국, 재판소도 반동적 경향이 지배적인 사실이 있다"고 이 보고는 분석한다.[51]

하지만 그 사이에도 조련 자치대는 활동을 계속했다. 46년 6월 26일에 도치기현栃木縣 오야마小山에서 조선인 2명이 "너 조선인이지?"라는 일본인 청년단·자위단원 7명의 질문을 받고 "조선인이면 어쩔 건데?"라고 답하자, "건방지다"며 일본도 등으로 찔러대 중상을 입은 사건이 발생한 것에서도 알 수 있듯이, 일본인의 조선인 살상은 지속되었기 때문이다.[52] 3월 이후 경찰의 단속이 엄격해졌음에도 이 사건에서는 조련 자치대가 경찰과 협력하여 범인을 수색하고 인도했다.[53] 여전히 지방에서는 조련의 협력이 불가결했을 것이다. 하지만 그 1개월 전에 발생한 세타가야世田谷

사건에서는 조선인을 사살한 혐의로 조련 자치대가 일본인을 추궁한 것을 경찰이 '불법'으로 단정했다.[54] 오사카무라사건에서 알 수 있듯이, 일본경찰이 폭력단과 짜고 조선인을 습격하는 경우가 빈발하는 상황에서는 조련 자치대의 '동포의 생명과 재산 보호' 활동은 긴요했다. 실제로 조선인의 생명과 재산이 지속적으로 위험에 처해 있는 이상, 조련 자치대의 활동은 필요했던 것이다.

[표 1-1] 불법 탄압정책으로 발생한 사건 예(1947년 3월 10일 현재 조사)

날짜	장소	사건	내용
45.08.17	미에三重	구와나桑名사건	일본군 장교가 동포 징용공을 학살하고 사체를 매몰
45.08.17	가라후토樺太	가미케톤上気とん사건	동포 광부 17명 학살
45.08.23	마이즈루舞鶴	우키시마마루浮島丸사건	일본군 어용선 침몰로 동포 징용공 524명 익사
45.08.26	교토京都	마이즈루사건	연합군을 맞으러 아쓰기厚木에 갔던 한 청년이 행방불명
45.08.27	지바千葉	조시銚子사건	일경日警이 미군을 환영하는 3명 학살
45.10.08	후쿠시마福島	조반常磐탄광 쟁의	일경이 동포의 노동쟁의를 간섭 탄압
45.10.08	이바라키茨城	아시오足尾 동산銅山 쟁의	위와 같음
45.10.18	아오모리青森	산본기三本木사건	30년 이상 거주자 이외 동포 추방
45.11.05	홋카이도北海道	안선호安先浩사건	노동쟁의에 대해 연합군이 조선인 집회금지령을 발해 출옥 동포 안선호 씨 등을 추방
45.11.06	지바	노부토登戸사건	경찰과 결탁한 불량배들이 동포 청년 2명을 구타
45.11.08	도쿄東京	가쓰시카葛飾사건	순사, 불량배가 동포 학살
45.11.10	가나가와神奈川	야마토大和사건	일경이 동포의 가재 일체를 몰수

45.11.11	교토	일가참살사건	조선에서 귀환한 일본 복원 군인이 동포 일가 6명 참살, 범인 도망
45.11.12	도쿄	호리키리사건	일본 내무상 호리키리掘切 "화華, 선인鮮人을 엄중히 단속하라"는 담화 발표
46.01.06	야마구치山口	도쿠야마德山 폭동사건	일경이 테러집단을 선동, 동포를 구타
46.01.05	후쿠시마	유모토湯本사건	일경이 테러집단을 선동, 조련 간부를 상해
46.02.18	후쿠오카	도바타戸畑 자살사건	고문의 고통으로 동포 1명이 유치장에서 자살
46.02.26	도쿄	극비통첩사건	경보국이 동포 탄압을 명령
46.02.28	히로시마広島	조계정上下町 검거사건	서장이 조련 지부 간부를 검거
46.03.15	도쿄	YMCA사건	일경이 대거 간다神田 YMCA에 침입하여 파괴, 폭행
46.03.19	교토	시치조七條사건	일경이 조련 간부를 검거, 폭행
46.03.26	도쿄	자치대 해산사건	시데하라幣原 내각이 조련 자치대 해산을 요청
46.03.27	도쿄	조선인 처우사건	내무성은 동포를 일본인과 동일하게 대우하라
46.03.29	도야마富山	이스루기石動사건	일경이 열차 안에서 동포 사살
46.03.29	지바	기무라木村사건	부르주아 문학자가 동포 비방 연설
46.04.01	도쿄	히키타사건	중의원 후보자가 조선 침략 공언
46.04.09	야마구치	시모노세키下関 살인사건	일경이 불법 발포하여 동포 청년 1명 사살
46.04.11	효고兵庫	오쿠보 형무소사건	46명의 동포 영양실조로 석방, 1명은 곧 사망
46.04.11	산타마三多摩	다카쓰高津 경찰서사건	산타마 거주 동포를 불법 구치
46.04.13	군마群馬	오사카무라사건	일경이 테러집단을 선동하여 조련 자치대를 습격, 폭행
46.04.19	도쿄	에도가와江戸川사건	일본인 불량배 10여 명이 철봉을 휘둘러 동포 4명 상해
46.05.03	효고	니시와키西脇사건	일경이 조련대회를 MP에 허위 보고

46.05.13	도쿄	세타가야世田谷사건	야스다安田파 청년이 동포 1명 척살, 조련 자치대의 범인 추궁을 일경이 불법으로 간주
46.05.26	구마모토熊本	우토宇土사건	폭력단이 동포 몇 명을 구타
46.05.30	도쿄	자유시장사건	일경이 우에노上野 자유시장 동포 상점 습격, 불법 탄압
46.06.05	야마가타山形	암거래상 무고사건	쌀 사재기는 80%가 동포라고 무고
46.06.20	히로시마	조게정上下町 수색사건	일경이 백미를 운반 중이던 동포 부인을 검거, 전 동포의 가택수색
46.06.21	이시카와石川	다이쇼지大聖寺 사건	경방警防 단원이 조련 간부를 구타
46.07.02	히로시마	사이키佐伯 살인사건	경방 단장이 일본도로 조련 자치대장을 참살
46.07.18	히로시마	메이지야 明治屋사건	일경이 무저항 동포 1명 척살
46.07.23	도쿄	오노大野사건	동포를 의회에서 비방
46.07.28	야마가타	나카가와中川사건	자경단원이 동포 1명에 폭행
46.08.02	도쿄	야마다山田사건	귀족원에서 동포를 비방
46.08.09	후쿠오카	도고東郷사건	유치 중의 밀항 동포 41명 아사
46.08.15	후쿠오카	하코자키箱崎사건	일경과 경방단원이 밀항 조선인 10명을 상해
46.08.17	도쿄	시쿠마椎熊사건	진보당 의원이 동포 강압을 요구
46.08.20	도쿄	경고문사건	비밀결사 '정의단'이 조련에 경고문을 발함
46.08.20	사가佐賀	요부코呼子사건	일경과 사법 당국은 밀항자 도주 원조 죄명으로 요부코 분회 간부 2명을 징역 1년에 처함
46.08.27	나가사키長崎	밀항사건	밀항자 수용소 설비 대우가 혹독해 아사, 병사 등 사망 361명
46.09.01	미에	욧카이치四日市사건	일경이 불법 발포 동포 1명 상해
46.09.27	미야자키宮崎	교에이마루共栄丸, 긴피라마루金比ら丸사건	귀국동포 소유 선박과 화물을 밀항선으로 불법 몰수

46.09.22	니가타新潟	니가타일보사新潟日報社 사건	중국인과 일경의 충돌을 동포로 오보, 기사 취소, 사죄 요구 교섭원을 상해죄로 검거
46.09.22	오사카大阪	거주 증명 문제	밀항자 단속을 구실로 전 동포에게 증명서 휴대를 강요
46.09.27	효고	아마가사키사건	위와 같음
46.09.28	오사카	우메다, 히가시나리, 이쿠노사건	일경이 불법 발포, 동포 청년 3명을 연속 학살
46.09.28	야마구치	하기萩사건	일경이 하기 지부 9명을 불법 검거
46.10.08	야마구치	도쿠야마 무고사건	일경이 조련 야마구치 위원장을 MP에게 무고하여 검거
46.10.10	이시카와	가나자와金澤사건	자유당대회에서 일경이 동포 2명을 불법 검거
46.10.13	도쿄	국적 문제	부르주아 신문이 동포가 일본 국적 편입 유언비어 선전
46.10.15	후쿠오카	하카타博多 부두사건	조련 파견 소년대가 군정부 명령을 이유로 부두 출입을 금지
46.10.16	나가사키	하이키早岐 살인사건	일경이 동포 한 사람을 불법 학살, 일본 당국은 불기소
46.10.25	도쿄	우에노 포스터사건	방범 포스터에 조선 국기를 도안화
46.10.28	야마구치	우베宇部사건	은닉미 적발에 협력한 조련 간부를 가택침입죄로 처분
46.10.29	야마구치	호후防府 지부사건	일경이 정치 보스에 가담, 조련 간부를 무고, 징역 2년에 처함
46.11.04	오사카	사카이堺 형무소사건	불법 학대에 분개한 동포 23명을 간수가 살상
46.11.07	홋카이도	삿포로札幌사건	체신성 장관의 동포 비방 연설에 분개한 조련 간부 2명을 검거, 전 동포의 가택수사 실시(불법 체포 110명, 송국 3명, 기소된 자 2명)
46.11.10	홋카이도	구시로釧路 지문사건	일경이 동포에 지문 등록 강요
46.12.03	지바	후나바시船橋사건	일경의 권총 휴대는 동포 단속을 위함이라고 공언

46.12.10	미야기	센다이仙台 미나미南 경찰서사건	8명의 동포 용의자에 대해 고문, 자백 강요
46.12.20	도쿄	12월사건	일경이 5만 명의 데모대에 발포 교란하여 13명을 상해, 교섭위원 10명, 데모 지휘자 3명, 불법 검거
46.12.26	도쿄	12월사건	군정 당국은 일경의 무고로 교섭위원 10명에게 유죄판결, 이듬해 3월 8일에 조선으로 강제송환
47.01.08	오사카	경찰명령사건	전 동포를 암거래, 밀입국을 빌미로 탄압을 명령
47.01.03	구마모토	미야무라宮村사건	사회당 국회의원 "조선인은 일본의 질서를 파괴한다"고 비방
47.01.25	후쿠시마	오이가와大井川사건	사회당 간부가 동포를 비방
47.02.09	후쿠시마	다이라平사건	일경과 결탁한 폭력단이 조련 사무소를 파괴, 간부 6명에 중상
47.02.11	도쿄	히라노平野사건	사회당 간부가 일농日農대회 석상에서 동포를 비방
47.03.01	아이치愛知	나카무라中村사건	일경이 동포를 탄압, 1명 학살 300명 검거
47.03.10	지바	하세가와長谷川사건	사회당 국회의원 '각 정당의 정책을 듣는 모임' 석상에서 일본 인플레이션의 원인은 동포에게 있다고 비방

* 출전: 〈不法弾圧政策によって発生した事件の例(一九四七年三月十日現在調査)〉, 《朝鮮人生活権擁護委員会ニュース》, 1947년 4월 5일 자.

'자치'와 분단:
쓰치우라土浦사건

조선건국촉진청년동맹과 쓰치우라사건

조련이 스스로 '공적 기관'이라 주장하고 조련 자치대를 통해 조선인 단속을 담당했다고 해도, 그 권위를 모든 조선인단체가 인정한 것은 아니다. 여기에서는 조련에는 규모가 미치지 못하지만 이후까지 유력한 조직으로 활동을 지속한 조선건국촉진청년동맹(이하 '건청')과의 관계에서 조련 자치대의 '단속'의 구체상을 들여다보고자 한다.

쓰보이 도요키치에 따르면, 건청은 45년 9월 10일에 결성되었다.[55] 여기에 결집한 사람들은 "구 친일파와 공산주의자에 의한 조직에 불만을 가진 젊은 민족주의자"로, 중앙 본부 임원으로 김용태金容太 이하 11명이 선출되었다는 것이다. 쓰보이가 옳다고 한다면, 건청은 공산주의자뿐만 아니라 초기 협화회 계열 인맥을 포함한 조련에 대한 반발로 결성되었다고 할 수 있다. 결성식은 당국의 단속을 피하기 위해 비밀리에 거행되었기 때문에 그 해 11월 17일에 다시 건청 재결성대회를 열어 홍현기洪賢基

를 위원장으로 선임했다.[56]

건청은 "완전한 자주독립국가의 급속 실현", "민주주의국가의 실현", "민족문화의 영원한 발달", "청년건설대의 편성", "향락적 생활의 배격과 근로정신의 배양"을 강령으로 내걸었다. 또한 결성 취지에서는 조선이 38도선에서 양분되어 미소의 '분할적 군정'이 깔린 것을 유감이라고 언급하고 있다.[57] 《조선신문》에 기재된 건청 본부와 지부 소재지에 따르면, 46년 3월 10일 현재 도쿄에는 도쿄, 다마가와多摩川, 조토城東, 산타마, 간다神田, 긴자銀座의 6지부, 지바에는 산부山武, 아와安房, 기미쓰君津, 시모우사下総의 4지부, 가나가와에는 요코하마, 쓰루미鶴見, 사가미하라相模原, 가와사키川崎의 4지부, 이바라키茨城에는 쓰치우라土浦, 미쓰카이도水海道의 2지부, 나가노長野에 마쓰모토松本, 오마치大町의 2지부 외에 마에바시前橋, 아키타秋田, 효고兵庫, 오사카, 교토에 각각 하나씩 지부가 있다.[58] 본부와 지부의 체계화도 진전되지 않았고, 조련에 비해 지부의 수도 압도적으로 적었던 것을 알 수 있다.

이 건청 대원들을 조련 자치대가 단속한 결과 46년에 일어난 것이 쓰치우라사건이다. 쓰치우라사건의 경과는 조련에 따르면 아래와 같다.[59] 건청 이바라키현 본부 맹원이 쓰치우라의 부근 농촌에 출몰해 강도, 절도, 횡령, 사기를 벌여 조선인의 위신을 폭락시켰고, 또한 해당 지역의 일본경찰 당국을 매수하여 멋대로 불량한 행동을 저질러왔던 것에 대해, 조련 이바라키현 본부는 우선 충고를 했다. 그리고 "건청 교토 본부원과 쓰치우라 본부원들이 공모하여 비합법으로 담배 배급을 받았다는 정보를 듣고, 조련 이바라키 본부에서 현 내 자치대 10명을 동원하여 일제 검거를 실시"하였는데, 건청이 조련의 인감을 위조해 배급을 부정하게 배당받은 사실이 명확해졌다. 조선 미군정청 외무처 연락관, 건청 총무부장과 함께 중총 자치대장이 현장에 출두했고, 미군은 사건을 조련

이바라키현 본부 강희수姜希守 위원장에게 일임했다. 강희수는 46년 6월 25일에 "건청 쓰치우라 본부 위원장 이창호李彰浩 부부, 조직부장 박상갑 朴相甲, 건설부장 권성중權聖仲 등 간부 맹원 13명을 헌병의 감시하에 강제귀국"시켰다.

이때 '검거'된 조선인의 경력이나 연령을 보면, 강제귀국당한 위원장 이창호는 당시 35세, 학력은 "한문 6년간 수행", 해방 이전에는 "해군 시설공사부에서 조선인 노무자 70명의 현장감독"을 했다.[60] 마찬가지로 건설반장 조삼준曹三俊은 당시 30세, 1930년에 도일하여 토목공사에 종사했다.[61] 다른 사람들의 직업 등은 분명하지 않으나, 실형을 받은 16명의 연령은 밑으로는 22세부터 위로는 32세(조삼준 포함)까지의 청년들이다.[62]

46년 6월 18일에 작성된 이창호의 〈진술서〉에 따라 건청의 창설부터 '검거'까지를 상세히 추적해보자. 이창호는 46년 2월 8일에 건청에 가입하여 곧 위원장에 선출된다. 같은 해 1월에 미토시水戶市의 '조선인민회'가 이바라키현 경찰서로부터 많은 물자를 배급받은 것을 알아채고 "도쿄의 건청 중앙총본부와 공모, 인민회장 김민도金民道를 납치하여 도쿄 아마누마天沼 건청 중앙기숙사에 8일간 감금하고 권총으로 공포空砲를 쏘며 위협하는 한편, 미토에서 막대한 물자를 강탈"했다.[63] 이렇게 입수한 물자는 쌀, 담배, 목재부터 권총까지 망라했다. 나아가 5월 20일에 맹원들을 "교토 방면으로 파견하여 조련 명의의 문서, 인감을 위조하여 담배 외 식권, 기타 많은 물자를 사취하여 유흥비로 소비했다"고 한다. 조삼준의 진술서에 따르면, "쌀 창고에서 백미 석유통 9통, 또한 5월 초순 오마치大町 정맥소에서 보리 10섬을 절취", "4월 중순에 고마쓰의 미싱 가게에 침입하여 본서지 바지 50장과 6월 7일 밤 7시경에…… 다나카정 田中町의 농업 창고에서 백미 6섬 반을 훔쳤다"고 한다.[64]

건청 중총 간부들(촬영 시기, 촬영지는 미상)
앞줄 왼쪽에서 1, 3, 5, 6번째 인물이 비행복을 착용하고 있다.

이상이 경과인데, 적어도 이 시점에서는 일본의 경찰 권력도 조련에 사실상 단속을 맡겼던 것을 확인할 수 있다. 이후에 강희수가 역으로 건청 맹원을 '감금'한 혐의로 체포되었을 때, "조련의 자주적인 불량배 숙청에 대해서는 당시에 사전에 경찰·검찰 당국으로부터 충분한 양해를 얻어두었다"고 주장한 것은 그것을 뒷받침한다.[65]

'불량배'들의 계층과 의식

다음으로 조련이 '불량배'로 명명한 건청 청년들의 계층과 의식에 대해 검토해보자.

도노무라 마사루는 패전 이전 일본에서 조선인 사회의 리더층에 대해 공사 현장의 조선인 십장, 광부 십장, 공장 감독, 하숙주 등 노동이나 거주를 함께 하는 소집단을 통솔하는 리더('소집단의 리더')와 1930년대에 상공 서비스업에 종사한 경제적 성공자('커뮤니티의 리더')의 두 종류로 나누어 분석한 바 있다.[66] 이창호는 바로 이 '소집단의 리더'가 해방 후 어떻게 조선인들을 모았는지를 보여주는 사례이다. 조련에서도 지바현 지부 등 군 관계 공장의 현장 리더를 중심으로 결성된 경우가 보이는데, 그 외의 지부에서도 이러한 사람들이 다수 관계한 것으로 추측된다.[67]

박재일朴在一은 해방 직후 조선인 취업의 특징으로 "전시중에 집중 동원된 산업노동 부문으로부터의 추방"을 들며,[68] 그로 인해 조선인은 일용직 노동조차 없어져, 보따리장사나 암거래상으로 생활수단을 찾을 수밖에 없었다.[69] 다만, 당시에는 일본 사회 전체에서 인플레이션 아래의 경제통제가 불완전하여, 설령 정규직에 취업하지 않아도 생계를 유지할 여지가 역으로 생겼으며, 또한 정규직을 갖지 않은 것이 실업으로 의식되지 않는 상황도 존재했다.[70] 특히, 조선인 청년들 사이에서는 전시산업에서 '추방'된 것을 일본에서 '해방'된 것으로 느끼는 심리도 생겨났다.[71] 다만, 그 후에도 취업상황은 호전되지 않아, 민청 3전대회 보고에 따르면, 48년 10월 현재 13개 지방[72] 1만 2,644명의 민청 맹원 중에는 취업자가 53.8%로 되어 있는데, 그 내역은 특별기능자 6.6%, 공업자와 토목자 22.8%, 상업자 4.4%, 농업자 2.5%, 기타 17.5%였다. 학생은 4.1%, 실업자가 42.1%로 되어 있다.[73] 이러한 통계에서도 알 수 있듯이, 약 4할은 실업자이고, 또한 취직자도 '공업자와 토목자'와 '기타'가 대부분을 차지하였다.

건청 청년들의 의식을 생각할 때, 주목되는 것은 건청이 일본의 비행복을 제복으로 착용했다는 점이다. 건청 이바라키현 본부는 "저 유명한 건청 제복(비행복)이나 기타 막대한 물자를 건청 중총에도 헌납하게 되어……건청에서 가장 유력한 지방 본부로 일컬어져 각지의 폭력청년이 모여들어 맹원도 50명 가까이 되었다"[74]고 한다.

이 비행복 착용에 대해 당시 재일조선인이 발행했던 《조선신보》에는 "군용 장화와 함께 비교적 우리 동포 중에 많았다"고 한다.[75] 이 기사는 그 배경을 "과거 전시중에 군인이 되고 싶었던 숙원을 가지면서도 되지 못했고, 패전 후에는 이것을 누구나 돈만 있으면 입을 수 있으니까 이때다 하고 군인장교라도 되어 보려고" 하는 욕망의 발로라고 분석하며, "이 비행복을 입은 자 중에 너무나 지나친 행동을 하는 자가 있어서 '조선인에게는 비행복이 많다'는 예"로까지 되었다고 비판하고 있다. 이 기사는 비행복 착용에는 조선인의 군인에 대한 일종의 선망이 담겨 있다고 보았는데, 한편으로 그 비행복을 입은 청년들이 '일본'을 동경했는가 하면 그렇지도 않다. 46년 7월에 쓰치우라사건의 보복으로 도쿄에서 건청이 조련을 습격했을 때, 건청 부위원장 김용태金容泰가 조련 청년부장

김기택金基澤에게 내뱉은 "조선인이 일본인에 대해 강도를 하는 것이 뭐가 나쁜가. 과거의 일본인은 공공연히 조선인에 대해 강도를 하지 않았는가"라는 말에는 '강도' 행위를 포함하여 해당자들이 그것을 어디까지나 '옳은 행위'로 여겼던 것을 나타낸다.[76] 조련은 이것을 '강도 철학'[77]으로 비판하는데, 한편으로 이 '올바름'은 조련 결성을 뒷받침한 청년들의 리얼리티의 일부가 아니었을까. 비행복을 입어도 일본인에 대한 '강도'를 정당화하는 점에 당시 조선인의 혼란한 심정을 엿볼 수 있다.

조련 자치대의 해산과 쓰치우라사건의 전말

조련은 46년 7월 1일의 제22회 중총 상임위원회에서 "사회적 질서도 점차 회복되고 있는 내외 정세를 감안한 결과……자치대를 발전적으로 해산"할 것을 결정했다.[78] 이어서 7월 10일의 제1회 청년부장회의에서 자치대 해산과 청년부의 '청년대'로의 개칭이 건의되었고,[79] 8월 2일부터 4일 동안 열린 제7회 중앙위원회에서 사후승인 가결되었다. 이에 조련 청년부, 조련 자치대는 재일본조선민주청년동맹으로 발전적으로 해소되었다.[80] 쓰보이 도요키치는 이 자치대 해산의 이유에 대해 GHQ가 그 해 4월 24일에 해산을 명한 것을 들고 있다.[81] 물론 자치대에 대해 점령 당국의 개입이 있었던 것은 부정할 수 없지만, 5월에 조련 중총이 500엔의 현상금을 걸고 자치대 행진곡을 공모한 걸 보면,[82] 그 시점에서는 조련 측에 해산의 의지가 없었고, 7월에 '발전적 해산'을 결정한 것으로 보는 것이 타당하지 않을까.

하지만 이듬해 47년 10월 27일에 쓰치우라사건에 관련된 조련 중총 재정부장 강희수 이하 6명이 갑자기 경찰에 체포된다.[83] 체포 이유는 쓰치우라사건 당시 자치대의 활동이 '불법 감금', '주거 침입', '폭행 상해'에 해당한다는 것이었다. 이에 대해 조련은 성명을 발표했고,[84] 또한 법정에서 강희수는 검찰 당국을 다음과 같이 비판했다.[85]

작년 6월의 사건 발생 당시에 조련은 피고 등이 쉽게 자기의 비행을 깨닫지 못할 것을 예측했기 때문에 이들을 귀국시켜야 한다고 경찰 당국과 미리 합의해두었다. 그런데도 당국은 이 첫 공약을 어기고 그들을 감옥에 보낸 것이다. 우리들은 동포애를 가지고 시종 그들의 앞길을 살핀 후에 당국과 원만히 협의한 후에 사건을 처리했는데도 경찰이 멋대로 그들을 감옥에 처넣어 지금 조련을 고소했다는 것은 당국이 얼마나 반동적으로 조선민족의 내부적 알력을 도발하고 있는지를 증명하는 것이다. 또한 얼마나 당국에 협력했는지를 실증하는 것이다. 만약에 그 당시 조련이 손을 쓰지 않았다면, 아마도 당국은 수백 명의 경관을 동원하여 권총을 서로 쏘아댔을 것이다.

그러나 검찰은 강희수 등 5명을 불법 감금 및 폭력행위 등 처벌에 관한 법률 위반 혐의로 기소하였고 미토 지방법원 쓰치우라 지부, 도쿄 고등법원이 유죄를 선고했다. 피고인 측은 상고하였으나, 1952년 5월 13일에 대법원이 이를 기각하여 유죄판결이 확정되었다.[86]

쓰치우라사건도 이미 언급한 조련 자치대의 활동이 나중에 범죄화된 경우인데, 이 사건의 특징은 그것이 건청의 무고로 인해 발생한 점에 있다. 일본정부의 조선인 단속에 대해 민족조직이 연대해서 저항한 것이 아니라, 오히려 경찰의 단속 강화를 틈타 건청이 조련을 공격한 것이다. 재일조선인운동에서의 민족분단의 불길한 조짐은 일본 치안 당국의 단속에서 이미 발견되었던 것이다.

자치대 해산 후의 경찰권 통제 시도:
조련의 공안위원회 참가 요구

이렇게 조련 자치대는 그 짧은 활동을 종료했는데, 그렇다고 조련이 일본경찰의 대응이라는 과제를 포기한 것은 아니었다. 조련 자치대 해산 후의 경찰권 통제 시도를 위한 구체적 방안으로 조련은 일본 공안위원회 참가를 요구하게 된다.

47년 12월 17일에 신경찰법이 제정되었고, 이에 따라 전국 약 1,600개 시정촌에 지자체 경찰이 배치되어 각 공안위원회가 관리하게 되었다. 신헌법이나 교육기본법과 함께 〈전문前文〉을 가지는 이 경찰법은 이른바 민주화의 상징 중 하나였다. 법 제정을 앞두고, 조련은 12월 15일에 맥아더에게 경찰의 불법 탄압사건에 대해 의견서를 제출했다.[87] 〈1947년도의 주요한 불법 탄압사건(요리이寄居사건, 히로시마사건, 홋카이도 쓰베쓰津別사건, 시모노세키사건 등) 및 신경찰법 공안위원회에 대한 의견서〉는 80쪽에 달하는데, 유감스럽게도 아직 발견되지 않았다. 하지만 다른 조련 측 자료를 통해 이 네 가지 사건들을 재구성하면 다음과 같다.

먼저 요리이사건은 1947년 7월에 사이타마현埼玉縣 오사토군大里郡 요리이寄居에서 일어난 일본인 흥행업자의 조선인 살해사건이다.[88] 흥행업자인 '마스야 일가枡屋一家'가 흥행주로 나선 연극을 둘러싸고 사사로운 마찰이 생기자 일본인 10여 명이 조선인 김창근金昌根, 김성태金聖泰 등을 습격했다. 김창근은 10여 명한테서 일본도로 난도질당해 즉사했고, 김성태도 집단폭행 후 칼에 맞아 사망했다. 김성태는 재향군인의 호령에 따라 참수되었는데 그들은 만세삼창을 했다고 한다. 그 외에도 한 명이 중상을 입었다. 조련은 이 사건의 진상규명을 요구했으나 철저한 조사가 이루어지지 않자 경찰에 항의하였는데, 오히려 활동가가 공무집행 방해로 체포되었기 때문에, 조련은 이것을 불법 탄압사건으로 간주하고 항의했다.

다음으로 히로시마사건은 1947년 10월 27일부터 28일에 걸쳐 히로시마현 경찰서가 시행한 가택수색을 가리킨다.[89] 당시 경찰은 각 경찰서, 세무서를 동원하여 절도 및 경제 위반, 무기 단속의 명목으로 히로시마현 내에 거주하는 조선인 500호 이상을 수색했다. 영장 없이 이루어진 이 일제 가택수색에 대해 조련 중총 외무부는 일본국 헌법 제33조 "아무도 현행범으로 체포될 경우를 제외하고, 권한을 가진 사법 관헌이 발령하고 또한 이유가 된 범죄를 명시하는 영장에 의하지 않으면 체포되지 않는다"는 규정과, 제35조의 "아무도 그 주거, 서류 및 소지품에 대해 침입, 수색과 압수를 받지 않을 권리는 제33조의 경우를 제외하면 정당한 이유에 근거해 발령되며, 또한 수색할 장소와 압수할 물건을 명시하는 영장이 없으면 침입할 수 없다"는 규정에 위반하는 불법 침입이라며 강력 항의했다.

홋카이도 쓰베쓰사건은 1947년 9월 10일에 홋카이도 기타미쓰베쓰촌北見津別村의 마을축제에서 일어난 조선인 몇 명과 일본인 흥행업자 40~50명의 난투사건이다.[90] 일본인 흥행업자가 벌인 길거리 도박을 조선인 2명이 속임수라고 비난한 것이 발단이 되어 흥행업자는 그 두 조선인을 구타했고, 그 후 밤 10시에 쓰베쓰촌 내의 조선인 가택을 습격했다. 이로 인해 조선인 측 몇 명은 반죽음 상태가 되었다. 당일 저녁에는 조선인 수천 명이 복수하러 쓰베쓰촌을 습격할 것이라는 소문이 퍼져 촌민이 무기를 모아 무장하고 습격에 대비하는 사태가 발생했다. 하지만 조련 간부가 점령군과 함께 사태 수습에 나서 최종적으로는 흥행업 주모자 9명이 체포되었고, 9월 13일에는 조련과 흥행업자 쌍방 대표 사이에 조정위원회가 열려 재발 방지를 약속하고 일단 사건은 해결되었다.

마지막 시모노세키사건은 1947년 9월에 야마구치현 시모노세키시에서 외국인 등록 기한을 지나도 등록하지 않았다고 하여 조선인 몇 명을 경찰이 외국인등록령 위반 혐의로 검거한 사건이다.[91] 조련 야마구치현 본부는 당초에 군정부와 시모노세키 경찰 공안과장 사이에서 9월 25일까지는 외국인등록령 위반을 검거하지 않겠다는 확약을 얻었다. 그런데도 경찰은 25일 이전에 등록증을 소지하지 않았다는 이유로 몇 명의 조선인을 체포했기 때문에, 조련은 이것을 불법 탄압으로 간주하고 항의했다.

조련은 이상의 사건들을 경찰의 인권침해로 간주하여 GHQ에 대응을 요청했다. 그리고 그 구체적인 방안이 공안위원회 참가였던 것이다. 이것은 조련 제13회 중앙위원회에서 공안위원회에 대한 발언권·참가권을 획득하기 위해 GHQ에 의견서를 제출했다는 보고가 이루어진 점에서도 확인할 수 있다.[92]

또한 조련 가나가와현 본부가 제74회 상임위원회(1947년 12월 19일)에서 지자체 경찰의 서장과 공안위원의 선발에 임해 "국적을 불문하고 그 땅에 거주하는 주민"의 직접선거를 할 것, 공안위원에 조련 대표나 조련 추천 인물을 넣을 것, 과거에 헌병, 특무기관 종사자, 특고, 조선 관공리 등의 직에 있었거나 조선인이나 해방운동을 탄압한 자는 공안위원이나 서장으로 임명하지 말 것을 관계 당국에 전달하기로 결정했다는 기사가 있다.[93]

조련은 경찰관이 조선인을 사살하거나 탄압해도 죄를 묻지 않는 것은, 경찰이나 사법 관계자 중에 조선에서 귀환한 자가 적지 않기 때문이라고 보았다.[94] 본래 전직이 공무원이었던 인물은 공안위원이 될 수 없지만, 그 대상을 "조선인을 탄압한 자"까지 확대하여, 경찰의 단속을 조금이라도 통제하려고 했을 것이다.

다만, 이 요구는 한정적으로밖에 실현되지 않은 것 같다. 47년 12월 26일에 조련 아이치현 본부는 '대중 과세 반대, 생활권옹호인민대회'를 개최하여 현 내의 한 지역에서 공안위원의 선정에 조련 대표의 참가를 인정받았다고 보고했다.[95] 48년 10월의 조련 제5회 전체대회에서도 중총 사회부 한석순韓錫洵이 "민생위원 또는 공안위원 선거투쟁은 본래 선거권이 없으므로 피선자는 없고, 다만 두세 지방에서 옵서버로 참가한 곳은 있었다"고 답변하여,[96] 공안위원 자체가 아니라 옵서버로 인정받은 지역이 극히 일부 있었던 것 같다.

여기에서 주목되는 것은 경찰 측 견해이다. 각지에서 공안위원의 옵서버로 참가시키라는 요구가 있었기 때문인지 센다이仙台 시의회 사무국이 공안위원으로 조선인 자문위원을 둘 수 있는지 문의한 기록이 있다. 이에 대해 자치과 차장과 국가지방경찰본부 기획과장은 1948년 6월 16일자로 "시 공안위원회에 자문기관을 설치하여 제삼국인을 자문원으로 하는 것은 위원회가 자문기관의 의견에 구속되지 않는 한, 위법은 아니지만, 가장 엄정을 요하는 경찰을 관리하는 공안위원회의 본질상 일부의 이익만을 대표하는 자를 자문원으로 하는 것 등은 적당하지 않다"고 회답했다.[97]

공안위원의 자격은 "일본국민으로 연령 25세 이상인 자"(경찰법 제32조, 제44조, 지방자치법 제19조)였는데, 적어도 재일조선인을 일본국민으로 간주하는 일본정부의 해석이라면, 충분히 자격이 있을 터이다. 또한 일본국적이 아니라거나 호적법의 적용 대상이 아니라는 이유가 아니라, '제삼국인'은 "일부의 이익만을 대표하는 자"이므로 자문원으로 적당하지 않다고 했다. 이렇게 법적 근거가 애매한 채로 조련의 요구는 각하되어 조련 자치대 해산 이후의 경찰에 대한 통제 시도도 좌절되었던 것이다.

2장

여기서는 해방 직후 재일조선인의 귀환과 '거주권' 문제를 다룬다.
식민지기에 일본경찰은 재일조선인을 자의적으로 조선에 송환했는데,
패전 후에도 조선인의 일본 정착을 저지하고
식민지기와 마찬가지로 조선인을 송환하려고 시도했다.
그러나 연합군에 의해 출입국 관리의 권한을 정지당한 가운데,
일본의 경찰은 어떻게 송환을 실시하려고 했을까.
또한 재일조선인은 이에 대해 자의적으로 송환되지 않을 권리—이것을
조선인들은 '거주권'이라 불렀다—를 어떻게 확보하려고 했을까.
여기에서는 귀환과 송환이 뒤엉킨 가운데 전개된
'거주권'을 둘러싼 다툼에 대해 검토하고자 한다.

귀화,
송환,
거주권

귀환의 송환화

식민지 지배와 조선인의 송환

우선 식민지기 재일조선인 송환의 특징에 대해 언급하고자 한다. 1920
년대 이후 조선총독부는 도일을 희망하는 조선인에게 '도항증명서'의 휴
대를 의무화했다. 그리고 증명서 없는 도항은 '밀항'으로 취급되어 조선
으로의 송환 대상이 되었다. 그러나 일본의 입장에서 보면, 당시 조선인
은 '제국 신민'이며, 출입국 관리 대상이 될 수 없을 터이다. 실은 당국
측도 "도항 저지의 절차는 정책적인 문제이지 어떤 법적 근거에 기초한
절대적인 것이 아니다"라고 언급하고 있어, 이 제도가 아무런 법적 근거
가 없다는 것을 인지하고 있었다.[1] 이 때문에 조선총독부는 이 제도가 조
선인의 '보호'를 위한 것이라고 반복했다. 그러나 '보호'는커녕, 도항 규
제, 송환 그리고 경찰에 의한 긴급 가택수색은 '삼위일체'였고, 특히 송
환의 공포가 조선인에게 미친 영향은 헤아릴 수 없을 정도라고 당시 재
일조선인이 발행한 신문은 비판했다.[2] 식민지기에는 조선인의 거주권이

전혀 보장되지 않았던 것이다.

다만, 해방 후의 외국인 등록과 비슷한, 조선인 개개인을 등록하고 일정한 증명서를 상시 휴대하게 함으로써 재류를 관리하는 제도가 시도된 것은 전시기이다. 1937년에 중일전쟁이 시작되자, '내지'의 조선인에 대한 통제는 한층 강화되어 관제 조선인 통제단체인 협화회가 전국적으로 만들어졌고, 협화회도 '보호'의 이름 아래 "범죄, 불량행위가 많은 자 등 내지 동화의 전망이 없는 것으로 인정된 자는 귀환을 타일러" 조선인 송환을 시행했다.[3] 그리고 협화회는 회원에게 협화회 회원장('협화회 수첩')을 소지하게 하여 강제연행 노동자의 노무 관리나 정규/비정규 도항의 판별에 활용했다. 다만, 협화회 회원장 휴대는 어디까지나 세대주에 한정되었기 때문에, 전원이 소지한 것은 아니다. 전시기 말기에는 도항 증명제도를 폐지하고, 그 대신에 협화회 회원장의 제시 만으로 도항을 허가하는 제도로 '개선'할 것이 검토되었으나, 이것도 실현은 되지 않았다.[4] '내지'에서 조선인 전원에게 일정한 증명서를 소지하게 하여 그 '재류'를 관리하는 제도가 등장하는 것은 해방 후의 일이다.

귀환과 '계획 송환'

다음으로 해방 전후의 조선인 송환에 대해서 살펴보자. 내무성의 조사에 따르면, 1944년 현재 '내지' 재임在任 조선인의 인구는 193만 6,843명이다(「표 2-1」). 실제로는 해방 직후의 인구는 이것을 상회한 것으로 보이며, 200만 명 가까운 조선인이 일본에 있었다. 그러나 후술하는 46년 3월의 인구조사에서는 64만 7,706명으로 집계되어, 해방 후 반년 사이에 적어도 130만 명이 조선으로 돌아간 것으로 보인다. 실은 많은 조선인들은 전시기 말기부터 연합군의 폭격을 피하기 위해 조선으로 피난해 있었다. 많은 도시 거주자들은 전쟁 말기에 시모노세키나 모지門司에 집결하여 다양한 수단으로 조선으로 돌아가려고 했다.[5] 그러나 모든 사람이 조선으로 피난할 수는 없었다. 특히 강제연행되었던 노동자가 사업소를 떠나는 것은 쉬운 일이 아니었다. 정부는 2년의 징용기한을 지키지 않고 노동 현장에 묶어놓았다. 그 결과 공습에 의해 24만 명의 조선인이 신체나 재산 피해를 입었고, 그중에 히로시마와 나가사키의 원폭 투하로 7만 명이 피폭을 입었다.

패전 후 일본정부는 8월 21일에 조선인의 징용 해제를 결정하고 30일에는 센자키仙崎에서 귀환 제1선이 출항한다.[6] 당초에는 노동자로서 계속 이용하려고 계획했으나, 조선인 노동자가 각지에서 임금 지불이나 귀환을 요구하는 쟁의를 일으켰기 때문에 한시라도 빨리 조선으로 송환하는 편이 이익이 된다고 생각했던 것이다. 그 결과, 9월 1일에 후생성과 내무성은 조선인 노동자를 우선적으로 귀환시킬 것, 귀환자의 수하물은 본인이 지참할 수 있는 정도로 할 것, 귀환자를 돌보는 것은 중앙흥생회가 중심이 되어 수행할 것 등을 시달했다.[7] 귀환의 우선순위는 첫 번째가 조선인 군인과 군속, 두 번째가 '집단 이입 노동자'였다. 이렇게 하여 많은 조선인이 46년 초까지 조선으로 귀환하게 된다.

1946년에 들면, GHQ는 귀환계획을 세워 귀환 희망자 수를 조사하도록 일본정부에 지시했다. 46년 2월 17일의 SCAPIN 제746호 〈조선인, 중국인, 류큐琉球인과 타이완인의 등록〉이다. 이 각서에 따라, 귀국 희망자의 등록이 결정되어 등록을 게을리한 자, 일본정부가 지시하는 시기에 출발하지 않은 자는 정부의 비용으로 귀환하는 '특권'을 잃게 되었다.

지시를 받은 일본정부는 귀환 희망자의 등록을 시도했으나 이에 앞서 종전연락중앙사무국의 기다 다키오 1부장대리는 2월 21일에 귀환

희망자 등록과 관련하여 GHQ의 카펜터 법무국장에게 다음과 같이 질문했다.[8]

[표 2-1] 해방 직후의 재일조선인 인구(1937~52)

	① 내무성 경보국 조사	② 국세조사	③ 외국인 등록	④ 자원조사법에 의한 인구조사	⑤ 귀환 희망등록을 위한 인구조사
기준일	12월 31일	10월 1일	12월 31일	10월 1일	3월 18일
1937	735,689				
1938	799,878				
1939	961,591				
1940	1,190,444	1,241,315			
1941	1,469,230				
1942	1,625,045				
1943	1,882,456				
1944	1,936,843				
1945				1,155,594	
1946					647,006
1947		508,905	598,507		
1948			601,772		
1949			594,561		
1950		464,277	544,903		
1951			560,700		
1952			535,065		

* 주: 1937~45년 통계에 육해군 소속인 자는 포함되지 않는다. 또한 1945~52년 통계에 오키나와현沖繩縣은 포함되어 있지 않다. 아울러 외국인 등록 수는 일괄 전환(50년, 52년) 시점의 수치 감소가 현저하거나 하여 반드시 정확하지는 않지만, 참고 삼아 게재했다.
* 출전: ① 內務省警保局, 《社会運動の狀況》 各年版. 단 1943, 44년에 대해서는 森田(1996: 71).
    ② 《國勢調査報告》 各年版; 総理庁統計局, 《昭和二十二年臨時國勢調査》
    ③ 《在留外國人統計》 各年版. 단 숫자는 金英達(2003: 99).
    ④ 《昭和二〇年人口調査》, 內閣統計局, 1945; 長澤 編(2011).
    ⑤ 《朝鮮人, 中華民國人, 台湾省民及本籍を北緯三十度以南(口之島を含む)の鹿児島縣又は沖繩縣に有する者登錄集計》, 厚生省社会局, 1946; 金英達(2003: 137).

실은 일전의 조선인, 타이완인, 지나인, 류큐인 등의 등록에 관한 지령에 기초하여 일본 측에서 목하 그 법령을 제정하고자 준비하던 차에 그 법령에는 벌칙을 설정하지 않아서 실효를 거둘 수 없는 점이 있어서 벌칙을 설정하고자 하는 의향이지만, 지나인에 대해서는 일본 측에서 처벌할 수 없게 되어 있어서 벌칙을 설정할 수 없거나 벌칙을 설정해도 효과가 없을 것으로 보고 우려하고 있다. 본 등록 문제에 대해 제6항(b)에 기초한 예외지령을 받을 수 없는지.

여기에서 언급된 제6항(b)은 위에서 말한 SCAPIN 제746호의 해당 항목을 가리키는데, 제6항은 "일본제국 정부는 등록에 앞서 혹은 등록할 때 거듭 이하의 사항들을 조선인, 중국인, 류큐인 및 타이완인에게 통고하도록 한다"고 규정하였으며, 그중 (b)는 "등록의 태만은 귀환의 특권을 상실하는 이유가 될 것"이라고 되어 있다. 즉, 일본정부는 이 등록 '태만'에 대해 벌칙을 설정해 위반자의 체포, 기소, 재판을 맡겨달라고 주장했던 것이다. 특히 중화민국민은 연합국민이며, 그 단속 권한을 시급히 결정할 필요가 있었다. 카펜터는 이 요구를 수용했다.[9]

일본정부는 이렇게 46년 3월 13일에 후생·내무·사법성령 제1호 〈조선인, 중화민국인, 본도인本島人[10]과 본적을 북위 30도 이남(구치노시마口ノ島를 포함)의 가고시마현 또는 오키나와현에 두는 자의 등록령〉[11]을 정했다. 이에 귀환 희망자 등록의 무신고, 허위 신고, 신고 방해, 등록조사원의 사무집행 방해에 대해 "6개월 이하의 징역 또는 금고 또는 1천 엔 이하의 벌금에 처한다"는 벌칙을 제정했다(제8조).[12] 같은 날 후생성은 "등록 방해행위에 대한 단속 경찰력의 뒷받침이 없다면 등록은 그림의 떡이 될 수 있으니, 일선 경찰 관리와 시정촌 당국의 일체적 활동에 특히 유의할 것"이라며, 경찰이 등록에 개입하도록 지시했다.[13] 정부는 "일본 내지에서의

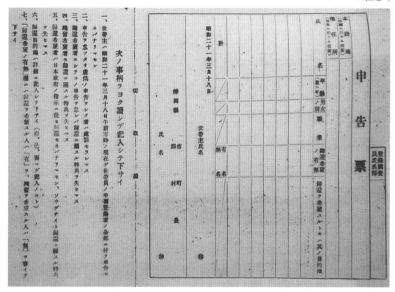

귀환 희망자 등록 '신고표'

이 신고표에 등록되는 대상자는 46년 3월 18일 오후 0시 현재 "내지에 현재하는 자"이며, 신고 의무자는 세대주, 등록은 세대 단위로 되어 있었다. 성명, 연령, 성별, 직업, "귀환 희망 유무"와 "귀환을 희망할 때는 그 목적지"를 기입하고, 주의사항에는 신고를 게을리 한 자와 잔류 희망자는 "귀환에 관한 특전을 잃습니다"라고 되어 있다. 세대주는 18일 중에 등록조사원에 이 신고표를 건네고, 조사원이 시정촌장에게 제출한 후 결철結綴하는 것으로 등록이 완료된다. 다만, 실제로는 통상 동거하는 자나 가족이었다 해도 그 시각에 거기에 없으면 신고표에는 기재해서는 안 되며, 반대로 "그 세대에 있었던 자는 한때의 내객이나 파출부라도 또한 막 태어나 이름이 아직 없는 갓난아이라도 신고하지 않으면 안 된다"고 되어 있었다(《朝鮮人, 中華民国人, 本籍ヲ沖縄県ニ有スル者及本島人ノ登録ノ仕組ト登録調査員ノ心得》). 귀환 희망자 등록의 최대 목적이 가계를 함께 하는 자로서의 '세대'의 파악에 있지 않고, 해당 지역에서의 귀환 희망자 수의 파악에 있었음을 알 수 있다.

* 출전: 《昭和二十一年三月 朝鮮人, 中華民国人, 本島人及本籍ヲ北緯三十度以南(口之島ヲ含ム)ノ鹿児島県又ハ沖縄県ニ有スル者ノ登録ニ関スル綴込》, 静岡県磐田郡二俣町(静岡県立中央図書館歴史文化情報センター蔵).

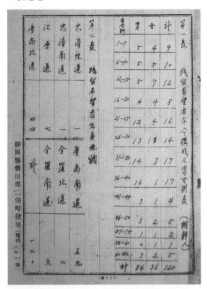

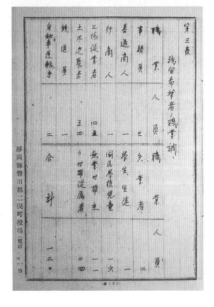

시즈오카현 이와타군磐田郡 후타마타정二俣町의 '잔류 희망자'

후타마타정의 잔류 희망자 120명의 연령 구성과 남녀별 숫자·출신지가 적혀 있다. 경상남도, 경상북도가 압도적으로 많다. 직업은 '토목건축자'(54명), '공장종업자'(45명), '무업세대종속자'(24명)가 많으며, 그 뒤를 '국민학교 아동'이나 '무업세대주'가 잇다. 이 사람들이 잔류를 희망한 이유에 대해서는 "이유가 다기에 걸쳐 있어 일정하지 않지만, 첫 번째는 거주가 편하다고 말하는 자가 다수 있다(조선에 돌아가도 당장 직업도 없고 물자도 풍부하지 않기 때문). 두 번째는 가족 또는 배우관계에 따라 잔류를 희망하는 자가 상당히 있다"고 기록되어 있다.

＊출전: 〈朝鮮人等登錄結果ニ基ク殘留希望者ノ諸調査報告ノ件〉(磐田郡二俣町長勾坂佐一発, 磐田地方事務所長宛, 1946년 5월 11일), 《昭和二十一年三月朝鮮人, 中華民国人, 本島人及本籍ヲ北緯三十度以南(口之島ヲ含ム)ノ鹿児島県又ハ沖縄県ニ有スル者ノ登錄ニ関スル綴込》.

식량 배급, 치안 확보"를 위해 되도록 많은 조선인을 송환시키고 싶어 했다. 그 때문에 벌칙과 경찰의 개입이 필요했던 것이다.

본래 〈초기의 기본지령〉은 "그들('해방 인민')은 만약 희망한다면, 귀관(맥아더)이 정하는 규칙에 따라 "repatriate"될 수 있다"고 했다. 즉, '해방 인민' 규정은 주로 귀환의 권리와 관련된 것이었다.[14] 하지만 일본정부는 경찰을 개입시켜서라도 빨리 송환시키고 싶어 했다. 점령 당국도 그 의도를 파악한 후에 승인했다고 할 수 있다.

이 등록이 발표되었을 때 민중 사이에 "강제송환 조치가 있지 않을까"라는 의심이 일어났다.[15] 많은 사람들에게 귀환할 의사가 없지는 않았는데, 46년 3월의 귀환 희망자 조사에서는 실로 51만 4,060명이 귀환을 희망했다. 그러나 그것은 자의적인 강제송환과는 다른 것이었다. 그러한 의심들에 대해 조련은 "연합국은 민주주의국가이므로 절대로 개인의 인권을 무시한 그러한 강제조치는 없다"고 하여, 등록을 위한 인구·재산 조사에 협력했다. 조련보다도 민중 쪽이 일본정부의 의도를 정확히 인식하고 있었다고 할 수 있다.

재소자의 송환 문제

일본정부는 조선인의 송환만을 바란 것은 아니다. 정확히 말하면, 송환에 관한 권한을 자신의 수중에 넣고 싶어 했다.

점령군은 일본정부가 붙잡은 조선인 재소자를 석방하여 송환하려고 한 적이 있었는데, 사법성은 이것에 강하게 반발했다. 45년 10월 26일에 홋카이도 이와미자와시岩見沢市에서 중국인 노동자 허청리何成利 등이 순사 2명의 공무집행을 방해하고 상해한 사건이 발생했다. 이에 대해 일본 측에서는 기소를 준비했지만, 미군 제77사단 사령부 랜들Randall 대장은 12월 20일 허청리의 귀국을 지령했다(24일 귀국). 홋카이도에서는 계속해서 12월 7일에서 11일까지 삿포로 지검 차석검사, 형무소장, 홋카이도청 형사과 섭외계장 등에게 조선인 기결, 미결 및 피의자 전부의 귀환 신청이 이루어져, 2월 상순에는 1년 이상의 징역자를 제외한 기결수가 하코다테函館, 아오모리青森, 시모노세키를 경유하여 조선으로 귀환했다.

사법성은 점령 당국에 "재소자의 송환이 허가되면, 궁극적으로 선인(조선인−옮긴이 주)에 대한 우리 재판의 위신을 실추시켜 더욱더 그들이 함부로 날뛰는 결과가 될 것이다"라고 호소했다.[16] 사법성의 입장에서는 간신히 공무집행 방해로 기소하려 했는데, 그 '범죄자'가 석방되면 중국인, 조선인에 대한 일본의 단속 권한이 흔들리고 만다고 생각했을 것이다. GHQ는 사법성의 호소를 받아들여 2월 11일에 일본정부에 보낸 각서에 본국 송환을 하지 않겠다는 취지를 명기했다. 그리고 2월 18일에 사법성 형사국은 〈조선인 재소자의 본국 송환에 관한 건 통첩〉을 발해, "조선인 재소자는 기결, 미결을 불문하고 이를 본국 송환하기 위해 특별히 석방할 필요가 없다"고 지시했던 것이다.[17]

당시에 조선인 재소자를 석방하는 것은 조선인단체 공통의 과제였다. 석방운동으로는 제5장에서 다룰 정치범에 대한 것이 잘 알려져 있지만, 그뿐 아니라 조련은 국가총동원법 위반으로 수감된 조선인의 즉시 석방을 요구하며 각지에서 운동을 전개했었다. 조련 대표는 46년 2월 13, 14일 사법성을 방문해, 다니가와谷川 사무차관, 기요하라淸原 형정국장과 회견하여 직접 석방을 요구했다.[18] 또한 전국적으로 정치범·사상범 이외의 재소자 석방운동을 전개하여, 3월 9일에는 니가타현 내 314명을 석방했다.[19] 재일본조선거류민단(이하 '민단')도 일본정부와 GHQ에 '전시범戰時犯'의 즉시 석방을 요구했다.[20]

하지만 제1장에서도 언급했듯이, 내무성 경보국장은 3월 26일에 조련 등에게 "범인 탈환 또는 전시 석방 요구 등을 목적으로 하는 집단적 불온행동"을 삼가라고 경고했다.[21] GHQ도 5월 7일의 SCAPIN 제927호 〈귀환〉에서 "일본제국 정부는 비군인인 조선인 수인을 그 복역기간 동안 노역에 복무하여 정당하게 석방될 때까지는 귀환시켜서는 안 된다"고 하여 석방운동은 부정된다. 이 무렵은 정치범 석방이나 특고特高의 해체 등, 인권지령이 실행에 옮겨진 '점령개혁' 시기로 일컬어지지만, 정치범 이외의 조선인이나 중국인의 석방과 귀환은 인정되지 않았고, 오히려 '개혁'이 정치범 석방에 머물렀던 점을 놓쳐서는 안 된다.

조련의 배제와 치안정책

46년 3월부터 '계획 수송'이 실시됨에 따라 일본정부가 먼저 손을 댄 것은 조련의 주도권을 탈환하는 것이었다.

귀환이 시작되었을 당초에 귀환 신청 창구는 형식적으로는 협화회의 후신인 홍생회의 지회였다. '집단 이입 노무자' 이외의 조선인에 대해서는 후생성이 '계획 수송 증명서'를 발행하고 홍생회를 통해 교부하여 증명서가 없는 자는 승선하지 못했다.[22] 중앙홍생회의 해산에 따라 계획 수송 증명서의 발행자는 11월 13일부터 도도부현 지사가 되었다.

그러나 그 사이에도 실제 귀환에 관한 사무는 조련이 담당했던 것 같다. 이로 인해 귀환원호원은 4월 25일에 각 도도부현 교육민생부장에게 "종래에 재일조선인연맹이 주체가 되고 도도부현이 이에 협력해왔지만, 이제부터 위는 부현청에서 주도권을 장악하고 연맹에게 이에 협력하도록 할 것"이라고 명했다.[23] 즉, 조련을 이용하면서 주도권을 빼앗으려고 했던 것이다.

내무성 경보국은 5월 13일에 통첩 〈조선인 송환 경비에 관한 건〉을 발하여 "만약 그들의 송환이 중지된다면, 다수의 조선인이 국내에 잔류하여 치안경비상 중대한 지장을 초래할 우려"가 있으므로, 조선인의 "적극적 송출"을 실현하도록 4개 방책을 지시했다.[24] ① 조선인단체 등의 지도자를 활용할 것, ② 지역을 나누어 순서대로 송출할 것, ③ 지정 기일에 출발할 수밖에 없도록 방책을 강구할 것, ④ 필요에 따라 현지 진주군에 협력을 요청할 것이 그것이다.

주목할 것은 ①과 ③의 방책이다. 내무성은 우선 조련이 주체가 되고 부현이 협력하는 종래의 방식을 바꾸어 "이후에는 경찰이 뒤에서 부현청에게 주도권을 장악하게 하되 조선인단체 등의 지도분자를 활용해 적극적으로 협력하게 하도록 노력할 것"을 지시했다. 조련을 배제하는 방침은 변함이 없지만, 조선인단체의 협력 없이는 '송출'은 불가능하다. 이때문에 "조선인단체 등의 지도분자를 활용"할 것을 지시했다. 즉, 조련을 종속시키고, 그것이 불가능할 경우에는 다른 조선인단체를 포섭하라는 방침을 취했다.

또한, ③에서는 시정촌장 주최 장행회나 경찰의 포장자재 알선을 시행하여 "출발 당일에는 귀환단체의 책임자 또는 관청 관리 등에게 귀국자를 끌어내게 하고" 시구정촌이나 경찰관이 밥을 지어 도시락을 제공하여 환송하는 등의 방법으로 출발하지 않을 수 없도록 방책을 강구할 것을 지시했다.

하지만 지역사회도 끌어들인 '송출'이 조선인 측에게 귀국 강요로 받아들여진 것은 당연할 것이다. 더욱이 단순히 시정촌에서 통지를 받는 것이 아니라 경찰도 협력했던 것이다. 이 '위로'의 의미를 이해하지 못할 정도로 사람들은 둔감하지 않았다.

귀국 희망자를 등록할 당시에는 민중을 달랬던 조련도 '계획 수송'이 시작되자, '강제수송'이 아닌지 의구심을 더욱더 품게 되었다. 4월 6일에 조련은 전국위원장회의를 개최하여 여기에서 "일본정부가 미 사령부의 명령이라고 사칭하여 강제수송을 도모하고 있다"고 지적했다.[25] 또한 4월 11일에 조련 중앙총본부는 각 지방 본부에 대해 설령 그것이 헌병이라 해도 귀국을 강요한 자와 강요받은 동포의 소속 등을 조사하도록 지시했다.[26] 조련으로서도 귀환이 계획대로 진행되지 않는 것은 예상밖이었고 귀환 자체에 반대한 것도 아니었다. 하지만 각지에서 일어난 귀국 강요에는 항의했던 것이다.

이에 대해 내무성 경보국장은 6월 21일 자로 통첩 〈조선인 등의 불법행위 단속에 관한 건〉을 발표했다.[27] 그 내용은 7월 1일부터 8월 말까지 도카이도선東海道線(도쿄-나고야 간)과 호쿠리쿠선北陸線(마이바라米原-니가타 간)에서 조선인의 암거래 단속을 시행하는 것과, "송환 방해행위 단속"으로 아래의 조치를 취하는 것이었다.

조선인연맹 등의 각종 단체는 정부의 계획 수송에 대해 덮어놓고 반대하여 포스터, 팸플릿 등의 배포와 게시, 확성기 등에 의한 가두연설, 신문에 의한 선전, 사전협의회 개최 등 각지에서 각종 방해행위를 활발히 전개하고 있는데, 이 방해행위들에 대해서는 현지 진주군과 연락, 협력을 요구하여 그 책임자를 강제송환하는 등의 강력한 단속 조치를 강구할 것.

내무성은 계획 수송에 대한 방해행위의 단속 조치로서 강제송환을 명했고, 이것은 송환을 치안정책으로 운용하는 것을 의미했다. 제1장에서 살펴본 3월 26일 자 내무성 경보국장의 '시달'에도 부합하는 방책이라고 할 수 있다.

재도항자의 단속

나아가 46년 여름부터는 경찰이 귀환을 추진할 뿐만 아니라, GHQ나 남한 미군정청에 의해 (재)도항자를 단속하는 법을 정비하기 시작한다.

　그 배경에는 46년에 들어서 귀환자 수가 줄어들고, 반대로 한반도에서 재도항하는 자가 늘어난 것이 있었다.[28] 귀환자가 줄어든 원인은 GHQ가 귀환 시에 가져갈 재산을 소액으로 제한하고 귀환자의 재입국을 금지한 데다가 당시의 조선이 급격한 인구증가로 주택난, 식량난에 처해 귀환은커녕 일본으로 돌아오는 사람들이 늘었기 때문이다. 이로 인해 46년 4월부터 12월까지 남한으로 귀환한 자는 8만 2,900명에 그쳤다.

　남한의 미군정청은 법령 제39호 〈대외무역규칙〉(46년 1월 3일 공포)과 법령 제49호 〈조선에 입국 또는 출국자 이동의 관리 및 기록에 관한 건〉(46년 2월 19일 공포)으로 화물 운반이나 무역과 출입국 수속을 정했다. 그리고 조일 간의 밀항, 밀수 방지를 위해 GHQ/SCAP에 대응을 요청하여, SCAPIN 제927호에 따라 "본국에 귀환한 비일본인은 연합국 최고사령관에 의해 인가된 경우 이외에는 상업상의 편의를 얻는 시기까지 일본에 귀환하는 것은 허락되지 않게" 되었다.[29] 남한의 미군정청은 특히 쌀의 유출을 우려하여 현상금을 걸고 밀항 고발을 장려할 정도였다.[30]

　다른 한편, 일본인이 조선으로 도항하는 것에 대해서는 중대한 용무가 없는 한 남한의 입국허가서는 발급하지 않는다고 총사령부는 45년 12월 22일 일본정부에 전달했고, 그 사이에 일본인 실업가가 조선으로 건너가는 신청은 모두 각하되었다고 한다.[31] 그리고 연합군 최고사령부는 46

년 1월 15일 일본인의 도항을 전면적으로 금지했다.[32] 이리하여 46년 3월경에는 일본인 귀환그룹(조선→일본)이나 조선인의 계획에 의한 귀환그룹(일본→조선) 이외의 정규 이동은 인정되지 않게 되었다.

그러나 조선의 경제적·사회적 상황은 엄혹했고, 귀환한 사람들의 생존조차 위협하는 상황이었다. 후쿠오카에서 발행되었던《세기신문世紀新聞》은 부산의 귀환 조선인에 대해 "만주와 중국은 몰라도 부산에 상륙한 동포의 실상을 보면, 무산계급 동포가 걸식을 하지 않으면 살아갈 수 없는 것도 이해가 된다. 제한된 소지금으로 주거를 찾고 생활필수품을 구하는 것은 무리이며 몇 개월의 생활로 이미 아사에 직면하는" 실정을 호소했다. 그리고 80세 노인이 생활고로 투신자살하거나 남편이 아사하여 4명의 자식을 끌어안은 아내가 소지금을 다 써버려 걸식을 하는 모습을 전하고 있다. "만약 조국의 현실을 알았다면 쉽게 귀국할 결심도 하지 않았을 텐데"라고 기술하기도 했다.[33] 남한의 미군정청도 이 사정들을 감안하여 5월 중순에 총사령부에 귀환의 일시 중단을 요청했다.[34]

귀환의 발길이 뜸해진 배경으로는 인편으로 모국의 상황이 재일조선인에게 전달되었던 것도 지적할 수 있다. 일본의 행정도 갈수록 위기감을 느껴, 8월 7일에 돗토리현鳥取縣 내무·경찰·경제 각 부장은 정촌장에게 "조선인연맹의 소극적 방해, 밀항 재도래자의 악선전에 대해서는 이를 배제하라"고 명했다.[35]

이러한 상황에서 46년 봄부터 조선에서 일본으로 도항하는 자가 늘기 시작하는데, 조선에서 콜레라가 유행했기 때문에 GHQ는 그것을 입구에서 차단하기 위하여 6월 12일에 SCAPIN 제1015호 〈일본으로의 불법입국 억압〉을 발표했다.[36] 일본의 항구에 불법적으로 들어오려는 선박을 발견하기 위한 조치, 해당 선박의 포획, 포획 후의 선원·승객 등의 야마구치현 센자키, 사세보佐世保, 마이즈루舞鶴로의 회항과 미 육군에의 인

도를 명하는 것이다. 이것은 일본의 출입국 관리 권한을 부분적이나마 인정하는 첫 각서였다.[37]

일본정부는 7월 15일의 차관회의 결정 〈불법 밀수입, 불법 입국 사범 등의 단속에 관한 건〉에서 밀무역, 불법 입국의 단속에 대해서는 대장성, 내무성, 후생성, 사법성, 운수성이 상호 협력하도록 했고,[38] 내무성은 규슈, 주고쿠中國를 중심으로 감시초소를 배치, 연안 순찰선대를 편성하여 경계에 임했다.[39] 나아가 10월 14일의 차관회의 결정 〈불법 입국자의 단속에 관한 건〉에서는 내무성이 불법 입국자의 체포, 유치, 상설 수용소로의 송치, 체포자의 경비를 담당하고, 후생성은 수용소의 설치, 경영, 급식(일부 내무성도 담당)과 검역을, 운수성이 강제송환 선박의 배선 운항 등을 담당하는 것이 구체적으로 결정되었다.[40] 또한 사세보 귀환원호국 안에 수용소를 설치했다.[41]

이리하여 불법 입국자에 대한 일본 측의 체포, 송환 태세는 정비되었고, 귀환은 어느새 조선인의 송환 문제로 뒤바뀌게 되었다.[42]

거주권의 위기:
생활권 옹호투쟁과 12월사건

시쿠마 사부로의 연설 파문

46년 봄 이후에 데이비드 콘데David W. Conde가 '반反조선인 히스테리'라 불렀던 대대적인 반反밀항 캠페인이 시작된다.[43] 그 최대의 것이 8월 17일 중의원 본회의에서의 진보당 국회의원 시쿠마 사부로椎熊三郎의 연설이다. 시쿠마는 조선인 밀항자 중에는 "콜레라, 장티푸스, 이질 등의 보균자가 다수 있으며", "일본 암거래의 근원은 바로 오늘날 이러한 불령한 조선인들이 중심"이며 "500억을 넘는 일본의 신엔新円의 3분의 1은 아마도 그들의 손에 장악되어 있다"고 단언했다. 그리고 내무대신에게 "포츠담선언을 수락한 일본이 여기에 재판권을 가할 힘이 있는지 없는지, 이 문제에 대해서는 정부의 책임 있는 답변을 기대한다"고 추궁했다. 시쿠마는 조선인 도항자가 콜레라 보균자이며, 국내의 조선인은 '암거래의 근원'이라 단정하고, 일본이 이 '문제'를 재판할 권리를 요구했다.

이에 조련은 맹렬히 반발했다. 조련은 "일본의 패전은 우리들의 해방이었다. 쇠사슬이 풀린 노예가 전승국민처럼 기뻐하는 것은 당연하지 않은가"라고 비판했다. 조선인의 밀항에 대해서도 "조선인은 왜 고국의 부모형제를 버리고 또다시 일본으로 재도항하지 않으면 안 되는가"라고 묻고 다음과 같이 재도항자를 옹호했다.[44]

> 한마디로 말하면, 조선은 메뚜기 떼가 훑고 지나간 후이다. 나무도 풀도 푸른 잎도 없는 듯한. 반세기 동안이나 시쿠마 씨의 보스인 군벌, 관료의 침략적 학정은 조선을 황무지로 만들어버렸던 것이다. 군국적 제국주의의 침략은 메뚜기 떼 이상이다. 그런데도 귀국하는 조선인은 돈 1,000엔밖에 지참하지 못하며, 일상용품 이외에는 아무런 재산도 가지고 갈 수 없다. 공장은 일본 군벌의 최후의 발버둥으로 훼손되었고, 자재는 다 써버렸고, 지폐는 삐라처럼 남발되어 있었다.
> 우리들이 귀국해도 일할 직장도 없고 물자도 집도 없다. 이불도 가구도 아무것도 없다. 게다가 커다란 인플레이션이 오면 살아갈 수가 없다. 이것은 완전히 일본의 책임이 아닌가.

시쿠마의 연설은 한 정치가의 망언으로 끝나지는 않았다. GHQ와 일본정부는 조선인의 재도항을 입구에서 단속하는 동시에, 일본 국내의 조선인에 대해서도 경찰에 의한 재류 관리를 시행하려고 시도했다. GHQ는 4월에 귀환하지 않은 조선인의 명부 작성을 일본정부에 명했다. 경우에 따라서는 이들을 모아서 송환하기 위한 것이었다.[45]

거주 증명에서 오사카부 조선인등록조례로

더욱이 일본으로의 도항자가 증대됨에 따라 새로운 재류 관리제도가 검토되었다. 그 대표적인 것이 오사카의 거주 증명과 조선인 등록제도이다.

46년 9월 5일 자로 군정부는 오사카부 지사에게 〈밀입국 조선인 송환건〉을 발령했고, 이것을 수용하여 18일에 오사카부 경찰부장은 관내 경찰부장에게 〈밀입국 조선인 송환에 관한 건〉, 〈거주증명서 발급 수속〉을 통지했다. 경찰이 밀입국이 아님을 확인한 조선인에게 거주증명서를 발급할 뿐만 아니라, 임시 호구조사를 시행하거나 정회町會와 도나리구미隣組[46] 간부에게 밀입국 고발을 장려하는 제도이다. 오사카부 내의 조선인 세대주에게는 10월 1일부터 15일까지 관할 경찰서에 증명서 발급을 신청하도록 하는 의무를 부여했다.

《해방신문》(간사이關西판) 사설은 이 거주 증명을 "일본의 강도적 제국주의전쟁 수행 중에 조선인의 자유를 극도로 억압하여 전쟁에 한 사람의 낙오자도 없이 강제동원하여 거주를 극도로 제한시키고 모든 활동을 저지하기 위한 이른바 협화회 회원장 교부와 동일하다"고 비판했다.[47] 확실히 전시의 협화회 회원장의 운용 시에 내무성은 "협화회원이 아닌 자는 부정 도항자이거나 국민동원계획에 의해 이입된 자로서 도주한 자이므로 전항前項 조사 착수 이후에는 협화회원장을 소지하지 않은 자는 절대로 고용하지 말 것"이라고 사업주에게 명했다.[48] 이것은 회원장이 없는 자를 부정 도항자나 도주자로 간주하는 것이었다. 이 발상이 패전 후의 거주 증명으로 계승되었던 것이다.

그러나 오사카에서는 반대운동이 거세게 일어나 거주증명제도는 시행되지 않다가, 11월에 오사카부 조선인등록조례라는 형태로 실시되었다.[49] 문공휘文公輝는 거주 증명과 조선인 등록은 밀입국 조선인의 단속

조선에서 '재도항'하는 도중에 체포되어
나가사키현 사세보 귀환원호국 하리오 수용소에 수용된
동포의 궁상을 호소하는 《해방신문》(1946년 12월 1일 자)

기사는 재도항 이유가 ① 일본에 두고 온 가족과의 재회, ② 귀국 후의 생활난, ③ 일본에서의
사업 재개, ④ 아내가 일본인이라서 본국의 민중 감정을 살핀 후 돌아왔다는 등이 대부분이며,
암거래 때문이라는 일본정부의 선전은 유언비어라고 비판했다.

과 송환을 대의명분으로 했지만, 실제로는 모든 조선인에게 "범죄 예비군 혹은 잠재적인 치안에 대한 위협으로 의심의 눈을 돌려 호구조사나 일제 검거, 거주증명서 발급 수속이라는 기회를 최대한 활용하여 정보를 수집하고, 앞으로 경찰 활동의 기초 데이터로 삼고자 하는 것이었다"고 지적한다.[50] 이러한 발상은 1947년 5월의 외국인등록령에도 계승된다.

아울러, 재일조선인단체의 사료에 따르면, 거주 증명이 검토된 것은 오사카부뿐만이 아니다. 효고현에서도 11월 18일에 군정부가 지사에게 비정규 도일자渡日者의 송환과 사세보로의 수송을 명하여, 효고현은 '거주증명서 발급'에 의한 '밀입국자' 조사를 시도했고, 조련에 협력을 요청했다.[51] 또한 11월 10일의 제1회 조선인생활권옹호위원회 전국대표자회의에서는 미에현 대표로부터 "이 지방의 거주 증명 반대운동과 경관의 불법 발사에 관한 미에사건에 대해 보고"가 있었으며,[52] 당초에는 나고야에서 실시하려고 했다는 기사도 있다.[53] 이와 같이 군정부는 조선인의 도일을 단속하고 각 도도부현의 경찰은 거주 증명을 사용하여 수색하려고 했던 것이다.

다만, 당시에는 식량사정의 악화에 따른 〈도회지 전입 억제 긴급조치령〉(칙령 제126호, 46년 3월 9일)에 따라 도쿄, 가나가와, 교토, 오사카, 효고, 와카야마和歌山, 야마구치, 후쿠오카 등의 대도시로의 '전입'은 원칙적으로 금지되었다. 이로 인해 다른 지역에서 이 도시들로 옮긴 자는 식량배급통장을 받지 못한 채, '무적자'로 취급될 가능성이 있었다.[54] 즉, 조선에서 밀항해온 사람과 일본 국내에 살면서도 이 긴급조치령을 어기고 대도시로 들어온 탓에 식량배급통장 등의 증명서를 받지 못한 사람을 구분하기란 쉽지 않았던 것이다. 앞에서 언급한 《해방신문》 사설도 "도시 복귀 제한에 따라 입적할 수 없는 동포까지 밀항자와 동일하게 취급된다"고 비판했다.[55]

밀입국 단속과 경관에 의한 오인 사살

거주 증명을 실시할 예정이 없는 지역에서도 말단 경관이 밀입국 단속에 신경을 곤두세웠던 것 같다. 이것을 여실히 보여주는 사건이 후쿠오카에서 일어났다.

47년 3월 17일에 후쿠오카시 하카타博多경찰서에 근무하는 우치다 마코토内田誠 순사(27), 경제계의 기베 아키라木部明 순사(25)가 경계 중에 니시하마정西浜町 나카가와강那珂川 하구 시마네島根수산회사 뒷부두에서 거룻배가 움직이는 것을 보고 밀항자로 오인하여 "움직이면 쏜다"고 외치며 발포, 이키壱岐에 하물을 운반하려고 배에 탔던 임각지林覺志(61)를 즉사시키는 사건이 일어났다.[56] 경관이 임각지가 조선인임을 알았는지는 분명하지 않지만, 조련은 경관의 과실을 비판했다.

하지만 경관의 처벌은 대단히 가벼운 것이었다. 검사는 벌금 300엔만 구형했고, 후쿠오카 지법은 심지어 무죄판결을 내렸다.[57] 사건을 담당한 사토佐藤 판사는 "사건에 대해 판결을 내릴 경우 국적은 문제 삼지 않는다", "재류조선인 사이에서 불만이 있다는 것은 사살된 사람이 동포라서 그런 것일 뿐, 일본인이 사살되었을 경우에도 내용의 사실이 동일할 때는 당연히 무죄로 할 수밖에 없다"[58]고 변명했다. 즉, 피살자가 조선인이어서 비판하는 것이겠지만, 일본인이라도 판결은 같았을 것이라고 답했던 것이다.

그러나 경관이 조선인을 사살한 것은 명백히 조선인 밀입국에 대한 과잉 반응이었다. 이 인물이 설령 밀입국자였다 해도 즉시 사살할 권한은 경관에게는 없으므로, 이것은 명백한 불법행위였다. 후쿠오카에서는 이 외에도 조선인 짐꾼을 오인해서 사살하는 사건이 일어났다.[59] 게다가 하카타의 우치다 순사의 경우에는 감형 탄원서가 법원에 제출되었는데, 그

수가 1,000통을 넘었다고 한다.[60] 경찰이 손을 쓴 것이 아닐까 하는 의혹도 제기된 것으로 보이지만, 지역주민이 자발적으로 감형 탄원을 했을 가능성도 배제할 수 없을 것이다. 47년 3월 13일 중의원 예산위원 제1분과회에서 내무성의 다나카 나라이치田中楢一는 연안 경비를 강화하고 싶지만 증원 허가가 나오지 않아, "후쿠오카현 등도 경찰관이 부족해서 어쩔 수 없이 경찰 보조원 같은 편의적인 조치를 취하고 있습니다"라고 설명했다. 질문자인 이시자키 지마쓰石崎千松도 "후쿠오카현 말입니다만, 700명이라고 한 것으로 기억하고 있는데, 몇 백 명을 임시로 투입해 조선인의 밀입국을 단속하고 있다"고 언급했다. 즉, 후쿠오카에서는 정규 경찰 이외에 민간인을 보조원으로 임시 고용해 단속에 나섰던 것이다. 이러한 관민일체의 단속 속에서 자발적으로 탄원서를 제출한 것으로 보아야 할 것이다.

탄압반대위원회에서 인권옹호위원회, 생활권옹호위원회로

시쿠마의 연설과 거주 증명의 실시계획은 재일조선인에게 심각한 위기감을 안겼다. 오사카에서는 46년 9월 25일에 조련 오사카 본부의 정기총회에서 요시다 시게루吉田茂 내각의 조선인 탄압정책(구체적으로는 시쿠마 의원의 망언)이나 각지의 조선인 사살사건에 관한 대응책이 논의되었다.[61] 28일의 조련 오사카 본부 제1회 집행위원회에서는 '조선인탄압반대위원회'가 건청과 함께 발족되었다.[62]

　조선인탄압반대위원회는 당면한 과제로 거주 증명 절대반대나 인권보장과 불법 탄압 반대를 위한 경찰의 무장해제 등, 그리고 '시민권' 획득을 결정했다.[63] 여기에서 말하는 '시민권'은 참정권을 의미하는 것으로 보인다. 10월 5일의 회의에서 명칭을 '조선인인권옹호위원회'로 바꾸고, 규슈에 "억류된 우리 동포에 대한 비인도적 학대에 대한 대우 개선"을 투쟁 방침에 추가하여, 송문기宋文耆, 송성철宋性澈, 김진근金晋根이 정부와 교섭하기 위해 도쿄로 향했다.[64] 밀항 혐의로 체포된 조선인은 수용소에 갇혔는데, 가라쓰唐津의 수용소에서는 46년 7월 24일부터 9월 15일에 걸쳐 약 300명이 영양실조 등으로 사망했다.[65] '비인도적 학대'란 이것을 가리킨다.

조선인인권옹호위원회의 주장의 특색은 조선인 탄압 반대, 권리 옹호에 머물지 않고, 요시다 내각의 타도에까지 나아간 점에 있다. 10월 7일에 오사카에서 조선인인권옹호위원회 주최로 조선인 탄압 반대 인민대회가 열렸는데,[66] 위원회의 삐라 〈일본인민에게 호소한다〉는 "이번 전쟁의 책임은 당신들의 책임이 아닙니다"라고 하며, 전쟁 책임은 "일부 자본가나 지주, 군벌, 관료에게 있다"고 하는 한편, 이들이 조선인에게 '경제 혼란'의 책임을 떠넘겨 조선인을 탄압하고 있다고 호소했다.[67] 그리고 "우리들을 괴롭히는 반동정부를 타도하여 새로운 민주정부를 하루라도 빨리 만들자"고 호소했다. 또한 조선인인권옹호위원회는 전쟁이나 식민지기의 일본이 조선인을 억압한 책임을 "일부 자본가나 지주, 군벌"에 한정하고 일반 일본인에게 요시다 내각 타도를 호소했다. '탄압반대위원회'에서 '인권옹호위원회'로 명칭이 바뀌는 과정에서 건청이 탈퇴한 것은 요시다 내각 타도와 '시민권' 획득을 목표로 내걸었던 것과 관련이 있었던 것으로 추정된다.

10월 5일에는 도쿄에서도 궁성앞宮城前 광장[68]에서 조선인 생활권옹호 인민대회가 열렸고,[69] 조선인의 권리옹호운동은 전국적으로 확대되기 시작한다. 조련은 생활권 옹호투쟁을 중요시하여 46년 10월 14~18일의 조련 제3회 전국대회에서는 〈조선인 생활권옹호 투쟁계획 요강〉을 채택했다.[70] 특히 시쿠마 연설에 강력 항의하여 결국 11월 5일에 진보당의 이누카이 다케루大養健 총무회장이 조련 대표와 오사카 인권옹호위원회 대표에게 사과하게 된다.[71]

'준연합국민' 요구와 12월사건

조선인의 권리옹호운동이 활발했던 것은 조선인 전반의 법적 지위가 위기에 처해 있다고 의식했기 때문이다. 구체적으로는 재일조선인이 '일본인'으로서 일본정부의 단속 대상에 포섭되어버리는 것은 아닐까 하는 의구심이다. 시쿠마는 "종전의 순간까지 동포로서 함께 이 나라의 질서 속에서 생활했던 자"가 전승국민처럼 행동한다고 비난했는데, 이것도 조선인은 일본의 단속하에 두어야 한다는 사고에서 나온 발언이었다.

국적 문제는 특히 조선인단체가 주목하는 주제였다. 8월에 계획적 귀환 기한이 11월 15일로 변경되었고(SCAPIN 제1113호 〈조선으로의 귀환과 조선으로부터의 귀환〉), 11월이 되자 12월 15일로 다시 연장되었는데,[72] 이러한 가운데 조선에서도 재일조선인의 국적 문제가 주목을 끄는 사건이 발생한다. 그것은 46년 11월 12일에 미 태평양육군 섭외국이 "일본에 있는 조선인으로 총사령부의 송환계획에 기초한 귀국을 거부한 재일조선인은 앞으로 조선정부가 정식으로 성립되어 이 정부가 이상의 재일조선인을 조선인으로 공식적으로 승인하는 시기가 올 때까지 일본 국적을 가지는 자로 간주된다"고 발표한 사건이었다.[73] 다음 날 일본의 각 신문이 이것을 "귀선歸鮮 거부하면 일본 국적으로"라는 식으로 보도한 것에 대해, 재일조선인뿐만 아니라 조선에서도 비판이 이어졌다. 예를 들면《조선일보》사설은 "조선민족朝鮮民族의 감정感情을 이해理解치 못하는 가장 심한 예"로서 "설령設令 정부政府는 수립되지 못하였다 하드래도 재일동포在日同胞는 조선국민朝鮮國民"이라고 주장했다.[74]

46년 11월 10일에는 제1회 조선인생활권옹호위원회 전국대표자회의를 개최하였는데, 24개 부현에서 35명이 집합했다.[75] "정권 보유자의 낡은 조선인관 타파와 조선인 지위 확립"을 투쟁 목표로 내건 대표자회의는 조선인의 지위에 대해서 이래와 같이 규정했다.

우리들은 연합국민도 아니고 중립국민도 아니다. 하지만 세계의 어떠한 나라, 어떠한 국민보다 조선인은 일본제국주의적 침략에 의한 다대한 피해를 입었다. 그래서 우리 조선인들은 인도상 당연히 연합국민에 준하는 자로서 대우를 받아야 한다고 믿는다. 또한 조선정부가 수립되는 날에는 틀림없이 조선은 당연히 국제연합의 가맹국이 될 것이다. 그러므로 우리가 현재 준연합국민으로 대우받는 것은 극히 지당하다고 하지 않으면 안 된다.

대표자회의는 거주권 요구, 조선인 학살사건의 사실 규명, '제국주의적 침략의 범죄사실' 조사 규명, 전쟁 부담의 거부를 결정했다. 투쟁 방법으로서는 전국적 조직으로 운동을 전개할 것, 생활권옹호위원회는 조련과 별개로 활동할 것을 결정하고, 중앙위원회 대표위원으로 이병석李秉晳, 위원으로 하종환河宗煥, 김기택金基澤, 송성철宋性徹, 유종환劉宗煥을 선출하였다. 그리고 12월 20일에 재일조선인생활권옹호 전국대회를 개최하며 교섭위원이 요구를 정리하여 내각에 전달하기로 결정했다.

하지만 이 12월 20일의 전국대회 도중에 교섭위원이 수상 관저에서 체포되어 군사재판에 회부되는 사건이 발생한다. 이른바 '12월사건'이다. 이 사건은 조련 해산의 이유로 제기되었으며, 법무부 특별심사국은 〈이유서〉에 아래와 같이 경과를 기록하고 있다.[76]

전국대회의 시위행진 시에 조선인 등 약 2,000명과 함께 이 대회의 결의문을 건네기 위해 도쿄도 지요다구 나가타정 소재 수상 관저에 이르러 경계원이 극력 저지했음에도 불구하고 정문을 밀어제쳐 관저 안으로 난입하여 그 자리에서 경계하던 경찰관과 충돌하여 난투 중에 소지하던 깃대, 플래카드, 곤봉과 투석으로 폭행을 가해 고지마치麴町 경찰서장 경시 쓰다 주타津田忠太 등 22명에 대해 각각 치료 10일 내지 2개월을 요하는 상해를 가하고, 정문, 유리 등의 기물을 파괴하여 이로 인해 부근 주민을 공포와 혼란에 빠뜨려 데모 행진을 폭행화⋯⋯.

마치 교섭위원들이 2,000명의 데모대와 함께 무리하게 정문을 돌파하여 결의문을 건네려고 한 듯이 쓰여 있다. 하지만 조선인단체 측의 자료는 다른 사실관계를 전하고 있다.

사건 직후인 12월 29일에 조선인생활권옹호위원회가 배포한 삐라 〈생활권옹호 데모사건에 대해서〉에 따르면, 12월 20일 12시 30분에 궁성 앞 광장에서 개최한 대회가 끝나고 10명의 교섭위원은 결의에 따라 "1. 국제공민의 법리에 따라 조선인을 대우하라, 2. 조선인의 생활을 위협하는 불법 탄압 절대 반대, 3. 오사카 지구의 조선인등록제를 철폐하라, 4. 제삼국인이라는 조선인에게 전쟁 부담을 전가하려는 금융조치령 적용 반대"의 4개 요구를 담은 결의문을 건네려고 수상 관저를 방문했다. 교섭위원들은 응접실로 안내되었고 하야시林 서기관장이 대응했다.

한편, 데모대는 궁성앞 광장에서 ① 예정된 코스를 바꾸면 안 됨, ② 교통정리 지도에 따를 것, ③ 어떠한 일이 있어도 대오를 흩뜨리지 말 것,

◑ 자료 2-4

조선인생활옹호 전국대회
(1946년 12월 20일, 도쿄 궁성 앞 광장)

◑ 자료 2-5

조선인생활옹호 전국대회
참가자를 단속하는 MP와 일본경찰

④ 절대로 지휘자의 명령에 따를 것의 네 가지 지시를 받고 수상 관저 앞으로 향했다. 행렬의 선두가 도착한 것은 13시 50분이었다. 선두의 제1대가 지나가고 제3대가 통과하려고 할 때, 수상 관저 문 안에서 6, 7명의 경관대가 나타나 "행진하는 민중을 향해 불필요한 간섭을 고의로 시도해 모멸과 조소를 퍼붓고, 그것을 반문하는 시위대에게 경찰봉을 휘둘러 결국 행진 질서를 교란시켜 권총을 난사"했기 때문에 참가한 민중은 혼란 상태가 되었다. 참가 민중이 수상 관저 문앞에 쇄도하자 데모의 지휘자가 제지하려고 했으나, 경찰봉으로 두드려 맞아 인사불성에 빠졌다.

수상 관저 응접실에서 하야시 서기관과 교섭에 임했던 교섭위원이 이 이변을 눈치채고 곧바로 문 앞에 모여 있는 민중에게 "나가달라"고 절규했으나, 그의 제지는 통하지 않았다. 그런 가운데 응접실로 약 80명의 경관대가 침입하여 교섭위원 10명을 체포했다. 결국 10명은 군사재판에 회부되어 남한으로 강제송환된다. 점령 당국은 일본정부를 지지했다.

이리하여 조선인단체는 일본정부와 점령 당국이 결탁하는 극히 불리한 상황에서 외국인등록령의 교섭에 임하지 않으면 안 되었다.

3장

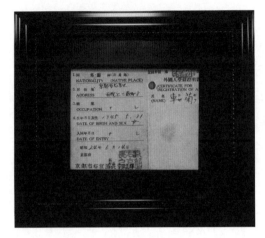

제2장에서 살펴보았듯이, 1946년에는 '귀환의 송환화'에 의한
재일조선인의 거주권 부정이 진전된다.
이것을 법제도로서 확립시키는 것이 1947년 5월 2일에
칙령 제207호로 공포, 시행된 외국인등록령(이하 '외등령')이다.
재일조선인단체들은 외등령 제정에 임해 '외국인 대우'를 요구했다.
제3장에서는 조련이나 민단, 건청과 GHQ·일본정부 사이에서
외등령과 '외국인 대우'를 둘러싸고
어떠한 교섭이 이루어졌는지를 살펴보자.

외국의
등록령과
조서의
단체

외국인등록령 공포公布와
재일조선인단체

외국인등록령 제정

외등령 제정 작업은 1946년 말경부터 개시된다. 내무성 조사국 제4과장 하타 시게노리秦重德의 지시하에 제4과의 미야케 요시로三宅芳郎를 중심으로 경보국 공안과의 야스오카 다카시安岡孝, 민사국 담당자의 협력을 얻어 초안이 작성되었다.[1] 그 시점에서 거주 증명이나 조선인 등록처럼 조선인만을 노리는 법령으로는 총사령부의 승인을 얻을 수 없다고 판단하여 외국인 일반의 등록법으로 입안했다. 그 후 총사령부와 등록의 관할, 타이완인의 처우, 퇴거강제 조항, 등록령의 형식에 대해 교섭을 거듭해 47년 5월 2일에 제정, 공포되었다. 일본국 헌법 시행 전날에 천황의 마지막 칙령으로 공포된 것은 우연이 아니며, 내무 관료가 국회 입법이라는 형식으로는 가결이 곤란하다고 판단했기 때문이다.[2]

외등령은 외국인 등록의 목적(제1조), 외국인의 정의(제2조), 외국인의 입국 금지(제3조), 외국인은 입국 60일 이내에 거주지의 시정촌장에게 등록증명서 교부 신청을 할 것(제4장), 시정촌장은 외국인 등록부를 조제할 것(제5조), 시정촌장에 의한 등록증명서 교부(제6조), 거주지 변경 시 등록 신청(제7조), 등록 사항 변경 시 신청(제8조), 퇴거 시 등록증명서 반환(제9조), 등록증명서의 상시 휴대·제시 의무 및 그 사실을 증명하는 서류의 제시 의무(제10조), 타이완인·조선인에 대한 규정(제11조), 벌칙(제12조), 지방장관의 퇴거명령권(제13조), 내무대신의 퇴거강제권(제14조), 사법 구제(제15조) 및 부칙의 전 15조로 구성되어 있다. 지문날인제도는 이 시점에서는 도입되지 않았다.[3]

여기에서 가장 중요한 조문은 아래의 제11조 규정이다.

> 제11조 타이완인 중 내무대신이 정한 자와 조선인은 이 칙령의 적용에 대해서는 당분간 이를 외국인으로 간주한다.

조선인을 직접적으로 외국인으로 규정하는 것이 아니라, '간주 규정'이 설정된 배경에는 일본정부의 '외지'의 주권에 관한 해석이 있다. 제1장에서도 언급했듯이, 일본정부는 포츠담선언을 수락했음에도 불구하고 강화조약 발효까지는 조선이나 타이완 같은 '외지'는 일본의 주권하에 있다는 해석을 고수했다. 실제로 외등령 시행규칙 제1조는 외등령의 '본방本邦 중에 제외되는 지역'으로 조선, 타이완, 관동주關東州 등 구식민지를 들어 일본이 주권을 가지는 '본방'에 조선 등 '외지'가 포함되는 것이 전제로 되어 있었다. 그렇다면, 조선인은 강화조약 발효까지는 '외국인'이 아니라는 것인데, 사실 내무성은 제11조에 대해 "조선인, 타이완인의 본적에 대해서는 강화조약에서 처리되어야 할 문제이며, 현재는 그들이 일본인임을 의심하지 않는다"고 해설하고 있다.[4] 즉, 외등령이란 아직 재일조선인이 '일본인'이라는 종래의 일본정부의 입장을 바꾸지 않으면서도 그 등록 의무나 의무 위반자에 대한 처벌에 대해서는 '외국인'으로서 재일조선인에게 적용할 수 있다는, 일본정부에게 대단히 편리한 법령이었다.

재일본조선인연맹의 대응

법 시행 후에 내무성과 조련, 민단, 건청이 접촉하기 시작하는데, 사료상 접촉을 확인할 수 있는 가장 이른 날짜는 5월 6일이다. 내무성 조사국 작성 〈중국 교무僑務와 조선인단체와의 교섭기록〉(이하 '〈교섭기록〉')에 따르면, 이날 조련 외무부차장 조승복趙承福이 내무성을 방문했고 내무성 조사국 제4과의 미야케 사무관이 응대했다.[5] 조 차장은 "외국인 등록에 대한 것이 신문에 나서 찾아뵈었다"고 언급한 데서 조련은 외등령 공포 후에야 그 사실을 알았음을 알 수 있다. 조 차장은 "이번 등록은 조선인과 타이완인뿐만 아니라 모든 외국인이 대상이 되고 또한 시정촌이 등록기관으로 되어 있어서 상관없으나, 오사카의 등록에서도 취지는 훌륭했지만 실시 방법이 서툴러서 대단히 감정적으로 되었다"고 하며 어떻게 실시하는지 논의하고 싶다고 전했다.

그 후 조련은 5월 15일, 16일에 개최된 제10회 중앙위원회에서 외등령 문제를 논의했다. 조련 중앙총본부는 "일절 외국인에 대해서 (등록을) 다한다면 거부할 이치가 없다. 7월 1일부터 실시되는 것이니, 교섭할 충분한 시간이 있다"고 하여, 당분간은 교섭을 통해 요구를 전달하기로 한다고 설명했다.[6] 하지만 강희수姜希守 중앙위원(이바라키)은 "외국인등록령은 우리를 모욕함이다. 표면은 외국인의 보증이나, 근본은 오사카 거증居証과 하차何差가 없다. 외국인 등록증이라면서 해당자의 양해도 없이 일방적으로 결정했음은 모순이다. 우리도 반대를 위한 반대를 해서는 아니 될 것이나, 정당한 안을 세워서 당국에 제출할 필요가 있다. 외국인으로서의 의무를 짊어지우는 것이므로, 외국인으로서의 특권을 요구하는 것이 옳다"고 밝혔다.[7] 또한 김정환金正煥 중앙위원(아이치)도 "당분간 외국인 운운'이라 되어 있는 것을 보아도 반동적 음모임을 알 수 있다. 무조건 항복은 반대다"라고 했다. 이에 대해 중총 외무부의 신홍식申鴻湜은 "등록령이 보호와 취체取締의 양면을 겸비하는 것은 사실이다"라고 답했다. 그 결과 외등령에 대한 대응은 조련 중총 상임위원회에 일임되었다. 중앙위원회의 논의를 보면, 제11조에 대해 비판이 있었던 것을 확인할 수 있다.

조련 중총은 이 중앙위원회 이후에도 원칙적으로 등록에 협력한다는 입장을 유지한다. 5월 30일에 이번에는 내무성 조사국 제4과의 하타 시게노리 과장, 미야케 사무관 등 4명이 조련 중총에 외등령의 취지 설명과 협력 요청을 위해 방문했다.[8] 중총의 신홍식 외무부장은 "외국인의 등록은 어느 나라든 하는 것이고, 이 정도의 것은 원칙적으로 당연하다고 생각한다"고 등록 자체에는 응하는 자세를 보였다. 다만, 실시에 있어서 조선인 '밀입국자'에 대해 조련은 비호하지 않을 것, 조련 지부와 연락을 취하여 등록할 것을 제안하고 제10조의 제시 의무에 대해서는 남용의 우려가 있으므로 "법문화 하지 말고 우리 쪽과의 양해 사항으로 해두길 바란다"고 요청했다. 이에 하타 과장은 "남용하지 않도록 충분히 주의하겠다"고 회답했다.

나아가 신홍식 외무부장은 "미곡 통장 등 일본 측의 공적 장부에 실려 있지 않은" '무적자' 중에 ① 전시중에 내지에서 징병되어 종전 후에 일률적으로 조선으로 복원 귀환되었지만, 가족이 내지에 있어서 도항해온 자, ② 전시중에 징용지의 광산, 공장 등에서 일이 힘들어 도망한 자, ③

종전 시 우연히 성묘 등을 위해 조선으로 잠시 귀환했던 자에 대해서는 "그 취지의 증명이 있으면 지금 그 거주를 정상화해주는 것이 필요하다고 생각한다"고 제안했다.

이에 대해 하타 과장은 '불법 입국자'란 ① 47년 5월 2일 이후의 무허가 입국자(외등령상의 '불법 입국자'), ② 46년 6월 12일 이후의 무허가 입국자(SCAP 각서에 의한 '불법 입국자'), ③ 46년 3월 16일 이후의 '계획 수송'에 의한 귀환자 중의 무허가 입국자라고 하고, 이에 해당되지 않는 '무적자'는 '불법 입국자'에는 해당되지 않는다고 설명했다.

조련 중총은 다시 요구를 정리하여 6월 5일에 내방한 내무성 관리에게 아래 6항목을 제시했다.[9]

1. 우리 조련이 이미 작성한 호적등록부에 따라 자주적이고 일괄적으로 [2자 미상]실시할 것.
2. 인권 유린과 불필요한 자유 구속의 우려가 내포된 제10조 제시청구권이 남용되지 않도록 할 것.
3. 외국인으로서의 정당한 일반적 처우를 보장할 것.
4. 경관은 일체 개입하지 않을 것.
5. 무적자 취급에 있어서는 아래에 해당하는 자에 한해 조련이 확인하는 증명에 따라 그 등록을 정당화할 것.
    ① 밀입국자 중 군인군속 등으로 남방 방면으로 가서 현지에서 직접 조선으로 송환되어 가족 가사 정리를 위해 밀항한 자.
    ② 전시중에 일본 내에서 군인군속 징용되었다가 탈출한 자.
6. 사진 붙임은 성년자 이상으로 하고 공정가로 경제적 편리를 도모할 것.

6월 11일에 조련 외교부의 이석인李錫寅 위원이 내무성을 방문해 '상무

위원회'의 결정안을 제시했다. 〈교섭기록〉에는 결정안의 내용에 대한 언급은 없지만, 아마도 6월 5일의 6항목을 제출한 것으로 보인다. 이 위원은 오사카의 거주 증명이나 협화회 수첩과 이번 등록을 관련시켜 생각하는 자가 있으므로, "등록 사무는 연맹에 위탁하여 하게 해달라, 이렇게 하는 것이 실행하기 가장 쉽다"고 거듭 조련에 의한 등록을 요구했지만, 미야케 사무관은 등록을 시구정촌에서 행하고 조련 측은 후견인의 형식으로 참가할 것을 제안했고, 이 위원은 이것을 가지고 돌아왔다.

다음 날 6월 12일에 조련 중총의 강희수 외무부장이 내무성을 방문하여, 등록 사무는 시구청, 정촌 사무소의 소관으로 하고 필요에 따라 조선인단체를 후견인으로 사람을 보내어 협력한다는 선에서 결론을 내렸다. 이를 수용한 내무성은 6월 14일에 각 도도부현 지사 앞으로 통첩을 보내 "외국인 단체와 밀접한 연락"을 취하여 등록 업무를 수행하도록 지시했다.[10] 한편, 조련 중총도 6월 16일에 각 지방 본부 위원장에게 "일본 시구정촌 당국과의 상호 협력"에 의해 "주의사항을 충분히 참작하여 원만히 수행"하도록 통달을 냈다.[11] 나아가 중총의 백무白武 정보부장은 6월 19일에[12] 각 신문지상에 외등령 문제에 관한 담화를 발표하여, 각 현 본부는 현 당국과 실시일 이전에 협의할 것, 재해·이전·귀환 등의 이유로 증명서류가 없는 자의 취급에 대해서는 신중히 하며, 당국의 담당자와 협의해둘 것, 등록증에 붙이는 사진에 대해서는 필름 등의 자재를 배급받을 것, 그리고 마지막으로 "조련이 등록령에 협력하는 것은 외국인으로서의 정당한 조치를 보장받는다는 전제하에서 이루어지고 있다는 것을 이해하고 각자 외국인으로서의 긍지를 높이도록 노력할 것"의 네 가지를 지시했다.[13] 이리하여 등록 무대는 각 지방 본부로 옮겨지게 되었다.

호적과 '무적자' 문제

6항목 중에 '조련 작성 호적등록부'와 '무적자' 문제에 대해서는 약간의 설명이 필요하다. 47년 6월 21일 자 〈외국인 등록 사무 취급 요령〉은 "등록령 제11조 제1항의 '조선인'은 조선 호적령의 적용을 받는 자로 할 것"이라고 규정했다.[14] 즉 '조선인'인지 여부를 판단하는 지표로 식민지기의 조선 호적이 사용되었던 것이다. 이로 인해 일본인 남성과 법률혼을 한 조선인 여성, 일본인의 데릴사위가 된 조선인 남성, 일본인의 양자가 된 조선인 등은 외등령상으로 '조선인'이 아니었다. 한편, 내무성은 조선인 남성과 결혼한 일본인 여성은 설령 남편이 조선으로 귀국했다 하더라도 제적되어 있으므로 외국인 등록이 필요하다고 해석하여,[15] 혼인 실태와는 무관하게 적용 대상이 되었던 것 같다. '타이완인'의 경우에 외등령 시행규칙 제10조는 "타이완인 중에 본방本邦의 밖에 있는 자 및 본방에 있는 타이완인으로 중화민국 주일대표단으로부터 등록증명서를 발급받은 자 중에 등록령 제2조 각 호에 제시한 자 이외의 자"를 외등령 제11조의 '타이완인'이라고 했다. 즉, 타이완인의 경우는 외국 정부인 중화민국 주일대표단의 증명이 개입하지만 '조선인'의 경우에 식민지기의 호적만이 기준이 되었던 것이다.

하지만 해방 직후의 혼란으로 조선에서는 대규모 인구 이동이 일어나 호적부의 기재와 실태가 현저히 달랐다.[16] 재일조선인단체는 이러한 가운데 자주적으로 호적부를 작성하려고 시도했다. 조련에서는 제7회 중앙위원회(46년 8월 2~4일)에서 효고현 대표가 제안한 〈호적부 설치의 건〉을 가결,[17] 전국의 각 본부와 지부를 통해 47년 2월 1일 현재의 조선인 호적부를 작성하게 되었다.[18] 작성에 임해서는 "호적등본과 사본 또는 기류寄留증명서를 제출하게 할 것"으로 되어 있어, 어디까지나 본인이 본적지 혹은 기류지에서 관련 서류를 입수하지 않으면 안 되었다.

이것을 수용하여 조련 시모노세키 지부가 호적부 작성에 착수했다고 했고,[19] 조련 후쿠오카현 본부에서도 호적부를 신설하여 47년 3월 1일부터 "재일동포의 촌사무소에 걸맞게 일본 측 시정촌과 긴밀한 연락하에 호적 사무를 정비하여 국교 재개에 응할 만전의 조치를 취하게 되었다"고 한다.[20] 이 본부는 "결혼, 출생, 사망신고 등 호적상의 각 신고류는 연맹 측의 증명이 없으면 일본 측도 절대로 접수하지 않는다는 원칙이므로 귀국 시에도 연맹 호적부에 등록되어 있지 않은 거주자는 그 귀국도 불가능시 되는 상황"이어서 시급히 신고하도록 호소하고 있다.[21] 또한 복원국復員局 후쿠시마 지방세화부地方世話部[22] 선대과鮮台課에 도착한 조선인 특별지원병의 유골 900주에 대해 현 주소가 분명하지 않은 유족이 많아 이 과에 그대로 보관되어 있으므로, 조련 현 본부가 "복원세화부復員世話部를 설치하여 세화부 제공 전시 명부에 따라 복원, 미복원, 전상戰傷, 전몰로 분류하여 현재 50명분의 정리를 끝냈다"는 기사가 있다.[23]

아울러 건청도 47년 5월에는 호적부 작성에 착수했는데, 건청, 중총 사회부는 그 이유를 "종전 후 재일동포는 출생신고, 사망신고, 혼인신고 등 호적상의 각 수속을 요할 경우에도 신고처가 없어서"라고 설명하고 있다.[24] 조련이나 건청이 관청을 대신해서 혼인이나 사망신고의 사무를 담당하려 한 것을 알 수 있다. 조련은 이렇게 작성한 호적부를 외국인 등록에 이용하도록 요구했던 것이다.

다음으로 '무적자' 문제이다. 본래 외등령 제3조는 "외국인은 당분간 본방(내무대신이 지정하는 지역을 제외한다. 이하 이와 동일)에 들어올 수 없다"고 하여 외국인의 일본 입국을 금하고, 위반자에게는 지방장관이 퇴거를 명하도록 정했다. 내무성은 외국인등록령의 목적으로 ① 외국인의 합법적 입국 확인과 불법 입국자의 선별, ② 외국인의 권리 보호와 불법

행위 방알防遏을 들었다.[25] 하지만 제2장에서 살펴본 것처럼, 해방을 맞아 조선으로 귀환했지만, 다양한 사정으로 일본으로 재도항하는 재일조선인이 1946년 이후에 늘기 시작한다. 내무성은 식량배급통장 등의 서류가 없는 자를 '무적자'로 보고 불법 입국 용의자로 간주하려고 했지만, 실제로는 '무적자'라 해도 실상은 다양했다. 제2장에서 언급했듯이 도회지 전입 억제 긴급조치령에 따라 식량배급통장을 받을 수 없는 자까지 '무적자'로 취급될 우려가 있었다.

조련 중총은 이러한 사람들 중에 "군인군속 등으로 남방 방면으로 가서 현지에서 직접 조선으로 송환되어 가족 가사 정리를 위해 밀항한 자"와 "전시중에 일본 내에서 군인군속으로 징용되었다가 탈출한 자"에 한하여 그 재류를 합법화할 것을 내무성에 요구했다. 내무성은 불법 입국자의 색출을 외등령의 제일 목적으로 정했으나, 조련은 그 판단을 자신들에게 맡기도록 요구한 것이다. 이후의 조련 긴키近畿 지방협의회에서도 "무적자의 실태를 충분히 조사하여 가부를 결정할 것이며, 무책임한 증명은 철저히 배제하지 않으면 안 될 것"을 확인했다.[26] 6항목의 요구에서 경찰의 개입을 거부한 것도 조련의 자주성을 담보하기 위해서였다. 반대로 조련은 모든 재류자의 합법화를 요구한 것은 아니었다. 또한 이 시점의 조련 중총의 요구에는 조문의 정정은 포함되어 있지 않았으며,[27] 외등령의 틀 안에서 조건투쟁을 전개했다고 할 수 있을 것이다.

재일본조선거류민단과 조선건국촉진청년동맹의 대응

다음으로 민단과 건청의 대응을 살펴보자. 〈교섭기록〉을 통해 확인할 수 있는 건청과 내무성의 첫 접촉은 47년 5월 30일에 있었다. 내무성 조사국에서 하타 제4과장 이하 3명이 건청 중총을 방문했고, 건청 측은 홍현기洪賢基 위원장 등이 응대했다. 건청 측은 회원 중에는 외국인 등록을 협화회 수첩처럼 생각하는 자도 있으므로, "오해를 일으키지 않도록 충분히 취지를 선전하기 바란다"고 언급하여 원칙적으로 등록에 협력할 뜻을 전했다. 또한 건청 외무부 강 위원은 외등령 제12조의 형벌과 제13조의 강제퇴거는 이중으로 처벌하는 것인지 묻고, 미야케 사무관은 이중으로 부과할 수 있다고 답했다.

이튿날 31일에 하타 과장 등은 민단 중총을 방문하여 협력을 요청했다. 민단 중총의 김진중金進重 섭외부장은 협력하겠다고 응하고, 오사카 이쿠노 지부의 김 지부장은 그 자리에서 "종래에 거주한 자는 일단 인정받을 수 없는가. 그것을 인정해주지 않으면 협력할 수 없다. 예를 들면 일가가 귀환할 생각으로 먼저 가족을 조선에 돌려보냈지만, 선편이 끊어져서 이쪽에서도 돌아가지 못하고 저쪽에서도 돌아오지 못하는 사이에 먼저 간 가족은 가지고 간 돈을 다 써버려서 생활을 할 수 없게 되어 내지로 밀항한 경우는 어떻게 되는가"라고 문의했다.

민단과 건청 모두 등록에 대한 협력 의지를 나타낸 것을 알 수 있다. 그뿐 아니라, 6월 6일에 내무성 기무라木村 촉탁이 민단 중총을 방문했을 때 박열朴烈 단장은 등록 문제에 대해 아래와 같이 언급했다고 한다.

1. 등록은 이쪽에서 실시하고 일본 측에 제출 양해를 구해야 할 성질의 것인데도, 오히려 일본 측에서 실시하고 협력을 요구받은 것은 죄송스럽기 그지없다. 우리는 전면적으로 협력하겠다.
2. 나 개인으로서는 일본 재건에 협력할 수 있는 자 또는 산업 방면에서 (노동자로서) 일본 측에 진력할 수 있는 자 이외에는 조선으로 돌려보내고 싶다고 생각한다.

3. 일본과 조선은 종래의 감정을 내버리고 서로 제휴하지 않으면 망한다. 일본은 패했지만, 형이므로 우리는 동생으로서 조선을 훌륭히 건국하여 일본 재건에 진력하고자 한다.

내무성 측의 기록이므로 신중히 해석하지 않으면 안 되지만, 사실이라면 일본을 형이라 부르고 일본의 재건에 협력할 수 있는 자 이외에는 조선에 돌려보내고 싶다는 박열 단장의 의견은 식민지기의 지배-피지배 관계성을 완전히 불식시키지 못한 발언이라고 하지 않을 수 없다. 또한 같은 날 김진중 섭외부장이 내무성을 방문하여 등록 신청 시의 '정당한 거주자의 증거'로서 '민단장民團章'을 공인하도록 요구했다. 민단장이 어떠한 것인지는 불분명하지만 민단이 발행한 신분증명서 같은 것으로 보인다.

이상이 〈교섭기록〉에 의한 경과이다. 민단과 건청, 중총 모두 적극적으로 등록할 의사를 제시한 것으로 보이는데, 민단 측 사료에는 약간 다른 사실이 기록되어 있다. 《민단신문民團新聞》에 따르면, 민단은 6월 2일의 제2회 중앙의사회에서 만장일치로 외등령 반대를 가결했다.[28] 또한 6월 9일의 제3회 중앙위원회에서는 "외국인 등록 자체가 어떠한 성질인지 불명료한 점과, 일본 칙령에 의한 것이라서 의견이 비등하여 태도 결정이 곤란해져", 중총 섭외부의 김진중을 비롯하여 박노정朴魯禎, 김종재金鍾在, 김희명金熙明 4명을 교섭위원으로 선출하여 민단 외국인등록문제위원회를 구성, 당국과 교섭하기로 결정했다고 한다.[29] 그리고 민단 외국인등록문제위원회는 6월 16일에 외등령에 관한 각 조항에 대한 비판을 발표하고 아래의 5항목을 요구했다.[30]

1. 국제 관념에 기초한 올바른 외국인등록령을 요구한다.

2. 조선인의 등록은 조선인단체에 일임하고 연합국 최고사령부에 직접 보고제로 할 것을 요구한다.

3. 일본정부는 조선인에 대해 외국인으로서 모든 대우를 할 것을 요구한다.

4. 일본정부는 조선인의 생명과 재산을 보장하고 이로써 인권을 존중할 것을 요구한다.

5. 세계평화 수립을 위해 조선인에 대한 올바른 인식을 일본국민에게 철저히 주지시킬 것을 요구한다.

조련과는 대조적으로 민단은 외등령 자체에 반대했다. 맥아더에게도 "AG53에 의한 국제 관념에 입각한 정당한 외국인등록령을 요구한다"는 서간을 보냈다. 민단이 말하는 AG53에 입각한 '올바른 외국인등록령'이 란 46년 4월 2일 자 SCAPIN 제852호 〈일본에서 비일본인의 입국과 등록〉에 의한 것을 가리킨다.[31] 다만 SCAPIN 제852호는 일본에 입국한 비일본인의 내무성 등록을 명한 것이다. 민단은 제2항에서 총사령부로의 '직접 보고제'를 요구하고 있으므로, 이 각서를 참조한 것은 벌칙이 없고 "거주를 합리화"한다는 점에 주목했기 때문으로 보인다.

일본정부에 대한 요구의 제3항에서는 조선인을 '비일본인', '제삼국인' 으로 호칭하며 '외국인 대우'에서 제외된 것을 비판했다. 또한 제4항에서 는 "자주 조선인 타살, 기살凱殺 등의 사건 발생에 대해 일본정부는 책임을 지지 않고, 예를 들면 일부 살인 범인이 일본인일 경우에 경찰 당국은 증 거 불충분이라거나 수색 불능이라거나 하며 일본인 범인을 도망가게 한 행위 등은 전적으로 조선인의 생명을 보장하지 않는 일"이라고 보족했다.

민단 외국인등록문제위원회는 일본의 외등령 거부와 조선인단체의 점 령 당국으로의 직접 등록, 조선인의 외국인 대우를 요구했던 것이다. 이

점에서 외등령을 찬성하면서도 조건부 투쟁을 전개한 조련과는 달랐다.

　건청도 중앙 차원에서는 민단과 행동을 같이했다. 6월 27일에 조련 아마가사키尼崎 지부, 건청 아마가사키 지부, 효고현 조사과장이 참가한 외국인 등록 문제에 관한 간담회에서도 원칙 찬성의 입장에서 조건부 투쟁을 하는 조련에 대해 건청 측은 "금번의 일본정부 정령政令에 불찬성"이라고 하며, "조선인의 등록은 조선인에게 일임하고 연합군 최고사령부에 직접 보고"할 것을 요구했다. 그리고 중앙에서 총사령부 교섭과 결론이 나올 때까지는 태도를 유보한다고 언급했다.[32]

　민단이 반대로 돌아선 이유에 대해 내무성의 하타 제4과장은 "가나가와현 단장을 하고 있는 국제신문의 박노정 씨의 정치적 야심에 의한 것"이라며 조련이 협력했기 때문에 굳이 반대하는 태도를 취한 것이라고 추측했다.[33]

내무성 조사국 〈외국인 등록 사무 취급 요령〉

조련과 내무성은 우선 등록 실시에 임해 '합의'에 도달했다. 그러나 내무성은 조련 중총의 요구를 실제로는 어느 정도 받아들였을까. 조련 중총에 따르면, 내무성은 6항목 중 호적부에 기초한 자주적인 일괄 신청을 공식적이고 '기술적'으로 행하도록 지시했고, 제10조 문제는 미해결, 경관 불개입과 무적자 취급에 대해서는 수용했으며, 사진은 14세 이상만 첨부하기로 했다. 그렇게 조련 중총은 이해하고 '합의'에 이르렀던 것이다[34](다만 〈교섭기록〉에 따르면, 조련 작성 호적부를 시정촌으로 이첩하는 것을 등록으로 간주하다는 조련안에 대해 내무성의 기무라 촉탁이 "물론 안 된다"고 대답한 것으로 되어 있다).[35]

그러나 당시의 내무성 자료를 보면, 조련의 평가는 너무나 낙관적이었다고 하지 않을 수 없다. 47년 6월 21일 자로 내무성 조사국이 각 도도부현에 송부한 〈외국인 등록 사무 취급 요령〉(이하 '〈요령〉')과 앞에서 살펴본 조련이 6월 5일에 제시한 6항목의 요구를 대조해보자.[36]

우선 조련의 요구 제1항에 있는 자주적인 일괄 신청에 대해 〈요령〉은 "신청 의무자 스스로 사진 2장을 휴대한 후 시(구)정촌 사무소로 출두하는 것을 원칙으로 할 것. 이것은 특히 유령인구의 등록을 방지하기 위해서이다. 따라서 이런 걱정이 없을 때는 되도록 상대의 편의를 봐주는 것이 좋다"고 했다. 6월 14일 자 내무성 조사국 통달에서도 "등록은 원칙적으로 신청 의무자가 사진 지참하에 시(구)정촌 사무소에서 개인에 의해 이루어져야 한다"고 했다. 원칙적으로 개인 신청으로 하면서도 "되도록 상대의 편의를 봐주는" 부분이 내무성이 조련 중총에게 설명한 "기술적으로 시행할 수 있도록 지시"한 부분에 해당한다고 할 수 있다.

하지만 조련 중총이 해결되었다고 받아들인 제3항에 관한 기술은 특별히 없고, 관철되었다고 평가한 제4, 5항에 대해서도 내무성이 신청 시의 참고서류로 인정한 것은 "여권, 국적증명서, 미곡통장"뿐이었다. 또한 "되도록 사전의 호구조사 등을 면밀히 하여 실체적 진실을 보족하는 것이 바람직한 것은 말할 필요도 없지만, 실제 문제로 창구에서는 신청서의 형식적 점검, 여권, 국적증명서, 미곡통장 외에 참고서류와의 조회, 사진과 본인의 대조(이것이 중요하다) 등에 의해 형식적인 진실성을 구비하면 만족할 수밖에 없다"고 했다. 역으로 말하면, 가능하면 경찰은 호구조사를 실시하라고 지시하는 것처럼 읽히기도 한다. 즉, 제4항이 관철되었다고 하기는 어렵다.[37]

〈요령〉은 "외국인 단체, 특히 조선인단체에서 다양한 요구를 해올 것으로 보이지만, 등록의 진정성이라는 것만 확보된다면 그 외의 문제에 대해서는 되도록 상대방의 요구를 받아들이는 등 편의를 도모하여 등록이 원만히 실시될 수 있도록 주의할 것"을 지시하고 있어 어느 정도 편의를 도모하는 것은 인정하고 있는데, 내무성은 원칙적으로는 당국 측에서 '등록의 진정성'을 확보하고 조련에 의한 증명을 인정하지 않는 입장에 있었다고 봐야 할 것이다. 또한 제6항의 사진은 "14세 미만의 자에 대해서는 당분간 이것을 유예할 것"이라고 하여, 조련 중총이 말하는 '성년자'는 후술하듯이 19세 이상으로 추정되기 때문에 상당한 차이가 있다.

즉, 조련 중총으로서는 자신들의 요구를 내무성이 거의 받아들였다고 생각했지만, 실제로 내무성이 각 도도부현에 지시한 〈사무 취급 요령〉에는 조련 중총의 요구는 거의 반영되지 않았으며, 더욱이 중총이 금지한 호구조사까지 실시될 가능성이 있었다. 이로 인해 각지에서 외국인 등록은 강한 저항에 부딪히게 된다.

교섭에서 투쟁으로: 1947년 7월

각 지방의 교섭

외국인등록령의 구체적인 실시 방법에 대한 교섭은 각 지방 본부와 도도 부현(시정촌)에 맡겨지게 되었다. 다만 중앙 차원의 합의 이전에 지방에 서의 교섭이 없었던 것은 아니다. 5월 말경 조련 야마구치현 본부는 시 모노세키경찰서, 시청 당국과 회담하여 '비非밀항자' 중에 도회지 전입 규제로 인해 시모노세키시에 전입하지 못해 식량배급통장을 받지 못한 자들에게 통장을 교부해줄 것을 요구했다.[38]

가나가와에서는 6월 3일에 조련, 민청, 건청, 민단 각 단체 대표와 현 조사과가 간담회를 열었고,[39] 6월 9일에는 4단체가 〈외국인 등록 문제에 관한 각 단체 간담회〉를 열어 외국인등록령 대책위원회를 구성하기로 결정하고,[40] 아래의 4항목을 현 당국에 제시했다.[41]

1. 외등령이 포츠담선언의 충실한 실천을 목적으로 하여 작년 4월 공포

된 GHQAG 제53호 지령에 의한 것으로 즉시 외국인으로서의 정당한 권리를 부여한다면 우리들은 외등령 실시에 협력하려고 한다.

2. 외등령 시행의 경우에는 연기連記한 유력 조선인단체들에서 재류조선인 명부를 작성하여 관할 사무소에 제출한 것을 기준으로 할 것.

3. 현재 재류하는 전 조선인을 본적자로 인정할 것.

4. 외등령 및 시행규칙 중의 문구와 내용에 대해 적절한 첨삭을 가능케할 것. 특히 관헌의 권리 남용과 쌍방의 마찰을 피하기 위해 등록증제시에 관한 부분을 신중히 고려할 것.

이 4항목은 전 조선인을 본적자로 인정하도록 요구한다는 점에서 조련중총이 제시했던 6항목보다 포괄적으로 조선인의 재류권을 확보하려고 하고 있다. 또한 가나가와의 경우 조련과 민청뿐만 아니라, 민단과 건청도 참가하여 공동으로 대책위원회를 구성한 점이 특색이라고 할 수 있다.

다음으로 조련과 내무성의 '합의' 후 각 지방의 움직임을 살펴보자. 신문 사료에서 지방 차원에서 등록 실시에 합의했음을 확인할 수 있는 곳은 미에, 돗토리, 기후, 나가노 4현에 그친다([표 3-1] 참조). 4현의 '합의' 사항을 보면, 첫 번째로 모든 현에 공통된 것은 조련이 일괄 신청하여 합의에 이르렀다는 점이다. 중총이 요구한 제1항에 해당된다. 미에에서는 그 구체적 방법으로 세대주가 일괄해서 신청하기로 합의했다. 합의 여부는 불분명하지만 아이치현 본부에서는 6월 30일 회의에서 호적부는 어떠한 어려움이 있어도 7월 중에는 완성하도록 노력할 것과 사진에 대해서는 14세 이상으로 하고, 일본정부가 업자에게 사진 재료를 배급해줄 때까지는 사진 없이 등록할 것, 조선인 사진기 보유자에게 일본정부가 공정가격으로 자재를 배급할 것 등을 결정했다.[42] 이것들을 종합하면 조련이 호적부를 작성하고 그에 따라 조련 지방 본부 혹은 세대주가 세대

[표 3-1] 외국인등록령 교섭의 합의 내용

	미에 (6/27)	돗토리 (6/28)	기후 (7/3)	나가노 (7/말)
1	신분증명서 작성 재료 및 사진은 공정가격으로 하지만, 현에서는 재료 및 사진상에게 엄정히 지시하여 공정 이외의 가격을 영수하지 않도록 사진상 등을 감독할 것.	돗토리시, 요나고시, 구라시키倉敷, 사카이미나토境港의 동포 집중지를 조련이 전면적으로 취급할 것.	조련이 일괄 신청할 것.	조련에 의한 일괄 신청을 인정할 것.
2	사진기를 소지한 조선인에 대해서는 증명서 제작을 위한 사진 재료를 정식으로 배급할 것.	무적자에 대해서는 설령 밀항자라도 5월 2일 현재 외등령 해당자로 취급할 것.	사진은 공정가격으로 자재에 대해서도 사진조합장들과 협의하여 각 지부를 순회할 것.	
3	현측은 16세 이상으로 했지만, 조련 측에서는 18세 이상을 요구했다. 이 점에 대해서는 쌍방이 다시 협의하여 후일 결정할 것.	현청 제안은 14세 이하이지만, 중총 지령대로 할 것.	자재 문제로 증명서 발행이 곤란한 경우 일본 당국에서 대응하고 불가능할 경우는 임시증명을 발행할 것.	
4	개인이 제출하게 되어 있지만, 동거인 등에게 발행과 기타 복잡한 문제가 있는 관계상, 제출은 세대주에게 위임한다는 조련의 요구에 따라 세대주가 모든 책임을 지고 일괄적으로 제출할 것.	사진은 현 당국이 사진업자와 교섭하여 공정가격으로 할 것.	제11조의 '당분간'에 대해 일본 측이 설명할 것	
5		등록증을 계기로 일체 조선명으로 고칠 것.		
6		제삼국인 호칭을 이후에는 외국인으로 하여 대우 호칭으로 할 것		

* 주: ( ) 안은 간담회 개최일.
* 출전:《朝鮮新報》, 1947년 7월 2일 자; 4일 자; 6일 자; 8월 3일 자.

구성원의 등록을 일괄 신청하는 형식이 인정된 경우가 있었던 것 같다.

두 번째로 미에, 돗토리, 기후 3현에서는 사진 자재에 대해 일본정부가 공정가격으로 업자나 조선인 사진기 보유자에게 배급하는 것으로 합의했고, 기후에서는 각 지부를 순회하여 사진 자재의 배급이 지연된 경우에 임시증명서를 발행하는 것으로 정리되었다. 이에 대해서는 앞에서 언급한 〈요령〉에서 내무부 조사국은 "자재 관계로 사진이 지연될 때는 이것을 제출할 때까지 그 교부를 보류하고 따로 아래 양식의 가증명서를 교부할 것"이라고 지시했으며, 현 당국이 내무성의 결정방침에 따른 것으로 보인다.

세 번째로 사진을 첨부하지 않아도 되는 연령에 대해 돗토리에서는 14세 이하로 되었는데, 이것도 내무성 〈요령〉에 따른 것이다. 다만, 미에에서는 현측은 16세 이하를 주장한 데 대해 조련 측에서는 18세 이하를 요구하여 재협의되었다. 여기에서 중총 요구 제6항의 '성년자'는 19세 이상이었음을 추측할 수 있다.

네 번째로 '무적자'에 대해 돗토리에서는 "설령 밀항자라도 5월 2일 현재 외등령 해당자로 취급할 것"으로 되었는데, 구체적으로 무엇을 의미하는지는 약간의 검토가 필요할 것이다. 왜냐하면, 내무성 〈요령〉에서는 "종래의 진주군 각서……조항에 의한 불법 입국자는 물론, 외등령 제3조의 규정을 위반하여 본방에 들어온 자라도 등록 신청의 의무가 있으므로 등록을 거부해서는 안 된다"고 정했으며, '밀항자'를 외국인 등록 '해당자'로 취급하는 것은 내무성의 결정방침이었다.[43] 그러나 〈요령〉은 "단, 불법 입국으로 의심되는 경우에 경찰에 연락하는 것은 괜찮다"고 단서를 달고 있다. 이 사람들을 어떻게 취급할지는 사료에서는 이 이상은 알 수 없다. 또한 '삼국인'을 '외국인'으로 고치고, 이후 조선명을 사용할 것이라는 사항도 보인다.

대체로 이 현들에서는 일괄 신청, 사진 자재, 사진이 필요 없는 연령에 대해 합의했지만, 중총이 요구한 제2항, 제3항, 제4항은 여기에 포함되지 않았으며, 일괄 신청을 제외하면 내무성 측의 방침에 따른 내용이라고 할 수 있다. 일괄 신청이라 해도 46년 말경의 거주 증명 논의에 있었듯이, 세대주가 세대 구성원분까지 신청하는 것은 도도부현 측으로서도 바람직한 것이었다. 조련 지방 본부가 대폭적으로 양보한 결과라고 할 수 있다.

하지만 등록 실시 방법에 대해 합의에 도달한 지방은 극히 드물었다. 도쿄에서는 46년 7월 1일에 조련 도쿄도 본부 등록령대책위원회가 "1. 가타야마片山 내각은 등록령 문제를 재검토할 것, 2. 등록령의 목적을 명확히 하는 동시에 실시 후의 운용에 있어 일본 관헌의 제시권의 남용, 또는 차此를 범죄 수사의 편리 도구로 이용하여 인권을 유린하는 폐해가 절대로 없게 한다는 것을 일본정부가 대외적으로 공식 성명하는 동시에, 말단 관청에까지 지시를 철저히 할 것, 3. 조선인에 대하야 정당한 외국인의 대우를 할 것"을 요구했다.[44] 또한 7월 3일에 후쿠시마 현청에서는 후쿠시마현 사회과와 조련 간부가 외등령 문제에 대해 협의했는데, 조련 측은 외국인 대우 문제가 해결될 때까지 태도를 보류한다고 답했다.[45]

교섭에서 투쟁으로: 조련 중총의 전환

도도부현의 교섭이 좀체 진전되지 않자, 조련 중총은 7월 5일에 전국지방협의회 책임자회의에서 이 문제에 대해 보고하는 한편, 각 지방 본부로 지령을 내렸다. 10일에는 조련 중총 대표가 외교국 버거D. C. Berger, 민정국 법률과장 오플러Alfred C. Oppler, 민정국 법률과 주임 노보트니 F. Novotny 대령, 조선과장 필딩W. H. Fielding을 방문하여 의견서를 제출했고,[46] 나아가 7월 16일에는 외등령 개정을 요구하는 서한을 GHQ에 송부했다.[47] 또한 7월 10일 자《해방신문》사설은 조련이 요구하는 7항 목을 내걸었다.[48]

1. 외국인으로서의 일반적 처우 보장을 성문화할 것.
2. 신청 실시 과정에 있어서는 물론이오 그 후其後에 있어서도 일절 경관의 개재介在를 금할 것이다. 즉, 직접 등록령에 대한 행사가 아니라도 [2자 미상]한 호구조사 등 등록령에 관련된 행위를 아니 할 것.
3. 무용한 마찰을 피하기 위하야 제10조 제시 요구권의 성문을 삭제할 것.
4. 일방적으로 제정된 벌칙은 부당하다.
5. 사진을 철폐할 것.
6. 범죄수사의 도구로 하지 말 것(동정 기입란은 이것이다).
7. 밀입국자 중 군인군속 등으로 외국에서 직접 조선으로 복원한 자로서, 가정 급 사업 정리차로 입국한 자, 무배급[1자 미상]자 중 군인군속 징용공으로서 그 전국戰局에서 탈출한 자 급 유사한 사정하에 있는 자의 거주를 합법정상화하야, 이후 일절 직접간접의 추구를 하지 말 것.

이 7항목들은 6월 5일에 중총이 내무성에 요구한 6항목보다도 훨씬 구체적인 내용이다. 제7항은 지난번과 변함이 없지만, 제2항에서는 호구조사를 하지 않도록 거듭 확인했다. 앞에서 언급했듯이, 내무성〈요령〉은 되도록 호구조사를 하도록 지시했는데, 실제로 6월 30일에는 도쿄 세타가야에서 경찰관이 조선인과 결혼한 일본인 여성에 대해 언제 결혼, 입적했는지 질문해서 문제가 되었다.[49]

제1항, 제3항, 제4항, 제5항은 모두 외등령과 시행규칙 조문의 개정을 요구하는 것이다. 그때까지는 "외국인으로서의 정당한 일반적 처우를

보장할 것"이었던 것이 '성문화'가 되었고, 증명서 제시 권한에 대해서도 삭제를 요구하고, 사진도 공정가격으로의 자재 배급에서 '철폐'로 변화되었다. 조련 중총의 방침은 7월 들어 경직된 태도를 보이면서 조문 개정을 요구하는 방향으로 바뀌었던 것이다.

조련의 각 지방 본부는 외등령에 대한 비판을 강화했다. 예를 들면 교토부 본부는 6월 말 시점에서는 제1조의 "제반 취급의 적정함"의 의미나 제7조의 '당분간'의 구체적 일정, 등록 실시 후의 식량배급 등, '물질 면에서의 취급'에 대해 질문하는 정도였다.[50] 그러나 미야케 사무관도 참석한 7월 10일의 간담회에서는 조련, 민청, 건청 등이 외등령의 조문 정정을 요구했다.[51] 그리고 내무성이 언급하듯이 조선인의 국적 변경이 강화조약 후라면, 외등령 제11조는 모순이라고 비판하고, 《해방신문》 소재 7항목과 마찬가지로 외등령의 재검토, 제10조의 삭제, 벌칙 완화, 사진의 철폐를 요구했다.

지방에서의 교섭 개시 후에 각지에서 경찰의 호구조사나 당국 측의 강경한 자세를 실제로 접한 조련 중총은 외등령의 심각성을 통감하고 개정론으로 전환, 각 지방 본부도 이 방침에 따라 당국과의 교섭을 전개했다고 할 수 있을 것이다.

민단·건청과 내무성의 합의 실패와 신청 기한 연장

조련 중총이 비판적으로 변해서 민단·건청과 공투할 가능성이 높아졌을 것 같지만, 적어도 중앙 차원에서 공동 행동을 취하는 일은 없었다. 오히려 신청이 시작된 7월 5일 이후에 조련이 외등령 개정론으로 전환한 것과는 대조적으로 민단과 건청은 일본정부에 협력하는 길을 택한다.

건청 외무부장은 7월 9일 내무성을 방문했다. 그리고 노보트니 대령한 테서 ① 조선인은 외국인으로 인정되어야 한다, ② 조선인은 외국인으로 서 취급되어야 한다, ③ 인권침해는 완전히 금지되어야 한다는 것을 승인받았다고 전했다. 건청은 외등령에 전면적으로 협력하고 싶다는 것, 민단도 필요하다면 사진 비용을 전액 지출할 것임을 전하고 등록 기한을 8월 말까지 연장하기 바란다고 요청했다. 내무성은 이를 기뻐하며 민단 사무소를 방문해 무조건 협력한다면 기한을 연장하겠다고 언급했다. 건청 외무부는 7월 9일에 성명을 발표했다.[52]

건청 외무부의 성명은 확인하지 못했지만, 《민단신문》 7월 15일 자 민단 외국인등록문제위원회 성명서가 거의 동일한 내용으로 보인다.[53] 민단은 성명서에서 노보트니 대령한테서 조선인을 외국인등록령뿐만 아니라 법적 지위 전반에서도 일반 외국인으로 인정한다고 승인받았으며, 일본정부도 이해했으므로 문제는 전면 해결되었다고 언급했다.[54] 건청 외무부의 성명서는 7월 14일 자 《조선국제신문》에 게재되었다.

내무성 조사국은 이에 놀라 노보트니를 방문했다. 노보트니는 조선인을 '외국인'으로 인정한 것은 어디까지나 외등령상에서일 뿐이며, 일반적으로 외국인으로 승인한 것은 아니라고 설명했다.[55] 이를 수용하여 《조선국제신문》의 기사는 금지된 것으로 보이며, 민단 외국인등록문제 위원회의 성명서가 게재된 《민단신문》의 교정지도 총사령부가 앞에서 언급한 3항목을 인정했다는 부분에 ×표가 달려 있다.

내무성은 이러한 민단과 건청의 행동에 대해 노보트니 대령과의 면담을 이용해 '무지한 조선인 대중'을 속여 등록시키고, 등록 후에 민단이 말한 대로 되지 않을 경우에 그 책임을 일본 측에 전가할 수 있도록 의도한 것이라고 추측했다.[56]

내무성의 이 추측이 어느 정도 타당한지는 차치하고, 조련이 강경자세로 전환하자 내무성이 민단과 건청을 끌어들이려고 했으나 실패한 것은 확실하다. 한편, 민단과 건청 측도 솔선해서 등록에 응하여 조련을 앞질러 재일조선인 대표 단체로서 위신을 높이려고 했으나 이것도 잘 되지 않았다. 건청은 7월 23일에 다시 맥아더에게 청원을 보내, 외국인등록령 제2조와 제11조가 모순된다는 것, 시행규칙의 '본방本邦'에 조선과 타이완이 들어가 있다는 것, 벌칙이 과중하다는 것, 경찰의 호구조사 등을 비판하고 외국인다운 지위의 확인, 제11조의 삭제, 벌금의 완화, 경찰 불간섭 등을 요구했다.[57] 조련도 앞의 방침대로 내무성, 점령 당국과 조문을 정정하도록 계속 교섭했으나, 타결의 전망이 서지 않았기 때문에, 7월 말의 기한에 맞추지 못했다. 그래서 내무성은 노보트니의 합의를 얻어 신청기간을 8월 말일로 연장한다는 취지를 7월 28일에 각 도도부현 지사에게 지시했다.[58]

외국인 등록 실시:
1947년 8월 이후

조련의 비판과 내무성, 민단과 건청의 〈성명서〉

[표 3-2]는 7월 말 단계의 등록 현황을 정리한 것인데, 전체 등록률은
11%에 지나지 않는다. 그 원인은 사진 자재가 좀체 확보되지 않은 것 외
에,[59] 내무성 조사국 〈외국인등록령 해설〉에서 외등령 제정 후에도 강화
조약까지는 조선인은 '일본인'이라는 견해를 제시한 것이 발각되었기 때
문이다. 이에 항의하여 조련 중총 외무부 강희수는 8월 14일에 다시 노
보트니와 회견을 갖고 의견서를 제출했다.[60]

의견서는 〈외국인등록령 해설〉이 조선인을 일본인으로 취급하여 해방
인민인 조선인의 국적을 침해하고 있다는 것, 지방에서는 경찰이 호구
조사를 하여 주민에게 불안과 위협을 가하고 있다는 것, 또한 외등령이
'일부 불법 조선인'과 '일반 선량한 조선인'을 똑같이 간주하고 있다는
것을 비판하며 현 법령은 조선인에게 결함이 많아 원활한 등록이 어렵다
고 지적했다.[61]

[표 3-2] 외국인 등록 상황(1947년 7월 말일 현재)

도도부현	조선인	타이완인	중국인	기타	소계	등록률 (%)
홋카이도北海道	1,333			88	1,421	21
아오모리青森	196	4	20	10	230	16
이와테岩手	102		3		105	4
미야기宮城	148			6	154	3
아키타秋田	99	8	14	14	133	8
야마가타山形	125	73	35	5	238	12
후쿠시마福島	151	11	49	362	573	10
이바라키茨城	264	4	22	46	336	6
도치기栃木	236	33	68	4	341	14
군마群馬	200			44	244	7
야마나시山梨	771	1	14	10	796	21
사이타마埼玉	1,126	27	84	21	1,258	34
지바千葉	394	3	18	16	431	5
도쿄東京	726	316	477	1,069	2,588	8
가나가와神奈川	454	29	106	927	1,516	6
니가타新潟	317	4	19	2	342	11
도야마富山	390		8	1	399	10
이시카와石川	332	1		1	334	8
후쿠이福井	263	7			270	4
나가노長野	1,333	12	54	311	1,710	27
기후岐阜	2,233	12	8	17	2,270	18
시즈오카静岡	426	19	43	19	507	6
아이치愛知	1,148	16	15	71	1,250	3
미에三重	350	2	1	6	359	4
시가滋賀	1,433	2	50	40	1,525	12
교토京都	484	86	27	64	661	2
오사카大阪	2,539	115	17	22	2,693	3
효고兵庫	377	75	34	1,206	1,696	2
나라奈良	135			3	138	2
와카야마和歌山	1,458	9	23	111	1,601	16
돗토리鳥取	43	2	7		52	2
시마네島根	845	1	11	2	859	13
오카야마岡山	11,677	17	23	23	345	2

히로시마広島	6,699	73	51	222	12,022	70
야마구치山口	284	14	53	60	6,826	24
도쿠시마德島	124	10	5		299	40
가가와香川	1,231	3	1	1	129	7
애히메愛媛	374			12	1,243	30
고치高知	807	3	11	6	394	23
후쿠오카福岡	950			112	919	3
사가佐賀	1,622	3	16	8	977	33
나가사키長崎	979			140	1,762	19
구마모토熊本	4,309	26	76	57	1,138	21
오이타大分	2,021	2	64	20	4,395	60
미야자키宮崎	937	3	16	1	2,041	79
가고시마鹿児島		27	215	13	1,192	71
합계	52,726	1,055	1,755	5,176	60,712	
등록률	10%	9%	13%	84%	11%	

* 출전: LS, Box no. 1503, Folder no. 4, "Number of aliens who registered on the end of July 1947."

또한 "일부 조선인이나 다른 불량배other evils의 불법 입국은 이 칙령과는 나누어 취급하지 않으면 안 된다"고 요구했다. 그리고 강희수 외무부장은 8월 15일 자로 현재대로라면 협력이 곤란하다고 발표했다.[62] 조련 중총은 외등령을 외국인의 지위를 확립하기 위해서만 사용하고, 출입국 관리 목적과 분리하도록 요구한 것이다.

한편 내무성과의 논의가 결렬된 후, 민단의 박열 단장은 8월 5일에 니시오 스에히로西尾末広 관방장관과 회견을 하고 경찰관의 불간섭, 밀항자의 특별 취급, 귀국 수속의 간소화, 조선인 각 단체의 운동에 대한 협력을 요청했다.[63] 또한 8월 6일에 민단과 건청 대표는 내무성 조사국 제4과와 사법성을 방문하여 "8월 4일의 지시가 되도록 빨리 실행되어야 한다는 뜻을 언급했다"고 한다.[64] 여기에서 말하는 '8월 4일의 지시'가 무엇을 가리키는지는 불분명하지만 적어도 외등령에 협력한다는 이야기가 아니라는 것만은 분명하다.

한편, 18일 오후 4시에 건청의 박근세朴根世 등은 벙커L. E. Bunker 참모장을 방문하여 맥아더에게 감사장을 전달했다. 민단과 건청의 외국인등록문제위원회동맹 명의로 "이 등록령의 수정과 그 원활한 실시에 만족할 만한 결론을 얻게 되어" "본 위원회는 우리들을 지지하는 60여 만 동포와 함께 등록령의 완전하고 신속한 실시에 협력할 수 있게 된 것을 무상의 기쁨으로 여기는 바입니다"라고 하여, 등록에 기꺼이 협력하겠다고 언급했다.[65] 그 사이에 무엇이 있었는지 불분명하지만 '감사장'에는 '7월 25일 자' 청원에 맥아더의 "존귀한 고려를 황송하게도 받잡는 광영을 입었다"고 되어 있다. 25일 자 청원이란 23일 자 건청 청원의 오기일 테지만, 이것에 맥아더가 모종의 답변을 한 것으로 보인다.

8월 20일에 민단 대표는 내무성을 방문하여 14세 미만은 사진을 붙이지 않을 것, 조선인과 결혼한 일본인 여성도 등록이 필요하다는 것, 기한을 넘긴 지방에서는 적절히 기한을 연장할 것 등뿐만 아니라 "거주등록증이 없어서 등록하지 못하는 자는 민단 건청의 본부 분회에서 정당한 증명서를 첨부하여 등록을 할 것"으로 합의했다.[66] 그리고 20일 자《국제일일신문國際日日新聞》은 같은 날의 내무성 조사국, 건청, 민단의 삼자 공동성명서를 게재했다.[67] 성명서는 "맥아더 사령부와 의견의 일치를 보게 되어 올바른 외국인등록령을 실시하게 되었습니다"라고 하여 "재일조선인 각위는 지방의 건청, 민단 본지부 분회와 연락하여 한 사람도 빠짐없이 시정촌에 등록을 신청하도록" 요청했다.

민단과 건청은 왜 이 시점에서 협력하기로 한 것일까. 앞에서 언급한 내무성 조사국의 분석대로, 조련에 앞서서 보다 유리한 입장을 확보하고자 하는 의도도 있었을 것이다. 하지만 가장 커다란 이유는 점령 당국의

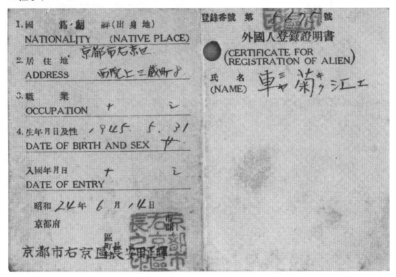

외국인등록증명서
(1949년 6월 14일 발행)
오른쪽 아래의 공란은
사진 붙임란이다.

◑ 자료 3-2

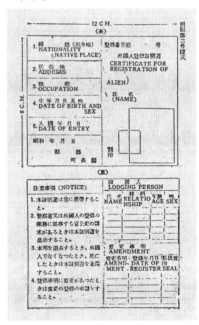

외국인등록증 양식

* 출전: 法務省入国管理局,
《入管シリーズ1 出入国管理法令の改廃集録》,
1957, 48쪽.

외등령 시행에 대한 강한 의사를 알았기 때문인 것으로 보인다. 8월 6일에 지바현에서 열린 조선인·중국인 단체와의 간담회에서도 지바현 군정팀의 존슨James E. Johnson 대령은 외등령의 조항 개정은 있을 수 없다는 점을 강조했다.[68] 내무성도 점령 당국이 압력을 행사하는 편이 원만할 것으로 보고, 각 도도부현에 등록 실시에 앞서 현지 군정부의 이해와 협력을 요청하도록 8월 17일에 지시했다.[69]

또한 민단과 건청은 9월 3일 자로 외등령 조문이 의회에 상정된 후 개정된다는 성명을 발표했는데,[70] 앞의 존슨 대령의 언명에도 있듯이 점령 당국 측은 조문을 개정할 의사는 없었으며, 내무성 측도 마찬가지였다. 점령 당국이 구두약속을 했다고 볼 수 없는데, 왜 민단과 건청이 이러한 성명을 발표했는지, 그러한 결정 사실이 있었는지 의문이 남는다.

조련과 내무성의 각서

민단과 건청이 외등령을 수락하자 조련은 강하게 반발했다. 조련 중총 대표는 18일 재차 내무성 조사국장 및 경보국장과 회견을 가졌는데, 그 이유는 민단과 건청도 중시했던 제11조의 재고를 촉구하기 위해서였다.[71] 그사이 19일 자로 시볼트William J. Sebald는 윤근尹槿 조련 의장의 서한에 답신을 보내, 일본국 헌법 제3장에서 기본적 인권이 규정되었으므로 인권을 침해할 우려는 없다는 것, 벌칙은 가혹하지 않다는 것, 법문상 등록에 경찰은 개입하지 않는다는 것, 그리고 등록증의 제시 요구도 인권 침해에 해당되지 않는다는 것을 언급하여, 외등령 개정의 필요성을 인정하지 않고 조련의 의견을 전면적으로 부정했다.[72] 민단과 건청이 GHQ에 대해 감사장과 성명서를 발표한 것은 바로 이 시기였다. 조련은

세 차례에 걸쳐 민단과 건청의 배신을 비판하는 성명을 발표했다.[73]

그러나 도쿄의 군정부는 21일에 조련에게 등록에 진력하라고 전했다.[74] 22일 GHQ도 8월 말일까지 외국인 등록을 끝내라는 담화를 각종 신문에 발표했다.[75] 내무성도 군정부의 힘을 빌려 조련에 압력을 가했고 경찰과 협력하여 기한을 지키도록 지시한다. 8월 22일 내무성 조사국은 조련 교토부 본부의 앞의 요구에 대해, 외등령 재검토의 필요를 인정하지 않는다, 일반적인 외국인 대우와 외등령에서의 그것은 다르다, 법문의 수정은 불가능하다고 전면 거부의 답변을 보냈다.[76] 25일에는 각 도도부현 주관 부장에게 "민단과 건청의 연명에 의한 공동성명 발표 이래로 조련의 입장은 [2자 미상] 곤란해진 것 같아 버스를 놓치지 않으려고 초조해 하는 기미조차 느껴진다"며, "각 지방청에서도 [1자 미상] 지地 군정부의 강력한 협력을 요청하여 외국인 단체의 협력을 확실히" 하도록 지시하고, 또한 기한에 늦지 않도록 "경찰부와의 연락을 통해 이 취급들을 적절히 하기를 바란다"고 의뢰했다.[77]

하지만 조련은 조선인의 국적 문제에 대해 납득할 수 없었다. 이에 조련 중총 대표는 8월 26일 오플러, 휘트니Courtney Whitney, 필딩, 커프 등과 회견을 하고, 재일조선인의 국적 문제에 대해 재고를 요구했다. 그 결과, 점령군은 내무성에 외등령에 의해 재일조선인의 국적이 좌우되지 않는다는 취지의 지령을 발하고,[78] 내무성은 같은 취지의 무전을 다음 날 27일 자로 각 부현 지사에게 발송했다.[79]

또 하나의 현안으로 '무적자' 취급 문제가 있었다. 이에 대해서도 조련 중총은 내무성과 합의하여 내무성 조사국은 27일 "이른바 무적자의 등록에 있어서는 각종 조선 단체의 책임 있는 증명서(무적의 사유와 등록 시 정촌에 거주한다는 것, 다른 시정촌에서 등록 신청을 하지 않았다는 것을 알 수 있을 정도의 것)를 유력한 참고자료로 하기 바란다"고 했고, 기간에 대해서도 "등록 상황이 극히 불량한 도도부현에서는 독자적인 입장에서 단기간 신청기간을 재연장하거나, 관계 각부와의 연락을 통해 적절한 조치를 강구하기 바란다"고 지시했다.[80]

8월 28일 자로 내무성과 조련 중총은 아래의 각서를 교환하게 되어 겨우 의견의 일치를 보았다.[81]

1. 등록령에 관해 외국인으로서 일반적 처우를 보증할 것.
2. 경관의 불개입
3. 무적자의 취급
   ① 밀입국자 중 군인군속으로 현지에서 직접 조선으로 복원하여 가정과 사업 정리를 위해 입국한 자.
   ② 전시중 군인군속 징용 등으로 전선을 탈출한 자에 해당하는 자는 조선인연맹 각 부현 본부가 발행하는 확인증을 유력한 자료로 사용할 것.
4. 사진에 대해서는 일본정부가 경제적 편리를 꾀할 것.
5. 등록 실시 후 등록증명서 취급에 대하여 남용 혹은 악용하지 말 것.
6. 기한 경과 후의 신청자 취급은 앞으로의 경위를 참작하여 적절한 조치를 강구하고 등록이 원만히 실시되도록 할 것.

아울러, 1947년 8월 20일 자 건청·민단과 공동성명의 신문 광고 중에 재일조선인 각위 등등이라고 되어 있는 것은 조사국으로서는 건청과 민단 산하 조선인에 대해 한 말일 뿐, 건청·민단 이외 단체에 속하는 조선인은 포함되지 않는다는 것은 당연하다.

이상
1947년 8월 28일
재일본조선인연맹 중앙총본부 외무부
일본국 내무성 조사국

이리하여 8월 31일의 신청기한을 앞두고 조련과 민단, 건청은 내무성과의 협의를 끝내고 외국인 등록에 응하게 되었다. 이 각서의 내용은 조련 중총이 6월 5일에 내무성에 요구한 6항목에 따른 것이다. 역으로 말하면, 7월 이후의 제시 요구권 삭제나 사진 철폐 등을 포함한 조문 수정 주장은 결국 반영되지 않았다.

하지만 9월 6일의 내무성 발표에 따르면, 9월 3일 현재 조선인 등록 신청자 수는 14만 3,914명에 머물렀다.[82] 7월 말일부터 3배 정도 늘기는 했지만, 8월 말 기한에 많은 사람들이 맞추지 못했기 때문이다. 이로 인해 각지에서 등록기간이 연장되어 교토에서는 9월 10일까지를 '등록 사무 정리기간'으로 삼았다.[83] 오사카에서는 11월 말이 되어도 등록은 완료되지 않았다.[84] 등록이 실시되자, 각지에서 재빨리 경찰이 단속을 시작하여 47년 9월에는 외국인등록령 위반으로 조련 활동가가 시모노세키경찰서에 체포되었고,[85] 마찬가지로 12월 4일에는 가나가와에서 가나가와 지부 민청위원장, 본부 서기장이 체포되었다.[86] 조선인 측이 등록에 적극적으로 나설 이유는 없었던 것이다.

외국인등록령의 교섭을 보면, 중앙과 지방의 태도 차이가 현저하다. 특히 '밀입국자'를 둘러싸고 조련 중총과 지방의 대응에 상당한 온도차가 있었다고 할 수 있다. 이 장에서도 언급한 가나가와에서의 요구사항을 보면, 현 재류자를 본적자로 인정하라고 되어 있어, 증명서 발급 대상을 한정한 중총의 요구보다도 조련의 구제 범위가 넓었다. 조련 중총의 '밀입국자'에 대한 태도는 내무성 관료를 상대로 한 교섭의 장에서 발언한 것이라는 점이 고려되어야 하지만 지방 본부의 대응과 비교하면 엄정했다고 할 수 있다.[87]

마찬가지로 가나가와에서는 민단, 건청과 함께 대책위원회를 구성하여 중앙에서는 볼 수 없었던 조련과 민단, 건청의 공투가 지방 본부 단위에서 일부 실현되었다는 점도 커다란 차이일 것이다. 하지만 이러한 틀은 중앙 차원에서의 방침이 굳어지면서 유지가 곤란해졌고 특히 8월 20일의 민단·건청 '합의'의 영향은 대단히 커서, 이로 인해 조련과 민단의 대립은 결정적인 것이 되었다. 가나가와에서도 교섭 과정에서 이 틀이 무너져, 조련 가나가와현 본부가 민단의 '배신'을 강하게 비판했다.[88] 이 대립은 민족교육 옹호투쟁으로 이어지게 된다.

외국인 등록의 기반 정비:
등록 실시 후의 내무성 조사국

외국인 등록카드에 의한 집중적 관리

47년 8월 말에 재일조선인단체와 내무성이 합의하여 각지에서 외국인 등록 신청이 시작되었는데, 내무성의 사업은 이것으로 끝난 것이 아니었다.

본래 이 당시에 이루어진 '등록'이란 무엇이었을까. 외등령은 각 시정촌에 대해 '외국인 등록부'를 조정하여 의무적으로 시정촌의 사무소에 구비해야 한다(제5조). '외국인 등록부'는 "당분간······등록 신청서를 편책編冊한 것으로 이를 대신한" 것이다(외등령 시행규칙 제5조). 즉, 이 당시에 행해진 것은 외국인 등록 신청서를 모아 편책하여 외국인 등록부를 만드는 것이었다.

하지만 내무성이 외국인등록령을 시행한 최대 목적은 불법 입국(재류)의 적발에 있었기 때문에 각 시정촌에 외국인 등록부를 구비하는 것만으로는 불충분했다. 이것을 중앙에서 일원적으로 관리하는 체제를 정비하지 않으면 안 된다. 내무성 조사국은 47년 말 해체되기 직전에 마지막 사업으로 외국인 등록부의 관리시스템 구축에 착수했다.

내무성은 시정촌의 외국인 등록부와 동일한 내용을 기재한 '외국인 등록카드'를 도도부현과 내무성이 보유하여 정보를 일원 관리하는 시스템을 고안했다. 47년 12월 내무성이 작성한 〈외국인 등록카드 정비 요강〉(이하 '카드 정비 요강')에 따르면, 정비의 목적은 ① 본성과 지방청에서의 기록 보관, ② 등록상의 이동異同이나 부정, 불비의 변경과 그 연락, 조사, ③ 검색(이용)이나 보관의 편의, ④ 자료의 멸실에 대한 위험 분산의 네 가지이다.[89] 카드의 각 란에는 원칙적으로 외국인 등록부를 그대로 전기轉記하여 시정촌에 외국인 등록을 접수한 후 카드를 작성하도록 명령했다. 아울러 조선인의 이름은 본명을 기입하고, 일본명을 가진 자도 본국명으로 색인란에 기입하라고 지시했다. 시정촌이 작성한 카드는 내무성과 도도부현에 1통씩 송부되었고 등록자 500명 이상의 시구정촌에서도 1통 보관한다. 외국인 등록부의 기재사항에 변경이 생길 경우에는 시정촌은 '카드 보정자료'를 작성하여 마찬가지로 내무성과 도도부현에 1통씩 송부한다. 각 시정촌은 〈카드 정비 요강〉에 따라 48년 1월 말일까지 카드를 내무성에 송부하게 되었다.

내무성은 등록카드를 일본에 도항하는 조선인의 신원 검열에 이용했다. 47년 12월 내무성 조사국 제4과장은 노보트니 대령에게 사가현 지사가 11월 4일 자로 보낸 외국인 등록증명서 위조에 관한 보고서를 송부했다.[90] 사가현에서 체포된 14명의 밀항자를 조사했더니 3장의 등록증명서가 발견되었는데, 부산의 브로커한테서 500엔에 구입했다는 진술을 얻었다고 한다. 14명 중 3명에 대해서는 도항 이유와 직업이 기재되어 있다. 한 사람은 철공 노동자로, 일본에 있는 어머니, 장남, 삼남과 함께 살기 위해 도항했다. 또 한 사람은 비누 제조기술을 배우기 위해 일본으로 도항하려고 했다. 마지막 한 사람은 원래 도쿄 혼조本所에서 로프를 제조

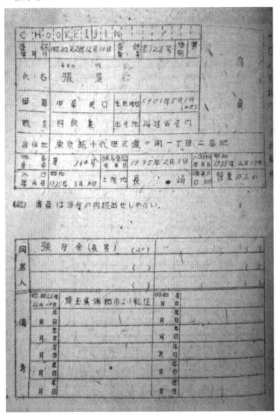

외국인 등록카드 양식

* 출전: 《外国人登録例規通牒綴 其ノ一 自昭和二十二
年至昭和二十四年》, 京都府総務部渉外課.

했는데, 45년 7월 14일 조선으로 돌아갔고, 이번에는 제조기계를 처분하기 위해 일본으로 건너왔다.

물론 내무성은 조선인의 도항 목적을 이해하기 위해 자료를 작성한 것이 아니다. 등록증명서의 발행처는 오사카부로 되어 있었다. 내무성은 오사카부에 조회하여 증명서 소지인이 오사카에 거주한다는 회답을 들었기 때문에 이 증명서가 '위조'된 것이라고 단정했다. 내무성 조사국 제4과장은 다음과 같이 노보트니에게 보고했다.

> 4. 외국인 등록이 개시되었을 때 불법 입국이나 실제로는 존재하지 않은 사람의 이름에 의한 부정 등록, 발각을 두려워하여 조선인이 강하게 반대했던 사실을 감안하면, 부정 등록이나 불법 입국을 숨길 목적으로 막대한 수의 위조증명서forged certificates가 존재할 가능성이 있다.
>
> 5. 내무성은 따라서 가까운 장래에 충분한 시간을 들여 외국인 등록카드registration card의 대규모 체크를 계획하고 있다.

내무성은 11월 17일 자로 각 도도부현에 사가현의 정보를 전달하여 도도부현에서 인쇄한 등록증명서를 1부 송부하도록 지시, 등록증명서의 점검을 시도했다.[91] 내무성은 사가현의 보고를 받고 오사카부에 조회했는데, 외국인 등록카드를 집계하고 또한 각 도도부현의 등록증명서 양식을 수집해놓음으로써 조회 속도를 올리려고 시도했던 것으로 보인다. 설령 시정촌 단위에서 '경찰의 개입'이 없었다 해도, 내무성 도도부현 단위로 정보가 집약되어 있으면 치안 단속에 운용하는 것은 충분히 가능했다.

증명서의 이원화와 갱신제의 도입

내무성은 무적자의 취급에 대해서도 대책을 강구했다. 무적자의 취급은 앞에서 언급한 것처럼 조련과의 교섭에서 마지막까지 의제가 되었다. 조련과 내무성의 각서 조인 후에 오사카부는 "계속해서 일본 내지에 거주한 자(일례로 전시 중에 징용지에서 도망하여 그로 인해 공식 면에 기재되지 않은 자)"와 "작년 6월 12일(입국 금지에 관한 연합군 각서 발표) 이전에 입국한 자(단, 같은 해 2월 16일 이후 계획 수송 지령으로 본국에 송환된 자는 전면적으로 재도항이 금지되어 있다)"는 "징용지의 증명서를 비롯하여 거주 내지는 입국 연월일을 증명하기에 충분한 증거 제출을 요구"함으로써 무적자가 등록할 수 있게 했다고 한다.[92] 조련 오사카부 본부의 기관지는 "이 지령에 따라 무적자도 이유가 정당하고 증거 물건이 있는 경우는 등록이 가능해졌다"고 평가했다.

다만, 각서에는 조련의 증명서를 참고하는 것이 "군인군속으로 현지에서 직접 조선으로 복원하여 가정과 사업 정리를 위해 입국한 자"와 "전시중 군인군속 징용 등으로 전선을 탈출한 자"에 한정되어 있었다. 이들이라도 오사카 이외의 지역에서 어느 정도 참고가 되었는지는 불분명하고, 그 이외의 사람들은 애초에 구제될 여지가 없었다. 그러나 내무성은 무허가 도일자의 적발을 외등령의 최대 목적으로 했기 때문에 등록은 차치하고 불법 입국 용의자로 항상 체크할 수 있도록 했다. 그것이 무적자에 대한 가증명서 교부와 그 갱신제 도입이었다.

〈외국인 등록 사무 취급 요령〉은 "자재 관계로 사진이 지연되었을 때는 이것을 제출할 때까지 그 교부를 미루고 별도로 아래 양식의 가증명서를 교부할 것. 가증명서의 유효기간은 길어도 10월 말까지로 할 것"으로 정했다.[93] 즉, 가증명서는 본래 사진을 제출하지 못한 자에게 교부되

외국인 가등록증명서

* 출전:《昭和二十二年度以降 涉外関係書類》, 高根村須走村組合役場.

　는 것이었다. 사진의 가증명서를 보아도 "이 사람에 대해서는 유효기간에 사진 2장을 제출한 후 이 가증명서를 제출하고 정식 등록증명서를 교부받는다"고 되어 있다. 다만 내무성은 기간 내에 이 증명서로 갱신하는 것이 곤란한 경우가 있을 것으로 예상했기 때문에 10월 24일 가증명서 유효기간을 전국적으로 통일하지 않는다고 지시하여, 본 증명서로 갱신하면 외국인 등록부의 뒷면 비고란에 "몇 년 몇 월 몇 일 본 증명서로 갱신 교부"라고 기입하도록 했다.[94]

내무성은 '가증명서'에 대해 12월 11일 〈외국인 등록 사무 취급 요령〉의 보족으로 아래와 같이 정했다.[95]

이른바 무적자(그 성명이 내지의 공부公簿에 등재되지 않은 자, 특히 미곡통장 등 식량배급통장 교부를 받지 않은 자)가 등록을 신청한 경우에는 불법 입국의 혐의가 없다는 명백한 증명이 없는 한 최장 3개월을 유효한도로 하는 가증명서를 교부하고 그 의심이 없어질 때까지 이것을 갱신하여 본 등록증명서를 교부하지 말 것.

또한 그 자의 외국인 등록부 비고란에는 무적자라는 취지를 기재할 것.

가증명서는 이렇게 사진 미제출자에게 잠정적으로 교부하는 증명서에서 무적자에게 교부하는 증명서로 그 의미가 크게 바뀌었다. 그리고 가증명서에 3개월마다 갱신제를 도입함으로써 "불법 입국의 혐의가 없다는 명백한 증명"을 제출할 수 있을 때까지 무적자들은 끊임없이 의심의 눈초리에 노출되었던 것이다.

이리하여 내무성은 증명서를 이원화하고 전 조선인을 등록한 후에 당국이 혐의를 둔 대상에 대해서는 가증명서로 계속해서 감시하에 두는 구조를 만들어냈다. 외등령을 개정한 1949년에 도입되는 외국인 등록증명서의 갱신제도는 이 가증명서의 갱신제가 본 증명서에까지 적용된 것이라 할 수도 있다.

정부와 지방자치단체의
열람 권한 독점

마지막으로 외국인 등록부 열람에 대해 언급하고자 한다. 47년 11월 17일 내무성 조사국은 각 도도부현에 다음과 같은 사례를 소개했다.[96]

1. 신주쿠구구新宿區 가가정加賀町 1정목 17번지 소재 부용회 본부는 조선인과 결혼한 일본 부인에게 조선의 국어, 풍속, 관습 등 교양을 주고, 회원의 복리친목을 도모한다고 한다. 이 모임의 목적을 달성하기 위해 위의 일본 부인의 인원, 주소, 성명을 조사하고자 하는 취지를 의뢰해왔다.

2. 주오구中央區 니시긴자西銀座 4정목 3번지 스키야바시빌딩 내数寄屋橋ビル內 조화신문사朝華新聞社는 신사록 작성 목적으로 등록부의 열람을 신청해왔다(이상 도쿄도).

3. 상공회 회원 모집을 위해 국제일일신문사 홋카이도 지국장이 외국인 등록부 열람을 요구했다(이상 홋카이도).

그리고 내무성은 "등록부는 본래 열람시키는 것이 아니지만, 그 목적이 개인의 이익을 주로 한다고 인정되는 경우를 제외하고 공공단체 또는 공공의 이익을 주로 한다고 인정되는 경우 혹은 외국인 등록 사무 취급 또는 촉진상 유리하다고 보일 경우 등등을 고려하여 사무에 지장이 없다면 허가해도 좋다"고 지시했다.

사례 1의 '부용회'는 정식 명칭이 재단법인 계림부용회鷄林芙蓉會로, 조선인과 결혼한 일본인 여성들이 46년 4월경에 결성한 민단 계열 단체이다. 부용회는 '조선절임강습회'나 조선어, 조선옷 양재를 지도하면서, 조선으로 돌아가 소식을 알 수 없는 남편의 소식 조사나 생활곤궁자의 취직을 알선했다.[97] 앞에서 언급했듯이, 외국인등록령은 호적을 기준으로 했기 때문에 조선인 남성과 법률혼을 하여 원 호적에서 말소된 일본인 여성은 조선인으로 등록 대상이 되었는데, 남편이 조선으로 귀환한 경우도 적지 않았다. 부용회는 동일한 처지의 일본인 여성의 친교를 도모하고자 외국인 등록부 열람을 요구했던 것으로 보인다.

사례 2의 《조화신문朝華新聞》은 김중현金重鉉이 긴자에서 발행했던 일본어 신문이다. 조화신문사가 47년 3월경에 '재일조선인 신사록'의 간행을 예고하며 널리 후원을 구하고 있었던 것은 확실하다.[98] 신사록에는 성명, 생년월일, 출생지 또는 본적지, 현주소, 일본 도항 연월일, 학력, 경력, 취미, 가정, 초상 사진을 게재한다고 했으며, 광고를 보면 전국의 재일조선인을 망라하여 간행하려고 한 듯하다.

사례 3의 《국제일일신문》은 발행부수 2만 7,000부를 자랑하는 일본어 지로,[99] 민단 가나가와 본부 단장[100]이나 앞에서 언급한 민단 외국인등록 문제위원도 역임한 사업가 박노정이 발행했다. GHQ의 민간검열국은 《국제일일신문》을 '우파'로 간주했다.[101] 이상의 세 가지 사례에 대해 47년 11월의 시점에서 내무성은 특별히 열람을 금하지는 않았다.

한편, 조련도 48년 1월부터 회원(맹비盟費)제를 실시하면서 맹원부를 작성하게 되었다. "각 지방 본부는 외국인 등록을 기초로 하여 정확한 맹원 명부를 작성하여 중총에 제출할 것", "중총은 일본 각 지방청에 조회하여 수사할 것"이라고 발표했다.[102] 조련이 외등령 실시 이전에 착수했던 호적부 작성은 이 시점에서 좌절되었을 가능성이 크며,[103] 외국인 등록부를 이용하여 맹원부를 만들려고 했던 것으로 보인다. 다만, 내무성은 조련 활동가가 시정촌 사무소에서 등록을 마친 인물의 등록을 취소시킨 사례가 있었기 때문에 조련에게는 절대로 등록 완료자의 성명을 밝히지 않도록 각 시정촌에 지시했다.[104] 신청 개시 이후에 내무성이 어떻게 대응했는지는 분명하지 않다.

그러나 일부 인정된 외국인 등록부 열람은 법무청 설치 후인 48년 5월 9일에 법무청 민사국장이 "최근에 이것을 정치적 목적으로 이용하거나 나아가 등록 사무에 지장을 초래할 우려가 있는 것처럼 보이므로 이제부터 부 외 일반에 대한 열람은 정지하도록 조치하기 바란다"고 지시하여 일체 금지되었다.[105] 한편, 내무성은 정부와 지방자치단체에 대해서는 '예외'라고 하여 열람 권한은 정부와 지방자치단체가 독점하게 되었다.

4장

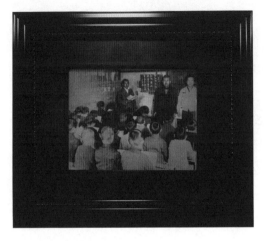

해방 후의 재일조선인운동에서는 청년을 중심으로 한
새로운 활동가층이 등장한 것이 커다란 특징이다.
그들은 조련에서 '조국 건설의 일꾼'으로 중시되고 기대되었다.
일군/일꾼이란 '일하는 사람', '일손'을 의미하는 조선어인데,
이 말은 지금까지도 재일조선인단체에서는 활동가를 의미하는
독특한 뉘앙스를 지닌 용어로 사용되고 있다.
그들 일꾼=활동가가 조련의 운동에 미친 영향은 막대하며,
조련의 이후 노선을 이해하는 데도 무시할 수 없다.
제4장에서는 새 활동가층의 육성과 그 활동의 실태라는 관점에서
당시 재일조선인사회 민족단체의 관계를 검토하고자 한다.

조국
건설의
일꾼

새 활동가의
탄생

'분회'의 확립과 초등학원의 발전

조련 기관지《조련중앙시보朝連中央時報》1947년 8월 15일 자 발행사에는
"이 시보는 주로 조련 지도자—분회 이상 간부 1만 7,000명을 목표로 하
고 일반 대중을 종적 목표로 편집하고자 한다"고 쓰여 있다. 48년 2월 현
재 조련〈전체 조직 통계표〉에는 본부 731명, 지부 4,089명이 '직원'으로
게재되어 있는데, 이것을 제외하면 조련의 말단조직인 '분회'에는 적게
보아도 1만 명 정도의 활동가가 있었다. 그야말로 대중단체라 할 수 있
다. 그리고 조련이 활동가 양성에 착수한 것도 스스로를 대중단체로 규
정한 것과 관계가 있다.

조련은 1946년 8월 앞으로의 중장기적인 활동을 위해 말단조직인 '분
회'의 확립과 전 조선인의 조련 가입 장려, 청년부와 부녀부의 단일단체
화 등을 결정했다. 계획적 귀환 종료를 염두에 둔 것이었다. 특히 청년부
를 '재일본조선민주청년동맹'으로 하여 민주적인 새 조선 건설을 담당하

는 "중견 활동가를 대량적으로 시급히 양성"하고자 했다.[1] 46년 8월 이후 하부조직 수의 추이를 나타낸 [표 4-1]을 보면, 분회의 증가가 현저하다. 분회는 1년에 약 500개씩, 2년간 1.97배로 증가했다. 지부 수가 1.16배의 증가에 머문 것과 대조적이다. 분회가 확대되는 가운데 많은 활동가가 요구되기 시작했다. 그래서 조직적으로 양성하려고 했던 것이다.

같은 시기에 소학교에 해당하는 조련 초등학원도 각지에서 설립되었다. 46년 1월의 조련 제1회 문화부장회의는 "일본제국주의 침략적 교육에서 일일一日이라도 속히 퇴학시키기 위하여 완전한 아동교육기관을 설립할 것"을 결의했다.[2] 또한 같은 해 6월의 제2회 회의에서는 "조련 어린이학원 재학생이 본국에 도라가면 국민학교에 그냥 편입할 수 있고 또 중학교에 입학할 수 있도록 본국과 긴밀한 연락을 취할랴고 하나, 현재 조선 자체가 교재가 나오지 못하는 상태임으로 학교 경영 문제까지는 여유가 없다. 본국에 도라가 학교에 입학하는 데 있어서 국어가 절대조건이다. 따라서 국어교육이 제일 긴급 요건"임이 강조되었다.[3] 이 회의에서는 봉건적 역사관을 극복하기 위한 '새 역사관 수립'도 논의되었다. 조련의 초등학원 설립은 일본의 침략적 교육으로부터의 탈출과 본국 귀환에 대비한 국어와 새로운 역사관 습득을 목적으로 했음을 알 수 있다. 초등학원에 관한 추이를 나타낸 것이 [표 4-2]이다. 47년 7월은 사료에 기재된 총계와 실제 총계가 큰 차이를 보이지만, 늦어도 48년 2월에는 사가, 구마모토, 도쿠시마, 고치를 제외한 전 도도부현에 초등학원이 설치되었고, 그 수가 500개를 넘었음을 알 수 있다. 학생 수도 48년 2월에는 5만 명을 넘었고, 교원 수도 48년 10월 시점에 1,200여 명에 달했다.

[표 4-1] 조련 지부, 분회, 맹원 수 추이

본부명	지부 수				분회 수				맹원 수		
	① 46.8	② 47.7	③ 48.2	④ 48.10	① 46.8	② 47.7	③ 48.2	④ 48.10	② 47.7	③ 48.2	④ 48.10
도쿄	23	23	23	18	81	135	164	164	25,151	22,382	22,382
산타마	6	6	6	9	30	37	44	44	9,803	3,950	3,950
지바	13	16	16	16	30	77	81	81	7,450	7,182	7,182
도치기	10	9	9	9	15	6	6	6	3,160	3,660	3,660
사이타마	17	17	17	17	25	39	38	38	9,450	3,701	3,701
이바라키	19	20	21	21	9		22	22	7,830	4,885	4,885
군마	11	11	11	11	16	6	16	16	3,080	3,936	3,936
야마나시	10	10	10	10	15	5	19	37	4,350	3,444	3,171
가나가와	17	20	21	21	45	90	87	97	26,076	20,878	20,828
후쿠시마	6	10	12	12	19	32	44	44	5,602	4,903	4,903
미야기	19	13	13	13	16	8	30	30	4,146	3,720	3,720
야마가타	7	7	8	8	10	4	2	2	1,370	1,335	1,325
이와테	15	12	15	15	3	2	3	3	2,540	2,591	2,591
아키타	12	12	12	12	3	2	7	7	1,750	1,750	1,750
아오모리	11	10	13	13	7	2	1		1,203	1,178	1,178
홋카이도	11	12	14	14	13	26	36	37	12,000	8,458	8,458
나가노	11	10	11	11	2	39	39	39	4,424	5,075	5,055
니가타	10	10	10	10	12	6	18	18	2,700	2,638	2,638
도야마	6	7	7	7	17	27	28	27	2,700	2,870	2,860
후쿠이	14	14	13	13	20		2	2	6,400	4,903	4,903
이시카와	4	4	4	4	2	29	29	29	3,212	3,180	3,103
아이치	23	26	29	29	35	39	59	59	26,451	27,931	27,931
시즈오카	3	25	22	22	27		6	6	6,540	7,329	6,529
기후	13	12	12	12	4	35	47	47	8,339	18,944	18,944
미에	13	13	9	9	26		24	28	9,579	5,169	7,035
오사카	28	20	28	28	142	142	146	146	175,759	132,944	132,944
교토	21	21	22	22	87	93	146	106	32,372	29,586	29,586
효고	15	22	21	21	74	26	114	114	41,602	42,603	42,603
나라	10	10	9	9	19		51	51	4,208	4,625	4,625
와카야마	7	14	15	15	1	52	50	50	7,789	3,590	3,590
시가	15	16	17	17	24	34	44	44	10,885	8,712	8,712
오카야마	9	20	11	11	25	72	94	97	12,362	12,362	11,093
히로시마	20	21	18	18	45	30	53	33	25,000	14,092	14,092
야마구치	17	22	23	23	18	132	197	197	33,360	23,039	22,072

돗토리	6	5	5	5	10	6	9	9	2,209	2,681	2,673
시마네	7	13	12	12	14	58	140	140	5,201	5,349	5,349
후쿠오카	11	21	20	20	4	97	97	97	41,000	41,000	41,000
사가	7	7	7	7	15				1,698	1,698	1,697
오이타	15	15	17	17	3	4	4	4	10,392	10,392	10,392
구마모토	10		15	15	10					4,050	4,750
미야자키	8	9	10	10	2	2			1,453	3,034	3,034
나가사키	5	5	7	7	1		5	5	2,368	4,700	4,700
가고시마	7	7	7	7	5				1,100	1,622	3,622
쓰시마		13	1	6			13	13	2,400	1,800	1,972
가가와	6	6	6	6	8	18	16	16	1,445	1,456	1,456
도쿠시마	3	5	5	6	7		1	6	655	862	1,970
고치	5	6	6	5	3	2	9	1	1,300	1,970	862
에히메	5	6	6	6	4	3	8	8	1,235	3,366	3,366
총계	541	613	626	629	1,013	1,417	2,049	2,000	611,099	531,525	532,778
표기재	541	633	625	626	1,013	1,417	1,972	1,996	614,178		530,078

* 주: '표기재'는 사료에 기재된 총계, '총계'는 사료상의 수치를 필자가 재계산한 것이다.
* 출전: ① "CHORYON SERIES No. 3 Brief History Declaration Principles of Action Articles and Local Situation of THE LEAGUE OF KOREANS RESIDING IN JAPAN," 1946. 8.
　② 〈全体組織統計表(1947年 7月 1日現在)〉; 坪井(1959: 123−126)
　③ 〈全体組織統計表(1948年 2月現在)〉; 《集成》 2.
　④ 〈五全大会提出活動報告書〉, 1948年 10月; 《集成》 1.

[표 4-2] 초등학원, 교원, 학생 수의 추이

본부명	초등학원 수			초등학원 교원 수			초등학원 학생 수		
	47.7	48.2	48.10	47.7	48.2	48.10	47.7	48.2	48.10
도쿄	20	19	22	15	67	90	2,098	2,160	3,452
산타마	8	7	8	10	10	10	420	281	317
지바	9	9	9	15	13	15	599	608	599
도치기	5	5	5	5	5	5	522	245	245
사이타마	7	5	7	15	8	13	356	137	356
이바라키	18	19	18	21	41	21	522	746	522
군마	4	8	5	6	16	6	157	300	156
야마나시	5	2	5	5	3	5	280	70	280
가나가와	23	25	23	60	56	53	1,421	1,488	1,582
후쿠시마	9		9	9		9	146		146
미야기	7	7	9	15	7	19	170	160	172
야마가타	2	2	2	2	4	2	85	115	71
이와테	5	3	5	1	4	5	100	80	100
아키타	4	4	4	5	5	5	120	120	120
아오모리	1	2	1	1	5	1	24	40	40
홋카이도	4	3	4	4	4	4	140	34	148
나가노	3	3	3	3	6	6	107	152	227
시가타	3	4	2	4	10	3	120	214	74
도야마	4	4	4	6	8	8	435	264	250
후쿠이	11	12	10	14	18	20	729	743	720
이시카와	7	3	3	13	13	8	560	542	250
아이치	37	40	39	64	69	65	4,106	4,158	2,842
시즈오카	5	6	7	13	14	16	298	293	352
기후	15	26	12	20	58	32	978	1,405	691
미에	7	11	13	15	22	25	478	712	837
오사카		35	70		291	321		15,799	22,844
교토		37	34		61	128		2,424	2,458
효고		56	58		129	127		7,397	7,379
나라		9	7		10	7		299	299
와카야마	11	8	11	17	11	17	439	315	439
시가	17	18	18	28	20	38	950	774	774
오카야마히	18	23	22	38	44	46	1,927	1,859	1,798
로시마	19	20	23	23	64	19	1,400	1,063	1,400
야마구치	35	15	33	65	59	65	2,836	2,841	2,841
돗토리	1	1	12	2	12	15	70	52	515
시마네	10	20	6	15	34	7	504	824	282

후쿠오카	18	18	25	25	25	53	1,843	2,510	2,510
사가									
오이타	3	3	7	5	5	7	226	226	262
구마모토									
미야자키	4	4	1	4	4	2	110	110	64
나가사키		3	2		4	2		110	43
가고시마	4	4	4	4	9	9	120	120	120
쓰시마섬		3	1		3	1		120	50
가가와		1	1		1	2		35	52
도쿠시마									
고치									
에히메		10	1		10	7	250	230	250
총계	366	517	565	572	1,262	1,319	25,646	52,175	58,929
표기재	527	556	566	1,204	1,276	1,229	56,555	32,915	58,930

* 주: ‘표기재’는 사료에 기재된 총계, ‘총계’는 사료상의 수치를 필자가 재계산한 것이다.
* 출전: ① 〈全体組織統計表(1947年 7月 1日 現在)〉(坪井, 1959: 123-126)
   ② 〈全体組織統計表(1948年 2月 現在)〉, 《集成》 2.
   ③ 〈五全大会提出活動報告書〉, 1948年 10月; 『集成』 1.

○ 자료 4-1

조련 지바 지부가 설립한 초등학원(지바시 이마이정今井町)의 교실 풍경
촬영 시기는 1946년 말부터 47년 2월 사이로 보인다.
이 학원은 47년 2월 현재 학생 수 90명이며, 국어, 역사, 산수, 지리, 이과,
시사 등의 수업을 했다. 《해방신문》은 “미래의 건실한 일꾼” 양성을 기대하며 지역 동포는
성원을 아끼지 않는다고 보도했다(《解放新聞》, 1947년 2월 20일 자).

고등학원에서의 활동가 양성

조련이 활동가를 양성하기 위해 설치한 기관이 '고등학원'이라 불리는 학교이다. 조련은 46년 1월 활동가 양성을 위한 '조련학원' 설치를 결의했다.[4] 그 후 명칭을 '조련중앙고등학원'(이하 '중앙고등학원')으로 변경하여 각 지방 본부에도 고등학원을 설치하기로 결정했다.[5] 이리하여 중앙고등학원에 이어 3월에는 교토 조련고등학원, 효고 조련고등학원, 7월에는 이바라키 민청동부지부학원, 10월에는 규슈 조련고등학원이 개교하여 활동가를 육성하기 시작했다.[6] 조련중앙고등학원에서는 일찍이 46년 5월 13일에 50명,[7] 효고 조련고등학원에서는 7월 17일에 60명의 졸업생을 내보냈다.[8]

47년 10월의 4전대회에서는 고등학원 수가 30개, 학생 수는 2,123명, 46년 10월부터 47년 10월까지 졸업자 수는 남자 약 3,000명, 여자 약 100명, 합계 약 3,100명으로 보고되었다.[9] 47년 10월 현재 전국 고등학원, 청년학원을 정리한 [표 4-3]을 보면, 도호쿠東北, 히로시마, 아마가사키, 효고 제4지구에도 고등학원이 설치되었다. 이 시점에서 중총이 각지의 고등학원에 대해 "직접 지도는 충분히 하지 못하여 교원 추천, 강사 추천을 하는 정도에 지나지 않는다"고 언급한 점에서도 지방의 고등학원은 독자적으로 운영되었던 것을 알 수 있다.[10]

고등학원의 구체적인 교육에 대해 중앙고등학원을 사례로 살펴보자. 중앙고등학원은 "조련 중견 간부로 활동할 수 있고, 해방된 조국 민주주의 신국가 건설에 유능한 활동을 할 수 있는 일꾼을 양성"하기 위해 설치된 중총 문화부(후에 문교부) 직속 중견 활동가 양성기관이다.[11] 대상은 지방 본부가 추천한 중등학교 졸업 정도 이상, 비용은 전액을 중총이 부담, 2개월간 합숙을 하며 교육을 받았다.[12] 당시 강사였던 아사다 미쓰테

조련중앙고등학원 제1기 졸업생들

촬영지는 도쿄도 기타타마군 고마에촌 이즈미和泉의 학원 교사. 제1기생은 46년 3월 12일 입학, 5월 13일 졸업이므로, 촬영 시기는 46년 5월 중순으로 보인다. 이후에 이공과, 사범과도 설치되었고, 49년 3월 현재 졸업생은 600명에 달했으나(《解放新聞》, 49년 3월 30일 자), 49년 10월에 조련 해산에 따른 학교폐쇄령으로 강제적으로 폐쇄되었다. 마지막 졸업생은 7월 20일 개강한 제12기인데, 이 기수만은 '인민예술대학'이라는 이름으로 "문화공작 활동의 기본적인 임무와 고도의 기술을 습득시키"기 위해 수업과목을 음악, 미술, 인형극, 무용, 연극 등 24과목으로 했다고 한다(《解放新聞》, 1949년 6월 27일 자).

루淺田光輝[13]에 따르면, 개학식 식장은 요도바시淀橋경찰서 강당이었고, 축사는 오다기리 히데오小田切秀雄[14]가 했다.[15] 식장은 당초 조련회관이었는데, 이후에 다마가와 부근의 도쿄도 고마에촌狛江村으로 이전했다. 원래 협화회 연성도장이었던 것을 조련이 접수한 건물이다.[16]

연령은 15세부터 33세까지로 폭넓어 제3기까지 재학생 194명의 평균 연령은 21.8세이다. 학력은 '중등 졸업 정도'를 요구했으나, 제3기까지 조사 결과, 중등 졸업에 미치지 못한 자가 모두 97명(50%)이었다. 남은 반수는 '중등 졸', '전문 정도'이다. 지방 본부의 추천에 따랐기 때문에, 출신지는 도쿄(41명), 야마구치(19명), 아이치(16명), 효고(13명), 후쿠이(10명)의 순이다.

〈학원의 활동보고〉에 따르면, 당초에는 그다지 학생이 모이지 않은 듯하다. 제2기 입학 지망자도 10명 정도였다. 조련 중총은 "각 지방 지도자의 성의가 의문된다"[17]고 비판, 제1기는 "전면적으로 실패를 보았다고 해도 과언이 아니다"라고 보고되었다.[18] 모집인원이 100명[19]이었다는 점을 생각하면, 상당히 적은 수이다. 조련 중총이 경비를 전액 부담하는데도 응모자가 적었던 것은 지방 사람들이 소극적이었던 점도 있었겠지만, 문턱이 높은 것도 꺼려졌던 것 같다. "조련학원에도 입학하고 싶다는 청년이 있으나, 시험을 본다기에 낙제하면 수치 될가 염려하야 지원을 못하고 있다"는 목소리도 있었고, 연설대를 파견하여 사전 설명을 해달라고 요구하는 목소리도 있었다.[20]

그러나 47년 6월의 제6기에서는 응모자가 적어서 곤란했던 상황이 일변하여, 전국에서 200여 명의 입학 희망자가 모여들었고 그중 47명을 선발했다.[21] 지방의 몰이해는 47년에는 완전히 해소되어 중앙고등학원의 지위는 확립되었다고 보아도 좋을 것이다.

다음으로 학생들의 생활이나 수업 내용을 살펴보자. 학생은 아침 6시

[표 4-3] 전국 고등학원, 청년학원 일람(1947년 8월 현재)

학원명	기간	학생 수		졸업생		강사 수	개교일
		남	여	남	여		
이바라키 민청동부지부학원	1개월	32	0	90	0	6	1946.7
산타마 세키마에關前 조선학원	3개월	20	24			6	1947.7
오이타 조련청년학원	6개월	30				3	1947.4
중앙고등학원	3개월						
삼일정치학원	3개월						
이바라키 민청본부학원	1개월						
도호쿠東北 조련고등학원	1개월	22	3			10	1947.6
주부中部 고등학원	1개월						
교토 조련고등학원	2개월	49	9	52	10	7	1946.6
조련 규슈 고등학원	5주	21	5	119	18	9	1946.10
히로시마 조련고등학원	1개월	53	11	25	9	8	1947.4
팔일오정치학원	2개월	27	1	116	11	8	1946.6
오사카 민청제1청년학원		30	75			5	1947.5
오사카 민청제2청년학원		34	148			5	
오사카 민청제3청년학원	3개월	42	83			3	1947.4
오사카 민청제4청년학원	3개월	56	12			5	1947.5
오사카 민청제5청년학원	3개월	25	21			2	1947.5
오사카 민청제6청년학원	3개월	24	18			2	1947.4
오사카 민청제7청년학원	3개월	25	23			2	1947.5
오사카 민청제8청년학원	4개월	21	23			3	1947.4
오사카 민청제9청년학원		34	25			4	
오사카 민청제10여자학원							
오사카 민청제11청년학원		42	23	42	23	3	
오사카 민청제12청년학원		150				5	
효고 조련고등학원	1개월			297	49	10	1946.6
조련 아마가사키 고등학원	1개월	31	3	102	49	14	1947.2
효고 교원양성소	3개월	20	3	20	3	11	1947.2
효고 제4지구고등학원	1개월	30	9			14	1947.7
군마 청년학원	2개월	14	6	9	2	5	1947.4
야마나시 청년학원	1개월	30				6	1947.7
오이타 청년학원	6개월						
합계		832	525	872	174	156	

* 출전: 〈全國靑年學院現狀〉, 《民靑時報》, 1947년 10월 5일 자; 〈第十一回中央委員会議事錄〉, 86~87쪽; 《集成》 1에서 작성.

에 기상하여 8시부터 17시까지 수업을 받고, 그 후 19시부터 22시까지 '연구회와 토론회'를 하는 것이 하루 일과였다. 수업과목은 국문, 종교와 과학, 실무, 조선사회경제사, 민주주의론, 철학, 경제학, 식민정책, 경제사, 음악, 문학, 연구회이며, 초기의 강사는 오다기리 히데오(문학), 아사다 미쓰테루(민주주의론), 야마다 구니오山田国雄(경제사), 도요카와 다쿠지豊川卓二(경제학), 모테기 로쿠로茂木六郎(식민정책), 오카 나쓰키岡夏樹(철학), 시바시 히로시椎橋弘(연구회), 마쓰오 다카시松尾隆(종교와 과학), 장비張飛(음악)[22]였다.[23] 당시 학생이었던 김을성金乙星[24]에 따르면, 그 외에 조련에서 온 한덕수韓德銖, 이진규李珍珪, 이상요李相堯가 교단에 섰고, 일본공산당에서는 도쿠다 규이치德田球一,[25] 노사카 산조野坂参三,[26] 가미야마 시게오神山茂夫,[27] 고자이 요시시게古在由重,[28] 고야마 히로타케小山弘健[29] 등이 왔다고 한다.[30] 김을성에 따르면 학원은 조련 간부의 숙사이기도 했던 것 같다.[31]

초기의 강사진을 보면, 일본경제기구연구소나 일본금융경제연구소 등의 공산당 계열 인맥이 중심이라는 것을 알 수 있다. 확증은 없으나, 일본경제기구연구소가 1947년에 발행한 《일본정치경제의 동향日本政治経済の動向》(研進社 刊) 제2편 〈각 계급의 동향〉에 제4장 〈재일해방민족문제〉가 있는데, 교과서로 사용되지 않았을까 한다.[32] 또한 조선사 교과서로서는 김두용金斗鎔의 《조선근대사회사화朝鮮近代社会史話》(鄕土書房, 1947)가 사용된 것이 확인된다.[33] 또한 학생들은 《전선통신前線通信》이라는 신문과 《새벽》이라는 잡지를 간행했다.[34] 학생자치위원회나 도서편집부, 변론부, 음악부, 체육부도 있었고, 졸업 후에도 동창회를 조직하거나 지방의 활동을 보고하고 연락하게 되어 있었다.[35]

학생의 조선어 능력은 제3기 85명에 대해서만 기재되어 있다. '완해完解' 26명, '중 정도' 38명, '초보' 21명으로 되어 있다. 텍스트는 '완해' 학

생은 《해방신문》 등을 이용했고, '중 정도'에서는 "어린이 통신, 인민계
몽독본, 한글 첫걸음"을, '초보'에서는 "한글 첫걸음, 국어독본(상)"을 이
용했다.

초기 졸업생 90% 이상이 조련 활동가가 되었다. 중총 외에 "전국 각
지방 본부, 지부, 분회조직 강화에 분주했다"고 한다. 그중 50%는 청년
부에, 30%가 문화부에 배속되었다. 또한 제2기 12명은 "졸업과 동시에
조련 하카타출장소로 부임하여 귀국 동포의 화물 수송 등의 사고 방지"
를 위해 활동했다[36]

청년학원, 청년강습회, 교원 양성

조련은 15세 이상을 대상으로 한 청년강습회와 부인강습회에서 강습생 중
유능한 자를 조직에 등용하도록 촉구하여 고등학원 이외에도 활동가 육성
을 목표로 했다.[37] 8월 7일 도쿄 본부 청년부 주최로 조련고등학원에서 "백
여 명의 청소년을 모아 주야로 단련시키기" 위한 강습회를 열었고, 지바현
본부에서는 8월 14일부터 약 50명의 강습회가 거행된다고 고지했다.[38]

[표 4-3]에서 오사카에 12개나 확인되듯이, 간부 양성을 주목적으로
하지 않는 청년학원도 다수 존재했다. 47년 10월 시점에서는 112개의 청
년학원이 운영되어 같은 해 전기에 1,200명이 교육을 받았고 3,500명이
강습에 참가, 약 2,000명이 조선어를 쓸 수 있게 되었다고 보고되었다.[39]

민청 오사카 본부 이쿠노生野 지부가 설치한 청년야학원을 예로 구체
상을 살펴보자.[40] 이쿠노 지부에서는 47년에 "남녀를 불문하고 적극적
으로 문맹을 퇴치하고 문화수준을 향상하기 위해" 청년야학원을 설치했
다. 식자 교육의 성격이 강한 것을 알 수 있다. 대상은 '13세 이상의 동

포'이다.

이 청년야학원은 교실을 제1야간학원(미유키모리御幸森), 제2야간학원 (샤리지舍利寺), 제3야간청년학원(쇼지小路)의 각 지역에 분산 설치했다. 초등과는 국어, 공민, 산수, 역사, 수학, 물상, 박물, 영어, 정치, 경제, 철학 기타 과목으로 편성되었고, 각각 3급으로 나누었다. 중등과에는 초등과에서 기초지식을 얻은 자가 진학하여 "즉시 실사회에서 활약하는 능력을 배양"하여 "사회와 국가가 요망하는 중견 인물"을 양성하는 것이 목적으로 되었다.

1947년 7월 5~7일에 개최된 제1회 조련 지방협의회대표자회의에서는 청년학원의 기준으로 "중앙을 간부 양성, 지방을 계몽적으로" 꾸릴 방침을 결정하고,[41] 나아가 '청년학원 출신 지도망'을 확립하여 '조직원 강화와 새 조직원 양성'을 위해 조직위원회를 설립하게 되었다. 7월 26~27일의 민청 제2중위에서는 "연구회나 서클 활동의 목적은 지방 청년을 집단교육에 결합시키는 것이 목적이며, 지방 청년학원의 집단교육은 지방 청년 중 우수한 분자를 중앙의 학교에 결합시키는 것이 목적"이라고 규정하고, 연구회와 서클 활동-지방 청년학원-고등학원이라는 라인을 상정했다.[42]

다음으로 교원 양상에 대해 살펴보자. 김덕룡金德龍에 따르면, 조련이 처음으로 교원 양성 방법을 제시한 것은 1945년 11월 12일의 중총 문화부 지시이다.[43] 중총 문화부는 조선어 교육의 담당자로서 "한글에 소양이 있는 학생 20명을 선정하여 한글사, 교수법을 단기 강습받게 한 후에 교재 발행과 동시에 각각의 지방본부에 한 사람씩 파견할 예정"이라고 보고하고, 지방에서 인재를 선발하도록 지시했다.[44] 이것은 '강습반' 식이라 불린 교원 양성법으로, 중앙에서 인재를 육성하고 그 사람이 다음에는 지방에서 인재를 육성하는 것이다.[45]

제2회 문화부장회의에서는 "현재의 학원은 한글강습소 정도를 넘지 못하고 있다"는 지적이 나오며 "과학(산술, 이과, 지리), 역사, 정서(창가, 도화) 등 종합교육을 충실히 할 수 있는 사람"의 양성이 급무로 되었다.[46] 그리고 10명의 '전문적 교양'을 갖춘 강사들의 순회강습회를 열게 되었다. 강사는 "각 지방에 출장하야 순회강습회를 개최하는 동시에, 각 하부조직의 강화와 계몽운동의 제일선 지도자가 될 것이다"라고 한 데서 보듯 단순한 교원 양성에 머물지 않는 지방의 조직자로서의 역할도 기대되었다.[47]

46년 12월 10~11일의 제3회 전국문화부장회의에서는 초등학교의 내실을 기하기 위해 교원을 조련 중앙고등학원 졸업자 중에서 선발할 것, 3개월 사범교육을 실시할 것, 도쿄 조선중학교에 사범과를 설치할 것, 그리고 동기冬期 교원양성강습회를 시행할 것이 결의되었다.[48] 교원 자격은 46년 10월의 3전대회에서 "중학교 이상 정도의 학교 졸업과 그와 동등한 실력자"로 정해졌고, 지방 본부가 임면하고 중총에 승인을 요청하도록 결정되었다. 그해 9월에 조련 오사카 본부 부속 오사카 조선사범학교가 설립되었고, 47년 12월에는 조련 중앙고등학원에 조련중앙사범학교가 병설되어 교원 양성체제가 정비되었다.[49]

초등학교에서 가장 긴급하고 중요한 과제는 '국어' 교육이었다. 특히 문화부 차장이 "방언 때문에 많은 곤란이 있다. 초등교재는 전부 표준어다. 발언에 있어서 교원이 조심하여야 할 것이며, 강사 자신이 '으'와 '이'와 '의'의 구별을 명확히 하여야 한다"고 언급했듯이, 방언이 문제였다.[50] 48년 5월 23일 교육자동맹 도쿄 지부가 아동학력검사를 실시했는데, 이때도 "선생들은 국어 교수에 가장 힘을 쓰고 있으나, 선생들의 국어 실력이 부족하야 조선말과 뜻, 그리고 문법을 충분히 가르쳐주지 못하고, 대강 방언(사투리)으로 가르치기 때문에 아동들이 표준어를 배우지 못하고 있다"[51]고 했다. 다만, 후술하듯이 새로이 요청된 젊은 교사의 경우에 방언보다도 조선어 자체의 능력이 과제였다. 또한 그중에는 강사 채용 시 '반동단체'와의 관련을 엄격히 심사해야 한다는 주장도 제기되었다.[52]

삼일정치학원: 조선인 공산당원의 학교

다음으로 조련 중앙고등학원 이외의 활동가 양성기관으로 도쿄의 삼일정치학원三一政治學院을 다루고자 한다. 삼일정치학원은 일본공산당이 운영하는 활동가 양성학교로, 46년 3월 15일 개교했다.[53] "신조선 건설에 초석이 될 열성을 가진 청년을 맑쓰·레-닌주의 코-쓰로 계몽 훈련코저" 하는 것이 목적이었다.[54] 아라카와荒川 지구에 개교하였다가 간다神田 YMCA로 이전하였고, 그 후 도쿄도 오타구大田區 오이세키가하라정大井関原町의 조련 시나가와品川 지부로 이전했다.[55] 원장은 학원이 폐쇄될 때까지 공산당 중앙위원 후보 박은철朴恩哲이었다. 다만 조련 중앙고등학원과는 졸업식이나 입학식에 서로 대표를 파견했고, 조련의 대회에는 삼일정치학원의 축사나 대표의 인사가 반드시 들어가는 등, 일상적으로 조련과의 교류는 긴밀했다.

삼일정치학원도 조련 중앙고등학원과 마찬가지로 합숙제였으며, "전 세계에서 몇 개 없는 공산대학"을 자부했다.[56] 《아카하타アカハタ》에 따르면, 입학에는 "중등학교 졸업 정도의 지능이 있는 연령 만 18세 이상의 남녀, 지방조직의 전임으로 있는 당원 2명의 추천을 요했다."[57] 제6기는 50일간이었고 수업과목은 조선문제 10회, 조선역사 10회, 노동문제 3회, 농민문제 3회, 중국문제 2회, 조직문제 2회, 문화문제 1회, 조선어 수시, 정치학 5회, 철학 10회, 마르크스주의 경제학 10회, 레닌주의 기초 10회,

삼일정치학원 제1기 졸업생들

촬영지는 도쿄도 오타구 오이세키가하라정의 삼일정치학원 앞. 정치학원 제1기는 46년 3월 15
일 개강, 졸업식은 6월 3일이므로 촬영 시기는 46년 6월 초순으로 보인다《民衆新聞》, 46년 6월 1
일 자). 졸업생은 49년 3월 현재 446명에 달했는데《解放新聞》, 49년 3월 24일 자), 제8기를 마지막
으로 개교가 무기한 연기되었다.

기타 특별강습, 음악연주회 등이었고, 입학자는 사진, 현금 500엔, 쌀 1
말을 지참했다. 삼일정치학원의 졸업생은 실천운동에 들어가 조련의 활
동에 종사했다.[58] 이 학원은 조련 중앙위원회나 당원 그룹회의 등에도
이용되었다.[59]

48년 1월 26일 시부야구渋谷區 요요기代々木 도미가야정富ケ谷町에 새
교사가 낙성되어 시나가와에서 이전했다.[60] 이를 계기로 단기 강습을 폐
지하고 "현재 조국에서 요구하고 있는 민족 간부와 기술자를 양성하기
위하야 정경이공과를 설치하고, 양성기간을 10개월"로 하게 되었다.[61]
정경과 40명, 이공과 20명으로 나눠 채용하게 된 제8기(48년 3월 10일 입
학) 이후는 입학자격도 "본 학원, 팔일오정치학원八一五政治學院, 조련 고
등학원 졸업 정도 이상인 자 중에 소속 조직에서 충실히 활동하여 조직
에서 추천된 자"로 감화되어 각지 고등학원의 상위에 자리 잡았다.[62] 정
경과의 수업은 사회경제구조 연구, 세계정세, 이조 사회경제사, 재일조
선인문제, 경제원론, 재정금융 각론, 협동조합론, 통계학, 노동문제, 농
민문제, 조직론, 철학, 문화문제, 이공과의 수업은 전기과, 토목과, 물리
과, 기계과, 광산과, 건축과, 응용화학과, 조선과, 의과, 약학과이다. 정
경과생은 "보충식량 상당량과 학비 3,000엔(개인별 비용, 참고서류는 각자
부담)"의 전납제, 이공과는 "식비 기타 실비 지불제로 하여 입학과 동시
에 보충식량 상당량과 실비 전납제로 3,000엔을 납입하는 규정이었다.[63]
교육 과정이 전문화, 장기화됨에 따라 청강생의 틀이 설정되었다. 수강
자격은 "조련, 민청 각 기관에서 추천을 받은 자", 강의는 "조선, 일본, 세
계의 현실적, 정치·경제적 연구", 수강료는 전 기간에 1,500엔, 기숙비
도 마찬가지로 전 기간에 4,000엔이었다.[64]

그러나 삼일정치학원은 제8기까지 강습을 끝내자, 1950년 4월에는 조
련 해산과 재산 접수, 일본정부의 재일조선인 대량 추방 기도 등의 "긴박

한 사태에 처하야 중앙에 전국적으로 청년 일꾼을 모으는 교육 방법이 결코 올바르지 않다는 결론에서 제9기 개교를 무기한 연기"하게 되었다.[65]

동종의 학원으로는 오사카에 팔일오정치학원이 있었는데, 이 정치학원들은 입학자격이 "18세 이상의 조선인 남녀, 지방 고등학원 수료 정도 이상의 실력 있는 자, 단 지방기관의 추천자에 한함"으로 되어 있듯이,[66] 조련이 운영하는 고등학원보다도 상위에 있었다. 그리고 삼일정치학원은 본교 외에 조련 고등학원, 팔일오정치학원의 졸업생을 장기에 걸쳐 더욱 고도의 교육을 교수하는 최상위 양성기관으로 간주되었다. 건청이 '스파이' 의혹으로 감금된 민청 맹원을 "사실대로 말해. 너는 삼일정치학원을 나왔나"라고 심문한 사례를 보면, 건청 측도 삼일정치학원을 활동가 양성의 중추로 보고 있었던 것이다.[67]

조련 양재학원: 여성활동가 양성

각지의 고등학원에는 많은 여성도 입학했는데, 도쿄에는 조련 양재학원이라는 여성만의 학교가 있었다. 조련 양재학원은 조련 도쿄 본부가 운영하는 여성활동가 양성학교로, 1946년 12월에 개교했다.[68] 제1기생은 약 20명으로, 양재를 비롯하여 "자녀교육과 세탁법, 조선요리법에 중점을 두고 한글, 역사, 음악" 등을 교육받았다. 조련 교바시京橋 지부 안에 있는 학교로, 16세부터 23세까지의 여성이 3개월간 배웠다. 학원 책임자는 삼일정치학원 출신의 서경숙徐慶淑이다. 48년 4월부터는 명칭을 '조련여성문화학원'으로 바꾸고 입학자격을 "일본 국민학교 졸업 정도 이상, 또는 동등한 학력을 가진 자"로 했다.[69] 10월의 강의과목(강사)은 국어(안서安瑞), 부인문제(노치 슈아能知修弥), 경제(오영광吳永光), 물리화학(에

치고야越後谷), 재봉(이유득李由得), 생리생물(나가이 미요코永井三四子), 음악
(장비), 국제문제(마에노 료前野良), 국사(이은직李殷直), 수학 양재(성학자成
學子)이며, 지바, 도쿄, 가나가와, 사이타마에서 학생이 모였다. 졸업생의
연령은 17~21세이다.[70]

양재학원이 출판한 《생활개선독본生活改善読本(上巻)》의 권두언에서 저
자인 서경숙은 "조국의 현세를 살펴볼 때, 우리의 완전한 독립국가 형성
의 전제 요구는 무엇보다 경제력입니다"라고 호소하고 있다.[71] 그를 위
해서는 '가정경제', '위생'의 개선이 필수라는 것이다. 여성동맹 기관지
《여맹시보女盟時報》에도 〈동절기의 세탁과 비누 사용법〉 같은 생활개선
에 관한 기사가 다수 게재되어 있어, 특히 커다란 관심사였음을 엿볼 수
있다.[72] 다른 고등학원과 마찬가지로 양재학원을 졸업한 학생도 대다수
가 조련 조직에 취직했다.[73]

존재 자체가 드물었는지 조련 양재학원 졸업생 좌담회나 여성반장 좌
담회가 종종 개최되었는데, 10대 후반에서 20대 전반의 예비 여성활동
가들의 목소리를 알 수 있다. 예를 들면 양재학원에 들어가 "기념행사의
여흥 등에 나갈 수 있었던 것이 기뻤다. 이런 일은 학교에라도 안 나가면
맛볼 수 없는 경험이라고 생각됩니다. 그리고 조선인들만 모인다는 것도
가장 기쁜 일이었습니다. 일본의 학교에 갔을 때는 도시락 반찬으로 고
추를 못 가지고 가서 창피해서 씻어서 가지고 갔습니다"라거나 "처음
에 학원에 와서 친구가 많이 와 있는데, 이 사람들이 모두 조선인이라고
생각하니 정말로 기뻤다"는 발언이 있어, 학생들이 황민화 교육에서 해
방된 것을 이러한 학교에서 실감했던 것을 읽을 수 있다.[74]

한편으로 "나는 말을 배우고 싶었는데, 집에서 허락하지 않아서"라는
목소리나 "난 학교에서 집에 돌아가는 게 제일 힘든 일이었어요. 집에 돌
아가서 또 잔소리 듣거나 야단맞고 붙잡힐 생각을 하면 정말 짜증이 나

고 말아요"라는 발언에서도 알 수 있듯이, 이해를 해주는 가정만은 아니어서 여성만이 갖는 고뇌도 있었다.[75] 《여맹시보》에서도 '미망인'이면서 4남 1녀에게 중등교육을 시키고, 며느리를 여성동맹 활동가로 보낸 여성의 이야기가 '진보적 시어머니'로 소개되어 있듯이, 여성이 활동가가 되는 데는 다분히 어려움이 따랐다.[76] 더욱이 "시나가와에서도 지부(여동)에서 양재학원을 만들려고 했지만, 조련에서 반대하여 여성동맹의 사업을 성공시키려고 하지 않습니다. 남자는 부녀에 대한 이해가 꼭 필요해요"라는 발언을 보면, 조련 내부에서도 여성의 활동에 대한 이해가 결여되어 있었던 것 같다.[77] 졸업 후의 진로로서 조련의 직원이나 신문기자, 교사를 드는 사람도 있었지만, 가정에 들어가겠다고 답한 사람도 있다. 일반적으로 여성은 육아로 인해 생활에 묶여 있었기 때문에 학원에서 배우고 활동에 전념할 수 있는 젊은 여성은 귀중한 존재였다.[78]

활동가들의 세계

새 활동가와 민중세계

다음으로 새 활동가의 등장이 조련의 활동에 어떠한 영향을 미쳤는지를 살펴보자.

새 활동가들은 고참 활동가와는 활동 스타일이 달랐다. 47년 5월의 제10중위에서 '신구 간부의 대립'이 지적되었는데, 그에 따르면, 새 활동가는 "청년의 특질로서 급진성"이 강하고 "학교에서 배운 공식주의"로 임하는 반면, 구 활동가는 "자기계몽의 부족(질적 저열), 지도력 부족, 경제활동에 편향함"이 있다는 것이다.[79] 고등학원에서 지식인한테서 교육을 받은 청년과 기부 모금에 분주한 고참 활동가의 갈등을 엿볼 수 있다.

조련에서 문제가 된 것은 고참 활동가의 활동방식이었다. 47년 9월에 조희준曺喜俊 서기국장은 2년간의 활동을 회고하며, 조련의 '근본적 결함과 약점'으로 대중과 지도자가 유리되어 있고 대중적 활동이 취약하다고 지적했다.[80] 그 원인으로 "대중 자체의 조직에 대한 이해 부족과 지도자의 비활동적(보스화) 경향"을 지적하고, 지도자의 보스화 원인이 "과거 일제시대의 관료적인 소위 '유력자'가 현재 각 기관에서 중요한 지위를 점령하고 있는 점"에 있다고 언급했다. 새 활동가들에게 고참 활동가들을 개선하는 역할이 기대되었던 것이다.

특히 47년 3월에 결성된 재일본조선민주청년동맹(이하 '민청')은 새 활동가들의 거점이 되어 조련의 활동을 혁신하려고 했다. 민청 기관지《민청시보民靑時報》는 "조련은 단순한 사회사업단체로 규정되거나 기관은 관청이 되고 간부는 관료 혹은 사무가가 되었다"고 비판했다. 그리고 "조련은 완전 해방을 전취하여 민주혁명을 수행하는 대중적인 투쟁단체이며 기관은 투쟁지도기관이고 간부는 정치조직가이다"라고 규정했다. 민청의 전투성과 급진성은 이후의 조련 운동을 크게 규정해간다.

한편, 새 활동가는 동포를 어떻게 보고 있었을까. 조련 양재학원 졸업생들이 동포 여성에 대해 언급한 흥미로운 좌담회가 있다.[81] 다소 길지만 아래에 인용한다.

김 위원장: 학원에서 공부한 것이 졸업한 후에 어땠는지, 즉, 졸업하고 비위생적인 여자들을 만나면 어떤 생각이 드는지, 늙은이들을 만나고 나서.

조: 배운 것과 실제는 결코 다르지 않은 것 같아요. 여성동맹에서 맹원 조사를 위해 가정방문을 했는데, 아이들을 돌봐주거나 하면, 그 때만은 회합에 잘 모입니다.……

조: 어머니 모임을 가져 보았어요. 그런데 할머니들은 시간이 없다고만 하고 돌아가버려요. 고추나 고추냉이 등을 배급한다고 하면 모이지만요.

오 선생님: 그렇게 할 수밖에 없어. 할머니들은 부녀 해방이 뭔지 모르니까.

위원장: 그런 방법이 좋아. 친근하게 느끼는 부분에서부터.

성(순): 지부에는 좀체 맹원이 모이지 않아요. 또 돈 문제라도 생기지나 않나 하며 굉장히 곤란해 하는 부인이 있어서 지부에서 뜨개질 등을 해서 힘든 사람에게 주겠다고 하자 모두 모여 뜨개질을 하는 거예요.

조: 가정이 비위생적이고 아이의 코를 치마로 그대로 닦아요. 또 굉장히 이기적이에요.

오 선생님: 식사 때는 어땠어.

조: 여자는 대부분이 상 밑에서 식사를 해요. 모리시타森下의 판잣집 가정에서는 부인천하 같아서 큰 소리로 남자를 혼내거나 해요. 이건 곤란한 것 같아요.

이것은 조련 양재학원 졸업생 좌담회인데, 활동가가 아이를 돌보거나 고추나 고추냉이를 배급하면 여성들이 지부에 모여든다는 발언에서 민중에게 조련이 어떠한 존재였는지를 엿볼 수 있다. 생활이 곤란한 사람을 위해 모두 모여 뜨개질을 하는 이야기는 조선인들만의 공동성을 엿볼 수 있어 흥미로운데, 좌담회 참가자는 대체로 이에 부정적이다.

도노무라 마사루가 지적했듯이, 조선인의 생활개선을 도모하는 운동은 해방 전부터 《민중시보》 등이 적극적으로 실시했다.[82] 조련의 지도자들은 그것을 답습하여 "근대적 가치기준과 관련해서 다른 조선인을 '뒤처진 존재'로 간주하는 듯한 의식"도 가졌다.[83] 양재학원 졸업생의 "배운 것과 실제는 결코 다르지 않은 것 같아요"라는 발언에서도 알 수 있듯이, 고등학원이나 양재학원에서 이러한 견해가 재생산되었다고 할 수도 있을 것이다. 고등학원의 교육에는 공산당 계열이 강한 영향을 미쳤으며, 이러한 가치의식도 계승되었던 것이다.

'2세' 활동가와 민족문화

민청은 "일본에 재류하는 만 18세 이상 30세까지의 동포 청년남녀로 구성된다"(민청 규약 제3조)고 되어 있으며 18세 미만은 소년단에 가입했다. 이 청년들의 특징으로 간과할 수 없는 것이 일본 태생의 2세라는 요소이다.

48년 10월의 민청 3전대회의 데이터에 따르면, 지방 14곳[84]의 1만 2,644명 중 16~20세는 27.7%, 21~25세는 44.6%, 26~27세는 21.8%, 28~30세는 5.9%로 되어 있다.[85] 전년도의 민청 2전대회에서 가맹자격이 30세 이하에서 27세 이하로 내려졌기 때문에 28세 이상의 비율이 줄어,[86] 21~25세가 대략 반을 점하고 있다. 1950년 10월 현재 국세조사에서 일본 태생의 '2세'가 전 조선인 인구의 반수를 점하고 있는 것으로 나오는데,[87] 앞의 조련 중앙고등학원의 조사에서 조선어를 못 쓰는 층이 등장한 것도 이러한 일본 태생 사람들이 태반이 된 사실이 그 배경에 있다.

민청에서는 중요한 회의에서도 일본어를 사용하는 경우가 있어, 이것은 시급히 극복해야 할 과제로 간주되었다.[88] 47년 6월 12일의 민청 제 11회 상임위원회에서도 "청년남녀 중에 국문을 모르는 자는 7월 중에 국문을 습득하도록 노력한다, 국어를 이해하는 자는 [1자 미상]성과 문법을 익히도록 노력한다, 국어상용운동을 전개한다"는 세 가지가 결의되었다.[89] 그러나 조선어를 강의로 배워도 젊은 활동가는 1세와 지내는 것이 힘들었던 것 같다. 예를 들면 조련 양재학원 졸업생은 "가정을 돌 때 가장 부끄러운 것은 조선어를 몰라서 전혀 통하지 않을 때가 있어서 곤란해요", "내가 조선어로 말하면 서투니까 흉내를 내며 모두 웃는다"는 체험을 토로하고 있다.[90] 또한 히로시마 민청고등학원장 김영철金英哲은 다음과 같이 언급했다.[91]

전혀 국문 국어를 모르는 학생들에게 어떻게 조선인이라는 의식을 갖게 할지가 두통의 근원이며 급무였다. 아무래도 국어가 필요하다는 것을 통감하지 않으면 안 된다고 생각하여, 입학 4일째에 학원 운영기금 모금으로 비누를 팔게 했다. 분회나 반에 참가해보고 국어를 못 쓰니까 대단히 곤란해서, 학생 스스로가 조선인운동에는 국어가 필요하다는 것을 몸으로 체득했던 것이다.

이 에피소드들에서는 동포를 교육해야 할 대상으로 간주하면서도 조선어나 민족문화에 관해서는 무지한 현실과의 사이에서 갈등하는 새 활동가들의 모습을 엿볼 수 있다.

조련도 조선어를 못 쓰는 청년층에 대해 민족문화를 명확히 정의하고 이것을 습득시킬 필요를 느끼지 않을 수 없었다. 47년 5월의 조련 제10중위에서 한덕수 문교국장은 '정신혁명'에 관해 조련에는 "일제의 폭압으로 인하야 마비되고 고갈하고 혹은 위축된 동포 대중의 민족의식을 민주주의적으로 앙양하는 데 중대한 임무가 있다"고 했다. 구체적으로는 일본식 이름을 고칠 것, 백주의 음주나 무임승차 등 사회질서 무시를 고칠 것, 닥치는 대로 사는 비계획적인 생활을 고칠 것을 요청했다.[92] 또한 "문화운동의 국수주의적 경향"을 비판하며 기원 2600년을 단기 4280년으로, 기원절紀元節을 개천절로, 팔굉일우를 홍익인간으로 바꾸어 사용하면 된다는 "금일 조선"의 상황을 지탄했다. 이 보고에 대한 토론 중에서 효고 선출 중앙위원 성병기成炳磯는 "건전한 음악의 발전이 전무하다. '효고의 동포' 영화 중 아동 공부 중의 반주가 〈양산도〉였음은 유감이다. 진보적인 건전한 음악이 없다"고 비판하자, 한덕수는 "곡 운운이 아니다. 퇴폐적 태타怠惰적임을 말한 것이며, 특히 심신 연마를 목적하는 미래의 조선 지도자 최고학부 학생들의 운동회와 어린이 교육 장면에서 〈아리랑〉이나 〈양산도〉가 불호조不好調함을 말한 것이다"라고 대답했다.[93] 청년들의 '정신혁명'과 관련하여 〈아리랑〉이나 〈양산도〉도 당시에는 논쟁 대상이 될 정도로 새로운 '민주주의적'인 민족문화의 규정을 둘러싸고 평가가 흔들리고 있었던 것이다.

5장

1946~47년은 재일조선인에 대한 단속정책이 외국인등록령으로
결실을 맺어 재편되는 과정이었다. 한편, 재일조선인운동의 내부에서도
새로운 상황에 직면하여 어떠한 운동을 전개할지 논의가
왕성했던 시기이기도 하다. 재일조선인운동은 조선 본국의 민중운동의
일익을 담당하는 한편, 자신들의 권리를 일본에서 지킨다는
'이중의 과제'를 짊어졌다. 가지무라 히데키가 지적했듯이,
이 '이중의 과제'가 각 단계, 각 시기에 어떻게 맞물려 있었는지를
해명하는 것이 요구된다.[1] 조련과 민단 각각의 입장이 다르고, 또한 조련 내부에도
다양한 주장이 있었다. 조련은 결코 단일한 모습은 아니었고,
논쟁 속에서 스스로의 노선을 확정해갔다.
이 장에서는 이 '이중의 과제'를 둘러싼 재일조선인의
민족운동론에 대해 조선 독립 문제에 대한 대응과 일본의
참정권 문제 논쟁을 중심으로 검토하고자 한다.
그리고 이 논쟁들이 한반도 분단이라는 상황 속에서 어떻게 흔들리게 되는지를
백무 조련 서기장의 주장을 중심으로 살펴보고자 한다.

'이중의
과제'와
재일조선인
운동

조선 독립 문제와
일본의 민주화

모스크바협정 지지인가, '신탁통치 반대'인가

조선에서는 해방 직후에 여운형을 위원장으로 하여 조선건국준비위원회가 결성되어 8월 말까지 전 조선에 145개의 인민위원회가 조직되었다. 그리고 9월 6일에 전국인민대표자대회를 개최하여 '조선인민공화국'의 수립을 선언했다.[2]

그러나 미군은 조선인민공화국을 인정하지 않았다. 9월 8일에 인천에 상륙한 미군은 '태평양 미국육군총사령부 포고 제1호'에서 북위 38도선 이남에 군정 설치를 포고(9월 7일 자)하였고, 9월 9일에는 재조선 미군사령관 하지John Reed Hodge와 조선총독 아베 노부유키阿部信行 사이에서 항복문서가 조인되었다. 이에 따라 권력은 총독부에서 미군정으로 옮겨지게 된다. 그리고 10월 10일에 미 군정장관 아놀드Archibald V. Arnold는 미군정 쪽이 유일한 정부라고 선언하여 조선인민공화국을 공식적으로 부정했다.

조선 독립의 절차 결정은 이렇게 45년 12월 말에 미영소 삼국 외상에 의해 개최된 모스크바 삼상회의로 미루어졌다. 이 회의는 조선의 독립과 관련해서 ① 민주주의 임시조선정부의 수립, ② 정부 수립을 돕기 위한 미소의 합동위원회 조직, ③ 임시조선정부나 민주적 각 단체의 참가하에 합동위원회가 조선 독립을 위한 각 방책 작성, ④ 미소 양군 사령부의 대표자회의 소집을 결정했다(모스크바협정).

그러나 이 가운데 제3항이 문제가 되었다. 협정 ③은 위원회에 의한 제안은 "임시정부와 협의 후에 5개년을 기한으로 하는 4개국에 의한 조선 신탁통치협정을 작성하기 위해 미소영중 각국의 심의를 받지 않으면 안 된다"고 했다. 신탁통치는 미국이 제안한 것이었지만, 남한에서는 소련이 제안한 것으로 잘못 보도되어 그때까지 침묵을 강요당했던 구 친일파세력이 이것을 반소·반공의 입장에서 이용하여 신탁통치 반대운동을 전개하게 된다. 여기에 국내 기반이 약한 이승만 등도 가세했다. 다른 한편에서 여운형이나 조선인민공화국, 조선공산당은 이것을 민주주의정부 수립을 위한 최적의 결정이라고 지지했다. 이리하여 모스크바협정의 평가는 해방 직후 한반도 정국에서 최대 쟁점이 되어간다.

조련과 건청, 신조선건설동맹(건동), 민단도 이 평가를 둘러싸고 대립하게 된다. 조련은 모스크바협정을 지지했다. 조련에 모인 사람들은 당초부터 조선인민공화국을 지지하여 인민공화국이 미군정에 의해 부정된 후에는 그 후속단체인 민주주의민족전선(이하 '민전')의 산하단체가 되었고, 모스크바협정의 지지는 인민공화국과 민전의 노선에 따른 것이었다. 조련은 이렇게 46~47년에는 남한의 민전 산하단체로서 남조선로동당 등의 좌익세력과 연계하여 활동했다.[3]

모스크바협정에 의해 설치된 미소공동위원회(이하 '미소공위')가 46년 5월 6일에 결렬된 후에도 조련은 미소공위의 재개를 요망하는 조선민주임시정부촉성인민대회를 전국적 규모로 개최했다.[4] 조련 중총은 모스크바협정을 지지할 뿐만 아니라 공위가 재개되자 공위에 참가하기로 결정했다.[5] 47년 7월 3일 참가 특파원 11명을 결정하여, 여권 발급과 출발 준비에 착수했다.[6] 다만 7월 5일에 조련 중총 부위원장 김정홍이 미소공위에 정식 참가할 것이 결정되었다는 보도는 있었지만,[7] 다른 멤버가 조선으로 건너간 흔적은 없다.

한편, 건동은 모스크바협정에 반대했다. 건동은 박열, 이강훈李康勳 등이 46년 2월 10일 결성한 단체이다. 《조선국제신문》이 "일본 내에서 첫 조선정당 '신조선건설동맹'"으로 소개하고 있듯이, 조련과 같은 대중조직이라기보다 정치단체의 색채가 강했다.[8] 건동에는 박열 외에 정찬진丁贊鎭이나 원심창元心昌 같은 1920~30년대 흑우黑友연맹이나 동흥東興노동동맹 같은 아나키즘 계열의 재일조선인노동조합에서 활동했던 사람이나, 이강훈 등 중국을 기반으로 민족독립운동에 힘썼던 사람 외에 권일 등 전전에 협화회나 흥생회 간부나 지도원을 역임한 친일파 조선인이 참가했다.[9] 건동의 사무소는 건청과 마찬가지로 구 육군대학 안에 있어서[10] 행동을 같이했다.

건동은 모스크바협정 반대를 내걸고 이승만이나 대한민국임시정부의 주석 김구金九 등 남한의 반신탁통치 세력과 맺어졌다. 이강훈과 박열은 45년 12월 28일 김구 등 임시정부 세력이 결성한 '신탁통치 반대 국민총동원위원회'에 중앙위원으로 참가했고,[11] 이강훈은 이 위원회의 도쿄 파견 대표도 역임했다.[12] 또한 변영우卞榮宇, 오우영吳宇泳 등은 이 무렵 건동에 참가하면서 조련 간부도 역임했는데, 46년 2월의 조련 임시 2전대회에서 모스크바협정 문제를 둘러싸고 대립하여 발포했기 때문에 제명되었다. 이 사건으로 인해 조련은 건청과 건동을 테러단체로 규정하고 GHQ에 양 단체의 해산을 요구했다.[13]

건동은 그 후 건청과 함께 재일본조선거류민단을 결성했다. 46년 8월 31일 건동 제2회 전국대회에서 "거류민단 결성 논의가 시작되어 여기에 이른바 우익단체의 결집이 외쳐져,"[14] 10월 3일 히비야 공회당에서 약 2,000명이 참가하여 재일본조선거류민단 결성대회가 개최되었다.[15] 민단 결성 후에도 이승만의 독립촉성국민회 간부를 초청하여 본국 정세 청취회를 열거나, 박열이 남한의 우파 3단체를 통합한 '국민의회'의 국무위원으로 선출되는 등[16] 이승만과 김구 등과의 관계는 지속되었다.

이처럼 중앙 차원에서는 초기 단계부터 재일조선인 각 단체가 서울의 정치에 관련을 가졌다. 역으로 보면, 46년에 이미 재일조선인운동도 남한에서의 정치적 대립의 영향 아래 놓였다고 할 수도 있다.

일본의 민주화와 재일조선인

다음으로 일본 정치와 재일조선인의 관계를 살펴보자. 조련은 초기부터 일본공산당을 비롯한 혁신계 정치단체나 사회운동과 밀접한 관계를 갖고 있었다. 애초에 조련의 결성을 주도한 것은 식민지기에 민족해방운동, 노동운동, 공산주의운동에 힘썼던 사람들이었다. 1926년 4월에 조선공산당 일본부(후에 일본총국)가 조직되어 재일조선인 공산주의자는 여기에 참가했는데, 코민테른의 '일국일당' 방침에 따라 1931년 10월에 해체, 조선공산당원들은 일본공산당에 입당했다. 이로 인해 해방 직후의 재일조선인 중에도 일본공산당원이 많아, 1945년 12월 당 재건 이전인 11월 16일 중앙위원회에서 이미 '조선인부' 설치가 논의되었다.[17] 이들은 일본 패전 직후에 우선 정치범 석방운동을 전개했다. 45년 9월 24일 일본공산당원이었던 김두용이나 조희준, 김정홍, 송성철 등은 '정치범석방운동촉진연맹'을 결성하여, 공산당원인 가미야마 시게오 등과 연합국 총사령부나 사법성을 방문하여 정치·사상범 석방을 요구하며 삐라를 배포했다.[18] 정치범석방운동촉진연맹은 핫토리 무기오服部麦生,[19] 다카하시 가쓰유키高橋勝之,[20] 후지와라 하루오藤原春雄 등을 중심으로 한 정치범석방위원회와 공투하였고, 결국 10월 10일 조선공산당 일본총국 책임비서이자 비전향 정치범이었던 김천해金天海가 도쿠다 규이치와 함께 후추府中 예방구금소에서 석방되었다.[21] 나카니시 이노스케中西伊之助[22]는 구금소 앞에 모인 "수백 명의 환영 인파는 거의 조선인연맹 분들이었다. 그 속에 섞여 있던 일본인은 불과 2, 30명에 지나지 않아 허전했다"고 전했다.[23] 패전 후 일본의 혁신계 운동 재건 자체가 재일조선인을 빼고는 있을 수 없었던 것이다.

　조련의 결성 후에도 혁신계 세력과의 관계는 긴밀했다. 46년 3월 14일 민주인민연맹준비회는 민주인민공화국의 수립 등 15항목의 잠정 공동강령을 결정했는데, 이 공동강령 제14항에는 "재일조선인, 중국인, 오키나와인, 기타 이민족에 대한 정치적·사회적·문화적 활동의 자유"가 열거되어 있다.[24] 당시 원로급 사회주의자였던 야마카와 히토시山川均가 주도한 이 조직은 공산당 간부로 소련, 중국 옌안을 거쳐 일본으로 돌아온 노사카 산조의 귀국환영 모임을 계기로 만들어진 공산당, 사회당을 포함한 광범위한 혁신계 단체와 개인이 참여한 통일전선조직이었다.[25] 조련도 여기에 참여하여 46년 4월 7일 민주인민연맹 후원으로 열린 '시데하라幣原 반동내각 타도 인민대회'에도 "재류조선인의 정치적·경제적·사회적 활동의 절대 자유를 확보하자!", "재류조선인에 대한 경찰적 간섭절대 반대!"의 슬로건을 내걸고 참가했다.[26] 이 공동행동의 결과 시데하라 내각은 4월 22일 총사직하게 되었다. 이 조직이 준비한 잠정 강령은 재일조선인, 중국인, 오키나와인의 권리 문제가 언급된 극소수의 예로 주목된다.

그러나 민단은 조련이 일본의 정치 활동에 적극적으로 참가하는 것에는 비판적이었다. 《민단신문》은 "우리에게 유일한 방법은 그 정부와 되도록 협조하여 친선을 맺는 것이 정치이자 생활이라고 생각한다"고 하여, 일본정부에 대한 요구는 본국 정부를 거쳐서 행해야 하며 "재류하는 자가 좌우할 수 있는 것이 아니다"라고 조련을 비판했다.[27] 또한 조련이 2·1총파업 준비에 협력한 것에 대해서는 "타국 정당의 하수인이 되어 우쭐해 있다"고 통렬히 매도했다.[28] 조선인관의 시정이나 권리 옹호를 직접적인 재일조선인의 대중운동이 아니라, 일본정부와 '협조'하여 '본국 정부의 실력'으로 해결해야 한다는 주장이다.

다만, 조련이 이 무렵 '내각 타도'까지 주장을 했는지는 검토의 여지가 있다. 확실히 '인민대회'에 참가했고, 제2장에서 보았듯이, 조선인생활권옹호위원회 기관지나 《민중신문》, 《해방신문》 논설에는 '내각 타도'의 슬로건이 실려 있다. 그러나 조련의 중앙위원회나 대회에서 명확히 일본의 내각 타도가 주장된 적은 없으며, 어디까지나 생활권옹호위원회로서의 주장에 머무른다. 후술하듯이, 《해방신문》은 조련의 기관지가 아니기 때문에 그대로 조련의 공식적인 주장이라고 간주할 수는 없다. 민단은 이것들을 모조리 비판했지만, 이 점에 대해서는 신중한 고찰이 필요할 것이다.[29]

민족인가
계급인가

두 개의 조련 비판

조련에서 '이중의 과제'가 자각적으로 논의되기 시작한 것은 귀환이 일단락된 46년 여름 무렵부터이다. 46년 8월의 제7회 중앙위원회에서 윤근 위원장은 토의해야 할 '중대 요소'로서 "첫째는 어떻게 하야 우리 민족이 이 땅에서 외국인으로서 또한 해방국민으로서 조금도 손색 없이 도의적 정신을 견지하며 냉정한 태도와 참다운 행동으로 우리의 권리를 보장할 것인가, 또 한 가지는 조국 건설에 있어 우리가 지지하는 민주주의 민족전선에 어떻게 협력할 것인가"를 들었다.[30] 이것은 귀환 종료를 염두에 둔 것이었다. 또한 46년 10월의 제3회 전체대회에서는 '항구 재류 동포'가 50만을 밑돌지 않는다는 전망 아래, '동포를 위해' '반영구적 계획'을 세울 것이 제기되었다.[31] 제4장에서 살펴본 분회의 확립이나 활동가의 양성은 이러한 과제에 답하기 위한 것이었다.

이미 살펴본 것처럼 조련과 민단의 정치적 주장에는 당초부터 명확한 차이가 있었지만, 실은 조련 내부에도 다양한 이론이 있었다. 조희준 서기장은 47년 6월의 제10회 중앙위원회에서 조련에 가해지는 비판을 다음의 두 가지로 정리하고 있다.[32]

그 하나의 의견은 재일동포의 완전무결한 통일뿐이다, 만약 좌우익 양대 세력이 분립상투하고 있는 본국의 정치적 소용돌이에 투입되어 좌시우비左是右非, 우시좌비右是左非 한다면, 재일동포의 완전 무조건 통일은 불가능하며, 나아가서는 연합군 사령부와 일본정부의 환심을 기대할 수 없을 것이다. 따라서 동포생활의 안정과 경제적 발전도 뜻한 대로 되지 않을 것이다. 그러므로 조국의 정치 문제는 조국으로 돌아갔을 때에 논하기로 하고, 여기 외지에서는 조국의 해방과 국가 건설에 대한 민족적 관심을 되도록 억제·말살하자는 의견이다.……

두 번째는 재류동포의 생활 근거는 조국이 아니라 일본이다, 따라서 우리들의 생활 문제는 일본의 민주혁명이 완수되지 않는 한, 근본적으로 해결되지 않는다, 실제로 해방되지 않아 교통교역이 두절된 현재, 조국의 건설에 협력하는 어떠한 방법이 있겠는가, 우리들은 오로지 일본인민과 함께 일본의 민주혁명에 몰입해야 하며, 이를 통해 저절로 조국의 완전 해방에 공헌할 수 있을 것이다, 라는 의견이다.

첫 번째 주장은 오사카 《조선신보》의 일련의 논설을 가리키며, 두 번째 주장은 일본공산당 조선인부의 주장을 가리킨다. 모두 민단과는 다른, 오히려 내부로부터의 조련 비판이다. 아래에서는 두 입장으로 나누어 그 논리를 검토하고자 한다.

일본공산당 조선인부와 김두용

일본공산당 조선인부에서 조련의 노선에 비판을 전개한 것은 부부장인 김두용이다. 김두용은 도쿄제대 출신으로 1920년대 후반부터 마르크스주의 비평가, 극작가로 활약했고, 재일본조선노동총동맹(이하 '재일노총')에도 관계했으며, 특히 재일노총이 일본공산당계 일본노동조합전국협의회로 해소될 때의 이론적 지도자였다. 김두용은 조련의 창립 멤버로《해방신문》주필을 역임하는 한편, 일본공산당 중앙위원 후보가 되어 이론지《전위前衛》에서 조선인운동에 관한 논설을 담당했다. 조선인 일본공산당원으로서는 전후 당 조선인부 부장, 중앙위원을 역임한 김천해가 저명하지만 당시 민족운동에 관한 논설을 많이 집필한 것은 김두용이다.

김두용의 주장을 한마디로 요약하면, 조선인 공산주의자는 일본인 공산주의자와 함께 일본의 민주화나 천황제 타도를 위해 활동해야 한다는 것이었다. 김두용은《전위》창간호에 게재된 논설〈일본에서의 조선인 문제〉에서 당분간은 귀국이 곤란하므로 '일본인민'과 협력하여 '천황제 타도' 투쟁과 제휴해야 한다고 주장했다.[33] 천황제에 대해 46년 2월《사회평론》에 발표한 논설에서 김두용은 다음과 같이 논했다.[34]

> 천황 이데올로기하에 지도받고 그것에 의해 마비되어 있는 일본인민은 아직 그것에 대한 올바른 인식을 가지지 못하므로 지금도 군국주의 일본 부활의 꿈에 현혹되어 '언제 또 조선이나 만주나 타이완을 일본 것으로 만들 수 있을까' 하며 언쟁하는 사실을 고려한다면, 언젠가 연합군이 일본 점령을 마치고 철수할 경우에 야심만만한 일본의 자본가, 지주들이 반드시 천황의 이름으로 '실지失地 회복' 혹은 '일본민족의 명예' 운운하는 엉터리 미사여구로 개시될 침략전쟁에 몽매한 일본인민이 또다

시 동원되지 않을 것이라고 누가 단언할 수 있겠는가?

　김두용에게 '천황제 타도'는 이렇게 조선의 재식민지화에 대한 강렬한 위기감에서 발했다. 다만, 김두용의 논의의 특징은 천황제를 타도해야 한다는 것에 머물지 않고, 재일조선인운동이 일본의 민주혁명운동에 집중해야 한다는 점에 있었다. 《전위》의 논설 〈조선인운동은 전환하고 있다〉에서 김두용은 '조선의 민주주의민족전선'과 '일본의 민주주의혁명운동'의 "양쪽에 발을 걸쳐 활동"하는 것을 비판했다.[35] 후자에만 집중해야 하며, "일본의 반동세력에 대한 투쟁만이 조선의 혁명과 조선의 민주주의

● 자료 5-1

김두용(1903?~?. 촬영 시기는 1946년경)
함경남도에서 태어나 도일 후에는 긴조錦城 중학, 구제삼고舊帝三高, 도쿄제대 문학부 미학과에서 수학했으며, 나카노 시게하루中野重治 같은 일본 좌익 작가와도 교류가 있었다. 해방 전에는 마르크스주의 입장의 문예비평가로서 조선에서도 이름이 알려졌다. 귀국 후에는 북조선로동당 중앙위원회 후보위원(48년 3월)을 역임했다.

전선의 승리를 위해 직접적이고 실질적으로 도움이 된다"는 입장이었다.

김두용은 이를 위해 일본인과의 연대를 강하게 호소했다. 김두용이 주
필을 역임했던《해방신문》47년 2월 1일 자 무서명 사설은 "일본사람은
일본사람들 우리 조선사람은 조선사람들—이런 생각을 우리들은 지금
圣속 이 자리에서 깨끗이 버리자.……일본인민의 과업과 우리 재일동포
들의 임무는 완전히 일치된다. 즉 일본의 보수반동 세력을 부수지 않고
는, 일본사람들이나 우리 조선사람들이나 살아나갈 수가 없다는 공통한
이해관계를 가지고 있는 것이다"라고 호소했다.[36] 김두용은 조선의 정치
정세를 등한시한 것이 아니며, 또한 앞에서 인용했듯이, 그의 천황제 타
도 논리는 조선의 재식민지화 저지를 목적으로 하는 것이었지만, 구체적
인 운동론으로서는 무엇보다 일본인과 손잡고 일본의 '민주주의혁명운
동'에 주력할 것을 요구했던 것이다.

47년 2월 27일 집필한 〈조선인운동의 올바른 발전을 위하여〉는 이러
한 김두용의 입장이 가장 명확히 제시된 논설이다. 이 논설에서 김두용
은 "계급투쟁의 견지에서 보면, 민족문제라는 것은 완전히 그것에 종속
되지 않으면 안 되는 문제이며, 아무리 민족적인 이익이 중대하다고 해
도 이것을 계급적 이익과 혼동해서는 안 된다"고 하여 명확히 '계급적 이
익〉민족적 이익'의 도식에 섰다.[37] 그중에서도 주목해야 하는 것은 재일
조선인의 해방에 대한 이해이다. 김두용은 다음과 같이 쓴다.[38]

우리들은 조선인운동을 어떻게 보아야 할까, 우리들은 일본에서의 조
선민족은 아직 해방되지 않았으니까 그 운동은 당연히 해방되기 위한
운동이어야 한다는 것을 알고 있다. 따라서 그것은 일본의 혁명운동의
일부분이 되지 않으면 안 된다.

하지만 재일조선인은 해방되지 않았다는 현상 인식과, 따라서 "일본 혁명운동의 일부분이 되지 않으면 안 된다"는 결론 사이에는 비약이 있다. 이런 비약이 가능하기 위해서는 재일조선인이 해방되지 않았다는 것과 일본인민이 해방되지 않았다는 것의 차이에 눈을 감지 않으면 안 된다. 오히려 일본인민이 당하는 억압이 동질적이라는 인식이야말로 김두용의 주장을 성립시켰다.

김두용은 실천 차원에서는 오히려 조선인이 솔선해서 일본인을 위해 일할 필요가 있다고 주장했다.

> 그렇다면 도대체 누가 조선민족을 위해 싸워주고 또한 이것을 옹호해줄 것인가. 그것은 말할 필요도 없이 일본인민이며, 정확히 말하면 일본의 프롤레타리아트이고 그 당인 우리 당 이외에 없다. 이것은 너무나도 명백하다. 그러나 그렇다 해도 조선인이 자기의 이익을 지키는 데에 아무리 일본인민의 도움을 요청해도 쉽사리 일본인민이 움직여주는 것도 아니다. 일본인민이나 그 프롤레타리아트의 힘을 빌리는 데는 아무래도 조선인 자신이 우선 일본인민을 위해 일해주는 것이 중요한 것이다.

김두용의 이러한 주장은 어떤 의미에서는 일본의 '프롤레타리아트'에 대한 불신이나 비관으로도 이해된다. 다만 다른 한편으로 김두용의 논의의 특징은 재일조선인 대중의 역량을 낮게 재단하는 점도 있다. 김두용은 재일조선인의 "실업자, 게다가 대부분 분산되어 암거래만 하는 대중을 가지고는 도저히 그들과 싸워 결정적으로 승리할 수는 없다"고 언급하고 있다.

일본공산당 중앙서기국에 의한 47년 3월 19일 자 지령 71호 〈조선인 사이의 활동방침〉은 조련의 '약점'은 "일본에서의 조선인 대중이 혁명운동에 결정적인 요소를 이루는 노동자와 농민세력을 결여한 점이며, 그 반면 대다수 대중은 극히 소수의 중소상공업자 이외에는 거의 모두 실업자이고, 게다가 분산되어 있는 데다가 생산에서 유리된 생활을 영위하고 있다는 사실이다"라고 지적한다. 이 때문에 조련은 개량주의적인 방향으로 나아갈 수밖에 없으며, "조련 대사관설, 기관을 둘러싸고 불순분자의 모종의 이익을 노리는 책동의 원인도 바로 여기에 있다"는 것이다. 이러한 전제에서 '일본의 프롤레타리아트' 및 그 당과 연대하는 것이 필요하다는 논법이 된다. 이 때문에 〈조선인 사이의 활동방침〉은 조련 기관 내의 당원이 종래처럼 조련뿐만 아니라 정황에 따라서는 거주세포에도 활동의 중점을 둘 것, 민청 등의 대중단체가 일본의 해당 단체에 가맹할 것을 지시했다.

다만 일본공산당의 방침이 이러한 김두용의 주장과 그 후에도 일치한 것은 아니다. 특히 김두용이 47년 6월 북한으로 귀국하고 나서 방침의 수정을 시도한 것 같다.[39] 이노우에 마나부井上學가 지적하듯이, 47년 9월 7일 일본공산당 서기국 지령 제140호 〈조선인운동의 강화를 위하여〉는 "재일조선인 공산주의자의 두 가지 임무"가 "아무런 대립이나 마찰도 없이 달성된다"고 주장하고 있어, 두 임무를 양립시키는 것을 비판한 김두용의 논리와는 달랐다.[40] 앞에서 언급한 조희준 서기장도 공산당원이었지만 김두용의 주장에는 비판적이었다. 조련 내의 공산당원 중에서도 '두 가지 임무' 비판은 평판이 나빴기 때문에 공산당은 김두용의 귀국 후에 방침을 수정한 것으로 추측된다.

《조선신보》의 '자주독립론'

조희준이 열거한 또 하나의 비판은 《조선신보》 논설을 가리킨다. 이 신문은 오쓰, 교토, 오사카 등의 민족신문 4사가 합동하여 46년 5월 창간한 조선어 신문으로, 간사이關西 지방을 중심으로 독자적인 입장에서 주장을 전개했다. 사장은 류수현柳洙鉉이 역임했고, 주필은 제2장에서 살펴본 '조선인인권옹호위원회' 교섭위원을 역임한 김진근金晉根이다. 또한 오사카의 민족교육기관 백두학원의 창립자이자 당시 《조선건국신보朝鮮建國新報》 위원이었던 이경태李慶泰도 창간 멤버였다.[41]

《조선신보》는 재일조선인단체가 서로 분열하고 대립하는 것을 강하게 비판했다. 그리고 각 단체가 협력하여 재일조선인의 권익을 지키고 조선의 독립을 달성하자고 호소했다. 일본의 민주혁명을 우선하여 재일조선인단체의 단결보다도 일본인과의 연대를 중시한 김두용과는 대조적인 입장이었다. 그 주장을 구체적으로 살펴보자.

《조선신보》의 1947년 3월 13일 자 사설 〈자주독립론〉은 조선의 독립 문제를 논했다.[42] 사설은 제1차 미소공위의 파탄은 "조선민족의 역사적 타성인 사대사상, 즉 미국의 힘을 빌려 조선 독립을 완성하려는 친미파와 소련의 힘에 의존하려는 친소파에도 중대한 자기비판의 기회를 주게 된 것이다"라고 했다. 조련은 미소공위의 결렬을 이승만 등 우파의 책임으로 여겼으며, 이에 관해서는 김두용이나 《해방신문》도 마찬가지였다. 하지만 《조선신보》는 친미파와 친소파로 나뉜 조선민족의 '사대주의'에 원인이 있다고 단정했다. 그리고 '사대주의'가 아니라 "우리의 힘으로 남북선南北鮮을 통일하고 좌우익을 합작하여 뚜렷한 통일정부를 수립하자. 여기에만 조선의 독립이 있다"고 주장했다.

또한 다른 사설에서는 조련과 민청이 민단과 건청에 비해 전국적으로

여운형의 암살을 보도한 《조선신보》(1947년 7월 22일 자)

여운형呂運亨(1886~1947)은 정치가, 독립운동가이다. 식민지기에는 대한민국임시정부의 외무부 차장으로 일본을 방문하여 독립을 호소했고, 극동인민대표회의에 참가했다. 조선중앙일보사 사장을 역임했다. 1944년에는 조선건국동맹을 조직하여 독립에 대비했으며, 해방 직후에는 건 국준비위원회 위원장, 조선인민공화국 부주석을 역임했다. 46년에는 민전 의장에 취임, 그 후 근로인민당을 결성하여 당수가 되었고, 좌우합작운동을 추진했으나, 47년 7월 19일에 우익청 년 한지근韓智根에게 암살되었다. 조련은 추도회를 열었고 《조선신보》도 사설에서 "우리 민족 이 낳은 세계적 인물"로 기리며, 통일의 뜻을 이루지 못하고 도중에 쓰러졌다며 그 죽음을 애도 했다(7월 24일 자).

대단한 영향력을 가지는 것은 인정하면서도 두 가지 이유에서 양 단체의 통일을 제기했다.[43] 첫 번째로 조련과 민단이 분열되어 있으면 "일본 반동세력이 그 간극을 교묘하게 이용하여 조선인운동에서 통일을 상실케 하고 그 약체화로 어부지리를 얻게" 된다. 이러한 구실을 주지 않기 위해서도 양 단체는 통일되어야 한다는 것이다. 두 번째로 일본이라는 이국 땅에 있는 이상, 실제로 각 단체가 힘을 쏟고 있는 것은 정치 활동보다도 '구원 활동' 등의 권익 옹호이다. 대중들이 중요시해왔던 것도 이념이 아니고 재일동포의 권익이었다. 그래서 감정을 극복하면 충분히 통일할 수 있다고 한다.[44]

《조선신보》 주장의 배경에는 당시 간사이 지방에서 재일조선인 각 단체의 협조를 요청하는 고양된 목소리가 있었던 것으로 보인다. 47년 4월 조련 오사카 지부 임시대회에서는 극히 이례적으로 대회 대의원으로 민단과 건청을 참가시키는 안이 가결되었다.[45] 또한 47년 5월에 열린 전일본조선인 선발 연식야구대회는 조련 교토 본부, 건청, 조선신보사가 후원했다.[46] 이후에 조선신보사는 사장인 류수현이나 이경태, 김진근을 회사에서 내쫓고 분열해버리지만, 이 무렵까지는 간사이 지방을 중심으로 존재감이 컸다고 할 수 있다.

재일조선인의
참정권을 둘러싸고

일본공산당과 재일조선인의 참정권

이 시기의 논쟁에서 참정권 문제는 재일조선인이 일본 정치에 어떻게 관여할지의 시금석이 되었다. 식민지기의 재일조선인 성년 남자의 참정권으로는 피선거권 행사와 무산정당 지원이라는 두 가지 관련 방식이 있었다.[47] 전자의 대표로서는 제국의회 의원이 된 박춘금朴春琴이 잘 알려져 있지만, 그 외에도 시회나 정회 등 지방 차원의 입후보자가 적지 않았다. 다만 박춘금이 융화단체 상애회의 간부였다는 점이나 중일전쟁 이후에 입후보자가 늘어나는 점에서도 알 수 있듯이, 입후보자들 대부분이 '내선융화'를 내걸고 침략전쟁을 긍정하면서 일본의 마이너리티 모델을 연기하는 경향이 있었는데, 해방 후에는 선거와 관련해서 눈에 띄는 활동은 보이지 않았다.

해방 후 재일조선인의 참정권 요구는 후자인 무산정당에 대한 지원 계보에 속하는 것이다. 1920년대 후반에 재일본조선노동총동맹이나 신간회 지회 등의 전투적인 노동조합, 민족단체는 일본 무산정당의 선거를 지원했다. 그리고 30년대에는 많은 조선인이 일본공산당에 입당하여 활동했다. 조련의 지도적 활동가의 대부분은 30년대에 공산당원으로서 활동했으며, 인적으로도 연속성이 있었던 것이다.

일본공산당은 이러한 역사적 경위도 있어서 일찍이 재일조선인의 참정권 문제에 주목했다. 제1장에서 언급했듯이, 1945년 12월 17일 중의원의원 선거법 개정으로 조선인과 타이완인의 참정권은 '정지'되었는데, 여기에 처음으로 대응한 것은 공산당이었다. 45년 11월 24일 당 중앙위원회에서는 선거대책의 주안점 중 하나로 '조선인, 타이완인의 선거·피선거권 문제'가 제기되었다.[48] 또한 12월의 제4회 당대회에서 중앙위원 김천해는 조선인의 참정권 박탈을 다음과 같이 비판했다.[49]

마지막으로 선거 문제인데, 일본정부는 전에는 요구도 안 했는데 우리에게도 선거권·피선거권을 부여해준다고 했다. 그런데 그들은 이제까지의 말을 배반하는 안을 세우고 있다. 그 이유는 조선인이 일본공산당을 지지 투표하면 곤란하다는 데에 있다. 일본 국적을 가지는 자에게는 부여하지만 그렇지 않은 자에게는 부여하지 않는다니까 당쪽에서도 항의하고 있다.……우리들은 선거권·피선거권을 요구하며, 이것을 천황제 타도와 인민공화정부 수립을 위해 행사하지 않으면 안 된다.

'천황제 타도와 인민공화정부 수립'을 위해 참정권을 요구하고 행사하라고 호소하고 있어, 당시의 참정권운동이 그 권리 획득을 목적으로 했던 것이 아니라, 어디까지나 '천황제 타도'의 수단이었다는 것을 알 수 있다. 아울러 이미 살펴본 것처럼, 참정권 정지는 호적을 기준으로 하여 행사되었으므로, 김천해의 "일본 국적을 가지는 자에게는 부여하지만 그렇지 않은 자에게는 부여하지 않는다"는 이해에는 오류가 있다.[50] 조선인은 '외국인'이므로 참정권을 인정할 수 없었던 것이 아니라, '호적 법'의 적용 대상자가 아니라는 이유로 배제되었던 것이다. 제3장에서 살 펴본 것처럼 조선인은 '조선호적령'의 대상자였다.

일본공산당은 그 후에도 재일조선인의 참정권 문제에 관심을 기울였 다. 46년 1월 8일의 일본공산당 정치국회의 '조선부회' 의사록에는 구로 키 시게노리黑木重德[51]의 보고가 다음과 같이 기록되어 있다.[52]

◑ 자료 5-3

김천해金天海(1899~?. 촬영 시기는 1946년경으로 보인다)
본명 김학의金鶴儀. 경상남도 출생. 도일 후에는 조선공산당 일본총국의 지도자가 된다. 비전향 정치범. 해방 후에는 일본공산당 중앙위원, 조련 고문을 역임했으며, 재일조선인 사이에서는 카리스마적 존재였지만, 1950년경에 북한으로 건너갔다. 김천해는 스스로가 일본공산당에 협 력하는 이유로 ① 재일조선인의 자유와 생명, 재산을 지킨다, ② 천황제를 타도하고 일본에 평 화적인 인민공화국 정부를 수립함으로써 조선의 독립과 세계평화를 보장한다는 것을 들었다 《わが祖国建設を語る》, 《民主朝鮮》 창간호, 1946).

① 일반적으로 귀국을 서두른 나머지 선거권 문제에 관해 무관심. 그러나 귀선해 봐도 먹고살 수가 없다. 결국 일본에 정착한다. ―더 현실적이 되도록 자기비판한다.

② 선거권획득운동을 시작한다. ―일본신민이든 아니든 재류하는 이상 정치적 이해가 있으며, 이것을 무시하는 것은 스스로 권리를 포기하고 의무만을 지려고 하는 것이다.

참정권이 인정되는 근거를 '신민'인지의 여부가 아니라, '정치적 이해'에 둔 점이 흥미롭다. 김천해도 국적이 없어도 참정권을 인정해야 한다고 주장한 것은 앞에서 언급한 대로다. 즉 재일조선인이 아직 일본의 신민이라서가 아니라 외국인이라도 '정치적 이해'가 있는 이상, 참정권을 인정해야 한다고 주장했음을 알 수 있다. 또한 46년 1월 8일이라면 아직 3월의 '계획 수송'도 시작되지 않았을 무렵이지만, 구로키가 재일조선인은 "결국 일본에 정착한다"고 생각했던 것도 주목된다. 앞에서 언급한 김두용도 재일조선인은 당분간 일본에 있을 수밖에 없다는 인식을 전제로 하고 있었다.

46년 4월 제22회 총선거가 있었는데, 조선인 발행 미디어에서는《민중신문》이 유일하게 이것을 언급하고 있다.《민중신문》은《해방신문》의 전신으로, 주필은 김두용이고 공산당과 대단히 가까운 관계에 있었다.《민중신문》은 〈당면한 일본 총선거전에 우리들은 어떠한 입장을 취해야 하는가〉라는 사설을 게재하여 ① 생활의 근거를 일본에 두는 외국시민으로서의 입장에서, ② 36년간 받아온 박해와 학대에 대한 복수를 하기 위해, ③ 일본군국주의, 천황제를 타도하기 위해 선거에 관심을 가지지 않으면 안 된다고 호소했다.[53]

참정권은 "생활의 근거를 일본에 두므로" 인정해야 한다는 논리이며,

그 목적도 군국주의·천황제 타도를 위함이라고 명확히 했다. 다만 주목되는 것은 ②의 박해와 학대에 대한 복수를 위한 참정권이라는 논법이다. 이 이후의 참정권론에서 이러한 일본의 조선 식민지 지배에 대한 '복수'라는 이유는 모습을 감춘다.

1947년의 참정권 논쟁

다음으로 조련이 어떠한 입장이었는지를 살펴보자. 조련이 참정권을 요구한 것은 잘 알려져 있지만, 공산당이나 《민중신문》보다도 늦어, 참정권 획득을 주장하는 것은 47년 제23회 총선거부터이다. 46년과는 달리, 이때에는 재일조선인단체나 미디어가 왕성하게 참정권 문제를 논했다.

조련은 47년 1월 28, 29일 제9회 중앙위원회에서 앞으로 참정권을 요구해나가기로 결의했다.[54] 이 결정은 3월 1일 삼일혁명 기념대회에서 공표되었다. 그사이 2월부터 4월에 걸쳐 주고쿠, 호쿠리쿠, 시코쿠, 간토의 각 지방협의회에서는 선거권 문제가 논의되었다.[55]

조련 중총 정보부장 김만유金萬有는 선거를 통해 일본의 '민주혁명'에 참여하는 것은 "재일 60만 동포의 생활권을 지키기 위한 현실적 요구에서 나온 것일 뿐만 아니라, 더 높은 단계의 조선의 진정한 해방을 측면에서 촉진시키고자 하는 강렬한 욕망에 기초해 있다"고 설명했다.[56] 조선인의 생활권을 옹호하고 조선 본국의 해방을 촉진한다는 두 목적을 달성하기 위해 참정권 획득은 유효하다는 입장이다. 또한 민청 중총위원장 윤봉구尹鳳求는 "진보한 민주주의사회에서는 각 민족은 절대 평등하고, 또한 그 사람의 생활 근거가 있는 곳이 곧 그 정치 지배를 받는 곳이므로" 국적과 참정권은 무관해야 한다고 주장했다.[57] 《해방신문》은 더욱더 구

요시다 내각 타도실행위원회가 "재일조선인에게 선거권, 피선거권을 부여
하라"는 슬로건을 결정했다는 것을 전하는 《해방신문》

이 실행위원회는 산별회의나 총동맹 등 일본의 노동조합이나 문화단체로 구성되었는데, 조선
인생활권옹호위원회도 가맹하고 있었다. 슬로건 채결의 이유는 "조선인에게 시민세, 재산세를

참정권획득운동을 호소하는 윤봉구尹鳳求 민청위원장의 논설

윤봉구는 "선거권, 피선거권 획득이 일본인이 되는 것이라는 이유로 반대하는 자가 있지만, 그
것은 국적의 문제와 정당한 권리를 구별하지 못하는 유치한 패거리들이 하는 말"이라며 획득
반대론에 반박했다.

체적으로 공산당에 투표할 것을 호소하며 선거기금 모금을 촉구했다.[58]

민단과 건청은 여기에 강하게 반발한다.[59] 조련의 참정권 획득 요구는 일본의 내정 간섭이 되며 "스스로가 일본인 할 희망을 표명하는 것"이라고 비판했다. 나아가 건청은 외국인이 참정권을 획득하는 것은 불가능하며, '준연합국인'으로서의 처우를 요구해야 한다고 언급했다. 앞에서 언급했듯이, 재일조선인의 법적 지위에 대해서는 조련도 '준연합국인'의 대우를 요구하고 있어서 쌍방의 주장에 차이는 없었다. 하지만 민단과 건청은 외국인인 이상 참정권은 얻을 수 없다는 입장이었다.

《조선신보》에서도 이론이 제기되었다. 《조선신보》 47년 4월 1일 자 사설 〈선거권은 필요한가〉는 조련에 의문을 제기했다. 그 이유는 재일조선인 유권자 수는 10만 정도이고, 전국적으로 흩어져 있기 때문에 의사를 정국에 반영시킬 수 없다는 것, 또한 일본의 '진보적 민주세력'은 수가 적어서 의지하기 힘들다는 것이었다. 사설은 그보다도 하루라도 빨리 조국을 독립국가로 만들어 "완성된 국가를 배경으로 해외 재류동포를 옹호하는 것에 노력하라"고 주장했다. 또한 세계적으로 보아도 참정권은 국민에 한해서 부여되고 있어, 이전부터 조련 스스로는 '외국인'이라고 하는 주장과 모순된다고 지적했다.

47년 총선거 후에 참정권 논쟁은 수그러들었지만, 이 문제는 그 후에도 조련에서 중요한 쟁점이 되었다. 다음으로 조련이 지금까지 살펴본 몇 가지 이론 중에서 어떻게 노선을 정해가는지를 검토해보자.

남북 분단과
백무 서기장의 파면 문제

제2차 미소공동위원회 결렬과
백무 서기장 취임

조희준은 앞에서 언급한 제10중위 보고에서 《조선신보》를 '극우적 망론', 김두용의 주장을 '극좌적 폭론'이라고 기각시켰다.[60] 조련은 민주주의민족전선에 참가하여 미소공위를 추진하는 한편, 일본에서는 권리획득운동을 전개한다는 노선, 즉 '이중의 과제'를 동시에 수행하려고 했던 것이다. 하지만 47년 7월 제2차 미소공위가 결렬되었기 때문에 조련이 의거한 모스크바협정은 실현 가능성이 소멸되어 논의의 전제가 무너지게 된다. 이런 가운데 조희준을 대신하여 조련의 서기장이 된 사람이 백무이다.

백무는 1901년에 경상북도에서 태어나 1920년대 전반부터 김천해와 함께 공산주의운동의 중심을 담당했다. 또한 조선고학생동우회, 흑도회 黑濤會에서 박열과 같이 활동한 적도 있다. 간토대지진 당시 조선인 학살을 겪으면서 조선인박해조사회에 관여했고, 도쿄 조선무산청년동맹회에 참가하는 등 정력적인 활동을 전개했다.

백무 서기장 체제하에서 조련은 종래의 노선을 수정한다. 백무가 서기장에 취임한 것은 47년 10월 18일 제12회 중앙위원회에서였는데,[61] 취임 인사가 의사록에 채록되어 있으므로 검토해보고자 한다.[62]

백무의 취임 인사에서 주목할 점은 두 가지이다. 첫 번째는 친일파에 대해 "비록 일제강점기에 환경에 휩쓸려서 먹고살기 위해 할 수 없이 비민족적 행위를 한 자일지라도, 그것이 의식적이 아니고 악질적이지 않은 이상에는 해방 이후의 그들의 행동으로 보아 전과를 청산하기에 묵묵히 노력함이 엄연嚴然한다면 우리는 쾌히 그들을 용서하고 우리의 조직 속에 맞아드려야 할 것이다"라고 언급한 점이다. 그리고 "우리들은 무원칙 통일론은 절대 배격하여야 됨은 물론이나, 최대한의 아량을 가진 원칙 통일론을 주장하여야 된다"고 주장했다. 이것은 '친일파' 재일조선인 중에 용서할 사람은 용서하여 조련에 받아들이지 않으면 안 된다는 것이었다.

두 번째는 '해외 소수민족' 운동에서는 "계급의 이익보다 민족의 이익이 선행하게 된다는 제약이 있다"고 언급한 점이다. 김두용은 이미 북한으로 귀환하여 일본에 없었지만, '계급의 이익'에 '민족의 이익'이 종속된다는 김두용 등의 일본공산당 조선인부의 주장에 대한 명확한 비판이었다고 봐야 할 것이다. 이것은《조선신보》의 입장과 거의 동일했다.

백무 서기장 취임에 따른 변화는 참정권 문제에 대한 대응으로 나타났다. 48년 1월 13일 조련 중총 서기국은 다음과 같은 〈재류동포 시민권 문제에 관한 담화〉를 발표했다.[63]

1. 조선에 민주정부가 아직 수립되지 않은 과도기에 있어서 일본에 잔류한 동포는 물론 일본국인이 아닌 동시에 시민권, 즉 국적이라는 전

제의 시민권 획득운동은 절대 불허絶對不許하는 바입니다. 그러나 시민권과 국적을 별립別立하여 문제를 세우기는 현재의 국적적 해석이나 법이론으로서는 성립치 못함으로, 우리가 주장하여야 할 것을, 즉 주민으로서의 기본권리인 생활권을 절대 주장하여야 합니다.

1. 시민권은 생존권(주거, 사업, 교육, 통제경제에 의한 피배급권, 사회보장, 기타 전반)과 참정권으로 나누어 보는데, 참정권을 포함한 것이 시민권이니, 우리에게는 일본 국적을 현 단계에 있어서 가질 수 없기 때문에 참정권을 주장할 수 없습니다. 그러므로 생활권획득운동이 우리의 권리획득운동이며, 이 권리를 주장하면서 의무의 이행도 힘써야 합니다. 재류조선인은 외국인으로서 일본에 거주할 권리가 있으며, 따라서 생활을 위하야 제반 활동이 보장되어 있습니다.

여기에서는 시민권과 생활권을 나누어 재일조선인은 일본 국적을 갖지 않으므로 생활권만 주장할 수 있다고 한다. 종래의 조련의 자세를 크게 전환한 것이다.[64] 거주증명제도에 반대하여《해방신문》이 납세의 의무에 대해 시민권을 부여하라고 주장한 것은 제2장에서 살펴본 대로이다. 하지만 백무는 그러한 주장을 기각하고《조선신보》와 동등하거나 그 이상으로 치밀한 논리를 세운 것이다.

'조선 문제'의 유엔 이관과 백무 서기장 파면

그러나 백무는 곧바로 조련 내에서 비판을 받게 된다. 문제가 된 것은 참정권 문제가 아니라 조선의 독립에 대한 입장이다. 여기에서 당시 조선의 정치정세와 재일조선인단체의 입장에 대해 확인해두자.

제2차 미소공위의 사실상 결렬 후에 미국은 조선 문제를 유엔으로 가지고 갔다. 47년 9월 17일 미국은 조선의 독립 문제를 제2차 유엔 총회에 상정하여 그것이 가결되면 남북에서 유엔 감시하의 총선거를 실시할 것을 제안했다(10월 17일). 한편 소련은 이에 반대하여 남북에서 점령군이 동시에 철수하여 조선인에게 정부 수립의 기회를 부여해야 한다고 주장했다. 결국 미국의 제안이 가결되어 11월 14일 유엔 총회 결의 112(Ⅱ)가 채택되었고, 정부 수립을 위한 선거 실시가 결정되었다. 이리하여 모스크바협정 노선은 파탄나고 남조선에서의 선거를 어떻게 받아들일지가 이후 정국의 초점이 된다.

조련은 47년 10월 소련이 제안한 미소 양군 철수안을 지지하는 한편,[65] 민단은 유엔 총회에서 결정된 조선독립안을 지지했다.[66] 《조선신보》는 이승만이 소련안을 거부한 것을 비판하며 미소 양군 철수안을 지지했다.[67] 이것은 이후에 언급할 김구의 입장에 가깝다.

조련에서는 민주주의민족전선에 참가하지 않았던 남한 중간파에 대한 평가가 커다란 논점이 되었다. 특히 김규식金奎植을 비롯한 민족자주연맹의 동향이 문제가 되었다. 47년 8월 미소공동위원회가 해산되자, 10월에는 근로인민당, 사회민주당, 민주한독당, 민중동맹, 신진당 등 5당이 양군 철수와 남북 대표의 왕래, 남북요인회의의 개최를 주장하며 12월 민족자주연맹을 결성했다.[68] 또한 11월 24일에는 김구가 "단독선거는 국토 양분의 비극을 초래한다"고 경고했다.[69] 이승만에게도 민전에도 붙지 않은 이러한 사람들을 어떻게 평가할지가 조련 내부에서 논의되었던 것이다.

한덕수 의장은 47년 10월 4전대회에서 "지금의 조국 민주 건설 과정에서는 삼천만 민족 각자가 한층 노력하여 힘을 다하지 않으면 안 되므로, 이른바 중간파의 존재는 있을 수 없다. 민전에 참가하지 않는 중간파는 그 의지와 의견을 불문하고 반민주주의적이며, 반민족적이라는 낙인을 찍지 않으면 안 된다"고 발언하는 등,[70] 민주주의민족전선에 참가하지 않은 자를 혹독하게 비판했다.

이에 대해 《조선신보》는 48년 1월 14일 자 사설에서 기존의 재일조선인단체는 식민지기의 친일·융화단체였던 상애회 등과 조금도 다르지 않다고 비판하고, 단체 통일의 책임을 느끼면서도 실행에 옮기지 않는 민족단체에게 "존재가치와 존재이유는 조금도 없다"고 전면적인 '단체 해소'를 제창했다.[71] 한편, 조련 중총 기관지는 "건청, 민단 모두 연락해서 조련에 대항하는 제삼의 세력을 만들어 조련을 분열, 파괴하는 음모가 있다"고 암암리에 《조선신보》를 가리키며 경계를 요구했다.[72]

48년 1월 27일 조련 제13회 중앙위원회에서도 김규식이나 민족자주연맹을 어떻게 평가할지가 문제가 되었다. 〈일반 정세 보고〉가 민족자주연맹을 비판한 것에 대해 중앙위원 박원섭朴元燮은 그 근거를 물었다. 이에 서기국원 김영준金英準은 아래와 같이 답했다.[73]

민족자주연맹은 거년去年 12월 21, 22일에 결성되었다. 의장으로서는 김규식 씨가 되었으며, 그 중심적 인물들은 대개가 정권욕에 동요하는 모리정객들이다. 그들의 과거를 볼 때, 항상 일정한 기본적 이념이 없고 시시時々로 변하는 태도였다. 즉 과거의 좌우합작 문제에 있어서도, 그들은 확정된 태도를 표시치 못하였으며, 한걸음 나가서 만일 지금 좌우가 합작하면 북선北鮮으로서의 적색 선풍이 온다, 그러니 우리들은 이것을 경계하여 한다고 말한 것은 우리의 주지하는 사실이다. 이것은 김 씨가 대중의 감정을 무시한 소위 일화견日和見주의로서 반동적으로 나온 것을 증명하며, 특히 그 성격을 결정적으로 표현한 것은 국련國連 위원단의 입국에 대한 태도이다. 즉 그들을 환영하였으며 민족의 자주적 독립 쟁취의 태도가 없다는 것이다. 만일 그가 진정한 인민의 지도자라면 국련 위원단의 입국에 대하여 거부적 태도를 취하였을 것이다.

여기에서 언급된 '유엔위원단'이란 앞에서 언급한 유엔 결의에 기초하여 설치된 유엔 임시한국위원회(이하 UNTCOK)이다. 48년 1월 7일 UNTCOK는 총선거 실시에 관한 조사를 위해 서울에 도착했는데, 민전과 남로당은 입국에 반대했다. 다른 한편, 이승만과 한민당은 입국을 환영하여 남한만이라도 선거를 실시할 것을 주장했다. 김규식과 민족자주연맹은 이러한 가운데 유엔 감시하의 남북 총선거를 지지했지만, 실제로 이것이 실현될 가능성은 전무했다. 남한만의 단독선거에 대해서는 연맹 내에 다양한 주장이 있어서 애매한 태도였다. 김영준이 UNTCOK 입국에 대한 김규식의 태도를 비난한 것은 이러한 문맥에서이다.

민족자주연맹에 대한 이러한 조련 내부의 비판은 《조선신보》로 옮겨 붙었다. 최용근崔瑢根은 "최근에 오사카의 《조선신보》와 도쿄의 《국제타임즈》에도 민족자주연맹 노선을 합리화하려는 경향이 있으며 이칠성李七星이라는 펜네임으로 조련을 분열시키려는 주장이 있었다. 이것을 철저히 격파할 필요가 있다"고 《조선신보》를 지목했다. 즉 민전의 노선에 따르지는 않지만, 단독선거에 비판적인 입장을 지지하는 목소리를 《조선신보》가 대변하고 있다는 것이다.

백무 서기장에 대한 비판은 이러한 민족자주연맹과 《조선신보》 비판과 동일한 문맥에서 제13중위에서 이루어지게 되었다. 제13중위 석상에서 윤봉구 감사위원은 백무 서기장을 처분할 것을 제안했다. 백무 서기장이 보고할 예정이었던 조련 〈일반 정세 보고〉에 문제가 있다는 것이다. 그 경위에 대해 백무 자신은 다음과 같이 설명했다.[74]

타단체他團體의 많은 양심적 인물이 어찌 조련에 못 드러오는가에 대하여 우리는 먼저 우리 자신을 반성하여야 한다. 제일第一로 조국에 대한 반성—, 즉 남선南鮮에 있어서의 단독정부를 수립하는 것을 반대하는 사람이라면 전적으로 포용하자는 것이다. 나는 이러한 조건부 민족통일안을 제105회 상임위원회에 제출하여 거부당하였다. 그후其后에 다시 서기장과 의장단이 조직하게 되어, 의장단의 의견을 첨부하여 제108회 상임위원회에 재도再度 제출하였는데, 또 거부당하였다. 서기장은 사무가가 아니다. 서기장인 나로서의 정치적 견해를 가지고 있는데, 그것이 상임위원회에서 부결되었다는 것은 불행한 일이라고 생각한다. 그러기에 책임 있는 입장에 앉아 있는 나로서 이 이상 유임할 수는 없다. 사임을 원하는 바이다. 양해하여주기 바란다.

즉, 백무는 재일조선인단체의 통일을 위해 '단독선거 반대'로 결집해야 한다는 보고서를 작성했지만, 상임위원회는 '민전 지지'로 결집해야 한다고 하여 이것을 기각시켰던 것이다. 결국 백무는 사임을 요청하게 되었다.

중앙위원회는 백무를 심문하는 장이 되었다. 용공인가 반공인가 등, 백무에게 계속해서 질문이 이어졌다. 백무는 이에 하나하나 반론하며 자신은 '용공'이며 단독정부 수립에 반대한다는 것, 외국의 내정 간섭에 반대한다는 것, 미소 양군을 철수시키는 것이 자신의 민족통일론의 전제가 되는 원칙이라고 말했다. 또한《조선신보》의 '단체 해소론'과의 관계를 질문받자, 자신은 어디까지나 '문호개방'을 주장할 뿐이라고 설명했다. 또한 백무는 "본국의 민족적 이익이라는 것은 독립이 선결문제이다. 그러니 계급적 이익은 독립까지 보류保留하여야 한다"고 자신의 주장을 반복했다.

하지만 박흥규朴興圭 감사위원은 백무가 근로인민당이나 권일이나 이능상 같은 친일파 세력과 연결되어 있다는 등을 폭로하며 "백무 씨의 지론은 민족의 분열을 일으키는 것에 불과하다"고 단정했다. 박흥규에 따르면, 백무가 47년 12월경에 남한에서 온 근로인민당 인물과 접촉하여 그 일본 지부 위원장이 될 것을 수락했다. 그리고 이 과정에서 권일 등 민단 간부들과도 회합을 가졌다는 것이다. 백무는 권일과 만난 것은 부정했지만, 근로인민당의 입당을 승낙한 것은 인정했다. "타단체他團體의 요인들을 내가 사적으로도 방문한 것은 경솔하다고 자인한다"고 하면서도, "중국의 모택동 같은 분도 국부國府를 방문한 것을 생각하여야 한다"고 반론했다. 이것은 조련의 의사록에 의한 것인데, 이것을 보면 백무는 서기장 취임 후에 실제로 조련 이외 단체의 간부와 접촉하여 공투를 모색한 것은 사실인 것 같다.

중앙위원회는 서기장을 파면하되 중앙위원 자격은 유보하여 제14회 중앙위원회까지의 근신을 결정했다. 아울러 조련 각 기관에 대해 "1. 조련의 전 조직을 통해 《조선신보》 불매운동을 전개한다, 2. 《조선신보》에 자료와 기사를 제공하지 말 것, 3. 《조선신보》를 통한 광고는 일체 하지 않는다, 4. 조련 관계자로 현재 해당 신보의 지분국을 경영하는 자는 그 업무에서 손을 뗄 것"의 네 가지를 지시, 《조선신보》의 보이콧을 호소했다.[75] 이로써 조련 중총은 《조선신보》의 '단체통일론', 백무 서기장의 '문호개방론', 그리고 선거권 획득은 불가하다는 양자의 주장을 명확히 부정한 것이다.

조련은 이 결정에 따라 '단독선거 반대' 세력과 광범위하게 제휴하는 노선을 부정했다. 그러나 공교롭게도 그 후 사태는 급변한다. 48년 1월 26일 김구는 단독선거 반대, 남북지도자회의 소집의 입장을 명확히 한다. 그리고 2월 26일 유엔 소총회가 조선의 "가능한 지역에서의 선거"를 주장하는 미국안을 통과시켜 단독선거 실시가 현실화되자, 결국 민족자

주연맹은 단독선거 불참을 결의한다. 그리고 3월 25일 북조선민주주의
민족통일전선이 〈남조선 단독정부 수립에 반대하는 남조선 정당·사회
단체에 고함〉을 발표하여 전 조선 지도자의 연석회의를 4월에 개최하게
되었다. 그리고 평양에서 열리는 전 조선 제정당·사회단체대표자연석회
의(이하 '남북연석회의')에 김구, 김규식도 참가하게 되었다. 바로 백무가
주장한 '단독선거 반대'의 통일전선이 현실성을 띠기 시작한 것이다.

    그러나 조련 중총은 어디까지나 제13중위 결정과의 정합성을 유지하
기 위해 1948년 4월 10~12일 열린 제14회 중앙위원회에서 평양의 연석
회의는 "김구, 김규식 씨의 이른바 남북회담 제기에 응한 것이 아니다",
또한 김구, 김규식과의 연계는 "민전노선의 일보 퇴각이 아니라 현단계
에서 민족적 위기인 단선, 단정을 목전에 두고 이것을 격파하려는 구국
운동이다"라고 하여, "백무 씨의 오류가 여기에 시정된 것은 아니"라고
스스로의 입장을 정당화했다.[76] 궁색한 설명이라고 하지 않을 수 없다.

    한편, 4월 21일 제119회 조련 중앙상임위원회에서는 '단선단정 반대
구국투쟁 준비위원회'를 조직하기로 결정하고 각 단체에 '초청장'을 보
냈는데, 그중에는 "단선단정을 반대하는 건청……민단 내의 단선단정
반대 그룹의 모든 분"이 포함되어 있었다.[77] 제13중위에서 백무가 공투
를 주장한 사람들이었다.

백무의 파면과 통일전선

백무 서기장의 파면 문제에 대해 박경식은 "반대 의견을 반동으로 규정
하는 좌경적인 견해는 해방 이전부터 지속된 것이며, 중간적인 사회민주
주의적인 노선의 사람들은 적의 하수인으로 간주되었다. 조련이 백무의

생각을 헤아려 활동했다면, 폭넓은 운동체가 되었음에 틀림없다"고 비판한다.[78] 타당한 지적이라고 할 수 있다.

중앙위원회에서도 야마나시山梨 선출 중앙위원 남정일南正一이 "나는 백무 씨와 개인적 관계는 없다. 나도 조련을 사랑하는 동시에 민족의 통일을 바란다. 백무 씨의 문제는 첫째로 백무 씨를 추천한 것은 의장단이다. 그러니 백무 씨가 제명당한다면 의장단에게도 책임이 있다는 것이다. 또 백무 씨가 잘못하였드래도 충고하고 인도할 아량이 있어야 한다. 그렇지 않으면 동지들이 서로 '트집 잡기ボロ探し'를 하는 격이 된다. 만약에 서로 '트집 잡기'를 한다면, 중총 상임 중에서도 반드시 결점ボロ이 나올 것이다"라고 언급하는 등 당시부터 백무를 고자세로 철저히 탄압하는 중앙위원회의 태도를 신랄하게 비판하는 목소리가 있었다. 다만 여기에서는 왜 조련이 남북협상의 진전기에 백무 서기장을 파면했는가라는 의문을 제기해보고자 한다.

백무 서기장의 파면 문제에 대해 쓰보이 도요키치는 일본공산당 조선인부의 노선과 충돌했기 때문이라고 설명하고 있다.[79] 물론 민족/계급 문제에 대한 입장은 김두용이나 공산당 조선인부와는 정반대이고, 조선인부와 백무의 주장은 크게 달랐던 것은 확실하다. 참정권 문제에 대해서도 이러한 주장의 차이가 크게 반영되었던 것은 앞에서 언급한 대로이다. 그러한 의미에서 제13중위는 '외국인'이라는 입장에서 선거권을 획득할 수 있다는 조련의 입장을 확인한 회의였다고 할 수 있겠다.

다만 이 장에서도 언급한 대로, 공산당의 조선인운동에 관한 방침에는 김두용이 귀국하기 전후로 차이가 있어서, 공산당의 대립만을 강조하는 것은 문제가 있을 것이다. 백무가 비판받았던 문맥에는 오히려 한반도의 중간파의 평가라는 문제가 있었다.

제13중위에서는 남북협상으로 움직였던 한반도 정세가 반영되지 않고 남북협상이 성취되려고 하는 그 시기에 조련이 백무 서기장을 '중간파'로 파면한 의미를 생각할 때 남북에서의 좌익세력의 온도차가 단서가 된다. 47년 12월 초 남북로동당연석회의에서 중간파와의 합작 문제가 논의되었는데, 여기에서 남조선로동당 박헌영, 이승엽 등은 합작은 불필요하다고 주장하여, 결과적으로 남로당은 독자적인 실력투쟁을 전개하게 되고 북조선로동당은 합작을 담당하게 되었다.[80] 남로당과 조련은 적어도 중간파와의 합작이라는 점에서는 공통된 인식을 가졌던 것이다. 물론 북한에서도 48년 2월 18~20일의 북조선로동당정치위원회 확대회의[81]에서 허가이 등 소련파가 김구, 김규식 등의 제안에 회의적이었고, 김두봉, 최창익 등 연안파는 '애국적 결단'이라고 주장하는 등 단일하지 않았지만, 남로당·조련의 중간파에 대한 불신은 또 다른 종류의 것으로 생각하지 않으면 안 된다. 남로당과 조련이 공유한 것은 무엇보다도 미군의 직간접 점령하에 있다는 사실이며, 또한 피로 피를 씻는 우익과의 충돌을 반복한다는 현실이었다.

이것은 제13중위에서 백무 서기장의 처우에 관해 가장 엄격한 의견을 언급한 것이 민청이었다는 사실에서도 알 수 있다. 민청 선출 중앙위원 한기영韓基榮은 "백무 씨의 건은 사임서 수리로만 끝나는 것이 아니고, 백무 씨의 행동은 반역적 행동이니 사회적으로 매장하여야 된다"고 주장했다. 그렇다고 '사회적 매장'이라는 결론은 채택되지 않았지만, 이 발언에 대해 마찬가지로 민청 선출 중앙의원 허준許準은 "민청에서 처분을 주장한 것은 이유가 있다. 즉, 민청은 현재 반동들과 유혈투쟁을 하고 있다. 그러한 반동단체와 백무 씨가 내통하고 있다는 것은 큰 문제다. 지금 반동들은 조련 내의 차여此如한 불상사에 대단히 만족하고 희열에 넘치고 있을 것이다. 우리들은 이것을 생각을 할 때, 그러한 심정이 일어나는 바이다"라고 설명했다. 여기에서 백무 비판의 기저에는 건청과 유혈 실력투쟁을 반복하는 민청의 젊은 활동가들의 심정이 존재한다는 것을 알 수 있다.

이러한 조련과 민청, 건청 및 경찰과의 대립은 단순히 종래의 연장이 아니라, 그 배경에는 47년 정세의 변화가 있다. 제13중위에서도 백무가 건청의 인물들과 만난 것에 대해 감사위원 윤봉구가 제1장에서 살펴본 쓰치우라사건을 들며 "현 재정부장 강희수가 건청의 반동배에 의해 일정 경찰에 유치되었는데도 그들 앞에 머리를 굽히러 갔다는 것은 용인할 수 없는 일이다. 백무 씨는 우리들과 똑같은 투쟁심이 있는가 없는가"라고 비판한 것에서도 알 수 있듯이, 파면을 둘러싼 논의에 일본정부나 건청과의 대립의 심화가 크게 영향을 미쳤던 것이다.

6장

'4·24교육투쟁'의 이름으로 기억되는 1948년 4월의
조선학교 폐쇄령에 대한 항의운동과 그것에 대한 일본정부와
점령 당국의 탄압에 대해서는 지금까지도 많은 사람들이 언급해왔다.[1]
이 민족교육에 대한 탄압은 조선의 분단과 밀접하게 연결된 것이었다.
남북연석회의(48년 4월), 제주도 4·3민중항쟁,
남한 단독선거(같은 해 5월), 대한민국 수립(같은 해 8월),
조선민주주의인민공화국 수립(같은 해 9월), 여수·순천항쟁
(같은 해 10월)의 한가운데에서 민족교육에 대한 탄압이 일어난 것은
우연이 아니다. 제5장의 말미에서 백무 서기장이 파면된 배경에는
조련과 건청의 대립이 있었다고 지적했는데, 이 교육 탄압은 조련과 민단,
건청의 대립을 한층 증폭시키게 된다. 제6장에서는 우선 민족교육이
탄압받는 과정을 추적하고, 특히 일본의 경찰과 점령 당국에 협력한
조선건국촉진청년동맹(이하 '건청') 효고현 본부와
그 지도적 인물이었던 현효섭玄孝燮의 활동을 검토하여 조선의 분단이
재일조선인에게 무엇을 초래했는지를 밝히고자 한다.

남북 불당과
민족교육

조선학교 폐쇄령과
민족교육 옹호투쟁

교육기본법, 학교교육법 제정에서 '1·24통달'로

우선은 조선학교가 문제시되는 과정을 살펴보자. 제4장에서 살펴본 것처럼, 1946년부터 47년에 걸쳐 조련의 조직적 기반은 대폭 확대되었고, 동시에 초등학원이 전국에서 개교하여 민족교육의 체계화가 진전되었다. 조련은 일본정부에 교육비나 자재를 부담하도록 요구했으나, 대부분의 경우 그것은 이루어지지 않아 자력으로 운영할 수밖에 없었다.

이러한 가운데 48년 1월 24일 문부성 히다카 다이시로日高第四郎[2] 학교교육국장은 통달 〈조선인 학교 취급에 대하여〉(이하 '1·24통달')를 내렸다.[3] 주요한 내용은 ① 재일조선인은 일본의 법령에 따라야 한다, ② 학령아동은 일본인과 마찬가지로 시정촌립·사립 소학교, 중학교에 취학시켜야 한다, ③ 사립 소학교·중학교는 학교교육법에 의해 도도부현 감독청의 인가를 받아야 한다, ④ 학령아동, 학생의 교육에 대해 각종 학교의 설치는 인정하지 않는다, ⑤ 사립 소학교·중학교에는 교육기본법 제8조가 적용되고 교과서, 교과 내용에 대해서는 학교교육법이 적용된다, ⑥ 조선어 등의 교육을 과외로 행하는 것은 괜찮다는 것이었다. 조련 초등학원이나 중학교는 모두 학령아동과 학생을 대상으로 하는 교육기관인 만큼, 학교교육법에 따르지 않으면 도도부현의 인가를 받을 수 없다는 것이다.

또한 1월 26일 문부성 적격심사실장은 조선인 교직원도 적격심사를 받아야 한다는 통달을 내렸다. 초국가주의, 군국주의 배제를 위한 적격심사가 일단락되자 조선인으로 전용되었던 것이다. 그리고 3월 1일에는 문부성 학교교육국장의 이름으로 "교원 2명 이상, 학생 20명 이상"의 교육시설은 2개월 이내에 '각종 학교' 인가를 신청할 의무가 있다, 신청하지 않을 경우는 인가를 받을 때까지 교육을 시행해서는 안 된다고 통달했다.[4] 이 영향으로 3월 18일에는 야마구치,[5] 4월 20일에는 도쿄,[6] 효고, 오카야마 등에서 조선인 아동의 공·사립학교 전입이 시작되었고, 무인가 조선학교의 폐쇄, 일본 학교로부터 차용했던 조선인 학교시설의 명도를 요구하는 학교 폐쇄령이 내려졌던 것이다.[7]

'1·24통달'이 내려진 배경은 다음과 같다. 47년 3월 31일에 교육기본법과 학교교육법이 시행되어 각종 교육법이 정비되어나가자, 제8군 군정부는 조선학교에 대해 문부성의 인가를 얻도록 촉구하며 교육 적격심사를 받아 면허를 얻도록 지령을 내렸다.[8]

조선학교의 교육 내용에 대한 간섭은 오사카에서 시작되었다. 오사카부府 교육과는 47년 9월 팔일오정치학원이 공산주의 사상을 가르치고 있으며, 자금 출처가 불명확한 무인가 조선인 학교라며 문부성에 조회를 요구했고, 이에 대해 문부성은 "이 학교들이 신청을 희망하지 않는다 해도 그들을 공식적으로 처벌할 수 없다"고 답변했다.[9] 팔일오정치학원은 학교 교육기관이 아니므로 당연했다. 하지만 오사카부 군정팀은 이러한 문부성의 나약한 태도가 재일조선인의 불복종으로 이어진다고 지적했다. 오사카부 군정팀의 보고는 SCAP로 전달되었고, SCAP는 47년 11월 문부성이 조선학교에 교육기본법, 학교교육법을 적용할 권한을 가지고 있으므로 방침을 명확히 제시해야 한다고 회답했다.[10] 김태기는 이것을 반공으로 기울고 있었던 점령정책을 오사카부가 숙지한 후의 정치적인 기술이었다고 보고 있다.[11]

학교 폐쇄령에 대한 조련의 대응

조련은 이에 어떻게 대응했을까. 조련은 47년 11월 20일 제2회 교육위원회를 열어, "재일조선인 교육의 근본방침을 어떻게 세울 것인가"를 토의하여, 교육기본법의 구속을 받고 문부성의 인가를 받아들일지, 그렇지 않으면 학교 자재나 아동급식 등의 배급을 포기하는 대신에 일본정부에 구속되지 않는 자주적인 교육을 취할지를 논의했다. 그리고 무인가로 자주경영, 자주교육을 시행하기로 결정하고 재일조선인의 경제적 원조에 기대어 학교를 운영하는 방향으로 선회했다.[12]

하지만 조련이 허가가 필요 없는 자주운영, 자주교육을 선택했어도, 문부성의 '1·24통달'은 인가를 받지 않으면 교육 자체를 해서는 안 된다는 것이었다. 이로 인해 3월 23일 조련계 단체가 모여 조선인교육대책위원회를 설치하고 ① 교육비를 일본정부가 전액 부담할 것, ② 학교의 통합, 내용의 충실화, ③ 교원의 단결, 교재 내용·출판의 향상, ④ 일본 민주단체나 인민에게 호소하여 교육 탄압의 실상을 호소하고 널리 서명운동을 전개한다, ⑤ 일본정부 관리에게 실상을 알려 철회시킨다, ⑥ 일본정부와 사령부에 정보자료를 제공한다는 등의 방침을 결정했다.[13]

4월 14일에는 조선인교육대책위원회와 일본교직원조합, 교육신문, 민주주의과학자협회, 산별회의産別會議 등의 혁신계 단체에서 합동교육 간담회가 열렸다.[14] 그리고 "금후 투쟁을 위해서는 조선인 외의 외국인 교육의 자주성 유무를 조사할 것, 의회에 이 문제를 가져갈 것, 일본교육부흥회의 등에서 당면의 문제를 취급할 것, 금후 일절 일본의 교육에 관한 위원회에는 반드시 조선인 위원을 선출할 것" 등이 결정되었다. 다만, "일본 교육의 철저한 민주화만이 그(재일조선인 교육기관의 자주성 확보)를 보장할 [수] 있다는 결론을 토대로, 교육의 관료 통제에 대한 조일 양 인민의 공동투쟁으로서만 해결할 수 있다"는 의견의 일치를 보았지만, 조선인 교육에 대한 탄압의 독자성이 혁신계 각 단체에 어느 정도 인식되었는지는 의문이 남는다.

4월 15일 도쿄도 지사는 4월 19일까지 인가를 얻지 못한 학교에 폐쇄를 명하는 통첩을 발했다.[15] 도쿄의 교바시京橋 공회당에서는 '조선인교육 불법 탄압 반대 학부형대회'가 개최되었다.[16] 김순이金順伊는 이렇게 연설했다.

> 나는 진정한 조선인이며 조선복을 입고 있습니다. 그런데도 나는 조선말을 못합니다. 이것은 저 일본제국주의의 혹독한 교육정책 탓입니다. 조선인이면서 조선어를 못하는 슬픔과 이 고통을 왜 또다시 우리 동생들에게 물려줄 수 있겠습니까. 조선인 병신으로 겪은 괴로움 때문에 무슨 일을 해서라도 동생들을 지키지 않으면 안 됩니다.

대회에는 미야지마 하치로宮島八郎(일본민주교육협회), 다카야스 시게마사高安重正(오키나와인연맹) 외에 혁신계 각 단체의 대표도 참석했으며, "조선인 학도와 학부형들은 죽어도 학교를 지키겠다는 단호한 결의를 대중 앞에 표명"하고, "교육 열성자들의 비장한 시낭독과 아동들의 연주회로 폐회했다"고 한다.

4월 19일 조선인교육대책위원회는 도쿄도 지사에게 다음과 같이 회답을 했다.[17]

1. 다음의 4항목을 정식 문장으로 확인할 경우에는 사립학교 인가를 받을 용의가 있다.
   ① 조선인 학교의 교육 용어는 조선어로 할 것.
   ② 교과서는 조선인초등교재편찬위원회에서 재일조선인 아동에 적합하게 편찬한 교과서(사령부 검열 필)를 사용할 것.
   ③ 학교 경영관리는 학교 단위로 조직된 학교관리조합에서 행할 것.
   ④ 일본어를 정과로 채용할 것.
2. 위와 같은 기정 사실에 대한 확인이 없으면 조선인을 노예시하는 것으로 인정하고 요구에 응할 수 없다.
3. 그로 인해 발생하는 혼란의 책임은 일체 도쿄도 지사가 져야 한다.

하지만 점령 당국의 듀펠P. T. Dupell은 이것을 용인할 수 없다며 강경 자세를 취했다. 특히 "다른 지방은 몰라도 도쿄만은 약간 다르다. 도쿄에서 결정되는 사태가 전국적 사태를 결정한다"고 단속을 시사했다.

다음 달 4월 20일 결국 도쿄도 교육국장은 조련 도쿄 문교국장에게 학교교육령 제13조 2항의 규정에 의해 학교 폐쇄를 명했는데,[18] 조련 도쿄도 본부는 이 폐쇄령을 받아들이지 않고 "인도를 무시한 폭력"이라고 하며 아래의 항의서를 제출했다.[19]

1. 1월 24일 자 문부성 지령은 재일조선인의 실상을 무시한 일방적인

것이며, 실시 불가능한 것이라는 점은 현실을 객관적으로 파악한 자는 모두 인정하고 있다.

2. 우리들은 일본의 법률을 인정하지 않는 것이 아니라, 실제로 모든 면에서 일본의 법률에 따르고 있다. 또한 우리들은 특권을 요구하는 것도 아니며, 일본의 교육법을 부정하는 것이 아니라는 점은 지금까지의 절충으로 명확할 터이다.

3. 4월 15일 자 도지사의 통첩에 대해 우리들은 재일조선인 교육의 실상에 입각하여 가장 타당하고 도저히 바꿀 수 없는 조목을 들어 그것이 인정된다면, 일본의 교육법에 따를 것을 명언했다.

4. 그에 대해 한 줌의 성의 있는 문답도 없이 당장 폐쇄령을 내려 인심을 불안과 동요 속에 몰아넣는 것은 과거 제국주의시대에도 볼 수 없던 포학한 처사이자 교육을 담당하는 책임자로서 민주주의적 정신을 망각한 독재적 수단이며, 인도를 유린하는 것이다.

5. 나아가 이것은 포츠담선언의 위반이며, 유네스코 정신에 대한 반역이다.

6. 즉각 이 폭령을 철회할 것을 인류 정의에 입각하여 강고히 주장한다.

한편, 간사이에서는 효고 군정부가 48년 3월 5일 자로 조선인 학교의 퇴거에 관해 고베시 당국에 지시서를 내렸고, 고베시 당국은 이에 따라 시의 교사를 사용하고 있던 조선인 학교에 건물을 넘겨달라고 명령했다. 3월 15일에는 현청에 교섭하러 온 조선인 대표 68명을 퇴거명령에 따르지 않는다고 하여 구속하고, 3월 19일에는 퇴거 가처분 수속을 집행했다.[20] 4월 23일에는 명도를 계속 거부했던 니시코베西神戸, 히가시코베東神戸, 나다灘의 조련 초등학원 세 곳에 강제처분을 집행했다. 우선 히가시코베와 나다의 초등학교 가처분이 집행되어, 점령 당국이나 현, 시 당국은 헌병과 경관대를 동원하여 학교 폐쇄를 강행했다.

그러나 4월 24일 대중이 효고 현청에 몰려가서 지사로부터 폐쇄 명령 철회를 확약받았다. 나아가 헌병과 경관이 니시코베 조련 초등학원을 기습했지만, 경관 기습 소식이 퍼지자 곧바로 1,000명의 조선인이 초등학원에 결집, 오히려 경관대를 포위하여 폐쇄를 저지하고 니시코베를 지켜냈다.[21]

비상사태선언에서 '5·6통달'로

하지만 미 제8군은 이런 사태에 군사력으로 대응하여 48년 4월 24일 23시를 지나 고베시 전역에 비상사태선언을 발령했다. 제8군이 이렇게까지 강경한 조치를 취한 것은 5월 10일에 예정된 남한 총선거와 관련이 있었다. 제4장에서 살펴본 것처럼, 48년 이후 미국의 한반도 분단정책의 귀결이 이 선거였다. 그러나 한반도에서는 제주도 4·3항쟁을 비롯하여 맹렬한 반대투쟁에 직면했다. 점령 당국은 재일조선인 민족교육 옹호투쟁을 선거 실시 반대투쟁과 연동된 것으로 간주했다. 이 때문에 미 제8군은 4월 24일 효고현 지사가 폐쇄령을 철회한 직후 비상사태선언을 발령하여 고베시 전역에 직접 군정을 확립했던 것이다.[22] 이 비상사태선언하에서 경찰과 현병이 '조선인 사냥'에 나서 4일 동안 검거자가 무려 1,973명을 헤아렸다.[23] 또한 오사카 부청 앞의 민족교육 옹호투쟁에 경찰이 발포하여 김태일金太一이라는 조선인 청년이 살해되었다.

그사이 도쿄에서는 비상사태선언에 이르지는 않았지만, 4월 21일 기타北구청 교육과는 도쿄 조선중학교의 실정조사를 시행했다.[24] 뒤이어 27일 새벽 5시 30분경, 경찰은 도쿄 조선학교 책임자의 가택을 수색하고 학교를 봉쇄, 14개교의 교장 15명을 구속하는 강경책을 취했다.[25] 이로 인해 4월 28일 도쿄의 학부형회 결의에 의해 임시휴교가 결정된다.[26]

48년 5월 3일 도쿄도 교육국은 조선인교육대책위원회에 계고통첩을 발하여 재차 학교 폐쇄를 명한다.[27] 이에 대해 조선인교육대책위원회는 ① 현재의 학교는 폐쇄하고 새로운 학교교육령에 따라 인가 신청을 시행한다, ② 교과과정은 학습지도요령에 의한다, ③ 문부성이 인정하는 범위 내에서 특수 수업을 시행한다는 세 조건 아래, 사립학교로서 인가 신청을 하기로 결정했다.[28] 그리고 48년 5월 3일 밤중에 조선인교육대책위원회와 문부대신이 〈각서〉를 교환하고(정식 조인은 5월 5일), 다음 날인 5월 4일 구속된 도쿄 조선학교 교장들이 겨우 석방되었다.[29]

5월 6일 자로 문부성은 〈조선인 학교에 관한 문제에 대해〉(이하 '5·6 통달')를 도도부현 지사에게 내렸다. 설치 기준에 합치하는 조선학교의 사립학교로서의 인가, 일본 학교로 전학하는 조선인에 대한 편의 제공, 지방청에 의한 조선학교 책임자 의견 청취 등을 정한 통달인데, 어디까지나 교육기본법, 학교교육법 틀 안에서의 '선택 교과', '자유 연구', '과외'로서의 조선어, 조선사 교육, 일본 학교 재학중인 조선인 아동에 대해서는 '방과 후 또는 휴일'의 조선어 교육 등을 허용했을 뿐이다. 더욱이 그 중에 '인가'를 받은 학교는 전체의 약 4할에 지나지 않았고, 특히 일본 학교 교사를 빌린 학교의 대부분은 강제폐쇄되고 말았다.[30]

당시 문부대신이었던 모리토 다쓰오森戸辰男[31]는 바로 경찰이 도쿄의 조선학교 교장들을 검거한 4월 27일 중의원 본회의에서 조선학교 문제에 대해 다음과 같이 연설했다.

일본의 법령에 따를 것을 승인한 후에 일본에 잔류하는 조선 분들은 학교교육에 대해서도 이 법률에 따라, 더욱이 군국주의적인 모습을 탈피한 쇄신 일본의 교육제도에 따르기를 바란다고 생각합니다.……아울러 마지막으로 말씀드리고 싶은 것은 이 문제는 이웃나라 조선과 또 패전 일본의 양 민족 사이에 벌어진 문제로, 이것이 민족감정의 반발이 되지 않도록 어디까지나 노력하지 않으면 안 됩니다. 그것은 동양이 평화로운 나라로서 성장하는 데에 무엇보다 중요한 것이라고 생각합니다. 새로운 헌법은 다행히 평화주의와 민주주의를 기조로 하며 새로운 학교교육과 교육기본법은 이 정신에 따른 것이므로, 부디 새로운 교육의 정신을 살려 양 국민이 평화와 민주의 선을 따라 손을 잡고 뻗어가도록 우리 문부 당국은 최선의 노력을 다하고자 하는 바입니다.

모리토 문부대신은 이렇게 평화와 민주주의를 드높이 부르짖으면서 조선인에게 "군국주의적인 모습을 탈피한 일본의 쇄신 교육제도"에 따르도록 주장했다. 그러나 조선인 측의 요구를 일체 무시하고 도쿄에서 경찰을 동원하여 조선학교 교장을 체포, 감금하고, 나아가 고베에서는 비상사태선언을 발하여 헌병까지 동원하는 가운데, 조선인교육대책위원회에 〈각서〉를 조인시킨 일련의 과정은 '평화주의와 민주주의'는커녕, 경찰과 군에 의한 조선인운동의 철저한 탄압이었다.

교육투쟁의 교훈과 '공동의 적'

조련에게 이러한 교육투쟁의 결말은 결코 납득할 수 있는 것이 아니었다. 실제로 조선인교육대책위원회는 "확실히 타협적이라고 비난받을 조건"으로 〈각서〉를 교환하게 되었다고 해설했다. 또한 그 이유를 일본의 근로대중과의 공동투쟁으로 발전시키지 못하고, "고립적 상황에서 반동

권력의 공격과 일본 대중의 반발을 초래하야 우리 투쟁이 불리한 상태에 드러갈 위험성이 있었기 때문"이라고 했다.[32] 사실, 1948년 1월부터 5월에 걸친 교육투쟁에서 특히 초기에는 공산당 등의 세력의 지원은 거의 보이지 않는다. 위원회가 언급하듯이, 권력과 대중으로부터 협공을 당했기 때문에, 민족교육을 제대로 지키지 못했다는 것은 사실이다.

이로 인해 48년 5월 11~12일의 조련 제5회 전국문화부장회의에서는 교육투쟁의 자기비판과 앞으로의 방향에 대해 "편협한 민족적 감정으로서 고립된 투쟁을 전개하였기 때문에, 금번 실패의 큰 원인을 만들었다"는 각 기관의 자기비판 결과를 소개하고, 이어서 다음과 같이 총괄했다.[33]

이번 교육투쟁에 동원된 연인원 약 13만의 대중이 만약 생산기관을 쥔 조직노동자였다면, 아니, 하다못해 조선인 교육투쟁에 10만의 일본 조직노동자가 참가했더라면 저렇게 놈들의 탄압을 받지는 않았을 것이다. 이것은 우리에게 세 가지 교훈을 준다. 첫째, 재일조선인운동의 성격은 시민운동에 불과하다. 일본 민주개혁과 발전의 주체적 세력은 일본 조직노동자를 중심으로 한 전 근로대중이다. 그러므로 조선인의 모든 요구는 일본의 혁명세력과 제휴하여 공동투쟁으로서만 관철시킬 수 있다는 것이 제2의 교훈이다.

조련은 재일조선인 중에 조직노동자가 적기 때문에 변혁 주체가 되기에는 한계가 있다고 생각하게 되었다. 또한 조선학교에 대한 탄압이 "다만 조선사람에 한한 것이 아니라 일본 타이프日本タイプ[34] 급及 군마현 이즈미제작소泉製作所의 생산관리 탄압,[35] 도호東宝 탄압,[36] 일본적십자사사건[37]과 마찬가지 성격임을 주의하여야 한다"며, "교육투쟁과 인권유린

불법 탄압 반대투쟁은 별개의 문제가 아니다"라고 주장했다.

이것은 그 당시 격화되었던 생산관리투쟁에 대한 탄압, 즉 일본인 노동자계급에 대한 탄압과 조선인 탄압의 본질은 동일하다고 간주하는 공산당의 인식과 통한다. 48년 4월 27일 자 일본공산당 중앙위원회 서기국 발 지령 제244호 〈조선인의 학교 문제에 대해〉는 한신阪神 교육투쟁에 관해 "재일조선인은 일단 일본의 학교제도에 따른 후에 제삼국인으로서의 특수성을 주장했을 뿐이며, 당연한 것이라고 하지 않을 수 없다"고 이해를 표했다. 다만 어디까지나 일본의 민주적 세력과의 제휴가 있어야 조선인의 특수한 요구가 달성된다고 하며, 거기에서 일탈하면 "재일조선인을 민족이기적 편향(특수주의)에 빠지게 할 것"이라고 못을 박았다. 또한 조선인 문제를 "일거에 해결하려고 하는 충동적 경향"에 주의를 촉구했다.

하지만 조련 내부에서는 공산당과 손을 잡는 것에 반대하는 의견도 있었다. 48년 5월 22일 조련 야마구치 본부 임시총회에서는 교육투쟁에서 아무런 성과도 없었다는 비판의 목소리가 올라와 집행부가 총사직하는 사태까지 벌어졌다. 지금 "신성한 교육 문제 교섭에 왜 일본공산당원을 선두에 세웠느냐"는 비판도 있었다.[38]

그러나 조련은 조선인 탄압과 일본 노동자계급 탄압은 '동일한 성격'이라고 반복했다. 일본공산당의 호소에 따라 1948년 8월 민주주의옹호동맹이 결성되자, 《해방신문》은 사설에서 아래와 같이 논했다.[39]

> 우리들은 일본의 이 운동이 자국의 독립을 주장한다고 해서 결코 타민족과의 사이에 선을 긋는다거나, 자민족만의 독립을 주장하고 타민족의 재침략을 기도하는 것이 아니라고 확신한다.……제국주의 세력이 조국을 또다시 식민지화의 위기에 빠뜨리는 것에 반대하여 우리 민족의 해방을 쟁취한다는 것이 바로 우리가 외친 완전독립이었다. 이러한

의미에서 일본에서도 마침내 일본인민의 힘으로 자국의 완전한 독립과 타민족에 대한 침략 없는 세계평화를 위해 반동파쇼의 대두와 싸우는 운동이 일어나게 된 것은 공동의 적을 가진 우리로서는 다대한 격려를 느끼는 바이다.

따라서 재일동포가 직면한 모든 문제 해결을 위해 전국 조선인 각급 기관은 솔선해서 이 일본민주주의옹호동맹에 참가하여 일본인민과 함께 강력한 반파쇼운동을 전개하기를 바란다.

조선인이 식민지 지배에 저항해온 역사와 일본인이 완전한 독립을 이루는 것을 중첩시켜 일본인민과 재일동포는 '공동의 적'을 가진다고 논한 것이다.

교육 탄압의 쓰라린 경험은 조련이 일본의 '근로대중'에게 접근하는 계기가 되었다. 실제로 1949년 제24회 총선거에서 조련은 또다시 참정권 획득을 주장하면서 조직을 걸고 공산당 지원으로 돌아섰다. 조련은 "일본사람들의 생활이 안정되지 않고는 조선인의 생활안정은 불가능하다", "조선인의 실정을 가장 잘 이해하고 조선인을 보호하려고 노력하고 있는 것은 일본의 민주적 정당이고 민주단체들이다"라는 등을 이유로 선거에 적극적으로 관여했다.[40] 선거 때에 조련은 12월사건과 교육 탄압 당시의 여당(자유당·진보당, 사회당)에는 투표하지 말 것을 슬로건으로 내걸었는데, 이 '민주적 정당'이 공산당을 의미하는 것은 명백하다.

남한 단독선거와
건청 효고

현효섭과 건청 효고

비상사태선언이 발령된 가운데, 극히 중요한 역할을 한 것이 건청 효고 현 본부와 현효섭이다. 현효섭은 1909년[41]에 제주도에서 태어났다.[42] 많은 자료는 그가 전시중에 '헌병협력대장'이었다고 기술하고 있다.[43] 또한 한편에서 철공소를 경영했다는 이야기도 있다.[44] 해방 후에도 당시 일본에 2대밖에 없었던 롤스로이스를 탔다고 하기도 하고,[45] 산노미야三ノ宮에서 나이트클럽을 경영했다고 하기도 하여,[46] 어쨌든 상당히 위세가 좋았던 것 같다.

건청 효고는 건청 전체 중에서도 극히 강력한 부대로 알려졌는데, 특히 아마가사키 지부는 '헌병 역할'을 요청받았다고 한다.[47] 건청 효고 아마가사키 지부의 행동대는 '아리랑부대'로 이름을 떨쳤다. 맞춤제복을 입고 민단조직을 설립하는 실행부대 역할을 다했기 때문에 각지에서 서로 스카우트하려고 야단이었다.[48] 그리고 그 과정에서 건청 효고는 조련이나 그 청년조직인 민청과의 충돌의 최전선에 서게 된다. 이른바 건청 효고는 반조련의 정예부대였다고 할 수 있다.

1945년 8월 하순에 효고에서는 '효고현 조선인협회'가 조직되고 이것을 기반으로 조련 효고현 본부가 결성되는데, 현효섭은 당초 그 부위원장이었던 것 같다.[49] 하지만 그 후에 조련을 빠져나와 건청 효고현 본부의 결성에 관여한다. 현효섭은 상대적으로 교육수준이 높았던 것 같은데,[50] 그의 휘하로 조련에 속했던 청년들 40~50명이 모였고, 이것이 건청 효고의 기반이 되었다.[51] 조련 결성대회에서는 효고 선출 중앙위원에 이름을 올렸던 문동건文東建(이후의 재일본조선인총연합회 부의장)도 이 당시 부위원장으로 건청 효고에 참가했다.[52] 효고에서는 대량의 간부급 활동가가 조련에서 건청으로 옮긴 것 같다. 현효섭이 조련을 이탈한 이유에 대해 조련은 "종전 후에 민주주의자의 가면을 쓰고 조련 효고현 본부 결성 당시 부위원장으로 청년부장을 겸하고 있었는데, 그 본성을 점차 드러내 반동 청년을 이끌고 신조선건설동맹을 만들어 조련을 탈퇴했다"고 할 뿐, 확실한 것은 알 수 없다.[53] 당시 건청 효고의 활동가였던 박헌행朴憲行은 해방 전에 일본공산당계의 일본노동조합전국협의회의 활동

◉ 자료 6-1

현효섭玄孝燮(1909~1949)
촬영시기와 촬영지는 미상. 해방 후로 보인다. 제주도 출생.
전시기에는 '헌병협력대'였다고 일컬어지는데, 상세한 것은 알 수 없다.

가였던 자신이 건청에 참가한 것은 신탁통치 문제에 관한 조련의 '찬탁'에 반감을 품었기 때문이라고 회고하고 있다.[54]

하지만 현효섭에 관해서는 고베시의 징용공이었던 김의교金義教가 46년 7월 20일 자《민중신문》에 전시중 헌병의 앞잡이가 되어 조선인 노동자를 학대했다고 고발하는 투서를 실었다.[55] 이렇게까지 지목해서 비판하는 일도 드문데, 어디까지나 '반탁'은 구실에 지나지 않았고 조련에 있으면 전시기의 대일 협력, 동포 학대를 추궁당할 우려가 있어서 탈퇴했을 가능성이 크다.

또한 건청 효고는 47년경부터 남한의 우익세력과 관계를 가지고 있었다. 점령군의 민간검열부대(이하 'CCD')에 의한 통신감청 기록에는 건청 관련 파일이 있는데, 1947년 10월 4일 건청 효고현 본부가 '남한 민주의원'[56]의 공보부장이었던 함상훈咸尚勳에게 보낸 서한도 포함되어 있다.[57] 여기에서 건청은 조련 효고현 본부와 지부 간부 명부를 '공산주의자 멤버'로 함상훈에게 통지했다. 또한 47년 10월 27일 자 서한에서는 마찬가지로 함상훈에게 이렇게 썼다.[58]

조선인연맹이 60만 재일조선인을 볼셰비키화하려고 하는 것은 확실한 사실이다. 그들은 일본공산당과 하나가 되어 점령군의 호의를 거절하고 있다. 그들은 민주적인 지도자들을 민족반역자, 반동분자라 부르며 비판하고 있다. 그러나 전 조선인 주민의 약 반수는 우리 조직에 가담해 있다.

재일조선인의 반수가 건청에 참가했다는 것은 명백한 과장이지만, 1947년 10월 시점에서 이미 건청 효고는 남한 우익세력에게 적극적으로 조련에 관한 정보를 보내고 있었던 것을 알 수 있다.

건청 효고의 기관지 《촉진신문促進新聞》을 보아도 그 논설의 대부분은 조련 비판에 할애되어 있고, 극히 반공색이 강하다. 이 신문 창간호의 표어는 "도대체 누구인가, 세계의 부흥을 지연시키는 것은? 도대체 어느 놈인가, 조선의 건설을 방해하는 것은? 파괴의 벌레인가, 혼란의 악마인가. 깡패의 어투로 날뛰는 폭행과 살의. 공산주의의 가면을 쓴 저 놈이 범인이다!"였다.[59] 당시의 효고현에서는 민단 쪽이 '건청의 산하단체'로 인식되었다는 회상도 있어,[60] 건청 효고는 압도적인 세력을 자랑하고 있었던 것 같다. 또한 '비상사태선언'이 나온 48년 4월 시점에서는 애초에 민단 효고현 본부는 결성되지 않았다.[61] 비상사태선언과 관련된 기술에서 거의 민단 효고가 등장하지 않는 것은 그 때문이다. 이후에 건청 효고 중에서 남한의 단독선거에 이의를 제기하는 세력이 나타나는 사실을 고려하면, 건청에는 민족주의와 반공주의가 공존하고 있었고, 그 반공을 대변하는 것이 현효섭이었다고 추측된다. 건청 효고가 남한의 단독선거를 지지한 것도 현효섭의 영향이 컸던 것으로 보인다.

'비상사태선언'과 민단·건청

먼저 교육 탄압과 비상사태선언에 대한 민단 중총의 대응을 살펴보자. 48년 4월 27일 고베로 시찰 갔던 민단 중총 사무총장 김재화金載華, 배정裵正은 다음과 같이 보고했다.[62]

우리들은 군정부의 증명을 가지고 자동차에 현지 시찰반이라는 것을 명시하고 고베로 들어갔다. 동포가 가장 밀집해 있는 국제시장가에는 남자의 모습은 거의 보이지 않아, 우리들은 빈집을 지키는 부녀들을 격려하며 걸어가는 게 고작이었다. 현청을 방문했는데, 지사가 부재한 관계로 대리 책임자를 만나서, 이번 사건은 공산주의자에게 선동당한 사려 깊지 못한 일부 사람들의 처사로, 이로 인해 조선인 전체의 심사를 오해하시면 곤란하다, 선동당한 자들에게도 물론 나쁜 점은 있으나 되도록 원만하게 끝내고 싶다고 제안하자, 지금은 모두 군정부의 허가가 없으면 답할 수 없다, 메이데이가 끝나고 나서 이야기했으면 좋겠다는 것이었다.

즉, 민단 중총의 대표는 고베로 들어가 곧바로 효고현 지사대리를 만나 '사건'은 "공산주의자에게 선동당한" 자에 의한 것이라고 변명한 것이다. 민단 중총은 이렇게 사건의 책임은 공산주의자에게 있다는 주장을 전개했다. 기관지는 "순수한 학문적 문제로 정관하고 있던 미군사령부가 적극적으로 개입한 것을 우리들은 단순한 편견이자 탄압으로 이해해서는 안 된다. 사건의 저류를 철저히 지켜보라! 비열한 공산주의자의 이용수단을 간파하라!"고 하여 책임은 조련 내부의 공산주의자에게 있다고 보고 중총의 공식 표명을 다음과 같이 발표했다.[63]

이번 조선국민의 학교교육 문제와 관련한 분쟁사건의 장본인은 조련을 장악한 일파 공산분자와 그 후견인인 일본공산당이다.…… 그것을 모르고 선동되어 그 와중에 던져진 일반 조선 동포는 아무런 책임이 없다는 것을 추찰하지 않으면 안 된다. 본 거류민단은 중앙과 지방을 불문하고 이번 분쟁사건에 관여하지 않았음을 여기에 명시한다.

민단계는 교육 탄압에 대해 이렇게 조련에 책임이 있다고 표명했으며 교육 관계자도 마찬가지였다. 48년 5월 8일 민단 교토 본부 사무총장 김

구연金九淵의 다음 담화는 그 예라고 할 수 있다.[64]

고베, 오사카를 비롯하여 전국적으로 떠들썩했던 조선인 교육 문제에 대해 점령하에 있는 일본에서 폭동사건을 일으켜 희생자까지 낸 것은 유감을 금할 수 없다. 일본 당국이 조선인에 대해 암암리에 강압했다고 해도 민족문화를 무시하고 한일합병의 재현을 꿈꾸는 일은 없을 것으로 생각한다.……교토에서는 우리 민단이 조선학교 전반을 경영하는데, 발족 당시부터 합리적으로 일본 문부성에 인가를 요구하여 진정한 민족을 위한 문화도덕을 교육하고 있다. 일본 당국으로부터 충분한 이해도 얻어 아무런 차별 없이 합리적으로 학문을 이어가고 있다. 현재 교토의 조선인 중학교와 기술자양성학교는 교원자격도 교사설비도 전부 일본인 학교에 절대로 뒤지지 않는다. 우리들은 타국에 거주하는 입장에서 타국 정부에 간섭하지 않고, 동포의 자급자족을 도모하고 또한 2세 교육에 전념하여 훌륭한 인물을 본국에 보내고 싶다.

읽어내기 힘든 문장이 있지만, 여기에서도 조련의 '과격사상'과 대조적인 존재로서 민단의 학교를 강조하는 논리가 등장한다.

민단의 이러한 주장은 남한의 여론에도 일정한 영향을 미쳤다. 남한에서는 재일조선인 교육 문제에 대한 안재홍安在鴻 민정국장의 담화 발표를 계기로, 민족교육 탄압 반대여론이 고양되었다.[65] 조선어학회 등의 문화단체도 민족교육 옹호를 위해 움직였으나, 박열의 비서 박성진朴性鎭은 《동아일보》에 재일조선인 교육 문제는 조련계 민족학교가 공산주의 교육을 행한 것에 원인이 있다는 견해를 발표하는 등 민단 측은 남한여론의 견인을 도모했다.[66] 5월 6일 미군정청 딘William E. Dean 장관은 기자회견에서 일본 연락관의 보고를 근거로 교육 문제의 원인은 "재일조선인의 일부 선동자가 불행히도 일본에서 외국인에게 부여된 교육의 특권을 거절한 것에 원인이 있다"고 언급했다.[67] 민단은 일본정부나 점령 당국, 남한에 대해 '일부 공산주의자' 탓으로 교육이 탄압받았다고 호소했던 것이다. 그리고 조선인 중에 누가 공산주의자인지를 선별하는 것은 비상사태선언하의 고베에서 극히 커다란 의미를 가졌다.

'조선인 사냥'과 건청 효고

비상사태선언하에서는 당시의 고야마 다케오古山丈夫 고베 시경국장이 "고베시로 들어오는 조선인은 닥치는 대로 붙잡았다"[68]고 회상하듯이, 무차별적인 '조선인 사냥'이라고 할 만한 수사가 이루어졌다. 조련 활동가를 검거하려고 날뛰었던 것은 헌병과 일본경찰뿐만이 아니다. 《해방신문》의 "경관들이 조련 간부를 체포하려고 그 사택을 습격할 때는 반드시 건청원들이 선두에서 안내자가 되어 집을 가리키고 있었다"는 기사에 있듯이, 건청 효고는 조련을 적발하는 선봉으로 활동했다.[69]

조련의 이동섭李同燮은 유치장에서 "주소, 성명, 연령, 직업 등 외에 건청인지 민청인지 조련인지를 캐물었고, 소지품은 모두 몰수해버렸다. 그리고 조사가 끝난 후에 건청의 문동근文東根, 시라카와白川 등이 와서 건청원을 전부 데리고 나갔다"고 기술했다.[70] 마찬가지로 조련의 박원준朴元俊의 상세한 수기에는 이렇게 쓰여 있다.[71]

그때 경관이 3명 더 들어왔다. 그 뒤에 시라카와의 얼굴이 있었다.

시라카와는 쑤욱 안으로 들어오자 대담한 눈을 빛내며 우리들을 훑어보았다.

"나는 건청입니다. 잘 부탁합니다."

두 사람이 시라카와에게 애원했다.

"응."

시라카와는 그 쪽에는 눈길도 주지 않고 나갔다.

건국촉진동맹에서는 이렇게 시라카와가 와서 [2자 미상]된 중에서 눈에 띄는 사람을 [2자 미상]해 갔다.

"야 거기 건청, 어쩌지. 높으신 보스한테 버림을 받았네."

건청이라고 이름을 밝힌 두 사람은 울 듯한 얼굴이 되었다.

"어때, 밖에 나가고 싶은 자가 있으면 건청이라고 밝혀. 시라카와 보스가 도와줄 테니까."

"높으신 보스가 있었던 거야." "그 가증스러운 피를 보라고." "동포의 생피를 빨면 저렇게 되는 거야."

왈칵 웃음이 퍼졌다.

이 자료들에서 헌병사령부와 일본경찰의 '조선인 사냥'은 조련을 표적으로 한 것이었다 해도, 조선인을 우선 전원 붙잡고 나서 조련인지의 여부를 확인한 것, 확인 시에 건청 조선인이 다수 동원된 것을 알 수 있다.

또한 민단 중총의 시찰보고는 건청 효고의 활동을 다음과 같이 적고 있다.[72]

고베의 건청 분들의 노력은 대단해서 거의 철야로 선후조치에 분주하다. 그리고 고베 시중을 도는 것은 건청의 증명서가 없으면 불가능해서 군정부의 이해를 얻었다. 오사카에서도 민단 본부의 활약은 눈부셨다. 이번 사건의 배후관계를 신속히 간파한 민단 오사카 본부에서는 동포 여러분의 자중을 바라며 공산주의자의 모략에 속아 경거망동하지 않도록 하라는 격문을 수만 장 작성하여 배포하고 있다. 이 사건으로 인해 조선 전 동포의 진의가 오해받아 올바른 요구마저 왜곡되어 각 국에서 다루어질 우려가 있는 것은 유감이다.

건청의 증명서가 있으면 자유롭게 이동할 수 있었다. 조련은 건청이 이 증명서를 "1장에 2,000엔에서 4,000~5,000엔, 심하면 1만 엔"에 조선인에게 판매하여 100만 엔을 벌었다는 정보를 흘렸다.[73] 48년 당시 일본인 건설업 노동자의 일당이 평균 205엔, 항만운송 관계가 306엔, 광업·공업·상업 등의 남성 평균 월급이 6,133엔[74]이었던 것을 생각하면, 1장에 2,000엔~1만 엔이라는 시세는 상당히 고액이라고 할 수 있을 것이다.[75] 이러한 일도 있어서 조련은 이 증명서를 '개표'라고 경멸하며 격렬히 비난했다.[76]

더욱이 현효섭은 구치소에 붙잡힌 조선인에게 건청에 가맹하도록 권유하고 돌아다녔다고 한다. 조련 측의 기록은 그 당시 상황을 "한 감방에 30~50명의 동포가 검속되어 있는데 현은 그 졸병을 데리고 일경과 방방을 돌면서 '어때 이제부터 조련이 하는 말은 듣지 말고 건청과 경찰이 하는 말을 듣든지, 남선 단정南鮮單政을 지지하든지 그러면 석방시켜 주겠다' 하고 돌아다니다가 하도 분해서 말도 못하고 있던 한 동포가 '저놈을 죽여야……' 하는 말에 놀라 도망갔다"고 전하고 있다.[77] 또한 "검속된 동포들에 대해서는 건청원이 될 것을 맹세하고 남조선 단선을 지지한다는 자는 맹원이 될 수속을 마친 다음 석방도 하고 있다"는 기사[78]나, "건청 가맹의 확인증과 검속자 석방 확정증 제○호 석방계 제○호 등을 수천 엔 혹은 만여 엔으로서 팔어 먹는데 그것을 거절한 박주범朴柱範 씨(조련 본부위원장) 등은 감금당하여 사형私刑을 받았다"는 기사도 있다.[79] 박헌행도 "현효섭 씨 주변 사람들 중에는 이것을 건청조직 확대의 기회로 생각했던 자들도 있었을지 모른다. 유치장의 수감자 중에서 아는 사람이나 유력자를 석방시키고 그것을 조건으로 민단 건청에 가입시킨 일도 있었다고 들었다"고 회상하고 있어,[80] 건청 효고가 남한 단독선거를 지지하고 건청에 가입하겠다고 한 자만 석방시켰다는 것이 여기에서 확인된다.

구출인가 전향인가

이 시기 건청 효고의 활동에 대해 1993년에 출판된 《민단 효고 55년사 民団兵庫55年史》는 "현효섭 단장 겸 위원장은 매일같이 군정 당국과 경찰을 뛰어다니며 유치된 단원을 석방시키려고 열심히 노력을 기울여 결국에는 대부분의 민단과 건청원을 석방시키는 데 성공했다"고 기록하고 있다.[81] 또한 48년 5월 1일 자 《조선신보》에는 건청 효고에 대한 다음과 같은 질문이 게재되었다.[82]

> 문: 이번 사건에 관계한 동포 피구류자의 석방 방법은 무엇인가?
> 답: 각 지역의 건청이 구출위원회를 만들어 임기응변으로 활동하고 있다.
> 문: 구출자의 범위는?
> 답: 사건의 지도자를 제외하고 대체로 구출될 것이다.

건청 효고는 조선인을 '구출'한다고 언급했지만, 실제로는 전향을 종용했다는 것은 앞에서 살펴본 대로이다. 그러나 애초에 건청 효고는 어떻게 이러한 구출 활동을 할 수 있었을까. 이전부터 점령 당국이나 경찰과 관계를 쌓지 않았다면 할 수 없었을 것이다. 이에 대해서는 건청 효고가 간사이 각지의 조선인 재소자의 가출소를 돕고 취직을 알선하여 건청 맹원으로 삼는 등의 활동을 했다는 기사가 있는데,[83] 아마도 이러한 '사법보호사업'과 관련이 있는 것으로 추측된다.

민단은 일찍이 사법보호사업에 착수했으며, 47년 5월 17일 "재일조선인 중 일본 형벌법령에 반한 자 혹은 일본 진주 연합국군 지령 위반 혐의자에 대해 그 실정에 입각하여 교양과 근로를 체득하게 하여 건전한 사회인을 육성"할 것과, "재일조선인의 법익 옹호를 위해 그 요구에 응하여 법률상담 감정 혹은 소송 등에 협력"할 것을 목적으로 내걸고,[84] 재일본조선거류민단 사법육성회(회장 박열, 고문 권일)를 결성했다.[85] 사법육성회는 일본의 사법보호사업법에 비추어 가출옥중인 자나 형 집행을 끝마친 자, 소년법에 의해 보호처분을 받은 자의 '보호'를 도모했다. 이 해에는 교토에서도 사법대신의 인가를 받아 조선거류민단 사법육성회가 설립되어,[86] 발회식에서는 검찰청, 법원, 형무소, 경찰, 부府, 시 등의 내빈이 축사를 읽었고, 교토 검찰청 나카무라 검사정이 〈방범과 보호〉를 주제로 기념강연을 했다.[87] 48년 6월 5일에는 오사카에서도 민단 오사카 사법육성회가 창설되었다.[88]

건청에서도 47년 8월 1일 가나가와현 본부가 재소자 위안대회를 개최했는데,[89] 건청 효고의 재소자 육성운동은 이러한 흐름 속에서 태동한 것으로 보인다. 민단과 건청은 사법보호사업을 통해 일본의 경찰이나 사법과 관계를 맺고 있었다.

한편, 군정부가 건청에게만 증명서를 발행한 것을 보아도 점령 당국과 건청의 밀접한 관계를 추량할 수 있다. 미 극동군 참모 제2부의 보고서에 따르면, 현효섭은 공산당이나 조선인의 동향, 노동운동 등의 정보 수집, 레드퍼지나 민족운동 탄압 등을 담당한 대적첩보부대(이하 'CIC')에게 가장 중요한 정보제공자였다고 한다.[90] 실제로 민단은 조련과 충돌할 때마다 CIC와 접촉했으므로, 현효섭이 고베·오사카 지구의 CIC 정보

제공자였다고 해도 이상한 일은 아니다.[91]

대한민국 수립과 현효섭의 죽음

하지만 건청도 단일한 모습은 아니었다. 특히 48년 4월 김구의 평양 방문과 연석회의 참가의 영향은 컸다. 건청은 48년 3월 3~5일 제6회 전체대회에서 남한 단독 총선거를 지지했지만,[92] 직후인 4월 17일 제12회 중앙위원회에서는 국토와 민족을 양분하는 단독정부 수립 절대 반대, 민족자결적 정신으로 남북요인회담을 성공시키자, 재류동포의 대동단결을 급속히 실현시키자 등등 '남북협상 지지'를 담은 성명서를 채택했다.[93] 교육투쟁을 하는 가운데 재일조선인단체 사이에서 통일 기운이 고양된 것은 틀림없고, 4월 17일에는 조선청년동맹이 민청과 합류했다.[94] 건청 내부라 해도 전면적으로 단독정부를 지지하거나, 일본경찰의 탄압을 지지하는 사람만 있었던 것은 아니다. 한편, 민단은 4월 16일 제93회 상임위원회에서 단독선거 지지를 결정하여,[95] "남북연석회의에 대한 기대는 실망만 있을 뿐"이라고 단정했다.[96] 내부의 동요는 보이지 않는다.

결국 5월 10일 남한만의 단독선거가 강행되자, 건청 오사카 본부는 중앙정부수립촉성 거류민대회를 열고 이를 환영했으나, 6월 25~26일 건청 제13회 중앙위원회에서는 단선 반대파인 서종실徐鍾實과 단선 지지파인 현효섭의 대립이 표면화되었다.[97] 정보부장 이상근李相根의 "북선은 자유는 없지만 건설적이다, 남선은 자유로워 보이지만 비참하다"는 보고에 "공산당의 선전"이라는 질문이 속출하여,[98] 결국 49대 36의 근소한 차로 단선 지지를 결의했다.[99]

남한 단독선거에서는 선거인 등록에서 투표에 이르기까지 경찰이 크게 개입했는데, 민중의 저항은 격렬하여 제주도에서는 선거를 실시하지 못할 정도였다. 그러나 선거 결과에 따라 5월 31일 제헌국회가 조직되고 8월 15일 결국 대한민국이 성립한다. 일관되게 이승만노선을 지지한 민단은 이에 명칭을 '재일본대한민국거류민단'으로 바꾸었다.

한편, 현효섭 등은 5월 29일에 새로이 재일본조선혁신동맹을 결성한다.[100] 결성대회에는 일본사회당 외에 일본반공연맹[101] 등이 참가하여, 스스로 '반공의 기치'를 선명히 한다고 주장했듯이, 현효섭 등은 한층 반공으로 기울어져갔다. 더욱이 현효섭은 48년 6월의 건청 제13회 중앙위원회에서 단독선거를 지지했고,[102] 6월 21일에는 이승만을 명예의원으로 하여 민단 효고현 본부를 결성,[103] 자신도 의장단에 들어간다. 건청에서는 다른 지방 본부도 연이어 단선 지지를 표명했고,[104] 마침내 건청은 10월 28~29일 8전대회에서 남북협상노선을 부정, 대한민국 정부를 인정했다.[105] 그 후 1950년 6월에 건청은 재일대한청년단으로 개조되어 한국의 대한청년단의 하부조직이 되었기 때문에 사실상 소멸되었다.[106]

다른 한편, 건청 효고에서 단독선거 반대파였던 문동건과 이강훈 등은 48년 10월 민단과 건청 중앙에서 탈퇴하여 조선통일민주동지회를 결성한다.[107] 49년 5월에는 기관지 《통일민보統一民報》를 발간하여 조국통일민주주의전선을 지지했고, 건청 중앙이 대한청년단으로 개조한 것을 비판했다.[108]

대한민국이 수립되고 일본 국내에서는 정부와 GHQ가 대립하는 가운데, 조련은 곤경에 처했다. 5월 17일에 단독선거는 무효라고 표명했던 조련은[109] 9월 9일 조선민주주의인민공화국이 성립하자, 〈인공 수립에 대한 성명〉을 내고 공화국 지지를 선언한다.[110] 조련은 이후 국기게양투쟁 등을 전개하지만 미국이 명확히 조선민주주의인민공화국을 부정했기 때문에 탄압은 한층 격렬해졌다.[111]

당시 고베시장이었던 고데라 젠키치小寺謙吉가 전시중에 전라북도 전주의 대지주였다는 점도 있어, 그와 결탁한 건청에 조련은 격렬히 반발한다.[112] 민청 효고는 48년 6월 1일부터 13일까지를 '대반동투쟁주간'으로 설정, "일체의 반동세력의 철저한 분쇄를 기하여 우리들은 이제야말로 천인공노할 인류의 적 파시즘(건청 민단) 타도에 궐기하지 않으면 안 된다"고 동포에게 호소했다.[113] 《해방신문》 오사카 판은 48년 5월 25일자에서 "대중 사이에서 '현효섭을 죽이라'는 목소리가 높아지고 있다고 한다"고 해설했다.[114]

현효섭은 그 후에도 조련 효고 세이반西播 지부의 최용선崔龍先 총무부장 살해사건에 관여하는 등, 조련에 대한 공격을 늦추지 않았다. 하지만 49년 1월 3일 현효섭은 도쿄도 다이토구台東區에서 "매복해 있던 국방색 옷을 입은 장발의 남자에게 권총으로 오른쪽 뺨에서 후두부로 관통하는 총상을 입고" 사망했다.[115] 민단은 "적색 테러 혐의 농후"라고 보았지만,[116] 민청 중총 선전부는 민단 내 항쟁의 결과라고 했다.[117]

그런데 건청 효고의 단선지지운동의 목적은 무엇이었을까. 적어도 재일조선인을 선거에 참가시키는 것은 아니었다. 애초에 재일조선인에게는 이 선거의 투표권은 없었다. 당시 남한 미군정청 일본공관에는 남조선의 단독선거 선거권에 대해 많은 문의가 있었지만, 재일공관은 48년 3월 25일 "현행법에 따르면 재일조선인은 이번 총선거에 관한 한 참가 불가 이외에는 없다"는 견해를 제시했다.[118] 재일조선인에게는 남한 단독선거의 선거권은 인정되지 않았던 것이다. 이렇게 보면, 건청 효고는 단독선거 지지를 높인 것이 아니라, 단독선거 반대의 움직임을 억제하여 선거가 끝날 때까지 재일조선인을 침묵시키는 역할을 했다고 할 수 있다.

7장

이 장에서는 조선민주주의인민공화국 창건 후의 조련과
일본공산당의 관계를 다룬다. 제6장에서 살펴본 것처럼, 교육투쟁 이후
조련과 일본공산당의 관계는 한층 긴밀해져, 1949년에는 조련 활동가가
대거 입당한다. 이러한 공산당과의 제휴 강화의 과정에서 조련의 운동방침은
어떻게 변했을까. 북한에서의 공화국 창건에 따라 조련은
'공화국 국민'으로서 일본정부에 '정당한 외국인 대우'를 요구하게 된다.
일본공산당원과 공화국 국민이라는 두 입장의 관계를 조련이나 공산당은 어떻게
이해했으며, 그것이 조련의 구체적인 활동에 어떠한 영향을 미쳤을까.
이것을 밝히는 것이 제7장의 과제이다. 이 문제에 대해 여기에서는 참정권과
식량배급 문제에 주목하고자 한다. 49년 총선거 당시에는 참정권을 둘러싸고,
제5장에서 검토한 47년 총선과는 달리 '정당한 외국인 대우'란 무엇일까라는
새로운 쟁점이 부상한다. 이 쟁점이야말로 제7장의 과제를 밝히는 열쇠가 된다.
또한 조련은 공화국 창건 후에 축하단을 보냈고, 49년 2월의
조련 제17회 중앙위원회에서는 '조국과 직결'시키는 정치노선을 확정했다고
일컬어진다. 이러한 정치노선과 공산당 입당이나 일본의 민주화운동 참가를
어떻게 이해해야 할까. 지금까지 양자는 조련 내의 두 세력,
즉 공화국으로의 '직결'을 요구하는 자와 일본의 민주혁명을 중시하는 자에 의해
별도로 진행되었다고 이해되어왔다.[1] 과연 이러한 이해는 타당할까.
이것을 검증하는 것이 제7장의 두 번째 과제이다

'조국과의 직결'과 일본의 민주화

'정당한 외국인 대우'란
무엇인가

조선민주주의인민공화국 창건과
'정당한 외국인 대우'

1948년 들어 분단이라는 형태이지만 한반도에 독립국가 수립이 확정되자, 일본정부나 GHQ는 그 대책을 강구하기 시작한다. 일본정부도 강화회의를 앞두고 조선인의 국적과 송환에 대해 검토를 진행했다.[2] 또한 맥아더는 각 부국에 재일조선인에 관한 조사를 명하여 48년 8월 16일 외교국의 핀Richard B. Finn 3등서기관은 〈재일조선인에 관한 국원 연구在日朝鮮人に関する局員研究〉를 완성했다.[3] 핀은 재일조선인을 일본의 공산주의자와 조선·중국·러시아의 공산주의자를 연결하는 '극동의 중대한 불안정 요인'으로 간주하고, 조선으로 가지고 돌아가는 재산에 대한 제한을 완화하는 식으로 해서 자발적으로 귀환시키는 것이 가장 바람직하다고 권고했다. 재일조선인의 국적에 대해서는 '연합국민'으로 인정해서는 안되며, 장래에 조선과 일본정부 간의 협정으로 결정될 때까지는 일본국민

으로 취급해야 한다는 견해를 제시했다.

즉, GHQ는 한반도에 국가가 성립된 후에도 재일조선인의 국적 변경을 인정하지 않는다고 주장한 것이다. 이는 일본정부와 동일한 견해였다.[4] 1947년 5월의 외국인등록령의 전제가 되었던 논리는 1948년에 들어서도 유지되었던 것이다.

그에 더해 48년에는 분단이라는 새로운 요소가 추가되었다. 미국에게 조선민주주의인민공화국은 용인할 수 없는 존재가 되었고, 그것을 지지하는 조련도 GHQ와 긴박한 관계가 되어갔다. 제8군은 조련에게 공화국 국기 게양을 금지하여 48년 10월의 조련 제5회 전국대회 중에 일본경찰이 국기 게양을 금하기 위해 회장으로 몰려드는 사건도 일어났다.[5]

그러나 조련은 공화국 국민이라는 입장을 포기하지 않고, 일본정부에 '정당한 외국인 대우'를 요구했다. 특히 더 강력하게 요구한 것은 식량배급이었다. 일본 패전 직후부터 외국인에 대해서는 일본국민과는 다른 특별배급이 실시되었다. 그 혜택을 입을 수 있었던 것은 연합국 국민, 중립국 국민, "전쟁의 결과 그 지위를 바꾼 나라의 국민", 그리고 '무국적자'의 네 범주에 속하는 사람들이었다.[6] 조선인은 그 어느 것에도 속하지 않은 것으로 간주되어 이 배급에서 제외되었다. 재일중국인, 타이완인 일부는 46년 6월의 재외대교국적처리변법在外臺僑國籍處理辦法에 의해 중화민국 국민=연합국민으로 인정받았기 때문에,[7] 7월 30일부터 "무국적인과 중국사절단에 중국인으로 등록된 타이완인을 포함한 44개국"으로서 특별배급 대상이 되었다.[8]

조련은 조선민주주의인민공화국의 창건을 계기로 다시 농림대신에게 식량배급에 관한 요구서를 제출했다.[9]

1. 재류조선인은 일본국민이 아니라 독립 조선국 국민이며 더욱이 외국

**조선민주주의인민공화국 중앙정부 경축대회에서 연설하는
도쿠다 규이치 일본공산당 서기장**
(1948년 10월 9일, 조련 가나가와현 본부 주최, 요코하마 가몬야마掃部山공원)
왼편 현수막에 "조선인에게 정당한 외국인 대우를"로 보이는 슬로건이 보인다.
전날에 미군으로부터 국기 게양 금지 명령이 통고되어 국기는
게양되지 않았다(《朝連神奈川特報》, 1948년 10월 15일 자).

인등록령에 응한 엄연한 외국인이라는 것을 재확인하기 바란다.

2. 연합군 사령부의 지령에 따라 일본에 재류하는 제외국인에 대해 주
   식과 생활필수품을 배증 실시하고 있지만, 조선인은 제삼국인이라는
   애매한 견해 아래 귀 정부에서는 조선인에 대한 외국인으로서의 정
   당한 처우를 거부해왔다. 하지만 이제 조선에 독립국가가 발족하여
   재외조선인은 외국인으로서의 국제적 지위를 확보하기에 이른 것이
   다. 그런 고로 귀 정부에서도 조선인의 국제적 지위를 확인하시어 재
   류 제외국인과 마찬가지로 주식과 생활필수품 배급에서도 정당한 처
   우와 선처를 재고려하여 보장하기 바란다.

조련 기관지도 동일한 논리에서 "재류조선인에 대한 식량배급을 '일본
인과 동일'한 명목적 평등"에서 "외국인에 대한 식량배급 조치"로 당장
전환하여 진정 평등하고 무차별적인 제도로 개정해야 한다는 것을 "조
선민주주의인민공화국 인민으로서" 요구했다.[10] 조련 중총이 외국인 등
록에 협력하는 조건의 하나로 '정당한 외국인 대우'가 있었다. 48년 11
월 1일 시점에서 일본인(여기에 조선인도 포함되었다)의 주식 배급이 1일
2.7홉이었기 때문에, 이것이 4홉으로 증가되는 의미는 극히 컸다. 실제
로 각지에서는 정력적으로 이 요구를 반복하여, 이바라키의 쓰치우라 지
부, 야마나시의 니라사키菲崎 지부 등 '외국인'과 동일한 주식 4홉의 배급
을 획득한 경우도 있었다.[11]

일본공산당의 식량 문제에 관한 입장과 참정권 문제

하지만 일본공산당 조선인 당원의 입장은 조련과는 약간 달랐다. 1948

년 9월 8일의 공산당 간토 지방위원회의 일반 보고에서 정동문鄭東文은 식량배급 문제에 대해 다음과 같이 언급했다.[12]

> 종전 직후 우리는 외국인으로서 4홉을 배급하라고 주장했습니다만, 일본의 식량이 절대량에서 부족할 때 우리가 특권적으로 4홉 배급을 취한다면, 일본의 인민들과의 사이에 틈이 생기므로 이러한 요구는 되도록 하지 말고, 일본인을 포함해서, 모든 조선인이 참가하여 살아갈 수 있을 만큼의 쌀을 배급하라고 주장했으나, 이것은 성공하지 못했다. 이 문제에 대해서는 최근에 거류민단에서 이승만정부의 대표부가 오면 거류민단 관계인은 쌀을 4홉 배급한다고 선전하니까 대중은 여기에 이끌리는 경향이 나오고 있습니다. 우리는 기본적으로는 먹고살 수 있을 만큼의 쌀을 배급하라는 태도를 지키지만, 특별한 정세하에서는 4홉 배급을 하라고 주장해도 지장이 없을 것으로 보입니다. 이 경우에도 일본인 대중에게는 외국인이니까 조선인이니까 4홉 배급을 하라는 것이 아니라, 역시 먹고살 수 없으니까 4홉을 달라는 쪽이 옳다고 생각합니다.

여기에서는 외국인으로서 4홉 배급을 요구하는 것에 회의적이지만, 완전히 이것을 배제하는 것도 아니라는 당의 입장을 알 수 있어 흥미롭다. 조련과 공산당의 '외국인 대우' 해석에는 약간 차이가 있었는데, 그렇다고 4홉 배급 요구를 완전히 배척한 것은 아니다.

조련과 공산당의 방침 차이는 참정권 문제로 선명해졌다. 1949년 1월 총선거를 앞두고, 조련 내에서는 참정권 문제가 논의되기 시작했다. 백무 서기장 파면 후에 조련은 다시 참정권 획득방침으로 전환하는데, '외국인'이라는 입장과 참정권의 양립 가능성에 대해 내부에서 구체적인 검토를 한 것 같다. 48년 5월에 조련 중총은 후세 다쓰지布施辰治[13]나 오가타 아키오尾形昭夫 등을 초대하여 재일조선인의 국적과 참정권에 대한 좌담회를 열고 그 양립 가능성을 찾고 있다.[14] 그리고 조련은 48년 10월 5 전대회에서 행동강령으로 '외국인 대우'와 함께 '선거권·피선거권 획득'을 내걸었다.[15] 또한 윤봉구는 48년 7월 29일 공포된 정치자금규정법이 외국인의 기부를 제한한 것을 "조선인이 일본 선거에 미치는 영향을 우려했기" 때문이라고 보고, 다음과 같이 비판했다.[16]

세금 징수는 물론 교육 문제, 국기사건 등에 나타난 바와 같이 외국인으로서의 정당한 주장은 억압해놓고, 또 자기들에게 불리한 점에 대해서는 외국인 운운하고 있다. 원래 일본에 있는 조선인은 그저 소수 외국인의 일시 거류로 취급할 성질의 것이 아니니, 일본헌법을 비롯해서 전 정책에 소수민족에 대한 보호규정이 있어야 할 것이다.

한편, 5전대회에서도 민청에서 외국인으로서 4홉 배급을 요구하는 것과, 참정권 획득은 모순되지 않는지 의문이 제기되었다.[17] 48년 12월 6일에 조련 중총의 이심철李心喆 서기장은 "선거권·피선거권을 요구하는 것은 모든 의무를 강요받고 법적으로 구속을 받고 있으므로 당연히 방증이 되는 권리가 부여되지 않으면 안 된다"는 견해를 다시 제시하고, '외국인 대우'란 교육의 자주성, 식량배증 등을 가리키며, "치외법권적인 것은 물론, 그 외에 일본인에게 초연한 권리나 대우 따위는 생각할 수 없다"고 언급했다.[18] 조련 중총은 양자가 모순되지 않다는 입장을 취했던 것이다. 한편, 이심철 서기장은 "연합국인으로서의 대우에 관한 문제는 맥아더사령부의 소관이며, 우리들이 요구하는 외국인 대우 문제와 혼동해서는 안 된다"고 언급하기도 했다. 이전의 '준연합국민' 요구는 기각되어, 조련으로서도 요구 내용을 한정했던 것을 알 수 있다.

하지만 공산당의 견해는 조련 중총의 견해와는 달랐다. 일본공산당 중앙위원회 서기국[19]은 48년 12월 15일 자로 지령 제318호 〈재일본조선인민대중의 해방과 총선거전에 대해〉를 각 지방 부현위원회 앞으로 발령했다.[20] 이 지령에서는 공화국 국기 게양 문제나 탁주 적발 문제 같은 관헌과의 대립을 들며, 민단이나 건청의 반동분자가 재일조선인 사이에서 세력 확대를 노리고 있다고 지적했다. 그리고 그중에서도 '일선日鮮 양민의 이간 공작'이 노골화되고 있다며 다음과 같이 기술했다.

반동분자는 재일본조선인민대중 사이에 남아 있는 편협한 민족주의적 감정을 선동하여 '조선인민 주식 4홉 획득 요구'라든지 '무리한 국기 게양'이라든지 '독선적인 탁주 밀조' 같은 기계적인 행동이나 힘 관계를 무시한 투쟁을 도발하여, 이것이 상당히 커지는 틈을 노려, 스파이로 하여금 관헌의 탄압을 유발하고 있다.……주식의 부족은 일선 양 인민의 공통된 고통이며, 재일본조선인민이 4홉 배급을 요구하는 기분도 이해되고 그들이 조선인민공화국기를 게양하고 싶어 하는 감정도 조국애의 발로이며, 직업과 직장생활을 보장받지 않는 한 암거래로 내달리는 사정은 어쩔 수 없는 면도 있다.

하지만 이 모든 것은 재일본조선인민대중의 기계적인 고립적 일상투쟁만으로는 절대로 올바르게 이해되지 않는다. 재일본조선인은 일본인민과 함께 '일할 수 있을 만큼의 주식'과 '안정된 직업'과 '민족의 완전한 독립'을 공동으로 전취하지 않으면 안 된다.……일본공산당의 승리 없이는 재일본조선인민대중의 완전한 해방도 생활권 확보도 있을 수 없다.……일본공산당으로의 집중적 투표를 조금이라도 방해하는 듯한 행동은 엄중히 삼가지 않으면 안 된다.

정동문의 보고보다도 한발 더 나아가 4홉 배급이나 국기게양은 '반동분자'의 도발이라고까지 언급하고 있다. 명백히 선거를 앞두고 조련의 급진적인 움직임이 공산당의 인상을 나쁘게 할 것을 우려하여, 이것을 억제하려고 한 것이라고 할 수 있다.

'정당한 외국인 대우'와 민족차별 반대

일본공산당 서기국의 4홉 배급 요구에 대한 비판은 조련 내부로도 파급되었다. 48년 12월 21일 자 《조련중앙시보》에는 이바라키현 본부 활동가로 4홉 배급을 획득한 장본인의 의견이 게재되었다.[21] 그는 조련이 추진하고 있는 4홉 배급 획득투쟁을 "특권 획득투쟁이자 인간 불평등 투쟁이다"라고 통렬히 비판했다. 그리고 생활수준을 개선하기 위해서는 하루라도 빨리 일본의 민주적인 혁명을 수행하지 않으면 안 된다고 주장했다. "자유와 생활권을 확립하기 위한 선거권·피선거권 획득투쟁"을 우선하고, 그 후에 교육비 부담과 직장 획득을 요구해야 한다고 주장했다.

참정권에 대해서도 47년 총선거 당시와는 달리, 조선 해방의 측면 지원이라는 이유는 약화되었다. 대신에 "우리가 살아가기 위해서는 일본 민주세력이 이기지 않으면 안 된다"고 하여 조선인의 생활고 해소가 주요한 이유가 되었고, 덧붙여 "일본인들의 생활안정 없이는 조선인의 생활안정은 불가능하다", "일본이 민주화되지 않으면 조선인의 인권과 생활권을 확보할 수 없다"는 등, 일본인의 생활안정이나 민주화야말로 조선인이 이루어야 할 과제로 보는 논리가 강조되었다.[22]

그렇다면 공산당은 '외국인 대우'를 어떻게 이해하고 있었을까. 일본공산당 간토 지방위원회 민족대책위원회 기관지 《조선의 별朝鮮の星》에

는 외국인 대우와 4홉 배급 문제를 둘러싼 흥미로운 왕복서한이 게재되어 있는데, 이 문답에서 공산당의 인식을 엿볼 수 있다.[23]

왕복서한은 '한 지방의 동지' K가 질문하고, '간토 지방위원회 동지' R이 이에 답하는 형식으로 되어 있다. 우선 K는 외국인 대우로서 4홉 획득이 특권인지의 여부를 묻고, R은 "'외국인으로서' 4홉을 받는 것은 일본에 그만큼의 식량이 있다고 해도 객관적으로 보아 특권입니다"라고 비판한다(제1신, 제1답신). 이것은 앞의 이바라키 활동가와 동일한 견해라고 할 수 있다. 그리고 R은 정당한 외국인 대우에 대해 이렇게 주장한다(제2답신).

> 외국인 대우란 구체적으로 어떠한 대우를 말하나요? 어떤 사람들은 4홉을 받고 선거권을 받지 않는 대우라고 하고, 어떤 사람들은 일본의 법률에 따르지 않는다거나 세금을 납부하지 않는다거나 하는 치외법권적인 대우라고 생각하고 있습니다. 다른 사람들은 민족의 말로 교육을 하고 민족문화를 육성하고 국기를 게양하고 조선복 옷감이나 마늘이나 고추 같은 특수한 생활양식 등의 보호, 민족적인 집회의 완전한 자유 등을 외국인 대우라고 합니다. 우리들이 '정당한 외국인 대우를 하라'고 할 때, 정확히는 이 세 번째를 말합니다.

R은 즉 민족교육, 민족문화의 보장, 생활양식의 보호, 집회의 자유 등에 한정하여 외국인 대우를 파악하고 있으며, 그 이외의 4홉 배급이나 세금을 납부하지 않는 따위는 '특권'이라고 주장한다. 다른 곳에서 R은 "외국인 대우를 하는 사람에게 선거권을 주는 나라는 세계에 어느 나라도 없다"는 어떤 정장町長의 의견에 "나도 유감스럽게도 그 정장님이 말한 대로라고 생각합니다"(제2답신)라고 답했다. 또한 '외국인 대우'는 본

질적으로는 "'민족차별을 하지 말라'는 것"(제3답신)이라고 기술하기도 했다. 즉, R은 조련이 내거는 '외국인 대우'는 '외국인'으로서의 대우를 의미하는 것이 아니라, 민족차별에 반대하는 것으로 이해해야 한다고 한 것이다. 당의 기관지에 게재된 이상, 이 의견은 공산당의 인식으로 보아도 좋을 것이다.

이미 여러 차례 언급했듯이, 조련은 당초에는 '준연합국인' 대우를, 외등령 제정 후에는 '정당한 외국인 대우'를 요구해왔다. 참정권에 대해서도 국적의 유무가 아니라 '정치의 지배', '생활의 근거'가 있으면 부여되어야 한다고 주장해왔다. 하지만 이 시점에서 공산당은 '외국인 대우'의 의미를 민족문화의 옹호나 차별 반대라는 차원으로 한정했다. 한편 "일본의 법률에 따르지 않는다"는 것을 부정적으로 언급하는 점에서도 법적 지위를 일본인과 다른 것으로 간주하는 것에 반대했다고 할 수 있다. 물론 조련은 일본의 법률에 일체 따르지 않는다는 따위의 주장을 한 적은 없었고, 오히려 이것은 정부의 조선인 공격의 레토릭이었지만, 적어도 공산당이 이 시점에서 '외국인'이라는 입장을 전면에 내세워 참정권을 주장하는 것을 기피한 것은 확실하다. 배급 할당을 심의하는 농업조정위원회의 선거에서도 공산당은 조선인 후보자를 옹립하여, 외국인이라는 것을 굳이 주장하지 않고 생활 향상의 길을 찾고 있었다.[24]

하지만 공산당의 의향이 조선인 활동가에게 자연스럽게 수용된 것은 아니었다. 앞의 왕복서한 속에서도 K는 4홉 획득이 '특권'이라고 "도쿄에서 우리 지방으로 출장 온 어떤 동지"에게 이야기하자, 다음과 같은 비판을 받았다고 쓴다(제2신).

너는 민족성을 말살하고 있는 거야, 일본의 반동들은 다른 외국인에게는 모두 외국인 대우로 4홉 배급을 하면서 우리 조선인에게만은 민족차별을 하고 있어, 그러니까 이 투쟁이야말로 민족차별 반대투쟁이고 권력투쟁이야. 너는 이 투쟁만을 따로 떼어내서 생각하는데, 선거 획득투쟁과 결부시켜서 하지 않으면 안 돼. 조선인의 민족의식을 고양시키기 위해서도 외국인 대우 문제를 제출할 필요가 있고, 이렇게 하지 않으면 조선인운동은 안 될 거야.

K는 '지방의 다른 동지들'도 이에 찬동했다고 쓰고 있다. R은 이것이 '반동적인 민족의식'이라고 단정하지만 오히려 생각해야 할 것은 R이나 K의 의견이 거의 실천의 장에서 통용되지 않는 이유일 것이다.

이바라키에서 4홉을 획득한 활동가는 획득운동을 한 이유를 "거류민단이 가입하기만 하면, 4홉 받을 수 있다고 무의식 대중을 속이고 자기 진영에 끌어들이려고 책모해서 이에 기선을 제압하기 위해서"라고 설명했다.[25] 앞에서 언급한 정동문도 동일한 지적을 했다. 또한 한국에서 "특사가 오면 민단이나 건청에 등록하지 않으면 쌀 배급을 받을 수 없다"는 소문이 퍼졌다는 기사도 있다.[26]

민단과 건청 사이드의 활동가들은 주일대표부를 설치할 한국정부야말로 재일조선인이 정당한 '국민'이라는 것을 보장하며, 또한 그것은 일본정부에 의한 '외국인 대우'를 담보한다고 하며 나아가서는 민단과 건청에 가입하면 4홉을 배급받는다고 호소한 것 같다. 이러한 가운데 조련이 일방적으로 '외국인 대우'를 취하하는 것은 곤란했다.

생활고가 심각해지는 가운데, 배급의 다과가 일상을 사는 사람들에게 극히 중요한 문제였다는 것을 상상하는 것은 어렵지 않다. 조련은 49년 1월 11일 제11회 간토 지방협의회에서도 이바라키나 지바에서 4홉 배급을 획득한 것을 긍정적으로 소개하고 있어,[27] 공산당의 비판에도 불구하고 현장에서는 이 요구를 취하하지 않았다. 만약 참정권과 4홉 배급의 양자택일이라고 하면, 바로 어제까지 조선인을 지배하고 패전 후에도 탄압을 계속하는 일본의 민주화와 독립국의 외국인으로서의 지위 중 어느 쪽을 재일조선인은 선택할 것인가. 왕복서한에 있었던 "조선인의 민족의식을 고양시키기 위해서도 외국인 대우 문제를 제출할 필요가 있고, 이렇게 하지 않으면 조선인운동은 안 될 거야"라는 비판은, 참정권과 외국인 대우를 모두 밀어붙이지 않으면 사람들의 지지를 얻을 수 없다고 생각한 조선인 활동가의 리얼한 인식이 아니었을까.

'조국과의 직결'이
의미하는 것

'조국 방위＝일본의 민주화'

'정당한 외국인 대우'론은 이리하여 조련의 슬로건에서 사라졌지만, 이 것은 조련이 공화국 국민이라는 것을 주장하지 않게 된 것을 의미하지 않는다. 오히려 조련은 49년 2월 12~14일 제17회 중앙위원회에서 모든 활동을 '조국'으로 '직결'시키기로 결정했다.

여기에서 주목해야 하는 것은 '직결'이 구체적으로 의미하는 바이다. 윤근 의장은 개회사에서 "한국의 멸망은 목전에 다가온다"고 하며, "공화국은 남북을 통일하고 국토를 완성할 준비태세를 완료했다"고 언급했고, 나아가 "우리나라의 적은 일본제국주의이다. 반제투쟁을 적극적으로 전개하여 조국의 방위에 공헌하라!"고 호소했다.[28] 여기에서는 '조국과의 직결'이 일본과의 투쟁을 통한 '조국 방위'와 밀접하게 연관된 것이었음을 알 수 있다. 조련 기관지도 중앙위원회의 결정을 "공화국의 영예로운 국민으로서의 신념과 자존심을 가지고 일본의 철저한 민주화를 도모하고 조국이 또다시 침략당하지 않도록 온몸으로 방위하지 않으면 안 된다"고 해설했다.[29] 같은 시기에 조련이 행한 '3·1혁명 기념투쟁'의 지침에도 미군 주둔 요청에 대한 반대와 함께 "공화국 인민으로서의 일본 민주화 촉진운동과의 공동투쟁", "일본 재무장화에 대한 관심을 고양시킬" 것이 담겼다.[30] 즉, 제17중위에서 나온 '조국과의 직결'은 구체적으로는 일본의 민주화에 의한 '조국 방위'를 의미했다고 할 수 있다.

이러한 인식은 제5장에서 살펴본 김두용의 천황제 타도 논리와 동일한 것이다. 김두용의 주장은 어디까지나 공산당원으로서의 의견에 머물렀고, 당시 조련은 이를 채택하지 않았다. 그러나 여기에서 조련은 '조국 방위=일본의 민주화'라는 논리를 공식적으로 표명하게 되었다.

확실히 동아시아의 국제정세는 그 사이에 크게 요동쳤다. 중국에서는 공산당의 승리가 결정적으로 되었고, 남한에서는 48년 10월 여수와 순천에서 군인들이 봉기하여 북조선 지지를 표명하며 빨치산이 되었다. 한편, 이런 가운데 미국은 48년 10월 9일 NSC 13/2를 채택하여 대일 점령정책을 전환, 점령개혁을 중지하고 '경제 부흥'을 중심에 둔다. 군부는 일본의 재무장을 바라게 된다. 조련의 제17중위 결정의 배경에 이러한 동아시아 정세의 변화가 영향을 미친 것은 틀림없을 것이다.

그리고 조련은 여기에서 한발 더 나아가 '요시다 내각 타도'를 내걸게 된다. 조련은 민족교육 탄압으로부터 1년을 기하여 '4·24기념투쟁'을 조직했다. 조련은 이 투쟁을 "일본의 인민대중이나 민주세력과 제휴하여 생활권 획득, 교육비 획득, 민족차별 철폐, 선거권 획득, 희생자의 즉각 석방, 나아가서는 전쟁 반대, 자유와 평화와 독립의 인민민주주의정부 수립을 위한 요시다 내각 타도운동으로까지 폭넓게 전개하지 않으면 안된다"고 주장했다.[31] 이것은 49년 5월 25~27일 제18회 중앙위원회에서 "일본인민과의 공동투쟁을 통해 요시다 반동내각을 타도하고 일본에 민주인민정부를 수립하여 조국을 방위하자"는 슬로건이 된다.[32] 조련 기관지는 "요시다 내각의 타도는 조국의 번영과 직결"된다고 명확히 표현했다.[33]

제2장에서 살펴본 것처럼, 조련은 46년에도 시데하라·요시다 내각 타도운동에 참가했지만, 내각 타도 슬로건을 조련의 이름으로 내걸지는 않았다. 49년의 '내각 타도' 슬로건은 이러한 의미에서 하나의 전기가 되었다고 할 수 있다. 이러한 방침이 공산당과의 제휴 강화의 결과라는 것은 명백하지만 한편으로 이것은 북한의 방침이기도 한 것은 아닐까. 이 무렵 북한에서는 남북의 민주주의민족전선의 통합이 진전되어 49년 6월 25일 조국통일민주주의전선(이하 '조국전선')이 결성되었다.[34] 그 강령의 제11항에는 "일본을 제국주의적 일본으로 부활시키려고 하는 정책에 반대하여 투쟁한다"고 되어 있다.[35] 조련은 조국전선에 참가하여, 12월사건으로 남한으로 송환된 송성철이 대표로 들어갔다.[36] 결성대회에서는 한덕수가 중앙위원으로 선출되었다.[37] 남한에서의 활동이 거의 불가능해지는 가운데, 조련은 일본에서 합법적으로 활동할 수 있는 귀중한 존재였다. '조국 방위=일본 민주화'론은 북한과 조국전선에게도 바람직한 것이었다고 할 수 있다. 이리하여 '이중의 과제'는 하나로 수렴되어갔다.

일본공산당 입당의 논리와 심리

재일조선인의 일본공산당 집단 입당은 이러한 '조국 방위=일본 민주화'론의 확립과 같은 시기에 진행되었다. 먼저 그 당시의 논리를 살펴보자. 49년 4월 25일 4·24투쟁 1주년기념 전국대회 석상에서 350명의 조선인이 일본공산당에 집단 입당했을 당시 조련의 윤봉구는 다음과

같이 말했다.[38]

> 오늘 이 자리에 모인 일본 인민대중과 일본공산당에 대해 조련 조직으로서 한마디 요청한다. 오늘 조련 맹원 중에서 많은 동포가 일본공산당에 입당했다. 공산당원의 생활은 인간으로서의 최고로 명예로운 일이며, 입당한 날이 진정한 생일 같은 것이라고 들었다. 오늘 입당한 동포들은 평생 그 생일을 잊지 않을 것이며, 또한 그 결심을 잘 생각하여 부디 열심히 지도하고 훌륭한 공산당원이 되어 조선민주주의인민공화국 국민으로서의 긍지가 되도록 부탁한다.

이러한 설명—훌륭한 일본공산당원이 되는 것이야말로 공화국 국민으로서의 긍지가 된다—을 한 것은 윤봉구뿐만이 아니다. 49년 3월부터 6월에 걸쳐 일본공산당으로의 집단 입당이 계속되었는데, 조련의 오종옥吳宗玉은 "진정한 애국자가 되기 위하여 김천해 선생님을 따라 일본공산당에 입당한다"고 언급했다.[39] 조국통일민주주의전선이 결성되자, 각지에서 입당 움직임이 가속화된다. 그에 대해 한덕수는 다음과 같이 말했다.[40]

> 특징적인 것은 지방 사람들이 대량으로 공산당에 들어가는 점이다. 이것은 대단히 중요한 현상이며, 종래의 운동이 일단 민족운동으로서 전개되었다고 할 수 있지만, 민주적 민족운동의 본의가 결코 충분히 이해된 후에 투쟁이 진행되었다고 할 수는 없는 상태였다. 그것이 지금은 어느 계급이 주동력이 되어 민족운동이 전개되는가 하는 점에 대해서도 확실히 이해가 심화되었고, 또한 조국의 민주적 자주독립운동의 성장, 아시아에서의 민주민족혁명의 태풍 같은 진전 등의 국제정세에도 눈

을 뜨게 되었고, 더욱이 조련의 조직 내부의 계몽 활동의 효과도 거들어 우리 운동 전체가 의식적으로 민족해방운동의 형태를 취하기에 이르고 있다. 그것이 공산당 입당으로 단적으로 표현되고 있다.

즉, 49년에는 조선민주주의인민공화국의 국민이라는 자기규정에 기초하여 일본에 대해 '정당한 외국인 대우'를 요구하는 것이 아니라, '일본공산당원=진정한 애국자'라는 등식에 기초하여 일본공산당 입당을 촉구하는 방향으로 접속되었던 것이다. 조선민주주의인민공화국이 창건된 후에 오히려 재일조선인이 '외국인'이라는 주장이 억제되어가는 것은 모순이라고 할 수 있다. 하지만 이것은 궁색한 레토릭이 아니라, 조련 의장으로 북한과도 접촉했던 한덕수가 공식적으로 언급한 점으로 보아, 이른바 공정 논리였다고 할 수 있다.

'당원'이 된다는 것

그렇다면 실제로 일본공산당원이 된 조선인들의 의식은 어떠한 것이었을까. 아래에서는 구체적인 입당 동기에 대해 살펴보자.

재일조선인의 대량 입당은 49년 3월경부터 시작되는데, 이미 46년 2월 10일 조련 니시아라이西新井 분회에서 130여 명을 모아 열린 청년부 대회에서 김두용의 연설을 들은 "청년들은 다대한 감명을 받아 대부분이 청공에 가입하게 되었다"는 기록이 있듯이, 비교적 일찍부터 입당했던 것 같다.[41]

46년 4월에 입당한 김의원金義元은 15세에 현해탄을 건넜는데, 일본인보다 일당도 싸고 조선인이라서 바보 취급도 받고 특고경찰에게 붙잡혀

고문도 받았다. 그러나 자신을 괴롭히고 조선을 식민지로 한 것은 '제국주의적 천황제'라는 것을 공산당을 통해 알게 되었다. 따라서 "일본에 있는 나는 조선인의 행복을 위해서도 조국의 발전을 위해서도 공산당에 입당하여 내 힘과 정열을 일본 민주혁명에 바치는 것 말고는 길이 없다"고 생각하게 되었다고 기록했다.[42] 이덕주李德柱(42)도 "공산당에 입당해 일본의 인민과 함께 싸우는 것만이 재일조선인의 생활을 안정시키는 일이고, 또한 조선의 통일도 공산당이 강해지지 않는 한 있을 수 없다는 것을 알았기 때문에 입당했다"고 말했다.[43]

학생 김영춘金永春은 당초에는 중립을 주장했는데, 이승만의 비서가 "이왕은 일본과 한국의 합병에 대해 전혀 책임이 없으며, 반드시 본국으로 데려 와서 임금님으로 삼지 않으면 안 된다고 외쳤다"는 것을 듣고 공산당에 입당했다고 한다.[44] 또한 "강습회를 끝내고 조선의 완전독립과 부인의 완전한 해방을 위해서는 공산당에 들어가 투쟁하는 것 말고는 길이 없다고 생각하여 입당을 결의했습니다"라고 말하는 이영향李永香(18)처럼 각 지역의 강습회를 거쳐 입당하는 루트도 있었다.[45] 석영근石永根(38)은 해방 전에 직장인 토목 현장에서 알게 된 사회주의자에게 배워 입당했다.[46]

당원이 되는 것은 긍지이기도 한 것 같아, "젊은 동지들은 오늘 입당신청서를 썼다고 해서 하룻밤 사이에 보통사람과 다른 사고방식, 말투, 태도, 동작을 하고 싶어 하는 경향이 있지만, 이렇게 하면 안 된다"는 비판이 있었을 정도였다.[47]

한편으로 입당을 망설인 사람도 있었던 것 같다. 정인곤鄭寅錕(48)은 "나는 전부터 공산당이 하는 것은 옳다고 생각해서 여러 가지로 협력은 해왔지만, 당원은 모두 이론이 높아서 나는 들어갈 자격이 없다고 생각했다, 이제부터 공부해서 좇아가고 싶다고 생각합니다"라고 말해 장벽

이 높았던 것을 엿볼 수 있다.[48]

당 활동이 조선인의 생활과 갈등을 일으키는 일도 있다. 탁주 제조에 관해 "공산당원으로서 올바른 활동을 하면 동포의 생활이 힘들어진다. 즉, 보스의 부정을 적발하면 보스는 동포가 생명줄로 기대는 소주를 만들게 하지 않는다"는 김학근金學根의 발언은 그 대표적인 예이다.[49] 김병여金炳餘는 "조선에 노부모가 있고 또 독자라서 지금 나이는 젊지만 아이가 하나 있어서 가정 사정과 가정생활 때문에 입당해도 함께 활동하지 못할 것 같아 좀체 결심이 서지 않았지만, 오늘 과감히 입당했다"고 쓰고 있다.[50] 노부모가 한국에 산다면, 자식이 공산당원이라는 것은 불이익을 당할 원인이 될 수 있다. 경우에 따라서는 생명의 위험마저 있을 수 있다.

어쨌든 '조국' 해방, 독립, 통일을 위해 어디까지나 민족적 동기에서 공산당에 입당했다는 점이 공통적이다. 그러나 당으로서는 되도록 조선인 당원을 일본인 속에서 활동하도록 요구한 것 같다. 예를 들면, 《조선의 별》에서 정재필鄭在弼은 조선인 당원이 조선인단체에서만 활동하는 것을 '그룹 편중주의'로 비판했다.[51] 그리고 그 폐해를 극복하기 위해서는 "일본인민과 친해지는 것에서 출발하지 않으면 안 된다고 생각한다"고 하며, 조선인 당원에게 거주세포에서 활동할 것을 지도했다. 그러나 조선인 당원이 거주세포에서 활동한다는 것은 일본인 공동체 속에서 혼자 활동하는 것을 의미했다. 하지만 조선인단체에 출입하며 "조선인들만 모인다는 것도 가장 기쁜 일이었습니다. 일본의 학교에 갔을 때는 도시락 반찬으로 고추를 못 가지고 가서 창피해서 씻어서 가지고 갔습니다"라고 하는 사람에게는 이것은 커다란 곤란이었을 것이다.[52]

이미 살펴본 것처럼, 많은 선행연구는 공화국 창건 전후에 조련 내부에 일본공산당 그룹과 '조국'을 지지하는 두 그룹이 생겼다고 이해하고, 두 그룹은 이데올로기적으로도 대립관계에 있었다고 주장한다.[53] 그러나 이상의 검토에서도 명확하듯이, 한덕수 자신을 포함해서 조련의 간부 차원에서 공산당인가 '조국'인가를 둘러싼 대립은 표면화되지 않았다. 오히려 간부들은 양자를 접합하는 논리를 주장하여, '정당한 외국인 대우론'에서 멀어져갔다. 이러한 가운데 오히려 갈등에 직면한 것은 현장 활동가들이었던 것이다.

8장

지금까지 살펴본 것처럼, 조련은 그 강력한 조직력으로 귀환,
생활권 옹호, 민족교육 등 광범위한 활동을 담당했고,
일본정부도 그 협력 없이는 재일조선인에 관한 여러 사무를
수행할 수 없을 정도의 영향력을 가지고 있었다.
그러나 1949년 9월 8일 일본정부는 단체 등
규정령(이하 '단규령')에 근거하여 조련과 민청에 해산을 명한다.
제8장에서는 조련과 민청 해산에 대해, 패전 후 일본의
단체 규제라는 시각에서 검토하고자 한다.

조련과
미청의
해사

패전 후 일본의 단체 규제와
조선인단체

칙령 제101호와 조선인단체

우선 단체 규제령의 전신인 칙령 제101호와 조선인단체의 관계를 검토
하자.

'대일본제국'에서 단체 규제의 핵심 근거는 치안유지법과 치안경찰
법이었다. 일본정부는 항복 후에도 두 법의 폐지를 고려하지 않았는데,
GHQ의 이른바 인권지령에 의해 폐지가 결정되었다. 한편, GHQ는 구
치안법제를 대신하여 민주화와 비군사화를 위한 지령을 발했는데, 그 하
나가 46년 1월 4일의 SCAPIN 제548호 〈어떤 종류의 정당, 정치적 결사,
협회 및 기타 단체의 폐지〉였다. 일본정부는 이것에 기초하여 2월 23일
칙령 제101호 〈정당, 협회 기타 단체의 결성 금지 등에 관한 건〉(이하 '칙
령 제101호')을 공포했다. 이 칙령이 점령하의 단체 규제의 핵심이 되었
고, 이후에 개정되어 단체 등 규정령 그리고 파괴활동방지법이 된다.

칙령 제101호는 형사절차를 거치지 않고 행정절차에 의해 단체의 해산,

주요 임원의 공직 추방, 재산 접수 등의 제재를 가할 수 있는 극히 강력한 단체 규제법령이다. 제1조 제1항 각 호에서는 ① 점령군에 반항, ② 침략 정당화, ③ 아시아 지도자 참칭, ④ 무역·상업·직업 종사에서 외국인 배제, ⑤ 국제적 문화·학술 교류 반대, ⑥ 군사적·준군사적 훈련 실시, 구 군인에 대한 은전·특권 부여, ⑦ 암살 등에 의한 정책 변경 조장·정당화 등을 목적으로 하거나 행위를 하는 단체의 결성 금지가 결정되었다. 칙령 제101호의 공포 직후인 2월 25일 제1조 각 호 해당 단체인 아세아대륙협회, 대아척사의숙大亞拓土義塾 등 46개 단체와 육해군 장교, 헌병, 특무, 그리고 해산된 단체 구성원의 단체 임원 취임을 금한 제4조 제1호 해당 단체로서 동아연맹 등 72개 단체를 포함한 118개 단체의 해산을 지정했다. 해산된 단체 구성원이 주요 임원을 역임하거나 구성원의 4분의 1을 점하는 단체에 해산을 명령할 수 있다고 결정하여, 구성원 출신의 조직 활동에 엄격한 제한을 가할 수 있었다. 더욱이 정당 등의 결사 신고 의무 규정을 구비하여 위반한 경우의 벌칙도 정했다. 이 규정은 단규령의 개정에 의해 52년에 공포된 파괴활동방지법에는 없으며, 점령기 단체 규제의 특징이라고 할 수 있다. 공산당이 이 규정에 따라 제공한 정보를 기초로 49년 이후의 레드퍼지가 추진된 것을 감안하면, 치안정책에서 커다란 위력을 가진 것은 명백할 것이다.

이상과 같은 칙령 제101호의 취지에 비추어보면, 처음으로 대상이 될 가능성이 있었던 것은 전시기에 일본의 침략전쟁에 협력한 조선인이 관여하는 단체였다. 특히 건동과 민단에는 해산 지정된 동아연맹의 주요 간부였던 권일과 조영주曹寧柱가 참가했으며, 마찬가지로 전시기에 양자가 관여했던 일심회도 45년 12월 민정국(이하 'GS')이 작성한 해산 대상 단체 일람표에 포함되어 있었다.[1] 하지만 이 조선인단체들은 해산명령을 받지 않았다.

오히려 문제가 된 것은 해산보다도 결사 신고였다. 서두에서 언급했듯이, 칙령 제101호는 '정당, 협회 기타 단체'의 결사 신고 의무를 규정하고 있는데, 제5조 제1항 각 호는 (1) "공직의 후보자를 추천하거나 지지하는 것", (2) "정부의 정책에 영향을 미치는 행위를 하는 것", (3) "일본국과 제외국인 간의 관계에 관해 논의하는 것"의 어딘가에 해당되는 단체에 대해서는 명칭, 목적, 사무소 소재지, 임원의 주소와 성명이나 군대·경찰 근무 경험, 과거의 소속단체, 유력한 재정적 원조자의 주소와 성명과 원조 금액, 구성원의 주소와 성명과 과거에 소속된 정치적·사상적 단체의 명칭을 소재지의 시정촌에 신고하지 않으면 안 된다고 했다. 신고를 하지 않거나 허위 신고를 할 경우에는 1,000엔 이하의 벌금이 과해졌다(제7조). 이 신고 정보들은 시정촌에서 일반에게 공개되었다.[2] 비밀결사의 배제라는 칙령의 목적에 따른 규정이라고 할 수 있다.

문제는 조선인단체에 결사 신고를 할 의무가 있는지의 여부이다. 이에 대해 내무성 지방국은 1946년 6월 12일 자로 통첩을 발해 "내지에 재주하는 조선인과 타이완인이 조직하는 단체에 대해서도 물론 결사의 신고가 필요하므로 유의할 것"이라 하여, 조선인·타이완인 단체가 대상에 포함된다는 해석을 제시했다.[3] 중화민국민을 포함하는 연합국민에게는 신고 의무가 없으므로,[4] 이 통달은 일본정부의 구 식민지민에 대한 통치권의 재확인이라는 논리에 기초한 것으로 보인다.

이 통달의 의미는 노동조합과 농민조합에 대한 대응과 비교하면 보다선명하다. 애초에 칙령 제101호는 노동조합이나 농민조합에 대해서는 그육성을 촉진한다는 점령정책의 필요에서 결사 신고를 면제했다.[5] 경찰도"현재 결성 도중에 있으며 미발달된 이 조합들의 건전한 발달을 저해하지않는다"는 취지를 설명하고 있으며,[6] 결사 신고 의무가 단체 규제의 성격을 가지는 것을 인정하고 있었다. 한편, 조련은 일본의 패전 직후부터 각지에서 조선인 미지급 임금 요구와 같은 교섭을 사업주와의 사이에서 강력히 전개했다. 하지만 후생성은 46년 6월 21일 자로 통첩을 발해, 조련이나 기타 유사단체는 노동조합법 제2조에 해당하는 노동조합이 아니므로, 사업주와 교섭할 권한을 갖지 않는다고 하여 그 활동을 봉쇄해버렸다.[7]

즉, 조련은 후생성에서는 노동조합이 아니라고 배제되면서 내무성에서는 조선인은 일본의 법령에 따라야 한다고 하여 결사 신고 의무의 대상이 되었던 것이다. 조선인단체는 당초부터 전후 개혁의 은혜를 입지 않았는데도 단체 규제의 대상에는 포함되었던 것이다.

내무성의 신고 장려와 조련의 대응

그렇다면 실제로 조련 등의 조선인단체에 결사 신고 의무가 부과되었는가. 46년 8월 2일부터 4일에 걸쳐 열린 조련 제7회 중앙위원회에서 시즈오카 선출 중앙위원은 조련이 일본 당국에 정당협회 등을 등록하지 말도록 요청했으나, 우리 지방 지부에는 등록하라고 아직도 강한 압력이 들어오고 있다, 중앙위원회는 이것을 어떻게 생각하는지 질문했다.[8] 10월 14일의 제3회 전체대회에서도 조련 중총은 〈정당 결사 협회 등 등록에 관한 건〉을 탄압정책의 하나로 들었다.[9] 여기에서 말하는 '등록'이 칙령 제101호에 기초한 신고를 가리키는 것은 명백하며, 도도부현 지사가 조련 지방 본부에 신고를 장려한 것을 알 수 있다. 하지만 중총은 이에 응하지 않는다는 방침이었다.

그 무렵, 일본공산당 중앙위원회 서기국은 각 지방위원회에 경찰 당국이 "신고를 당 활동 억제의 수단으로 악용하는 경우가 보인다"고 경계를 호소하고 있는데,[10] 조련은 정당처럼 간섭받고 있었다고 할 수 있다. 좌익계 학생단체인 전학련이나 대중단체인 민주상공회 등은 단규령 제정 이후에 신고를 권고받게 된 것을 생각하면 조련에 대해 당국이 특별한 관심을 가졌던 것은 명백하다.

조련은 결사 신고 의무 요건 중에 어디에 해당하는 것으로 간주되었을까. 48년 4월 중총은 내무성과 각 도도부현에 제1항의 (1)에도 (3)에도 해당되지 않는다고 항의했다는 기록이 있으므로, 이 둘에 해당한다고 간주되었을 것이다.[11] 참정권 요구나 혁신계 후보 지원이 (1)의 공직 후보자의 추천, 지지로 간주되었을 가능성도 있다.

점령 당국과 조선인 각 단체

계속해서 점령 당국의 조선인단체에 대한 자세를 살펴보자. 당시 발행된 잡지 《자유 조선自由朝鮮》에는 "이번 진주군 총사령부에서 각 조선인단체(물론 정치단체로 해석되는 것에만 해당되겠지만)에 대해 각자의 운동 경과와 조선인에게 미친 이익을 보고해야 한다는 명령이 나왔다"[12]는 기술이 있는데, 이것은 46년 7, 8월경의 일인 것 같다. 민단은 결성 직후인 46년 10월 17일 'GHQ 조선국'(GS 조선과를 말하는 것으로 보인다)을 방문했고, 같은 달 19일에는 일본정부를 방문하여 '거류민단 등록'을 한 것 같은데,[13] GHQ의 요청에 응한 것일지도 모른다.

조련도 점령 당국에는 단체 관련 정보를 제출했다. 제10회 중앙위원회에서 신홍식 외무부장은 남한 미군정청 민간첩보국(이하 'CIS') 소속 민간검열부대(이하 CCD)가 재일조선인단체의 실태와 활동 보고를 요구했기 때문에 조련은 매월 서류를 제출하고 있다고 보고했다.[14] 실제로 47년 3월 4일 CCD의 캘빈 사카모토Calvin K. Sakamoto는 신홍식 외무부장에게 전 간부의 약력을 수집하기 바란다고 의뢰, 조련 측은 중앙상임위원 등 13명의 이력을 제출했고, 민단도 마찬가지로 임원 명부와 이력,

수지일람표를 제출했다.[15] 따라서 이 시점의 조련은 점령 당국에게 정보를 제출하는 것은 받아들였지만, 일본정부나 지방 행정기관에 제출하는 것에는 저항했다고 보아야 할 것이다.

이에 관한 조련과 점령 당국의 교섭은 흥미롭다. 47년 3월 15일 점령 당국(부국은 미상)은 조련 외무부의 신홍식을 호출하여 참정권 요구에 대해 상세한 설명을 요구했다. 이에 신홍식은 "하등何等의 특권도 없이 일본 법률에 복종하고 있는 우리로서는 생활권 옹호의 유일한 길이었다. 그러나 이것은 민주주의 원칙이었을 뿐, 직접 활동으로서는 계몽선전과 지방선거의 권리를 요구한 데 불과했다"고 설명했다고 이후에 중앙위원회에서 언급했다.[16] 여기에서 굳이 신홍식이 지방선거에 한정한 것은 칙령 제101호를 의식했을 가능성이 있다. 47년 3월 시점에서는 '공직 후보자'에서 지방의회 의원은 제외되었기 때문이다. 점령 당국에 정당으로 간주되는 것을 피하기 위해 신홍식은 조련이 지방선거에서만 참정권을 요구한다고 설명했던 것으로 추정된다.

한편 내무성이 47년에 조련에 신고를 권고했다는 기록은 발견되지 않는다. 다만, 《해방신문》은 47년 5월 2일에 외국인등록령이 제정되자, 내무성은 11월 25일 자로 조사국 통첩 〈일본에서 외국인의 활동에 대해〉를 발하여 각 시장, 지국장, 지방사무소로 본국과의 관계, 하부조직, 회원 수 등을 조사하여 12월 15일까지 보고하도록 명했다고 보도했다.[17] 내무성 측의 자료에서 이 통첩은 확인되지 않지만, 외등령 제정에 편승하여 단체의 정보도 수집하려고 했을 가능성은 있다. GS가 47년 2월부터 6월에 걸쳐 내무성에 조사를 명한 단체 중에도 조련 등 조선인단체는 포함되지 않았으며,[18] 내무성이나 도도부현의 신고 권장, '외국인의 활동' 조사는 내무성의 단독 행동이거나 혹은 점령 당국에서도 GS 이외의 부국과 협력한 움직임으로 보인다.

조련 해산론의 등장

거듭되는 신고 권장과 다키우치瀧內
특심국장의 해산 시사

이상에서 살펴본 것처럼, 적어도 1947년 시점에서는 GS가 조선인단체에 대해 칙령 제101호에 의한 결사 신고를 적극적으로 요구하는 일은 없었다. 하지만 48년에 들어서자, GS의 자세는 명확히 변화하기 시작한다. 48년 4월 27일 도쿄도 지사는 양 단체의 활동이 제5조 제1항 제1호의 공직 후보자 추천과 지지에 해당한다며 조련과 민청에 신고를 권장했다.[19] 5월 12일 조련과 민청은 곧바로 반대 의사를 전달했다.[20] 조련과 민청은, 두 단체가 정치단체가 아니며 대중구성체이고 조선인만이 구성요소라는 것, 재일조선인은 일본의 공직 후보자를 추천·지지하거나 공직에 취임할 수 없다는 것, 재일조선인은 선거권·피선거권이 없다는 것, 조련과 민청의 목적은 칙령 101호에 저촉되지 않는다는 것 등을 열거하며, 이러한 이유들에 근거하여 조련과 민청은 제5조의 행위를 할 수 없으므로 신고

에 반대한다는 것을 공표했다.[21]

또한 교토 군정부는 교토부 지사에게 조련, 민청, 재일본조선민주여성동맹(이하 '여동'), 민단, 조선건국촉진청년동맹(이하 '건청'), 조선청년동맹(이하 '청동')에 결사 신고를 제출하도록 지시하여, 지사는 6월에 조련, 민청 교토부 본부에 신고를 장려했다. 두 본부는 조련 중앙총본부의 지령이 나오면 응하겠다고 회답하고 사실상 이것을 거부했다.[22] 아울러 민단, 건청, 건동 같은 비조련계 단체가 신고에 응했는지, 혹은 교토부가 군정부의 지령에 반하여 조련계 단체에게만 권장했는지는 현 시점에서는 불명확하다.

도쿄와 교토에서 신고가 권장된 48년 4월부터 6월까지는 민족교육에 대한 탄압이 최고조에 달했던 시기임과 동시에, 남한의 단독선거에 의해 정말로 '대한민국'이 수립되려고 했던 시기이다. 교토의 예에서도 알 수 있듯이, 이러한 신고 장려는 명백히 점령 당국의 지시에 의한 것이었다. 점령 당국으로서는 한반도의 분단을 둘러싼 재일조선인단체의 동향에 특별한 관심을 갖고 칙령 제101호에 기초하여 결사 신고를 요구한 것으로 보인다.

하지만 이미 언급했듯이 조련과 민청은 결사 신고의 필요를 인정하지 않고 거절했다. 특심국의 다키우치 레이사쿠瀧內礼作 국장은 도쿄와 교토의 신고 거부를 보고받고, 10월 20일 GS의 네피어Jack Napier에게 아래와 같은 의견을 송부했다.[23]

이와 같은 조선인 각 단체의 도쿄 본부의 자세가 명확히 인정되어 정부에 의한 이 이상의 교섭의 여지는 없다. 이 단체들의 해산 또는 처벌의 확약이 부여되지 않는 한, 더 교섭해도 의미가 없다.……이와 같은 상황 속에서 귀하가 우리에게 이 단체들에 대해 단호한 자세를 취해야 할지,

혹은 그 필요가 없는지에 대해 지시해주시면 대단히 고맙겠다. 우리들은 당분간 그들의 행동을 (9자 미상)하지 않으면 안 된다.

즉, 다키우치는 단체 해산과 처벌을 확약해주지 않으면, 이 이상 조련과 교섭해도 결말이 나지 않는다고 네피어에게 촉구했던 것이다. 칙령 제101호에는 신고 의무를 위반했을 경우에 그 단체를 해산시킬 수 있다는 규정이 있다(제5조 제1항, 제2조). 또한 무신고나 허위 신고에는 10년 이하의 징역 또는 금고, 7만 5,000엔 이하의 벌금이 부과되었다(제6조). '해산 또는 처벌'이란 칙령 제101호의 이 규정들을 가리킨다. 이 시점에서는 이미 점령 당국에 이력 정보 등은 보고하지만 일본정부 관계기관에 신고하는 것은 거부한다는 조련의 전략은 의미를 잃었고, GS도 조선인단체에 특별한 관심을 갖고 일본정부에 명하여 정보 장악을 도모했다고 할 수 있다.

또한 조련의 해산 또는 처벌을 시사한 것이 다키우치 국장이었다는 점도 주목된다. 다키우치 레이사쿠는 판사였던 1930년대에 일본공산당을 지원한 혐의로 치안유지법 위반으로 고소되어 징역형을 받은 과거가 있었다. 전후에 변호사가 된 그를 초대 특심국장에 발탁한 것은 이러한 경력을 사서 민주화를 천명하고자 했던 인사였다.[24] 다키우치 스스로 1949년에 내무성 조사국 시대에 몰래 행해졌던 좌익 조사를 법무청이 설치된 후에는 그만두었다고 자랑했으며, 조선인단체에도 신고 장려를 하지 않았다고 기록하고 있다.[25] 하지만 적어도 후자에 관한 한 이것은 오류이다. 민족교육을 탄압한 당시 문부대신 모리토 다쓰오도 도쿄대 조교수였던 1920년에 조헌문란죄朝憲紊亂罪 혐의로 현직에서 쫓겨난 경험이 있다. 이 가타야마·요시다 내각은 아무리 사회당과 연립했다고 해도 조련에 해산을 암시하는 행위는 보수정권과 그다지 차이가 없었다고 할 수 있겠다. 아마도 조련은 다키우치가 GS에 건의한 것을 몰랐던 것 같다.[26]

조선민주국방의용단의
해산 지정

한편으로 특심국은 대한민국 수립 전날인 1948년 8월 14일 조선민주국
방의용단을 해산 지정하고, 30일 재산을 접수했다. 조선인단체 중에 처
음으로 칙령 제101호를 적용한 사례이다.

  조선민주국방의용단은 48년 3월경에 지바현에서 결성된 단체로, 단
장 윤영칠尹永七 등이 10여 명의 청년을 모아 권투, 가라테, 봉술 등을 가
르쳤다.[27] 당초에는 '조선청년훈련소' 혹은 '광복군'이라 칭했는데, 장래
한국군 창설 시에는 청년들을 귀국시켜 입대시키고자 하여 민단을 통해
이승만정권과의 연락을 시도하고 있었다. 부단장인 지조해池朝海는 일본
육군 군속이었고, 이외에도 2, 3명이 일본군 출신이었다. 단원 수는 30
명 정도였고, 모두 민단과 건청에 소속되었으며, 특히 민단에서 재정 지
원을 받았는데, 해산 지정 당시에 재산은 거의 없었다.[28]

  하지만 48년 7월 하순 후쿠시마현에서 건청과 민청이 대립했을 때 의
용단의 단장들이 군정부가 허가했다고 속이고 지바현 당국으로부터 휘
발유 배급을 받고선 지프로 쫓아가 건청을 원호했기 때문에, 군정부에
인도되어 지바경찰서에 유치되었다. 체포 이유는 군정부의 허가를 속
인 것이었는데, 특심국은 의용단이 "명백히 군사적 성격을 표명하고 있
고", "준군사적 훈련의 맹아가 명확히 보인다"고 하여, 칙령 제101호 제1
조 제1항 제1호와 제6호에 해당된다고 보고 해산 지정한 것이다. 법무청
설치 후의 해산 단체 중에서 제6호 "군사적 또는 준군사적 훈련의 실시"
를 사유로 해산 지정된 것은 이 단체뿐이다. 이듬해인 49년 10월 21일에
는 단규령 제11조, 제12조를 적용하여 의용단장 등은 공직에서 추방되
었다.[29]

해방 직후부터 재일조선인 각 단체 사이에는 새로이 창설되는 조선 국군에 대한 관심이 높아, 조련 자치대가 그 목적의 하나로 '국군 양성'을 내걸었던 것은 제1장에서 살펴본 대로이다. 47년에 도쿄의 건청 미나토港 지부가 발행한 잡지《시종時鐘》에는 남조선 국군준비대의 강령 등이 소개되어 있다.[30] 한국군 입대를 희망하는 재일조선인이 있었다 해도 그렇게 이상한 일은 아니다. 미국이 한국을 지지한 것을 생각하면, 친한국적인 조선민주국방의용단에게 해산을 명한 것은 기묘하게 보인다. 하지만 이후에 요시카와 미쓰사다吉河光貞[31]는 특심국의 '폭력단체' 단속의 일환으로 이 조선민주국방의용단의 해산 지정을 예로 들었다.[32] 특심국 내의 보고서에서도 의용단장을 '사기꾼', "본질적으로 범죄형에 속하는 남자"라고 단정하고, '군사훈련'에 대해서도 '애국적 열정'보다도 '매명賣名욕과 허영심'에 의한 것이며, 이 의용단은 "본질적으로는 무뢰한의 도당이며, 실제로 그들은 하등의 정의를 가지고 있지 않다"고 굳이 '참고사항'을 덧붙이고 있다.[33] 즉, 의용단을 대한민국과 연결된 정규세력으로 보지는 않았으며, 구 일본군 군인들이 군사훈련을 하는 단체로 파악하여, 칙령 제101호에 해당된다고 해산 지정한 것이다. 특심국은 48년경부터 칙령 제101호를 폭력단체 규제에 적극적으로 전용했는데, 이러한 문맥과도 일치한다.

이 당시 조련, 민단, 건청 모두 성명 등을 발표한 형적은 보이지 않는다. 다만《해방신문》은 의용단의 결성 당초부터 지바현의 조련과 민청은 군정부와 함께 경고를 했었다고 해산을 긍정적으로 보도하고 있다.[34]

아울러 제1장에서 살펴본 것처럼, 조련은 조선인 '불량배'를 스스로 단속한다는 자세를 일관되게 취했다. 그렇다면, 의용단이 칙령 제101호라는 일본의 단체 규제법령에 의해 해산당한 것은 당연히 문제였을 것이다. 하지만 48년 교육 탄압을 거치고 조련이 그러한 입장을 유지하는 것은 어려워졌다. 예를 들면,《세계일보》는 48년 6월 7일 조련이 일본인의 "조선인에 대한 기탄없는 비판"을 듣기 위해 지바현 후나바시시船橋市에 투서함을 설치하여, 도박에 관련된 불량 조선인을 자주적으로 추방하려고 했다고 보도했다.[35] 이것은 조선인단체 스스로 단속한다는 점에서는 조련 자치대 등의 활동의 연장선상에 있는 것처럼 보이기도 한다. 하지만 양자에는 중대한 차이가 있다.

제1장에서 살펴본 것처럼, 공안위원회에 참가하고자 하는 조련의 요구에 대해 경찰 측은 조련이 "일부의 이익을 대표하는 자"라서 적당하지 않다고 배제했다. 그로 인해 조련은 자신들의 활동이 조선인뿐만 아니라 일본사회 전체에 유의미하다는 점을 제시할 필요에 떠밀렸던 것으로 보인다. 후나바시의 투서함은 일본인의 눈으로 본 '불량배'를 조선인이 단속하여 조련이 결코 "일부의 이익을 대표하는 자"가 아니라는 것을 강조하고자 했던 것은 아닐까. 여기에서 조련이 행한 것은 이른바 경찰의 하청에 지나지 않는다. 물론 조련의 모든 활동이 경찰의 하청이었던 것은 아니다. 하지만 조련이 일본사회에 이러한 주장을 할 필요에 떠밀린 것은 사실이었다. 치안 당국이 '조선인 범죄'나 조련의 '폭력'을 강조하면 할수록, 조련은 '불량'하지 않다는 인상을 주지 않으면 안 되었다.

특별심사국의
'방침 전환'과 조련·민청 해산

특심국의 반공화

특심국의 단체 규제정책은 1949년이 되면 크게 변화하기 시작한다. 첫
번째 변화는 오기노 후지오荻野富士夫가 밝혔듯이, 제3차 요시다 내각의
반공주의로의 경사이다. 요시다는 49년 총선의 승리로 정권 기반을 굳
힌 직후에 칙령 제101호를 전면 개정해 "민주주의 단체 결성 및 지도"를
금지하고 '비일非日활동위원회'와 "공산주의의 실체를 밝히는 국민계발
선전기관의 설치"를 명확히 했다. 요시다는 그 외에도 노동조합의 자격
심사를 엄격히 하거나, 5월에는 행정기관 직원 정원법에 기초하여 국가
공무원, 지방 공공단체 직원에 대한 실질적인 레드퍼지를 개시했다.[36]
49년 4월 4일에 칙령 제101호가 개정되어 단체 등 규정령이 제정되었
다. 법무총재의 단체 조사 권한 등이 재규정되었고, 노동조합 등에 대한
신고 의무 면제도 없어진다. 그사이 제2차 요시다 내각의 성립에 따라 다
키우치는 국장 직에서 물러나고, 조르게사건[37]을 담당했던 사상검사 요

시카와 미쓰사다가 제2대 국장에 취임했는데, 그 인원도 49년 1월 174명에서 250명으로, 5월 31일에는 381명으로 대폭 증원되었다. 본격적인 반공 시프트로의 전환이다.

또한 특심국은 총무, 조사, 감사의 3과에서 전 4과체제로 개조되었는데, 제1과는 구 군인 조사와 인사·경리·서무, 제2과는 공직 추방 해당자의 등록과 관찰, 제3과는 정치단체의 등록과 '폭력주의 단체'의 조사·해산 지정, 제4과는 '비밀적 반민주주의적 단체'의 결성 금지·해산 등을 다루게 되었다.[38]

한편, 구 육해군 장교 등에 대한 감시는 점차 완화되어갔다. 이미 구 육해군 장교와 헌병, 해산 단체의 간부가 종교단체의 간부로 취임하는 건에 대해서는 48년 3월 24일, 4월 1일 자 특심국장 통달에 따라 원칙적으로 '순종교단체'는 칙령 제4조의 대상이 아니라고 하여 금지는 해제되었다.[39] 해산 단체의 구성원이 4분의 1을 넘는 종교단체에 대해서도 '실해성實害性 유무'에 따라 법무청이 판단한다고 하여 원칙적으로 금지하지 않았다. 다만, 전국적인 조직단체의 주관자나 본부 등의 주요 간부 취임은 되도록 피하도록 지시되었다. "칙령 제101호의 적용상 신교의 자유를 저해하는 일이 없도록 특히 배려된 결과"라는 것이다.[40]

49년에 들어서면, 특심국은 구 육해군 장교에 대해 더욱더 관대해진다. 9월에 법무부 특별심사국 제1과가 작성한 〈각서 해당자인 구 헌병·정규 육해군 장교 등의 동향 조사에 대해〉는 다음과 같이 언급한다.[41]

종전 4년을 맞이하여 평화가 회복된 민주 일본의 현실을 직시할 때, 구 헌병, 정규 육해군 장교였던 사람들이 과연 '숨겨진 일본'일 수 있을까. 내지는 군국 풍조에서 혁명 풍조로 색조를 바꾸고 있는 것일까. 이 명제에 대해 본 조사의 결론은 '아니다'라고 답할 수 있다.……이들은 대개

비참한 생활을 보내고 있으며 보신적이고 군국주의의 존속 내지는 국가주의 사회의 재현을 생각할 만한 처지에 놓여 있지는 않다. 생활이 곤궁해서 사상적으로 극좌로 내달리는 자가 있다는 것은 예상되는 바이지만, 종래의 사상적 결벽성으로 인해 일반적으로는 좌익에 대한 혐오감을 갖고 있다고 할 수 있으며, 이들 중에서 좌익 용공분자가 속속 나온다는 것은 기우에 지나지 않을 것이다.

특심국은 구 헌병·육해군 장교는 이미 군국주의를 부활시킬 맹아가 되지 못하며, 오히려 생활고로 인해 '극좌로 내달리는 자'가 있을지도 모르지만, 그것도 다수가 아니기 때문에 주시할 필요는 없다는 견해를 제시했다. 이미 칙령 제101호의 목적인 '민주화', '비군사화'의 위협이 되지 못한다고 생각했던 것이다.

규제 대상 전환과 '폭력주의'관의 변용

그사이 특심국에 의한 단체 규제에는 또 하나 주목할 만한 변화가 생겼다. 칙령 제101호를 폭력단·야바위꾼 등의 단속법으로 운용하기 시작했던 것이다. 마스다 시게나리增田生成는 이것이 1948년 6월경의 아사쿠사 야쿠자 조직 '전재자戰災者후생회'의 해산에서 시작되었다고 보고 있다.[42] 요시카와 미쓰사다도 동일한 의견이다.[43] 하지만 '전재자후생회'가 해산지정된 이유는 47년에 산별회의 의장 기쿠나미 가쓰미聽濤克巳[44]를 칼로 찌른 신예 대중당의 후계단체이기 때문이었다. 순수한 폭력단, 야바위꾼 등에게 칙령 제101호가 적용된 것은 48년 11월 19일의 '향월청장년동지회香月靑壯年同志會'가 처음이며, 본격화된 것은 12월 말에 요시카와 미쓰사다가 국장으로 취임한 후로 보아야 할 것이다.

이 변화의 의미는 결코 작지 않다. 무엇보다도 이로 인해 특심국은 현재 활동중인 단체를 단속하게 되었다. 그때까지 내무성 조사국이나 특심국이 해산 지정한 단체는 실은 전전의 어느 시점에서 해산되었던 단체가 대부분이며, 패전 후에는 실질적으로 활동을 하지 않았다. 이 단체들을 다시 해산 지정하는 것은 재건과 다른 단체 간부 취임을 저지한다는, 예방적 측면이 강했다. 그러나 활동중인 폭력단 단속에 착수함으로써 특심국에 의한 해산 지정은 '민주화', '비군사화'를 목적으로 한 예방적 조치에서 해당 단체의 해산으로 의미를 바꾼 것이었다. 이에 따라 특심국은 각지에서 경찰과의 협력 속에 감시를 실시하여,[45] 배후에서 경찰력이 뒷받침하는 역할을 하게 되었다.

일례로 49년 5월 7일 해산 지정된 백룡사白龍社의 경우를 살펴보자. 특심국에 따르면, 백룡사는 46년 1월 5일 시가현 나가하마長浜에서 결성된 단체로, "표면상 경찰기관에 협력하여 특수부락민, 조선인 등의 폭행을 억압하는 것"을 목적으로 하며, 시가의 나가하마 일대에 영향력을 가졌다고 한다. 애초에 단장 우에다 도쿠야植田德弥는 부락평의원, 촌회 의원 등의 공직에 있었는데, 1943년 나가하마 시의회 의원에 당선, 경찰위원으로서 경찰행정에 개입했다. 그 후 조련 나가하마 지부장 한수갑韓壽甲과 '결탁', '무뢰의 도당'을 규합하여 백룡사를 결성하게 되자, "경찰을 무시하고 공공연히 사설 경찰기관 같은 행동"을 했다고 한다. 백룡사에 대해서는 조련 측의 사료는 없지만, 48년의 '전체 조직 통계표'에는 조련 나가하마 지부장으로 한수갑의 이름이 있다.[46] 다만, 특심국이 '폭력주의'로 판단한 내용을 보면, 동포 조선인이 빌린 돈을 갚지 않아서 독촉할 때 구타와 폭행을 했다, 순사가 한수갑을 '시미즈清水……군'(한수갑의 일본명은 시미즈……였다)이라 불러 동년배 취급했기 때문에 구타했다, 자전

거 운전중에 순사가 도로교통법 위반으로 조사를 해서 분개하여 발로 찼다, 혹은 "우에다 도쿠야에 대해 차별적 언동을 한 것에 분개"하여 사과의 표시로 금품을 요구했다는 등등이었다. 요시카와 미쓰사다는 백룡사가 사실상 경찰을 자신들의 영향하에 두었다고 이후에 언급하고 있어,[47] 특심국이 독자적으로 이른바 경찰력의 재건을 준비한 것 같다.

다만 이 백룡사처럼 공권력과의 관계에서 '폭력'이 문제가 되는 것은 이후에는 오히려 소수가 되고, 폭력단과 야바위꾼 같은 민간인 사이의 항쟁을 단속하는 경우가 늘었다. 이것은 칙령 제101호가 말하는 '폭력주의'의 내용이 변용된 것을 의미한다. 애초에 칙령 제101호는 제1조 제7호에서 "암살 기타 폭력주의적 계획에 의한 정책의 변경 또는 그러한 방법을 시인하는 듯한 경향을 조장 혹은 정당화"하는 단체는 해산할 수 있다고 규정했다. 즉, 거기에서 문제가 되는 '폭력'은 공권력에 대한 폭력이었다. 하지만 49년 이후의 폭력단 단속에서 문제가 된 것은 민간의 단체와 단체, 사인私人과 사인의 폭력이었다. 물론 공무원을 협박한 경우 등도 없지는 않았지만, 압도적 소수에 머문다. 이것은 칙령 제101호를 상당히 무리하게 해석한 결과로 가능해진 단속이었다.

특심국의 조련 조사와
주일대표부의 조련 해산론

그렇다면, 단체 등 규정령이 제정된 후, 특심국의 조선인단체 취급은 어떻게 변화했을까. 단규령과 같은 날의 통달 〈단체 등 규정령 및 그 시행규칙의 시행에 대해〉는 연합국민인 '중화인'에게는 신고 의무는 없지만, 조선인, 타이완인의 결사에는 신고의 의무가 있다고 다시 확인했다.[48]

다만, 의무는 있어도 조선인과 타이완인 단체의 "신고에 대해서는 임의로 신고한 자 이외에는 신고의 필요성 여부를 조사하는 데에 그칠 것"이라고 지시했다.[49] 앞에서 살펴본 것처럼, 그때까지 일본정부는 일관해서 조선인단체의 신고를 요구해왔는데, 단규령 제정 후에 일단 권장을 그만두고, 조사에 전념한 것을 알 수 있다. 이것은 신고 의무 위반이라는 절차 불비를 근거로 한 해산(제4조, 제6조)이 아니라, 조련의 활동을 문제 삼은 해산(제2조, 제4조)으로 이행했다고 할 수도 있다. 《법무연감法務年鑑》에는 특심국이 49년 6월 1일 제4과(좌익, 조선인단체 담당)를 설치한 후에 12월 말일까지 "제삼국인 단체 중 단체 등 규정령 제6조에 해당하는 단체"에 신고를 권장했다는 기록이 있는데, 이것이 조련이 9월에 해산한 후인지는 불분명하다.[50]

특심국은 그동안의 조사에 기초하여 49년 6월 부내 월보 〈조련에 대해〉를 작성했다. 그리고 중국공산당의 승리에 힘입어 조련이 "재류동포의 자치제성을 훨씬 일탈"하여 일본공산당과 손을 잡고, 국내에서 파괴공작을 꾀하여 한반도에서 무기를 밀수하고 있다고 보고했다.[51] 오카야마에서 진행된 한반도 통일을 위한 모금이나 시모노세키에서 거행된 한일무역 반대 연설회, 교토에서 쌀을 사려던 재일조선인 여성이 추락사한 사건에 대한 항의 활동 등을 사례로 들고 있는데, 명백히 특심의 해석과는 관련이 없는 것뿐이다. 무기 밀수에 대해서도 일체 증거는 제시되지 않았다. 요시카와는 이 월보를 7월 8일 GS에 제출했다.

한편, 49년 1월 주일한국대표부(이하 '대표부')가 설치되는데, 대표부도 한국정부가 재일조선인에게 영향력을 미치는 데에 조련은 장애가 된다고 보고, 그 해산을 점령 당국에 요청하게 된다. 대표부의 정항범鄭恒範 대사는 1월 17일 자로 GHQ의 외교국(이하 'DS')으로 서한을 보내, "재일조선인 사회의 공산주의 활동을 저지하는 것이 본 대표부의 가장 중요한 관심사"이며, "본 대표부는 이 연맹을 쫓아내고 최종적으로는 해산시키기 위한 모든 조치에 대해 SCAP과 협력할 것을 요망"한다고 했다.[52]

민단 및 건청과 조련의 대립도 심각해졌다. 제6장에서 살펴본 대로, 남한의 단독선거나 고베에서 비상사태선언이 발령되는 과정에서 군정부와 연결된 민단과 건청은 조련 간부의 대량 구속에 협력했고, 그 후 민단의 일부는 일본의 반공우익단체에 접근했다. 조련 측도 강력 반발해 충돌사건도 있었다. 이대로라면 '조련은 폭력단체'라고 세상에 받아들여질 수 있어 조련은 민단의 해산을 요구하게 되었다.

49년 5월 25일부터 27일까지 열린 조련 제18회 중앙위원회는 민단과 건청의 해산을 일본의 국회에 요구할 것을 가결했다.[53] 또한 그 바로 전인 49년 4월 1일 조련과 민청 홋카이도 본부는 홋카이도 민주협의회 등 9개 단체와 화교연맹과 폭력단체숙청대책위원회를 열어, 민단의 폭력행위는 칙령 제101호에 해당한다고 하여, 해산을 요구할 것을 결의했다.[54] 중앙위원회가 가결한 민단 해산 요구도 단규령에 의한 것으로 보인다.

조련은 48년 8월의 조선민주국방의용단의 해산에 반대하지 않았다. 49년에 대표부가 조련의 해산을 강하게 요구하자, 조련이 일본의 혁신세력과 제휴하여 적극적으로 민단의 해산을 일본정부에 요구할수록 대립은 심각해졌다. 이 시점의 조련은 조선인단체가 칙령 제101호, 단규령의 대상이 될 수 없다는 논리에 서지는 않았던 것이다.

조련과 민청 해산에서 제2차 학교 폐쇄령으로

조련의 해산 움직임은 우선 야마구치현에서 시작되었다. 야마구치현 지사 다나카 다쓰오田中龍夫는 48년 말부터 49년에 걸쳐 GHQ와 문부성에

채준蔡峻, 〈유언비어 제조꾼デマ製造屋〉
시모노세키사건에 대해 경찰과 결탁한 민단을 '폭력단 조련'으로
보도하는 신문을 비판한 풍자화.

조련 해산을 보도하는 《산 사진신문サン写真新聞》
조련 도쿄본부 중앙 고토江東 지부의 사무소를 둘러싼
경시청 예비대 경관들.

'조선인 공산주의자'의 조선학교를 폐쇄하도록 요구했다. 야마구치현의 군정팀이 동일한 요청을 한 결과, GHQ의 민간정보교육국CIE은 49년 6월 미 제8군의 군사력에 의한 조선학교 폐쇄 권고를 내지만, 참모부는 치안 유지에 대한 우려 때문에 이것을 각하한다.[55]

야마구치현의 움직임은 조선학교를 둘러싼 것이었지만, 8월 시모노세키사건이 일어나자, 조련 해산 움직임이 가속화된다. 시모노세키사건이란, 조련 해방기념집회의 축하 아치를 민단의 트럭이 손상시킨 것이 계기가 되어 양자의 충돌로 발전했는데, 여기에 경찰이 개입하여 조련 측을 일방적으로 검거해 강제조사를 하고, 나아가 소요죄를 적용한 사건이다.[56]

김태기에 따르면, 시모노세키사건이 일어난 8월 말에 네피어는 우에다 준키치殖田俊吉 법무총재, 요시카와 특심국장에게 조련의 해산을 지시했다. 네피어는 요시카와에게 "조련이 해산될 때까지 야마구치에서 발생한 사건(시모노세키사건을 가리킨다)에서 받은 인상을 그대로 생생하게 유지하기 위한 적절한 수단을 강구하지 않으면 안 된다"고 전화로 전했다.[57] 조련의 폭력적 경향을 드러낸 것으로 대대적으로 선전된 시모노세키사건의 이미지를 이용하여 해산을 실행하라고 명했던 것이다. 이것을 수용해 요시카와는 재빨리 자료 수집을 시작하여, 9월 7일 치안각료 간담회는 조련과 민청 두 단체에 대한 단규령 적용을 확인했다. 그리고 조선민주주의인민공화국 건국 1주년을 하루 앞둔 9월 8일 단규령에 기초하여 조련과 민청, 민단 미야기현宮城縣 본부, 건청 시오가마塩釜 본부는 해산 지정되었고, 나아가 단규령 제11조, 제12조에 의해 이 간부들은 공직에서 추방당했다.[58]

해산의 근거는 단규령 제2조 제1항 제1호(점령군에 반하는 행위)와 제7호(폭력주의적 방법의 시인, 정당화)이다. 요시카와는 국회에서 조련이 "단체 등 규정령 4조에 해당하는 성격을 가지게 된 시기는 대체로 쇼와 21 년(1946) 4월 하순"이라고 언급했는데,[59] 중국공산당의 승리 이후 조련의 성격이 변화했다고 하는 6월의 부내 월보의 설명과는 완전히 다르다.

특심국은 이와 같이 조련의 결사 신고를 기다려 단체의 정보를 수집한 것이 아니라, 스스로 조사기관을 이용하여 정보를 모으고 GS에 해산의 근거를 제공했다. 다키우치 국장 시대에 모색되었던 조련을 단체 규제의 틀 속에서 관리하는 정책에서 한발 나아간 것이었다.

조련의 해산에 이어 49년 10월 13일 문부성 관리국장과 법무부 특별 심사국장은 공동으로 통달을 발해 조련이 열었던 학교의 폐교 처분을 결정했다. 이에 따라 10월 19일, 11월 4일 두 차례에 걸쳐 모두 367개의 학교가 폐쇄되었다.

해산과 그 영향

해산의 물적 범위

해산의 지정은 어느 범위까지 미쳤을까. 해산 지정이 공포되자 법무부
는 곧바로 각지의 본부, 지부, 분회의 건물이나 재산의 접수에 착수했다.
조련과 민청이 접수당한 '재산'은 극히 광범위했다. 해산 지정은 조련과
민청의 전 도도부현 본부와 620개 지부, 1,214개 분회, 민청의 458개 지
부, 306개 분회에 이르며, 건물 78동의 241만 2,000평, 토지 2만 6,800평,
현금 16만 8,000엔, 예금 207만 6,000엔 외에 금고, 부책簿冊, 가구, 자동
차, 서적 등을 포함한 전 재산이 접수되었다.[60]

조련 중앙회관은 조련의 명의가 아니었으나, 법무부는 "제삼자가 점
유하거나 그 명의로 되어 있는 재산이라도, 그것이 해산 단체의 소유임
을 의심하기에 충분한 이유가 있을 때는 이것을 접수할 수 있다"는 해석
을 제시했고,[61] 49년 9월 12일 자로 회관의 소유자였던 중앙산업주식회
사를 해산 단체 재산으로 지정하여 조련 중앙회관을 접수했다.[62] 각지의

조련도 당초에 거부했지만, 경찰은 무장경관을 동원하여 강행했으며, 9월 10일까지 쓰시마를 제외한 전 본부를 접수했고, 9월 8일부터 14일 사이에 지부와 분회의 접수를 끝마쳤다.[63] 검찰은 저항하면 엄벌에 처한다고 명언하고 있어,[64] 접수는 특심국과 검찰의 긴밀한 연락 아래 이루어졌다고 할 수 있다. 야마가타처럼 접수에 민간 폭력단이 동원된 예도 보였다.[65] 민단 미야기현 본부도 당초에는 저항했으나, "대한민국 주일대표부의 중개에 의해 극히 협력적인 태도를 나타내게 되어" 9월 8일에 접수가 완료되었다.[66]

법무부 민사국은 9월 28일, 10월 4일로 전국의 은행, 우체국에 조련 관련 예·저금 지불, 신탁재산 반환을 정리하라는 취지를 통달했다.[67] 조련과 민청의 단체명의 예저금, 신탁재산뿐만 아니라, 중앙산업주식회사나 해산 대상이 아닌 재일본조선해방구원회在日本朝鮮解放救援會(이하 '해구'), 해방신문사, 여동, 재일본조선학생동맹, 재일본조선인교육자동맹, '청년의 사회'(민청 운영 합숙소) 등의 단체명의 예·저금, 신탁재산까지 지불 정지한다고 발표했다. 더욱이 단체 명의뿐만 아니라, 주요 임직원의 개인 명의 예·저금, 신탁재산에 대해서도 동일한 조치가 취해졌다.

또한 10월 13일에는 문부성 관리국장, 법무부 특심국장이 도도부현 지사, 교육위원회에 통첩을 발해, 조선학교를 조련의 선전이나 회합에 이용하게 하지 말 것, 학교 등 일체 명칭에서 조련을 상기시키는 자구를 삭제하게 할 것, 조련의 학교는 폐교된 것으로 처리할 것을 명했다.[68]

이와 같이 조련과 민청의 해산과 동시에 법무부는 그 계열로 간주된 단체와 개인의 재산도 접수했다. 이 해산 지정을 근거로 각지의 조선학교 폐쇄를 명하여, 근저에서 조련의 활동 기반을 흔들려고 했다고 해도 좋을 것이다.

해산의 인적 범위

그렇다면, 해산 단체의 지정은 조련의 간부들에게 어떠한 영향을 미쳤을까. 우선 해산에 따라 조련과 민청의 주요 간부 28명이 공직 추방되었다. 여기에서 말하는 '공직'이란 공무원뿐만 아니라, 회사, 협회, 노동조합 등의 임원도 포함된다.[69] 또한 공직 추방을 당하지 않더라도 조련과 민청의 주요 간부는 단규령 제5조 규정에 따라 단체의 임직원이 될 수 없으며, 강행하면 해당 단체는 해산 대상이 되었다. 앞에서 언급한 10월 13일의 문부성 관리국장, 법무부 특심국장의 통첩에서도 조련의 구성원을 교장, 교직원이나 관계 단체의 주요 임원에 취임시키지 말 것, 조련 임직원이 학교관리조합, 재단법인, 학교의 인사권을 가진다는 규약을 개정시킬 것 등이 지시되어,[70] 모든 단체 운영에서 조련의 활동가가 배제되었다.

더욱이 해산의 영향은 이 지도적 활동가들에 머물지 않았다. 이미 언급한 것처럼, 단규령은 해산 단체의 구성원이 주요 임원을 역임하거나 구성원의 4분의 1을 점하는 단체는 해산을 명령받는다고 정하고 있었다. 어디까지를 '구성원'이라고 볼지는 큰 문제였지만, 특심국은 46년 12월 20일 이후 조련에 가입한 자로, 명부 등에 기재되어 있거나 명부에 없어도 회비 등을 납입하는 자에 대해서는 '구성원'이라는 견해를 제시했다.[71] 더욱이 조련 해산 후에 민단에 들어가도 조련 구성원으로 간주하고 조련 구성원이 주체가 되어 민단 지부 등을 결성하면 제5조에 기초하여 해산을 지정할 수 있다고 했던 것이다.[72]

또한 1949년 10월 19일의 학교 폐쇄령에 따라 미야기의 시오가마청년학원, 도쿄의 조련 중앙고등학원, 돗토리의 조련 오시노大篠야학원, 후쿠오카의 규슈 조련고등학원, 쓰루기무라劍村 조선초등야학원, 같은 해 11

월 4일 제2차 폐쇄령으로 사가의 하치만八幡조선문화학원, 조선인 가타타堅田야학원, 아즈치安土조선문화학원, 가가미야마鏡山조선문화학원, 오카야마岡山 민청고등학교 등 각지의 청년학원, 고등학원은 폐교되었다.[73] 46년 이후에 조련이 활동가를 양성하기 위해 구축했던 체제는 거의 분쇄되었다.

이리하여 조련 해산의 영향은 전 조선인에게 미쳤고, 특심국도 그렇게 단규령을 운영했다. 하지만 조련은 스스로 거듭 주장하듯이, 단순한 정치결사가 아니었다. 예를 들면 조련 도쿄도 본부는 48년 10월 도내의 중소상공업자 70명을 모아 상호부조를 위한 전통적인 협동조직인 '계'를 설립하여 금융 문제에 열중하도록 지도하는 등 지역에 뿌리내린 조직이기도 했다.[74] 특심국장 요시카와도 노점상조합 등에 조련과 민청 구성원이 다수 참가하기 때문에 규정의 운영을 '신중히 조사'한다고 언급했는데, "단체들을 이용하여 재건적 준동을 할 경우에는 단호히 단속"하는 자세는 변함이 없었다.[75] 이런 점에서 보면 단규령에 의한 해산에 편승하여 조선인의 전 조직 활동의 관리, 단속이 시도된 것을 잘 알 수 있다.

'조선인의 폭력': 해산 정당화의 이데올로기

이것은 해산을 정당화하는 담론을 살펴보아도 잘 알 수 있다. 예를 들면, 우에다 준키치 법무총재는 조련과 민청에 해산을 명한 이유로, "일본의 패전을 계기로 조선인의 태도가 급격히 바뀌어 일본인에게 공포감을 갖게 하는 정황들이 상당히 있었던 것", "지금 형무소에 있는 사람이 대략 9만 명인데, 그중에 조선인이 8,000명 가까이나 있어서 전체 범죄자의 9% 가까운 비율을 나타낸다는 것"을 들며 정당화했다.[76]

우에다가 이 시기에 조선인의 범죄를 언급한 것은 의도가 있었기 때문으로 보인다. 49년 9월 5일 법무부 법제의견 제4국은 검사장, 검사정에게 "긴급히 조사할 필요가 있으므로, 쇼와 23년(1948) 6월 1일부터 올해 6월 말까지 지방검찰청, 그 지부 및 구 검찰청에서 다루어진 수사사건 중에 조선인의 범죄사건에 대해" 통계를 제출하도록 지시했다.[77] 이 통계가 조련의 해산만을 목적으로 한 것인지 현 시점에서는 알 수 없으나, 우에다가 그 정보를 적극적으로 이용한 것은 명백하다. 점령 당국으로서도 '반공'으로는 소련을 자극할 우려가 있었으므로, '조선인 범죄', '조선인의 폭력'을 구실로 하는 편이 무난했던 것이 아닐까. 앞에서 언급한 대로 네피어도 요시카와에게 시모노세키사건의 이미지를 이용하라고 지시했으므로, 폭력적이고 범죄적인 조선인이라는 이미지를 이용하는 것은 법무부와 GS의 공통 이해였던 것으로 보인다.

매스 미디어도 특별히 이론을 제기하는 모습은 보이지 않았다. 예를 들면 9일 자《요미우리신문読売新聞》사설은 "사실대로 말해서, 종전 후 우리 국민은 너무 비굴할 정도로 비굴해졌다. 제삼국인의 폭행 협박에 대해서도 이른바 센 놈 앞에서는 기라는 식이었다.……반민주적 폭력주의 단체가 일소되기를 희망한다. 그러나 적어도 이것을 구실로 헌법이 보장하는 집회, 언론의 자유가 침해되어서는 안 된다"고 법무부의 인식대로 조련의 해산을 지지하고, 집회·언론의 자유가 침해될 우려만을 표명하고 있다. 일반인들 사이에서도 조선인을 배척하는 경향이 퍼져, 예를 들면 센다이에서는 해산을 계기로 그때까지 관계가 있었던 일본인이 금전 거래나 방을 세놓는 것을 거부하거나, 상거래조차 꺼리게 되었다고 후세 다쓰지는 비판했다.[78]

각 단체의 반응

조련은 이러한 조선인의 범죄나 폭력을 강조하는 풍조에 대해 전쟁중에 는 노예처럼 취급당하면서, 전후에는 전혀 보호를 받지 못한 조선인이 자주적으로 생활의 안전에 힘쓴 것은 폭력이 아니다, 조선민족이 국기를 게양하고 조선어를 배우는 것이 왜 부정되는가라고 반론했다. 그리고 그 러한 정책을 추진하는 요시다 내각은 일본민족의 독립도 위태롭게 한다 고 호소했다.[79] 49년 9월 17일 자《해방신문》은 조련의 해산은 단규령의 취지에 반하며, 특히 각지에서 여동, 해구 등의 재산을 무차별적으로 몰 수하는 것은 재산권을 보장한 헌법 제29조에 위반한다고 비판, 애초에 단규령의 합헌성 자체가 의심스럽다고 주장했다.[80]

한편, 일본공산당도 조련의 해산에 커다란 충격을 받았다. 49년 4월경 부터 조선인의 대량 입당을 추진했기 때문이다. 공산당 중앙위원회는 49 년 9월 9일 자로 요시다 내각에 항의문을 보내 ① 포츠담선언과 일본국 헌법에 반한다, ② 이른바 '소요'는 조선인 측이 계획적으로 한 것은 아 니다, ③ 만약 폭력행위 운운을 문제시한다면, 민단과 건청의 전 조직이 해산당하지 않으면 안 되며, 조련만을 노린 정치적 의도는 명료하다, ④ 해명의 기회조차 주지 않는 것은 부당하다, ⑤ 김천해는 조련 결성 초기 에 관여했을 뿐이고 이후에는 일개 맹원에 지나지 않으며, 공직 추방은 부당하다, ⑥ 조련 해산으로 조선인은 '신뢰할 보호자를 잃고' 일체의 권 리와 생활을 지킬 방도를 잃는다는 등등의 비판을 했다.[81]

법무부는 이 비판을 수용하여 의회 답변용 자료를 작성했다.[82] 단규령 의 합헌성이나 포츠담 칙령 제542호의 효력, 또한 단규령이 결사의 자 유와 재산권을 침해하는지의 여부 등에 대응하기 위한 예상문답집이다. 특히 조선인이 단규령의 대상이 되는지에 대해 연합국인 이외에는 적용

된다는 지금까지의 해석을 반복한 후에, "이미 쇼와 23년(1948) 8월 14일 단규령의 전신인 쇼와 21년(1946) 칙령 제101호에 따라 조선민주국방의용단이라는 조선인 관련 단체를 군국주의적 단체로 해산한 전례가 있다"고 국방의용단의 해산을 제시했다. 또한 참정권이 없는데도 단규령의 대상이 되는 것은 부당하다는 비판에 대해서는 국적 미결정이라는 '특수한 사정'에 의한다고 했다. 11월 7일 중의원 법무위원회에서는 〈조선인연맹 해산에 관한 건〉이 의제에 올라, 공산당의 나시키 사쿠지로梨木作次郎가 요시카와 미쓰사다 법무부 특별심사국장에게 질문했다. 여기에서 나시키는 김천해의 공직 추방 문제에 대해 추궁했는데, 앞에서 언급한 공산당 내부의 결정과도 이것은 부합한다.

일본공산당은 이와 같이 해산 반대를 강하게 주장한 것처럼 보이지만, GS가 입수한 정보에 따르면, 당 내에는 의견의 대립이 있었던 것 같다. 조련의 해산은 공산당을 해산시키는 첫걸음으로 파악하고 전면적으로 비판, 저항을 해야 한다고 주장하는 통제위원 이와모토 이와오岩本嚴 등과, 공산당이 여기에서 해산 지정되지 않았던 것은 일본정부가 합법으로 인정한 증거이며, 해산을 받아들여야 한다고 주장하는 중앙위원 시라카와 세이이치白川晴一 등이 대립했다는 것이다.[83] 또한 GS는 시라카와가 조선인을 공산당원으로 삼는 것은 그만두는 편이 좋다, 만약 계속하면 요시다 정권의 '덫'에 걸린다, 조선인은 폭력에 의지하는 경향이 있어 공산당의 '암'이라고 언급한 것도 파악하고 있었다.[84] 이 정보들의 신빙성에 대해서는 검토가 필요하지만《해방신문》이 조련 해산은 "일본의 민주세력에 도전하는 전초전"이라고 반복해서 주장한 것은 어쩌면 이러한 당 내 분위기에 대해 어떻게든 협조를 이끌어내려고 했던 것이었을지 모른다.[85]

건청 중총은 9월 10일 자로 해산에 반대하는 성명을 냈다.[86] 어떤 단체를 해산시키기에 상응하는 이유가 있었다고 해도, 그 지역의 본부나 지부를 해산시키면 되는 것이지, 전 조직을 해산시키는 것은 부당하다는 내용이었다. 그리고 "대다수의 선량한 구성원에게까지 전반적으로 해산 조치를 행한 것은 일본정부의 목적이 전 재류조선인을 탄압하기 위한 방법의 하나로 여겼다고 해석되어도 어쩔 수 없을 것이다"라고 비판했다.

한편, 민단은 조련의 해산을 극히 긍정적으로 받아들였다. 민단 중총은 해산의 일보를 들은 8일 곧바로 한국 주일대표부 후쿠오카 본부에 전보를 쳐서 조련과 민청의 멤버들이 민단에 평화리에 가입할 수 있도록 준비하기 바란다고 요청했다.[87] 주일대표부에 협력을 요청한 것은 해산 단체의 구성원에게 결사를 금하는 규정을 상정했기 때문으로 보인다. 민단은 그 후에 성명을 내고 조련과 민청의 해산은 양 단체가 "일본공산당의 정쟁 도구가 되어 정당한 민족운동을 방해"한 것에 대한 "정당한 조치라고 생각한다"고 긍정적으로 평가했다.[88] 한편, 주일한국대표부는 9월 17일 ① 재일조선인은 한국정부를 절대 지지하지 않으면 안 된다, ② 조련과 민청 소관의 전 재산은 "강제기부, 강제부담, 귀국위탁금, 공연, 퇴직 출전出戰 위안금"이며 "재일 전 국민의 심혈의 결정"이다, ③ "실수로 조련과 민청에 참가한 여러분"은 한국정부에 재외국민등록을 하지 않으면 안 된다, 등록이 없는 자는 "생명, 재산의 보호는 물론 각종 권리를 향유할 수 없으며 타국인으로 귀화하든지 국적 없는 유랑민이 되든지 둘 중 하나"라는 성명을 발표했다.[89] 민단의 제2차 성명서에서도 공산당이 해산되지 않은 것과 재산 접수를 비판하고 있어,[90] 조련 해산을 계기로 민단은 구성원을 끌어들이려고 했고, 대표부는 조련 재산을 상속하면서 재일조선인의 재외국민 등록을 완수하려고 했다고 할 수 있다.

하지만 민단의 이런 노골적인 추종에는 조련계가 아닌 재일조선인의 비판도 제기되었다. 오사카에서 재일조선인이 발행하던 《신세계신문》

의 〈자유논단〉란에서 오두녀吳斗女는 민단은 조련이 해산당한 것을 '민족의 수치'라고 했는데, 이것은 일본정부를 "우리의 심판자로서 추대"하는 태도라고 비판했다.[91] 그리고 "언제부터 우리 단체의 성격 판정자로서 일정日政을 모셔왔는가?"라고 민단에 묻고, "자기 자신의 노예적 근성으로부터의 해방"을 우선 요구했다.

또한 같은 〈자유논단〉란에서 전치오全致五는 일본정부가 "일부 파괴적 지도분자가 지배하는 반민주주의적 폭력주의적 단체를 해산시켜 일반 구성원 대중을 해방시킴에 있다"고 말하는데, 단규령 제5조 제2항에서는 해산 단체 구성원이 4분의 1을 점할 경우에 어떠한 단체라도 해산할 수 있다고 규정되어 있다. 그렇다면 재일조선인은 합법적으로는 단체를 창설할 수 없다고 비판하며, 이번 탄압은 결코 조련이나 민청이라는 단체가 표적이 아니라, 전 재일조선인을 노린 것이며, 우익단체도 대상이 될 수 있다고 충고했다.[92] 《신세계신문》은 굳이 말하면 조련과는 거리가 있는 미디어였지만, 그래도 민단의 대응을 강하게 비판했다.

조련 해산 후의 신고 권장

해산을 용인한 민단은 이를 계기로 조련을 대신하여 헤게모니를 획득하려고 한 것은 틀림없다. 하지만 일본정부 측에서 민단을 육성하고 순종적인 재일조선인단체로서 관리하려고 한 형적은 없다. 앞에서 언급했듯이, 일본정부는 조련의 지도자층을 배제하려고 한 것이 아니라, 재일조선인단체 전체를 직접 규제하려고 했던 것이다. 제9장에서 살펴보듯이, 주일한국대표부가 요구한 재외국민 등록에 대해서도 일본정부는 극히 냉담했으며, 외국인등록령으로 조선인을 관리하므로 그것은 필요없다고 단정했다.[93] 재일조선인의 '관리'에 한국정부가 개입하는 것을 꺼린 것으로 보인다. 조련의 재산 접수에 주일대표부가 반대한 것은 앞에서 언급한 대로인데, 1951년의 한일예비회담 개시를 기다리지 않고, 이미 재일조선인을 둘러싼 사실상의 '한일교섭'이 시작되었다고 할 수 있을 것이다.

또한 조련의 해산 후에 특심국은 또다시 조선인단체에 결사 신고를 장려했다. 50년 6월 8일 조련계 해구, 여동에게 "그 목적과 행위가 단체 등 규정령 제6조 제2호 또는 제3호에 해당한다"고 하여 신고를 촉구했다.[94] 해구와 여동은 이에 응하지 않은 것으로 보이며, 한국전쟁 발발 후인 50년 7월 20일 자《요미우리신문》은 해구와 여동에 대해 신고 의무 위반에 의해 법무부가 "금명간에 해산 명령을 내린다"고 보도했다. 해구와 여동은 결국 해산 지정되지 않았지만, 특심국이 신고 장려와 해산 지정을 들먹이며 조선인단체의 규제를 꾀했음을 알 수 있다. 8월 21일에는 제4과장이 "조선인단체의 준군사적 훈련에 대해서" 단규령 위반의 혐의가 있으므로 주의해야 한다는 통첩을 법무부 특심국의 각 지국장에게 발했다.[95]

그 후 조련은 해산 취소 소송을 제기한다. 하지만 50년 7월 19일 후쿠오카 고법은 조선인단체에 대한 단규령 적용에 대해 조선인은 강화조약 발효까지는 일본 국적이므로, 단규령의 적용을 받는다고 했다.[96] 결국, 취소는 실현되지 않았고, 조련의 해산 지정은 최종적으로 확정되었다. 그사이 49년 10월 18일 한국정부는 조련 서울위원회의 등록을 말소했다.[97] 이에 따라 일본과 남한에서 재일조선인연맹이라는 이름이 붙은 조직은 모습을 감추게 되었다.

9장

조련과 민청이 해산된 직후에 점령 당국과 일본정부는
조선인 개인의 관리를 강화했다. 그때 중요한 기둥이 된 것이
1949년 12월에 실시된 외국인등록령의 개정이었다.
47년에 제정된 외국인등록령은 일본정부에게도
만족할 만한 것은 아니었다. 조선인단체의 강경한 저항에 부딪혀,
내무성은 조련이 제시한 조건을 받아들이지 않을 수 없었기 때문이다.
49년의 개정으로 겨우 일본정부가 바라는 '외국인 등록체제'를
만들어낼 수 있게 되었다. 제9장에서는 외국인등록령의 개정 과정과
그에 대한 조선인단체의 대응을 검토하여, 1949년 외등령이 가진
역사적 의미를 밝히고자 한다.

외국의 등록체제의 형성

외국인등록령 개정

출입국 관리 권한의 이양

1948년 재일조선인에 관한 리포트를 작성한 핀은 49년 5월에는 〈재일조
선인의 지위〉에 대한 연구를 정리했다. 그리고 한국정부가 재일조선인을
한국국민으로 등록하는 것을 한정적으로라도 승인하는 것이 좋겠다고
언급했다. 이것은 강화조약 발효까지는 국적 변경이 있을 수 없다고 하는
종래 일본정부의 견해나, 48년에 자신이 작성한 리포트의 결론과는 달랐
다. 하지만 일본정부와의 마찰을 우려한 GS 등의 반대에 부딪혀 채택되
지 않았다.[1] 결국 일본정부가 말하는 대로, 재일조선인은 일본 국적을 유
지하게 되었다. 재일조선인을 한국국민으로 인정하도록 권고한 핀의 제
언은 채택되지 않았던 것이다.

한편 점령군은 외등령의 단속 기능을 강화할 것을 요구했다. 로버트
리케츠에 따르면, 미 제8군은 "제주도 등에서 일어난 반란을 제압한 결
과, 남한 각지에서 일본으로 밀입국자가 늘지 않을까 우려"해 이에 대한

대책을 요구하여, ① '조선인등록증명서'를 재발행하여 상시 휴대 의무를 엄수시킨다, ② '조선인 등록' 갱신제도를 도입한다, ③ 증명서 미휴대 등의 벌칙을 강화한다, ④ 각지의 항구나 대도시에 일본경찰의 검문소를 설치한다, ⑤ 불법 입국 심사소를 설치한다, ⑥ 밀입국자의 사진을 촬영하고 지문을 채취한다, ⑦ 한국과 면밀한 연락체제를 확립한다는 7개 항목을 제안했다.[2] 거의 외등령 개정안의 골자라고 해도 좋을 것이다. 이 제안은 승인되었다.

이와 병행하여 출입국 관리에 관한 권한이 일본정부로 이양되었다. 49년 6월 22일 총사령부는 SCAPIN 제2019호 〈출입국 관리업무의 설정〉에 의해, 11월부터 입관 권한의 일부를 일본정부에 이양하기로 결정했고, 이것을 수용하여 일본정부는 8월 10일 정령 제299호 〈출입국 관리에 관한 정령〉을 제정했다. 이 정령에 따라 외무성 관리국에 입국관리부가 설치되어, 연합국 최고사령관이 취급했던 출입국 관리업무의 일부를 담당하게 되었다.[3] 또한 49년 8월 19일에는 외등령이 일부 개정되어, 제13조의 퇴거명령권에서 경시총감을 제외하고 도도부현 지사로 일원화했다. 나아가 GHQ는 11월 3일 SCAPIN 제2055호 〈일본으로의 불법 입국의 억압〉에 의해 강제퇴거의 권한을 도도부현 지사로 옮겼다.

강제퇴거의 엄격 적용과
가증명서의 폐지

법무부는 외등령 개정 준비에 착수했다. 49년 9월 8일 법무부 형정장관은 각 도도부현 지사에게 외등령 위반에 대해서는 "원칙적으로 본방本邦의 외부로 퇴거시킬" 것, 퇴거 명령 위반자에 대해서는 검찰의 청구를 기다리지 말고 법무총재에게 퇴거강제 청훈을 할 것을 지시했다.[4] 회복된 퇴거강제권을 실수 없이 행사하라는 확인이라고 할 수 있을 것이다.

그리고 같은 해 11월 1일 법무부 민사법무장관, 형정장관은 〈미등록 외국인의 신규 등록 신청에 관한 건〉으로 아래의 6항목을 도도부현 지사에게 지시했다.[5] 대단히 중요한 통첩이므로 전문을 인용한다.

1. 미등록 외국인한테서 등록 신청이 있을 때는 적법한 입국, 출생, 혼인에 의한 외국인으로서의 신분 취득 등 새로운 사유에 기초할 경우를 제외하고, 등록 신청을 수리하지 말 것.
2. 전 항의 경우에는 지체 없이 외국인등록령 위반사건으로 가까운 경찰서나 검찰청에 고발 또는 통보할 것.
3. 전 항의 사건이 외국인등록령 제13조 또는 제14조에 해당할 경우에 도도부현 지사는 올해 9월 8일 자 법무부 검무국 검무 제26173호 형정장관 통달로 지시한 바에 따라 해당 외국인에 대해 퇴거를 명하거나 퇴거를 강제할 것.
4. 제2항의 사건에 대해 전 항에 의한 퇴거 명령 또는 퇴거 강제처분이 이루어지지 않은 경우에 한해, 시구정촌장은 소관 검찰청에서 발하는 그 취지의 통지를 기다려, 등록 신청을 수리하고, 등록증명서를 발행할 것.
5. 현재 고발중인 외국인에 대해서도 제3항 및 제4항과 동일한 취급을 할 것. 다만, 이미 등록 신청이 수리되어 등록증명서(가등록증명서를 포함함)가 발행되었을 때는 제3항의 조치만을 취할 것.
6. 앞으로는 어떠한 사유로도 가등록증명서를 발행하지 말 것.

이 통첩은 그때까지의 외국인 등록 사무를 근본적으로 전환시키는 것이었다. 통첩은 등록령 이외의 절차에 따른 등록 신청에 응하지 말 것을 지시했다(제1항). 제3장에서 살펴보았듯이, 그때까지는 '불법 입국'이 아니라는 것을 증명할 수 없는 외국인에 대해서는 일단 등록을 수리하고 '가증명서'를 교부하는 절차를 취하고 있었다. 하지만 개정판에서는 가증명서 발행을 금지하는 동시에(제6항), 일체의 수리를 정지하고 신청이 있을 경우에 경찰과 검찰에 고발하라고 지시했다(제2항). 그리고 불법 입국이나 등록령 위반일 경우에 곧바로 퇴거 명령과 퇴거 강제를 행하도록 지시하고 있다(제3항). 가증명서의 폐지는 특히 개정된 등록령에 도입된 갱신제도의 의미를 생각할 때 대단히 중요하다.

외국인등록령의 개정

이리하여 49년 12월 3일 외국인등록령이 개정되었다. 개정 외등령의 특색은 ① 벌칙이 강화된 점(제12조, 제13조), ② 형사소송법이 규정하는 피의자의 권리보장 규정을 배제한 점(제15조), ③ 퇴거명령권을 폐지하고, 퇴거강제권을 법무총재에 집중시킨 점(제16조), ④ 행정청의 처분을 다투는 소송에 관한 규정을 삭제한 점, 그리고 ⑤ 등록증의 유효기간을 3년으로 하여 갱신제도를 도입하고, 종래에 시정촌 단위였던 등록번호를 전국 일률로 한 점이다.[6]

신설된 등록증명서의 갱신제도를 살펴보자. 개정에 의해 등록증명서에 3년의 유효기간이 설정되었고(제8조의 2 제1항), 유효기간 1개월 전에 거주지 시정촌장에게 반환하고 새로운 증명서 교부 신청을 하지 않으면 안 되었다(제8조의 2 제2항). 제1회 갱신기간은 50년 1월 6일부터 31일까지이다(부칙 제2항). 불신청·허위 신청, 신청 방해, 중복 신청은 1년 이하의 징역이나 금고 또는 1만 엔 이하의 벌금에 처해지고(동 제5항), 강제퇴거의 대상이 되었다(동 제6항).

갱신에 응하지 않으면 강제퇴거까지 고려에 넣었으며, 사무적인 갱신이라기보다 재일조선인의 재조사, 재등록이라는 의미가 극히 강하다. 법무부 민사법무장관이 갱신 조치에 대해 "외국인 등록 사무의 현실을 감안하여 등록증명서의 위·변조를 방지함으로써 불법 입국자와 미등록자의 발견, 포착을 용이케 하는 한편, 등록증명서의 갱신을 기회로 기등록자의 재조사를 행하여 외국인등록령의 적확한 실시를 도모할 것을 목적으로 한다"고 명확히 '재조사'라고 언급한 점에서도 그것은 알 수 있다.[7] 이에 따라 12월 1일부터 포스터 등으로 외등령 개정의 철저한 홍보가 꾀해졌다.[8] 외등령 개정과 같은 날에 외국인등록령 시행규칙도 일부 개정되어 "신청사항을 심사하여 그 진실성을 확인한 후가 아니면 등록할 수 없다"고 했다(제3조). 또한 외국인 등록부도 종래의 등록신청서를 편책한 것에서 등록원표를 철한 것으로 바뀌었다(제5조).

〈외국인 등록 사무 요령〉(이하 '신 사무 요령')도 개정되었다.[9] 첫 번째로 〈구 사무 요령〉은 신청에 대해 "본인 출두를 원칙으로 한다"고 하면서도 "유령 인구의 우려가 없는 경우는 되도록 상대방의 편의를 봐주어도 된다"고 하여, 일괄 신청의 여지를 인정했지만, 이 '편의' 규정은 삭제되었다. 두 번째로 신청서 작성 시에 일본어와 영어 이외의 언어 사용이 금지되었다. 〈구 사무 요령〉에서는 "일본어를 원칙으로 하지만 일본어를 못 쓰는 경우에는 영어 또는 자국어로 써도 상관없다"고 되어 있었는데, 여기에서 '자국어'가 삭제되고 '써도 상관없다'도 '쓰게 한다'로 변경되었다. 또한 본인이 일본어와 영어를 못 쓸 경우에는 다른 사람이 대필하게 되어 있어, 조선어 등으로 작성하는 것을 일체 인정하지 않았다. 세 번째로 등록신청서를 편책하는 형식이 바뀌었기 때문에, 신청서의 사진란은 없어지고 사진은 제출하게 되었다.

대체로 신 사무 요령은 구 외등령이 일부 인정한 조련의 요구를 일체 배제하고 되도록 위반자를 엄격히 솎아낼 수 있도록 바뀌었다고 해도 좋을 것이다.

재일본조선해방구원회와 재일본조선민주여성동맹의 외국인 등록 교섭

50년 1월부터 실시된 갱신에 조선인단체는 어떻게 대응했을까. 구 외등령 제정 당시와 마찬가지로 재일조선인단체는 개정 사실을 사전에 알 수 없었다. 또한 제8장에서 살펴보았듯이, 전년 9월에 조련과 민청은 강제적으로 해산당했기 때문에 해산 지정을 면한 재일본조선해방구원회(이하 '해구')와 여동이 도도부현과의 교섭을 담당하게 되었다.

해구나 여동의 통일된 견해를 제시하는 사료는 발견되지 않지만, 《해방신문》은 50년 1월 11일 자로 아세아문제연구소의 최은환崔殷桓의 인터뷰를 게재했다.[10] 최은환의 당시 직책 등은 알 수 없지만, 이 기사가 〈전 동포는 단결하야 이렇게 싸우자〉라는 타이틀을 달고 있으므로, 구 조련계의 입장을 대표하는 인물로 보아도 좋을 것이다.

최은환은 49년 외등령이 〈구 사무 요령〉에 비해 현저히 벌칙이 강화되었다는 점, 식자율이 극히 낮은 가운데 등록이 지연되거나 경관의 제시 요구를 거부한 것만으로도 퇴거가 강제될 수 있다는 점을 비난했다. 또한 "이승만 도당의 매국정책 때문에 살 수 없어 밀항하는 동포도 있는데도 밀항자는 살인강도 이상의 벌칙이다"라며 비판하기도 했다.

최은환은 구체적으로는 조선인 대표나 호주가 일괄 신청할 것, 일당이나 교통비를 지급할 것, 사진 값을 당국이 부담할 것, 등록 절차에서 경관을 배제할 것, 1월 31일의 신청기한이 지나도 접수할 것, 그리고 후술할 한국의 재외국민 등록과 외국인 등록을 연결시키지 말 것을 요구했다.

해구와 여동의 교섭은 큰 틀에서 최은환이 제시한 방향으로 진행되었다. 사료상, 외등령에 대한 대응으로 가장 이른 것은 49년 12월 20일 후쿠이현 마쓰오카松岡의 해방구원회 총회에서 외국인등록투쟁위원회가 조직된 것이다.[11] 구체적인 요구로는 해구가 12월 25일 야마구치현 도쿠야마德山에서 개최한 동포인민대회에서 ① 호주에 의한 일괄 수속과, ② 이전 사진의 이용을 결의한 것이 처음이다.[12] 각 지역에서 해구와 여동이 공통으로 내건 요구도 첫 번째로 일괄 신청 혹은 등록 시 해구 임원의 입회, 두 번째로 이전 사진의 이용 및 사진 값의 당국 부담, 세 번째로 일당 지급, 그리고 네 번째로 국적의 존중으로, 최은환이 정리한 것과 그렇게 다르지는 않다.

47년의 교섭과 비교해보자. 첫 번째인 일괄 신청은 47년 외등령 당시와 동일한 요구이다. 다만, 일괄 신청 단위는 다양해서, 해구나 여동과 같은 조선인단체별 신청을 요구하는 지역도 있고, 호주와 반장에 의한 신청을 요구하는 지역도 있다. 예를 들면, 가가와현香川縣 사카이데시坂出市에서는 해구의 일괄 신청을, 군마에서는 호주와 반장에 의한 일괄 신청을 요구했고, 각 지자체는 모두 승낙했다.[13] 또한 조선인에 대한 생활보호 지급과 외국인 등록 갱신을 결부시키려고 하는 것도 특징인데, 사이타마현 가와구치시川口市에서는 시청의 관리가 호별 방문했을 때, 조선인의 생활 실태를 조사하도록 인정받았다.[14]

두 번째인 이전 사진의 이용과 사진 값의 부담도 종래 요구의 연장이다. 세 번째인 일당 지불은 〈구 사무 요령〉 제정 당시에는 요구하지 않은 것이다. 50년 1월 6일 나라시奈良市 일본인실업자동맹이 시청에 조선인

실업자의 면세나 사진 값 부담, 국적 존중 외에 등록 시에 개인을 출두시킬 경우에는 임금 지불을 요구했다.[15] 마찬가지로 나라의 조선인실업자동맹도 시민세 납부가 곤란하다는 점, 이전 사진의 이용이나 신규 사진 값의 부담과 함께 실업자에 대한 직업 알선을 호소하며 당국의 승인을 받아냈다.[16]

구 조련계 단체는 이와 같이 외등령 개정 후에는 47년 이래의 요구를 계승하면서 그것과 생활 향상을 결합시키려고 활동을 전개한 것을 알 수 있다. 그로 인해 외국인으로서의 정당한 지위 확보나 경찰의 제시 요구권의 삭제, 조련에 의한 '무적자'의 지위 보증 등의 요구는 약화되었다. 다만 완전히 사라진 것은 아니고, 50년 1월 15일 센다이시 조선인 대표 40명과 미야기현 섭외국장과의 교섭에서는 등록 사무에 절대로 경찰관을 개입시키지 않는다는 확약을 받아냈다.[17]

다만 이 경과들에서도 명백하듯이, 해구와 여동 같은 구 조련계 단체는 외국인 등록의 갱신 당시에 조건부 투쟁을 전개했다. 양 단체가 제시한 조건의 대부분이 호주에 의한 일괄 신청이었던 점에서 해구와 여동에서는 단체에 의한 일괄 신청을 요구할 수 없었던 것 같다. 50년 1월 31일 현재 등록률은 대단히 높아, 이전 등록자 중 83%가 기한 내에 등록을 끝마쳤다([표 9-1] 참조). 법무부로서는 만족스러운 수치는 아니었지만, 등록률이 10%였던 47년에 비하면, 그 차는 역력하다.

다만, 여기에서 유의해야 하는 것은 해구와 여동이 요구하는 '국적의 존중'의 내용이다. 외등령 제정 당시의 최대 논점은 재일조선인의 국적이 일본인지 그렇지 않으면 조선인지였다. 일본정부는 은밀히 일본이라고 간주했고 그 법적 표현이 제11조의 간주 규정이었다. 그래서 일본정부의 해석이 세상에 알려지자 조련이 반발하여 최종적으로 외등령과 국적은 연동시키지 않는 것으로 타결을 보았던 것이다. 그러나 49년 외등

[표 9-1] 외국인 등록자 수(1950년 1월 31일 현재)

도도부현	전 등록자(A)	신규 등록자(B)	B/A(%)
홋카이도	8,620	7,415	86
아오모리	1,943	1,417	73
이와테	3,272	3,272	100
미야기	6,031	5,378	89
아키타	2,360	2,088	88
야마가타	1,732	1,484	86
후쿠시마	5,726	4,911	86
이바라키	5,779	5,597	97
도치기	3,330	2,892	87
군마	4,179	3,575	86
야마나시	3,625	3,408	94
사이타마	5,070	4,072	80
지바	11,565	8,145	70
도쿄	52,682	47,419	90
가나가와	36,018	20,554	57
니가타	4,163	3,693	89
도야마	2,453	2,309	94
이시카와	4,023	3,759	93
후쿠이	6,802	6,284	92
나가노	7,186	6,508	91
기후	11,676	9,753	84
시즈오카	8,545	7,668	90
아이치	38,408	33,049	86
미에	9,898	7,392	75
시가	13,802	8,885	64
교토	43,575	32,366	74
오사카	106,898	99,031	93
효고	69,168	57,558	83
나라	5,743	3,692	64
와카야마	6,937	5,211	75
돗토리	2,988	2,897	97
시마네	6,067	5,812	96
오카야마	20,017	14,590	73
히로시마	18,657	13,692	73
야마구치	29,460	25,330	86
도쿠시마	993	773	78
가가와	1,935	1,846	95

에히메	3,152	2,739	87
고치	1,738	1,386	80
후쿠오카	35,708	28,401	80
사가	3,858	3,508	91
나가사키	9,442	7,964	84
구마모토	5,120	4,287	84
오이타	10,556	8,310	79
미야자키	2,770	2,514	91
가고시마	1,843	1,746	95
전국	645,513	534,580	83

* 주: 합계와 비율에 대해서는 재계산했다.
* 출전: Box no. 2,189 Folder number 19, "Registration of Koreans".

령 교섭에서는 재일조선인의 국적을 둘러싼 쟁점은 조선민주주의인민
공화국인지 대한민국인지로 변화되었다.

또한 구 조련계 단체에 의한 비판의 또 하나의 특징은 외등령을 한미
일의 반공군사체제를 뒷받침하는 것으로 간주한 점에 있다. 최은환은 외
등령이 단속하려는 밀항자를 이승만정권에서 탈출한 도피자로 규정했
다. 또한 외국인등록령의 목적에 대해서도 요시다 내각의 '일본 재무장',
'단독강화' 정책과 결부시켜 비판했다. 점령중이므로 미국에 대한 언급
은 곤란했지만, 명확히 미국에 대한 비판도 포함되어 있었다.

재외국민 등록과
외국인 등록

재외국민 등록과 민단

48년경부터 GHQ는 조련을 반대한민국 세력으로 간주하고 적극적으로 탄압하기 시작했다. 이미 조련은 교섭 대상에서 완전히 배제되었다. 또한 재일조선인의 국적 문제도 한국 국적인지 일본 국적인지만이 논점이 되었다. 여기에서 문제가 되는 것이 한국정부에 의한 '재외국민 등록'과 외국인 등록의 연계이다.

한국정부는 49년 11월 24일 법률 제70호 〈재외국민등록법〉을 공포했다.[18] 이 재외국민등록법은 전 14조로 구성되어, 외국의 일정한 땅에 주소와 거소를 정한 자, 일정한 땅에 20일 이상 체류한 자의 등록을 의무화했다(제3조). 등록사항은 본적, 주소와 거소 혹은 체류지, 성명, 성별, 생년월일, 직업, 전 거주지, 병역, 호주의 성명과 호주와의 관계 등이었다(제4조).

한국정부는 48년 이후 분단 반대투쟁을 탄압하여 빨치산을 적발한다는 명목으로 주민 통제를 강화했고, 서울시는 49년 7월 '유숙留宿계' 제도를 제정하여 상호 감시체제를 정비했다.[19] 재외국민등록제도는 명확히 이러한 주민 통제의 연장선상에서 구상되었다.[20]

한편, 일본에서 이 사무를 담당하게 된 민단은 49년 10월에 재외국민등록을 하지 않을 경우에 다음과 같은 불이익을 입게 될 것이라고 호소했다.[21]

1. 대한민국 국민으로 인정치 아니함.
2. 완전 독립국민으로서 그 법적 지위와 권리를 일절 상실함.
3. 국적 없는 국민으로서 일제시대의 신세가 됨.
4. 조국에 귀환을 하지 못함.
5. 외국에서 생명·재산의 보호를 받지 못함.
6. 자손의 교육, 진학의 혜택을 받지 못함.
7. 혼인, 출생, 사망 신고를 못함.
8. 의식적으로 일제시대의 상태를 희구하여 일본국민이 되고 싶다는 오명을 벗지 못함.

민단은 재외국민 등록을 하지 않는 자는 일본국민이 되고 싶어 하는 자라는 오명을 벗어날 수 없다고 호소했다. 단, 민단이 의식한 것은 조선민주주의인민공화국을 지지하는 입장에서 국민 등록을 거부하려고 하는 사람들이었다. 조련의 의식적인 활동가는 당연히 조선민주주의공화국의 국민을 자임했기 때문에 이 등록에 응하지 않았다. 48년 이후에 이승만정권은 남한의 봉기를 진압하는 과정에서 대규모로 민간인을 학살했으며, 난을 피하여 일본에 온 사람들도 적지 않았다. 그들도 등록에 응하지 않았다. 또한 적극적으로 조선민주주의인민공화국을 지지하지 않는 사람들이라도, 후술하는 징병 문제 때문에 국민 등록을 기피하는 감정이 강했던 것으로 보인다.

아마도 민단과 주일대표부도 자신들의 약한 조직력과 등록을 기피하는 심리가 강한 것을 숙지하고 있었기 때문에, 그에 대해서는 일체 언급하지 않고, 재외국민 등록을 부정하는 사람은 "일본국민이 되고 싶어 한다는 오명을 벗을 수 없다"는 논법에 기댔던 것으로 보인다.

민단과 주일대표부의 재외국민 등록과 외국인 등록 연결 구상

그러나 민단은 재외국민 등록에 의해 재일조선인의 법적 지위를 보증한다는 확약을 일본정부로부터 받아낸 것은 아니었다. 오히려 10월 이후 그 교섭을 개시한 것이다.

주일한국대표부는 49년 10월 11일 요시다 수상에게 재외국민 등록에 반발이 예상되므로 일본의 경찰력을 동원해주기 바란다고 요청했다.[22] 민단의 지방조직도 외국인 등록부의 열람이나 복사를 요구했다.[23] 민단 교토부 본부는 "외국인 등록증명서에 ○한韓이라는 도장을 날인하여 이번에 민단이 시행하는 한국인 국민 등록 수속 필의 증명으로 삼고자 한다"고 교토부에 제안했고, 단순한 외국인 등록부의 이용이나 경찰의 동원에 머물지 않고, 외국인 등록과 재외국민 등록의 연결을 모색했던 것 같다.[24] 하지만 주일대표부나 민단의 제안은 모두 거부되었다. 일본정부로서는 강화조약의 발효까지는 재일조선인은 일본인이라는 것이 전제이므로, 재일조선인의 등록 신청자를 한국국민으로 승인하는 수속에 협력할 수 없었던 것으로 보인다.

이 때문에 민단은 50년 1월 6일 다시 법무총재에게 의견서를 송부했다.[25] 여기서 49년 외등령은 재일 '대한민국 국민'의 "1. 외국인으로서의 법적 지위를 무시한다, 2. 권익과 민생 안정에 손상을 가한다, 3. 본 정령의 개정은 더욱 개악되었다"고 비판하며, 아래의 5가지를 요망했다.

1. 국적란에는 '대한민국' 국호로 통일할 것…….
2. '대한민국 국민 등록증' 소지자 및 그 제시자에 대해 우선 등록을 시행하기 바란다.
   외국인 등록증명서의 갱신 시에는 목하 본국에서 시행하고 있는 국민 등록 소지자 또는 그를 대신할 본국의 증명서를 제시한 자에 대해서는 우선적 취급을 하기 바란다.
3. 등록증과 배급통장에 관한 건
   대한민국 국민 등록증 소지자에 대해서는 전면적으로 외국인 등록증과 물자배급통장을 교부하고 현재 외국인 등록증을 소지하는 자로 아직 물자배급통장이 없는 자에 대해서는 시급히 이를 교부하도록 고려하기 바란다.
4. 기한의 연기와 첨부용 사진 건
   실시기한은 적어도 2월 말일까지 연기하여 유식자와 시구정촌 사무소에서 멀리 떨어진 자의 편의를 도모하는 한편, 첨부용 사진도 본인의 신고로 이전 사진을 재사용하도록 편의를 도모하기 바란다.
5. 등록원부 열람 건
   본 등록 종료 후에 대한민국 주일대표부 또는 본국의 필요로 인해 열람 요청이 있을 경우는 그 열람 및 사본의 등사에 응하기 바란다.

외국인등록령 시행규칙은 외국인 등록증명서의 국적란에 조선인은 '조선'으로 기입하도록 정했다(별기 제1호 양식 등록신청서, 뒷면의 주의사항 제3항). 제1항은 이것을 '대한민국'으로 고치라는 요구다. 제2항은 47년의 화교 임시등기증의 역할을 재외국민 등록에 맡김으로써 재류 정당화의 권한을 한국정부 측에 귀속시키려고 했다고 할 수 있다. 제4항의 갱신기한 연장, 기존 사진의 재이용은 47년 이래의 요구였다. 그리고 48년 이래로 등록부의 열람은 전면적으로 금지되었으므로, 이것을 재외국민 등록을 위해 이용하려고 한 것이 제5항일 것이다.

지금까지 이 시기의 민단·주일대표부와 일본정부·총사령부의 교섭은 마치 외등령의 '국적'란에 '대한민국'으로 기재하도록 하는 것이 논점이었던 것처럼 간주되어왔다. 하지만 민단의 요구에서도 알 수 있듯이, 중요한 포인트는 단순한 표기의 문제가 아니라, 재외국민 등록과 외국인 등록을 관련시키는 점에 있었다. 법무부는 갱신이 시작되기 직전인 50년 1월 13일에 회답을 보내,[26] 기존 사진의 전용 이외에 민단의 요구를 전면적으로 거부했다. 다만, 등록부의 열람에 대해서는 총사령부의 신청이 있을 경우에는 허가하고, 외국인 등록카드에 대해서는 열람을 허가한다고 회답했다.

국호 표기 문제

민단은 요구가 받아들여질 때까지는 갱신을 유보하는 자세를 보였다. 주일대표부는 국적 표기에 대해 DS에 호소했고, DS의 외교부장대리 허스튼Cloyce K. Huston은 50년 1월 11일 자로 일본정부에 서한을 보내 '대한민국'이라는 명칭을 사용할지의 여부를 질문했다.[27] 이에 대해 1월 23일 외무성 관리국 입국관리부는 다음과 같이 DS에 답변했다.[28]

일본인 일반이 승인하는 관념에 따르면, '조선'이라는 말은 하등 경멸적인 의미를 포함하는 것이 아니며, 역사적 명칭이고 주지의 명칭이다. 일본정부는 일본에 거주하는 조선인의 국적은 장래에 열릴 평화회의 등의 회의에서 공식적으로 결정될 문제라고 생각하여 현재 어느 한쪽으로 이것을 결정할 입장이 아니라고 해석하는 바이다. 따라서 일본정부는 국적에는 하등 관계없이 전 조선을 의미하는 '조선'이라는 관용 명칭을 사용하는 바이다. 일본의 현재 입장과 일본에 거주하는 조선인의 신분을 감안하여 현단계에서 '한국' 또는 조선공화국을 의미하는 '대한민국'의 명칭을 일본정부가 사용하는 것은 부적당하다고 사료된다.

일본정부가 '조선'이라는 명칭으로 통일하고자 한 것은 강화회의까지는 재일조선인의 국적이 일본이라는 입장을 관철시키기 위해서였다. 분단정부라 해도 조선이 독립한 사실을 일본의 국내법에 반영시키고 싶지 않았던 것이다. 앞에서 언급한 대로 이 건에 관해서 점령 당국도 같은 의견인 것으로 정부는 이해하고 있었다.

법무부와 경찰의 대응도 극히 강경했다. 50년 1월 25일 법무부 민사국장은 민단 중총에 대해 갱신을 보류하는 지령을 발한 상태라면 처벌 혹은 강제퇴거를 명할 가능성이 있다고 경고했다. 또한 "귀 총본부에서 전기와 같은 지령을 발하는 것 자체가 등록증명서 교부 신청의 방해로 외국인등록령 위반이 될 위험도 있다"고 했다.[29] 각 도도부현 지사에 대해서도 민단 지방 본부에 경고를 발하도록 지시했다.[30] 경찰 본부도 1월 16일 현재 갱신 신청 상황이 15%에 머물고 있는 배경에 민단 중총의 지령이 있다고 보고, 각 경찰관구 본부 경비부장, 도도부현 경비부장에 대해 민단 간부에게 경고하라고 지시했다.[31]

한편, DS는 되도록 한국의 국호를 인정하려 한 것으로 보이며, 1월 28

일에 아래와 같은 타협안을 일본정부에 제시했다.[32]

일본에서 현재 착수되고 있는 외국인 등록을 둘러싸고 야기된 약간의
오해를 감안하여 일본정부는 장래에 전 조선에 적용되도록 '한국' 또는
'대한민국'의 명칭을 사용하고 또한 전 조선인에 대해 '한국민' 또는 '대
한민국인'의 명칭을 사용할 것을 성명한다.

1. 이 명칭들의 사용은 국적을 결정하는 것이 아니며, 국적 결정 문제는
   양국 정부 간에 후일 이루어질 교섭을 기다려 해결될 것이라고 사료
   된다.

2. 또한 현재 실시 중인 외인 등록에 사용되는 용지를 재인쇄하는 것은
   기술상 불가능하지만 '한국' 또는 '대한민국' 혹은 '한국인' 또는 '대한
   민국인'이라는 명칭을 현재 사용 용지 면에 등록자 스스로가 추가 기
   입해도 지장이 없다. 장래의 용지에는 위의 새 명칭이 인쇄될 것이다.
   일본정부는 조선 외교단이 조선인의 외국인 등록 촉진에 협력할 것
   으로 이해하고 있다.

이 타협안에서 주목되는 것은 구 외등령과 마찬가지로 등록증의 '국적'
을 현실의 국적과 연동시키지 않는 형태로 결론을 내리려고 하는 점이다.
다만, 일본 측은 타협안이 제시된 후에도 어디까지나 '조선'으로 밀어붙
이려고 한 것 같지만,[33] 결국 2월 20일 DS는 외무성에 연합군 총사령관
이 '한국' 또는 '대한민국'의 명칭 사용을 승인할 의사가 있는 것을 통고
한다. 그 결과, '대한민국'의 호칭을 인정하는 것으로 결론이 났다.[34]

50년 2월 23일 법무총재는 갱신기한이 지난 자라도 3월 20일까지 신청
자에 대해서는 형사책임을 묻지 않을 것, 외국인 등록의 국적란에 '한국'
이나 '대한민국'을 사용해도 좋다는 것, 단 "실질적인 국적 문제나 국가의

승인 문제와는 전혀 관계없으며, 조선인, 한국인 어느 쪽을 사용할지에 따라 그 사람의 법률상 다르게 취급할 수는 없다"는 것을 담화로 발표했다.[35] 그러나 '조선민주주의인민공화국'으로의 변경은 인정하지 않았다.

주일대표부는 이를 환영하며 같은 날 "등록이 완료된 후에 재일한국대표부는 정당한 한국정부의 국민으로 확인할 수 있으며 그들에게 여권과 사증 및 대한국민으로서 기타 은전을 시여할 수 있게 되었다"라는 성명을 발표했다.[36] 하지만 실제로는 당초 주일대표부와 민단이 요구한 재외국민 등록과 외국인 등록의 연결은 실현되지 않았고, 다만 국적으로서의 의미를 갖지 않는 '대한민국'이라는 명칭이 인정되었을 뿐이다. 강화조약까지 국적의 변동은 인정하지 않는다는 일본정부의 의지는 여기에서도 관철되었다.

'갱신' 종료 후의 추이

다음으로 외국인 등록 수의 추이와 국적을 '한국'으로 표기한 사람의 수, 그리고 재외국민으로 등록한 사람의 수를 살펴보자.

[표 9-2]에 있듯이, 갱신을 끝낸 직후의 총 등록 수 53만 5,236명 중에 국적을 '한국'이라고 표기한 사람은 전체의 7%인 3만 9,418명이다. 이 수는 해마다 증가하여 1952년에는 10만 명이 되어 전체의 20.4%를 점했다.

하지만 이 숫자를 [표 9-3]의 한국의 재외국민 등록 수와 비표하면 차는 역력하여, [표 9-2]의 1950년 8월 말과 비교하면 3배 이상의 간격이 있다. 외국인 등록증에서는 '한국'으로 바꾸면서도 재외국민 등록은 하지 않는 사람이 많았던 것을 알 수 있다. 무엇보다 민단이 재외국민 등록 수를 파악할 수 있는 것은 13개 도도부현에 그친다.

[표 9-2] 외국인 등록과 조선·한국적자 수의 추이

	총 등록 수	조선 등록 수(%)	한국 등록 수(%)
1947년	598,507		
제1회 일제 갱신			
1950년 3월 말	535,236	495,818(92.6)	39,418 (7.4)
1950년 8월 말	541,702	471,847(87.1)	69,855(12.9)
1950년 말	544,903	467,470(85.8)	77,433(14.2)
1951년 말	560,700	465,543(83.0)	95,157(17.0)
1952년 9월 28일	571,008	454,462(79.6)	116,546(20.4)
제2회 일제 갱신			
1952년 12월 말	535,075	413,122(77.2)	121,953(22.8)
1953년 말	556,090	424,653(76.4)	131,437(23.6)
제3회 일제 갱신			
1955년 1월	564,222	425,620(75.4)	138,602(24.6)

* 출전: 法務研修所,《在日朝鮮人処遇の推移と現状》, 1955, 187쪽; 중의원 법무위원회에서 요시카와 미쓰사다 법무부 특별심사국장의 답변(1950년 11월 30일); 在日朝鮮統一民主戰線中央常任委員会社会経済部 編,〈在日朝鮮人の生活実態〉,《集成》4, 77쪽.

[표 9-3] 재외국민 등록 수(1950년 10월 말)

홋카이도	517
아오모리	360
이바라키	1,121
도치기	529
야마나시	634
도쿄	9,014
가나가와	3,815
니가타	1,018
이시카와	660
나가노	1,036
오카야마	1,919
나가사키	2,239
총계	22,862

50년의 '한국' 표시로 수정이 저조한 것은 구 조련계 단체가 반대한 것이 크게 작용한 것으로 보인다. 하지만 재외국민 등록이 적은 것은 그것만으로는 설명되지 않는다. 또 하나의 이유로, 민단의 사무능력이 따라가지 못한 점이 있었던 것 같다. 외국인 등록은 일본의 시정촌이 담당하는 것으로, 벌칙으로 강제력은 담보되었다. 하지만 민단은 조직적인 힘이 약했기 때문에, 재외국민 등록 사무를 수행하지 못했던 것이다. 애초에 외국인 등록과 재외국민 등록을 연결하려고 한 것도 민단 조직력이 취약해서 외국인 등록 데이터를 이용하고 싶었기 때문이었을 것이다.

　아울러 조금 더 이후의 데이터이지만, 모리타 요시오森田芳夫[37]는 한국전쟁 개전 후에 '한국'에서 '조선'으로 표시를 수정한 이유에 대해, 통일할 때까지 일단 '조선'으로 변경하고 싶다, 대리인에 의해 모르는 사이에 '한국'으로 되었다, 한국대표부 발행 국민 등록증을 소지하고 있지 않다, 주위가 전부 '조선'이라서 혼자만 '한국'으로 하는 것은 좀 불편하다, 장사용으로 편의상 '한국'으로 했는데 그럴 필요가 없어져서 '조선'으로 바꾸고 싶다는 등의 사례가 있었던 것을 소개하고 있다.[38] 50년의 갱신 당시에 일괄 신청이어서 자신도 모르는 사이에 '한국'으로 변경된 사람도 있었던 것 같다. 또한 당분간 통일을 요구하는 심정에서 '조선'을 선택한다는 이유도 주목된다.

전쟁의 그림자: 병역법과 재외국민 등록

국민 등록을 기피하는 이러한 감정의 또 하나의 배경으로 한국에서의 징병제 시행이 있었던 것으로 보인다. 한국에서는 49년 8월 6일 공포된 병역법에 따라 징병제가 실시되었다. 이 병역법은 머지않아 미국이 중지를 요구해서, 이른바 '꿈의 징병'이 되었지만, 징병검사 자체는 시행되었다.[39] 이 법은 만 20세 대한민국 청년을 징병하여 2년 이상 복무시키기로 정했다. 신고 의무가 있는 대상은 1929년 9월 2일~30년 9월 1일 출생 남자로, 해당자는 호주 또는 가주가 신고서를 본적지 구청에 제출하고, 본적지에 없는 자는 구청장이 대서한다.[40] 49년 12월 4일에 첫 징병검사가 광주에서 개시되었다.[41]

여기에서 문제가 되는 것이 재일조선인 같은 국외 거주자의 취급이다. 신문 보도에 따르면, 대통령이 지정한 학교에 다니는 학생과 외국에 간 청년에 한해서는 26세까지 연기한다고 되어 있다.[42] 그러나 군 당국자는 "일본에 가 있는 동포를 비롯해서 재외동포들의 징병검사는 만 26세까지 연기되도록 병역법에 규정되어 있는데, 이들 해외동포들도 학생과 공무원 등을 제외하고는 만 20세가 되면 징병검사에 응하게 하도록 조치를 강구중"이라고 언급했고, 실제로 징병검사 자체는 받아야 할 의무가 있었던 것 같다.[43]

이 무렵의 《해방신문》에는 한국에서 '징병 영서', '징병 통고서', '징병 소집 영장', '징병 적령자 신고서'가 도착했다는 기사가 다수 보이는데, 예를 들면 아래와 같은 서류가 송부되었다.[44]

단기 428[2]년 11월 29일

남면장

김병돈金炳敦 귀하

4282년도 징병검사 실시 통지의 건

귀하는 징병법 실시에 의거하여 제1기 징병검사를 다음달 12월 5일 오전 8시 김천 징병검사장에서 실시하오니 12월 4일 오전 9시까지 남면 사무소 병사계로 출두하시오.

한국정부의
징병검사 실시 통지를 보도하는
《해방신문》

징병검사는 본적지에서 받게 되어 있으므로, 일본에 거주해도 한국의 본적지로 돌아가지 않으면 안 되었다. 또한 흥미로운 것은 이 징병검사 해당자를 찾기 위해 한국정부가 일본의 지방자치단체에 조사를 의뢰한 흔적이 있는 점이다. 《해방신문》은 1950년 1월 경상남도 진양군 사봉면장이 히로시마 시장에게 히로시마 시내에 거주하는 19세 조선인에 관한 조사를 의뢰한 것을 보도하고 있다.[45]

외무성의 가와사키 이치로河崎一郎 연락국차장은 50년 2월 24일 중앙연락협의회에서 "최근에 남선 정부한테서 징병관계로 신원조사를 의뢰받는 일이 많아졌다", "위와 같은 통신이 올 경우에 어떻게 관리해야 할지, 그 방법에 대해 목하 연구중이다"라고 보고한 점으로 보아, 실제로 한국정부가 일본정부에 재일조선인 징병 적령자의 신원조사를 의뢰한 것은 틀림없다.[46]

이로 인해 재일조선인 사이에서는 이제라도 징병 통지가 오지 않을까 하는 불안이 고조되어, 재외국민 등록을 비판하거나 기피하는 대단히 중요한 요인이 되었다. 아세아문제연구소 최은환은 《해방신문》 지상에서 재외국민 등록 반대론을 주장했는데, 그 당시 최은환은 재외국민 등록의 목적으로 이승만정권의 강제징병이 있다고 했다.[47]

한국정부도 이러한 재일조선인의 불안에 민감하게 반응했다. 한국 국방부 정훈국 보도과장인 김현수金賢洙 과장은 50년 5월 18일 담화를 발표했다.[48]

근간 징병검사를 받게 될 일부 장정들이 이를 회피하고자 일본으로 도피한 나머지 일본공산당과 연락하여 우리 정부를 비방한다는 말을 방금 주일대표부 대사관 측으로부터 정보를 입수하였는데 그 내용에 의하면 일본에 밀항한 자들이 징병 영장을 위조하여가지고 특히 재일 장

정장壯丁들에 대한 징병 영장을 이미 발부하고 있다는 것을 일본공산당 기관지 《적기赤旗》 등을 이용하여 악선전을 자행하고 있는 사실이 있다고 하는데, 군 당국으로서는 병역법 제41조에 의거하여 해외 장정들에 대한 징병 영장을 전혀 발부한 사실이 없다. 특히 일본공산당 《적기》 지상에 게재된 것은 공산도배들의 모략에 불과한 일이며 해외에 있는 동포들도 이 같은 공산계열의 허위선전에 속지 말고 더욱더 모략 분쇄에 협력하여 주기를 촉구한다.

물론 해외 거주자의 징집은 연기되었지만, 징병검사 대상으로 통지를 송부한 것은 사실이다. 여기에서 김현수가 말하듯이, 밀항한 조선인들이 일본공산당과 접근하여 징병 영장을 위조했는지의 여부는 정확하지 않지만, 재일조선인이 재외국민 등록을 하면 징병 대상이 된다고 생각할 개연성이 있었다.

49년 외등령 교섭은 이러한 '전쟁의 그림자'를 빼고는 이해할 수 없다. 한국전쟁은 이때 아직 개전되지는 않았다. 그러나 당시에 남로당계 빨치산과 이승만정권은 준내전 상태에 있었다. 마침 민단이 국호 문제를 교섭중이던 50년 1월에 구 조련계 해구나 여동은 '남조선 빨치산 지원투쟁'을 개시, 지원을 위한 모금 활동이나 남조선으로의 무기 수송을 저지하는 운동을 전개했다. 이 투쟁은 50년 1월 조국통일민주주의전선 4차 중앙위원회의 "남조선 인민에 대한 이승만 대통령에 반대하는 투쟁을 강화하여 조국통일을 위해 궐기하라"는 호소에 응한 것이다.[49] 《해방신문》은 한반도에서의 전쟁 발발에 반대하여 '평화 전취'의 슬로건을 내걸었다. 여기에서 평화를 전취하기 위해 반대해야 하는 '전쟁'이란 이승만의 빨치산에 대한 전쟁이었던 것이다.

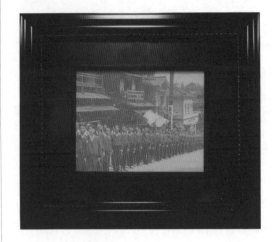

조선
독립으로 가는
험난한 길

마지막으로 이 장에서는 해방 후 5년간의
재일조선인에 대한 점령 당국과 일본정부의 시책과 재일조선인의
민족운동의 역사적 특질에 대해 검토하고자 한다.

봉쇄된 '해방':
조선인 지배의 재편

1946년의 '역코스'에서
외국인등록령으로

재일조선인에게 45~46년은 '해방'이 급속히 봉쇄되어가는 과정이었다. 해방 후에 한반도에서는 북위 38도선을 경계로 소련군·미군이 점령을 추진하는 한편, 인민위원회를 중심으로 하는 자치적 질서가 만들어졌다. 조선에서 일본의 군사적 지배는 붕괴되었고, 일본에서도 조련은 귀환이나 노동쟁의 지원, 정치범 석방 등을 스스로 담당해갔다. 그리고 조련은 처음부터 재일조선인을 독립한 '외국인'으로 규정하고 조선 독립을 실효화하려고 활동을 개시했다.

그러나 이러한 조련에 의한 자치적 질서는 오래 지속되지는 않았다. 1946년 2월 일본의 치안 당국은 조선인에 대한 기소권과 재판권을 '탈환'하여 경찰 지배의 재편에 착수한다. 특히 GHQ와의 '합의' 과정에서 일본 측이 중시한 것은 귀환 희망 등록에서의 벌칙과 위반자에 대한 체포 권한 문제였다. 연합국의 '해방 인민' 규정의 핵심은 귀환의 권리에 관한 사항이었다. 귀환이 권리일 수 있기 위해서는 귀환에 관한 당사자의 결정이 존중되지 않으면 안 되며, 동시에 거주의 권리가 보장되어야만 한다. '언제든 돌아갈 수 있는' 것이 귀환권의 본질이라고 한다면, '돌아갈 시기를 강제당하지 않음=거주권의 보장'은 귀환권에 불가결한 요소일 것이다.

하지만 일본정부는 귀환 희망 등록에 벌칙을 설정하여 경찰을 개입시킴으로써 귀환의 권리성을 부정하고 일본의 이익에 합치되는 조선인 송환으로 변모시켰다. 여기에서 '해방 인민' 규정은 귀환의 비용 문제로 왜소화되어, 일본정부는 일본이 비용을 부담하는 귀환을 조선인의 '특권'으로 명명하게 된다. 더욱이 귀환에 따른 열차 승차 우선권조차도 6월 이후에는 부정되었고, 조선인의 집단 승차는 불법화된다. 입을 줄이기 위한 재일조선인 노동자의 송환사업에 일본이 비용을 부담하는 사례는 식민지기에도 보였는데, 1929년 11월 도쿄도가 '실업 구제책'의 일환으로 시내의 조선인에게 여비를 건네고 송환하는 안을 구상하여 조선인단체로부터 맹비난을 받은 일이 있다.[1] 또한 전시기에 협화회도 실업 상태에 놓인 조선인의 송환을 위해 비용 부담이나 보조는 시행했다. 본론에서 살펴보았듯이, 일본정부는 "일본 내지의 식량배급, 치안 확보"를 위해 되도록 많은 조선인을 '송출'하는 한편, 수감자 등에 대해서는 되도록 관리하고자 했는데, 이러한 점에서 생각하면, '계획 송환'과 식민지기의 송환의 차이는 거의 없다고 할 수 있다.

이와 같은 과정을 거쳐, 조선인에 대한 경찰의 법을 일탈한 탄압은 면죄되고, 조선인단체의 수사 활동이 범죄화되었다. 연합국이 재일조선인을 '해방 인민'으로 규정한 것이 일본의 '민주화', '비군사화'와 관련이 있었다고 한다면, 1946년은 바로 '해방 인민' 규정과는 정반대의 정책이 시작된 해였다.

47년 5월 2일에 제정된 외국인등록령은 이러한 46년의 '역코스'를 법제화한 것이라고 할 수 있다. 외등령은 일본정부의 '조선인=제국 신민'으로 보는 입장을 유지하면서 호적을 근거로 재일조선인을 외국인등록령의 적용 대상에 포함시켰다. 이에 따라 일본정부는 재일조선인을 통치권의 범위 내에 포함시키면서 외등령 위반에 의한 형벌과 강제퇴거를 부과할 수 있게 되었다. 나아가 다음 날 시행된 일본국 헌법의 권리를 향유하는 대상에서도 배제했던 것이다.

필자가 이 책에서 문제시한 것은 일본이 조선인을 '외국인'으로 간주해 버린 것이 아니다. 오히려 외국인등록령에 의해 조선인은 '외국인'이 아니라는 것이 확정된 사실이다. '일본인'이라고 해석하면서 조선인의 독립 승인을 저지하고 '일본'에서 추방할 수 있도록 한 것, 이것이야말로 외국인등록령의 의미이다. 식민지기에 경찰은 광범위한 행정 재량 속에서 조선인의 도항 규제나 송환을 일상적으로 행했다. '신민'이라고 해서 송환되지 않는 것은 아니었다. 즉 외국인등록령은 '신민'이면서 조선으로 송환한다는 식민지기의 지배 수법을 패전 후의 새로운 법에서도 유지한 것이다.

다만, 외국인등록령의 새로운 요소는 그것이 조선인 개개인을 대상으로 한 재류관리제도였다는 점이다. 식민지기에는 호적-기류寄留제도가 재류관리의 기본이었는데, 조선인 개개인의 신분증명서로서 기능을 한 것은 아니다.

두 개의 '전시' 틈바구니 속에서:
재일조선인운동의 사상과 실천

여기에서 조선인운동으로 시점을 옮기자. 해방의 시점에서 재일조선인운동은 전시체제에 압살되어 단체는 거의 남아 있지 않았다. 식민지기의 재일조선인운동은 1920년부터 30년에 걸쳐 본격적으로 발전하지만 당시의 주력은 조선인 집주 지역의 상호부조, 생활권옹호운동, 특히 도시의 주변화된 노동자층을 중심으로 하는 노동운동이었다. 문화운동이나 야학 등의 교육운동도 이루어졌다. 대학을 나온 지식인층도 재일조선인의 대중적 운동에 참가할 때는 반드시 노동운동과 모종의 관계를 맺었다. 전시체제가 강화되는 가운데 노동운동은 탄압받고 조직적 활동을 전개할 수 없게 되지만, 그러나 이 시기의 활동가들이 구축한 네트워크는 해방 직후의 재일본조선인연맹을 결성하는 데에 극히 중요한 기반이 되었다. 제1장에서 살펴본 것처럼, 조련의 지도층을 담당한 것은 1920년대 후반부터 30년대에 노동운동에 관여한 이러한 활동가들이었다. 다른 한편, 전시체제하의 조선인 통제조직이었던 협화회와 흥생회의 하층에 편재되었던 조선인 지도원과 보도원補導員도 해방 후의 조선인단체 결성 담당자가 되었다. 이 두 담당자들이 상호갈등을 안으면서 초기 조련의 기반이 된다.

전시 동원과 해방 직후의 동원 해제와 귀환이라는 두 차례의 변동에 의해 재일조선인은 항상적인 실업 상태에 놓였고, 조직적인 노동운동의 기반은 이미 존재하지 않았다. 오히려 조련의 운동의 중심은 기아 상태에 놓여 송환의 위협에 노출된 재일조선인의 생활권 옹호나 황민화 교육을 벗어나기 위한 민족교육으로 옮겨간다.

조련은 재일조선인이 독립국민이자 '외국인'이라고 규정하고 스스로를 그 '공적 기관'으로 보았다. 귀환 당시에는 일본정부도 조련의 협력 없이는 일이 진행되지 않아, 오히려 행정을 조련에 의존하는 장면조차 있었다. 법무부는 이후에 조련의 활동이 당초부터 '폭력주의적'이었다고 했지만, 실제 조련의 교섭 자세는 온건했다. 조련 자치대는 모든 법에 따르지 않겠다고 주장한 것이 아니라, 동포의 분쟁 처리를 스스로에게 맡기도록 요구한 것에 지나지 않는다. 일본인에 의한 살상을 단속하려고 한 것도 경찰이 이것을 방치하고 심지어 가담하는 경우조차 있었기 때문이다. 이러한 온건한 경향은 특히 중앙에서 현저하여, 외국인등록령을 둘러싼 초기 교섭에도 잘 드러난다.

그러나 조련의 이러한 방식은 46년경부터 변화한다. '거주권'의 위기에 따라 조련은 일본정부를 강하게 비판했고, 일본공산당을 비롯한 혁신세력과 연계하여 생활권 옹호투쟁을 전개하게 된다. 조련은 '대중단체'라고 스스로를 규정하고, 분회나 초등학원을 정비하여 조직적 기반을 굳힌다. 그중에서도 활동가의 양성과 조직화는 조련과 재일조선인 사회를 유기적으로 결부시켰다. 건청이나 민단과 조련의 최대 차이는 여기에 있었다. 조련 해산, 학교 폐쇄에도 불구하고, 한국전쟁기에도 조직 활동과 민족교육이 지속되고, 그 후 재건할 수 있었던 것은 이 시기에 형성된 조직적·인적 네트워크에 힘입은 바가 크다.

이 과정에서 태어난 새 활동가층은 초기의 교섭단체로서의 조련의 성격을 '투쟁'이 가능한 단체로 바꾸는 추진력이 되었다. 뿐만 아니라 새 활동가들은 운동의 기반인 조선인 사회를 변혁하는 지향성을 가졌다. 조선인의 생활이나 사회의 양태에 대한 비판은 해방 전부터도 전개되었지만, 대량으로 양성된 새 활동가는 더욱더 그 경향을 강화했다. 이 과정에서 신구 활동가의 갈등이나 활동가와 민중 사이의 갈등이 발생했다. 특히 조선인 사회의 변혁을 급진적으로 추진한 새 활동가들은 조련의 좌우 합작이나 선거권 문제를 둘러싼 논의를 공산당에 가까운 입장에서 이끌어간다. 그러한 의미에서 조련의 시대가 "1세대적'인 운동이 전형적으로 전개된 시기"[2]라는 이해에는 약간의 수정이 가해지지 않으면 안 될 것이다. 조련에서는 '민족문화'의 자명성이 상대적으로 낮은 2세 세대의 문제가 항상 논의 대상이 되었다. 조련의 역동성을 낳은 것은 이러한 새 활동가의 급진성이었다.

한편, 재일조선인단체 사이의 논쟁도 이 무렵부터 활발해진다. 민단은 생활권 옹호에는 동의하면서도 일본의 혁신세력과 함께 일본정부와 대립하는 조련을 비판한다. 건청과 건동은 조선의 독립노선에 대해서는 조련과 의견을 달리했는데, 일본과의 관계를 둘러싸고도 대립하게 되었다. 이리하여 조선의 독립에 공헌하는 것과 일본에서 '외국인'으로서 권리를 획득하는 것, 즉 '이중의 과제'가 쟁점으로 부상한다. 그중에서도 참정권은 커다란 쟁점이 되었다. 논쟁은 단체 사이에서만 전개된 것은 아니다. 조련 중총은 '이중의 과제'를 동시에 수행할 것을 주장했지만, 일본의 민주혁명이야말로 조선의 독립에 기여하며, 거기에 힘을 집중해야 한다는 일본공산당 조선인부의 김두용의 주장 같은 것도 있었다. 다른 한편으로 《조선신보》는 일본의 혁신세력에 깊이 관여하는 것을 피하고 조선 독립과 민족단체의 통일을 선결과제로 해야 한다고 주장했다.

무엇보다 중요한 것은 이러한 논쟁이 모두 공개적인 장에서 이루어졌다는 점이다. 식민지기에는 재일조선인이 어떠해야 하는지를 논하는 공간은 한정되어 있었다. 특히 전시기에는 전무했다. 또한 조련이 해산되고 한국전쟁이 시작되자, 또다시 구 조련계 단체와 기관지는 비합법화된다. 이렇게 보면, '이중의 과제'를 둘러싼 논쟁이 가능했던 47년은 두 개의 '전시' 틈바구니 속에 낀 극히 드문 시기였다고 할 수 있다.

새로운 '전시'로:
분단과 외국인 등록체제의 성립

식민주의와 분단

48년은 남북한 현대사에서 격동의 1년이었는데, 그것은 재일조선인에게도 마찬가지였다. 이때부터 재일조선인운동은 식민지기의 지배구조를 재편하려는 일본정부뿐만 아니라, 점령군과의 첨예한 긴장관계 속에 놓이게 되었다. 48년 4월의 학교 폐쇄령을 둘러싸고 오사카에서는 교육 탄압 반대 데모대에 경찰이 방수했고 심지어 수평 사격으로 김태일을 사살했다. 이 사건에 대해 미 제8군 아이켈버거Robert Lawrence Eichelberger 중장은 "나는 여러 차례 전쟁 중에 일본인의 용기를 봐왔지만, 아카마赤間 지사, 곤도 시장과 경찰관들은 그 당시 경험한 용기보다도 훨씬 잘 치안을 유지했다"고 오사카부 지사와 시장을 칭찬했다.[3] 48년의 분단이 다가오는 가운데, 미·일이 조선인운동을 함께 탄압한다는 새로운 상황이 발생한 것을 잘 나타내고 있다.

조련에서는 백무 서기장이 상황을 타개하고자, 참정권을 요구하지 않고 생활권을 옹호하고 '단독선거 반대'를 지지하는 사람들과의 통일전선을 모색하지만 결국 조직 내부에서 맹렬한 비판에 부딪혀 백무는 실각했고, 이 시도는 좌절된다. 유엔 감시하의 남한만의 단독선거에 조련은 반대 입장에 서는 동시에 학교 폐쇄령에 대한 반대운동을 전개하지만 미군은 고베에 '비상사태선언'을 발령하여, 헌병을 동원해 수천 명의 조선인을 구속하기에 이르렀다. 그사이 대한민국을 지지하는 조선건국촉진청년동맹(건청)의 효고현 본부는 점령군을 도와 조련의 지도자들의 구속에 협력했다.

제주도 4·3항쟁이나 한국전쟁의 민간인 학살 당시에 서북청년단 같은 반공청년단체의 역할을 생각하면, 비상사태선언하의 고베에서 건청 효고가 자행한 동포 '구출' 활동의 의미는 저절로 드러난다. 남한 단독선거를 지지할지의 여부를 물었던 건청 효고의 이 활동은 명백히 조련 활동가에 대한 '전향' 강요로 작용했다. 한편, '비전향'을 관철한 자 중에는 그 탓으로 목숨을 잃은 자도 있었다. 제6장에 등장한 "건청 가맹 확인증과 구속자 석방 확정증 제○호 석방신고 제○호 등을 수천 엔 혹은 만여 엔에 팔겠다"는 제안을 거절한 후 감금되어 사형私刑을 받았던 조련 효고 위원장 박주범은 석방 직후인 1950년 1월에 숨을 거두었다.

한국전쟁 속에서 민중의 피난, 점령, 학살을 분석한 김동춘은 1950년 6월 25일 이전부터 유격전이나 학살이 빈번히 발생한 지역에 살았던 사람에게 "한국전쟁은 이미 1948년 말부터 시작된 것으로 기억되고 있다"는 흥미로운 지적을 했다.[4] 다시 비상사태선언하 고베에서 일어난 일을 생각하면, 48년 4월에 조선인은 일찍이 이 전쟁을 시작했다고 할 수도 있다.

'정당한 외국인 대우'론의 후퇴

한반도의 분단은 조련의 노선에 다양한 영향을 미쳤다. 국가 수립이라는 상황을 앞에 두고 조련은 '정당한 외국인 대우'를 강하게 주장하게 되었다. 다만, 여기에서 생각지도 않은 방향에서 조련의 '정당한 외국인 대우' 요구에 대한 비판이 일어난다. 일본공산당의 '외국인 대우=특권' 론이었다. 제7장에서 살펴본 것처럼, 49년 총선거 당시에는 4홉 배급을 둘러싸고 논쟁이 보다 복잡해져, '외국인'으로서의 4홉 배급 획득과 참정권을 획득하는 것의 정합성이 문제가 되었다. 그리고 이 과정에서 일본공산당은 재일조선인은 '외국인'이 아니라는 인식을 사실상 표명한다. '외국인'으로서 일본국민과는 다른 법적 처우를 요구하면서 동시에 일본의 참정권을 요구하는 것은 모순된다는 것이다.

이러한 공산당의 비판은 선거를 앞두고 일본의 배외주의를 선동하지 않기 위해서라는 전술적 이유에서 이루어졌다. 재일조선인운동에서 '해방 국민', '준연합 국민', '외국인'으로 자기규정은 변천했지만, 조선인은 일본에서 독립했으며 '신민'이 아니라는 주장은 단순한 전술적 요구에 머물지 않는 재일조선인의 본질에 관한 규정이었다. 이러한 중대한 규정이 재일조선인의 법적 지위에 관한 명확한 구상도 제시되지 않은 채, 선거를 위해서라는 전술적인 이유에 의해 부정된 것의 역사적 의미는 크다. 이른바 재일조선인은 일본정부와 일본공산당이라는 서로 대립하는 세력의 쌍방으로부터 '외국인'이 아니라고 규정되었던 것이다. 이후 조련은 오히려 '인민'의 입장에서 일본의 혁신세력과 제휴하여 교육비의 국고 부담이나 교육위원 선거 지원, 생활보호 획득 등, 일본의 법을 최대한 활용하는 방향의 투쟁을 전개하게 된다. 1950년대에 본격적으로 추진되는 권리획득투쟁의 대부분은 이 시기에 기원을 두고 있다고 할 수 있을 것이다.

또한 이 시기에는 조련이 '조국과의 직결'이라는 정치노선 아래 '조국 방위=일본의 민주화론'을 주창하여 요시다 내각 타도의 방침을 천명하게 된다. 공화국과 조국전선으로의 결집과 일본 민주화와 공산당으로의 입당이 일관된 논리하에 규정된다. 이 점에서도 49년 2월의 제17회 중앙위원회부터 5월의 제18회 중앙위원회까지의 기간은 한국전쟁기의 투쟁 논리가 준비된 시기라고 할 수 있을 것이다.

단체의 파괴와 조선인의 '관리': 외국인 등록체제

일본 법무부에 특심국을 설치한 후에는 한반도에 분단정권이 수립된 점도 있어서 점령 당국도 결사 신고를 요구하게 되었고, 특심국은 신고 의무 위반에 의한 해산과 처벌을 검토하게 된다. 하지만 조련과 민청의 해산은 수속 불비가 아니라 조련의 거의 모든 시기의 활동 내용이 이유가 되었다. 공적 영역에서 조선인을 배제한 것이라고 할 수 있다. 교섭 주체로서의 조련의 자격을 부정하여 조선인단체를 매개하지 않고 직접 일본 정부가(주로 외국인 등록제도를 이용하여) 조선인을 관리하려고 하는 시도의 일환이었다.

49년의 외등령 개정은 그러한 조선인 개개인에 대한 직접적 관리의 구체화였다. 법무부는 1949년의 개정에 의해 1947년의 외등령제도 당시에 조련에게 양보했던 점을 모두 뒤집는 데에 성공했다. 이원화되어 있던 '가증명서/본증명서'를 갱신 신청제도가 딸린 외국인 등록으로 일원화했다. 이 갱신제도는 점령군이 바란 것이기도 했지만, 한편으로 '가증명서'에서 일본정부가 실시했던 '갱신제'가 전면화된 것이기도 했다. '가

증명서'는 당국이 잠재적인 '불법 입국자'로 간주한 외국인이 스스로의 결백을 증명할 수 있을 때까지 계속해서 지니게 했던, 이른바 조선인에 대한 일본 측의 의심을 드러낸 듯한 제도였는데, 갱신제도를 도입한 외국인 등록은 이른바 이 가증명서를 관통하는 사상을 제도 전체에 관철시킨 것이었다. 가증명서가 폐지된 것은 당연하다. 또한 '외국인 등록카드'에 의해 부분적으로 추진되었던 중앙의 일원적 파악도 '외국인 등록 원표'의 도입으로 완성된다.

이 '외국인 등록체제'가 확립되는 과정에서 역설적이게도 재일조선인 단체가 계속해서 요구한 '외국인'으로서의 지위 승인은 곤란에 직면한다. 외등령 시행 당시에 조선인의 국적이 중요한 논점이 된 것은 앞에서 언급한 대로인데, 남북 분단체제의 성립을 수용하여 한국정부(주일대표부)와 민단은 외국인 등록과 한국정부에 의한 재외국민 등록 사무를 연결시키려고 시도한다. 하지만 일본정부는 최종적으로 이를 기각하고 강화조약까지는 재일조선인이 '일본인'이라는 선을 사수하는 데 성공했다. 그뿐 아니라, 남한에서의 준내전 상태와 징병제 시행에 의해 한국의 재외국민 등록에 대한 재일조선인의 기피 감정은 고조되었고, 민단의 낮은 조직력도 거들어 등록률은 극히 저조했다. 1947년의 외국인등록령 제정 당시에 조련이 스스로 호적을 조정한 것은 재일조선인이 조선의 호적에서 분리되어 있었기 때문이었는데, 분단체제가 진행된 1950년에는 이미 이러한 요구보다도 재외국민 등록으로 한국정부에 신분 정보를 파악당하는 것에 대한 기피 감정 쪽이 선행되었던 것이다.

하지만 구 조련계 단체는 징병제나 이승만에 반대하여 외국인 등록과 재외국민 등록의 연결에 이의를 제기했지만, 공교롭게도 일본정부도 이 연결에 찬동하지 않았다. 구 조련계 단체에서는 외국인 등록 개악을 요시다-이승만의 결탁으로 보았지만, 실제로 일본정부에게는 한국정부와 표면에서 결탁하는 일보다도 재일조선인을 '외국인'으로 하지 않는 것, 그 '관리'에 한국정부를 개입시키지 않는 것이 중요했다. 일본정부는 '대한민국'의 표기에 양보하면서도 재일조선인은 '일본인'이라는 해석을 고수할 수 있었던 것이다. 한반도의 분단은 일본정부가 스스로의 논리를 관철시키는 데에 좋은 조건을 제공했다. 갱신 종료 후에 일본정부는 외국인 등록증의 미휴대 단속을 강화했기 때문에 해구와 여동은 이것을 조선인 강제송환의 전조로 간주하여 강제송환 반대투쟁을 전개했고, 동시에 '대한민국'의 표기를 인정한다면 '조선민주주의인민공화국'의 표기도 인정해야 한다고 주장하며 각 지역에서 활동을 전개했다.[5] 하지만 일본정부가 여전히 재일조선인을 '일본인'으로 간주하는 것에 대한 비판은 이미 들리지 않게 되었다.

이리하여 분단에 의해 재일조선인이 한반도와의 관계를 유지하기 힘들어진 상황에 편승하여 일본정부의 지배의 틀 내에 재일조선인을 '일본인'으로 포위했고, 또한 일본인에게는 적용되지 않는 외국인등록령을 적용하여 조선인 지배를 가능케 하는 새로운 외국인 등록체제가 확립된 것이다. 1949년의 조련과 민청의 해산 지정과 조선학교 폐쇄를 거쳐, 마침내 일본정부는 식민지기와 다른 형식의 조선인 지배의 법체계를 만들어내게 되었던 것이다.

다만, 여기에서 우려되는 것은 민단을 육성할 생각도 없이, 오로지 조련과 조선학교를 파괴한 후에 일본정부는 어떠한 재일조선인 정책을 구상했을까, 라는 점이다. 필자는 일본정부는 조선인이 일본에 거주하는 것을 전제로 한 모종의 '정책'도 없었던 것이 아닐까 생각하고 있다. 로버트 리케츠가 명확히 지적했듯이, 48년 이후에 일본정부는 실로 방대한 수의 조선인의 강제송환을 생각하고 있었다.[6] 요시다 시게루가 조선인의 전원 송환을 맥아더에게 건의한 것은 잘 알려져 있는데, 이것은 바로 조련 해산 전후였다.[7] 정황 증거에 지나지 않지만, 그렇기 때문에 재일조선인 정책의 구상도 없이 조련을 파괴했다고 추측하는 것도 가능할 것이다.

어쨌든, 당사자를 배제한 형태로 재일조선인을 둘러싼 각종 문제는 이후 한일교섭의 주제가 되어간다. 그리고 조선인에 관한 방대한 재산과 자료는 일본정부의 수중에 들어갔고, 공교롭게도 조련의 해산을 바랐던 한국정부는 교섭 시에 자료 부족으로 대단히 곤혹스러워 한다. 이리하여 공적인 무대에서 조련의 모습을 소거한 후 1951년에 한일예비회담[8]이 개시되는 것이다.

지연된 '독립'

1950년 6월 25일 한국전쟁이 발발하자, 재일조선인을 둘러싼 상황은 또다시 크게 변화된다. 개전 직후에 《해방신문》 같은 구 조련계 미디어는 발행정지되었고, 구 조련계 재일조선인단체는 단체 등 규정령에 의해 합법적인 결사 활동이 금지된 가운데 비공식적으로 조국방위대, 조국방위전국위원회의 결성을 추진한다. 조국방위대는 전쟁의 후방기지가 된 일본 국내에서 반기지 투쟁을 전개했다. 이것을 제1장에서 살펴본 조련 자치대와 비교해보면, 조련 자치대가 조선인에 대한 살상이나 조선인 사이의 범죄 단속 등의 '자치'를 해방 직후에 공적으로 승인시키려고 한 것인데에 비해, 조국방위대는 유엔군을 지지하는 일본 국내 군수시설의 기능을 멈추어 유엔군의 참전을 '침략'으로 간주해 이를 비판하기 위한 선전전을 펼쳤다. 일본정부나 GHQ와의 사이에서 교섭을 할 여지는 없었다. 조련은 이른바 일본 패전/조선 해방이라는 시공간에서 새로운 법질서를 형성하려는 다양한 활동을 전개한 것인데, 전쟁중의 구 조련계 각 단체의 운동은 재일조선인을 지배하는 질서에 대한 저항으로 이행해갔다.

또한 민단은 개전과 동시에 유엔군으로의 지원병 파견을 추진하여 이 전쟁에 참전하기로 결정한다. 제8장에서 살펴본 것처럼 한국 국군에 참가하기 위해 군사훈련을 했던 조선민주국방의용단은 '구 일본군인'을 포함하는 단체의 결성 금지를 규정한 칙령 제101호에 의해 해산 지정되었지만, 전쟁이 개전되자, 민단과 '연합국(유엔)'이 반공적 유대를 구축하는 과정에서 지원병 파견이 실현되었다. 여기에도 전쟁을 계기로 한 커다란 변화가 관찰된다.

재일조선인의 법적 지위에 대해서는 샌프란시스코 강화조약 발효 직전인 52년 4월 19일의 법무부 민사국장 통달에 의해 재일조선인의 '일본 국적 상실'이 결정되었다. 이 과정에서 재일조선인은 일본 국적을 '상실'하게 되어, 외국인등록법과 입관령이 규정하는 '외국인'으로 다시 일본 법 안에 편제된다. 하지만 이것은 한일회담의 난항, 일본정부의 조선민주주의인민공화국 불승인─즉 거주국 정부가 국적국을 정식으로 승인하지 않는 상태─이 지속되는 가운데에서 실행되었다. 즉 재일조선인의 '독립'은 사실상 미루어졌던 것이다. 강화 후의 유일한 변화라고 하면, 일본 국적으로의 '귀화'가 가능해졌다는 것 정도였다. 이리하여 재일조선인은 일반 외국인과도 다른 극히 특수한 지위, 사실상의 무국적 상태에 놓인 채로 일본과 남북한 사이의 '문제'로서 다루어지게 되는 것이다.

패전 직후 일본의 식민지 지배 책임은 어떻게 인식되었으며,
어떠한 형태로 논의되었을까. 여기에서는 '전쟁 책임'을 둘러싼 재일조선인의 인식을
검토함으로써 이 물음에 대해 고찰하고자 한다.

전쟁 책임과 식민지 지배 책임, 재일조선인은 어떻게 보았나

― 도쿄재판과 반민특위에 대한 대응을 중심으로

1.

문제의 소재:
'식민지 책임론'의 부재?

최근에 역사 연구에서는 노예무역, 노예제나 식민주의 책임을 물어 사죄와 배상을 요구하는 움직임이 세계적으로 표면화된 현실을 배경으로 '식민지 책임론'의 시각에서 탈식민지화를 비교사적으로 연구할 필요성이 제창되고 있다. 대표적 논자인 나가하라 요코永原陽子는 '식민지 책임론'을 "식민주의와 노예무역, 노예제의 '죄'와 '책임'을 묻는 움직임과 그것을 둘러싼 논의"로 정의하고 "그것이 현대사 속에서 가지는 의미"를 고찰한다.[1]

이 정의는 필연적으로 다음과 같은 물음을 제기한다. 즉, '식민주의의 죄' 혹은 '식민주의의 책임'이란 무엇인가라는 물음이다. 국제법 학자인 시미즈 마사요시清水正義에 따르면, 식민지 책임이란 "특정 지역을 식민지화하여 정치 지배를 지속한 것에 대한 책임"이며, 식민지 범죄란 "지배 과정에서 발생한 다양한 비인도적 행위에 대한 책임"이라고 한다.[2] 역사 연구의 과제는 이러한 국제법학을 비롯한 인접 과학들의 성과를 토대로 세계사 속에서 사람들이 '식민주의의 죄/책임'을 어떻게 인식하고 논의해왔는가를 밝히는 것이라고 할 수 있다.

'식민지 책임'에 대한 '두 개의 계보'를 지적한 나가하라의 주장은 이 문제를 생각하는 데 중요한 단서가 된다. 나가하라는 "세계 각지의 역사 속에" 있었던 "'식민지 책임'에 대한 물음의 저류가 될 만한 움직임"으로 "제2차 세계대전에서 독일이 자행한 전쟁 범죄에 관한 처벌과 보상의 역사"와 "미국의 '흑인에 대한 보상'"이라는 두 계보를 지적했다.[3] 이 장의 과제와 관련하여 특히 주목되는 것은 전자의 계보이다. 나가하라는 '인도에 반한 죄'라는 개념이 당초의 추축국, 특히 독일을 염두에 둔 것에서 발전하여 오늘날에는 구 식민지국이 식민지전쟁이나 식민지 지배하의 대량학살, 노예화, 성폭력 등의 죄를 묻는 개념으로 사용되고 있는 것에 주목한다. 이것은 '식민지 책임'이라는 문제군이 후대의 연구자에 의해 '발견'된 것이 아님을 환기시키는 의미에서도 중요한 지적이라고 할 수 있다.

다만 나가하라의 '두 개의 계보'론은 곧바로 다음과 같은 문제를 상기시킨다. 제2차 세계대전 후에는 독일뿐만 아니라 일본도 마찬가지로 연합국에 의해 전쟁 범죄, 전쟁 책임을 추궁당했다. 일본의 전쟁 책임을 묻는 다양한 영위 속에 오늘날의 '식민지 책임론'으로 이어지는 '저류'가 존재하지 않았을까 하는 물음이다.[4]

선행연구의 견해는 부정적이다. 오히려 패전 후의 일본의 전쟁 책임 연구가 공통으로 지적하는 것은, 전후 일본의 전쟁 책임론에서 오래도록 식민지 지배 책임이라는 인식이 빠져 있었다는 사실이다. 패전 후의 일본정부는 식민지 지배 책임을 언급하지 않았으며, 연합국도 극동국제군사재판(이하 '도쿄재판')에서 식민지 지배 책임을 판결하지 않았고, 사회적으로도 '식민지 책임' 인식은 낮았기 때문이다. 그뿐 아니라, 패전 후 일본에서 진전된 것은 전쟁 책임이나 식민지 지배 책임의 해제를 위한 작업이었다. GHQ/SCAP은 극동국제군사재판에서 천황의 면책을 추진하는 한편, 미일전쟁에서 천황과 궁정 그룹과 군부의 대립을 강조하는 '태평양전쟁사관'을 유포했다.[5] 식민지 지배에 대해서도 대장성과 외무성의 공관共管 기관인 재외재산조사회는 배상 문제 대책으로 '침략'이나 '착취'를 부정하기 위한 조사 활동을 패전 후 곧바로 개시한다.[6]

당시의 논단이나 민중의 의식 속에서도 식민지 지배 책임에 대한 인식은 극히 희박했다. 요시다 유타카吉田裕에 따르면, 연합국 점령기 지식인들의 전쟁 책임 인식의 특징은 ① 스스로의 전쟁 협력 은폐와 합리화, ② 전쟁 책임 문제를 패전 책임으로 왜소화, ③ '민주화'에 의한 전쟁 책임의 해제에 있었고, 애초에 식민지 지배를 문제 삼았던 논의는 거의 없다고 한다.[7] 겨우 《요미우리신문》 논설위원이었던 조 후미쓰라長文連의 "일본의 식민지 지배 책임을 언급한 예외적인 논의"가 있었을 뿐이다. 그는 조선과 타이완의 민족들이 "일본의 전쟁 책임에 대해 구체적인 발언권을 갖고 있지 않은 사실"을 지적했다.[8] 또한 민중의 전쟁 책임 인식을 검토한 요시미 요시아키吉見義明도 점령기의 아시아에 대한 책임론은 주로 중국 중심이었다는 점을 지적한다.[9] 도쿄재판에서 제기된 '지도자 책임관'에 대한 민중의 수용방식도 대체로 "수동적이며, 피해자 의식이 우선되었고, 아시아의 민중에게 피해를 입힌 가해자로서의 책임의식은 대개의 경우 보이지 않았다."[10] 일본의 논단에서 조선 식민지 지배 책임에 대한 언급이 등장하는 것은 1950년대 후반의 북조선 귀국사업과 1960년대 초두의 한일회담 반대투쟁 당시라고 한다.[11]

1970년대 이후의 연구는 이와 같은 일본의 전쟁 책임론에 드러난 '아시아 부재', '식민지 책임 추궁 부재'에 대한 반성에 근거해 도쿄재판에서 '인도에 반한 죄'의 미적용 문제나 재판의 주체였던 연합국 측의 식민주의 문제, 나아가 일본의 점령지에 포로감시원으로 동원되어 '전범'으로 재판받은 조선인 B·C급 전범 문제 등을 해명했다.[12] 최근의 연구에 서는 실증의 진전에 따라 재판에 일본군 성노예제의 '강제'를 나타내는 증거서류가 제출되어 일부 사실 인정이 이루어졌고, 도쿄재판에서 사형 을 선고받은 'A급 전범'이 실은 방대한 B급 전쟁 범죄('통례의 전쟁 범죄') 전체의 책임자로서 재판받았다는 지적이 이루어졌다.[13] 하지만 이 연구 들도 도쿄재판에서의 '아시아 부재'나 조선 식민지 지배 책임의 불문이 라는 역사인식을 뒤엎은 것은 아니다. 어쨌든 '식민지 책임론'의 부재가 일본 패전에서 1950년대까지의 조선 지배를 둘러싼 일본 언론의 특징이 었던 것을 부정하기 어렵다.

그러나 이러한 역사인식에는 하나의 커다란 결락이 있다. 선행연구 는 '전후 일본'을 대상으로 설정하면서 분석 대상을 '일본인'으로 한정하 여 동시대에 일본에 거주한 조선인의 논조는 시야에 넣지 않았다. 종래 의 연구사 이해에 따르면, 1970년대까지는 일본에서 식민지 지배를 문 제 삼는 시각은 없었고, 그 무지 탓에 문제로 여겨지지 않았던 것이 된 다. 하지만 실제로 동시대 일본에 있었던 조선인의 논의가 검증된 적은 없다. 정말로 그러한 목소리가 없었을까. 재일조선인의 전쟁/식민지 지 배 책임론을 파헤치려는 의의는 여기에 있다.

필자는 예전에 도쿄재판에 대한 재일조선인 발행 신문이나 단체 기관 지의 논조를 번역, 소개했는데, 이 논설들은 모두 일본인의 도쿄재판론 이나 전쟁 책임론에는 보이지 않는, 조선 지배에 대한 언급을 포함하는 '식민지 책임론'으로서의 특징을 지니는 것이었다.[14] '식민지 책임론'의 부재라는 이미지는 이 언론들을 시야 바깥에 두지 않으면 성립하지 않는 극히 일면적인 것이므로, 재검토가 필요할 것이다.

이상의 문제의식에서, 이 장에서는 '전쟁 책임'을 둘러싸고 재일조선 인단체나 미디어가 어떠한 인식을 드러냈는지를 검토하고자 한다. 그를 위해 특히 전범재판과 '친일파' 처벌의 관계성에 유의하고자 한다. 도쿄재판이나 각지의 전범재판에서의 전쟁범죄인의 문제와 한반도에서의 친일파 처벌 문제는 각각 일국사 내부의 역사로서 분리되어 논해지는 일이 많다. 하지만 적어도 재일조선인에게 양자는 '전쟁 책임' 문제 속에서 혼연일체로서 논해졌으며, 식민지 제국 일본의 전쟁 책임 처리 문제의 일환으로 간주되었다. 천황에 직속되어 있는 조선총독부 이하의 식민지 지배기구는 아시아태평양전쟁기 일본의 전쟁 수행기구의 중요한 일부를 구성했으며, 미나미 지로, 고이소 구니아키를 비롯하여 전범으로 재판받은 수상과 군 수뇌에는 조선총독 역임자가 포함되어 있다. 또한 그 기구에는 조선인도 들어갔다. 이 장에서는 한반도(특히 38도선 이남)에서의 '친일파' 처벌의 전개를 참고하면서 동시대 재일조선인의 인식을 검토하고자 한다.

재일조선인사 연구에서도 박경식의 연구를 제외하면 해방 후의 '친일파' 문제를 정면으로 검토한 것은 없다.[15] 도쿄재판에서의 식민지 문제, 그리고 친일파 처벌을 둘러싼 운동과 논조를 검토하는 것은 도쿄재판이 설정한 '전쟁 책임'의 시간적, 공간적 틀의 한계를 밝히는 데에 일조할 것이다.

2.
재일조선인운동의
'전쟁범죄인' 추궁과 '친일파' 문제

일본 패전/조선 해방과 '전쟁범죄인' 추궁

《민중신문民衆新聞》의 일심회 비판

일본의 패전/조선의 해방을 맞이한 재일조선인들의 '전쟁 책임' 추궁은 어떻게 시작되었을까. 일본의 무조건 항복으로부터 2개월이 지난 1945년 10월 15일 자로 발행된 《민중신문》(民衆新聞社, 편집·발행인 김계담金桂淡)의 특집호는 재일조선인들에 의한 사료에 나타나는 것으로는 아마도 가장 이른 '전쟁범죄인' 추궁의 기록일 것이다. 이 사료를 읽는 것에서부터 고찰을 시작해보자.

《민중신문》은 도쿄에서 3만 부가 발행된 순간旬刊 조선어 전국지이다.[16] 편집 발행인 김천해는 일본공산당 중앙위원이었고, 주필 김두용이 당 조선인부 부부장이었던 것에서 알 수 있듯이, 공산당에 가깝고 조련 내 좌파의 논조를 대표하고 있었다. 특히 1947년 무렵까지는 일본공산당 조선인부의 영향이 짙다.[17] 이 신문은 10월 10일에 창간되었다고 하는데, 창간호는 발견되지 않았으며, 앞뒤 2면의 타블로이드판 특집호는 현재 발견된 가장 오래된 호이다. 〈재일본조선인연맹在日本朝鮮人連盟 창립 전국대회創立全國大會에 일언一言한다〉를 1면 톱으로 게재하여 이 대회의 '대의원'에게 호소하고 있는 점에서도 10월 15일 조련 창립 전국대회의 '특집호'라고 생각된다. 특집호는 일본공산당이 같은 해 10월 10일 도쿄 시바구芝區 비행회관에서 인민대회를 개최하여 "일체의 전쟁범죄인을 즉시 처벌하라"고 호소한 것도 보도하고 있을 뿐만 아니라 10월 8일 시작된 홋카이도 유바리夕張탄광 파업이나 10월 10일 석방된 정치범 명부를 게재했다. 모두 일본 패전 직후부터 김두용이나 김정홍 등 조련 창립에 관여한 공산당계 활동가들이 매달렸던 과제였다.

그중에서도 주목되는 것은, 박춘금이 설립한 '대의당大義黨'과 함께 일심회의 기구와 임원을 폭로한 것이다.[18] 일심회는 정식 명칭을 '지하공장 건설 일심회'라고 한다. 각의 결정 〈조선과 타이완 동포에 대한 처우개선에 관한 건〉(1944년 12월 22일) 이후인 1945년 1월 31일 도쿄에서 개최된 〈조선 동포 처우개선 감사 간담회〉 석상에서 장세량張世良(和田博雄)은 사이타마현 이루마군入間郡 고마무라高麗村(현 히다카시日高市 히다카정日高町)에 지하 비행기공장을 건설하자고 제안한다. 이것을 받아들여 군수성, 후생성, 경시청, 중앙흥생회의 후원으로 1945년 2월경에 결성된 것이 일심회이다.[19] 공사는 "조선 동포의 솟아오르는 열의"[20]로 해결하려고 했다. 즉, 조선인 노동자를 동원했던 것이다.

《민중신문》 특집호의 목적은 조련 창립대회 대의원을 향해 이 일심회 임원들이 그대로 조련의 임원이 된 것을 폭로하고 규탄하는 데 있었던 것으로 보인다.[21] 특집호는 조련 창립대회 대의원에 대해 조련 문화부장이었던 강경옥康慶玉(永島慶玉)이 일심회 부회장이었고, 조련 부위원 장이었던 권혁주(권일, 権藤嘉郎)가 노동부장, 정보부장이었던 이능상李能相이 업무부장, 중앙준비위원이었던 주기영朱基榮이 부장이었던 것을 폭로했다.[22] 추방되었던 권혁주의 회상에 따르면, 조련 창립대회 이틀째(10월 16일)에는 "××× 등을 철저히 묻으라!"고 쓰인 《조선민중신문朝鮮民衆新聞》 창간호가 배부되어 "장내 분위기는 당장이라도 폭발할 듯이 소란스러웠다"고 한다.[23] 권혁주나 강경옥, 이능상, 주기영 등은 별실로 끌려갔고, 대회 이름으로 제명이 결의되었다. 《민중신문》 특집호에 따르면, 1945년 10월 12일의 조련 '도쿄 지부' 결성대회(혼조本所 공회당)에서도 일심회의 '다카야마 히카루高山光'가 축사를 하는 중에 "그의 정체를 아는 일반 청중 사이에서 자발적으로 일심회에 대한 증오가 폭발하여" 연단에서 끌어내려 걷어차거나 한 후에 대회는 '반동분자 일소'를 결의했다고 한다.[24]

단, 추방의 범위는 일심회 임원 같은 적극적으로 침략전쟁에 협력한 자에 한정되었던 것 같다. 김두용은 《일본에서의 반조선민족운동사日本に於ける反朝鮮民族運動史》에서 "과거에 우리 민족을 해친 이러한 사람들이라도 지금 진지한 마음으로 우리 조국을 위해 민주주의 조선의 건설에 진심으로 협력하는 자는, 우리는 이들을 좋은 친구로 맞을 것이며, 또한 맞이하고 있기도 한다"고 서술하고 있어, 원칙적으로는 회개하면 받아들인다는 자세를 나타내고 있다.[25] 다만 현실적으로는 "대부분은 변함없이 반동의 길을 걸으면서 적대적으로 움직이고 있다"고 서술하고 있기도 하여, 친일파 문제는 조련과 다른 조선인단체와의 대립의 원인이 되었다.

일본공산당의 '전쟁범죄인' 추궁과 재일조선인운동

조련에서 일심회 임원을 추방한 것은 일본공산당의 '전쟁범죄인' 추궁과 연계하여 이루어졌다. 조련 중앙총본부는 45년 11월 18일 제10회 확대 중앙상임위원회를 개최하여 '친일파' 36명을 지명했다. 그 내역은 상애회·협화회 관계자 8명, 일심회 간부 12명, 동아연맹 간부 3명, 기타 '민족반역자' 13명이다.[26] 이 36명은 45년 12월 8일의 일본공산당 외 5단체 주최 전쟁범죄인 추궁 인민대회(간다神田 공립강당)에서 공개되었고, 같은 달 11월 GHQ와 쓰기타 다이사부로次田大三郎 내각 서기관장에게 건네진 '전쟁범죄인' 제1차 리스트 약 1,600명에도 추가되었다.[27]

일본공산당출판부가 1946년 3월 출판한 팸플릿《인민의 손으로 전쟁범죄인을人民の手で戰爭犯罪人を》이 구체적으로 지시하는 '전쟁범죄인' 추궁 방법은 공장이나 단체, 시정촌, 학교에서 "전쟁범죄인을 쫓아낼 것", 즉 추방이다.[28] "노동조합, 농민조합, 종업원조합, 기타 다양한 조직 내지는 민주주의적 '대회'의 이름으로 그들을 규탄하여 최후의 일격을 가할 것", "전쟁 학정虐政 범죄인을 누구도 의회에 보내지 않도록 할 것", "이것만이 진정한 인민재판의 방법이다"라고 한다.《민중신문》의 일심회 비판도 이러한 공산당의 '전쟁범죄인' 추방운동의 하나로 보아도 좋을 것이다.

그런데《인민의 손으로 전쟁범죄인을》에는 조선인 당원 활동가의 '친일파' 추궁의 영향을 엿보게 하는 기술이 있다. 이 책은〈전쟁범죄인이란 무엇인가〉라는 항목에서 쇼와昭和천황 이하, 군 지도자나 각료, 관료, 화족華族, 전쟁 협력 의원, 외교관, 경찰, 우익단체 구성원, 반동 사상가, 교육가, 예술가, 종교가에 더해 "조선인 탄압을 위해 진력했고, 또한 스스로 조선인이면서 동포를 배반하고 일본제국주의에 협력한 일체의 조선인", "만주, 조선, 타이완에서의 반동적 식민지 정책 수행자"를 들고 있다.[29] 이 팸플릿은 어디까지나 만주사변 이후의 침략전쟁을 대상으로 한 것으로, 조선에 대한 침략이나 식민지화를 '전쟁 범죄'로 보는 인식은 없다. 다만 후술하는 1948년 이후 공산당의 전쟁 책임 인식에서 식민지 문제가 사라진 것을 생각하면, 적어도 이 단계에서는 '전쟁 범죄'를 식민지 지배 문제로 잇는 회로는 다소나마 존재했다고 할 수 있다. 조선인 공산당원의 영향에 의한 것으로 보인다.

다른 한편으로 공산당과의 '전쟁범죄인' 추궁의 제휴가 조선인단체 측의 '전쟁 책임' 인식을 역으로 규정하는 측면도 있었다. 조련이 중심이 되어 조직한 조선인인권옹호위원회가 1946년 10월 작성한 삐라 〈일본인민에게 호소한다〉는 다음과 같이 외친다.

우리 조선인은 여러분이 이번 패전의 결과로 겪고 있는 비참한 생활을 눈으로 보고 진정으로 동정을 표하고 있습니다. 아시는 바와 같이 이번 전쟁의 책임은 여러분의 책임은 아니었습니다. 그것은 일본의 정치를 쥐고 있던 일부 자본가나 지주, 군벌관료들의 야망에서 출발한 것이었습니다.[30]

조선인인권옹호위원회의 삐라가 일본민중의 전쟁 책임을 부정한 배경에는 당시의 조선인단체가 처한 엄혹한 상황이 있었던 것으로 보인다. 애초에 이 위원회는 1946년 3월 이후의 현재화한 '생활권'의 위기에 대응하기 위해 결성된 단체이다. 조선으로의 귀환이 일단락되고, 오히려 일본에 재도항하는 사람들이 늘어나는 속에서 '밀항'이나 '암시장'을 조선인과 결부시켜 사회경제적 혼란을 조선인에 전가하는 담론이 범람한다. 이러한 가운데 '생활권' 옹호운동을 공산당을 포함한 혁신계 단체와 제휴해서 진행하기 위해 민중의 전쟁 책임을 굳이 묻지 않고 "일부 자본가나 지주, 군벌관료"를 공통의 적으로 설정한 것이라고 할 수 있다. 조

후미쓰라가 조선인과 타이완인이 "일본의 전쟁 책임에 대해 구체적인 발언권을 갖고 있지 않은 사실"을 생각하지 않으면 안 된다고 지적한 것은 앞에서 언급한 바와 같지만, 이 발언도 "최근에는 조선인 문제가 여러 가지로 일어나고 있다. 일본 국적이 없는 자는 12월 15일까지 일본에서 퇴거하라는 국적 문제가 일어났다"는 발언에 이어 나온 것으로, 조선인의 거주권 침해 풍조 속에서 행해진 발언이었다.[31]

아울러 일심회 임원 추방으로 대표되는 이러한 조련의 '전쟁범죄인' 추방작업은 적어도 1945~46년 시점의 GHQ의 정책과도 합치했다. GHQ/SCAP은 군국주의 단체, 초국가주의 단체 해산을 위해 1946년 1월 4일 각서 〈특정 정당, 정치적 결사, 협회와 기타 단체의 폐지건〉을 발표했고, 일본정부는 이에 응해 2월 23일 칙령 제101호 〈정당, 협회 기타 단체의 결성 금지 등에 관한 건〉을 공포했다. 동아연맹은 칙령 제101호에 의해 해산단체로 지정되었고, 일심회도 1945년 12월 현재 민정국이 작성한 각서 안 부속 해산단체 일람표에는 게재되어 있다.[32]

재일조선인단체와 '친일파' 문제

민전民戰의 '친일파 민족반역자' 규정과 조련

재일조선인단체에 의한 '전쟁 책임' 추궁을 살펴보기 위해서는 한반도에서의 '친일파' 처벌과의 관련을 뺄 수 없다. 한반도에서는 해방 직후부터 '친일파' 처벌을 둘러싼 논의가 활발했는데, 그 속에서 조련은 1946년에 조선의 민주주의민족전선의 '친일파 민족반역자' 규정을 채택한다. 민주주의민족전선(이하 '민전')은 1946년 2월 15일 모스크바 삼국 외상회의의 결정에 기초한 조선민주주의임시정부 수립을 위해 서울에서 결성된 통일전선 조직이다.[33] 조련은 민전의 산하단체였다.

조련은 1946년 8월 제7차 중앙위원회에서 민전의 '친일파, 민족반역자' 규정을 채용하여 조련의 말단조직인 '분회' 확립 당시 "조선민주주의민족전선의 원칙에 따라 친일파, 민족반역자, 파쇼 지도자를 조련 구성원에서 제외하는 것은 물론이다"라고 했다.[34] 〈8·15 이전의 친일파 민족반역자〉의 제10항 "전쟁 협력을 목적으로 한, 혹은 파쇼적 성질을 가진 단체"의 주요 간부는 구체적으로 "대의단[당]大義團[黨], 일심회, 녹기연맹회綠旗連盟會, 일진회一進會, 국민협회國民協會, 총력연맹總力連盟, 대화동맹大和同盟 등"의 간부로 되어 있어, 재일조선인 중에서는 대의당 간부 박춘금이나 조련에서 추방된 일심회 간부 권혁주가 해당된다. 조련은 이미 1946년 3월 청년부 전국대회에서 "소수는 다수의 의에 추종한다는 민주주의 원칙 밑에 친일파와 민족반역자를 제외하고 진실한 단결력을 배양해야 될 것"이라고 지적했는데, 민전의 규정을 채용함으로써 '친일파, 민족반역자'를 제외한 통일전선체로서의 성격을 명확히 했다고 할 수 있다.[35]

그렇다 해도 다른 전시체제기의 '황민화' 정책 추진을 위한 통제단체, 예를 들면 협화회나 흥생회의 임원을 역임한 조선인의 취급은 민전의 규정만으로는 명확하지 않다. 전시기 재일조선인 통제단체 '중앙협화회'(1939~1944), '중앙흥생회'(1944~45)는 말단의 '지도원', '보도원', '흥생위원'에 조선인을 끌어들였다.[36] 이러한 인물들은 조선인 사회와 완전히 분리된 것이 아니라, 각종 종교단체나 노동조합, 또한 친목이나 상호부조단체 등에 속해 있어, 임원층을 구성한 사람들 중에는 종래에 민족운동에 관여한 조선인도 포함된다.[37]

조련의 지방조직 구성 과정에 이러한 협화회 계열 사람들도 포함되었다. 예를 들면 조련 오사카부 본부 후세布施 지부 결성에 대해 강철姜鐵은, 참가한 약 40명 중 "7, 8명을 제외하면 나머지는 당시의 협화회 지도원들이었다"고 회상했다.[38] 최석의崔碩義도 조련 마이즈루 지부에 대해 "간부에는 우담禹潭, 미야모토宮本, 마키노牧野, 야마모토山本, 마쓰시타松下(아직 통명이 쓰이고 있었다) 같은 유력한 토목 청부사나 협화회 간부가 자리 잡고 있었다"고 기록한다.[39] 그 외에도 미야기현 본부의 초대 위원장이 협화회 회장이었다.[40] 도쿄의 에다가와정枝川町의 경우는 해방 초기에는 '친일파'가 그 지역을 장악했는데, 조련 결성 후에 쫓겨났다고 한다.[41]

다만 이러한 인물들이 조련에서 완전히 배제된 것은 아닌 듯하다. 앞에서 언급한 강철은, 협화회 지도원 중에는 "호랑이의 위광을 빌려 거만하게 구는" 인물과 "동포들을 성심성의껏 돌보는 선량한 사람"의 두 종류가 있었기 때문에, 모여든 청년들에 대해 "여러분들의 태반은 협화회 지도원이다. 여러분이 지도원이었던 어제까지는 이러니저러니 할 필요를 느끼지 않는다. 그보다도 더 중요한 것은 내일부터의 여러분들의 행동이 중요하다"고 격려했다고 한다.[42] 교토의 협화회 조선인 보도원 명부와 조련 임원 명부를 대조하면, 1947년 8월 현재 보도원 163명 중 5명이 조련 조직의 임원임을 확인할 수 있다.[43]

조련의 임원이 된 협화회 간부나 보도원을 민중은 어떻게 보았을까. 1947년 10월 21일 자 《조선신보》에 게재된 기사 〈징용 협력자徵用協力者를 원망怨望 전병자戰病者 미망인未亡人〉이 전하는 사건은 이것을 엿볼 수 있는 귀중한 기록이다.[44] 미에현 쓰시津市에 사는 우 씨(이름은 미상)의 남편은 태평양전쟁 당시 징용으로 남방에 끌려갔는데, 해방 후에도 행방을 알 수 없었다. 이로 인해 우 씨는 남편을 징용으로 보낸 미에현 쓰경찰서 관내 협화회 회장 김장춘金長春과 징용 영장을 전달한 협화회 보도원 노덕출盧德出을 평소에 원망하고 있었다. 아울러 47년 현재 김장춘은 당시 조련 미에현 본부 부위원장, 노덕출은 조련 쓰 지부 총무였다.

1947년 9월 우 씨의 남편은 전병사 통지와 함께 유골이 되어 돌아왔다. 우 씨는 원한을 풀기 위해 김장춘과 노덕출 두 명을 "너희들이 내 남편을 징용에 보냈다"고 조련 미에현 본부에 제소했다. 주위 사람들이 우 씨를 동정하기도 해서, 조련 본부에서는 정황을 조사한 후 10월 14일 관계자한테서 사정을 청취했다. 그리고 미에현 본부 위원장 정성순鄭成淳은 우 씨에게 남편의 죽음은 동정할 만하지만 전쟁 당시 우리 조선인은 일본 군국주의의 노예가 되었었다, 김 씨나 노 씨는 당신의 남편이 미워서 징용시킨 것이 아니니까 오해를 풀고 친해져서 일본인들에게 부끄럽지 않게 살기 바란다고 전했다. 우 씨는 정 위원장의 권고로 '오해'를 풀게 되었다고 한다.

이상이 기사가 전하는 사건의 전말이다. 앞에서 언급한 몇 가지 사례와 마찬가지로, 미에현에서도 협화회 임원이 그대로 조련 간부가 되었다. 그리고 조련 본부 위원장은 두 사람에게 한을 품은 우 씨의 호소를 조사하고 중재하는 역할을 담당했다. 10월 14일의 사정 청취 당시에는 "수십 명 방청자도 오해를 풀라고 권고했다"는 기술이 있으므로, 청취와 권고는 일반 조선인 주민도 참관하는 가운데 행해진 것을 알 수 있다. 기사에 있는 대로, 정 위원장은 우 씨에게 '오해'를 풀도록 촉구했고, 또한 김장춘, 노덕출이 이 호소 이후에 조련 임원을 그만두었다는 기록도 없다. 이 사례에서도 협화회 임원에 대해서는 조련에서 철저히 추방하기보다는 전시기의 어쩔 수 없는 협력으로 간주하여 미온적으로 대응한 것을 알 수 있다.

그러나 권혁주 같은 일심회 계열 사람들과 조련의 대립은 심각했다. 조련 창립대회에서 쫓겨난 후 이 사람들은 정찬진丁贊鎭 같은 무정부주의자나 이강훈 등의 우파 민족주의자들과 신조선건설동맹(이하 '건동')을 결성, 그 후 조선건국촉진청년동맹(이하 '건청') 등과 함께 1946년 10월 3

일에 재일본조선거류민단(이하 '민단')을 결성했다.

조련의 공산당 계열 활동가와 무정부주의자들은 앞에서 언급한 박열 환영회를 개최하는 등, 초기부터 적대적이었던 것은 아니다. 하지만 1946년 2월 조련 임시 제2회 전체대회의 모스크바협정 문제를 둘러싼 대립 후에 조련 중총이 정찬진, 정백우鄭白宇, 기관호奇寬鎬, 박열, 이강훈, 김광남金光男, 권혁주 등을 '민족반역자'로 간주하여, 건청·건동의 해산을 맥아더사령부에 요구할 것을 가결, 변영우, 오우영吳宇泳, 서상한徐相漢, 양상기梁相基 등을 제명함으로써 대립은 결정적으로 되었다.[45]

민단 결성대회에 대해, 조련 계열의《해방신문解放新聞》이 "이 대회는 박열 일파가 민족반역자, 친일파와 손을 잡고, 건청이니 건동이니 만들어가지고 먹어왔으나, 오늘에 와서는 대중의 지지가 없고 무력해감으로 최후의 먹을 수단으로 새로은 금간판을 내세우게 된 것"이라고 야유했듯이, 이후에도 민단을 '친일파, 민족반역자' 집단으로 비판했다.[46]

이 때문에 당초의 건청이나 건동, 민단의 '친일파론'은 조련의 비판에 반론하는 것이 중심이 되었다. 예를 들면, 건동 기관지는 박열에 대한 '친일파'라는 비난을 "모리배의 음모"라고 반론했다.[47] 민단 기관지《민단신문民團新聞》도, 자신들도 "전쟁중에 일본제국 침략정치의 강제에 의해 '나는 제국 신민이며 충심으로 군국에 봉사하겠다'고 소리 높이 외친 그 입"으로 박열 단장의 옥중 '전향'을 문제시하는 "천박함과 애처로움"을 비난했다.[48]

실제로 건동에는 정치범으로 체포되었던 이강훈도 있었고, 해방 후 그들은 윤봉길, 이봉창, 백정기白貞基 같은 독립운동가의 '세 의사 유골 봉환운동'에 진력했는데, 이강훈은 조선의 이승만, 김구 같은 세력과 맺어져 민전이나 조선공산당과 적대관계에 있었기 때문에 재일조선인단체 사이의 대립은 빼도 박도 못하는 것이 되었다.

조련의 '반일투쟁 실천과 대일협력자 조사'와 구와나桑名사건

조련 중총은 앞에서 언급한 제7회 중앙위원회의 결정을 수용하여 1947년에는 '친일파' 문제에 대한 구체적 조사를 시도한다.

1947년 5월 조련 제10회 중앙위원회에서 중총 외무부는 〈반일투쟁 실천과 대일협력자 조사에 관한 건〉을 제안하여 채택되었다.[49] 이미 조련 계열 조선인생활옹호위원회는 1946년 11월 결정된 〈투쟁방침〉에 "정권 보유자의 오래된 조선인관을 타파하고 일본에서의 조선인의 지위를 확정할 것", "조선인에 대한 일본정부의 정책은 학살정책이라는 것을 철저히 폭로하지 않으면 안 될 것", "제국주의적 침략의 범죄 사실은 철저히 조사하고 규명할 필요가 있다"는 것을 들었는데,[50] 이것이 더욱 구체화되었다.

제안 이유는 "일본에 재류하는 60만 동포가 과거의 대일협력자라는 낙인이 찍힌다고 한다면, 너무나도 분하고 장래 조선인의 신분 결정에도 다대한 손상이 될 것이다. 이미 일본정부의 손에 의해 조선인의 일제 전쟁 협력 상태와 인원까지 보고되어 반일투쟁의 측면을 말살함으로써 재류동포의 국제적 지위에도 적지 않은 영향을 미치고 있다"는 것이었다. '조사'의 배경에 재일조선인의 법적 지위와 국적 문제에 대한 위기의식이 있었음을 엿볼 수 있다.[51]

'조사'의 구체적인 항목을 보자.[52] 실행기관으로서 중앙과 지방에 조사위원회를 두고, '반일투쟁'의 조사 범위는 '일제 지배의 전 기간'에 재일조선인으로 구성된 '반일조직과 개인의 활동', '반일투쟁'에 먼저 나서거나 '반일사상'을 가진 것, 혹은 일본에 대한 비협력을 이유로 살해, 투옥, 검거, 고문 등을 당한 피해 사실을 중심으로 체험이나 전언을 상세히 기록한다. '대일협력자 조사'의 조사 범위는 '황민화운동'을 이론적으로 지도 혹은 적극적으로 추진한 자, '반역단체'에서 지도적인 역할을 한 자, 군경 등의 밀정으로 동포에게 해를 입힌 자, '일제 전쟁'에 의식적으로 협력한 자로 한다(사적인 원한에 의해 해당 사항이 없는 자를 명부에 게재하는 일이 없도록 주의하라는 단서가 있다).

그러나 이 조사가 순조롭게 진행되지는 않은 것 같다. 1947년 6월 말일까지 조사를 완료하기로 했음에도 불구하고, 같은 해 9월 제11회 중앙위원회의 시점에도 제10회 중앙위원회에서 결의된 "반일투쟁자, 대일협력자의 조사 보고는 한 개 지방 본부(미에)뿐이었다"고 한다.[53] 유일하게 보고된 미에현 본부가 조사한 사실은 조련의 중앙위원회 의사록에서는 알 수 없다. 미에현 관련 사례로는 앞에서 언급한 전쟁미망인 우 씨가 협화회 임원을 조련 미에현 본부에 제소한 사건 이외에 1947년 3월에 발각된 '구와나桑名사건'이 있다.[54]

'구와나사건'이란 징용지에서 도망친 조선인 정기양鄭岐陽(당시 28세, 통명 히로하라 히데요시廣[宏]原秀吉)과 일본인 오구라 소조小倉宗[守?]蔵(당시 27세)가 복귀 후에 상관에게 참수당한 사건이다.[55]《해방신문》미에 지국에 따르면, 정기양은 중학교를 졸업한 후 강원도 횡성 금용조합 서기로 근무하다가 1945년 6월 24일 강제징용되어 구와나시桑名市 도카이 군관구東海軍管區 내 특설작업대로 보내졌다. 정기양은 8월 15일 이 부대를 탈주했으나, "같이 있던 동포들을 생각하여" 8월 17일에 작업대로 복귀하였고, 함께 탈주하여 도쿄에 사는 아내의 집에 갔던 오구라 소조도 같은 날 복귀했다. 하지만 이것을 알게 된 이 부대 육군대위인 히라이 기요시平伊淸는 부하인 중위 쓰지 료이치辻良一(24)와 하사 오이시 도키오大石登喜雄 이하 3명에게 두 사람의 처형을 명령했다. 이리하여 8월 17일 밤 8시 반에 오이시 하사는 정기양의 손을 뒤로 묶고 각반으로 눈을 가리고선 일본도로 참수했다. 오구라도 같은 방법으로 죽이고 그 자리에 사체를 묻었다고 한다. 아들의 행방을 걱정하던 정기양의 아버지 정재구鄭在亀가 조련 미에현 구와나시 지부에 세 차례에 걸쳐 수색을 의뢰했지만, 이 지부의 조사에서도 아무런 증거를 발견하지 못했다. 하지만 미에현 우에노시에 사는 오구라의 아내가 남편의 사인을 수상히 여겨 우에노경찰서에 고소하여 히라이, 쓰지, 오이시 외 6명이 검거되었고 희생자의 사체는 백골로 발굴되었다. 이로써 정기양이 8월 17일에 살해된 것도 밝혀졌다고 한다.

1947년 3월 26일에는 검거를 면한 육군관구 특설작업대장이자 육군소령 사토 가이이치佐藤海一가 조련 미에현 본부를 내방했다. 그는 이호李浩 총무부장과 면담한 후에 히라이가 두 명의 참수를 명한 것은 자신이 아니라 부하들의 군령 위반이라고 변명한 후에 "부하들로 인하여 이러한 사건이 발생한 것은 나의 부덕인 고故로 깊이 사죄하오며 하시何時라도 연맹의 질문이 있을 시에는 출두하겠다"고 답했다고 한다.[56] 아울러 오사카의 민족지《조선신보》는 "일본군의 횡포와 잔학은 현하 도쿄의 국제재판 법정에서 증명되고 있으나, 이번에 종전 직후 두 명의 징용공을 더욱이나 일본 내지에서 참살한 사건이 2년 가까이 경과하여 발견되었다"고 이 사건을 전범재판과 관련해서 해설하고 있다.[57]

조련 미에현 본부는 구와나사건을 '반일투쟁 실천' 중에 일본에 대한 비협력을 이유로 살해, 투옥, 검거, 고문 등을 당한 피해 사실의 하나로 중앙에 보고한 것이 아닐까. 사건의 발각 시점(1947년 3월)과 '반일투쟁 실천과 대일협력자 조사' 기간(1947년 5~6월)의 시기도 겹친다.

3.
전범재판을 둘러싼
재일조선인의 논설

도쿄재판의 개정開廷과 재일조선인의 논설

민전 성명과 《민중신문》의 도쿄재판론

도쿄재판의 개정에 재일조선인단체나 언론은 어떻게 대응했을까. 점령군의 전범 용의자 체포는 일본 점령 직후인 1945년 9월 11일에 시작되었고, 46년 1월 19일에 맥아더 원수는 극동국제군사재판소 설치를 명했다. 4월 29일에는 검사단이 28명의 기소장을 제출, 5월 3일에 재판이 개시된다. 앞에서 언급했듯이, 조련은 '전쟁범죄인'이나 '친일파, 민족반역자'의 추궁을 중시했지만, 도쿄재판을 비롯한 전범재판의 경과에도 관심을 기울였다.

도쿄재판 개정 직후의 움직임으로 주목할 만한 것으로 앞에서 언급한 민주주의민족전선이 발표한 성명이 있다. 민전 사무국은 5월 22일 〈일본 전범자를 엄중히 처단하라〉라는 성명을 발표, "특히 조선 통치를 직접 담당하여 모든 악랄한 수단과 방법으로 조선민족을 탄압 착취한 전 총독 미나미 지로와 고이소 구니아키 이하 고급 관료들에 대한 엄중한 처단을 강조했다"고 한다.[58] 민전은 외무부 명의로 6월 4일에도 '4국 관리위원회'(미국, 영국, 소련, 중화민국 대표로 구성된 연합국 대일이사회로 추정됨)와 맥아더에게 "일본제국주의에 착취를 가장 가혹하게 받아온 조선민족은 일황 히로히토裕仁, 미나미, 고이소 등 전범자들이 준엄한 처벌을 받고, 아울러 조선에 관련된 전범자들이 하루라도 빨리 처형되는 것을 열망하지 않을 수 없다는 전 민족의 의사"를 전달했다.[59] 천황과 조선총독이었던 미나미 지로, 고이소 구니아키를 엄벌에 처하도록 요구한 것이 주목할 만하다. 필자가 알기로는, 조선에 본부를 두는 민족단체 중에 도쿄재판에 대한 구체적인 요망을 나타낸 것은 이 민전의 성명뿐이다. 아울러 조련은 앞에서 언급했듯이 민전의 산하단체로, 조련 서울위원회를 통해 직접적인 연락을 취하고 있었다. 후술하는 천황, 미나미, 고이소에 대한 엄벌 요구의 배경으로 민전의 이 성명은 중요하다.

《민중신문》은 46년 6월 15일 자 사설 〈전범재판에 기하야 민족반역자를 추궁하자〉를 게재했다.[60] 사설은 도쿄재판에 대해 키넌Joseph Berry Keenan 수석검사의 진술이 지도자 책임을 명확히 한 것을 평가한 후에 "일본의 전쟁범죄자는 그 이전에 우리 조국 조선을 침략했고 그리고 중국을, 소련을, 또한 남양제도를 침략하려고 했다"는 것을 지적했다. 도쿄재판에서는 1928년 이후의 일본의 대외행동이 심리 대상이 되었지만, 이 사설은 그 시간적 틀에서 제외된 조선을 비롯한 지역에 대한 침략 사실을 지적하고 있다.

이 사설의 가장 큰 특징은 도쿄재판을 조선 내부의 "친일파, 민족반역자" 처벌과 결부시킨 점에 있다. 사설은 중국의 천공보陳公博, 이탈리아의 무솔리니, 루마니아의 안토네스쿠 등에서 보이는 "자기 나라를 적국에 팔고 자기 민족을 마음대로 착취한 까닭에 총살을 당한" 자들을 언급하며, "3천 만 동포들이여! 우리의 신변에도 절대로 용서할 수 없는 민족반역자, 친일파가 있다는 것을 꿈에라도 잊어서는 아니 된다"고 하여 "민주정부 수립"을 위해 "민족반역자와 친일파를 한 사람도 남기지 않고 철저히 적발하여 인민재판에 부치는 날이 하루라도 속히 오도록 노력하여야 한다"고 호소했다.

개정 후에는 일본 측 변호단이나 피고, 그리고 재판에 대한 일본의 여론에 논설의 관심이 모인다. 기요세 이치로淸瀨一郞는 검사 측이 침략사상으로 간주한 '팔굉일우八紘一宇'를 '유니버설 브라더후드'이며 '세계동포주의'였다고 논하여 물의를 일으켰는데, 오수린吳壽麟이 《민중신문》의 후신인 《해방신문》 지상에서 이를 비판했다.[61] 오수린은 기요세 이치로의 '팔굉일우=세계동포주의론'에 대해 "동아 신질서와 팔굉일우 사상이 전 동아를 일본 독점자본가들의 뒤뜰로 개작하여 그들의 충견인 일본 군벌이 전 동아 지역에서 어떠한 파천지破天地적 야만행위를 했는지를 우리들은 너무나 뼈에 사무치게 체험했다"고 비판했다.

이 시기 조련의 '전쟁 책임'에 관한 논의 중에서는 천황의 문제도 다루어졌다. 1946년 9월 25일의 조련 오사카 본부 제3회 정기대회는 "일본 천황이 전 조선인에게 보내는 사과장을 받아낼 것"을 투쟁 목표로 내걸었다.[62] 다만, 왜 조련 오사카 본부에서 이와 같은 투쟁 목표를 내걸었는지에 대해서 사료에는 그 이상의 설명이 없다.

《조선국제신문》, 《조선신보》의 전쟁 책임론

도쿄재판·전범재판에 관심을 기울인 것은 조련뿐만이 아니다. 조련 이외의 민족단체나 조선인이 경영하는 신문 미디어도 재판의 귀추를 주목했다. 초기 단계에서 전범재판을 언급한 것은 46년 3월 1일 자 《조선국제신문》의 논설 〈전범의 철저한 추궁이 신일본 건설〉(필자 미상)이다.[63] 《조선국제신문》은 《민중신문》과 함께 '해방' 후 가장 먼저 창간된 재일조선인 발행 미디어로, 사장은 고마문예사高麗文芸社 사장인 허종진許宗軫이었다.[64] 이 신문에는 건청이나 건동의 기사가 많이 게재되었다. 이 논설은 연합군 측 재판의 공정함, 특히 피고를 미리 죄인 취급하지 않는 미국 변호인의 자세를 상찬하며, 만약 반대 입장이라면 변호에 이름을 올린 일본인은 "확실히 국민들로부터 비국민이라 놀림을 받을 것이다"라고 지적했다.

다만, 이 시점에서는 도쿄재판은 개정하지 않았다. 같은 날 《조선국제신문》은 후쿠오카 포로수용소 제17분소(오무타大牟田 포로수용소)의 포로 살상 용의로 심리가 이루어졌던 후쿠하라 이사오福原勳 대위의 재판 기사를 게재하고 있어,[65] 위의 논설은 요코하마 지방법원 내에 설치된 군사법정을 본 후의 감상으로 보인다. 아울러 후쿠하라는 미군 존슨 하사를 학살한 죄로 공판에 회부되었는데, 이 기사는 존슨 하사가 조선인 노동자와 대화를 나눈 것이 문제가 되어 영창에 감금된 사실을 클로즈업하여, "우리 조선인 노동자들도 완전히 똑같은 입장이었으므로, 우리들은 일본인의 감시의 눈을 피해 미국인들에게 담배를 주거나 물을 가져가거나 밥을 어두운 틈에 가져가서 미국인들을 위로했습니다"라는 어떤 조선인 노동자의 회상을 소개하고 있다.

《조선국제신문》의 46년 8월 6일 자 사설 〈포학한 일본군日本軍の暴虐〉(필자 미상)은 중국에서 자행된 일본군의 전쟁 범죄를 다루었다.[66] 이 사설은 난징南京대학살을 다루며 "전시중에 일본의 많은 전선에서 귀환한 병사들은 공훈[5자 불명]의 일환으로 타민족을 무처럼 참살하거나 금품을 약탈하거나 타민족의 부녀를 강간한 것을 자랑으로 비공개 술자리, 혹은 잡담 중에 즐겼는데, 지금 되돌아보면 이 병사들은 과거의 잘못을 뉘우치기나

할까"라고 하여 재차 병사들의 책임을 날카롭게 추궁하고 있다. 다만, 병사에게만 책임을 돌리는 것이 아니라 "상관의 명령은 폐하의 명령이다"라고 하는 황군의 군규軍規와 "봉건제로 인해 비운을 초래한 것을 명기해야 한다"고 지적했다. 그리고 사설은 장제스蔣介石가 "폭력으로 폭력에 보복하지 말라"고 하여 일본인의 생명을 보호했는데도, "일본은 국민적 총 사죄를 중국에 또한 조선에 필리핀에 남방 각 지역 민족들에게⋯⋯지금까지 일언반구도 사죄적 참회의 말이 없는" 것을 비판하며 "돼지에게 진주를 던지지 말라', 이것이 민주주의 일본을 위해 세계가 보내는 말이 되지 않도록 기원하는 바이다"라고 조롱을 담아 사설을 맺고 있다.

이 사설은 '병사=민중'의 전쟁 범죄 추궁에서 민중의 전쟁 책임 추궁으로 전개되는 논리 구성을 취한다. 이미 살펴본 바와 같이, 특히 조선인단체의 경우에 일본민중 차원의 전쟁 책임을 언급하는 경우는 의외로 많지 않다. 이것을 고려하면, 요코하마 재판 단계에서 전범재판에 주목하여 조선, 필리핀, '남방 각 지역'에 대한 전쟁 범죄도 시야에 넣으면서 중국에서의 일본인 병사의 전쟁 범죄에 주목한 것은 특필할 만하다. 《조선국제신문》에는 건동이나 건청 관련 기사가 많이 게재되었는데, 재일조선인단체 중에서는 '우파'에 가까운 신문이었다. 1946년 단계에서 특히 건동의 박열이나 이강훈은 충칭重慶 임시정부의 김구와 관계를 가지고 있었고, 그러한 관계에서 중국에서의 전쟁 범죄에 민감했을 가능성이 있다.

단체 기관지 이외의 민족지 중에서는 특히 《조선신보》의 논설이 주목된다. 이 신문은 오쓰大津, 교토, 오사카 등에서 발행되던 민족지 4사의 합동으로 46년 5월에 창간된 조선어 신문으로, 재일조선인에 관한 풍부한 기사와 독자적인 입장에서 재일조선인운동에 대한 제언을 하여 독특한 존재감을 드러냈다.

47년 12월 26일 자 《조선신보》 사설은 피고 중에 특히 조선총독이었던 미나미 지로와 고이소 구니아키에 주목하여 이들이 A급 전범 용의자가 된 것이 당연하다고 단언했다.[67] 또한 《조선신보》는 이어지는 12월 28일 자 사설에서 '대동아공영권'은 각 민족과의 공존공영을 위한 것이었다는 도조 히데키東条英機의 자기 변호에 대해 "그들에게 약소민족 해방의 저의가 있었는지"는 "36년간의 조선민족의 고통이 웅변으로 증명하고 있다"고 하여 "과거사를 우리들이 문제시하는 것은 다름이 아니라 그들의 너무나도 뻔뻔하고 후안무치함에 분노를 금할 수 없기 때문이다"라고 비판했다.[68]

《조선신보》는 천황 퇴위설에 대한 사설도 게재했다. 사설은 외국 미디어가 천황 퇴위의 가능성을 보도한 것을 수용하여, '봉건의 상징'인 천황제의 존폐에 대해 재검토할 필요가 있다고 주장하고, "천황제로 인해 가장 심혹甚酷한 피해를 입은 인국 우리 조선의 의견으로서도 존속에 대하여 아무런 흥미를 갖지 않으며 그가 오히려 완전 민주화의 장애가 되며 봉건의 아성이 될 우려까지 가지게 된다면, 천황 자체의 양심에 비추어 또 일본 전 국민의 여론에서라도 방도를 결정할 필요가 있다"고 논했다.[69] 천황 퇴위론은 이른바 쇼와천황 개인에게 전쟁에 대한 '도의적 책임'을 지게 함으로써 천황제를 구하려는 것이라는 견해도 가능하지만 이 사설은 굳이 말하면 퇴위론과 폐지론을 연속적으로 파악하고 있다.

이러한 기사들에서 알 수 있듯이, 재판 진행중의 논설은 검찰 측의 입장을 지지하여 염치없는 일본 측을 비판하고 있다. 재판의 의의에 대한 이해도 깊어, 건청 기관지 《조선신문朝鮮新聞》은 도쿄재판의 역사적 의의에 대해 전범 처벌을 나폴레옹의 세인트헬레나 유폐까지 거슬러 올라가 설명하였다. 곧 베르사유 조약 제227조에 의한 독일 황제 빌헬름 2세의 소추에 의해 맹아적으로 발생하였고 뉘른베르크 재판에 의해 확립된 지도자 책임 추궁이 지금 바로 도쿄재판에서 적용되려고 한다고 적절히 해설하였다.[70]

전범재판과 '친일파' 문제

재일조선인의 언론에서 '전쟁범죄인'과 '친일파' 처벌 문제는 이미 살펴본 바와 같이 연관된 것으로 인식되었다. 그러면 구체적인 전범재판의 개시에 따라 '친일파' 문제와의 관련은 어떤 식으로 논의되었을까.

이 문제와 관련하여 흥미로운 것은 남한의 '친일파' 처벌에서 '전범'이 제외된 것이다. 1947년 3월 13일 남한과도입법의원에 〈부일협력자, 민족반역자, 전범, 간상배에 대한 특별법률 조례〉(이하 '특별조례안')가 상정되었다.[71] 여기에서는 친일파의 범위를 민족반역자, 부일협력자, 간상배의 3장으로 나누어, 민족반역자는 "사형 무기 10년 이상의 징역에 처하고 그 재산을 전부 혹은 일부를 몰수하거나 15년 이하의 공민권을 박탈함", 부일협력자는 "5년 이상의 징역에 처하거나 1년 이상의 공민권을 정지함. 단, 죄상에 의하여 재산은 전부 또는 일부를 몰수할 수 있음"이라고 했다. 조례는 1947년 7월 2일 입법의원을 통과했으나, 미군정이 시기상조라는 입장에서 인증을 거부했기 때문에 폐안이 되었다.

특별조례안의 처벌 대상에는 당초 '전범'이 포함되었으나, 심의 과정에서 제외되었다. 1947년 3월 21일 입법의원 제35차 본회의 법안 심의 당시, 이일우 의원은 "선전포고를 아니 한 우리나라에서 전범자를 규정할 수 있는가?"라는 질문을 했다.[72] 1947년 4월 10일에는 전범재판 담당 미군 고문 엘튼 대령이 기자회견을 열어, 도쿄재판에서 일본 측은 '팔굉일우'에 대해 변명하고 있지만, 미국은 침략으로 인정하고 있다는 것, 미나미 지로의 인상은 '잔인'하다는 것에 더해 "만일 조선인에 전범자가 있다면 이는 조선인 자체가 처단할 것이며 미국은 간섭치 않는다"고 발언했다.[73] 같은 해 4월 24일 제58차 회의에서는 홍성하 의원이 "조선에는 과거에 종주권이 없었으므로, 국제법으로 보아 전범은 없었다고 생각한다. 부일협력자와 전범은 성질상 다르다"는 질문을 했고, 제안자인 정이형鄭伊衡 의원은 "비행기 헌납이나 일본의 전력 증강을 위하여 이바지한 자도 있으니 이는 전범자라고 할 것이다"라고 회답했다.[74] 경성법조회가 4월 14일에 제출한 특별조례안에 대한 견해에서도 '전범'에 관한 법령을 별개 항목으로 해서는 안 된다고 했다.[75]

'친일파' 처벌에 '전범'의 범주를 포함시키는 것에 대한 부정적인 의견이 강했다고 할 수 있다. 결과적으로는 소극론이 받아들여져, 5월 8일에는 특별조례안에서 '전범'을 삭제하고 '부일협력자', '반역자'에 포함시키는 수정안이 합의되었다.[76]

다른 한편, 이 특별조례안이 상정되기 2개월 전인 1947년 1월에는 남방의 조선인 군속이 전범으로 재판받고 있는 사실과 재판받은 자의 명부가 보도되었다.[77] 또한 싱가포르에서 귀환한 정랑鄭浪이라는 인물이 포로감시원으로 남방에 갔던 조선인이 전범으로 처벌받을 것 같으니, '국내 동포의 여론'을 연합국 당국에 올바르게 전달해야 한다는 것을 《조선일보》를 통해 호소하고 있다.[78] 정랑은 미결 조선인이 말레이시아, 자바, 수마트라에 1,000명 정도 있는데, 일본인 변호사들이 "왜적의 범죄를 변호하기 위해 조선인에게 죄를 전가하는 일도 다반사이며, 심할 경우에는 지역 신문이 조선인을 중상하는 책략을 쓰기까지 한다"고 언급하고 있다. 또한 다카야마 노부미쓰高山信光라는 조선인이 동명이인 때문에 무고죄로 처벌받게 되었으나, 진정 결과 무죄가 된 경우도 있어, 조선에서 변호단이나 조사단을 보내는 것이 급선무라고 했다.

조선인 B·C급 전범 문제에 대해서는 재일조선인 미디어에도 흥미로운 보도가 있다. 1948년 9월 2일 자 《신세계신문新世界新聞》에 따르면, 교토시 우쿄구右京區 사이인西院에 거주하는 윤창운尹昌運(28)은, 1943년 7월 마이즈루 해군시설부에 징용공으로 배속되었고, 그 후 군속으로 남방 각지에 종사했는데, 버마에서 종전을 맞아 전범 용의자로 수용소에 입소 중이었다고 한다.[79] 하지만 이것을 전해들은 주위의 친구들이 1947년 3월과 48년 2월 두 차례에 걸쳐 전범수용소에 제출한 '전범 탄원서'가 군 법무 당국을 움직여 재조사가 실현되었다. 그 결과 혐의를 벗고 48년 8월 12일 요코하마로 귀환하여 5년 만에 자택으로 돌아왔다고 한다. 귀환 후 이 신문의 취재에 응한 윤창운은 친구들에게 감사하는 한편, "외지에는 아직 많은 동포가 있으니 하루 빨리 귀환하도록 적극적인 운동을 전개하지 않으면 안 될 것으로 생각합니다"라고 답했다.

도쿄재판 판결에 대한 재일조선인의 논평

조련의 판결 비판

다음으로 도쿄재판의 판결에 대한 재일조선인단체의 논평을 살펴보자. 도쿄재판의 심리는 48년 4월 16일까지 이루어졌고, 같은 해 11월 12일 형이 선고되었다. 여기에서는 1928년 1월 1일부터 1945년 9월 2일까지의 기간이 기소 대상이 되어 '평화에 반한 죄', '통례의 전쟁 범죄'에 대해 유죄가 선고되었고, '만주사변' 이후의 일본의 전쟁이 '침략전쟁'이라고 인정되었다. 피고 중에 정신장애로 인해 소추를 면제받은 오카와 슈메이大川周明, 판결 전에 사망한 마쓰오카 요스케松岡洋右와 나가노 오사미永野修身를 제외한 25명이 전원 유죄가 되었고, 도조 히데키 등 7명이 교수형, 기도 고이치木戸幸一, 미나미 지로, 고이소 구니아키 등 16명이 종신 금고형, 도고 시게노리東郷茂徳가 금고 20년, 시게미쓰 마모루重光葵가 금고 7년 형을 받았고, 같은 해 12월 23일에 도조 등 7명이 처형되었다.

도쿄재판의 판결에 가장 비판적이었던 것은 조련이다. 판결 발표 직후에 조련은 의장단 이름으로 담화를 발표했다.[80] 의장단 담화는 미나미 지로, 고이소 구니아키 총독에게 교수형이 선고되지 않은 것을 예로 들어 "범죄의 구성을 부전不戰조약 위반으로 추궁했기 때문에 약 반세기에 걸친 일본제국주의자와 군벌, 그 지지자들의 야만적인 잔학함 속에서 독립과 자유와 문화의 마지막 한 조각까지도 유린당한, 우리 조국 조선에 대한 침략은 전혀 소장에는 언급되지 않았다"는 것을 비판했다. 실제로 우다가와 고타宇田川幸大에 따르면, 도쿄재판 당시에 검찰은 미나미 지로의 조선총독시대 정보(육군특별지원병령이나 창씨개명 실시)를 입수했으면서도 심문은 대부분 만주사변에 대한 질문에 집중되어 총독시대에 대한 질문은 적었고, 고이소 구니아키에 대한 심문도 마찬가지였다.[81]

의장단 담화는 더욱이 ① 천황이 재판받아야 하며, 그렇지 않다면 "진정으로 허물없는 마음에서 우러난 강화"는 할 수 없다, ② 일본국민 스스로 전범을 재판해야 함에도 불구하고 동정론이 있다는 것, ③ A, B, C급 이외에도 전범적 요소가 있다는 것(요시다 시게루가 지목되었다), 세 가지를 비판했다. 또한 "연합국 중에 독특한 1개국에만 편중되는" 것은 일본에 도움이 되지 않는다고 은근히 미국을 비판하고 있다. 1946년 당시 검찰 측 입장을 전면 지지하는 자세는 이미 없어졌고, 오히려 조선 식민지 지배를 완전히 무시한 판결을 만들어낸 미국에 대한 비판의식이 전면에 드러나 있다.

특히 판결이 인정한 '침략'의 시간 축에 대한 비판은 명료하다. 조련 중총 기관지《조련중앙시보》의 사설은 "포츠담선언 제6항의 원칙에 따라 일본제국주의의 침략사를 역사적으로 고찰할 경우, 이 재판에서 이루어진 해외 침략 규정은 20세기 초두로 적어도 1905년의 이른바 '을사조약'에서부터 소급하지 않으면 일본제국주의의 침략적 세력에 대한 본질적이고 철저한 구명과 제거는 불가능할 것이다"라고 단언했다.[82] 즉, 조련으로서는 식민지 지배를 시작한 책임을 '평화에 반한 죄'의 '침략 책임'의 틀로 파악하고자 했던 것이다. 그래서 일본 침략의 시간 축 설정이 문제가 되었다. 또한 도쿄재판과 일본국민과의 관계에 대해서도 일본국민에게 전쟁 책임이 있다기보다 지도자 책임을 추궁할 책임이 있다고 하는 논리 구성을 일관되게 취하였다. 조련 가나가와현 본부의 기관지 《조련 가나가와朝連神奈川》는, 징용이나 지원병, 징병제 실시, 그리고 황민화 정책 등의 전시기 정책을 비판하며 미나미와 고이소에게 종신형이 선고된 것을 비판했다.[83] 이 논설은 "포로에 대한 잔학행위가 가장 큰 인도에 반한 죄악이라면 아무런 죄도 없는 순진한 청년을 속여 억지로 전장에 끌고 가서 죽인 죄야말로 최대의 죄이다"라고 군대로 동원한 것 자체가 '인도에 반한 죄악'이라는 인식을 나타내고 있다.[84]

다른 한편으로, 패전 이후 재일조선인운동과 제휴해온 일본공산당은 판결에 대해 도조 히데키의 단죄만으로는 평화와 민주주의는 달성되지 않으며, "천황의 최고 책임을 어디까지나 추궁한다"고 하며 요시다 시게루 수상 등 민자당이야말로 "도조 피고들의 정치적 후계자"라고 비판하면서도 조선 침략 문제는 전혀 언급하지 않았다.[85] 조련이 조선에 대한 '침략 추궁의 부재를 비판하는 판결론을 전개한 것에 비하면, 현저한 대조를 이루고 있다. 앞에서 언급한 바와 같이 1946년 3월의 〈인민의 손으로 전쟁범죄인을〉은 "만주, 조선, 타이완에서의 반동적 식민지 정책 수행자"를 '전쟁범죄인'에 포함했었다. 도쿄재판이 이 '수행자'들에게 죄를 묻지 않아 조련은 그 미처리를 비판했는데도, 공산당 기관지에 언급이 없는 것은 기묘하다.

민단과 건청의 판결론

한편, 민단 중총 기관지 《민주신문民主新聞》은 판결 후에 박열 단장의 담화를 게재했다.[86] 박열은 판결을 높이 평가하면서 일본인은 "침략전쟁 수행자가 범죄의 주범이라면 국민은 그 공범"이며 "전쟁에 찬동하지 않은 자라 해도 이것에 철저히 반항을 하지 않은 이상, 살인방조죄로 추궁되어야 하지 않을까"라고 주장하여 일본민중의 전쟁 책임을 '살인방조'라는 관점에서 지적하여 일본제국주의 잔재의 온존에 주의를 촉구하고 있다. 다만, 판결에 대해서는 "단죄가 공정하고 보다 높은 문명을 지향하면 할수록 우리들은 진지하게 단죄가 나타내는 것에 대해 반성해야 한다. 민족 전체로서 짊어져야 할 책무에 대해서는 좌익소아병환자가 가지는 공식론 내지 감정론에만 집착하지 말고 공정한 인류 지고의 문명 심판을 기초로 하여 전 민족이 반성해야 한다는 것을 요망하고자 한다"고 다소 함축성 있는 말을 했다. 박열은 남조선과도입법의원의 친일파 처벌법인 〈부일협력자, 민족반역자, 전범, 간상배에 대한 특별법률 조례(안)〉에도 의구심을 표시하며, 오히려 "3,000만 우리들 모두 죄가 있다"는 입장에서 이른바 '3,000만 총죄론'을 전개했다.[87] 이 담화는 굳이 말하자면, 전범이나 친일파 처벌에 억제적인 메시지라고 읽어야 할 것이다.

박열이 일본에 대해서는 그래도 강한 비판을 가했지만, 잡다한 사람들이 모인 민단의 성격상, 이것을 공식 견해로 간주하는 데는 신중할 필요가 있다. 특히 한국정부 성립 후에는 일본 비판보다 조련에 대한 비판을 강화했다. 민단 중총 기관지에 게재된 〈특권을 소유한 자가 아니다特權を有するものに非ず〉라는 논설에서는 "종전 후 일본에 있는 조선인이 특권이 있는 것처럼 생각해서 일본인을 모멸하고 거만한 행동을 했다, 이것이 지금까지 발생한 많은 불상사의 원인의 하나이다.……고베, 오사카의

불상사를 비롯하여 종래에 조련이 취해온 행동이 과연 어느 정도의 효과를 올릴 수 있었을까"라고 하여 조련의 교육투쟁을 비판했다.[88] 민단 중총의 무임소부장이었던 박노정이 경영하는《국제일일신문》도 판결에 대한 견해를 게재했는데, 식민지 지배의 문제를 언급하면서도 "이제 그에 대해 언급하지 않을 것이다"라고 하며 일본에 의한 지배는 "이미 과거 역사의 일막에 지나지 않는다"며 추궁할 필요를 인정하지 않았다.[89]

다만 동일한 대한민국 지지세력이라도 일본에 대한 건청의 논조는 여전히 비판적이다. 판결에 대해서도 건청 기관지《조선신문》은 보다 명확히 창씨개명, 지원병제도, 황민화 등의 전시기 정책을 언급하면서, 미나미와 고이소에 대한 처벌이 불철저했다고 비판했다.[90] 또한 이 신문의 편집발행인인 김종두金琮斗는 "일본의 제국주의적 침략사상은 메이지 이후 일관되어 있다. 우리 본국을 병탄한 것도, 랴오둥遼東반도를 99년간 조차하여 영유적인 것으로 한 것도 일본 침략사상의 소산이다"라고 주장하고, "일본국민은 평화를 교란시키고 인류를 해한 대죄를 세계를 향해 사죄해야 한다. 그 하나의 표현 방식으로 천황의 퇴위 등도 당연하다고 할 수 있다. 천황은 종전 후 국내를 돌고 있다. 이것은 국민에게 사과하는 마음이라고 한다. 하지만 천황은 일본국민에게 사과하기 전에 세계인을 향해 사과하지 않으면 안 된다"고 비판했다.[91]

조련의 주장이 일본 국내의 계급적 구성을 의식하면서 지배층에 중점을 두고 책임을 묻는 데에 비해, '우파'의 계보는 대략적으로 '국민'을 비판하는 경우가 눈에 띈다. 하지만 그로 인해 일본민중의 책임까지 통째로 묻는 주장이 나올 여지도 있었다고 할 수도 있다. 다만 위에서 살펴본 바와 같이 그러한 주장은 서서히 입지를 잃고 있었다.

한국의 '친일파'·'전범' 처벌 문제와
재일조선인의 논설

한국정부의 미나미 지로·고이소 구니아키
인도 요구와 재일조선인 미디어

마지막으로 도쿄재판 판결 후에 '전쟁 책임' 문제가 어떻게 논해졌는지를 살펴보자. 판결 후에 조선 식민지 지배와 관련하여 커다란 화제가 된 것은 미나미 지로와 고이소 구니아키의 양형 문제였다. 미나미 지로와 고이소 구니아키에게는 종신금고형 판결이 내려졌는데, 한국정부가 조선총독이었던 두 사람의 양형이 너무 가볍다고 비판했던 것이다.

1948년 11월 19일 한국의 장택상 외무부장관은 외신기자에게 "심판국 측의 일 전범日戰犯에 대한 인식이 부족한 느낌이었다"고 지적하고, "조선 관계 전범자 중에 한국인 측의 발언을 요함이 당연함에도 불구하고 하등의 피해 조사나 질문 없이" 판결이 내려진 것을 비판하며, "우리는 당연히 연합국 전범심판관에 대하여 조선 관계 전범자의 재심사를 요구할 권리를 보유한다"고 지적했다.[92] 또한 22일에는 구체적으로 미나미 지로, 고이소 구니아키 조선총독을 가리켜, 28일에는 여기에 이타가키 세이시로板垣征四郎 조선군 사령관을 더해, 이들을 유엔의 한국 승인 후 곧바로 한국에서 '인도에 반한 죄'로 재판한다고 기자들에게 말했다.[93]

재일조선인 발행 신문도 곧바로 이 화제를 다루었다. 《조선신보》의 후신인 《신세계신문》의 사설은 한국정부의 요구에 찬의를 표하며 46년 4월 베이징에서 국민정부가 개시한 전범재판을 참조하면서 도쿄재판이 "문명과 인도의 이름에 있어서의 세기적 재판이었든 만큼 그곳에는 인도의 피해자인 한국인도 참여할 수 있는 권리가 있을 것임에도 불구하

고 그로부터 제외된 것은 어느 면으로 고찰하드래도 모순이며 불합리이
라고 생각하지 않을 수 없다"고 주장하는 한편, "조선의 침략에 관하여
는 불문에 부치고 일언반구도 논급하지 않았을 뿐만 아니라 우리의 의견
조차도 경청하고저 하는 성의가 없었음을 유감으로 생각하지 않을 수 없
다"고 비판했다.[94]

　일본의 미디어도 이 사실을 몰랐던 것은 아니다. 장택상의 발언은《아
사히》나《요미우리》도 작지만 기사로 처리했다. 또한 이것을 비판하는
기사도 있었다. 허운룡許雲龍이 경영했던 국제기사 중심의 석간지《국제
타임즈國際タイムス》의 사설은 "어떤 경제신문"에 반론하는 식으로 전범
인도 요구 문제를 언급했는데,[95] 여기에서 비판받은 "어떤 경제신문"은
도쿄에서 발행되었던 석간지《세계경제신문世界経済新聞》이다.

　《세계경제신문》은 본래 1946년 8월 15일 창간되어《세계일보世界日報》
라는 이름으로 도쿄를 중심으로 7만 부를 발행하는 조간지였는데, 48년
10월 1일《세계경제신문》으로 명칭을 바꾸었다.[96] 사장 요코타 미노루橫
田実, 주필 하타 히사시波田(波多)尚, 부주필 한야 다카오半谷高雄는 모두 전
전에 일본전기통신사(전통), 동맹통신사에 근무한 경력이 있었고, 또한 세
사람 모두 전시기에 중국에 있었던 점에서 이 동맹통신 계열 중국 인맥이
《세계일보》에 결집한 것으로 보인다.[97] 아울러 그 후 50년에 세계경제신문
사는 오사카의 산업경제신문사(현재의 산케이産経신문사)에 매각되어 51년
에는《산업경제신문》으로 개명되었고, 앞에서 소개한 세 사람도 각각 산
케이신문 도쿄 본사 부사장, 편집국장, 논설위원장에 취임했다.[98]

　《국제타임즈》가 문제 삼은 것은 1948년 11월 24일 자로 게재된 칼럼〈천
고天鼓〉이다.[99] "조선 당국은 미나미나 고이소의 형이 너무 관대하다며 중
국처럼 재판에 참가하게 해달라는 의미를 언급한" 것에 대해, "쓰시마를
할양하라고 한 것, 내지에서 자주 일본인이 조선인에게 얻어맞은 실상"을

열거하며, "패전은 이(일본인의: 인용자 주) 탄압을 제거했기 때문에 자유 조선은 부인 해방과 마찬가지로 잠시 과격해지는 것은 어쩔 수 없을 것이다", "조선의 모욕에 분노하지 말라"고 한 후에 아래와 같이 기술했다.

우리들은 싸우기 전에 이미 오늘이 있을 것을 예견하고 메이지 초기로 되돌아가는 결말을 충언하여 항상 헌병대에 쫓겨다녔다. 다행히 죽음을 면했지만, 호전론자와 마찬가지로 오래도록 세계로부터 종신형에 처해진 것에는 변함이 없다.
그렇다면 우리들이 전쟁 책임자를 영웅시하거나 동정하거나 하는 일부에 대해 극도의 경멸과 증오를 품는 것은 논리와 감정에서 이치에 맞는 것이다. 그러나 우리들은 불평은 그만두고, 호전론자의 희생이 되어 세계로부터 목이 졸리는 듯한 종신형을 감수한다.

한눈에 알 수 있듯이, 이 칼럼은 단순한 한국 비판, 전쟁 옹호론이 아니다. 오히려 호전론자로 인해 쓰시마 반환이나 미나미와 고이소 인도까지 요구받게 되었다고 하여 전범들에 대해서는 비판적이다. 또한 스스로에 대해서도 "우리들은 싸우기 전에 이미 오늘이 있을 것을 예견하고 메이지 초기로 되돌아가는 결말을 충언하여 항상 헌병대에 쫓겨다녔다"고 조선의 독립을 주장한 듯이 언급하기도 한다. 다만 "내지에서 자주 일본인이 조선인에게 얻어맞는 실상"을 예로 들고 있듯이, 이 칼럼은 승리에 도취한 조선인에게 일본인이 피해를 입고 있다는 것의 일환으로 전범 인도를 해석하여 "자유 조선은 부인 해방과 마찬가지로 잠시 과격해지는 것은 어쩔 수 없을 것이다"라고 체념하듯이 그 '감수'를 주장하였다.
《국제타임즈》의 사설은 이 칼럼을 비판하여, 조선민족은 일관해서 반제반전투쟁을 계속 해왔으며 "이긴 쪽이 정의" 사상에서 전범 인도를 요구하는 것이 아니라는 점, 그리고 칼럼의 입장은 '패배주의'이며, 일본의 철저한 민주화가 요망된다는 점을 주장하고 있다. 졌으니까 할 수 없이 '감수'하려는 것은 전혀 반성의 기색이 보이지 않는 데다가 그러한 자신의 모습에 빗대어 조선인의 주장을 왜곡하는 것을 멈추라고 사설은 비판한 것이다. 한편, 사설은 "중요한 것은 조선민족의 의견을 대표하는 책임에서만 그 요구들은 정당화될 것이다. 두 전범의 신병 요구든, 쓰시마 반환 문제든, 이러한 관점에서 보면 다소 애매한 부분도 있다"고 하여 암암리에 한국정부의 대표성을 유보하고 있다. 결코 한국정부에 달라붙어 있는 입장은 아니라는 점에서 전범 인도에 찬성을 표한 것으로 주목된다.

장택상은 상하이, 러시아, 독일, 미국, 영국 등에서 독립운동에 투신해 온 인물인데, 해방 후에는 수도경찰청을 지휘하며 오로지 좌익 탄압의 선두에 서 있었다. 한국정부가 미나미, 고이소, 이타가키를 '인도에 반한 죄'로 처벌해야 한다는 제안은, 어떤 의미에서는 도쿄재판이 설정한 '침략전쟁' 시간 축의 범위 내에서 식민지 지배 문제를 다루려는 최소한의 요구였다고 할 수도 있다. 이 전범들이 인도되었다는 기록은 없으며, 이 문제가 그 후 어떻게 종식되었는지에 대해서도 이후의 보도가 없기 때문에 분명하지 않다. 장택상이 문제시한 조선 대표의 도쿄재판 불참 문제에 대해서는 그 후의 대일강화조약 시점까지 영향을 미쳐, 결국 중국 승인문제를 둘러싼 대립이나 식민지 문제를 다루는 것을 꺼렸던 영국과 일본의 반대로 인해 조선민주주의인민공화국은 물론, 한국정부의 강화회의 출석도 실현되지 않았다.[100]

반민족행위처벌법과 《신세계신문》

판결 후에 남겨진 '전쟁 책임'에 관한 또 하나의 문제로, 1948년부터 49

년에 걸쳐 한국정부가 실시한 '친일파' 처벌 문제가 있다. 대한민국 정부가 1948년 8월 15일 성립한 직후 9월 7일 '반민족행위처벌법'이 국회를 통과하여 22일 정부가 서명하였고, 10월 12일 '반민족행위특별처벌위원회'가 구성된다. '반민법'과 '반민특위'의 성립이다. 반민법은 '국권 피탈'에 적극 협력한 자는 사형, 무기징역에 처하고, 작위를 받은 자, 제국의회 의원 등은 무기징역, 5년 이상의 징역, 독립운동가와 그 가족을 살상, 박해한 자는 무기징역 또는 5년 이상의 징역, 직간접적으로 일제에 협력한 자는 5년 이하의 징역 혹은 재산몰수에 처하기로 했다.

반민특위는 1949년 1월 5일 사무소를 설치하고 8일 '반민족행위'자 제1호로 박흥식朴興植을 체포하면서 활동을 개시하지만 그 활동은 결코 순조롭지 않았다. 구 '친일파'를 지지세력으로 하는 이승만은 반민특위가 삼권분립의 원칙에 반하며 경찰을 동요시킨다고 하여 이것을 견제했고, 49년 6월 6일 경찰의 습격으로 타격을 입은 반민특위는 10월 최종적으로 해체되고 말았다. 그동안 반민특위는 682건을 다루었고 그중 221건을 기소, 40건에 판결을 내렸지만, 징역 등은 14명에 불과하고 사형은 0건이었다.

재일조선인의 미디어는 그동안 비조련계 미디어를 중심으로 반민법에 적지 않은 관심을 기울였다. 박춘금 외에 이해산李海山 등이 반민법의 피의자가 되었지만, 법안 심의 과정에서는 일찍이 건청 기관지《조선신문》이 일본에 거주하거나 앞으로 도항할 가능성이 있는 친일파를 언급했다.[101] 또한 일본 거주 주배환周培煥, 김계조金桂祚 외에 "도일할 공산이 크다"고 하여 김대우金大羽 등 19명을 언급했는데, 특히 일본 거주 '친일파' 중에 가장 저명한 박춘금을 취재했다.[102]

특히 주목할 만한 것은《신세계신문》의 논조이다.《신세계신문》은 앞에서 언급한 바와 같이,《조선신보》의 후신이다.《조선신보》는 사장인 류수현柳珠鉉의 독단적인 운영에 대한 반발로 내분이 생겨 류수현 등이 1948

년 7월 19일《신세계신문》(조선어판)으로 개명하여 발행하고, 반류수현 그룹은《신조선신보》를 발행했다. 류수현은 민단 오사카 본부의 집행부를 역임했으며, 분열 후의《신세계신문》도 민단 계열 신문으로 보아도 좋을 것이다. 조선어판《신세계신문》은 40년대 후반에는 발행부수 7만 5,000부를 자랑했으나, 1951년 3월《일본경제신문日本経済新聞》에 통합되었다.

《신세계신문》은 반민특위 활동을 정력적으로 추진했다. 뿐만 아니라 1949년 1월《신세계신문》은 '반족자反族者' 적발 투서를 모집한다.[103] 이 신문은 "본국 정부가 철저한 적발을 개시함에 감鑑하여 우리 주변에 숨어 있는 친일파 민족반역자를 모조리 잡아내어 전 민족의 이름으로 청천백일하에 처단하는 협력자가 되어야 할 것을 느꼈다"고 하여 아래와 같은 요령으로 투서를 모집한다.

투서 규정
▽용지 봉서를 환영함.
▽적발자로 의심되는 자의 구체적인 반족행위, 경력 등을 자세히 기재할 것.
▽투서자의 주소, 씨명, 직업, 연령을 기입할 것.
▽송처送處 오사카시 미나미구南區 우나기타니시노정鰻谷四之町 3번지
  신세계신문사 편집국 반족자적발투서모집과.
▽기한 2월 15일
  투서자의 비밀은 엄수하며 중요한 투서는 본국 정부 당국에게 제공함.

신세계신문사

《신세계신문》의 이러한 활동의 배경은 명확하지 않지만, 주목해야 하는 것은 반민족행위자 '적발'은 "지난 극동국제도쿄재판에서 일본의 전쟁범죄인들을 재판한 것과, 그 의의에 조금도 다름이 없을 것이며 동일

운명 선상의 '부분'이라고 하여도 과언은 아닐 것이다"라고 지적하고 있다는 점이다.[104] 이 신문은 이광수, 최남선의 체포나 대학 내 '반족자反族者' 적발에도 계속해서 관심을 갖고 보도를 이어갔다.[105]

특히 일본 거주 '친일파' 문제에 대한 관심은 대단히 높았다. 1949년 3월에 이 신문은 반민특위가 GHQ에 박춘금 등 반민법 용의자 체포를 의뢰했다고 보도했다.[106] 실제로 7월 21일 반민특위는 8월 31일의 공소시효 성립을 앞두고 외무부장에게 박춘금, 이기동李起東 등 4명의 이송을 GHQ에 의뢰하도록 요청했다고 한다.[107] 그 후 이 신문은 반민특위 이인李仁 위원장의 "일본과 정식 국교는 있지는 않지만, 8·15 이후에 일본에서 전범자 처단을 위한 그들의 요청에 의하여 오카岡[오카 다카후미?: 인용자 주] 등의 전범자를 일본으로 압송해준 실례가 있고, 국제 도의상으로나 인류 정의상에서 볼 때 민족정기를 바로잡는 3,000만의 요망에 GHQ는 응하지 않을 수 없을 것"이라는 담화를 게재했다.

《신세계신문》은 사설에서 일본 거주 '친일파'에 대해 언급하며, "8·15 이후의 일본은 과거의 친일파 민족반역자 등에게 전 우주에 있어서의 단하나의 피난처이자 안주지인 동시에 낙원"이었지만, 이제 "그들의 죄악이 백일하에 폭로되는 [2자 미상] 심판의 날은 기어코 오고야 말았나니, 설령 총사령부가 본국의 요청을 거부한다 하도래도, 우리는 우리의 입장에서 과거에 겨레를 좀먹고, 또 지금도 좀먹고 있는 자들을 급속히 소탕하여야 한다"고 호소했다.[108]

《신세계신문》의 반민법에 거는 기대는 이토록 대단히 높았다. 하지만 앞에서 언급했듯이, 8월 31일 공소시효가 만료되었고, 반민특위 자체도 경찰을 비롯한 구 '친일파' 세력의 방해로 인해 와해되자, 오히려 '친일파'의 적극적 활동이 언급되기 시작한다. 이 신문이 이러한 반민특위의 결말에 실망을 표명, 용두사미라고 비판한 것은 당연했다.[109]

4.
세계사적인 '식민지 책임론'으로 연결하기 위하여

이 글에서는 재일조선인의 해방 직후 '전쟁 책임'을 둘러싼 실천과 언론을 통해, '전쟁범죄인'이나 '친일파' 처벌, 도쿄재판에 대해 어떠한 인식이 제시되었는지를 검토했다.

이상의 분석을 통해 지적할 수 있는 것은, 당시의 '전쟁 책임' 인식에 내재한 '식민지 책임론'으로의 심화와 발전 가능성이다. 당초부터 조선인 활동가들은 '전쟁범죄인' 추방의 일환으로 '친일파' 문제를 다루는 시각을 드러냈지만, 당시 논조에서는 도쿄재판이 설정한 '전쟁 책임' 범위를 어떻게 식민지 지배와 관련시킬지를 고심하는 경향이 보인다. 도쿄재판 당시에는 식민지화를 조선 '침략'을 범한 '평화에 반한 죄'로 규정하고 판결에 이론을 제기했다. 또한 재일조선인 미디어는 전시하의 '황민화' 정책을 '인도에 반한 죄'로 규정하는 시각을 제시했다. 이 논조들은 동시대 일본인의 전쟁책임론에는 전혀 보이지 않는 것이다. 연합국도 불문에 부친 '조선의 평화', '조선의 인도'를 범하는 행위에 대한 중요한 이의 제기라고 할 수 있을 것이다. 한국의 반민특위 활동도 이러한 인식의 연장선상에 그 의의를 인정했던 것이다.

다만, 유죄가 된 전범 이외에 침략전쟁을 허용한 일본인 총체의 책임에 대해서는 영향력이 강한 《민중신문》이나 《해방신문》 등 조련 계열 신문은 민중을 '피해자'로 규정하는 시각이 강하여 논점으로 떠오르기 힘들었다. 요시다 유타카는 일본의 좌파가 민중의 전쟁 책임을 문제 삼기 힘들었던 배경에는 지도자의 면책으로 이어질 수 있다는 점에 대한 우려가 존재했다고 지적했는데, 조련의 경우는 오히려 탄압 속에서 민중까지도 적으로 돌릴 수 없다는 전술적인 판단이 강하게 작용했던 것으로 보인다.[110] 한편, 민단 측은 박열 단장의 경우처럼, 남측에서의 친일파 처벌에 대한 움직임에 대한 견제도 포함해서 '반성'을 강조하는 방향으로 나아가, 오히려 도쿄재판을 수용하는 논조가 강했다.

다만, 일본민중의 전쟁 책임에 대한 수용 방식에 대한 불만은 단체와 상관없이 조선인 사이에서는 공통된 것이었다는 것도 언급해두지 않으면 안 될 것이다. 어떤 칼럼은 아래와 같이 그 위화감을 토로한다.[111]

"지난 일은 어쩔 수 없지만, 앞으로의 동양인은 사이좋게 지냈으면 좋겠다"는 말은 자주 듣는 표현이다. 가자미도리風みどり 씨도 이에 대해 쌍수를 들고 찬성한다.

하지만 사태는 이렇게 간단할까, 주먹을 휘둘러 더 이상 일어설 수 없을 정도로 때려놓고 사죄의 말 한마디조차 없이 이제는 악수를 하자는 것이다. 때린 쪽은 그래도 좋지만, 얻어맞은 쪽은 쉽사리 마음이 풀리지 않는다. 전후 중국의 장 총통이 언급한 유명한 말 중에 "폭력에 대해 폭력으로 보복해서는 안 된다"는 표현이 있는데, 우리로서도 이제 와서 복수를 할 정도로 도량이 좁지는 않지만, 이 에고이즘에는 견딜 수 없다. 도조 이하

7명의 교수형 판결에 대해서도 "불쌍하다, 불쌍하다"고 한탄하는 인종이니 비난하는 쪽이 무리일지도 모른다. 더욱이 "눈 색깔이 다른 인종과 달리 동일한 동양인끼리니까"라고 할 때는 어이가 없다.

　도조에게 동정을 표하는 일본의 여론을 접한 후의 분노와 전쟁 책임 수용 방식에 대한 불안, '동양인끼리'라는 것으로 '눈 색깔이 다른 인종'에 의한 재판 비판에 대한 동정을 요구해오는 일본인에 대한 날카로운 비판이 제기되어 있다. 조련 계열 기관지와 신문 이외의 논조가 한결같이 일본인 총체의 반성을 촉구하고 있는 것도 마찬가지 맥락이라고 할 수 있을 것이다.

　하지만 이러한 독특한 인식이 제시되었으면서도 제2차 세계대전 후 일본의 조선인에 대한 탄압이나 동아시아에서의 분단과 대립구조의 출현이라는 상황은 일본의 식민지 지배 책임 추궁의 그 이상의 발전을 막았다. 조선민주주의인민공화국 수립 후에는 일본정부와 미군의 조련 단속이 강화되는 속에서 공화국 국기 게양이 금지되었는데, 이에 대해 《해방신문》이 "조선민주주의인민공화국 국기 게양에 대한 일본 반동세력의 도발적 탄압행위도 현재 도쿄재판에서 판결되고 있는 '평화에 반한 죄'와 '침략'의 역사적 판결문에 해당되는 것이다"라고 비판한 것처럼, 동시대(전후) 일본의 행위 책임을 묻기 위해 '평화에 반한 죄'를 언급하지 않을 수 없게 된다. 그리고 1949년 9월 8일 조련 자체가 단체 등 규정령에 의해 해산당하고 만다. 재일조선인의 '식민지 책임론'으로의 발전 가능성을 지녔던 '전쟁책임론'이 가능성의 단계에 머물지 않을 수 없었던 것은 동아시아의 냉전 때문이었다.

　마지막으로 남은 과제를 언급하고자 한다. 이 글에서는 당시의 '전쟁책임론'의 틀이라는 제약 속에서 재일조선인이 어떠한 형태로 식민지 지배 책임을 묻고자 했는지를 검토했는데, 이것을 세계사적인 '식민지 책임론'으로 연결하기 위해서는 일본의 전쟁 책임뿐만 아니라 연합국의 식민지 지배에 대해 당시의 재일조선인이 어떻게 인식하고 논의했는지를 검토해야 할 것이다. 실제로 조련은 인도나 인도네시아, 베트남 등의 동시대 식민지 해방의 움직임에 강한 관심을 표하며 일본에 거주하는 이 지역 사람들과 '재일본아시아연락위원회'를 결성, 인도네시아 독립전쟁을 지원하기도 했다.[112] 앞으로 검토해야 할 과제라고 할 수 있다.

또한 이 글에서 다룬 논설에는 일본군 성노예제로 대표되는 전시 성폭력에 대한 언급이 사견에 따르면 존재하지 않는다. 도쿄재판에서는 전시 성폭력에 대해 부분적으로 사실 인정을 하고 있었는데, 그것은 식민지 지배와는 링크되지 않는 형태로 이루어진 것이었다.[113] 모든 논설이 식민지 지배에 대해 언급하며 지원병제도, 징병제도, 강제연행, 창씨개명 등의 사실은 언급하면서도 이에 대한 언급을 확인할 수 없다. 그러나 1953년 재일조선인 발행 잡지 《조선평론朝鮮評論》에서 고성호高成浩는 조선인의 유골 문제를 논하면서 일본군 '위안부' 문제('정신대'로 표현하고 있다)도 언급하고 있다.[114] 해방 직후 시점에서도 전혀 알려지지 않았다고 보기는 힘들지만, 이러한 남겨진 과제에 대해서는 앞으로 다른 기회에 논하고자 한다.

보론
2

쓰시마
거류 조선인의
'해방 5년사'

─재일본조선인연맹 쓰시마 도본부를 중심으로

1.
쓰시마 조선인들에게
해방이란 무엇이었나

이 섬에는 조선인이었던 사람들이 많았다. 이 사람들은 산속에 들어가 숯을 구웠다. 쓰시마는 잡목이 우거져 있다. 그래서 숯을 굽는 데에 적합해서 전전에는 그것을 조선으로 보냈는데, 전후에는 조선과의 통상이 끊겨 내지로 많이 보내게 되었다. 게다가 내지의 각지에서 모여든 조선인 숯쟁이들에 의해 잡목은 순식간에 벌목되어버렸다. 한편 이 사람들을 의지하여 반도에서 밀항자가 끊임없이 와서 섬사람들을 힘들게 했지만, 잡목의 감소와 내지의 석유, 가스, 전기 같은 연료기구의 발달이 목탄 수요를 현저히 저하시켰다. 그에 따라 조선인들도 섬을 떠나지 않을 수 없게 되었다.[1]

민속학자 미야모토 쓰네이치宮本常一가 1963년에 발표한 글 〈쓰시마: 그 자연과 생활〉의 일부이다. 미야모토는 1950년에 9개 학회 연합조사단의 일원으로 쓰시마에 처음으로 건너갔는데, 이후의 쓰시마에 관한 방대한 저작에는 가끔 조선인에 관한 기술이 등장한다. 조선인 해녀의 역사를 이 글에 추가하면 쓰시마 재류조선인의 중요한 약사가 될지도 모른다. 실제로 지금까지의 쓰시마에 관한 역사서술 중에서 조선인 숯쟁이나 해녀, 그리고 "섬사람들을 힘들게 했던" 밀항자의 역사는 이 미야모토의 글처럼 간결하게 또는 주석 속에 고요히 얼굴을 내미는 것이 대부분이었다. 근현대 쓰시마 재류조선인에 대한 역사서술의 부재(라는 표현이 지나치다면 '주변화'라 해도 된다)는 중세, 근세, 근대 초기 쓰시마의 역사에 관한 연구들과 현저한 대조를 이룬다고 해도 될 것이다.

이 글은 말하자면 이러한 부재나 주변화에 도전하여 근현대 쓰시마의 조선인사史를 그려내고자 하는 것인데, 특히 필자가 여기에서 밝히고자 하는 것은 일본 패전, 조선 해방에서 한국전쟁 발발 직전까지의 쓰시마 조선인들의 역사, 즉 '해방 5년사'이다.

'대일본제국' 붕괴에 의해 갑자기 '국경의 섬'이 되어 대규모의 인적 이동이 발생하고, 남북 분단과 한국전쟁 발발로 또다시 눈앞에서 전쟁터와 마주하게 되기까지의 기간은 쓰시마 조선인 역사에서는 다른 시기와는 비교할 수 없을 정도로 농밀한 변동이 일어난 시기가 아니었을까. 숯쟁이나 해녀들, 혹은 '밀항'자에게 '해방'이란 무엇이었을까. 재일본조선인연맹이나 재일본대한민국거류민단은 쓰시마에서 무엇을 과제로 삼아 어떠한 활동을 했을까. 특히 다른 지역처럼 한국전쟁기에 눈에 띄는 재일조선인단체 활동이 이루어지지 않았던 쓰시마의 경우는 이 시기가 지니는 의의가 크다고 추측할 수 있다.

위에서 지적한 바와 같이, 해방 후의 쓰시마 조선인 역사를 주제로 한 연구는 사견에 따르면 발견되지 않는다. 겨우 쓰시마 민단 본부의 창설자 권혁두權赫斗에 관한 시마무라 하쓰요시嶋村初吉의 평전[2] 이외에는 《쓰시마신문対馬新聞》의 기사를 적기한 사이토 하야토斉藤隼人의 저서[3]나 제주도 해녀에 관한 이선애李善愛의 연구[4] 속에서 부분적으로 언급되어 있을 뿐이다. 특히 조련 쓰시마 도본부에 대해서는 전혀 연구가 이루어지지 않았다고 해도 된다. 1950년에 한국전쟁이 발발하여 쓰시마가 전쟁터를 눈앞에 마주한 '국경의 섬'으로 갑자기 주목을 받으면서 이 땅을 방문한 기자나 문학자가 몇 편의 르포르타주나 저서를 남겼지만,[5] 조선인의 집주지나 숯막을 '밀항기지', '스파이'의 잠복지로 간주하는 인식에서 자유롭지 않은 데다가 전부 1949년 9월 조련이 해산당한 후의 기록이라는 점도 있어, 해방 5년사에 대해서는 그다지 언급하지 않았다. 이 때문에 이 글의 과제에 답하기 위해서는 각종 사료에서 단편적 기록을 끌어모아 재구성하는 작업이 불가결하다.

여기에서는 이를 위한 사료로서 신문이나 조선인단체의 의사록, 그리고 구술을 사용한다. 특히 《쓰시마신문》이 이 시기의 조선인에 관한 사실을 전하고 있어 유익하다. 전전의 쓰시마에는 《쓰시마일일신문対馬日日新聞》, 《쓰시마시사신보対馬時事新報》, 두 신문의 합동인 《쓰시마아사히신문対馬朝日新聞》이 있었는데, 1942년 4월 도조東條 내각의 언론 통제정책(1현 1지로 한다)으로 폐간된 후, 패전 후에는 관보와 신문을 합친 쓰시마 지청의 기관지로 《쓰시마상회対馬常會》가 간행된다.[6] 《쓰시마신문》은 《쓰시마상회》가 33호로 폐간된 후 이름을 바꾸어 46년 5월 21일부터 발행된 타블로이드 주간지이다(이 때문에 창간호는 제34호이다). 일본국립국회도서관 신문자료실에는 1949년 이후 발행분만 소장되어 있는데, 다행히 고든 프랑게문고에는 창간호(34호)부터 1949년 9월 30일 자(188호)까지 남아 있기 때문에, 1946년부터 50년까지 쓰시마에서 벌어진 사건의 개략을 파악할 수 있다. 이에 더해 《해방신문》이나 《조련중앙시보》 같은 조선인단체의 기관지나 《세기신문》 같은 후쿠오카 발행 조선인 경영 일반지, 나아가 《나가사키일일長崎日日》이나 《나가사키민우長崎民友》 같은 지방지를 이용한다. 조련은 이 시기에 적어도 세 차례 중앙에서 쓰시마로 임원을 파견했다. 그들은 김병길金秉吉(조련 규슈 출장소, 1946년 11월), 조희준曺喜俊(조선경제연구소장, 조련 중앙총본부 서기장 역임, 1948년 6월), 원용덕元容德(조련 중앙총본부 문교부장, 1949년 2월) 등 3명으로, 그중에 조희준과 원용덕의 방문기가 남아 있는데,[7] 당시 쓰시마 조선인들의 생활을 엿볼 수 있는 귀중한 기록이다.

또한 2013년 9월 6일과 2017년 3월 16일의 두 차례에 걸쳐 쓰시마 출신으로 재일본조선인총연합회 쓰시마 도본부 위원장이었던 신정수辛正壽 씨의 구술을 받았다.[8] 아울러 이 글의 준비 과정에서 행정문서도 조사했지만, 나가사키현 쓰시마 역사향토자료관 소장 자료목록(도청島廳 자료)에 게재된 579건(중 23건은 결번)의 대부분은 메이지, 다이쇼 시기의 것이었고, 패전 후의 것도 직접 이 글의 과제와 관련 있는 것은 아니어서 이용할 수 없었다.

이 글에서는 서두에서 일본 패전 후의 쓰시마에서 조선으로의 귀환과 재도항의 움직임과 '밀항' 경비체제의 형성 과정을 개관한 후, 쓰시마에서의 조련 결성과 그 활동을 밝힌다. 그리고 남북 분단 전후 시기의 쓰시마의 조선인과 일본인의 의식에 대해 1948년 이승만 대통령의 쓰시마 '반환' 요구에 대한 대응을 사례로 검토한다. 마지막으로 조련의 해산에서 한국전쟁 발발 직후까지 조선인의 동향에 대해 검토하고자 한다.

2.
패전 후 쓰시마의
'밀항' 경비체제

일본의 패전과 점령, 귀환, 귀환

쓰시마의 조선인들은 어떻게 '해방'을 맞았을까. 당시 11세였던 신정수 씨는 군대에 끌려간 형이 1945년 9월에 돌아와서 일본이 패배했다는 것을 알았고, 신정수의 어머니는 이제 고향으로 돌아갈 수 있다고 귀국 준비를 시작했다고 한다. 이미 쓰시마에는 조선으로 돌아가려는 사람들이 쇄도하고 있었다. 귀환 도중에 태풍의 직격탄을 맞아 사체로 쓰시마에 표류한 사람도 있었다. 쓰시마의 동해안과 남단에는 9월 17일 마쿠라자키태풍枕崎台風으로 조난한 약 80구의 사체가 표류했다고 한다.[9]

쓰시마에서 어느 정도의 사람들이 조선으로 돌아갔을까. 《쓰시마신문》에는 "종전 전까지는 전 도의 각 정촌町村에 4,000명의 조선인이 숯을 굽고 있었는데, 종전 후에 이 선인들은 속속 조선으로 돌아가고, 현재 쓰시마에 남아 있는 것은 약 400명에 불과하며, 그 잔존자도 식량부족으로 곤란을 겪어 제탄製炭 능률은 현저히 감퇴된 상태"라는 기사나,[10] 과거에는 조선인 해녀 "약 3,000명을 소라잡이로 써서 6,000상자를 제조"했는데, "전후에는 해녀의 감소로 큰 타격을 입었다"는 기사가 보인다.[11] 남은 사람이 400명이라는 숫자에는 과장도 포함되어 있는 것으로 보이지만, 1940년 국세조사에서는 6,547명이던 조선인이, 해방 후에는 2,000명 전후의 수준으로 변화된 점으로 보아, 4,000명 이상이 조선으로 돌아간 것으로 보아도 좋을 것이다.

한편 쓰시마로 돌아오는 일본인들도 많았다. 1947년 11월 현재 귀환자는 2,055세대 6,453명, 전재자戰災者는 526세대 1,553명이었다.[12] 특히 조선에서 돌아온 귀환자가 많았다고 한다. 《아사히신문》 청진지국장이었던 가네모토 아쓰오兼元淳夫는 1953년 섬에 왔을 때의 인상에 대해 "쓰시마에 와서 우선 놀란 것은 정말 많은 사람들이 조선과 관계가 있었다는 점일 것이다. 마치 경성의 거리에 휩쓸려 들어간 듯한 착각이 들 정도였다. 그전까지 정장町長이었던 노인도 오랫동안 조선철도국에서 근무했던 사람, 안정소장安定所長도 그렇고, 지청이나 경찰과장들도 거의 그렇다. 촌장 중에도 두 사람 있다. 거리의 사람들도 가족 중에 한 사람이라도 조선에 건너간 적이 없는 사람은 거의 없다"고 기록하고 있다.[13]

"그전까지 정장이었던 노인"이란, 조선총독부 철도국 부참사였던 에구치 간지江口寬治를 가리키는 것으로 보인다.[14] 1947년 4월의 시정촌장 선거 입후보자를 보아도 무라카미 하즈미村上耻리(신의주 부윤), 오기 스케지로扇助次郞(타이완 총독부 경부, 타이베이주 이사감, 타이완 우모수출진흥회사 사장), 우라세 쇼이치浦瀨勝一(후나코시船越 촌장, 조선총독부 전매국 관리) 등이 조선과 타이완의 관리였다.[15] 아울러 1947년 12월 5일 쓰시마 지청장으로 부임한 히라하라 히로야平原浩哉는 쓰시마 출신은 아니지만(이부스키指宿 출신), 타이완 총독부 관리, 나가사키현 개척계획과장을 거쳐 지

청장이 되었다.[16]

일본 패전에 따라 1945년 11월 중순 미 점령군 러셀 소령 이하 장병 300명의 공작대가 남북 주요지의 포대를 폭파하기 위해 두 척의 군함으로 섬에 와서 이즈하라嚴原측후소에 공작대 사령부를 두었다.[17] 공작대는 포대 폭파작업을 끝내고 쓰시마를 떠난 후 46년 5월에 무기 접수를 위해 스미스 대위 이하 장병 15명이, 그 후에 CIC사령관 콘데 소령이 섬에 온다. 패전/해방을 맞은 쓰시마는 돌아가는 사람들, 돌아오는 사람들, 그리고 점령하는 사람들이 교차하는 공간이 되었다.

'밀항' 경비체제의 형성

그러나 1946년에 들어서면, 쓰시마는 조선에서 다시 돌아오려고 하는 조선인을 단속하는 '관문'으로 변해간다. 쓰시마의 본격적인 '밀항' 단속은 1946년 6월에 시작된다. 선행연구가 지적하듯이, 1946년 봄부터 여름에 걸쳐 조선에서 건너온 사람들이 급격히 늘었는데, "그 대부분은 과거 일본 거주자로, 조선으로 돌아갔다가 생활고로 인해 일본 생활의 장점을 회상하고 역도항하는 자, 일본의 암시장에 낼 물자를 지고오는 자, 일본에 남긴 가재도구를 가지러 오는 자, 일본 학교에 들어가고 싶어 하는 자 등" 다양했다.[18] 실제로 1946년 6월부터 12월 '밀입국' 체포자 수는 2만 41명에 이르며, 그중 압도적 다수가 7월(9,580명), 8월(7,990명)에 몰려 있다.[19]

GHQ/SCAP의 계획에 따른 조선인 귀환은 원칙적으로 일방통행이며, 허가 없는 도항은 모두 '밀항', '불법 입국'으로 간주되어 단속 대상이 되었다. 다만, GHQ/SCAP이 단속을 시작한 배경에는, 이에 더해 46년 6월 한반도 남부 지역의 콜레라 유행이 있었다. 콜레라의 파급을 피하기 위해 GHQ/SCAP은 46년 6월 12일 각서를 발표하여 일본정부에게 불법 입국 선박을 포획하여 센자키, 사세보, 마이즈루의 미 육군 당국에 인도할 것을 명했다.[20] 이로 인해 일본정부는 무허가 입국 선박의 수색이나 미군 당국으로의 승무원 인도 등, 한정적이지만 출입국 관리 권한의 행사를 인정받게 되었고, 사세보 귀환원호국 내(하리오)에는 수용소가 설치되었다.[21]

쓰시마에서도 6월 9일 15명이 콜레라에 걸렸고,[22] 이에 따라 46년 6월 11일 이후 조선-쓰시마, 조선-규슈 간 항해가 중단되어 '밀항' 경비체제가 정비되었다.[23] 나가사키현 경찰부는 7월에 이즈하라와 사스나佐須奈 경찰서에 경비지구를 설치하여 관내 9개소에 감시초소를 두고,[24] 경찰부장은 지청장에게 46년 1월 이후 쓰시마로 건너온 조선인에게 거주 증명, 물자배급 증명, 전출증명서를 발급한 경우가 있다면, 그 인원을 정촌별로 시급히 보고하고 발급을 신속히 정지할 것을 지시했다.[25] 쓰시마에서 본토로 가는 항해는 7월 17일에, 조선인의 귀환은 7월 26일에 해금되었지만,[26] 이 경비체제는 이후에도 유지, 강화되었다.

《쓰시마신문》이 보도한 최초의 '밀항' 검거 사례는 다음과 같다.[27] 7월 26, 30, 31일의 3일에 걸쳐 니이촌仁位村 가토加藤, 만제키세토万関瀬戸, 후나코시촌船越村 가야賀谷의 3개소에서 총 229명의 조선인이 발견되었다. 이즈하라경찰서는 이 사람들을 게치정雞知町의 "구旧 서부 제77부대 병영 등"에 수용하여 8월 5일 쓰시마 요새사령부 어용선인 다이요마루에 실어 하리오섬으로 연행했다. "모두 브로커에 속아 1인당 500엔에서 1,000엔의 운임을 갈취당해 옷가지만 겨우 챙겨 승선했다"고 한다.

기사에 있는 "구 서부 제77부대 병영"은 오니시 교진大西巨人의 소설 《신성희극神聖喜劇》의 무대로 알려진 쓰시마 요새사령부 게치 중포병연대본부의 병영(현 쓰시마 시립 게치중학교)이다. 전전의 게치에는 쓰시마 요새사령부, 게치 중포병연대본부가 설치되어 "다카하마高浜에 병대 관사가 부락 하나를 새롭게 만들었고, 신사 아래에도 관사가 들어서, 거리는 나팔과 군화 소리로 혼잡하"고, "학코산白江山 넘어 다루다樽田에는 병대 유곽이 있고 다루가하마樽ヶ浜에는 요정이 들어선" '육군의 거리'였다.[28] 1940년 7월 10일 육군 평시 편제 개정으로 쓰시마 요새사령부, 게치 중포대연대는 쓰시마 요새수비대를 편성하여 서부군 직할이 되었고, 이에 따라 같은 해 8월에는 이 연대의 통상 약호가 서부 제77부대로 개명되었다.[29] 이 병영은 10월 27일까지 536명을 수용했고 517명을 사세보 경유로 조선으로 송환했다.[30]

쓰시마로 들어가는 배에 대한 경계는 대단히 삼엄해졌는데, 특히 조선인에 대해서는 "해산물을 둘러싸고 횡행하는 암거래상을 제한하기 위해서이기도 하지만 동포는 여행 증명이 필요했다"는 기사가 있다.[31] 이 기사가 말하는 '여행 증명'이 무엇을 가리키는지 명확하지 않지만, 조선으로부터의 도항은 일체 금지되어 있으므로, 조선인에 한해 하카타나 시모노세키, 모지에서 쓰시마로 여행 증명이 필요했다는 의미일 것이다.

'밀항' 감시의 자경단체제

쓰시마에서의 '밀항' 단속의 특징은 세관과 경찰 관리에 더해, 각 감시초소에 민간에서 선발한 경비보조원을 두고 도민과 연계하면서 단속한 것이다. 이른바 '밀항' 감시의 자경단체제라고 할 수 있다. 나가사키현 경찰부는 처음에 9개소의 감시초소에 5명씩 경비보조원을 배치하고 경비를 담당하게 했다.[32] 1947년 8월에는 감시초소 13개소, 경비보조원 88명으로 증가한다.[33] 46년 8월 11일 후나코시촌 가야항에서 조선총독부 순사로 마산부에 거주했던 정방한鄭邦漢 외 6명이 탄 배가 검거되었는데, 검거의 계기는 '같은 구의 자경단'의 통보였다.[34] 10월 10일에는 나가사키현 경찰부장이 검거에 힘쓴 구타촌久田村 야스가미安神, 후나코시촌 구스호 부락의 두 대표자에게 표창장을 수여했다.[35] 이러한 '밀항' 감시 보조업무에 민간인을 기용한 것은 쓰시마 이외에는 후쿠오카에서도 실시되었던 것이 확인되며, 규슈 연안 지역에서는 널리 행해졌던 것으로 보인다.[36]

다만, 이 시기 쓰시마의 일본인 도민들이 이러한 '밀항' 경비체제와 완전히 일체화되었다고 보는 것은 일면적일 것이다. 밀무역은 당연히 상대편이 없으면 성립하지 않는다. 이 때문에 46년 9월 2일 제1회 쓰시마섬 식량대책회의 석상에서 이즈하라 서장은 "밀항선이 부락의 항구에 입항한 것을 발견할 경우, 또는 밀항선에 물품을 싣는 것을 발견할 경우에는 가장 가까운 순사주재소나 경비원이 있는 감시소에 신고할 것"을 촉구하는 한편, 한번 귀국한 조선인이 "물건을 지참하고 물물교환을 신청해도 이에 응하지 말아야" 하며, "만약 그러한 사건에 연루되면 밀무역의 공범자로 처벌받는다"고 주의했다.[37] 실제로 조선과 쓰시마 사람들 사이에서 이러한 '무역'이 널리 행해졌기 때문일 것이다. 앞에서 언급한 정방한 등이 섬에 온 것도 쌀 5석 5두, 소주 27병, 된장, 간장, 소면 등과 쓰시마의 오징어를 교환하기 위해서였다.

또한 《쓰시마신문》의 체포 사례에는 일본인과 조선인이 짜고 밀무역선을 내는 경우가 산견된다. 47년 1월 7일 오카야마에서 부산을 향해 밀무역을 위해 항해 중이던 선박이 폭풍으로 인해 쓰쓰豆酘항에 들렀다가 체포되었는데, 선원은 조선 출신 오카야마현 거주 일본인과 조선인이었다.[38] 같은 해 8월 오사카와 교토에서 문방구, 종이류, 화장품, 전구 등을 시모노세키를 거쳐 조선으로 보내는 도중에 구타촌에 기항했다가 이즈하라경찰서에 체포된 밀수선도 오사카 거주 조선인 갱부 4명과 일본인

어부 3명에 의한 것이었다.[39]

이러한 '밀수', '밀무역'으로 체포된 사람들과 일본으로 건너가기 위해 '밀항'하는 사람들은 상당히 차이가 있었던 것 같다. 46년 10월 쓰시마를 방문한《세기신문》특파원은 "밀항자의 대부분은 밀항 브로커의 손에 놀아난 자들로, 배 안에 브로커는 없고 그저 선장이 목적지까지 나르는 책임을 지고 있을 뿐, 대부분의 밀항자는 돈도 물건도 없는 불쌍한 사람들이다"라고 쓰고 있다.[40] 이러한 사람들은 위에서 살펴본 바와 같이 6월 12일 자 GHQ/SCAP의 각서에 입각해서 게치의 수용소에서 이즈하라를 거쳐 사세보의 하리오수용소로 보내진 후 거기에서 조선으로 송환되었던 것이다. 검거자가 많은 쓰시마에서는 "검거할 때마다 사세보 외곽의 하리오수용소에 송환하는 절차가 요구되기 때문에" 이즈하라에서 직접 조선으로 송환하도록 총사령부에 신청했지만,[41] 그 후 이즈하라에서 직접 조선으로 송환한 경우는 보도되지 않아, 직접 송환은 실현되지 않은 것 같다.

3.
재일본조선인연맹 쓰시마 도본부의 조직과 활동

재일본조선인연맹 쓰시마 도본부 결성

조선으로의 귀환이 일단락되면서 쓰시마 조선인들은 새로운 조직 결성을 위해 움직이기 시작했다. 쓰시마 조선인의 동향을 보도한 최초의 기록은 1946년 12월 13일 자 《세기신문》일 것이다. 《세기신문》은 후쿠오카시에서 발행되었던 조선인 경영 일본어 신문이다. 처음에 조련 후쿠오카현 본부를 발행처로, 강형길康炯吉을 발행인으로 1946년 4월 25일 창간되었는데, 15호(1946년 9월 16일 자)부터 고순흠高順欽이 대표 겸 발행인으로 취임했다. 아울러 고순흠은 민단 중앙총본부 부단장인데, 특히 초기의 《세기신문》은 조련의 활동에도 많은 지면을 할애했다.

조선 미군정청 하카타연락소는 46년 10월 26일에 외무관 최영걸崔永杰을 쓰시마에 파견했는데, 세기신문사는 특파원 2명을 여기에 수행하게 했다.[42] 그중 '은 특파원'이 쓰시마 거류 조선인에 대해 다음과 같이 보도

했다. '은 특파원'은 당시 《세기신문》에 소설이나 수필을 집필했던 은상환股相煥으로 보인다.[43]

비에 젖어 안개가 자욱한 이즈하라 거리는 평화의 상징처럼 고요히 자리하고 있다. 쓰시마 거류동포는 예상외로 다수이다. 동포의 생활을 종전 후에 극도로 힘들게 한 커다란 원인은 밀항선 경계의 여파로 어쩔 수 없이 모습을 감추어 수입 조선쌀의 단절이 지적되고, 거리 관계상 지금까지는 상당량의 조선 쌀이 쓰시마 거주 동포를 먹여 살린 것은 부정할 수 없는 사실인 것 같다. 2,000명을 넘는 동포는 어떻게 벌고 무엇을 먹고 있을까. 그것은 본도 산업의 대종을 점하는 목탄 생산에 동포가 독점적으로 활약하고 있다. 게치의 야스다 씨라는 동포 중의 임업 성공자를 중심으로 일을 하고 그 산출된 목탄, 삼재杉材 등은 규슈 본토에 보내어 고액의 신엔新円을 벌어들여 조용한 협곡에 글자 그대로 좁지만 행복한 가정집을 짓고 있다. 식생활은 일본인과 마찬가지로 고구마가 주식으로 군림하고 있다. 폭풍이 불지 않을 때는 풍부하게 잡히는 물고기와 감자로 상당히 영양 보충이 된다.

이 기사에서는 쓰시마 조선인의 생활이 조선쌀 단절로 인해 힘들다는 점, 목탄 생산을 생업으로 한다는 점, 조선인의 중심에는 '게치의 야스다 씨'라는 '임업 성공자'가 있다는 점을 알 수 있다. 전시기 조선인의 동향은 사료에 한계가 있어 명확하지 않지만, 미야모토 마사아키宮本正明에 따르면, 전시중에는 안쾌삼安快三이라는 인물이 상회장이 되어 '야스다 상회'라 하여 게치정 내의 조선인 전부를 회원으로 삼고 있었다고 한다.[44] 이 기사가 말하는 '게치의 야스다 씨'는 '야스다 상회'를 조직한 안쾌삼이 분명할 것이다. 과거에 '육군의 거리'였던 게치는 이후에는 일관해서 조선인단체 활동의 중심이 된다.

이 기사는 조련의 결성에 관한 흥미로운 사실도 보도하고 있다. 이즈하라 서장 쓰지 시로辻四郞는 조련 결성에 대해 "모두 현재의 생활에 만족하여 성실히 가업에 힘쓰고 있다. 최근에 조선인연맹 결성을 준비하고 있다는데, 그다지 마음에 들지 않는다. 왜냐하면 그들은 현재의 평화로운 생활에 변화가 필요하지 않으며, 오히려 그들이야말로 새로운 의미의 선일鮮日융화를 실천에 옮기는 지하수적 역할을 다하고 있다고 할 수 있다"고 언급했다고 한다. 46년 10월 시점에서 조련이 결성되고 있었다는 것, 이즈하라 서장이 그것을 탐탁지 않게 여겼다는 것을 알 수 있다.

조련이 결성중이었다는 것은 조련 측 사료와도 부합한다. 이후의 조련 중앙위원회 보고에 따르면, 46년 11월 조련 중앙총본부(이하 '중총')는 규슈 출장소의 김병길을 파견하여 "500여 명 동포의 열렬한 희망으로 연락소를 설치하고 조직 정비와 아동교육 협동조합운동 등을 전하여 왔었다"고 한다.[45] 그리고 46년 12월 25일에는 조련 나가사키현 본부 쓰시마 지부 발족,[46] 나아가 47년 5월 15일부터 16일에 걸쳐 열린 조련 제10회 중앙위원회는 "지역의 특수성과 인구 다수 기타 사정을 참작"하여 쓰시마연락소의 지방 본부로의 승격을 만장일치로 가결했다.[47]

조련 쓰시마 도본부는 이렇게 활동을 개시했다. [표 보2-1]은 1947년 9월 24일 현재의 조련 쓰시마 도본부의 임원 명부인데, '야스다 상화'의 조직자였던 안쾌삼이 부위원장을 역임한 것을 알 수 있다.

신정수 씨에 따르면, 안쾌삼 외에 방갑이方甲伊, 김규현金奎賢, 양창범梁昌範은 해방 전부터 쓰시마에 거주했는데, 위원장인 방갑이는 해방 전에는 쓰시마에서 유곽 경영, 안쾌삼은 숯쟁이들의 감독이었다. 또한 신현택申鉉澤, 우주태禹周泰, 윤혁효尹赫孝는 해방 후에 건너온 '지식분자'였다고 한다.《쓰시마신문》에서 조직부장 겸 외교부장 윤혁효는 "일본의 간

[표 보2-1] 조련·민청 쓰시마도 본부·초등학원 지부
임원과 소재지(1947년 9월 24일 현재)

재일본조선인연맹 쓰시마 도본부			
소재지	나가사키현 시모아가타군下縣郡 게치정鷄知町 갑1250		
위원장	방갑이方甲伊	직원	12
부위원장	안쾌삼安快三	지부	1
부위원장	신현택申絃澤	분회	13
총무부장	우주태禹周泰	맹원	1800
총무부원	최단수崔丹洙	초등학원	3
조직부장	윤혁효尹赫孝	학생	120
외교부장	윤혁효	교원	3
재정부장	김규현金奎賢	경제조합	1
경제부장	양창범梁昌範		
경제차장	김창선金昌宣		
사회부장	양창범梁昌範		
문교부장	김영수金永守		
문교부원	방만근方万根		

가미아가타上縣 지부	
소재지	나가사키현 가미아가타군上縣郡 사스나촌佐須奈村 오아자大字
위원장	김창선
직원	3

재일본조선민주청년동맹 쓰시마 도본부	
소재지	나가사키현 시모아가타군下縣郡 게치정 갑 1250
위원장	윤혁효

쓰시마 초등학원	
소재지	나가사키현 시모아가타군 게치정

	지부		분회		맹원	
1947 / 07 / 01	13	(613)		(1,417)	2400	(611,099)
1948 / 02 / 01	1	(626)	13	(2,049)	1800	(531,525)
1948 / 10 / 01	6	(629)	13	(2,000)	1972	(532,778)

* 주: ( )는 전국의 지부, 분회, 맹원 수의 총계를 가리키는 수치.
* 출전: 1947년 7월은 〈全体組織統計表(1947年7月1日現在)〉; 坪井豊吉(1959: 123~126).
   1948년 2월은 〈全体組織統計表(1948年2月現在)〉; 《集成》 2.
   1948년 10월은 〈五全大会提出活動報告書〉, 1948년 10월; 《集成》 1.

부후보생 경력을 가졌다"고 보도되어 있는데, 이것이 구체적으로 어떠한 전력을 의미하는지는 불분명하다.[48] 이 신문은 "이 연맹 간부들의 사상적 경향은 온건 중용으로 극우, 극좌를 배격하고 일본의 천황제를 지지하고 일조 양국의 제휴에 진력하는 것은 주목된다"고 보도하고 있다.[49]

이상에서 쓰시마에서는 기주자旣住者로 경제적 유력자였던 방갑이나 안쾌삼 등과, 해방 후의 신참자들, 나아가 조선인연맹에서 파견된 활동가에 의해 46년 10~11월경에 조련 조직이 결성된 것을 알 수 있다. [표 보 2-2]에 있듯이, 1947년 7월 단계에서는 모두 '지부'였는데, 1948년 2월에 이것을 '분회'로 하고, 나아가 같은 해 10월에는 6지부-13분회체제를 정비한 것을 알 수 있다. 《쓰시마신문》에 따르면, 1947년 8월 재일본조선민주청년동맹(이하 '민청') 쓰시마 본부가 결성되었고,[50] 또한 재일본조선민주여성동맹 쓰시마 도본부도 늦어도 1948년 2월 10일에는 최화자를 위원장으로 하여 활동하고 있는 것도 확인할 수 있다.[51]

쓰시마에 조련 본부가 결성됨으로써 조직 활동을 비롯한 다양한 면에서 조련이 전국적으로 정비한 조직망을 이용할 수 있게 된다. 예를 들면, 활동가 양성도, 조련 결성 후에 쓰시마에서 활동가 양성학교인 도쿄의 삼일정치학원이나 규슈고등학원에 10여 명이 파견되었고, 이 청년들이 섬에 돌아온 후에는 "조련, 민청 조직은 더욱더 강화되었고, 조직 선전, 문화 계몽, 아동교육 등의 활동이 다면적으로 활발히 진행되었다"고 한다.[52] 삼일정치학원이란, 일본공산당이 운영하는 조선인 활동가 교육기관이고, 규슈고등학원은 1946년 10월 개교한 조련 후쿠오카현 본부가 운영하는 또 하나의 활동가 교육기관이다.[53] 《쓰시마신문》은 쓰시마중학교 출신인 박천원朴千圓이 "최근에 재일조선인의 최고 교육기관인 삼일정치학원을 졸업하고 섬에 돌아와 섬에 사는 모든 조선인의 문화 향상에 노력하고 있다"고 보도했다.[54] 또한 섬 안에서도 게치 본부에서는 2개월에 한 번 강습회를 열어 활동가를 훈련시키고, 그중에 우수한 자를 규슈고등학원에 추천했다. 48년 7월 현재 이 학원에는 5명의 재학생이 있고 차기 추천자 15명도 결정되었다고 한다.[55]

1949년 2월 쓰시마를 방문한 원용덕 조련중앙총본부(이하 중총) 문교부장은 조련 활동가들이 섬에 사는 동포를 방문하는 모습을 다음과 같이 묘사했다.[56]

이와 같이 교통이 불편한 곳에서 조직 활동을 하고 있는 사람들을 상상하는 것만으로도 그 노고가 헤아려진다. 집회의 경우에 통지서 한 장과 전화 한 통으로 끝낼 수는 없다. 조직 사람들이 일일이 찾아간다고 한다. 특히 제탄업製炭業이 조선인의 직종의 대부분을 차지하는 이 섬에서는 이 산에서 저 산으로 작업화를 신고 도시락을 들고 밤낮없이 걸어다니는 것이다. 언젠가는 여성동맹 간부가 밤에 산길을 따라 맹원의 집을 찾아가는 도중에 골짜기 절벽에서 떨어져 전치 2개월의 중상을 입었다고 한다. 이와 같은 산간벽지에 산재해서 아무런 오락도 없이 아침부터 밤까지 나무를 자르고 불을 피우고 석탄을 굽는 일을 일과로 하는 그들에게는 간부들의 방문이 유일한 낙이며, 방문을 기다리는 것도 즐거움인 것 같다. 그래서 고독한 그들은 이해관계보다도 인간적 친밀함이 선행하는 것이다. 그리고 집회도 불가항력이 아닌 한, 있다고 하면 모인다. 이날도 약 3시간에 걸친 내 이야기를 귀를 기울이며 열심히 듣는다. 시간과 환경의 혜택을 받지 못하는 그들은 다른 세계의 사건과 새로운 소식에 목말라 있다.

조련은 3월 1일(3·1독립운동)이나 8월 15일(해방기념일)에 게치나 이즈하라에서 기념행사를 했는데, 그러면 섬 각지에서 사람들이 하루에 걸쳐 배로 모였다고 한다. 조련의 결성과 활동가들의 등장은 게치를 중심으로 하는 섬 전체의 연락을 가능하게 했던 것이다.

조련 쓰시마 도본부의 활동

경제 문제

다음으로 조련 쓰시마 도본부가 구체적으로 어떠한 활동을 전개했는지 살펴보자. 조련 제10회 중앙위원회(이하 '제10중위')의 이삼문李三文의 〈조직 활동 보고 및 금후의 방침〉(이하 '이삼문 보고')은 쓰시마의 조련에 대해 '재류동포 2,500명'을 조직하여 12월 25일에 쓰시마 지부가 발족한 후 '2개 지소, 13분회, 42반'을 조직한 것을 지적한 후 조련이 직면하는 과제에 대해 '경제 문제', '아동교육 문제', '특수사정'으로 나누어 보고했다.[57] 이 보고를 근거로 조련이 당시 직면한 과제를 검토해보자.

첫 번째 과제는 '경제 문제'이다. 이삼문 보고는 쓰시마에는 조선인 실업자가 없다는 것, 대부분이 제탄업에 종사하며 총 생산량의 90%를 조선인이 생산한다는 것, 하지만 "반수 이상의 동포가 일본인 자본가 밑에서 종사하는 관계상, 봉건적 착취를 당하는 현상"을 지적하며, 조련은 "화선공사華鮮公司와 제휴하여 이 문제 극복에 노력중이며, 생활공동조합도 조직중이다"라고 한다. 또한 수산업도 동일한 상태에 놓여 있다고 한다.

이 보고에 있듯이, 쓰시마 조선인의 압도적 다수를 점하는 생업은 제탄업(숯굽기)이었다. 이 사람들의 대부분은 중매업자에 의한 숯굽기 하청='숯 굽는 이燒き子'로 일하며, 스스로 원목을 사서 제탄하는 사람은 소수였다. 조선인 숯쟁이들은 산에 움막을 짓고 생활하며, 아이들은 부락의 학교에 다녔다고 한다.[58] 앞에서 언급한 바와 같이 해방 후 많은 조선인이 고국으로 돌아갔지만, 그래도 이 사람들이 쓰시마의 제탄업을 뒷받침한 것에는 변함이 없었다. 1950년대 초반 시점에서 경찰이 파악한 것만으로도 상도上島에 250곳, 하도下島에 280곳의 제탄 움막이 있었다고 한다.[59]

조련은 '임업 성공자'이자 부위원장인 안쾌삼을 중심으로 조선인 숯쟁이들의 경제적 이해를 대변하고 조정하려고 한 것으로 보인다. 《세기신문》에는 1947년 2월경에 조선인 '3,000명의 제탄업자'와 "제탄업자에 건네야 하는 보장報奬 물자를 빼돌린 쓰시마농업회"가 대립하여, 업자 측이 목탄을 공출하지 않는 태도를 취했다는 것이 보도되었다.[60] 조련 쓰시마 지부(당시)는 "민주 통제에 의한 배급법"을 취하여 숯쟁이들을 납득시키고, 조련 후쿠오카현 본부와 연락하여 목탄 4,000섬을 후쿠오카시 경제과와 해외귀환자갱생회를 통해 조선에서 온 귀환자에게 배급하도록 했다고 한다. 후쿠오카현 본부 위원장은 "이것은 우리 동포들이 일본인 여러분에게 보내는 작은 국제친선의 발로입니다", "관료통제의 틀을 넘어 이것을 기연으로 선일鮮日의 사람들이 진심으로 악수를 하게 된다면, 기대 이상의 기쁨입니다"라고 언급했다.

숯쟁이들의 요구 중에서도 특히 중시되는 것은 영업세의 감세·철폐와 중매업자에 의한 중간착취의 배제이다. 1948년 3월 1일 조련은 이즈하라정 쓰시마극장에서 '3·1혁명 기념대회'를 개최했는데, 약 200명이 참가하여 "제삼국의 간섭 없는 자치 독립정부 수립", "조선인의 공동투쟁에 의한 생활위기 돌파", "혁명정신의 고양" 등을 결의했다.[61] 이 석상에서 긴급동의로서 "재쓰시마 조선인 약 2,000명 중의 9할을 점하는 제탄노무자에 대한 영업세의 철폐 및 일본인과 균등과세를 당국에 요망할 것을 결의"했다. 대회에서는 이다井田 시모아가타下縣 지구 경찰서장, 이치노미야一宮 이즈하라정 경찰서장, 나카자토 기이치中里喜一 씨(일본공산당) 등이 축사를 하고, 남녀노소 약 100명이 거리행진을 한 후에 이즈하라의 가키타니柿谷여관에서 히라하라 지청장 등 '관민 유지'와 간담회를 열고 폐회했다.

이 영업세투쟁은 일정한 성과를 올린 것으로 보이는데, 1948년 7월에는 "제탄업자의 영업세금투쟁은 종래에 20킬로그램 1섬의 순이익을 28엔으로 감정하여 과세해온 것을, 1섬 당 순이익 5엔 감정을 쟁취하고, 이어서 목탄 제조업자의 영업세 면제를 요구하고 있다"[62]고 보도되었고, 안쾌삼은 "쓰시마 조련 목탄생산협동조합을 결성하여 일체의 중간착취를 배제하고 업자의 공동이익을 도모하고자 한다"고 스스로의 염원을 밝혔다.[63] 조련의 전체 조직통계표에는 1947년 9월 24일 현재 한 개의 '경제조합'이 있는데([표 보2-1]), 결성 도중에 있던 제탄업자의 협동조합을 가리키는 것으로 보인다. 다만, 조련 제10중위의 보고에 있는 '화선공사'를 언급한 사료는 보이지 않아 그 실태는 알 수 없다.

조련의 요망이 일정 정도 받아들여진 배경에는 숯쟁이들의 조직화에 더하여 당시 쓰시마 제탄업의 특수한 상황이 있었던 것으로 보인다. 당시의 쓰시마 제탄업은 조선인의 귀환으로 인한 제탄 능률 및 생산의 저하라는 문제를 안고 있었으며,[64] 히라하라 도시야平原俊哉 쓰시마 지청장은 1948년의 경제대책으로 "제탄사업의 복원", "조선인 귀환에 따른 생산저하의 회복"을 내걸고[65] 귀환자를 제탄업에 종사시키는 등의 대책을 모색했다. 조련 측도 1948년 5월 30일 이즈하라에서 열린 조련 규슈 지구대회에서는 생활권 옹호와 함께 '쓰시마 목탄 증산'에 대해 협의하고, 대회 후에는 히라하라 지청장이나 이시다 시모아가타 지구 경찰서장, 이치노미야 이즈하라정 경찰서장 등을 초대하여 양국 친선을 위한 간담회를 개최했다.[66] 조련은 영업세 감세나 중간착취의 제거라는 요구를 제시하면서도 목탄 증산이라는 면에서는 지청 당국과 협력하는 자세를 보였으며, 숯쟁이들을 조직화한 조련의 교섭력을 지청 측도 무시할 수 없었던 것으로 보인다. 그 후에도 조련은 49년 5월에 생활권옹호위원회를 조직하고 당국과 교섭하여 "신탄新炭 생산 사업자에게 자금을 융통하여 생활에 지장이 없도록 보장할 것", "주식主食의 외상배급을 5월 25일부터 실시할 것" 등을 인정받았다.[67]

교육·문화 문제

두 번째 과제는 '아동교육 문제', 즉 소학교에 해당하는 '초등학원'의 설치와 운영이다. 조련의 전체 조직통계표에는 1947년 9월 24일 현재 시점에서 3개의 초등학원 외에 '게치초등학원'의 명칭을 확인할 수 있다([표 보2-1]). 아울러 조련에서는 1946년 8월 제7회 중앙위원회에서 "초등 아동학원은 'ㅇㅇ조련초등학원'으로 명칭을 통일한다"는 것이 가결되었는데,[68] 게치의 학교를 '제1소학교'라 부르는 서술도 있어 '초등학원'의 명칭으로 통일되었는지는 불분명하다.

게치초등학교의 소재지에 대해 이삼문의 보고는 게치의 "구 육군병원

을 학교 교사로 사용코저 목하 수선중"이라고 되어 있다.[69] '구 육군병원'
이란, 게치 중포병연대본부의 서쪽 옆에 있던 육군병원을 가리키는 것으
로 보인다.[70] 1949년 2월 게치의 학교를 방문한 원용덕 조련 중총 문교
부장도 "병원 두 동을 빌려 학교로 사용한다는데, 상당히 낡은 건물이었
다"고 기술했다. 다른 한편으로 당시 게치의 학교에 다녔던 신정수 씨는
학교를 '일본군의 연병숙사'로 회상했다.[71] 연병숙사는 중포병연대 본부
내부에 있었으므로, 육군병원과는 위치가 다르지만, 육군병원의 수리가
끝날 때까지 연병숙사를 이용하다가 그 후에 옮겼을지도 모른다.

　더욱이 조련에서는 게치뿐만 아니라, 섬 각지에 초등학교를 설치하려
고 시도했다. 이삼문 보고는 "경제난, 교원난에 더해, 교통 불편으로 한
곳에 약 300명(섬 전체의 아동 수)을 집중시키는 것은 곤란한 상태이며, 지
소, 분회 단위로 새롭게 학원 경영을 고안중"으로 되어 있다. 1949년 6월
1일에는 이즈하라정 다부치田淵의 '이즈하라 조선인초등학교'가 창립 1
주년제를 거행하여 이시다石田 시모아가타 지구 서장, 이치노미야 이즈
하라 서장의 인사 후에 42명의 아동들이 나선 학예회가 개최된 점으로
보아,[72] 1948년 6월에 이즈하라에서 초등학원이 개교한 것을 확인할 수
있다. 또한 같은 기사에서는 "쓰시마에서의 조선인 초등학교는 이즈하
라 외에 게치, 미네峰, 니타仁田, 사스나, 고토琴, 니이仁位, 후나코시촌 아
시가우라芦ヶ浦의 8개교가 현재 설치되어 있지만, 근처 미네촌 사가佐賀
에도 창립된다"고 하여, 1949년 9월 현재 섬 전체에 8개교(+1개교)를 설
치한 것 같다. 다만, 후술하는 1949년 10월의 학교 폐쇄 시점에서는 이
즈하라, 게치, 후나코시촌 아시가우라, 사스나, 니타, 미네三根[峰町], 사
가의 7개 교만 기록되어 있다[73]

　다음으로 학교의 구체적인 교육내용을 살펴보자. 신정수 씨에 따르면,
게치의 학교에서는 국어(조선어), 수학, 역사, 이과 등을 가르쳤고, 조선

어 교과서를 사용했으며, 교원은 3, 4명이었다고 한다. 원용덕은 학교의 모습을 다음과 같이 기록하고 있다.

아동은 약 80명 있는데, 대부분이 조금씩 떨어진 곳이나 산에서 통학한다고 한다. 특별히 아동들의 노래나 시를 듣고, 춤이나 촌극을 보다가 나는 착각을 일으켰다. 왜냐하면 1학년 아이부터 6학년에 이르기까지 아동들의 말은 확실하고 낭랑한 순전한 조선어였고, 일본에서 태어나 일본에서 자란 조선 아동의 말이 아니었다. 반짝반짝 빛나는 그들의 눈에는 인민공화국의 진정한 모습이 비쳤고, 쾌활하고 명랑한 그들의 동작은 신흥 소년의 면모가 뚜렷했다.

또한 아이들은 "문공대[문화공작대]를 조직하여 동포들의 가장 귀중한 위안이 되었으며, 그 익숙한 예능에 다시금 놀라지 않을 수 없다. 그리고 학교에는 성분별로 각종 통계표가 완비되고 그 운영도 가장 모범적이었다"고 지적하기도 한다.[74] 신정수 씨는 통영의 친척에게 자신의 조선어가 일본식이라는 지적을 받았던 것을 회상하면서 원용덕이 말하는 '순전한 조선어'라는 찬사는, 아마도 다른 일본 지역에서 태어나 일본어를 제1언어로 하는 조선인 아이들과 비교해서 언급한 표현으로 보인다. 다만, 당시에도 조선과의 왕래가 활발한 가운데, '순전한 조선어'를 접할 기회가 많았을 것으로 상상하기는 어렵지 않다.

다른 한편으로, 원용덕은 이러한 장점이 있는 반면 쓰시마에는 '조혼의 악습'이 남아 있다고 기술하기도 했다. '동포의 숯막'에서 "열 서넛으로 보이는 아가씨가 열심히 나무를 자르는 모습을 보고", 원용덕이 "아가씨, 아버님은 어디에 갔나?" 하고 묻자, 조련의 위원장에게 "남의 아내를 아이 취급하면 야단맞아요"라고 꾸지람을 들었다고 한다. 조련으로

서는 "이 나쁜 인습을 어쩌면 좋을지 가장 큰 문제"라고 한다.[75]

'밀항' 문제와 조련

이삼문 보고는 이상의 두 문제에 더해, 쓰시마의 '특수 사정'으로 "실업자가 없고", "인간적으로 선량하고 동포 상호간의 부조가 친밀"할 뿐만 아니라, "밀항자 기항지적 지위에 있어서 일본관헌의 간섭이 심하다"는 것을 들고 있다. '밀항'이나 이에 대한 단속에 조련이 어떻게 대처했는지를 살펴보자.

우선 외국인등록령 실시에 임해 조련 본부는 기본적으로 협력의 자세를 취한 것 같다. 쓰시마 지청 관내에서는 등록령 시행에 따라 1947년 8월 31일 현재의 인구동태 조사를 집계했는데, 이것은 "조선연맹 간부의 자발적 협력을 얻어서" 이루어졌다고 한다.[76] 조련 중총이 외국인등록령에 관해 내무성과 교섭을 거듭하고 각서를 교환하며 등록에 협력하기로 결정한 것은 8월 28일이므로,[77] 쓰시마의 조련도 중총의 이러한 교섭의 귀추를 지켜보면서 최종적으로 협력했을지도 모른다. 적어도《쓰시마신문》을 보는 한 외국인등록령의 실시를 둘러싸고 조련 본부와 쓰시마 지청이 대립한 형적은 없다.

다만 외국인등록령의 실시는 일본 도항을 시도하는 자에게는 대단히 커다란 변화였다. 종래의 '밀항' 단속은 기본적으로는 경찰이나 경비보조원, 자경단이나 주민이 섬에 상륙하려는 사람들을 체포하는 것이었다. 그러나 등록령 시행에 따라 무사히 상륙하더라도 외국인 등록증명서를 휴대하지 않으면 체포되고 만다. 이로 인해 등록령 시행 후에는 '밀항'을 하더라도 외국인 등록증명서를 입수하지 않으면 안 되었다.

《쓰시마신문》은 1948년 5월 기사에서 올해 들어 '밀항'자는 630명, 검거자는 350명이며, 그 원인은 "조선에서의 정치, 경제, 사상의 혼란이나 물가폭등에 따른 생활, 생명 불안으로 인해 일본에 영주하려는 자가 많다"고 한 후 다음과 같이 지적한다.[78]

최근에는 특히 밀항 브로커 등이 나타나 조선의 부산, 마산, 통영, 제주도 등에서는 이 브로커들이 일인당 1만 엔 정도의 밀항료를 받고 밀항자를 모집하고 있으며, 시모노세키, 오사카, 고베, 히로시마, 와카마쓰若松, 하카타 등의 브로커와 긴밀한 연락을 취하고 있어서 밀항이 쉬워지고 있다. 또한 부산 방면에서는 일본에 영주하는 외국인 등록증명서를 위조하여 이것에 본인의 사진을 첨부하여 1장에 4,000~5,000엔에 판매하는 자도 있다. 일본 경찰 당국에서도 이 브로커들의 검거에 혈안이 되어 있는데, 밀항자에게 성명, 주소 등을 알려주고 교묘히 변장하기 때문에 곤란해하고 있다. 한편, 밀무역도 경제 상태가 곤란해지면서 1월의 6건, 2월 4건, 3월 6건에 비해 4월은 12건으로 급격히 증가했으며, 조선에서 쌀, 소주 등의 식료품을 골라내서 일본에서 옷감, 잡화, 문방구, 기계류와 물물교환하고 있다.

이러한 밀항자 중에는 "태평양전쟁에 일본군인으로 소집되어 전사한 병사의 아내도 있었는데, 돈도 한푼 없고 당장에 의지할 곳도 없이 남편의 유골을 안고 검찰청에서 쓰러져 운다는 슬픈 이야기도 있어서 검찰청도 동정했다"고 한다.[79] 조선으로 건너갔다가 다시 돌아오는 사람들이 많은 것은 "조선이 일본 이상의 인플레이션으로 생활이 곤란하기 때문이다"라고 이 기사는 지적하고 있다.

《쓰시마신문》을 보는 한, 이러한 밀항·밀무역과 조련이나 섬에 사는 조선인을 직접 관련시키려는 기사는 보이지 않는다. 앞에서 언급한 1948년 5월 30일 이즈하라에서 열린 조련 규슈 지구대회에서는 '밀항 방지'에 대해 협의하고 있어,[80] 조련 본부가 공적으로는 경찰에 협력하는 자세를 취하고 있었기 때문인 것으로 보인다.

또한 조련 본부는 1949년 4월 23일 이즈하라형무소 주최 간담회 석상에서 다나카田中 이즈하라정 세관지서장이 "조선인은 일반적으로 범죄를 부인하는 경향이 있으므로, 우리는 조선인에 대한 수사를 강화하고 있다"고 발언한 것에 항의하여, 이것을 취소하고 사죄하게 했다.[81] 조련과 연관시키는 것은 없다고 해도, 이 시기 《쓰시마신문》의 조선인에 관한 보도는 대부분이 '밀항', '밀무역' 등의 경찰 발표여서, 이것만으로도 조선인을 '범죄'와 연관시키는 편견을 만들어내는 데는 충분했던 것으로 보인다. 조련 본부의 항의는 이러한 동향에 대한 것이었다고 생각된다.

4.

남북 분단과 쓰시마의
조선인 사회

남북 분단과 민단 이즈하라 지부의 결성

한반도가 1948년에 들어 남북으로 분단되어가는 것에 대해 쓰시마의 조
선인 사회는 어떻게 대응했을까. 1948년 5월 10일 제헌국회선거(단독
선거)를 거쳐 8월 15일 대한민국 정부가 수립되는데, 이러한 정세는 쓰
시마의 조련에게는 결코 유리한 것은 아니었던 것 같다. 미네촌 사가
에 거주하는 민청 맹원 김경재金敬才가 《민청시보》에 보낸 투고에 따르
면, 1948년 7월 17일 경관 10여 명이 본부 상임위원의 숙소를 찾아와 서
류와 서적을 가지고 갔으며, 류일만柳一萬(민청 쓰시마도 본부 문화부 대표
위원)과 류이만柳二萬(조직부 위원)은 "사상에 관한 책"을 가지고 있던 탓
에 호출당했다고 한다.[82] 류일만은 그 후 여섯 차례에 걸쳐 호출되어 폭
행을 당했는데, "너는 대한민국을 어떻게 생각하는가"라는 질문에 대해
'3,000만 동포의 의지를 무시한 그러한 정부는 반대합니다'라고 대답하

자마자 발로 차고 눈을 찍고 완전히 죽도록 구타를 당한 듯하다. 다음으로 '고베사건을 어떻게 생각하는가' 등의 여러 가지 질문을 하고 결국에는 곤봉으로 어깨와 머리를 얻어맞아 녹초가 되고 말았다'고 한다. 고베사건은 몰라도, 일본의 경찰이 "너는 대한민국을 어떻게 생각하는가"라고 질문했다는 기술의 진위에 대해서는 진중히 판단하지 않으면 안 되겠지만, 어쨌든 경찰 단속이 강화된 것은 사실일 것이다.

조련은 이런 가운데 대한민국 배격, 조선민주주의인민공화국 지지의 입장을 채택했다. 조련 본부는 1948년 8월 15일 게치정의 시라이白井공회당에서 해방 3주년기념 인민대회를 개최했다.[83] 약 400명이 모였고, 그 석상에서는 "조선 자치 통일정부 수립, 미소 양군의 철수, 이승만 대통령과 그 일당 배격, 고베·오사카의 학교 소요사건의 희생자 석방 등을 결의"했다. 오후에는 민청 맹원과 초등학교 아동들이 공연하는 "과거 일본 헌병의 앞잡이가 된 민족반역자의 정체를 폭로한" 연극이 상연되었다.[84] 이날은 대한민국 정부 수립이 선언된 날인데, 이것을 배격하는 동시에, 미소 양군 철수를 지지했고, 또한 1948년 4월의 고베, 오사카 민족교육 옹호투쟁의 체포자 석방을 요구했던 것이다. 9월 9일의 조선민주주의인민공화국 정부 수립 당시에 행사나 집회를 개최한 기록은 없지만, 공화국 지지의 조련 중총과 동일한 입장이었던 것으로 보인다.

한편, 1949년에는 쓰시마의 이즈하라에서 민단이 결성되었다. 실은 그 이전에도 민단 사람들이 쓰시마에 온 형적이 있는데, 조련 기관지는 외국인등록령 교섭이 한창이었던 1947년 7월 조선건국촉진청년동맹과 민단 사람들이 지청과 경찰서를 방문해 "조련이 외국인 등록증을 감수하는 것은 부정 배급을 합리화하기 위한 책동이다"라고 전한 것을 비판적으로 보도한 적이 있다.[85] 그 후에는 눈에 띄는 움직임은 없었지만, 1949년 1월 22일 이즈하라의 후루후지古藤여관에서 민단 이즈하라 지부의 결성식이 거행되었다.[86] 나가사키현의 이사하야諫早나 사가현의 각 시에서 간부 몇 명이 섬에 와서 결성했다고 한다. 단장은 엄영목嚴永牧, 지부 소재지는 시모아가타군 이즈하라정 오테바시大手橋이다.[87]

이즈하라 지부 결성식에서 있었던 '간부'의 인사말은 아래와 같다[88]

38도 이남에 미국기가 있는 이상 북선北鮮군의 월남은 좀체 생각할 수 없다. 동포는 유언비어에 속지 말고 민국에 충성을 맹세하고 냉정하게 남북통일의 때를 기다리지 않으면 안 된다. 거류민단은 본국이 인정한 단체로 일본정부에도 의뢰하여 인정을 받았고, 거류민단은 1947년[그대로] 10월에 결성되어 파죽지세로 강화에 매진하고 있다. 쓰시마의 거류민은 조선인연맹의 세력하에 있어서 재도在島 거류민이 이사하야에 원조를 요청해 와서 이번에 지부를 결성하게 되었던 것이다.

민단은 한국정부 수립 후에 본부나 지부를 설치하지 않은 지역으로 조직 확대를 추진해갔으며, 그 과정에서 기존의 조련 본부나 지부와의 충돌 사건을 일으켰는데, 이 인사말에서 알 수 있듯이, 쓰시마 이즈하라 지부의 설치도 이러한 민단의 세력 확장 시도 속에서 이사하야에서 사람을 보내 이루어진 것이었다. 민단 이즈하라 지부에서는 조직 강화를 위해 사가현과 나가사키현에도 응원단 30명을 파견해줄 것을 요청했다고 한다.[89]

조련은 민단 이즈하라 지부의 결성에 강하게 반발했다. 조련 본부는 1월 22일 결성식 전날부터 이즈하라정 곳곳에 "쓰시마의 할양을 요구하는 도민의 적 거류민단을 분쇄하라"는 삐라를 붙였고, 당일에도 결성식장에 입장하기 위해 몸싸움을 하다가, 반대 데모를 한 후에 하치만구八幡宮신사 경내에 집합하여 조련 쓰시마 남부 지부 결성식을 거행했다.[90] 사태를 중시한 경찰이 마을 경비에 임해 "한때는 공기가 험악했지만", 최종적으로는 조련이 평온히 해산했다고 한다. 또한 2월 8일에는 "거류민단 반대전선 강화를 위하여" 다시 조련 쓰시마 남부 지부 결성식을 거행했는데, 지부장에는 박혁효가 취임했다.[91] 3월 1일에는 조련 본부가 3·1혁명 기념 인민대회를 개최하여 "격문 600매, 포스터 100매를 사전에 뿌리고" 쓰시마 극장에서 남녀 375명을 모아 "각 관계 당국에 대한 항의문·결의문을 채택"한 후, 3킬로미터 행진과 민청 문공대의 연극, 아동유희가 행해졌다고 한다.[92] 항의문과 결의문의 내용은 불분명하지만 기사 제목에 '반동 분쇄를 선언한다'고 되어 있으므로 민단 결성을 비판하는 내용이 포함되었던 것으로 보인다.

이승만 대통령의 쓰시마 '반환' 요구와 조련

쓰시마의 조선인 사회에도 이렇게 남북 분단이 초래되기 시작했는데, 그간 조련이 민단을 비판해온 논법으로 흥미로운 것은 "쓰시마의 할양을 요구하는 도민의 적 거류민단을 분쇄하라"고 한국정부의 쓰시마 '반환' 요구를 꺼낸 점이다. 여기에서 조금 시간을 거슬러 올라가 당시 쓰시마 사람들에게 동요와 파란을 일으켰던 쓰시마 '반환' 요구문제에 대해 언급해야 할 것이다.

1948년 1월 23일 대한민국 과도입법의원(이하 '입법의원')에서 대일 강화회의에 쓰시마의 조선영토 복귀를 제안하자는 제의가 이루어졌다.[93] 제안자는 관선의원이었던 허간룡許侃龍이다. 허간룡은 제의 이유에 대해 쓰시마는 부산에서 22리, 후쿠오카 나가토게長峠에서 219리 지점에 있으며, 과거에 신라의 영토였다는 것은 문서상으로 명백하다는 점, 한때 왜구에 침범당했지만, 조선시대는 고종시대에 이르기까지 정치경제적으로 조선에 예속되어 있었던 점을 지적하며, "일본이 대륙침략기지로서 후세에 점령했으므로 금후의 동양 평화를 실현하기 위해서라도 조선에 복속시키지 않으면 안 된다"고 주장했다. 이른바 쓰시마는 조선의 '고유 영토'라고 주장했다고 할 수 있을 것이다. 허간룡의 제의는 1948년 2월 17일 62명의 찬동을 얻어 〈쓰시마섬의 조선영토 복귀를 대일강화조약에 제안하는 것에 관한 결의안〉으로서 제204차 입법의원 본회의에 상정되었다.

한국의 현대사 연구자 정병준鄭秉峻은 1947년 이후 독도를 일본에 영유당하지 않을까 하는 위기의식의 확산이 쓰시마 반환과 귀속이라는 주장을 낳았을지도 모른다고 추측했다.[94] 같은 해 7월 미국이 극동위원회 구성국에 대일 강화회의 개최를 제안한 것을 의식하여, 48년에는 쓰시마의 귀속 문제가 대일강화조약 참가 문제와 세트로 논의되기 시작한다. 《쓰시마신문》도 이 결의안을 보도했고,[95] 5월에는 쓰시마 출신 소학교 교장이었던 야스다 히코사부로保田彦三郎가 이 결의안에 대해 "아무런 근거도 없이 쓰시마를 조선의 부속 도서로 간주한 듯한 느낌이 있는데, 이것은 이번 일본 패전의 결과 반환 문제로 대두된 것에 지나지 않는다", "쓰시마를 조선에 반환받고 싶다는 청원의 조목은 남선南鮮 의원의 오인이다"라고 비판한 것이 게재되었다.[96]

쓰시마와 조선의 관계는 이 결의안 이전부터 쓰시마 사람들에게는 민감한 문제였다. 예를 들면 46년 12월 21일 《쓰시마신문》 칼럼 〈촌철언寸鐵言〉은 쓰시마 사람들이 규슈를 '내지'로 부르면 "쓰시마가 조선의 속국이기라도 한 것처럼 들리는데도" 좀체 개선되지 않는 것을 걱정하고 있다.[97] 또한 1948년 무렵의 쓰시마는 나가사키현에서 후쿠오카현으로 옮기려는 전현転県운동이 고양된 시기였는데, 쓰시마의 모든 지자체 조합이 전현이 필요한 이유 중 하나로 "외국이 된 조선을 지척에 둔 두[쓰시마와 이키壹岐] 도민의 불안"을 제기했다.[98] 1948년 4월 시작된 동아고고학회의 쓰시마 고대 유적조사 당시에도 쓰시마 지청장을 역임했던 나라하라 요시유키楢原由之는 조사를 통해 "쓰시마는 오랜 일본민족의 가장 관계 깊은 토지로 일본 전체에 인식을 새롭게 하게 될 것이다. 조선의 쓰시마 같은 터무니없는 오인을 한 예전의 모 현의회 의원에 대해 서운함을 거두고 우리 일본민족의 조상이 내주內住 혹은 거주한 땅으로서의 존경을 모으게 될 것이다"라고 그 의의를 언급하며, 모든 자료를 준비하여 협력하도록 요구해,[99] 전전에 '조선의 쓰시마'로 간주된 적이 있었던 것에 대한 거부 반응이 전후에 또다시 강화되어갔던 것이다.

　1948년 8월 한국정부가 수립되어 이승만 대통령이 다시 쓰시마의 '반환'을 외신기자에게 언급한 것이 보도되자, 나가사키현 의회나 쓰시마는 일제히 반대 목소리를 높였다. 48년 8월 22일에는 나가사키현 의회 의원 등이 섬에 와서 지자체장이나 유지들과의 전현 문제에 관한 간담회 도중에, 섬의 한 유지가 "한국의 쓰시마 할양 요구는 전현 이상의 중대한 문제이며 우리 도민으로서는 생사를 걸어서라도 현, 국회에 대해 반대 청원을 하지 않으면 안 된다고 생각한다"고 발언했다.[100] 《쓰시마신문》도 사설에서 '반환론'에 반대했다.[101] 또한 변호사인 아비루 가네요시阿比留兼吉는 반공적 시각에서 "쓰시마를 공산주의의 최초 방파제로서 철저히 지켜내지 않으면 안 된다"고 하여, 한국은 언제 북한의 지배하에 놓일지 모르기 때문에 후쿠오카로의 전현을 둘러싼 "와우각상蝸牛角上의 일체 다툼은 이 시점에서 일시 중지하고 쓰시마 도민은 하나가 되어 미국 점령군사령관 맥아더 원수의 양해를 얻어 이 양도 저지 실현에 매진해주기 바란다"고 서명운동을 실시할 것을 제안했다.[102] 이즈하라중학교 1학년은 이 아비루의 제안에 힌트를 얻어, 조선과 쓰시마의 관계에 대해 토론을 했다고 한다.[103]

조련 본부의 삐라 〈쓰시마 할양을 요구하는 도민의 적 거류민단을 분쇄하라〉는 이러한 문맥 속에서 뿌려진 것이다. 실제로 민단 중앙총본부는 이승만 대통령의 쓰시마 '반환' 요구를 지지했다.[104] 조련 중총이나 쓰시마도 본부가 쓰시마 '반환론'에 대한 반대 입장을 언제부터 취하기 시작했는지는 불분명하다. 1948년 1월의 조련 제13회 중앙위원회에서는 지방에서 제기된 건의안으로 '쓰시마섬 출장소 설치건'과 함께 '쓰시마섬 귀속 문제에 관한 건'이 토의되어 '부결'되었는데, 건의나 토의의 구체적 내용은 명확하지 않다.[105] 회의 시기로 보아 입법의원의 결의안에 관한 논의였음에 틀림없다.

1948년 9월 13일 자 《세기신문》에는 조련 후쿠오카현 본부 사회부장 '천' 씨의 "아시다 히토시芦田均가 조각 당초에 타이완, 가라후토[사할린], 지시마열도[쿠릴열도]를 돌려받고 싶다는 말을 해서 조롱을 산 적이 있었는데, 이승만 씨의 주장도 이것과 아무런 차이가 없는 어리석은 망언"이라는 발언이 소개되었다고 언급되어 있어,[106] 이승만 대통령의 발언이 보도된 투서를 보면 조련은 반대 입장이었던 것으로 보인다. 앞에서 언급한 원용덕도 '반환론'에는 부정적이다.

다만, 《쓰시마신문》에 게재된 다양한 '반환' 반대론과 조련의 그것이 완전히 동일한 논리에 의한 것은 아니다. 쓰시마의 일본인들의 '반환' 반대 근거에는 쓰시마는 한 번도 조선에 복속된 적이 없을 뿐만 아니라 일본은 조선과 전쟁을 하지 않았기 때문에 강화회의에서 그런 식의 발언을 할 자격이 없다는 의견이 있었다. 앞에서 언급한 이즈하라중학교의 토론회에서는 "일본은 조선과 전쟁한 적이 없고, 일본이 조선의 산업부흥이나 설비 등에 사용한 자본은 막대한 것이다. 이것들을 종합하면 조선은 쓰시마를 요구할 수 없을 터이다"라고 하여 식민지 근대화와 조선과의 전쟁을 부정하는 논리로 '반환론'을 비판하고 있다.[107] 《아사히신문》도쿄 본사 사회부차장 고지마 야스노부小島安信도 "일본은 조선을 적국으로 전쟁을 개시한 것이 아니므로, 조선의 요구가 통할지도 알 수 없다"고 지적하고 있다.[108]

조련의 '반환' 반대의 상세한 논리는 분명하지 않지만, 이러한 논법과는 달랐던 것은 확실하다. 원용덕은 하카타에서 쓰시마로 건너가는 배 안에서 "조선인 놈들이 쓰시마섬을 조선에 돌려달라고 한다", "졌다고 해서 그놈들 설쳐대다 끝에 가서는 무슨 말을 꺼낼지 알 수도 없다"라는 소문을 듣고, "그렇지 않다. 쓰시마섬에 대해서 언급한 것은 조선인이 아니라 이승만이다. 그리고 쓰시마는 조선에 돌려줘야 한다거나 한 것은 진정한 조선인민의 원성을 딴 데로 돌려 자신의 목숨을 연장하려는 사기 기만정책이다"라고 말해주고 싶었지만 하지 못했다고 기술하고 있다.[109] 이러한 이승만 비판에 더해 원용덕은 "쓰시마의 문제는 쓰시마에 사는 전 인민의 총의에 의해 결정되는 것이며, 그 외의 어떠한 자라 해도 이것을 결정할 수는 없는 법이다"라고 기술하기도 하여,[110] 인민의 자결과 민주주의의 논리에 입각한 '반환' 반대론에 서 있다고 해도 좋을 것이다.

원용덕은 또한 "조선놈들에게 진 게 아닌데도 놈들이 설치는 건 괘씸하다"는 일본인들의 태도는 조련의 노력에 의해 "민족적인 감정의 대립을 누그러뜨리고 있다"고 기술하기도 했는데,[111] 조련은 민단을 "쓰시마 할양을 요구하는 도민의 적"으로 규탄했지만, 실제로는 조련과 '도민'의 일견 공통된 '반환' 반대론의 저변에 있는 식민지 지배 인식에서 상당한 거리가 있었던 것이다.

조련 해산, 학교 폐쇄에서 한국전쟁으로

조련의 이러한 4년간에 걸친 다채로운 활동은 1949년 9월 8일 일본정부(법무부)가 단체 등 규정령에 의해 조련과 민청의 모든 조직에 해산 명령을 내리면서 막을 내렸다. 1948년 이래의 민족교육 옹호투쟁이나 조선민주주의인민공화국 국기 게양투쟁, 나아가 민단과의 대립과 충돌사건이 '반민주주의적', '반점령군' 행위라는 것이 그 이유였다.[112]

　1949년 9월 8일 새벽부터 각지에서 항의 속에 단체 해산과 재산 접수가 진행되었는데, 쓰시마에도 조련 쓰시마 도본부의 해산과 재산 접수를 위해 9월 12일 나가사키현 요시오카 지방과장과 법무부의 미후네御船 사무관이 무장경관 50명을 이끌고 이즈하라에 상륙했다.[113] 다음 날 13일 두 사람은 게치의 조련 본부로 향해 박성수朴成洙 위원장, 윤혁효 선전부장 등 간부 몇 명에게 법무총재 대리로서 해산 명령을 전달했는데, 박 위원장 등은 "쓰시마연맹은 결성 이래 한 번도 폭력을 행사한 적이 없으므로 해산할 필요는 없다. 또한 현 당국이 50명이나 되는 무장경관을 데리고 온 것은 부당한 압박이자 폭력주의이다"라고 반론하여 지령서를 거부했다. 요시오카 과장과의 '이론투쟁'은 4시간이나 지속되었지만, 최종적으로는 조련 측이 꺾여 접수에 응했다. 접수 시에 박 위원장은 "삼키고 있던 사나이 눈물을 흘리는 극적인 정경이었다"고 한다.

　나아가 법무부는 조련 해산을 근거로 1949년 10월 19일 조련이 운영하는 모든 조선학교의 폐쇄를 명령했다. 쓰시마에서도 조선학교 해산 권고를 위해 나가사키현 지방과地方課 단체조사계 주임인 다나카 주사, 나가사키현 교육위원회 이와타 주사 외 4명이 이즈하라, 게치, 후나코시촌 아시가우라 학교로, 단체조사계 오기와라荻原 주사 외 2명이 사스나, 니타, 미네, 사가의 학교로 향해 10월 22일, 23일에 권고와 접수를 시행했다.[114] 이 시점에 쓰시마의 조선인 초등학교 아동은 약 170명이었다. 또한 게치의 초등학교 아동은 1학년 18명, 2학년 9명, 3학년 20명, 4학년 11명, 5학년 6명으로 총 64명, 교원은 2명이었다.[115]

게치의 조련 맹원들은 학교 폐쇄를 부당하다고 보고 10월 29일 조선학교 운동장에서 부형대회를 열고 아래 6항목을 결의했다.[116]

(1) 조선인 교원의 채용.

(2) 교내외 민족적 차별 절대 반대.

(3) 일선日鮮 아동의 충돌에 대해서는 교원과 교장이 모든 책임을 질 것.

(4) 교사의 아동에 대한 체벌 절대 반대.

(5) 조선인 아동의 자치회를 인정할 것.

(6) 조선인 아동에게 가방, 신발, 의복을 무상배급할 것.

참가자들은 31일에 게치정 의회에 이것을 요청했고, 정회에서는 협의회를 열어 사카이酒井 의장이 "취지에 따르도록 노력하겠다"고 회답했다. 또한 같은 날에 조선인 대표는 앞으로 조선인 문제가 이 정회의 의제가 될 때는 옵서버로 입장하고자 한다는 뜻을 진정했다.[117]

이 요청들이 그 후에 어느 정도 지켜졌는지를 확인할 방법은 없다. 어쨌든 이 해산 조치로 인해 쓰시마의 조선인들이 쌓아올린 조련이나 협동조합, 그리고 학교는 그 존재의 물적·법적 기반을 빼앗기고 말았다는 것만은 확실하다. 그 후 조련계 사람들의 활동을 《해방신문》만을 보면, 1950년 2월 설날에 '쓰시마섬 조선인 문공대' 약 20명이 동포 부락을 방문해 〈국경선〉, 〈즐거운 나의 집〉 같은 연극과 무용·성악 등 약 3시간에 걸쳐 다채로운 공연을 했다는 것,[118] 5월 27일부터 쓰시마에서는 '통일월간투쟁'을 비롯하여 6월 1일 현재 기금 목표액을 돌파하여 1만 4,500

엔에 달했다는 것, 6월 3일 "민청 해산 이후 침체되어 있던 청년들"이 조선청년권리옹호위원회를 결성하기 위하여 청년활동가 회의를 열어, 이 결성준비위원회를 구성한 것이 보도되고 있다.[119]

아울러 1949년이 되면, 조선으로부터의 '밀항'도 생활고에 더해 피난이나 징병 회피 같은 경우가 나타나게 된다. 49년 8월 25일 쓰시마의 대적첩보부대CIC가 이즈하라의 해상보안부장에게 한국으로부터 "조선인 약 1,000명, 징병 기피 목적으로 일본을 향해 밀항, 아울러 근일 중 약 1만 명이 마찬가지로 일본을 향해 밀항 의심 있음"이라는 연락이 들어왔고,[120] 1950년 5월 24일 시모아가타 지구경찰서는 사스촌佐須村에 상륙한 경상북도 대구부의 전대식全臺植 등 11명을 검거했다. 경찰은 "전원 억센 청년"을 "징병 기피 청년"으로 보고 있다.[121]

또한 점령군 참모 제2부G-2 민간검열지대支隊CCD의 〈불법 입국〉이라는 제목이 붙은 통신감청 기록 파일에는 1949년 8월 25일의 조련 쓰시마도 본부와 후쿠오카현 본부의 전화를 도청한 기록이 있다.[122] 이 파일에는 조선에서 일본으로 보낸 사신私信, 예를 들면 몇 월 몇 일에 일본에 상륙한다는 식의 편지나 전화를 감청하여 영역한 것이 600건 이상 수록되어 있다. 도청 내용을 보면 주제는 회의 개최에 관한 문의인데, 후쿠오카현 본부의 Chung Chongchol이 쓰시마에 한국군인이 Governor Sugimoto와 교섭하기 위해 온다는 소문을 언급하고 있으며, 이 화제가 검열 담당관에게 특필할 만한 것으로 간주된 것으로 보인다.

1950년 6월 25일 한국전쟁이 발발하자, 일본정부는 조선에서 발생한 대량 난민이 쓰시마로 건너올 것을 예상하고 비상경비체제를 취했다. 전쟁 개시 보도를 접한 가네코金子 해상보안부장은 "난민이 오면 불법 입국자로 체포한다", "일본으로의 대량 밀항 또는 역밀항, 재일조선인의 이동에 대비해 지시가 있는 대로 곧바로 비상경계체제로 옮길 수 있는 만전 태세"를 갖추도록 지시했고,[123] 이즈하라 해상보안부는 "대량 밀항이나 피난민의 쇄도를 예상"하고 비상배치에 임했다.[124]

그런데 실제로는 예상한 만큼의 '대량 밀항', '피난민'이 쓰시마에 오지 않았다. 섬에 거주하는 조선인의 동향을 전하는 보도도 기본적으로는 평온하다는 소식을 전한다. "섬 전체에 약 2,000명의 한국인 중 조련계 지도자 9명을 제외하면 거의 전부가 전전의 무지한 제탄 노동자라서 일반적으로 전쟁에 대해서는 무관심하고 평온한 모습이다"라고 하며,[125] 또한 "가미아가타 지구는 근처에 포성이 들린다는 소문이 있어 긴장하는 듯하지만", "일반적으로 도민 사이에 동요가 보이지 않고 내지 귀환 등도 아직 보이지 않는다. 섬 거주 선인鮮人으로 북선北鮮 계열 사람들은 북선이 이길 것이다, 또한 남선 계열은 미군의 응원으로 이길 것이다, 라고 각각 다른 의미에서 낙관하고 있다"고 한다.[126]

이러한 가운데 시모아가타 지구경찰서는 1950년 7월 2일에 칙령 제311호 〈연합국 점령군의 점령 목적에 유해한 행위에 대한 처벌 등에 관한 칙령〉 위반 혐의로 게치의 《해방신문》 지국을 급습하여, 지국원인 방성근方性根, 류일만을 체포, 가택수색하여 관계 문서를 다수 압수했다.[127] 방성근은 조련 본부 위원장이었던 방갑이의 아들이고, 류일만은 앞에서 언급한 '사상에 관한 책'을 지녔다는 이유로 경찰에 호출되어 폭행당한 민청 문화부 대표위원이다. 두 사람은 7월 2일 재일조선인민주민족전선 준비회의 선동삐라 5,000장을 후쿠오카에서 받아와 4,000장을 게치정에서 뿌렸다고 한다. "한국전쟁 후 쓰시마 좌익에 대한" '최초의 단속'이었다. 이후 쓰시마의 조련계 조선인을 둘러싼 보도는 '밀항', '스파이' 일색으로 덮이게 된다.

5.

잊혀진 '국경의 섬'의
해방 공간

1950년 7월 5일, 즉 게치의 《해방신문》 지국을 시모아가타 지구 경찰이 급습한 3일 후에 9개 학회 연합 쓰시마 조사 선발대가 쓰시마의 이즈하라에 도착했다.[128] 미야모토 쓰네이치가 이즈하라에 들어온 것은 7월 9일이다. 조사단은 쓰시마 재류조선인의 실태를 조사할 예정이었으나, (한국전쟁의) 개전에 호응하여 조선인이 봉기한다는 유언비어가 난무하여 '정치적인 배려'로 중지하게 되었다고 한다.[129] 과연 이 '유언비어'가 7월 2일의 《해방신문》 지국 급습과 관련이 있을지는 명확하지 않다. 하지만 '정치적인 배려'에서 조사하지 않았다는 조선인들에게 이상과 같은 '해방 5년사'가 있었다는 것을 미야모토 쓰네이치를 비롯한 쓰시마 조사단 사람들은 어느 정도 인식하고 있었을까.

지금까지 이 글에서 검토한 바와 같이, 조련 쓰시마 본부는 숯쟁이들의 경제적 이해를 대표하여 영업세 철폐나 협동조합 설립을 통한 중간착취의 제거를 도모하는 한편, 섬 각지에 조선인 아동을 위한 학교를 만들었고, 도쿄나 규슈의 고등학원에서 배운 조련의 새로운 활동가들은 섬을 방문하여 사람들을 조직해갔다. 그렇다고 해서 쓰시마 지청이나 경찰 당국과의 관계도 대립적이었던 것은 아니고, 항상 집회에는 지청장이나 경찰서장을 내빈으로 초대하여 목탄 증산이나 밀항 방지에 협력하는 태도를 보였고, 오히려 조련 본부로서는 융화적이고자 했다고 할 수도 있을지 모르겠다. 어디까지나 표면적인 일치에 머무는 것일지라도, 이승만의 쓰시마 '반환론'에 대해서도 도민의 자기결정이라는 관점에서 조련은 부정적이었다. 하지만 1949년의 조련 해산, 학교 폐쇄는 이러한 관계성을 송두리째 부수어버렸다. "쓰시마연맹은 결성 이래 한 번도 폭력을 채택한 적이 없으므로 해산할 필요는 없다, 또한 현 당국이 50명이나 되는 무장경관을 데리고 온 것은 부당한 압박이며 폭력주의이다"라는 박성수 위원장의 항의는 마음에서 우러난 말이 아니었을까.

아울러, 이 장에서는 숯굽기와 함께 쓰시마 조선인의 중요한 생업이었던 해녀에 대해 언급하지 못했다. 여기에서 대상으로 한 시기의 사료에 해녀에 관한 기록을 거의 찾지 못했기 때문이지만, 1960년대에는 조선인 해녀들 100명이 '쓰시마 조선인해녀조합'을 결성했다는 기록이 있는데,[130] 해방 직후 시기에도 어떤 움직임이 있었다고 보는 것이 자연스러울 것이다.

저자 후기

이 책의 기초가 되는 조사를 시작한 것은 2002년의 일이다. 애초의 관심은 오로지 재일조선인운동사에 있었다. 중학교와 고등학교를 다니던 90년대 일본사회의 분위기는 소련과 동구권 붕괴 후에 '북조선'이 특이한 '위협'으로 부상했던 시기여서, 조선학교에 다니는 입장에서는 음울한 긴장감에 쌓여 있었다. 2000년대에도 그것은 달라지지 않았고 오히려 2002년의 조일정상회담 이후 일본의 공격적인 공기에는 음울함을 넘어서 공포조차 느끼게 되었다. 조일평양선언 이후에 일본은 식민지 지배 책임을 회피하고 호전적인 역사수정주의자가 활개를 치며 발호하고 있었다. 역사를 배우려고 대학에 들어간 것은 아니었던 내가 재일조선인의 역사를 되돌아보며 거기에서 배울 수 있는 것은 없을까, 또한 과거의 난제에 직면했던 사람들이 어떻게 고뇌하고 논의하고 모색했는지를 알고 싶다고 생각하게 된 것은 이러한 상황과 무관하지 않았다.

그중에서도 이 책에도 등장하는 김두용이라는 조선인 공산주의자를 알게 된 것은 재일조선인사에 관심을 갖고 논문을 쓰는 계기가 되었다. 고 박경식 선생님의 저서를 비롯해 재일조선인운동사를 다룬 책이나 논문에서 김두용에 대한 평가는 한결같이 낮았고, 대개가 재일조선인의 운동을 일본혁명에 종속시켜 민족적 주체성을 상실시킨 인물로 보고 있었다. 친일파라면 몰라도 혁명을 위해 싸우면서 이렇게까지 비판받는 김두용이란 도대체 어떠한 인물인지, 그 나름의 논리 같은 것이 있었는지 흥미가 생겨 졸업논문의 주제를 김두용의 반생으로 하기로 결정했다.

대학원에서는 해방 후의 재일조선인운동사 연구로 대상을 확대하여 특히 활동가층의 형성 과정을 명확히 하려고 생각했다. 김두용 같은 문필가뿐만 아니라 운동을 실제로 뒷받침하는 활동가의 실태를 밝히지 않고 '운동사'를 쓸 수는 없다고 생각했기 때문이다. 개인적인 체험 속에서도 민족교육에 종사하는 교원이나 단체의 활동가들은 나에게 친근한 존재였고, '일꾼'이라 불리는 이 사람들의 모습은 동포들이 '운동'을 평가할 때 하나의 지표였던 것으로 보인다. 그래서 '일꾼'이 나오지 않는 재일조선인운동사에 공허함을 느끼고 활동가들의 존재양식이나 민중과의 관계, 운동방침에 미친 영향을 검토함으로써 운동사의 다른 측면에 빛을 비출 수 있지 않을까 생각한 것이다.

그러나 박사학위 논문을 준비하는 과정에서 이러한 운동사적 시각의 한계에 직면했다. 당연히 사회운동은 항상 당시의 제도적 틀에 강하게 제약받았고, 그때그때의 지배구조와의 사이에서 상호 규정적인 관계를 맺을 수밖에 없다. 이러한 지배구조의 문제를 외재화시킨 운동사의 기술은 분석으로서 불충분할 뿐만 아니라, 사회운동이 때로 취할 수밖에 없는 타협이나 혹은 '법질서'를 일탈한 행위의 의미를 파악해내지 못하고 만다. 브레히트의 말 중에 "격류를 폭력적이라 하지만 강을 좁히는 강바닥을 폭력적이라고 부르는 사람은 없다"는 구절이 있는데, 운동의 '격류'만을 묘사하는 것이 아니라 '강을 좁히는 강바닥'과 그 '폭력'에 대한 사적 분석이야말로 절실히 요구된다고 생각했던 것이다. 강제퇴거나 경찰권, 외국인 등록제도나

단체 규제의 분석에 이 책이 많은 지면을 할애하게 된 것은 이 때문이다.

45년 8월 15일 일본 지배는 끝났고 조선은 해방되었다고 현대사의 연표에는 기록되어 있다. 그러나 이 책을 집필하며 다시금 통감한 것은 조선인에게 이날은 해방을 현실의 것으로 하여 진정한 의미에서 '독립'하기 위한 힘든 첫발을 내딛는 순간이었다는 점이다. '독립'을 인정하려고 하지 않는 구 종주국 일본에서 태어난 재일조선인에게는 특히 그러했고, 지금도 그것은 바뀌지 않았다고 생각된다. '독립으로 가는 험난한 길 獨立ヘの險路'이라는 일본어판의 표제는 이러한 내 생각을 반영한 것이다.

이 책의 출판에 이르기까지 실로 많은 분들에게 신세를 졌다. 이 자리에서 감사의 마음을 전하고 싶다. 메이지가쿠인대학明治學院大學의 미야지 모토이宮地基 선생님은 헌법 수업 졸업논문을 재일조선인운동사로 쓰고 싶다는 황당한 요청을 인정해주셨을 뿐만 아니라, 전공과는 전혀 다른 주제인데도 논문에 대해 정성어린 지도를 해주셔서 연구자로서의 첫걸음을 떼게 해주셨다.

히토쓰바시대학一橋大學에서는 가토 데쓰로加藤哲郎 선생님, 가스야 겐이치糟谷憲一 선생님께 특별히 신세를 졌다. 가토 선생님은 학부 시절에 수업을 청강하게 해주셨을 때부터 헤아리면, 8년간 지도를 받았다. 가토 선생님은 연구뿐만 아니라 대학원 생활 전반에 걸쳐 돌봐주셨는데, 그중에서도 나가노현의 미즈노 쓰타水野津太 관계 문서(현재는 게이오기주쿠대학慶應義塾大學과 도시샤대학同志社大學이 소장)의 자료조사는 잊을 수 없다. 이 책에서도 이용한 방대한 전후 일본공산당 관계 원사료를 처음으로 보았을 때의 놀라움은 다시 없는 경험으로 기억에 남아 있다. 관람을 허락해주신 유이 이타루由井格 씨에게도 이 자리를 빌려 감사의 마음을 전한다.

가스야 겐이치 선생님은 역사학의 문외한이었던 나에게 꼼꼼한 논증의 중요성과 운동사를 규정하는 체제 측의 제도적 조건을 해명해야 그 역사적 평가가 가능해진다는 것을 가르쳐주셨다. 또한 가스야 선생님의 수업에서는 조선 근현대사와 재외조선인사에 관한 귀중한 연구 보고와 자극적인 논의를 접할 수 있었다. 박사학위청구논문의 심사를 해주신 요시다 유타카吉田裕 선생님에게는 해방 후 재일조선인의 '전시체제 이후'라는 역사적 문맥이 가지는 의미에 대해, 기무라 하지메木村元 선생님에게는 민족교육이나 청년교육의 전개가 그 후의 재일조선인사에 미친 영향에 대한 유익한 지도를 받았다.

조선 근현대사 연구의 선배들로부터도 많은 가르침을 받았다. 리쓰메이칸대학立命館大学 코리아연구센터에서는 전임연구원으로서 박사논문 집필을 위한 연구 환경을 제공해주셨다. 그중에서도 센터장 서승 선생님과의 일상적인 대화는 '동아시아'라는 틀에서 재일조선인사를 파악하는 것의 중요성을 인식하는 데에 귀중한 경험이 되었다. 쓰다주쿠대학津田塾大学의 림철林哲 선생님은 분단체제 속에서 왜곡된 조선 현대사의 모습을 실증적 방법과 세계사적인 시야에서 재구축하는 작업의 필요성을 가르쳐주셨다. 또한 후쿠오카교육대학福岡教育大学의 고바야시 도모코小林知子 선생님은 현재의 '재일'의 이미지에 얽매이지 말고 조선 현대사 속의 재일조선인사라는 시각에서 고찰하는 작업의 중요성을 가르쳐주셨다. 강덕상 선생님은 재일조선인의 시각에서 조선 근현대사를 배우는 작업의 중요성을 가르쳐주셨다. 특히 강 선생님이 들려준 해방 전후의 귀중한 증언은 당시의 역사상을 찾지 못해 헤매고 있던 내게 커다란 도움이 되었다. 도시샤대학 대학원의 오타 오사무太田修 선생님과 오타 선생님 수업에 참가하신 분들께서는 이 책의 기초가 된 박사학위 논문을 윤독해주셨고, 귀중한 의견을 내주셨다.

여러 학우와 선배들께서도 귀중한 조언을 해주셨다. 특히 신창우慎蒼宇 씨의 역사 속 '민중'과 '폭력'을 둘러싼 긴장감에 찬 사고에서는 해방 직후의 재일조선인사를 생각할 때 중요한 시사점을 얻을 수 있었다. 신창우 씨와의 논의가 없었다면 이 책의 역사상은 지금 이상으로 단조로운 것이 되었을 것이다. 또한 정우종 씨는 그 참신한 시각과 사료에 대한 방대한 수집력에 항상 경탄했고, 마찬가지로 해방 직후의 재일조선인사를 연구하는 자로서 항상 질타를 받는 느낌이었다.

대학원 시절에 참가한 수많은 연구회와 독서회에서의 논의가 없었다면 이 책은 나오지 못했을 것이다. 본서는 모두 이 연구회들에서 발표한 것을 기초로 했고, 내가 재일조선인사 연구를 심화시키고 그것을 보다 넓은 지역적 역사적 맥락에서 파악할 때의 중요한 힌트를 제공해주었다. 조선근현대사독서회에서 가졌던 한국 연구성과의 윤독과 토론은 대단히 자극적이었다. 한국의 새로운 현대사 연구에 대해 무지했던 내가, 이 책에서 얼마 되지는 않지만 그 성과를 담을 수 있었던 것은 이 독서회 덕분이다. 도쿄외국어대학東京外國語大学의 나카노 도시오中野敏男 선생님이 불러주신 '전후 동아시아 프로젝트'에서는 조선뿐만 아니라, 중국, 타이완, 오키나와라는 지역적 범위 속에서 사고하는 작업의 필요성과 가능성을 배웠다. 이 책 제6장은 이 연구회 주최로 서울에서 열린 심포지엄에서 발표한 것이 기초가 되었는데, 그때 한국 연구자들의 예리한 비판은 나에게 귀중한 숙제가 되었다. 항일조선인독서회에서는 동세대의 동포 연구자들과 일본의 식민주의에 대한 예리한 비판을 공유하면서 동포들이 직면하는 문제에 대해 자극적인 토론을 할 수 있었다. 이 책의 기본적인 모티프의 대부분은 이 독서회를 통해 얻은 것이다. 일조日朝관계사연구회에서는 식민지기 재일조선인사를 연구하고 논문을 집필할 기회를 제공해주셨다. 특히 지바대학千葉大学의 조경달趙景達 선생님은 재일조선인사를 민족단체나 활동가뿐만 아니라 '민중'의 시각에서 그리는 작업의 중요성을 가르쳐주셨다. 호세이대학 오하라大原 사회문제연구소

'전후혁신세력' 연구회에서는 전후 혁신의 산증인이라고 할 수 있는 분들의 열띤 토론을 접할 수 있었다. 그 외에도 재일조선인운동사연구회, 조선사연구회, 세계인권문제연구센터에서는 발표의 기회를 제공받았고 귀중한 의견을 들을 수 있었다.

귀중한 사료를 제공해주시고 연구를 격려해주신 김청金淸, 오규상吳圭祥, 강성은康成銀, 김철수金哲秀, 라기태羅基台, 히구치 유이치樋口雄一, 최석의崔碩義, 김호金浩, 김윤金潤, 미야모토 마사아키宮本正明 선생님들께도 이 자리를 빌려 감사의 인사를 전하고 싶다. 또한 리근애李槿愛, 오병학吳炳學, 리용극李容極 선생님은 필자의 인터뷰에 응해주시어 해방 직후의 귀중한 증언을 들려주셨다. 사료조사 시에 신세를 졌던 국립국회도서관 헌정자료실, 재일조선인역사연구소, 재일한인역사자료관, 조선대학교 도서관, 조선대학교 조선문제연구센터 부속 재일조선인관계자료실, 호세이대학 오하라 사회문제연구소, 교토 부립 총합자료관, 시즈오카 현립 중앙도서관 역사문화정보센터 관계자 분들께도 감사드린다. 조선장학회, 우신祐神과학재단에서는 학부와 대학원 시절 장학금을 지급해주었다. 이 장학금이 없었다면 필자는 연구를 계속할 수 없었다. 또한 이 책의 출판에는 메이지가쿠인대학 2012년도 학술진흥기금 보조금 출판조성을 받았다.

이 책의 출판을 권해주신 것은 호세이대학 출판국의 오쿠다 노조미奧田のぞみ 씨이다. 오쿠다 씨는 원고를 꼼꼼히 읽고 내용과 표현에 관한 적절한 의견을 주셨다. 이 자리를 빌려 감사드린다.

마지막으로 지금까지 연구생활을 따뜻하게 지켜보고 지원해준 가족에게 감사드리며, 이 책을 돌아가신 아버지 정상차鄭相次에게 바치며 글을 마친다.

2013년 1월 정영환

'경계인'의 역사적 기원

재일조선인은 해방되었는가

제2차 세계대전에서 일제가 패망하고 1945년 8월 15일 한반도는 해방을 맞았다. 하지만 얼마 지나지 않아 미군과 소련군은 38선을 사이에 두고 각각 남북을 점령하고 군정을 실시하여 건국준비위원회 같은 조선인들의 자생적 독립국가 건설 시도는 부정되었다. 이후 정치적 대항세력에 대한 잔혹한 탄압을 거쳐 1948년에는 이승만의 대한민국과 좌익정권인 조선민주주의인민공화국이 양쪽 군정의 지지 속에 수립된다. 하지만 얼마 지나지 않아 동족상잔의 비극이라고도 미소 냉전의 대리전이라고도 불리는 한국전쟁을 치러야 했다. 해방된 조선이 독립으로 가는 길은 냉전과 분단, 학살과 전쟁으로 점철된 험난한 여정이었다. 하지만 어쨌든 한반도의 주민들은 남이든 북이든 36년간 자신들을 식민 지배했던 일제로부터 해방된 것은 확실하다.

그렇다면 해방 이후에도 일본에 남게 된 재일조선인들은 일제로부터 해방되었을까. 물론 일제는 패망했고 일본열도에서는 일제의 구질서 해체를 목적으로 한 연합군 최고사령부GHQ/SCAP의 간접통치가 실시되어 1952년 샌프란시스코 강화조약 발효 시까지 지속되었으니 재일조선인들도 일제로부터 해방된 것은 맞다. 하지만 이 책은 재일조선인들에 대한 식민지 시기의 지배질서가 해방이 된 이후에도 또 다른 형태로 지속되었다는 것을, 이 지배질서의 계승과 재편을 단행한 일본정부와 GHQ 점령 당국의 시책을 자세히 파헤치면서 증명한다. 그와 함께 저자는 한반도의 분단과 냉전체제의 심화를 초래한 동시대의 국제질서 재편이 재일조선인들과 그들의 운동에 어떠한 영향을 끼쳤는지도 추적한다. 이 책은 1945년 해방의 날로부터 1950년 한국전쟁 발발 전까지 재일조선인들의 해방 5년사를 실로 방대한 자료를 구사하며 다각도로 분석하여, 재일조선인들이 일제로부터 독립한 해방민족이 되기 위해 벌였던 힘겨운 고투와 그것이 일본정부와 미군정의 억압 속에 좌절되어가는 과정을 상세히 파헤친 역작이다.

여기에 이 책에서 다루는 재일조선인들의 해방 5년사가 얼마나 격동의 시간이었는지를 단적으로 드러내는 통계가 있다. 바로 1945년에 196만 8,807명이었던 재일조선인의 인구가 1950년 말에 54만 4,903명으로 급감한 것이다. 이에 만족하지 않은 일본정부는 재일조선인들을 위법행위를 일삼는 공산주의자들로 선전하며 GHQ에 이들 대부분의 강제송환을 요청하기도 했다. '외지'(구식민지)에서 귀환한 일본인들로 초래된 노동력 과잉 상황에서 그때까지 '내지'(본토)의 노동력 부족을 메워왔던 재일조선인의 존재는 일본정부에게 하루 빨리 지우고 싶은 '과거'였던 것이다. 그로 인해 해방 5년은 귀환하는 동포들의 귀국의 권리를 보장하고 남아 있는 동포들의 생활의 권리를 지키는 동포 단체의 역할이 그 어느 때보다도 절실한 시기였다. 이 역할을 담당한 것이 재일조선인들 다수의 지지를 받으며 결성된 최대의 민족조직으로 민족교육도 도맡았던 재일본조선인연맹(조련)이었다. 한데 역설적이게도 친일파를 배제하고 일제에 저항했던 사회주의자들을 받아들였던 이 단체는 냉전이 급속히 진전되어 미국이 일본을 아시아 반공의 보루로 자리매김해가는 상황 속에서 북한 지지를 선명히 하며 고립되어간다. 그리고 중화인민공화국 성립을 전후하여 조련은 해산당하고 민족교육은 폐쇄되어 재일조선인사회에는 재일본대한민국거류민단(민단) 같은 동포사회에 지지기반이 약한 단체만 남겨진다. 재일조선인들은 이러한 다층적 억압이 만들어낸 거대한 역사의 물줄기에 휩쓸려가지 않기 위해 해방된 그날부터 독립을 향한 극히 험난한 길을 내딛기 시작한다.

재일조선인의 해방 5년사란 무엇인가

이 책은 해방 직후에 결성된 조련이 '외국인인 조선인의 공적 기관'을 자임하며 자치대를 조직하는 등의 자치 활동을 전개한 것을 소개하며 전후 재일조선인운동사의 시작을 알린다. 하지만 GHQ를 설득한 일본정부는 조선인을 '독립국민' 혹은 '연합국민'으로 인정하지 않고 일본 경찰권의 통제를 받는 '신민=일본인'으로 간주하는 데 성공한다. 또한 미군정과 일본정부는 조선인의 거주권이 인정되는 귀환의 권리를 부정하고 민족단체의 영향을 배제하며 스스로가 수송계획을 주도하면서 (일제시대와 다를 바 없는) 송환 문제로 바꾸어버렸다. 이와 같이 재일조선인의 자치권을 부정하고 치안 통제 대상으로 삼으려는 목적으로 1952년 샌프란시스코 평화조약 발효 시까지 '재일조선인=일본인'을 관철시킨 일본정부는, 그 한편으로 1947년에는 외국인등록령을 실시하여 재일조선인에게 퇴거를 강제할 수 있도록 한다. 이렇게 이 책의 전반부에는 1945년에서 1947년까지 재일조선인의 해방이 급속히 봉쇄되어가는 과정이 그려져 있다.

이 책에서는 재일조선인들이 이에 맞서 조련을 중심으로 거주권과 생활권 옹호를 위한 운동을 전개해나갔으며, 그것은 중앙은 물론 지방, 심지어 도서 지역인 쓰시마에까지 미쳤음을 밝혀낸다. 그들은 전국에 초중등교육기관 및 활동가(일꾼) 양성을 위한 고등학원, 청년학원을 설립하고 일본공산당을 포함한 일본의 진보진영의 지지를 끌어내기도 했다. 더욱이 이 책에서는 운동조직과 민중을 잇는 젊은 활동가(일꾼)들을 소개하며 운동을 입체적으로 서술한다. 또한 재일조선인들이 숙명적으로 짊어진 조국에의 공헌과 외국인으로서의 권리 획득이라는 '이중의 과제'를 둘러싼 내부 논쟁도 이때부터 이미 치열하게 전개되었고 재일조선인 2세의 의식이나 젠더 문제 등도 다루어졌음이 소개되어 있다. 또한 일본의 전쟁 책임을 추궁하는 '도쿄재판'을 둘러싸고 재일조선인들이 전쟁책임론을 식민지 지배 책임론과 관련시키고자 했으며, 그 연장선상에서 아시아의 동시대 식민지 해방의 움직임에 강한 관심을 표했다는 논의(보론 1)는 주목되어야 할 것이다.

1948년부터 50년까지를 대상으로 한 후반부에서는 한반도의 분단이 확정되고 새로운 전시로 돌진하면서 재일조선인이 외국인등록령체제로 편재되어가는 과정을 밝힌다. 우선 GHQ와 일본이 공조한 1948년의 민족교육에 대한 탄압이 한반도의 분단과 밀접한 관계가 있다고 하여 동아시아 지역질서 재편이라는 동시대성 속에 맥락화하였다. 또한 조선민주주의인민공화국 수립 후에 조련은 '정당한 외국인' 대우를 주장했고, 이에 대해 일본공산당의 비판을 받고 철회한다. 이후 일본공산당에 집단입당하여 참정권 획득 요구 등을 통해 일본의 민주화에 기여하고자 했으며, 이것은 조국 방위를 위한 것이라는 논리가 관철되었다. 하지만 결국 1949년에는 조련과 그 관련 기관들이 해산되어 재일조선인은 공적 영역에서 배제된다. 이를 통해 전후 일본이 외국인등록체제를 완비하여 조선인 개인에 대한 직접 관리를 실현하며 일본 거주 조선인에 대한 지배 체제 재편을 완료했다. 이로써 재일조선인들의 '독립'은 배반되고, 샌프란시스코 평화조약 이후에는 실질적인 무국적 상태에 놓여 한·미·일 사이에서 당사자성을 부정당하고 '문제'로서 다루어지게 되었다는 것이 이 책의 요지이다.

즉 해방 이후 일본에 남은 조선인들은 식민지 조선이 해방된 후에도 결코 '해방 민족'이 되지 못했다는 것이다. 그 의미에서 이 책은 미국의 일본 구체제 해체작업이 냉전의 심화와 함께 실패로 귀결되었음을 드러내는 데도 성공했다고 할 수 있다.

식민주의는 현재진행형인가

이 책은 우리에게 조선이 식민 지배에서 해방된 후에도 재일조선인 사회에서는 일제시대의 식민주의가 형태를 바꾸어 계속되었다는 것을 전하고 있다. 해방 5년간 재일조선인들의 궤적은 동북아의 국제질서 재편에 따른 한반도의 상황 변화에 끊임없이 영향을 받고 연루되지만 시작부터 한반도의 주민들과는 역사적 조건이 달랐다. 그들은 미점령기 일본사회에서도 '해방 민족'으로서의 당연한 권리들을 폭력적으로 침해당하며 지배/피지배, 가해/피해관계에서 벗어나지 못한 채, 외국인등록체제라는 새로운 지배구조에 편입되어버렸다. 한국에서는 재일조선인 사회에서 1980년대에 활발히 전개되었던 지문날인 반대운동이 유명한데, 재일조선인들이 외국인 등록 갱신 시에 의무화된 지문날인을 차별의 상징이라며 반대한 근본적인 이유는 여기에 있었다.

이 구조는 한반도가 남북으로 갈라져 각각에 독립국가가 수립되고 재일조선인 사회에서도 남한을 지지하는 세력과 북한을 지지하는 세력이 초기부터 나뉘어도 재일조선인 전체에 미치는 것이었으며 예외는 없었다. 예를 들면 1947년의 외국인등록령 시행 당시에 재일조선인들은 모두 국적란에 한반도('외지') 출신을 의미하는 '조선'으로 기입해야 했다. 또한 이 책이 밝히듯이, 1950년에 GHQ의 압력에 의해 국적란에 '대한민국' 표기가 허가되었을 때에도(이 책에 따르면, 1950년 말 한국적자는 전체의 14.2%) 법적 지위는 1952년 샌프란시스코 평화조약 발효 시점까지 예외 없이 '일본인'으로 남겨졌고, 그나마 조선민주주의인민공화국 표기는 허가되지도 않았다. 일본정부가 재일조선인들의 해방 민족으로서의 자치적 질서 유지 노력을 억압하고 매도하기 위해 확산시켰던 '조선인 폭도' 관도 조선인 전체에 미치는 국가의 폭력이었다. 조련 등의 조선인단체 해산, 송환 등 재일조선인에 대한 차별과 탄압을 합리화하는 데 적극적으로 활용되었던 이 이미지는 재일조선인을 독립국의 국민으로서의 권리를 가진 해방 민족으로 인정하지 않고 일제시대와 다름없이 치안 단속의 대상으로 삼으려는 일본정부의 자세와 표리를 이루는 것이다.

그렇다면, 이 책은 일본의 GHQ점령기에 형성된 재일조선인에 대한 지배질서의 행방이 그 후 어떻게 되었는가라는 중요한 물음을 우리에게 던지고 있는 셈이다. 재일조선인은 그 후 해방되었을까. 1952년에 샌프란시스코 평화조약이 발효되면서 일본은 연합국의 점령 상태에서 벗어나 주권을 회복한 반면, 재일조선인들은 국적 선택권도 부여받지 못하고 모두 '일본인'에서 '외국인'으로 법적 지위가 바뀌었다. 게다가 일본정부는 이들의 국적국인 한반도의 국가들을 독립국으로 승인하지 않아 이들은 무국적 상태에 놓이게 된다. 미국과 일본에 의해 재편된 지배질서 속에서 국가의 경계로 내몰리고 행위자성을 박탈당한 재일조선인들은 이렇게 한·미·일 사이의 '골칫거리'가 되었고, '비국민'으로서의 구조적 차별, 편견, 억압에 지속적으로 노출되었던 것이다. 재일조선인에게 전전과 전후에 단절이 없다고 일컬어지는 이유이다.

이후 해방 5년 동안 축적된 재일조선인들의 경험과 논의는 묻힌 채 정부 간 교섭을 거듭한 끝에 1965년에는 한일국교 정상화가 이루어져 재일조선인의 법적 지위에 관한 협정이 체결되었고 영주권 등이 부여되었다. 그 후 일본정부의 강경책이나 일본인들의 노골적인 차별은 점차 완화되어왔다. 1992년에는 특별영주권자에 대한 지문날인제도도 철폐되었다. 하지만 한국 국적을 택하지 않고 '조선적'을 그대로 유지하는 재일조선인들은 여전히 무국적 상태로 남겨져 있다. 더욱이 그들 중에 조선민주주의인민공화국의 국적을 선택한 사람들이 있어도 일본은 북한과 국교 정상화를 하지 않았고 독립국가로 승인을 하지 않고 있기 때문에 실질적인 무국적 상태인 것은 마찬가지이다. 재일조선인에 대한 일상적인 차별은 어떠한가. "조선인은 돌아가라", "조선인을 죽이라"고 외치며 가두시위를 벌이는 재특회(재일특권을 용납하지 않는 모임) 등은 재일조선인들의 일상에 심각한 영향을 초래하지만 이에 대한 규제도 제대로 없다. 그뿐 아니라 지방 공공단체의 조선학교에 대한 보조금 정지, 유엔 인종차별철폐위원회의 수차례에 걸친 권고에도 불구하고 여전히 지속되는 일본정부의 조선학교 고교무상화제도 적용 배제 같은, '위로부터의 증오 표현'이라 할 만한 사태까지 벌어지며 재일조선인에 대한 차별은 여전히 노골적으로 드러나고 있다. 이에 대한 시민사회의 견제도 제대로 작동하고 있다고 보기는 힘들다.

재일조선인이 겪고 있는 이러한 현재적인 문제에 주목하면, 해방된 지

70여 년이 지났지만 재일조선인은 여전히 해방되었다고 말할 수 없으며, 그 해방의 좌절과 독립을 향한 험난한 길의 역사적 기원이 이 책에 담겨 있는 것이다.

재일조선인들은 분단되었나

그런데, 한국의 기존 시각에서 본다면 이 책은 '조총련'의 전사前史 혹은 조총련계 재일조선인들의 해방 초기 운동사에 해당할 것이다. 재일조선인들의 해방 5년사가 민단이 아닌 '조총련'의 전신으로 일컬어지는 조련의 활동을 중심으로 서술되어 있기 때문이다. 하지만 이러한 시각이야말로 재일조선인의 역사를 냉전과 분단의 속박에서 벗어나지 못한 사고로 재단하는 전형이라고 할 수 있다. 이 책에서 밝히고 있듯이, 조련은 해방기 최대의 민족단체였고 일제시대 노동운동이나 민족해방운동에 참가했던 인사들이 지도층을 형성하여 동포사회에서 신망이 두터웠던 반면, 친일파와 우파 민족주의자들의 연합체였던 민단은 아직 다수의 재일조선인들을 대표하며 역사를 추동하는 주체로 성장하지는 못했다. 하지만 조국의 분단은 '분단되지 않은 재일조선인'들을 억지로 분단시켜 분단국가의 국민화를 꾀하는 폭력을 가했다.

이 책에서 GHQ점령기 재일조선인사가 탄압에 맞선 저항과 그 좌절과 패배의 역사로 그려진 데에는 구제국의 식민주의뿐만 아니라 조국 분단의 역학이 작동했기 때문이다. 그 역사는 남한에서 여운형의 조선인민공화국과 인민위원회가 부정당하고 민주주의민족전선이 해체되고 남로당이 말살당한 비극의 역사와 궤를 같이한다. 한반도 분단은 재일조선인들에게도 직접적인 영향을 미쳐 그들의 해방을 방해하고 좌절시켰다. 이 책에서 밝힌 제주 4·3항쟁과 재일조선인들의 4·24교육투쟁의 동시대성은 그 사례의 하나이다. 해방된 재일조선인들의 민족교육의 권리를 보장하지 않고 그 폐쇄를 단행한 일본정부와 GHQ에 저항한 4·24교육투쟁은 4·3항쟁과 더불어 당시 5·10단독선거를 둘러싼 미군의 위기의식이 반영되어 폭력적으로 진압당한다. 조국의 통일정부 수립에 의한 진정한 해방이 가져다줄 탈식민의 미래는 재일조선인들에게 끊임없이 조국을 환기시키고 연결시키지만, 분단된 조국은 재일조선인 사회를 끊임없이 분단시켜 그들의 '독립'을 가로막았던 것이다.

이 책은 재일조선인은 '문제'로 취급되는 대상이 아니라 독립을 향한 험난한 길을 뚜벅뚜벅 걸어갔고 걸어온 역사의 주체였다는 것을 증명했다. 그들의 역사는 일본사의 일부로서의 소수민족사도 아니고, 대한민국사의 일부로서의 재일한국인사도 아니고, 조선민주주의인민공화국사의 일부로서의 재일조선인사도 아니다. 그것은 일본 혹은 '조국'과 수직적인 질서 속에 놓여 영향을 받으면서도 그에 대응하는 주체로서의 재일조선인의 역사이며, 민족사로서의 재일조선인사로 보아야 할 것이다. 그렇다면 저자가 말하는 "동포가 읽을 만한" 역사라는 것은 무엇일까. 그것은 '같은 민족'이라는 막연한 일체감의 기원을 밝히고 공고히 하는 선험적인 역사가 아니라, 근대의 사회적 위기와 식민지화로 동아시아는 물론 세계 각지로 대규모로 이산할 수밖에 없었던 민족, 해방 이후 분단되어 국가 단위와 민족 단위가 어긋나버린 민족, 그 사이에서 동족상잔의 전쟁을 겪은 민족, 글로벌리즘으로 경계를 이동해 조국으로 역이민온 해외동포를 차별하고 착취하여 반감을 사는 민족의 역사이다. 그 민족사로서의 '조선사'에, 일제의 식민지 지배의 결과로 해방 이후에도 일본에 남겨진 탓에 여전히 식민주의에 노출되고 한반도가 분단된 탓에 여전히 남이냐 북이냐의 선택을 강요받으면서 생존을 위해 투쟁해온 경계인으로서의 재일조선인의 역사가 존재하는 것이다. 그런 의미에서 이 책은 민족사로서의 '조선 현대사'를 어떻게 서술할 것인가라는 커다란 과제를 우리에게 던져주고 있다.

개인사의 가능성

이 책이 갖는 또 하나의 중요한 의의는 민족사 서술의 한 방법론으로 개인의 파편화된 삶을 정면으로 응시하여 개인 및 가족의 역사와 재일조선인사라는 거시적 역사서술의 간극을 좁히고 이었다는 점이다. 이 번역서에 추가된 〈한국어판 서문〉은 저자 자신의 개인사를 통해 재일조선인의 역사를 보다 넓고 깊게 이해할 수 있다는 것을 증명하고 있다. 박유하의 《제국의 위안부》에 대한 비판 서적인 《누구를 위한 화해인가》의 저자로서 한국의 독자들에게 알려지기도 한 정영환은, 무엇보다 조선학교에서 민족교육을 받고 자란 '조선적' 재일조선인 3세로 지난 정권에서 한국 입국이 거부되자 소송을 제기하여 '조선적' 재일조선인은 어느 나라 국민인가라는 근본적인 문제제기를 한 활동가이다. 가족들도 한국적으로 바꾸는 상황 속에서 '조선적'이라는 미분단 혹은 탈분단적 삶을 주체적으로 선택한 그에게 해방 5년사는 스스로의 존재론적 기원이자 재일조선인의 정체성과 관련된 다양한 논의들이 집중적으로 탄생한 기원에 해당하는 역사이다.

그중에 역자에게 특히 흥미로웠던 것은, 의욕에 차서 재일조선인운동에 헌신하며 조선과 연결되지 않으면 일본사 연구에 흡수되고 말 거라는 위기의식에 한국정부를 상대로 소송도 불사한 정영환 본인과, 일본 학교를 나와 민족의식이 그다지 강하지 않은 그의 아버지 사이의 간극이었다. 거기에서 그는 해외동포들이 세대를 거듭하며 민족의식이 희박해지기도 하지만 반드시 그런 것만은 아니며 민족의식은 획득되는 것이라는 사실을 보여주는 실천자가 되고 있다. 디아스포라 연구에서도 언어문화적으로 현지화된 3세에게 '뿌리 찾기' 현상이 보이는 것이 주목되는데, 그것은 주류사회의 차별과 억압 속에서 '나'의 특별한 정체성을 모색하는 것과 관계가 있다. 이것은 본서 제5장에서 재일조선인운동이 본국의 민중운동의 일익을 담당하는 동시에 일본에서의 권리를 지키는 '이중의 과제'를 짊어지고 있다는 논의에서도 잘 드러난다. 조선근대사 연구자이자 재일조선인운동에도 적극적으로 관여했던 가지무라 히데키가 70년대 말에 언급했던 이 논의는, 당시에 이미 재일조선인 사회에서 '조국 귀국'의 사상이 상대화되고 민족단체가 급속히 구심력을 잃고 재일조선인운동도 일본 내 소수자로서의 시민권 획득운동이나 차별철폐운동으로 흘러갈 때 재일조선인운동이라는 전체상을 환기시키는 역할을 했다. 한데 이러한 과계민족跨界民族으로서의 '이중의 과제'라는 전체상은 해방 초기에 독립의 희망이 심각하게 억압받는 시대 상황 속에서 이미 형성되어 있었던 것임을 저자는 논증했을 뿐만 아니라, 재일조선인 3세를 살고 있는 스스로의 개인사와도 실감을 갖고 연결시키고 있는 것이다. 한국의 독자들은 그를 통해 불확실한 미래라는 한계를 가진 개인이 역사에 접속하여 의식적으로 역사의 주체로 살아간다는 것의 의미를 새삼 되새기게 될 것이다.

끝으로 이 책의 번역과 관련하여 옮긴이로서 약간의 보충설명을 덧붙이고자 한다. 이 책은 물론 역자가 번역했지만, 저자 또한 번역 과정에 적극적으로 참여하여 원고 감수뿐만 아니라 다양한 자료나 번역어에 관한 귀중한 의견 등을 제시하며 역서 완성에 중요한 부분을 도맡아주었다. 이 자리를 빌려 저자에게 고마움을 표한다. 또한 '조선사'로서의 재일조선인사의 서술의 중요성에 공감하여 과감하게 출판을 맡아준 도서출판 푸른역사에 거듭 감사의 마음을 전한다. 또 원고를 꼼꼼히 편집해주고 유익한 의견을 제시해준 김성희 님께도 감사의 인사를 전한다.

연도	사항
1937	7. 7 루거우차오盧溝橋사건, 중일 전면전쟁 개시됨.
1939	3. 1 입관법령으로 내무성령 제6호 〈외국인의 입국, 체재 및 퇴거에 관한 건〉 제정. 6.28 재단법인 중앙협화회 창립총회. 7. 4 39년도 〈노동동원 실시계획 강령〉이 각의결정. 　　'모집'방식에 의한 조선인 전시 동원이 개시됨. 11.10 창씨개명에 관한 제령 공포(40.2.11 시행).
1941	12. 8 일본군, 말레이반도의 영국군과 진주만의 미군을 기습하여 태평양전쟁 발발.
1942	2.13 본격적인 조선인에 대한 전시 노동 동원이 개시됨(2.20 '관 알선'방식 도입). 5. 1 44년도부터 조선에 징병제 시행 결정. 9.26 조선기류령 공포(10.15 시행). 10 　 '내지' 재류조선인에 대한 국민징용 개시.
1943	3. 1 병역법 개정, 징병제 대상을 조선인으로 확대(8.1 시행). 7. 8 해군특별지원병령 공포. 12. 1 카이로선언 발표. 미영중은 "조선 인민의 노예 상태에 유의하여 　　조선을 자유롭고 독립된 것으로 하는 결의를 가진다"고 선언.
1944	4. 1 조선호적등록자를 대상으로 제1회 징병검사(~8.20). 8 　 국민징용령에 의한 일반징용을 조선에도 적용. 8.10 여운형, 조선건국동맹 결성. 12. 1 중앙협화회, 중앙흥생회로 개칭. 12.22 각의결정 〈조선 및 타이완 동포에 대한 처우개선의 건〉에 의해 　　'내지인의 계발', 도항 제한 완화, 진학과 취직의 지도 알선, 　　이적 등이 담겼지만 실현되지 않음.

2. 4 얄타회담 개시.

3. 9~10 도쿄 대공습.

4. 1 미군, 오키나와 본도 상륙.

5. 7 독일 항복.

7.26 포츠담선언 발표.

8. 6 미국, 히로시마에 원자폭탄 투하, 약 5만 명의 조선인이 피폭.

8. 8 소련, 대일 참전.

8. 9 나가사키에 원폭 투하, 약 2만 명의 조선인이 피폭.

8.11 미국, 북위 38도선을 경계로 하는 미소 조선 분할점령을 제안.

8.14 일본, 포츠담선언 수락 통지(8.15 공표).

8.15 조선건국준비위원회 결성(위원장 여운형).

일본 각지에서 조선인에 의한 자주적인 귀환과 단체 결성이 진전됨.

8.17 히가시쿠니 나루히코東久邇稔彦 내각 성립.

9. 2 항복문서 조인.

9. 6 조선인민공화국 수립 선언.

9.12 조선공산당 재건.

1945

10. 4 GHQ, 〈인권지령〉, 치안유지법 폐지, 특고경찰 해체를 명함.

10. 9 시데하라 기주로幣原喜重郎 내각 성립.

10.10 일본에서 도쿠다 규이치, 김천해, 이강훈 등 정치범 석방.

10.15 재일본조선인연맹 전국결성대회.

10.24 국제연합 성립.

10.27 박열 석방.

11. 1 미국, 〈초기 기본지령〉에서 조선인을 "군사상 안전이 허락하는 한

해방 인민으로 취급"하지만 '필요할 경우'에는 '적국민'으로

처우해도 된다고 규정.

11.15 중앙흥생회 해산.

11.16 조선건국촉진청년동맹(건청) 결성.

12. 1~3 일본공산당 제4회 대회, 당 재건, '천황제 타도'를 주장.

12.17 중의원의원선거법 개정. 여성참정권 승인, 조선인·타이완인의 참정권 '정지'.

12.27 모스크바의 미영소 외상회의, 조선임시정부 수립·미소공동위원회

조직·최장 5년의 4개국에 의한 신탁통치를 정한

결정을 발표(모스크바협정).

1946	2. 9 북조선 임시인민위원 선거.
	2.10 신조선건설동맹(건동) 결성.
	2.15~16 서울에서 민주주의민족전선 결성대회. 조련에서 10명의 대표가 참가.
	2.17 GHQ, 조선인 등의 귀환 희망 등록을 지령(3.18에 등록 실시.
	64만 7,006명 중 51만 4,060명이 귀국을 희망. 12월까지 8만 2,900명이 귀환).
	2.19 GHQ, 연합국민은 일본 법원의 형사재판 관할 밖에 둔다.
	2.27~28 조련 임시 제2회 전체대회.
	민주주의민족전선, 모스크바협정 지지를 결정.
	반대파에 의한 발포사건 발생(나가타永田 초등학교사건).
	3. 5 북조선에서 토지개혁 개시됨.
	3.20 제1차 미소공동위원회 개최(~5.8).
	4.10 제22회 중의원의원 선거.
	5.22 제1차 요시다 시게루 내각 성립(~47.5.20).
	6.12 칙령 제311호 〈연합국 점령군의 점령 목적에 유해한 행위에 대한
	처벌 등에 관한 칙령〉 공포.
	9~10 미군정, 박헌영 등 공산당 지도자에 체포령. 남한에서 총파업과 민중항쟁.
	8.28 북조선로동당 결성.
	10. 3 재일본조선거류민단(민단) 결성.
	11. 3 일본국 헌법 공포.
	11.23 남조선로동당 결성.
	12.20 조선인생활옹호전국대회 개최. 대표위원들을 경찰이 구속,
	강제송환(12월 사건). 남조선과도입법의원 개원.
1947	2 북조선인민회의, 북조선인민위원회 성립.
	3. 6~7 재일본조선민주청년동맹(민청) 결성.
	3. 9 재일조선인의 북조선 귀환 개시(351명이 귀환).
	3.12 트루먼독트린 발표.
	3.31 교육기본법, 학교교육법 공포 시행.
	4.25 제23회 중의원의원선거. 그 전후로 재일조선인 사이에서 참정권 논쟁.
	5. 2 외국인등록령 공포 시행. 조선인은 '국적'란에 '조선'으로 기입.
	5. 3 일본국 헌법 시행.
	5.21 제2차 미소공동위원회 개최(~7 중에 사실상 결렬, 10.21 종료).
	5.24 가타야마 내각 성립.
	6. 3 남조선과도정부 설치.
	6. 5 마셜플랜 발표.
	7.19 여운형 암살.
	9.17 미국, 조선 독립 문제를 제2차 유엔총회에 부탁.
	10. 1 재일본조선민주여성동맹(여동) 결성.
	11.14 제2차 유엔총회, 결의 제112(II)B호에 의해
	유엔 임시한국위원회UNTCOK 설치.
	12.31 내무성 해체.

	1.24. 26 문부성, 조선인 아동은 일본 학교에 취학해야 한다.
	조선인 교직원은 적격심사를 받아야 한다고 통달.
	1.27 조련 제13회 중앙위원회, 백무 서기장 파면.
	2.26 유엔 소총회, 한반도의 "가능한 지역에서 선거"를 주장하는 미국 결의안 의결.
	3. 1 문부성, "교원 2명 이상, 학생 20명 이상"의 교육시설은 2개월 이내로
	'각종 학교' 인가 신청을 하지 않으면 교육을 시행해서는
	안 된다고 통달. 이후 4월에 걸쳐 야마구치, 오카야마, 효고, 오사카,
	도쿄 등에서 조선학교 폐쇄령.
	3.10 아시다 히토시 내각 성립.
	3.25 남한 미군정청 일본공관, 남조선 총선거에 대해
	재일조선인은 '참가 불능'이라 함.
	4. 3 제주도에서 선거에 반대하는 민중항쟁.
	4.20 남북한 각 정당·사회단체 대표자 연석회의 개최.
	4.24~4.25 효고 현청, 오사카 부청 앞에서 학교폐쇄령 철회를 요구하는 데모.
	미 제8군은 고베 기지 관내에 비상사태선언 발령.
1948	4.26 오사카에서 열린 민족교육옹호대회에서 경찰의 사격으로
	김태일金太一이 사망.
	4.27 도쿄에서 조선학교 교장 15명을 일제 구속, 학교 봉인.
	5. 3 모리토 다쓰오森戸辰男 문부대신과 최용근崔瑢根 조선인교육대책위원회대표가
	"사립학교로서 자주성이 인정되는 범위 내"에서 "조선의 독자적인
	교육을 시행한다"는 '각서'(5.5)에 조인.
	5.10 38도선 이남 지역에서 유엔 감시하의 총선거(남한 단독선거.
	단, 제주도에서는 저항에 부딪혀 실시하지 못하고 49년 5월에 선거 실시).
	6.15 재일본조선해방구원회(해구) 중앙본부 결성.
	8.15 대한민국 수립(대통령 이승만). 민단, 재일본대한민국거류민단으로 개칭.
	8.25 북조선에서 최고인민회의 총선거.
	9. 9 조선민주주의인민공화국 수립(수상 김일성).
	10.　이강훈 등 건청을 탈퇴하여 조선통일민주동지회를 결성.
	10. 9 미국 국가안전보장회의, NSC 13/2를 채택하여 대일점령정책을 전환.
	10.10 제2차 요시다 내각 성립.
	10.19 남조선의 여수·순천에서 한국군 제14연대가
	제주도로의 파견을 거부하여 봉기.
	12. 1 한국, 국가보안법 제정 공포.
	1.29 한국주일대표부 설치(초대 공사 정한경鄭翰景).
	1.23 제24회 중의원의원선거.
	2.12~14 조련 제17회 중앙위원회, '조선과의 직결'의 슬로건.
	2.16 제3차 요시다 내각 성립.
1949	3~재일조선인의 일본공산당 집단 입당 개시됨.
	5.25 중의원 본회의 '조선인학교 교육비 국고 부담의 청원' 채택.
	5.25~27 조련 제18회 중앙위원회, 요시다 내각 타도,
	'일본민주인민정부' 수립에 의한
	조국방위의 슬로건을 제시.

	6.25 조국통일민주주의전선 결성, 조련도 참가.
	6.26 김구 암살.
	7. 5 시모야마下山사건 발생.
	7.15 미타카三鷹사건 발생.
	8. 6 한국, 병역법 공포, 12월부터 징병검사 개시.
	8.17 마쓰카와松川사건 발생.
	9. 8 법무부, 조련, 민청, 민단 미야기 현본부, 건청 시오가마 지부에 단체 등
	규정령을 적용하여 해산 지정. 이 무렵 요시다 시게루는 맥아더에게
	조선인의 대다수를 강제송환할 것을 제안.
	10. 1 중화인민공화국 성립.
	10.19, 11.4 일본정부, 두 차례의 학교폐쇄령에 의해 각지의 조선학교 367교를 폐쇄.
	11.24 한국, 재외국민등록법 공포.
	12. 9 외국인등록령 개정.
1950	1. 6 코민포름, 일본공산당의 평화혁명노선을 비판.
	1.16~31 제1회 외국인 등록 일제 갱신.
	2.23 법무총재, 외국인 등록 국적란의 '한국' 표기는 국적이나
	국가 승인과는 무관하다는 담화.
	5. 4 일본, 국적법 제정.
	6.25 한국전쟁 개전(53.7.27 정전).
	8. 2 《해방신문》 정간.
	12.28 오무라수용소 개설.
1951	1. 9 재일본조선통일민주전선(민전) 결성.
	6. 8 주민등록법 시행.
	9. 8 대일강화조약(샌프란시스코 강화조약), 일미안보조약 조인.
	10. 4 출입국관리령 공포(11.1 시행).
	10.20 한일예비회담 개시.
1952	2.14 제1차 한일회담 개시.
	4.19 법무부 민사국장, 강화조약 발효로 조선과 타이완이 일본영토에서
	분리됨에 따라 조선인과 타이완인의 일본 국적 상실을 통달.
	4.28 대일강화조약 발효. 외국인 등록법 제정 공포.

이 책은 2009년 10월에 히토쓰바시대학 대학원 사회학연구과에 제출한 박사학위논문 〈'해방' 후 재일조선인사연구 서설(1945~1950)《解放》後在日朝鮮人史研究序説(一九四五〜一九五〇年)〉(2010년 3월 학위 취득)에 대폭적인 가필과 수정을 가한 것이다. 또한 한국어판을 출판하면서 '해방 전 재일조선인사'와 원저 간행 후에 발표한 2편의 논문을 가필, 수정한 후 수록했다. 발표된 논문의 출처는 아래와 같다.

〈《解放》直後在日朝鮮人自衛組織に関する一考察: 朝連自治隊を中心に〉,《朝鮮史研究会論文集》 44, 緑陰書房, 2006.

〈一九四八年の《朝鮮戦争》: 非常事態宣言下の神戸と在日朝鮮人〉, 中野敏男·波平恒男·屋嘉比収·李孝徳 編, 《沖縄の占領と日本の復興 植民地主義はいかに継続したか》, 青弓社, 2006.

〈《解放》直後在日朝鮮人運動と参政権問題:《正当な外國人待遇》をめぐって〉,《学術論文集(朝鮮奨学会)》 26, 朝鮮奨学会, 2007.

〈日本敗戦直後における《警察権確立》と在日朝鮮人団体〉,《歴史学研究》 860, 青木書店, 2009.

〈敗戦後日本における朝鮮人団体規制と朝連·民青解散問題: 勅令第一〇一号·団体等規正令を中心に〉,《朝鮮史研究会論文集》 47, 緑陰書房, 2009.

〈《解放》後在日朝鮮人運動と《二重の課題》: 在日本朝鮮人連盟を中心に〉, 五十嵐仁 編,《戦後革新勢力》の源流 占領後期政治·社会運動史論一九四八―一九五〇》, 大月書店, 2011.

〈外國人登録令と在日朝鮮人団体: 登録実施過程を中心に〉,《研究紀要》 17, 世界人権問題研究センター, 2012.

〈在日朝鮮人の形成と《関東大虐殺》〉, 趙景達編,《植民地朝鮮その現実と解放への道》, 東京堂出版, 2011.

〈在日朝鮮人の世界〉, 趙景達編,《植民地朝鮮その現実と解放への道》, 東京堂出版, 2011.

〈解放直後の在日朝鮮人運動と《戦争責任》論(1945~1949): 戦犯裁判と《親日派》処罰をめぐって〉,《日本植民地研究》 28, 2016.

〈対馬在留朝鮮人の《解放五年史》: 在日本朝鮮人連盟対馬島本部を中心に〉,《大原社会問題研究所雑誌》 706, 2017.

108쪽   조련 자치대 열병식

    –朝鮮民衆新聞社 編, 水野直樹 訳, 《朝鮮解放1 年—写真集》, 新幹社, 1994, 25쪽.

118쪽   조련 오사카 부본부 아사히旭 중대 서부소대

    –在日韓人歷史資料館 編著, 《写真で見る在日コリアンの100年 在日韓人歷史資料館図錄》, 明石書店, 2008, 77쪽, 在日韓人歷史資料館蔵.

131쪽   건청 중총 간부들

    –《韓國新聞縮刷版》, 韓國新聞社.

160쪽   재도항 동포

    –《解放新聞》, 1946년 12월 1일 자.

168쪽   조선인생활옹호전국대회

    –朝鮮民主主義人民共和国創建十周年記念在日朝鮮人綜合写真帖編纂委員会 編, 《朝鮮民主主義人民共和国創建十周年記念在日朝鮮人綜合写真帖》, 朝鮮民報社, 1958, 34쪽.

168쪽   조선인생활옹호전국대회 참가자를 단속하는 MP와 일본경찰

    –朝鮮民主主義人民共和國創建十周年記念在日朝鮮人綜合写真帖編纂委員会 編, 《朝鮮民主主義人民共和國創建十周年記念在日朝鮮人綜合写真帖》, 朝鮮民報社, 1958, 34쪽.

200쪽   외국인 등록증명서

    –在日韓人歷史資料館 編著, 《写真で見る在日コリアンの100 年 在日韓人歷史資料館図錄》, 明石書店, 2008, 98쪽, 在日韓人歷史資料館蔵.

223쪽   지바 조련 초등학원

    –《지바조선초중급학교창립순둟기념사진첩 50년간의 발자취》, 1996.

225쪽   조련 중앙고등학원

    –朝鮮民衆新聞社 編, 水野直樹 訳, 《朝鮮解放1年: 写真集》, 新幹社, 1994, 15쪽.

233쪽 삼일정치학원

–朝鮮民衆新聞社 編, 水野直樹 訳, 《朝鮮解放1年: 写真集》, 新幹社, 1994, 15쪽.

255쪽 김두용

–朝鮮民衆新聞社 編, 水野直樹 訳, 《朝鮮解放1年: 写真集》, 新幹社, 1994, 14쪽.

260쪽 여운형 암살 보도

–《조선신보》, 1947년 7월 22일 자.

264쪽 김천해

–필자 소장.

267쪽 요시다 내각 타도실행위원회의 기사

–《해방신문》, 1947년 3월 25일 자.

268쪽 윤봉구尹鳳求 민청위원장의 논설

–《朝鮮人生活権擁護委員会ニュース》, 1947년 3월 24일 자.

297쪽 현효섭

–《韓國新聞縮刷版》, 韓國新聞社.

314쪽 도쿠다 규이치

– 朝鮮民主主義人民共和国創建十周年記念在日朝鮮人綜合写真帖編纂委員会 編, 《朝鮮民主主義人民共和国創建十周年記念在日朝鮮人綜合写真帖》, 朝鮮民報社, 1958, 35쪽.

353쪽 채준泰峻의 〈유언비어 제조꾼デマ製造屋〉

–《朝連中央時報》, 1949년 8월 25일 자.

353쪽 조련 해산을 보도하는 《산 사진신문サン写真新聞》

–《サン写真新聞》, 1949년 9월 9일 자.

389쪽 징병검사

–《解放新聞》, 1949년 12월 10일 자.

주석

한국어판 서문

1 인용은 梶村秀樹(1993b: 14).

2 梶村秀樹(1993b: 24).

3 宮本(2004).

[한국어판 특별 보론] 해방 전 재일조선인사

1 外村(2000: 140).

2 金英達(2003: 24-27).

3 朴慶植(1979: 53-54).

4 許淑真(1990: 566-572).

5 金英達(1994: 20-22).

6 東定(1994); 林(1981).

7 東定(1994: 151-167).

8 小松(1994: 58-59).

9 川瀨(1987: 30-34).

10 徐根植(1994: 195-200).

11 春田(1994).

12 川瀬(1993: 335-336).

13 《神戸新聞》, 1909년 11월 23일 자.

14 《大阪毎日新聞》, 1909년 10월 29일 자.

15 水野(1992a).

16 福井(1999: 16-17).

17 朴慶植(1979: 59).

18 水野(1992a: 34).

19 《朝鮮人槪況 第一》, 内務省警保局, 1917; 荻野(2004).

20 朴慶植(1979: 61).

21 内務省警保局, 〈日鮮人勞働者爭闘度数其ノ他調査ノ件〉, 1918년 12월 12일, 《警保局長決裁書類·大正七年》, 国立公文書館蔵.

22 朴己煥(1997: 217).

23 朴贊勝(1992: 115-116).

24 松尾(1998: 163-203).

25 姜德相(2002: 111).

26 長久保宏人(1981).

27 姜德相(1984: 155-156).

28 長久保(1981).

29 〈大阪ニ於ケル独立運動ノ顛末〉; 姜德相(1967).

30 《朝鮮人槪況》, 内務省警保局, 1916; 朴慶植(1975).

31 《朝鮮人槪況 第一》, 内務省警保局, 1917.

32 〈旅行證明의 廢止를 主張하노라(上): 社會生活의 立地에서〉, 《동아일보》, 1921년 7월 9일 자.

33 朴慶植(1979: 97).

34 〈問題되는 旅行證明〉, 《동아일보》, 1922년 12월 12일 자.

35 今井(2007: 203-205).

36 朴慶植(1979: 147).

37 山田(2003: 64-69).

38 山田(2003: 57-61).

39 中西伊之助, 〈朝鮮人のために弁ず〉, 《婦人公論》 1923년 11 · 12월 합병호, 1923.

40 松尾(1998: 301).

41 松尾(2003: 16).

42 呉鎮副官宛打電(九月三日午前八時了解, 内務省警保局長出, 各地方長官宛); 姜徳相 · 琴秉洞(1963: 18).

43 姜徳相(2003: 93-97).

44 姜徳相(2003: 99-133).

45 警備部, 〈鮮人問題に関する協定〉; 姜徳相 · 琴秉洞(1963: 18).

46 《時事新報》, 1924년 8월 23일 자.

47 山田(2003: 154).

48 樋口(1986: 12-17).

49 《報知新聞》, 1923년 8월 31일 자.

50 金廣烈(1997: 17).

51 《동아일보》, 1925년 5월 16일 자.

52 桑原(1982: 244).

53 岩村(1972: 104-105).

54 森田(1995: 12).

55 梶村(1993a: 365); 樋口(1995: 56).

56 松村(2007).

57 梶村(1993b).

58 森田(1996: 41).

59 梶村(1993b).

60 外村(2006).

61 樋口(1986: 245).

62 《報知新聞》, 1924년 1월 24일 자.

63 朴慶植(1979: 124).

64 外村(2004: 224-225).

65 水野(1979).

66 〈資料(三)在日本朝鮮労働総同盟第三回大會宣言 · 綱領 · 規約(一九二七 · 四 · 二〇)〉, 《在日朝鮮人

史研究》 창간호, 1977.

67 朴慶植(1979: 268); 井上学(2009).

68 西川(1981).

69 朴慶植(1986: 123-124).

70 リングホーファー(1982).

71 許光茂(2000).

72 金広烈(1997: 147-150).

73 水野(2004).

74 外村(2004: 246-260).

75 杉原(1998).

76 松田(1995).

77 岡本(1994).

78 鄭栄桓(2005: 18).

79 鄭栄桓(2005: 27). 아울러 이 〈통계표〉에는 이바라키, 도쿄, 미에, 오사카, 효고, 야마구치, 쓰시마(나가사키현)을 제외한 각 본부 임원의 생년월일 또는 연령이 기재되어 있다.

80 水野(1999).

81 水野(2004).

82 〈朝鮮人ノ内地渡航制限ニ関スル件〉, 1938년 3월 26일; 朴慶植編(1975).

83 《民衆時報》, 1935년 9월 15일.

84 樋口(1986: 132-147).

85 樋口(1991: 16-21).

86 姜徳相(1997: 292-298).

87 樋口他(2005: 77-79).

88 姜徳相(1997: 215-220).

89 〈在満朝鮮人ノ渡日取扱要領〉,《在日朝鮮人史研究》 32, 2002.

90 〈徴用朝鮮人の動向〉,《思想旬報》 7, 1944; 朴慶植編(1976).

91 外村(2004: 316-318).

92 水野(2008: 192-194).

93 金英達(2002).

94 外村(2004: 328-335).

95 〈密集地区懇談會記錄抜粹〉; 樋口編(1991).

96 《東亞新聞》, 1941년 10월 5일.

97 井形(2008).

98 樋口(1979).

99 市場(2005).

100 西成田(1997).

101 內務省警保局保安課, 〈治安狀況に就て〉, 1944년 1월 14일; 朴慶植編(1976).

102 山代(1965: 27-28).

103 河宗煥, 〈朝連一般情勢報告〉(1946년 10월), 〈在日本朝鮮人連盟第三回全体大會議事錄〉, 7~8쪽;
朴慶植編, 《朝鮮問題資料叢書》 9.

104 金英達(1995).

105 三木(2003).

106 林(1992).

107 大沼(1992).

108 李洙植(1998).

[서장] 해방 전후의 재일조선인사를 어떻게 볼 것인가

1 '이법 지역'과 '이법 인역' 개념에 대해서는 淸宮(1944)를, 식민지기 조선인의 국적 문제에
대해서는 水野(2001)를, 호적제도에 대해서는 坂元(1997)와 이승일(2008)을 참조. 아울러 미
즈노 나오키水野直樹에 따르면, 일본이 조선인을 '제국 신민'으로 취급하기 시작한 것은
'병합' 이전인 1907년부터이다. '보호국'화에 의한 대한제국의 외교권 박탈의 결과였다.

2 リケット(1994; 1995; 2006). 80년대 이전의 대표적인 연구로는 大沼(1986), 宮崎(1985) 등을
참조.

3 金太基(1997).

4 이외에도 鄭祐宗(2010)이 전후 야마구치현山口縣의 조선에서 돌아온 관리 임용과 이 지역
재일조선인운동에 대한 단속의 관계를 검토하고 있어 주목된다.

[5] 朴慶植(1997).

[6] 小林(1991; 1994; 1996; 2002).

[7] 外村(2004), 趙慶達(2008). 조련의 생활옹호투쟁에 대한 최근의 실증적 연구로서는 金耿昊 (2010), 재일조선인 여성사에 대해서는 金榮(1997; 2004), 宋連玉(2002; 2005)을 참조.

[제1장] 해방과 자치

[1] リケット(1995: 250-255).

[2] 法務府特別審査局(1951: 127-129).

[3] 坪井(1959: 229).

[4] 梶村(1993b: 240). '제삼국인'을 비롯한 당시 조선인관의 문제점에 대해서는 內海(1971; 2000), 藤野(1981), 水野(2000)를 참조.

[5] 在日本朝鮮人連盟,〈報告書〉,《朝鮮問題資料叢書》(이하《叢書》) 9;〈在日本朝鮮人連盟全國結成大會〉,《朝日新聞》, 1945년 10월 15일.

[6] 〈在日本朝鮮人連盟第三回全國大會議事錄〉,《叢書》9. 이후 47년 10월 제4회 전국대회에서 하카타博多 규슈九州 출장소 폐지 후의 조치로 쓰시마섬対馬島이 본부로 승격했다.

[7] 《朝日新聞》, 1945년 9월 4일 자. 전국 창립대회 이전부터 재일본조선인연맹 중앙총본부라는 명칭도 사용되었는데, 10월 3일 자《아사히신문》에는 조련 중총 후생부라는 명칭으로 조선인 선박 소유자를 향해 "조선 항행에 가능한 선박 수와 척수, 위험하지 않은 승무인원 수, 화물 운반 적재량 수, 항행의 반로頒路를 상세히 본 연맹본부로 알려주시기 바란다"고 호소하여 귀국자의 상담에 응한다는 광고를 냈다. 또한 46년 2월 4일 시점에서 내무성 경보국 방범과는 조련의 성립 연월일을 "쇼와 20년(1945) 9월 10일"로 기록하고 있다(〈朝鮮人団体調査ニ関スル件〉,《新刑事月報》1(1), 1946, 105쪽).

[8] 이상의 경과에 대해서는 坪井(1959: 24-25).

[9] 〈在日本朝鮮人連盟 創立 全國大会에 一言한다〉,《民衆新聞》, 1945년 10월 15일 자.

[10] 坪井(1959: 89-90).

[11] 〈朝連, 赤坂, 麻布支部保安, 靑年両隊結成〉,《朝鮮國際新聞》, 1946년 2월 1일 자. 조련 구마모토熊本현 본부에는 보안부장이라는 직책이 있었는데 이것도 동종의 직책으로 보인다(解

放新聞社 編, 《解放年誌一九四六》, 解放新聞社, 1946, 142쪽; 《集成》 5).

[12] 〈青年部活動報告書(第三回全國大会)〉, 1~2쪽; 《集成》 1.

[13] 〈第三回全國大会議事録〉, 7~8쪽; 《叢書》 9.

[14] 〈朝連第四次中央委員会 民族統一運動強化樹立〉, 《民衆新聞》, 1946년 2월 5일 자.

[15] 〈青年部活動報告書(第三回全國大会)〉, 2쪽.

[16] 〈青年自治隊東京大隊結成式〉, 《朝日新聞》, 1946년 2월 16일 자.

[17] 〈千葉自治隊結成〉, 《民衆新聞》, 1946년 5월 1일 자.

[18] 〈朝連雑報 長野青年運動〉, 《民衆新聞》, 1946년 6월 10일 자.

[19] 〈特別自治隊長会議〉, 《民衆新聞》, 1946년 5월 1일 자. 조련 특별자치대의 활동방침 중에 특히 주목되는 것은 '국군 훈련'이다. 당시 조선의 정규 군사조직으로는 남한 미군정청이 45년 11월 창설한 '남조선 국방경비대'가 있었다. 그러나 이 경비대는 구 일본군 출신자나 우익조직을 기반으로 하여 46년 이후의 남조선 민중운동을 탄압하는 역할을 했기 때문에(カミングス, 1989: 236~246), 조련이 이것을 염두에 두었다고 생각하기는 어렵다. 조련은 아마도 조선인민공화국 산하의 국군준비대를 상정한 것 같다. 국군준비대는 귀환 장병대를 모체로 45년 9월에 창설된 것으로, 인민공화국의 무장부대로서의 성격을 가졌다(김남식, 1984: 105). 제5장에서 보는 바와 같이, 조련은 인민공화국을 지지했던 만큼, 특별자치대가 국군준비대를 상정했다고 해도 부자연스럽지는 않다. 다만 미군정은 46년 1월 12일 이것에 해산명령을 발했고(김남식, 1984: 112), 이 시점에서 국군준비대는 존재하지 않는다. 어쨌든 사료상으로는 특별자치대의 활동방침에 대한 설명이 이 이상은 없기 때문에 상세한 것은 알 수 없다.

[20] 〈青年部活動報告書(第三回全国大会)〉, 2쪽.

[21] 〈東京青年部長会議 運動大会開催を決定〉, 《民衆新聞》, 1946년 6월 15일 자.

[22] 이하, 오사카무라사건에 관한 기술은 〈日警이 自治隊와 衝突 小坂村流血事件眞相〉, 《民衆新聞》, 1946년 5월 1일 자에 의한다.

[23] 〈自治隊解散을 策動 反動幣原政府를 打倒하자 四月七日人民大會〉, 《民衆新聞》, 1946년 4월 5일 자.

[24] 〈僞造名刺使用者〉, 《民衆新聞》, 1946년 5월 1일 자.

[25] 〈吸血鬼를埋葬하라!! 同胞의 피로 炭鑛買收〉, 《民衆新聞》, 1946년 4월 15일 자.

[26] 〈社説 解放된 國民으로서의 自尊心과 自制心을 가지라〉, 《民衆新聞》, 1946년 7월 1일 자.

27 〈終戰處理會議決定〉 1945년 8월 24일, 〈終戰處理に關する件〉, 內閣總理大臣官房總務課資料, 國立公文書館 소장. 이 결정을 받은 후의 총독부의 대미정책에 대해서는 李圭泰(1997)를, 일본정부와 총독부, 미국의 조선에 대한 주권의 해석에 대해서는 長澤(2006)를 참조.

28 特高第六六〇六号, 〈內地朝鮮人ノ指導取締ニ關スル件〉(千葉縣警察部長発, 縣下各警察署長宛, 1945년 8월 16일), 《通牒綴》(特別高等課, 國立公文書館 アジア歷史資料センター, レファレンスコ ードA07040002500).

29 〈朝鮮労働者に感謝を表す 厚相談話発表〉, 《読売新聞》, 1945년 9월 20일 자.

30 水野(1996). 아래 기요세의 의견서는 淸瀬一郎, 〈內地在住の臺灣人及朝鮮人の選擧權, 被選擧權に就いて〉, 〈西澤哲四郎關係文書〉 886, 國立國會圖書館憲政資料室 소장.

31 大沼保昭 編, 《《資料と解説》出入國管理法制の制定過程 1》(이하, 〈大沼・入管資料〉 1), 《法律時報》 50(4), 1978, 95쪽.

32 〈鮮人集会には不関与〉, 《朝日新聞》, 1945년 9월 13일 자.

33 終戰連絡中央事務局第一部, 《事務報告(第一号)》, 1945년 11월 15일, 36쪽; 荒敬 編, 《日本占領外交関係資料 第一期》 1.

34 〈進駐軍ノ我検察裁判ニ対スル制限禁止等ノ命令一覧(昭和二一, 一, 二八現在)〉, 《新刑事月報》 1, 司法省刑事局, 42쪽.

35 〈裁判管轄権に関する件〉, 《新刑事月報》 1, 41쪽.

36 〈委員会活動日誌〉, 115쪽; 《華鮮労務対策委員会活動記録》, 朝鮮問題資料叢書 1, アジア問題研究所, 1981 복간.

37 예외는 "연합국 부대가 실제로 근무하지 않는 지구에서, 또한 연합국 국민에 의해 중대한 죄가 저질러졌다는 상당한 의심이 있을 경우", 또는 "연합국 최고사령관 혹은 그 권한 있는 부하가 다른 지시를 했을 경우"이다. 다만, 이 경우에도 "위의 사람을 체포했을 때는 체포 관헌은 곧바로 위 사건을 근처의 연합국 관헌에게 보고하고 그 관헌의 훈령이 있을 때는 위의 사람을 인도하지 않으면 안 된다"고 했다. 인용은 《在日朝鮮人管理重要文書集 一九四五～一九五〇年》, 湖北社, 1978, 36~37쪽.

38 〈刑事裁判管轄権ノ行使)及〈朝鮮人其ノ他ノ者ニ対シ言渡サレタル判決ノ再審査)ニ関スル〈カーヘンター〉法務部長トノ会談録(昭二一, 二, 二一)〉, 《戦争裁判雑参考資料》, 法務省大臣官房司法法制調査部, 国立公文書館蔵.

39 〈日本政府側立会ノ下ニ行ハレタルマ司令部ノ朝鮮人団体代表者ニ対スル対談要旨〉, 《華鮮労務対

策委員会活動記録〉.

40 〈日本政府側立会ノ下ニ行ハレタルマ司令部ノ朝鮮人団体代表者ニ対スル対談要旨〉.

41 이하 인용은〈保安隊 解消에 對하여 朝連大阪本部発表全文〉,《大衆新聞》, 1946년 4월 12일 자.

42 警保局防犯発甲第四四号, 警保局公安発甲第三五号,〈朝鮮人等の不法行為取締に関する件〉(昭和
　二一年六月二一日),《幣原内閣次官会議書類(其ノ二)》, 内閣官房総務課長, 1946년 2월 21일, 国
　立公文書館蔵.

43 金太基(1997: 232).

44 〈幣原反動内閣の朝鮮人圧迫政策を駁す〉,《朝連会報特集号》, 1946년 4월 7일 자;《極東国際軍事
　裁判弁護関係資料》, 法務大臣官房司法法制調査部, 国立公文書館蔵.

45 〈朝連福岡県本部の声〉,《世紀新聞》, 1946년 4월 25일 자.

46 〈萩の検挙事件〉,《朝鮮人生活権擁護委員会ニュース》, 1946년 11월 29일 자.

47 植松(1949: 31-32).

48 植松(1949: 31-32).

49 福島(1954: 63-64).

50 오사카의 조선인인권옹호위원회도 "살인경관을 처벌하라!!"고 요구했다(〈全関西人民大会
　を前にして在日同胞に檄す〉,《闘争ニュース》, 1946년 10월 19일 자).

51 〈不法弾圧問題 死傷千二百廿三 テロ団のために受けた被害八十四件〉,《朝鮮人生活権擁護委員会ニ
　ュース》, 1947년 4월 5일 자.

52 〈同胞を 傷害한 日人暴力団逮捕〉,《民衆新聞》, 1946년 7월 25일 자.

53 〈同胞를 傷害한 日人暴力団逮捕〉.

54 〈不法弾圧政策によって発生した事件の例(一九四七年三月十日現在調査)〉,《朝鮮人生活権擁護委員
　会ニュース》, 1947년 4월 5일 자.

55 坪井(1959: 259).

56 坪井(1959: 259).

57 〈朝鮮建国促進青年同盟趣旨並綱領〉,《朝鮮新聞》, 1946년 3월 10일 자.

58 〈朝鮮建国促進青年同盟本支部所在地〉,《朝鮮新聞》, 1946년 3월 10일 자.

59 이하 경위의 기술은〈建青不良輩 罪状을 問하고 朝連서 強制輸送〉,《民衆新聞》, 1946년 7월 1
　일 자에 의한다. 쓰치우라사건에 관해서는 단속한 측 조련 자료가 대부분을 차지하고 있
　어서 그에 기초하여 재구성할 수밖에 없다. 표현 등에 관해서는 번거롭지만 각각 인용부

호를 달아 조련의 표현에 관해서는 그것을 알 수 있도록 기록하고자 한다.

[60] 〈建青のデマを粉砕 土浦事件の真相(二)〉, 《新生活》, 1948년 3월 10일 자.

[61] 〈建青のデマを粉砕 土浦事件の真相(三)〉, 《新生活》, 1948년 4월 10일 자.

[62] 〈建青のデマを粉砕 土浦事件の真相(三)〉.

[63] 〈建青のデマを粉砕 土浦事件の真相(二)〉.

[64] 〈建青のデマを粉砕 土浦事件の真相(三)〉.

[65] 〈土浦事件 建青の自省を求む 邪は正に勝ち得るものでない!〉, 《朝連中央時報》, 1947년 10월 31일 자.

[66] 外村(2004: 200-201).

[67] 長沢(1992).

[68] 朴在一(1957: 64).

[69] 朴在一(1957: 65).

[70] 経済企画庁戦後経済史編集室(1992: 69).

[71] 민청 결성대회에서는 "종전 후에 전부 거리로 나온 청년들은 해방 민족의 청년으로서 노동에 종사하면 민족적 치욕이라도 되는 것처럼 오해하여, 직장에 들어가 근로하는 것을 꺼리는 경향이 있었다"고 총괄되어 있다(民青中央結成準備委員会, 〈在日本朝鮮民主青年同盟結成大会〉; 《叢書》 9, 50~51쪽).

[72] 13개 지방은 미야기宮城, 군마群馬, 지바千葉, 산타마三多摩, 가가와香川, 시가滋賀, 시즈오카静岡, 미에三重, 도야마富山, 나가노長野, 오사카大阪, 이시카와石川, 기후岐阜이다.

[73] 在日本朝鮮民主青年同盟中央委員会, 〈第三回定期全国大会提出報告書〉, A~63쪽; 《集成》 2.

[74] 〈全同胞の憤激をかう 茨城建青の売民族行為〉, 《民青時報》, 1948년 11월 5일 자.

[75] 〈쓰켓치 男子의 호목두리와 敗戦飛行服〉, 《朝鮮新報》, 1947년 4월 15일 자.

[76] 〈建青のデマを粉砕 土浦事件の真相(一)〉, 《新生活》, 1948년 1월 20일 자.

[77] 〈建青のデマを粉砕 土浦事件の真相(一)〉.

[78] 〈青年部活動報告書(第三回大会)〉, 2쪽.

[79] 〈朝連全国青年部長会議〉, 《民衆新聞》, 1946년 7월 20일 자. 이 기사에 따르면 도쿄도에는 당시 청년부원이 그 외에 2,043명 있었다.

[80] 在日本朝鮮人連盟, 〈第七回中央委員会々録〉; 《集成》 1.

[81] 坪井(1959: 230). 오누마는 "자치대의 활동은 종종 일본정부의 경찰과 마찰을 일으켜, 정

부는 GHQ에게 위의 활동을 억지하도록 요구했다. GHQ는 '해방 민족'의 지위를 근거로 하는 자치 활동을 인정하지 않고, SCAPIN 제757호에 의해 그 활동을 억지하려고 했지만, 충분한 효과를 거둘 수 없어서 4월에 자치대 해산을 명령한 것이다"라고 보았다(大沼, 1986: 101).

82 〈自治隊行進曲募集〉,《民衆新聞》, 1946년 5월 1일 자.

83 이하의 강희수 체포 경과와 조련의 성명에 대해서는 〈土浦事件 建青の自省を求む 邪は正に勝ち得るものではない!〉,《朝連中央時報》, 1947년 10월 31일 자에 의한다.

84 성명은 아래와 같다.

1. 당시(작년 6월) 지방 건청배의 악질 불량행위에 대해 일본경찰은 수수방관하고 무력했다.

2. 조련의 자주적인 불량배 숙청에 대해서는 당시 사전에 경찰과 검찰 당국에 충분한 양해를 얻었다.

3. 일본의 치안유지에 협력하는 것은 우리 민족의 영예를 지키기 위한 정당하고 어쩔 수 없는 행동이었다.

4. 불법 감금, 폭행상해, 강탈 등의 사실이 만약 있었다면 당시에 경찰과 검사국, 재판정에서 명백히 해야 하지 않는가. 그때는 잊어버리고 이제 와서 생각났다고 하면 아무리 치기라 해도 너무 심하다.

85 〈土浦公判 歷史的被告弁論に検, 判事青くなって狼狽〉,《朝連中央時報》, 1947년 12월 5일 자.

86 〈暴力行為等処罰に関する法律違反不法監禁被告事件〉,《最高裁判所刑事判例集》6(5), 1952, 763~769쪽.

87 〈一九四七年度不法弾圧事件 マ元帥に報告〉,《朝連中央時報》, 1948년 1월 23일 자.

88 〈요리이 피살사건 보고서寄居被殺事件報告書〉와 재일본조선인연맹 사이타마현 본부·자유법조단의 〈성명서〉(1947년 8월, 大原社会問題研究所藏).

89 〈広島事件 日警, 憲法をふみにじる 住居不可侵を犯す〉,《朝連中央時報》, 1947년 11월 14일 자.

90 〈北見津別村の祭日に朝鮮人と香具師大乱闘〉,《朝日新聞》, 1947년 9월 31일 자.

91 〈見よ!この陰謀!登録令を弾圧の具に用う 同胞相次で被検 下関事件其の後〉,《朝連中央時報》, 1947년 10월 17일 자.

92 在日本朝鮮人連盟中央総本部, 〈第十三回中央委員会議事録〉, 78~79쪽;《集成》1.

93 〈公安委員及税金問題に対する神奈川県本部の態度決る〉,《朝連神奈川》, 1948년 1월 1일 자.

94 〈不法弾圧政策によって発生した事件の例〉,《朝鮮人生活権擁護委員会ニュース》, 1947년 4월 5

일 자.

95 〈公安委員の選定に朝連代表が参加〉,《民青時報》, 1948년 1월 15일 자.

96 在日本朝鮮人連盟中央総本部,〈第五回全体大会議事録〉, 41쪽;《叢書》9, 三一書房.

97 〈新行政実例 公安委員会に朝鮮人諮問員をおくことに関する請願の件〉,《都市連盟》2⑴, 1949.

[제2장] 귀환, 송환, 거주권

1 内務省警保局,《社会運動の状況》, 1931, 1065쪽; 朴慶植 編,《在日朝鮮人関係資料集成》(이하,
《集成(解放前)》) 2. 식민지기의 조선인 도항관리제도에 대해서는 梶村(1966), 樋口(1986), 水
野(1992a)를 참조.

2 〈朝鮮人에對한強制送還을断然廃止하라! 그弊害는莫大하다!!〉,《民衆時報》, 1935년 9월 15일
자;《叢書》5.

3 〈本県の協和事業概要に就いて〉,《新潟県社会事業》13⑼, 1941; 樋口雄一 編,《協和会関係資料集
Ⅲ》, 緑陰書房, 1991.

4 44년 12월 22일에 〈조선과 타이완 동포에 대한 처우개선에 관한 건〉이 각의에서 결정되
었는데, '처우개선'의 구체적인 검토 과정에서 "내지 정주자의 일시 귀선歸鮮에 대한 경
찰서의 증명제도를 폐지하고 협화회원장 기타 신분을 증명할 증표의 제시로 이를 대신
하는 등 간소한 방법을 채용할 것"이 제안된 적이 있었다〈朝鮮及台湾同胞ニ対スル処遇改
善要綱の1〉,《昭和十九年 本邦内政関係雑件 植民地関係 第二巻》, 外務省外交史料館蔵, アジア歴史
資料センターレファレンスコードB02031286100). 그러나 이것은 검토 과정에서 삭제되었다.
'처우개선' 중의 재일조선인 정책에 대해서는 岡本(1996)를 참조.

5 樋口(2003: 609).

6 樋口(2003: 612).

7 警保局保発甲第三号, 〈朝鮮人集団移入労務者等ノ緊急措置ニ関スル件〉(厚生省勤務局長, 健民両局
長, 内務省管理局長, 警保局長発, 地方長官宛, 1945년 9월 1일);《集成(解放前)》5.

8 〈〈刑事裁判管轄権ノ行使〉及〈朝鮮人其ノ他ノ者ニ対シ言渡サレタル判決ノ再審査〉ニ関スル〈カーペ
ンター〉法務部長トノ会談録(昭二一, 二, 二一)〉,《戦争裁判雑参考資料》, 国立公文書館蔵.

9 카펜터는 "제6항⒝은 체포에 관한 것으로 이와 같은 경우에 적용하는 것이 아니며, 본

문제에 대해서는 벌칙은 다른 법령과 마찬가지로 특히 지나인을 제외한다는 등의 문구를 삽입하지 않고 규정하면 될 것이다. 지나인이 이를 위반하면 MP 등 미국 측에 연락하면 미국 측에서 이를 처벌할 것이다"라고 지시했다. 이후에 외국인등록령을 제정할 때도 연합국민인 타이완인의 취급이 쟁점이 되었지만, GHQ는 이 단계에서 중화민국인을 단속 대상에서 제외한다고 명문화하려 하지 않는 일본정부에 타협했다고 할 수 있다.

10 [옮긴이 주] 일본통치기 타이완에서 일본인 통치자들이 타이완의 한족계 주민을 일컫던 표현이다. 이에 대해 타이완의 선주민족은 번인蕃人으로 불렸다.

11 厚生省社会局, 《朝鮮人, 中華民国人, 本島人及本籍を北緯三十度以南(ロノ島を含む)の鹿児島県又は沖縄県に有する者登録集計》. 단, 인용은 金英達(2003)의 〈一九四六年三月の朝鮮人, 台湾人, 中国人, 琉球人についての人口調査および帰還登録の集計結果〉에 의함.

12 오누마 야스아키는 "다만, 이 등록은 GHQ에 의해 순수히 귀환 희망자를 위해 지시된 것이며, 등록위반에 대한 형벌, 행정처분 등은 일체 포함된 것이 아니었다", "미등록에 대한 유일한 제재는 일본정부의 비용에 의한 귀환 권리를 잃는 것이었다"고 한다(大沼, 1986: 37/38). 물론 GHQ의 지령에는 벌칙은 없었지만, 3월의 등록령에 따라 벌칙이 규정되었다.

13 〈朝鮮人, 中華民国人, 本島人及本籍ヲ北緯三十度以南(ロノ島を含む)ノ鹿児島県又は沖縄県に有する者登録令施行ニ関スル件〉(金英達, 2003).

14 이와 관련해서 GHQ의 각서에 나오는 '귀환의 특권privilege of repatriation, repatriation privileges'이라는 말을 일본정부의 고지에서는 '귀환에 관한 특전'으로 표현하여(후생성·내무성 고시 제1호), 정부가 의도적으로 '특권'이라는 말을 피했을 가능성을 추측할 수 있다.

15 〈同胞人口調査 進駐軍司令部 命令으로〉, 《民衆新聞》, 1946년 3월 25일 자.

16 〈渉外事件に関し問題となった事例に就て〉, 《新刑事月報》 1, 17쪽.

17 〈渉外事件関係訓令通牒指示〉, 《新刑事月報》 1, 36쪽.

18 〈在監者釈放闘争〉, 《読売新聞》, 1946년 2월 16일 자.

19 〈在獄同胞釈放運動〉, 《民衆新聞》, 1946년 4월 5일 자.

20 準備委員会書記局 編, 〈在日本朝鮮居留民団結成大会会議録(檀紀四二七九年一〇月三日)〉, 在日韓人歴史資料館蔵.

21 準備委員会書記局 編, 앞의 글.

22 法務研修所(1955: 55).

23 発業第一七九号(〈非日本人ノ送還ニ関スル件〉, 引揚援護院援護局業務課長発, 各都道府県教育民生
部長宛, 一九四六年四月二五日);《非日本人輸送関係通牒綴》, 鳥取県厚生課, 1945.

24 内務省警保局公安課長発, 警視庁警務部長, 各庁府県警察部長宛,《引揚者援護関係一件集》, 引揚援
護院, 1946.

25 〈歸國問題를 앞두고 朝連全國委員長会議〉,《民衆新聞》, 1946년 5월 1일 자. 아울러 프랑게문
고 소장인 이 사료는 문맥으로 보아 그 후에도 이 문제에 관한 기사가 이어져 있는 것으
로 보이지만, 다음 4행이 검게 칠해져 있다.

26 G3, Box no. 381, Folder no. 2, 朝総情第七号(〈帰国強要者調査依頼の件〉, 在日本朝鮮人連盟中央
総本部発, 各地方本部委員長宛, 一九四六年四月一一日, 이하 특별한 언급이 없는 한, GHQ/SCAP
문서는 국립국회도서관 헌정자료실 소장).

27 警保局防犯発甲第四四号, 警保局公安発甲第三五号(〈㊙朝鮮人等の不法行為取締に関する件〉, 内務
省警保局長発 警視総監, 各地方長官宛, 一九四六年六月二一日);《幣原内閣次官会議書類(其ノ二)》,
内閣官房総務課長, 一九四六年二月二一日, 国立公文書館蔵.

28 조선으로의 귀환과 재도항에 대해서는 이연식(1998)을 참조.

29 金太基(1997: 263).

30 〈懸賞 걸어 密航 防止〉,《東亞日報》, 1947년 2월 28일 자.

31 〈今後日人의朝鮮入國禁止〉,《東亞日報》, 1945년 12월 24일 자.

32 〈日人 我邦에 入國禁止令〉,《東亞日報》, 1946년 1월 18일 자.

33 〈祖国に帰還した同胞の真相 食と住に悩む〉,《世紀新聞》, 1946년 5월 16일 자.

34 金太基(1997: 263).

35 〈朝鮮人帰還促進に関する件〉(鳥取県内務部長, 警察部長, 経済部長発, 町村長宛, 一九四六年八月七
日),《非日本人輸送関係通牒綴》, 鳥取県厚生課, 1945.

36 〈大沼入管資料〉 4, 113쪽.

37 앞의 글.

38 次官会議決定, 〈不法密輸入, 不法入国事犯等の取締に関する件〉(一九四六年七月一五日),《引揚者
援護関係一件集》, 引揚援護院, 1946.

39 法務研修所(1955: 85).

40 〈大沼入管資料〉 5, 80쪽.

41 法務研修所(1955: 85).

42 46년 5월의 콜레라 발생은 조선과 일본 사이에 벽을 만들었을 뿐만이 아니다. 정병준이
자세히 검토했듯이, 미군과 소련군의 점령 지역의 경계선이었던 38도선의 왕래가 금지
된 계기가 되었다(정병준, 2008: 159-160). 미소 양군 모두 38도선을 법적으로 완전봉쇄했
던 것이다(민간인, 특히 농민의 이동이 실제로 봉쇄된 것은 아니다). 7월에는 우편물 교환도 중
단되었다. 물론 콜레라의 확대를 막는 데에만 목적이 있었던 통행금지라면, 유행이 진
정되면 풀려야 한다. 하지만 9월에 콜레라가 진정된 후에도 풀리지 않았다. 이미 문제는
콜레라가 아니었던 것이다.

43 コンデ(1967: 제8장).

44 在日本朝鮮人連盟, 〈椎熊三郎氏の演説を駁す〉, 法政大学大原社会問題研究所蔵.

45 金太基(1997: 246).

46 [옮긴이 주] 대체로 제2차 세계대전 당시 일본에서 각 부락에 결성된 관 주도의 후방조직
이다. 대정익찬회大政翼贊会의 말단 조직인 정내회町内会 내부에 형성되어 전시총동원체
제를 구체화한 조직 중 하나이다. 47년에 맥아더 지령에 의해 폐지되었다.

47 〈社説 居住証明問題에 對하야〉, 《解放新聞 関西版》, 1946년 10월 5일 자.

48 〈朝鮮人労務者ニ関スル件〉(一九四二年八月五日), 《集成(解放前)》 4, 30~31쪽.

49 거주증명에서 오사카부 조선인등록조례로의 이행 과정이나 이에 대한 반대투쟁에 대해
서는 文公輝(2004), 鄭祐宗(2008) 참조.

50 文公輝(2004: 124).

51 〈이것은 日本当局의 独断的 態度이다 朝連兵庫縣本部 送還 実施에 抗議〉, 《解放新聞》, 1946년
12월 10일 자.

52 〈歷史的全国代表者会議開く 準連合国人待遇を 広範な斗争方針決定〉, 《朝鮮人生活権擁護委員会ニ
ュース》, 1946년 11월 29일 자.

53 〈証明書の全面撤回 全国的な運動まき起る〉, 《朝鮮人生活権擁護委員会ニュース》, 1946년 11월
29일 자.

54 福本(2008).

55 〈社説 居住証明問題에 對하야〉, 《解放新聞 関西版》, 1946년 10월 5일 자.

56 〈朝鮮人誤殺事件発生す〉, 《世紀新聞》, 1947년 3월 23일 자.

57 〈社説 誤殺事件について〉, 《世紀新聞》, 1947년 6월 7일 자.

58 〈有罪の証拠不十分 誤殺事件について佐藤判事の談〉, 《世紀新聞》, 1947년 6월 7일 자.

59 〈誤殺事件に行過嘆願 関係者かえって不安がる〉, 《世紀新聞》, 1947년 8월 7일 자.

60 〈誤殺事件に行過嘆願 関係者かえって不安がる〉.

61 〈朝鮮人々権擁護委員会の組織と出発について〉, 《闘争ニュース》, 1946년 10월 19일 자.

62 〈朝鮮人人権擁護委員会の組織と経過〉, 《闘争ニュース》, 1946년 10월 19일 자.

63 〈朝鮮人弾圧反対闘争委員会結成〉, 《解放新聞 関西版》, 1946년 10월 5일 자.

64 〈朝鮮人人権擁護委員会の組織と経過〉, 《闘争ニュース》, 1946년 10월 19일 자. 아울러 〈朝鮮人
　々権擁護委員会の組織と出発について〉(《闘争ニュース》, 1946년 10월 19일 자)에서는 〈반동내각
　공세에 대한 건〉으로 되어 있다.

65 〈収容所で死んだ 三百の 再渡日 同胞〉, 《解放新聞》, 1946년 10월 10일 자.

66 〈朝鮮人弾圧反対人民大会に参加して〉, 《闘争ニュース》, 1946년 10월 19일 자.

67 朝鮮人人権擁護委員会, 〈日本人民に訴ふ〉, 大原社会問題研究所蔵.

68 [옮긴이 주] 현재 황거앞 광장皇居前廣場으로 불리는 곳으로, 패전 후에 천황제에 반대
　하는 세력이 '인민광장'이라 부르기도 했다. 특히 1952년 5월 1일 메이데이 행사 개최
　시 경찰부대의 강경진압으로 사상자를 낸 '피의 메이데이 사건'이 일어났던 장소로 유
　명하다.

69 〈歴史的全国代表者会議開く 準連合国人待遇を広範な斗争方針決定〉, 《朝鮮人生活権擁護委員会ニ
　ュース》, 1946년 11월 29일 자. 아울러 〈東京で生活権擁護人民大会〉(《闘争ニュース》, 1946년
　10월 19일 자)에서는 7일 개최로 되어 있다.

70 〈朝連第三回全国大会事業参考書類綴〉, 43~44쪽; 《集成》 1.

71 〈歴史的全国代表者会議開く 準連合国人待遇を広範な斗争方針決定〉, 《朝鮮人生活権擁護委員会ニ
　ュース》, 1946년 11월 29일 자.

72 〈朝鮮人の引揚に関する総司令部民間情報教育局発表〉, 〈大沼入管資料〉 5, 77쪽.

73 〈帰国せぬ朝鮮人は日本国籍〉, 《マッカーサー司令部重要発表及指令》, 1946년 11월 23일 자.

74 〈社説 在日同胞의 國籍問題〉, 《朝鮮日報》, 1946년 11월 15일 자. 또한 조련 서울위원회도 성
　명을 발표하고 국내 동포에 대한 협력을 호소했다(〈在日朝鮮人連盟서울市委員会 未帰國朝鮮
　人 日國籍看做에 声明発表〉, 《서울신문》, 1946년 11월 15일 자; 《資料大韓民國史》 3).

75 〈歴史的全国代表者会議開く 準連合国人待遇를 広範한斗争方針決定〉, 《朝鮮人生活権擁護委員会ニ

ユース》, 1946년 11월 29일 자.

76 法務府特別審査局(1951: 130).

[제3장] 외국인등록령과 조선인단체

1 大沼(1986: 41).

2 大沼(1986: 43/46). 제국헌법하에서 정부는 의회의 반대를 회피하기 위해 종종 헌법 제8조
의 긴급칙령에 의해 중요 법령을 발령했는데(增田, 1999, 제1장), 내무 관료는 제국헌법의
마지막 날까지 이러한 천황의 명령권에 의지했던 것이다.

3 다만, 47년 3월 13일의 중의원 예산위 제1분과회에서 이시자키 지마쓰 의원은 다음과
같이 발언했다. "그래서 이 감시인이라 할까, 이 사람들을 늘리고 편달할 필요를 우리들
은 느끼는 동시에 지금 국내의 조선인은 일본의 법률로 단속할 수 있게 되어 있으므로,
1940년에 이 전쟁이 시작되기 조금 전에 미국이 취한 일본인에 대한 방식이라는 것은
참고가 될 것으로 보인다. 그것은 핑거 프린트를 취했다. 그리고 사진과 핑거 프린트의
두 개를 붙여서 그것을 일상적으로 휴대하게 했다. 그것이 없는 사람은 밀입국이다. 대
개 일본에서 들어온 스파이라고 여겨져 당장 체포하는 제도를 설치했는데, 일본도 이러
한 제도를 설치하면 조선인의 밀입국을 방지하고 혹은 밀입국자를 송환하는 데에 편리
할 것으로 생각되는데, 이 생각이 참고가 될지". 이 질문에 대해 내무성의 다나카 나라
이치는 오사카에서는 사진이 붙은 등록증을 만들어 성적이 양호하다고 답변했다. 여기
에서 말하는 미국의 핑거 프린트란, 1940년의 스미스법(외국인등록법)을 가리키는 것으
로 보인다. 미국에서 스미스법에 의해 일본인이 지문날인을 강요당한 경험을 조선인 식
별법에 활용하자고 일본인 의원이 발언한 것은 특필할 만하다.

4 〈外国人登録令解説〉, 《外国人登録例規通牒綴 其ノ一 自昭和二十二年至昭和二十四年》, 京都府総務
部渉外課(이하 《登録例規通牒綴①》로 약기한다).

5 〈中国僑務及び朝鮮人団体との交渉記録〉, 《外国人登録関係》, 山梨県地方課, 1951; 《在日朝鮮人史
研究》 39, 2009.

6 在日本朝鮮人連盟, 〈第十回中央委員会議事録〉, 《集成》 1, 152쪽.

7 《集成》 1, 155~156쪽.

8 〈中国僑務及び朝鮮人団体との交渉記録〉.

9 〈外國人登錄問題에 關하여 中總外務部發表〉,《朝聯中央時報》, 1947년 9월 5일 자. 在日本朝鮮人連盟中央総本部, 〈第十一回中央委員会議事録〉, 19쪽;《集成》1.

10 이 통달의 일본어 원문은 아직 보지 못했지만, GHQ/SCAP 문서에 영역이 있다. Box no. 1503 Folder no. 4, June 14 1947, No. 4th Sec. I. B. 828, From: Director of Investigation Bureau, H. M. To: Governor of Prefecture.

11 〈登錄令実施と在日同胞 弾圧の可能性監視 すみやかな特権付与を喚起〉,《朝鮮人生活権擁護委員会ニュース》, 1947년 7월 14일 자.

12 在日本朝鮮人連盟中央総本部, 〈第十一回中央委員会議事録〉, 35쪽;《集成》1. 이에 따르면 6월 18일.

13 〈"外国人の保障"が前提 意味深長な朝連との協力 白情報部長談〉,《朝鮮人生活権擁護委員会ニュース》, 1947년 7월 14일 자.

14 内務省調査局, 〈外国人登録事務取扱要領〉(1947년 6월 21일),《登録例規通牒綴①》.

15 〈外国人登録事務についての回答(新潟県)〉,《登録例規通牒綴①》. 다만, 후술하듯이, 조선 호적에 기재되어 있는지의 여부를 확인할 방법을 일본 측은 가지고 있지 않았기 때문에, 여기에서 말하는 "조선호적령의 적용을 받는 자"란, "호적법의 적용을 받지 않는 자"라는 의미에 지나지 않는다. 조선인 남성과 결혼한 일본인 여성의 외국인 등록에 대해 내지 호적의 제적을 필요로 한다고 강조하는 것은 그 점과 관련이 있다고 할 수 있다.

16 김영미(2009: 第五章) 참조. 식민지기의 기류신고에 대해서는 水野(1992b), 이명종(2007)을 참조.

17 在日本朝鮮人連盟, 〈第七回中央委員会々録〉;《集成》1, 109쪽.

18 〈在日本朝鮮人連盟在日朝鮮人戸籍簿作成〉,《朝鮮日報東京》, 1947년 1월 31일 자. 구체적으로는 "1. 호주, 전 호주와 가족의 성명, 2. 호주와 호주와의 연관계인, 3. 호주와 연관계인의 출생연월일, 4. 호주와 연관계인의 친부모의 성명, 연관계, 5. 호주 또는 연관계인이 된 원인과 연월일, 6. 호주 또는 연관계인에 양자의 때와 그 양부모와 친부모의 성명과 친부모와의 관계, 7. 기타 호주 또는 연관계인의 신분에 관한 사항"을 정리하게 되었다.

19 〈朝連下関支部〉,《朝鮮新報》, 1947년 2월 20일 자.

20 〈戸籍部新設〉,《世紀新聞》, 1947년 3월 7일 자.

21 〈戸籍申告は至急に〉,《世紀新聞》, 1947년 3월 31일 자.

22 [옮긴이 주] 지방세화부는 지방장관의 관리하에 군인군속의 신상 취급에 관한 사무와 남겨진 가족 등에게 봉급을 건네는 사무 등을 관장했다.

23 〈復員世話部設置 朝連県本部ガ斡旋の手〉, 《世紀新聞》, 1947년 3월 14일 자. 아울러, 관련해서 조선인 군인군속의 "은급사금 등에 관해서는 조선정부 수립 후에 국제 간의 협정에 기초하여 이루어지나, 후쿠오카 지방세화부 선대과에서는 목하 그 서류를 정리 중이고 완성을 서두르고 있다"는 기사도 있다(〈遺家族援護積極化〉, 《世紀新聞》, 1947년 3월 14일 자).

24 〈建青中総で戸籍調査〉, 《朝鮮日報東京》, 1947년 5월 13일 자.

25 〈外国人登録令解説〉, 《登録例規通牒綴①》. 내무성은 여기에서 "이 등록령의 제정은 행정 목적에서 나온 것이며, 우리 호적법의 전신이 메이지 초창기에 불량인 발호 상태를 방어하는 수단으로 신분 등록을 실시했다는 사례와 궤를 같이 하지만 이 등록령은 단순히 단속의 편의를 위한 것이 아니라 정당한 입국에 의한 외국인의 국내에서의 정당한 권리를 보장하는 데 실수가 없도록 하는 의미를 가지는 것이라는 점을 명기해야 한다"고 기술하고 있다.

26 〈幽霊清算等을 決議 第二回近畿地方協議會〉, 《解放新聞》, 1947년 7월 15일 자.

27 제2항의 등록증명서와 여권, 국적증명서 등의 제시 의무 규정에 대해서는 사료마다 약간 기술이 다르다. 9월 5일 자 《조련중앙시보》에는 남용 금지 요구가 제시되어 있는데, 47년 9월 5, 6일의 제11회 중앙위원회 의사록에서는 제2항은 "인권유린과 남용이 우려되는 제10조 제시 요구권 성문화 삭제"로 되어 있다. 남용의 금지와 조문 삭제 사이에는 상당한 차이가 있는데, 6월 19일의 백무 정보부장의 발표에도 조문 삭제는 포함되어 있지 않기 때문에 당초에는 남용 금지를 요구한 것이 나중에 제시 의무 규정 삭제로 발전한 것은 아닐까. 제11회 중앙위원회 의사록은 이후의 조문 정정 요구를 잘못해서 교섭 개시 당시까지 거슬러 올라가서 기술한 것으로 보인다.

28 〈第二回中央議事会〉, 《民団新聞》, 1947년 6월 30일 자.

29 〈第三回中央委員会開催〉, 《民団新聞》, 1947년 6월 30일 자.

30 〈正しき外国人登録を要請す 外国人登録令に対する見解〉, 《民団新聞》, 1947년 6월 30일 자.

31 LS, Box no. 1503, Folder no. 4, From: Chairman of Committee of Problem of Registration of Alien, To: Supreme Commander for Allied Powers, Subj: Petition Concerning the Ordinance of Registration of Alien of Japanese Government.

32 〈外国人登録令에建青側不満表明〉, 《朝鮮新報》, 1947년 6월 30일 자.

[33] 〈外国人登録令の施行に伴う華僑及び朝鮮人の団体のその後の動向と我が方の態度について〉(内務省調査局第四課長発, 山梨県総務部長宛, 一九四七年七月七日付).

[34] 〈外国人登録令の施行に伴う華僑及び朝鮮人の団体のその後の動向と我が方の態度について〉.

[35] 〈中国僑務及び朝鮮人団体との交渉記録〉.

[36] 〈外国人登録事務取扱要領〉, 《登録例規通牒綴①》.

[37] 아울러, 여기에서 사용한 〈요령〉은 교토부 총무부 섭외과가 6월 30일 자로 각 시장, 지방사무소장에게 송부한 것이다. 그러나 내무성 조사국장이 시즈오카현 지사에게, 나아가 그것을 슨토駿東 지방사무소장이 다카네高根 촌장 등에게 47년 7월 2일 자로 송부한 〈외국인 등록 사무취급 요령〉에는 "되도록 사전에 조사 등을 면밀히 하고 실체적 진실을 보족하는 것이 바람직한 것은 말할 필요도 없다"고 쓰여 있는데, '사전의 호구조사'가 '사전에 조사'로 변경되어 있다(駿地総第四〇二号〈外国人登録事務取扱要領について〉, 駿東地方事務所長発, 高根村長, 須走村長宛, 一九四七年七月二日, 《昭和二十二年度以降 渉外関係書類》, 高根村須走村組合役場, 静岡県立中央図書館歴史文化情報センター蔵). 교토부의 작성일이 약간 빨라서 내무성이 이 부분을 수정했을 가능성도 있지만 자세한 것은 불분명하다.

[38] 〈下関市에서는 七月二日 発給〉, 《朝鮮新報》, 1947년 5월 29일 자.

[39] 〈外国人登録令実施につき朝鮮人各団体総合意見提出〉, 《朝連神奈川》, 1947년 7월[날짜 미상].

[40] 〈朝鮮人団体懇談会 登録証問題에 関하야〉, 《朝鮮新報》, 1947년 6월 16일 자.

[41] 〈外国人登録令実施につき朝鮮人各団体総合意見提出〉, 《朝連神奈川》, 1947년 7월[날짜 미상].

[42] 〈外国人登録問題討議!! 朝連愛知県下各支部総務部長会議〉, 《朝鮮新報》, 1947년 7월 4일 자.

[43] 정우종은 오사카부가 47년 7월 21일 "불법 입국자도 등록 의무(소위 무적자로서 취급)"라는 등록 실시요강을 지령한 것에 대해, 이 "해석은 내무성도 명시적으로 하지 않은 혼란한 해석이었다"고 지적했다(鄭祐宗, 2008: 77). 그러나 본문에서 본 것처럼, 내무성은 '밀항자'에 대해서는 등록 의무가 있다고 지시했고, 오사카부는 이 결정방침에 따른 것에 지나지 않는다. 또한 정우종은 이것을 오사카부가 "'신청 의무 위반자'를 '불법 입국자'로 간주한다는 입장"이며 "미등록자에 대해서는 앞으로 '신청 의무 위반'(제4조)이 아니라 '불법 입국(제3조)으로 처벌한다는 입장"이었다고 해석하지만(鄭祐宗, 2008: 77), 적어도 내무성과 오사카부의 방침에서 읽어낼 수 있는 것은 모든 조선인은 등록 대상이라는 점, 또한 신청한 자 중에 '불법 입국'의 혐의가 있을 경우는 경찰에 통보한다는 점의 두 가지뿐이다. 신청 의무 위반자를 즉시 '불법 입국'으로 처벌하는 입장이었다고 해석하는

것은 무리가 있을 것이다. 적어도 47년의 외등령 실시 시점에서는 이러한 해석에는 서
지 않았다.

44 〈登録令対策委員 東京都에 要求提出〉, 《解放新聞》, 1947년 7월 10일 자.

45 〈外國人待遇 實施까지 登錄証問題는 保留〉, 《解放新聞》, 1947년 7월 20일 자.

46 〈第十一回中央委員会議事録〉, 20쪽.

47 〈大沼·入管資料〉 8, 89쪽. 다만 자료집에는 서한에 대한 총사령부 측의 답신이 게재되어
있을 뿐이어서, 이 서한 자체의 내용에 대해서는 불분명하다.

48 〈社説 外國人登錄証實施에 對處할 우리의 方途〉, 《解放新聞》, 1947년 7월 10일 자.

49 〈登錄令實施에 際하야 警察의 不法審問을 警戒하라〉, 《解放新聞》, 1947년 7월 10일 자.

50 無電〈外国人登録令について〉(京都府渉外課発, 内務省調査局第四課宛, 一九四七年七月二日), 《登
録例規通牒綴①》.

51 〈條文訂正은 内務省에서 三宅事務官에 外國人代表再三要請〉, 《朝鮮新報》, 1947년 7월 12일 자.

52 LS, Box no. 1503, Folder no. 4, 〈申請期限延期後における外国人登録の処理方法〉(福島県教育厚
生課長発, 市町村長宛, 一九四七年八月一四日付)의 첨부자료.

53 〈声明書/外国人登録制に就て〉, 《民団新聞》, 1947년 8월 16일 자.

54 단, 성명서에 따르면 점령 당국과 합의에 이른 것은 7월 7일이다.

55 〈申請期限延期後における外国人登録の処理方法〉(福島県教育厚生課長発, 市町村長宛, 一九四七年
八月一四日付)의 첨부자료.

56 〈申請期限延期後における外国人登録の処理方法〉(福島県教育厚生課長発, 市町村長宛, 一九四七年
八月一四日付)의 첨부자료.

57 〈大沼入管資料〉 8, 97~98쪽.

58 (警察無電)内務省第一二七号, 内務次官発, 各府県知事宛, 一九四七年七月二八日, 《登録例規通牒
綴①》.

59 《세기신문》은 등록 부진의 원인을 다음과 같이 해석한다. "후쿠오카현 조사과의 통계에
따르면, 등록자는 조선인은 현 내 3만 명 중 1,500명에 못 미쳐 중국인의 8할에 비해 지
연되고 있다. 이것은 불철저한 수속 탓이지만, 붙임용 사진에 품이 드는 것이 커다란 원
인이 되고 있으므로, 현 조사과에서는 이 타개책으로 사진 필름을 중앙과 교섭하여 조속
히 각 시정촌에 배급할 준비를 추진하고 있다. 이것이 오면 가격도 낮아질 수 있으므로
촉진이 기대된다"(〈外国人登録 福岡は不振〉, 《世紀新聞》, 1947년 8월 3일 자).

[60] 〈第十一回中央委員会議事録〉, 20쪽.

[61] LS, Box no. 1503, Folder no. 4, From: Kang Hisu, To: Catp Novotny, Subj: On Foreign National Registration Law.

[62] 〈外國人登錄問題 日警의 介在絶対反對 朝連中總外務部長談〉, 《朝鮮新報》, 1947년 8월 15일 자.

[63] 〈朴烈團長西尾官房長官と会見〉, 《民団新聞》, 1947년 8월 23일 자.

[64] LS, Box no. 1503, Folder no. 4, Recent movement of foreign communities re registration of aliens, 14 Aug. 1947.

[65] 〈外国人登録問題解決 マ元帥に感謝文〉, 《民団新聞》, 1947년 9월 13일 자.

[66] 〈相互に諒解を得て〈登録令〉に明るいきざし〉, 《民団新聞》, 1947년 8월 30일 자.

[67] 〈声明書〉, 《民団新聞》, 1947년 8월 30일 자.

[68] LS, Box no. 1503, Folder no. 4, Recent movement of foreign communities re registration of aliens, 14 Aug. 1947.

[69] 内務省無電第七七九号〈外国人登録の実施徹底について〉(一九四七年八月一七日), 《登録例規通牒綴①》

[70] 〈外国人登録令 条文の不当項目改正成る〉, 《民団新聞》, 1947년 9월 20일 자.

[71] 〈第十一回中央委員会議事録〉, 20쪽.

[72] 〈第十一回中央委員会議事録〉. 원문은 Box no. 2189, Folder 19, From W. J. Sebald to Yun Keun, Aug 19, 1947.

[73] 〈第十一回中央委員会議事録〉, 35쪽.

[74] 〈外国人登録に対する外国人団体の協力方について〉(内務省調査局第四課長発, 各都道府県主管部長宛, 一九四七年八月二五日), 《昭和二十二年度以降 渉外関係書類》.

[75] 〈外国人登録証 이以上 延期는 不可能〉, 《朝鮮新報》, 1947년 8월 27일 자; 〈第十一回中央委員会議事録〉

[76] 《登録例規通牒綴①》.

[77] 〈外国人登録に対する外国人団体の協力方について〉(内務省調査局第四課長発, 各都道府県主管部長宛, 一九四七年八月二五日), 《昭和二十二年度以降 渉外関係書類》.

[78] 〈第十一回中央委員会議事録〉, 21쪽.

[79] 内務省無電第九四号〈外国人登録令の施行に伴う朝鮮人の国籍問題に就て〉(内務省調査局長発, 各府県知事宛, 一九四七年八月二七日), 《登録例規通牒綴①》.

80 〈第十一回中央委員会議事録〉24, 25쪽; 内務省無電第九一号〈外國人登録令について〉(内務省調査局長発, 各府県知事宛, 一九四七年八月二七日), 《登録例規通牒綴①》.

81 〈外国人登録申請期間について〉(京都府総務部長発, 各市長, 各地方事務所長, 朝鮮人各種団体長宛), 《登録例規通牒綴①》.

82 〈朝鮮人二十万名 登録九月三日現在〉, 《民団新聞》, 1947년 9월 20일 자.

83 京都府総務部長, 〈外国人登録申請期間について〉(一九四七年八月三〇日), 《登録例規通牒綴①》.

84 〈外国人登録未了者 今なお五千名〉, 《朝連大阪時報》, 1947년 12월 5일 자.

85 鄭祐宗(2008: 81).

86 〈時事解説 外国人登録法は正しく運営されているか〉, 《朝聯神奈川》, 1947년 12월 20일 자.

87 김태기는 "공산당원을 중심으로 한 조련 중앙이 가타야마 내각과의 정치관계를 고려하여 타협적인 입장에 선 반면, 외국인으로서의 재일조선인의 법적 지위를 애매하게 하지 말고, 그것을 확립해야 한다고 생각하는 조련 지방 본부가 많이 존재했기 때문이 아닐까"라고 지적한다(金太基, 1997). 다만 이 장에서 살펴본 것처럼, 7월 이후에 '합의'에 이른 것은 내무성 측에 양보한 지방 본부뿐이었다. 중총의 지시대로 교섭했기 때문에 지방 본부 차원에서의 교섭이 정리되지 않은 측면도 있어서, 단순히 중앙과 지방이 대립했다고 할 수는 없다. 또한 중앙과 지방의 차이를 공산당과의 관계로 환원하는 것은 근거가 없어 타당하지 않다.

88 〈主張 外国人登録令実施にさいして〉, 《朝聯神奈川》, 1947년 9월 11일 자.

89 内務省調査局四発第二三八九号, 〈外国人登録カード整備要領〉(一九四七年一二月一一日), 《登録例規通牒綴①》.

90 LS, Box no. 1503, Folder no. 4, From: Chief of the 4th Section, Investigation Bureau, Home Ministry, To: Captain F. C. Novotony G. S., Subj: Re forged Registration Certificate Concerning to the regulation of the ordinance relating to registration of aliens, Dec 1947.

91 内務省調査局第四課長発, 京都府総務部長宛, 《外国人登録例規通牒綴 其ノ一 自昭和二十二年至昭和二十四年》, 京都府総務部渉外課. "조선의 연안 경비와 불법 입국자의 경계에 대해 최근에 조선에서 온 불법 입국자가 하는 말에 따르면, 조선 연안의 경비는 종래에 현지 미군 측에서 담당했는데, 최근에 조선인 경비대로 교체되었기 때문에, 일본으로의 불법 입국이 한층 쉬워졌다는 것이다."

92 〈外国人登録未了者 今なお五千名〉, 《朝連大阪時報》, 1947년 12월 5일 자.

93 〈外国人登録事務要領〉,《登録例規通牒綴①》.

94 〈本証明書と仮証明書の取扱いについて〉(内務省調査局長第四課長発, 各都道府県主管部長宛, 一九四七年一〇月二四日),《登録例規通牒綴①》.

95 内務省調査局四発第二一九〇号, 〈外国人登録事務取扱要領について〉(内務省調査局長発, 各都道府県知事宛, 一九四七年一二月一一日),《登録例規通牒綴①》.

96 情報七号(内務省調査局第四課長発, 京都府総務部長宛, 一九四七年一一月一七日),《登録例規通牒綴①》.

97 〈財団法人芙蓉会 民族を超越した日本婦人のつどい〉,《朝華新聞》, 1947년 3월 12일 자; 〈鶏林芙蓉会 日本女性だけの団体〉,《朝鮮國際新聞》, 1946년 7월 13일 자.

98 〈在日朝鮮人紳士録刊行!〉,《朝華新聞》, 1947년 3월 12일 자.

99 小林(2007: 42-53).

100 《民団新聞》, 1947년 2월 28일 자; 1947년 8월 23일 자.

101 小林(2007: 45).

102 〈来年一月から実施 財政専門委員会で要綱決まる〉,《朝連中央時報》, 1947년 11월 14일 자.

103 김달수는 다음과 같이 회상하고 있다. "그러한 경제적인 것도 있어서 낡은 인쇄기계를 사서 요코스카横須賀에 인쇄공장을 만들었어요. 그래서《민주조선民主朝鮮》뿐만 아니라 다른 곳에서도 주문을 받아 운영했고, 경제적으로 재건을 꾀할 생각이었다. 하지만 이것이 좀체 뜻대로 되지 않고, 인쇄공장 때문에 인원을 늘리기도 해서 더욱더 경영 상태는 악화되었다. 이 인쇄공장에 관한 것은 〈화촉華燭〉이라는 작품에 썼습니다. 그 무렵 조련에서 재일조선인의 호적부를 만들려는 움직임이 있어서 그 인쇄를 도맡아야겠다며 그런 것에도 희망을 품었지만, 그것도 어느새 없던 일로 되어버렸다"(金達寿, 1986: 101).

104 調発九七号, 〈外国人登録令による登録完了者について〉(静岡県[二字不明]調査部長発, 各地方事務所長市長宛, 一九四七年八月二七日),《昭和二十二年度以降 涉外関係書類》.

105 無電第四九八号, 〈外国人登録簿等の閲覧について〉(法務庁民事局長発, 京都府知事宛, 一九四八年五月九日),《登録例規通牒綴①》.

[제4장] 조국 건설의 일꾼

[1] 在日本朝鮮人連盟, 〈第七回中央委員会々録〉, 40쪽;《集成》1.

[2] 在日本朝鮮人連盟文化部,《朝連資料第五集 第二回文化部長会議録》, 朝連文化部, 1946, 20쪽.

[3] 在日本朝鮮人連盟文化部, 앞의 책, 65쪽.

[4] 〈総務部経過報告〉, 76쪽.

[5] 〈第七回中央委員会々録〉, 55쪽.

[6] 〈全国青年学院現状〉,《民青時報》, 1947년 10월 5일 자. 그 외에 활동가 양성학교로 규정되
어 있는지는 불분명하지만 이 기간 중에 사이타마 정치학교埼玉政治學校, 산타마三多摩
학원이 개강했다〈朝連埼玉政治学校開院〉,《民衆新聞》1946년 5월 1일 자; 〈朝連三多摩学院〉,《民
衆新聞》, 1946년 5월 1일 자).

[7] 〈朝連学院卒業式〉,《民衆新聞》, 1946년 6월 1일 자.

[8] 〈兵庫青年学院卒業式〉,《民衆新聞》, 1946년 8월 1일 자.

[9] 在日本朝鮮人連盟中央総本部, 〈第四回全体大会々議録〉, 12쪽;《叢書》9.

[10] 在日本朝鮮人連盟中央総本部, 〈第十一回中央委員会議事録〉, 54쪽;《集成》1.

[11] 〈学院の活動報告〉,《集成》2. 학원의 강령은 아래와 같다(《解放新聞》, 1946년 9월 25일).

　一. 우리 학생은 조국의 자유독립에 헌신적 노력을 기한다.

　一. 우리 학생은 사회과학 규명의 달성을 기한다.

　一. 우리 학생은 상호단결하여 항상 인민의 전위가 될 것을 기한다.

[12] 〈第二回文化部長会議録〉, 19~21쪽.

[13] [옮긴이 주] 1918~2006. 경제학자. 패전 후에 공산당에 입당. 도요다 시로豊田四郎 등과
일본경제기구연구소를 설립하여 제국주의나 천황제 해명에 착수한다. 1954년에 공산당
에서 제명된 후 신좌익운동을 지원했다.

[14] [옮긴이 주] 1916~2000. 문예평론가. 침체된 현대문학의 돌파구로 사회주의 르네상스
를 일관되게 주장. 1946년에 일본공산당 입당, 아라 마사히토荒正人 등과《근대문학近代
文学》창간, 신일본문학회 창립에 참가. 전후민주주의문학운동의 리더로 활약했다. 1964
년에 공산당과 절연.

[15] 浅田(2000: 86).

[16] 〈너도나도 배와서 新朝鮮에 이바지하자 朝連中央高等學院〉,《解放新聞》, 1946년 9월 25일.

17 〈第二回文化部長会議録〉, 21쪽.

18 〈学院の活動報告〉.

19 〈朝聯学院学生募集〉,《民衆新聞》, 1946년 5월 1일 자.

20 제2회 문화부장회의에서 행한 히로시마 대표의 발언. 〈第二回文化部長会議録〉, 48쪽.

21 〈朝連中央高等学院第六期入学式〉,《朝鮮新報》, 1947년 7월 4일 자.

22 1908년 원산에서 태어났다. 1918년경에 도일한 후 일본프롤레타리아문화연맹KOPF 산하 음악가동맹의 후신인 악단 창생創生에 속했다. 1946년에 조선예술협회를 주재했고 1947년 3월에는 재일본조선예술가동맹의 위원장에 취임했다(서기국장이라는 설도 있음). 1948년 10월에 조련 제5차 대회에서는 문화계를 대표하는 중앙위원으로 선출되었고 1949년부터 문화공작대 활동에 종사, 1950년 이후는 모란봉합창단 모란봉극장 등을 지휘하며 각지를 순회 공연했다. 1960년에 조선민주주의인민공화국으로 귀국하여 국립예술극장 소속의 연출가로 활동했고 1964년 2월에 공훈예술가 칭호를 수여받았다.

23 〈朝連中央高等学院第六期入学式〉.

24 [옮긴이 주] 1926년 출생. 17세에 징병되어 중국전선으로 보내졌다. 해방 후에는 조련 활동에 몰두, 조련 해산 후 1955년에 북으로 밀항한다. 그러나 가족을 만나고 싶어 중국으로 탈출, 1961년에 일본으로 재입국한다.

25 [옮긴이 주] 1894~1953. 오키나와 출신. 1922년 일본공산당 창립에 참가. 1928년에 치안유지법 위반 혐의로 검거된 후 18년간을 옥중에서 보내다 패전 후에 출옥. 일본공산당을 재건하여 서기장에 취임. 1946년에 중의원의원이 되지만, 1950년에 맥아더 지령으로 공직 추방되어 중국으로 탈출했으나 베이징에서 1953년에 객사.

26 [옮긴이 주] 1892~1993. 1922년 일본공산당 창립 당시에 입당. 31년 코민테른 일본대표로 소련으로 건너감. 중국 옌안延安에서 반전동맹을 조직. 46년에 귀국하여 공산당 중앙위원회 의장이 되었다.

27 [옮긴이 주] 1905~1974. 1929년에 일본공산당에 입당. 35년에 검거. 이듬해 위장전향으로 출옥했다가 41년에 재검거. 패전 후 정치범 석방으로 출옥하여 공산당 중앙위원 등을 역임. 49년에 중의원의원에 당선됨. 이듬해 맥아더 지령으로 공직에서 추방되었다.

28 [옮긴이 주] 1901~1990. 철학자. 1932년에 도사카 준戶坂潤 등과 유물론연구회를 설립. 치안유지법으로 두 차례 검거됨. 전후에는 민주주의과학자협회 철학부회의 중심 멤버가 됨. 원수폭 금지운동이나 평화운동으로도 잘 알려져 있다.

29 [옮긴이 주] 1912~1985. 역사학자. 마르크스주의 연구로 출발. 일본의 근대경제사나 사회운동사 연구에 진력.

30 金乙星(1997: 63).

31 金乙星(1997: 62).

32 日本経済機構研究所(1947: 132). 이 자료는 오사카대학대학원의 정우종 씨가 교시해주셨다. 감사를 표한다.

33 《朝鮮新報》1947년 8월 21일 자의 《조선근대사회사화》 광고에는 "필자가 해방 후 삼일정치학원, 조련중앙고등학원에서 강의한 강의록을 중심으로 일본제국주의의 반세기에 걸친 조선 침략의 실상을 상술한 호저. 평이한 일문으로 역사의 시각에서 풀어낸 필독서"라고 되어 있다.

34 〈学院の活動報告〉.

35 《解放新聞》, 1946년 9월 25일.

36 〈学院の活動報告〉.

37 〈第二回文化部長会議録〉, 44쪽.

38 〈青年夏期講習会〉, 《우리신문》, 1946년 8월 15일 자.

39 〈民青第二回全国大会開く 半年間の事業四十八年の指向〉, 《民青時報》, 1947년 10월 5일 자.

40 〈文盲退治はこの方法で!! 青年夜学院分散開設 民青生野支部にて〉, 《朝鮮新報》, 1947년 3월 30일 자.

41 〈初の地協代表者会議開く〉, 《朝鮮人生活権擁護委員会ニュース》, 1947년 7월 21일 자.

42 〈中心問題を討議 二中委 人材の養成が急務 安長官への抗議文可決〉, 《民青時報》, 1947년 8월 15일.

43 金德龍(2004: 54).

44 金德龍(2004: 54).

45 金德龍(2004: 54). '강습반' 식은 재일조선인에게 특유한 방법이 아니라 당시의 인재육성법으로는 일반적이었다. 예를 들면, 점령기에는 여성단체 리더의 강습회를 군정부가 실시했는데, 거기에서 배운 리더들이 하부조직에 강습하는 방식이 '전강傳講'이라는 이름으로 실시되었다(倉敷, 1996: 277).

46 〈第二回文化部長会議録〉, 38~39쪽.

47 〈第二回文化部長会議録〉, 39쪽.

48 〈"文盲のない世界"へ学校もどしどし増設 文化部長会議〉, 《朝鮮人生活権擁護委員会ニュース》, 1946년 12월 16일 자.

49 金徳龍(2004: 57–59).

50 〈第二回文化部長会議〉, 48~49쪽.

51 李殷直, 〈児童学力検査의 結論〉, 《解放新聞》, 1948년 6월 5일 자.

52 〈믿지 못할 講師〉, 《民衆新聞》, 1946년 7월 1일 자.

53 개강일은 당초 3월 1일 예정이었으나, 15일로 연기되었다. 〈民主革命闘士養成 三一政治学院開講す〉, 《民衆新聞》, 1946년 3월 25일.

54 〈三一政治学院新設〉, 《民衆新聞》, 1946년 2월 25일.

55 〈三一政治学院三遷〉, 《民衆新聞》, 1946년 4월 5일.

56 〈가거라! 祖国建設의 일터로 맑쓰레-닌主義로 武装한 일군들〉, 《民衆新聞》, 1946년 6월 15일.

57 〈三・一政治学院(第六期)学生募集要項〉, 《アカハタ》, 1947년 6월 19일 자.

58 〈三一政治学院第二期開講式〉, 《民衆新聞》, 1946년 6월 25일.

59 日本共産党中央委員会書記局, 〈朝連中央グループ会議招集について〉(一九四九年二月).

60 〈三一学院新築遂落成 二十六日新校舎에서 落成式〉, 《解放新聞》, 1948년 1월 15일.

61 〈三一政治学院 政経理工科五十名〉, 《解放新聞》, 1948년 4월 1일 자.

62 〈三一政治学院第八期生募集〉, 《朝連中央時報》, 1948년 1월 16일 자.

63 당시 삼일정치학원에 재적했던 사토 다로佐藤太郎에 따르면, 삼일정치학원은 도쿄도에 각종학교 인가신청을 한 것 같다(佐藤, 1993: 162–163). 이 책에 대해서는 이노우에 마나부井上學 씨로부터 교시를 받았다. 감사를 표한다.

64 〈三・一政治学院聴講生募集〉, 《解放新聞》, 1948년 8월 1일 자.

65 〈三一政治学院第九期延期에 関하여 入学을 志願한 동무들에 告함〉, 《解放新聞》, 1950년 4월 20일 자.

66 〈八・一五政治学院 九期生募集案内〉, 《民青時報》, 1948년 11월 9일 자.

67 〈肺病三期의 建青 民青盟員を強制留置〉, 《民青兵庫時報》, 1948년 7월 15일 자.

68 〈朝連洋裁学院〉, 《解放新聞》, 1947년 3월 25일 자.

69 〈生徒募集 朝連女性文化学院〉, 《解放新聞》, 1948년 3월 25일 자.

70 朝連東京本部, 〈第七回定期大会提出一般活動報告書〉(一九四八年一〇月); 《集成》 2, 82~83쪽.

71 徐慶淑, 《生活改善読本 上巻》, 婦女同盟出版部, 1947. 이 책에 대해서는 조선대학교의 김철

수金哲秀 씨로부터 제공받았다. 감사를 표한다.

72 〈冬の選択と石鹸の使用法〉, 《女盟時報》, 1948년 3월 10일 자.

73 〈洋裁学院卒業式〉, 《民青時報》, 1947년 10월 5일 자.

74 〈実いまだ熟せず 朝連洋裁学院座談会〉, 《民青時報》, 1947년 10월 5일 자.

75 〈実いまだ熟せず 朝連洋裁学院座談会〉.

76 〈理解 많은 媤母〉, 《女盟時報》, 1947년 12월 27일 자.

77 〈女性解放を語る 洋裁学院卒業生座談会〉, 《民青東京時報》, 1947년 12월 22일 자.

78 姜順愛, 〈たたかいを夫とともに〉, 《新しい朝鮮》 4, 1955, 58~59쪽.

79 在日本朝鮮人連盟, 〈第十回中央委員会議事録(一九四七·五·一五)〉, 179쪽; 《集成》 1.

80 〈第四回全体大会を前に 朝連の根本的欠陥と弱点に対する批判 書記局長曹喜俊〉, 《朝連中央時報》, 1947년 9월 5일 자.

81 〈女性解放を語る 洋裁学院卒業生座談会〉, 《民青東京時報》, 1947년 12월 22일 자.

82 外村(2004: 280).

83 外村(2004: 217).

84 미야기, 군마, 지바, 산타마, 나가노, 가가와, 가나가와, 도쿄, 시즈오카, 아이치, 오사카, 도야마, 이시카와, 기후.

85 〈第三回定期全国大会提出報告書〉, A-64쪽.

86 이하 〈是正せよ偏向と機会主義 専問委員の構成と組織活動の徹底へ〉, 《民青時報》, 1947년 10월 5일 자.

87 森田(1996: 126).

88 49년의 시점에서 "과거의 회의에서는 일본에서 성장한 극히 일부의 중앙위원이 '국어를 잘 몰라서 일본어로 하겠습니다'라고 일본어로 토론을 한 적이 있었다"고 회고되어 있다(〈警覚心의 高揚 「日本말」에 痛烈한 批判〉, 《解放新聞》, 1949년 1월 31일 자).

89 〈民青·七月の活動目標 高めよ, 政治意識, 研究班, 読書班を作れ〉, 《民青時報》, 1947년 7월 5일 자.

90 〈女性解放を語る 洋裁学院卒業生座談会〉, 《民青東京時報》, 1947년 12월 22일 자.

91 〈活動報告 青年教育を通じて〉, 《朝連廣島時報》, 1949년 3월 31일 자.

92 〈第十回中央委員会議事録〉, 177쪽.

93 〈第十回中央委員会議事録〉, 177~178쪽.

[제5장] '이중의 과제'와 재일조선인운동

1 가지무라는 해방 후 재일조선인사를 보는 시각으로 ① 조선 본국에서의 민중운동과 일체가 되어 조선의 해방운동을 담당하는 것과 일본에서의 차별과 억압에 노출되면서 생활해가는 기본적인 생활권을 지키기 위해 싸운다는 이중의 과제가 각 단계, 각 시기마다 어떻게 관련을 맺었는가, ② 조선 본국에서의 남북 분단이 재일조선인운동에 어떠한 영향을 미쳤는가, ③ 일본사회의 법률이나 제도, 경제, 사상 상황이 운동을 어떻게 규정했는가, ④ 민중의 일상생활 속에서 1세들의 문화가 어떻게 수용되어왔는가를 들었다(梶村, 1993b: 139-143).

2 이하의 기술에 대해서는 李圭泰(1997), 서중석(1991)을 참조.

3 이에 대해 46년 단계에서 조련이 평양의 김일성의 지휘를 받았다는 설이 있다(韓德銖, 1986). 이 설은 46년 12월 13일에 김일성이 〈재일 백만 동포에게〉라는 서한을 보냈다는 것을 중시한다. 그러나 이 서한은 46년에 쓰였는데도 '조선민주주의인민공화국 건립 만세'라는 표현이 들어가 있는 점이나 무엇보다 당시 조련의 대회나 중앙위원회 의사록, 기관지 등에서 서한에 대해 언급한 예가 전혀 없다는 점에서 실제로는 의심스럽다고 판단하지 않으면 안 된다. 조련의 신조선 건설노선의 입장에 대해서는 小林(1991)를 참조.

4 朝連文化部, 《朝連第二回全国文化部長会議録》, 朝連文化部, 1946, 12쪽.

5 〈朝連も参加を表明〉, 《朝鮮人生活権擁護委員会ニュース》, 1947년 6월 17일.

6 〈朝連共委参加決定〉, 《朝鮮新報》, 1947년 7월 20일 자.

7 〈共委朝連参加と決定 代表に金正洪副委員長〉, 《朝鮮人生活権擁護委員会ニュース》, 1947년 7월 21일.

8 〈朝鮮民族開放促進に朴李両先生の朝鮮建設同盟発足〉, 《朝鮮國際新聞》, 1946년 3월 1일 자.

9 김명섭(2000: 124).

10 坪井(1959: 246).

11 〈信託統治反對國民總動員委員會中央委員選任〉, 《서울新聞》, 1946년 1월 1일 자;《資料大韓民國史》3.

12 〈反託國民總動員委員中央常任委員會 反託鬪爭方法등 決議〉, 《東亞日報》, 1946년 1월 2일 자.

13 在日本朝鮮人連盟, 〈總務部経過報告(三全大会)〉, 59쪽;《叢書》9.

14 坪井(1959: 249).

15 準備委員会書記局 編,〈在日本朝鮮居留民団結成大会会議録(檀紀四二七九年一〇月三日)〉, 在日韓人歴史資料館蔵;〈民団ごよみ〉,《民団新聞》, 1947년 2월 21일 자.

16 〈本国情勢聴取会〉,《民団新聞》, 1947년 2월 21일 자;〈國民議會 臨政主席에 李承晩 副主席에 金九를 推戴하고 國務委員을 補選〉,《東亞日報》, 1947년 3월 5일 자.

17 〈中央委員会(一九四五·一一·一六)〉, 戦後社会運動未公刊資料集刊行委員会 編,《戦後日本共産党関係資料》(이하,《共産党資料》) 1, 3단. 아울러 해방 전의 재일조선인운동과 일본공산당에 대해서는 朴慶植(1979)을 참조).

18 坪井(一九五九: 八一). 조희준은 1930년대에 일본노동조합전국협의회 토건 등에서 활동했던 노동운동가로 일본공산당원이었는데, 이후에 전향하여《조선의 애국운동朝鮮の愛国運動》같은 저작도 남겼다. 김정홍은 20년대부터 도쿄에서 노동운동에 종사했고, 1928년에는 고려공산청년회 일본부에 참가했다가 28년 탄압으로 인해 검거, 복역한 경험을 가진 활동가였다. 송성철은 유년시절부터 제주도에서 활동에 참가하여 1933년에는 치안유지법 위반으로 징역 1년 6개월을 선고받은 후, 35년부터는 도쿄에서《조선신문朝鮮新聞》발간에 참가한 활동가였다. 近代日本社会運動史人物大事典編集委員会(1997), 김창흠(2005) 참조.

19 [옮긴이 주] 1905~1949. 사회운동가. 1929년에 모스크바의 동방노력자공산대학을 졸업. 30년에 공산당 오사카 지방위원으로 활동하다 검거되어 8년의 징역형을 받음. 전후 공산당 재건에 진력.

20 [옮긴이 주] 1904~1986. 와세다대학 노문과 졸업. 일본공산당, 신일본문화회에 소속되었고, 마르크스주의에 대해 집필, 번역을 했다.

21 坪井(1959: 99). 정치범 석방에서 김두용의 역할에 대해서는 竹前(1992), 梨木(2002)를 참조.

22 1893~1958. 병역 후 조선으로 건너가 신문기자로 갱부 학대를 폭로하여 투옥. 귀국 후 1919년에 일본교통노동조합을 경성, 서기장으로 쟁의를 지도하다가 투옥됨. 노동운동을 하는 한편으로 작가로서도 활약. 이후 무산대중당 등에 참가. 패전 후에는 공산당에 입당하여 중의원 의원이 되었으나, 1952년에 탈당.

23 中西(1946).

24 〈民主人民連盟準備会: 暫定共同綱領(一九四六年四月三日)〉,《日本労働運動資料集成》1.

25 神田文人(1979).

26 〈自治隊 解散을 策動 反動幣原政府를 打倒하자 四月七日人民大會〉,《民衆新聞》, 1946년 4월 5

일 자.

27 〈居留民団は果して強盗団反動団体であるか〉, 《民団新聞》, 1947년 2월 21일 자.

28 〈ゼネストと朝鮮人団体〉, 《民団新聞》, 1947년 2월 28일 자.

29 일본공산당과 조련의 연대와 관련해서 여기에서 '8월방침' 문제를 언급하지 않을 수 없다. 쓰보이 도요키치에 따르면, 일본공산당은 46년 8월 19~22일의 제4회 확대중앙위원회에서 조선인뿐인 세포는 되도록 일본인 당원과 일체가 되어 활동할 것, 조련의 대중적 단일조직을 강화하여 일본인 조직에 가맹할 것, 중요 포스트에 당원을 배치할 것, 조련 하부조직의 "노골적인 민족적 편향을 억제"할 것을 결정했다고 한다(《八月方針》). 쓰보이는 8월방침이 46년 10월의 조련 제10회 대회에 반영되어 당원이 조련의 중요한 포스트를 맡아 공산당의 영향이 강화되었다고 기술했다(坪井, 1959: 42).

'8월방침'은 연구자 사이에서도 중시되어 신정화는 8월방침에 의해 조련은 "재일조선인의 권익과 생활 향상을 추구하는 조직에서 일본공산당이 목표로 하는 일본혁명을 추구하는 조직으로 변화했다"고 주장한다(신정화, 2004: 35). 또한 박정진은 김일성의 46년 12월의 재일조선인을 향한 서한은 '8월방침'을 승인한 것이며, 김일성이 재일조선인에 대한 일본공산당의 지도를 지지한 것이라고 해석한다(朴正鎭, 2012: 39). 모두 '8월방침'에 의해 조련은 일본공산당의 지도 아래로 들어갔다고 이해한다.

그러나 이것은 '8월방침'의 과대평가이다. 애초에 '8월방침'의 원문은 발견되지 않았으며, 쓰보이의 요약이 전해질 뿐이므로, 정확한 내용은 알 수 없다. 일본공산당 중앙서기국 지령 71호 〈조선인 간의 활동방침〉에는 '8월방침'에 대한 언급이 있지만, '재조직 방침'이라고 쓰여 있을 뿐이다(《叢書》 15). 또한 쓰보이는 '8월방침'에서 청년부나 부녀부의 단일단체화가 결정되었다고 하지만 단일단체화의 결정은 '8월방침' 보다 이전, 8월 2~4일의 조련 제7회 중앙위원회라서 앞뒤가 맞지 않는다. 제7장에서 살펴보는 바와 같이, 조련과 공산당의 접근은 49년에 현저해진다.

무엇보다 이 장에서 보듯이, 47년의 조련 노선은 일본공산당이 조선인 운동에 요구하는 것과는 거리가 있었다. 조련이 "일본혁명을 추구하는 조직으로 변화되었다"는 신정화의 해석은 실증적으로도 성립되지 않는다. 박정진의 해석에 대해서는 앞에서 언급한 대로 김일성 서한의 실재 자체가 실증되지 않으므로 추론에 추론을 거듭한 것으로 실증적 근거가 부족하다고 하지 않으면 안 된다.

30 在日本朝鮮人連盟, 〈第七回中央委員会々録〉 6, 7쪽; 《集成》 1.

31 〈在日本朝鮮人連盟第三回全体大会議事録〉7, 8쪽;《叢書》9.

32 〈第十回中央委員会特集号〉,《朝鮮人生活権擁護委員会ニュース》, 1947년 6월 10일 자.

33 金斗鎔, 〈日本における朝鮮人問題〉,《前衛》創刊号, 1946. 아울러 데라오 고로寺尾五郎에 따르면, 김두용은《전위》의 편집위원이었다고 한다(寺尾, 1995: 49-51).

34 金斗鎔, 〈朝鮮人と天皇制打倒の問題〉,《社会評論》1, 38쪽.

35 金斗鎔, 〈朝鮮人運動は転換しつつある〉,《前衛》14, 1947.

36 〈在留同胞들에게 檄함〉,《解放新聞》, 1947년 2월 1일 자.

37 金斗鎔, 〈朝鮮人運動の正しい発展のために〉,《前衛》16, 1947.

38 이 부분은 실제로는 검열에 의해 삭제되었다. 앞에서 언급한 "계급투쟁의 견지에서 보면, 민족문제라는 것은 완전히 그것에 종속" 앞에 이 한 구절이 놓여 있었던 것이다. 검열 전의 교정지에 대해서는 メリーランド大学図書館 編(1982)을 참조.

39 아울러 김두용의 귀국 시기에 대해서는 쓰보이 도요키치는 1948년 11월이라고 하여, 일본공산당 제6회 대회에서 "박은철은 중앙위원 후보에 재선되었으나, 김두용은 김천해와의 불화가 나쁘게 작용하여 평당원으로 떨어지고 말았다"고 해석한다(坪井, 1959: 76). 그러나《해방신문》에 실린 김두용 자신의 귀국 메시지나 북한 측에서의 기록 등을 종합하면, 1947년 6월에 귀국한 것으로 보아야 한다(鄭栄桓, 2003). 이노우에 마사부는 미국 정보기관의 '김두용 파일'에 따라 1947년 6월에 김두용이 일본을 떠났다는 사실을 확인하고 있어(井上, 2011), 쓰보이 도요키치의 오해는 명백해졌다.

40 井上(2011).

41 〈続刊のことば 朝鮮新報は斯くして生れた〉,《新朝鮮新報》, 1949년 5월 11일 자. 이경태에 대해서는 〈李慶泰の歩み〉刊行委員会 編(1999)을 참조.

42 이하 인용은 모두 〈社説 自主独立論〉,《朝鮮新報》, 1947년 3월 13일 자.

43 이하 인용은 〈社説〉,《朝鮮新報》, 1947년 4월 29일 자.

44 〈社説 團體体一을 妨害하는 者〉,《朝鮮新報》, 1947년 5월 1일 자.

45 〈社説 團體体統一을 妨害하는 者〉.

46 〈第一回在日本朝鮮人軟式選抜野球大会〉,《朝鮮新報》, 1947년 5월 1일 자.

47 식민지기 재일조선인의 선거권과 선거운동에 대해서는 松田(1995), 岡本(1994) 참조.

48 〈中央委員会(一九四五・一一・二四)〉,《共産党資料》1, 4단.

49 《赤旗》, 1946년 1월 8일 자.

50 水野(1996).

51 [옮긴이 주] 1905~1946. 교토제대에서 수학. 1928년에 치안유지법 위반으로 검거됨. 1931년에 공산당에 입당. 오사카에서 당 재건 중에 검거됨. 전후에 일본공산당 중앙위원. 21년 중의원의원에 입후보, 연설중에 급사.

52 〈政治局会議議事録(一九四六·一·八)〉,《共産党資料》1, 25단.

53 〈當面하는 日本 總選擧戰에 우리는 어한 태도를 취할 것인가!〉,《民衆新聞》, 1946년 1월 15일 자.

54 〈鬪爭強化の方針確立 第九回中央委員会〉,《朝鮮人生活権擁護委員会ニュース》, 1947년 2월 5일 자. 선행연구 중에는 참정권 요구가 일부 조선인 공산당원의 주장에 지나지 않았다고 하는 것도 있다. 최영호는 제10회 중앙위원회에서 신홍식의 "(참정권 요구가) 정치계몽의 슬로건이었다는 것은 사실이다. 그러나 정식 실천투쟁의 주제로서 그러한 통첩을 발한 적은 없다"는 답변(在日本朝鮮人連盟, 〈第十回中央委員会議事録〉 8쪽;《集成》1)을, "재일조선인 단체가 조직적으로 내세운 주장이 아니라, 일본공산당과 밀접한 관계를 맺고 있던 소수의 한국인들만의 주장"이었다고 주장한다(최영호, 2000: 208). 그러나 이미 살펴본 바와 같이 조련은 제9회 중앙위원회에서 참정권획득운동을 전개할 것을 결의했고, 조직으로서 착수했다고 보는 것이 자연스러울 것이다. 또한 김태기는 조련이 47년 3월 1일의 독립운동기념대회에서 일본정부에 선거권을 요구한 것에 대해 "재일조선인의 선거권 요구는 조련 전체의 방침으로서는 결정되지 않았는데도 조련 중총은 그 요구를 공개했던 것이다. 이러한 결정이 조련 공산주의자의 결정에 따르는 것이라는 점은 당시의 전체적인 상황으로 보아 명백했다"고 기술하고 있다(金太基, 1997: 427~428). 하지만 이미 살펴본 것처럼 그 이전인 1월 말에는 조련 중앙위원회의 결의가 있어서, 이 견해도 성립하지 않는다.

55 〈第十回中央委員会議事録〉, 179쪽.

56 金萬有,〈主張 民主革命の完全勝利へ 選挙権獲得闘争のもつ意義〉,《朝鮮人生活権擁護委員会ニュース》, 1947년 3월 17일 자.

57 尹鳳求,〈主張 選挙権と國籍は別 積極的要求を推進せよ!〉,《朝鮮人生活権擁護委員会ニュース》, 1947년 3월 24일 자.

58 〈日本의 總選擧는 남의 일이 아니다〉,《解放新聞》, 1947년 2월 25일 자.

59 〈声明書 選挙権獲得の陰謀を粉砕せよ〉,《民団新聞》, 1947년 3월 20일 자; 〈建靑声明書〉,《民団

新聞〉, 1947년 3월 20일 자.

60 〈第十回中央委員会特集号〉, 《朝鮮人生活權擁護委員会ニュース》, 1947년 6월 10일 자.

61 〈第十二回中央委員会議事録〉, 6쪽; 《叢書》 9.

62 이하의 인용은 〈第十二回中央委員会議事録〉, 7~11쪽.

63 〈在留同胞市民權問題 朝鮮國籍保持生活權獲得을 朝聯中總見解〉, 《解放新聞》, 1948년 1월 15
일 자.

64 金太基(1997: 436).

65 在日本朝鮮人連盟中央総本部, 〈第四回全体大会々議録〉, 82쪽; 《叢書》 9.

66 〈民団の政治路線再檢討〉, 《民主新聞》, 1947년 12월 13일 자.

67 〈社説 쏘代表提案에 朝鮮人은 自重하라〉, 《朝鮮新報》, 1947년 10월 2일 자.

68 서중석(2002: 47-50).

69 서중석(1991: 545).

70 〈第四回全体大会々議録〉, 30~31쪽.

71 〈社説 団体解消論〉, 《朝鮮新報》, 1948년 1월 14일 자.

72 〈主張 反動の分裂策を封ぜよ 組織内の機会主義的偏向を戒む〉, 《朝連中央時報》, 1948년 1월 16
일 자.

73 在日本朝鮮人連盟中央総本部, 〈第十三回中央委員会議事録〉, 10~11쪽; 《集成》 1.

74 이하 백무 서기장 문제 논의의 인용에 대해서는 在日本朝鮮人連盟中央総本部, 앞의 글,
116~158쪽.

75 〈朝鮮新報をボイコットせよ 露骨な破壊的記事で同胞迷わす〉, 《朝連中央時報》, 1948년 2월 6
일 자.

76 〈在日全愛國者를 救國鬪爭에 動員〉, 《解放新聞》, 1948년 4월 20일 자.

77 〈在日各団体に招請状 救国鬪爭に参加を要請〉, 《朝連中央時報》, 1948년 4월 30일 자.

78 朴慶植(1989: 368).

79 坪井(1959: 42-44).

80 도진순(1997: 230).

81 도진순(1997: 232).

[제6장] 남북 분단과 민족교육

1 지금까지 수많은 민족교육운동사 연구가 발표되었지만, 민족교육에 대해서는 小沢
(1973), 金德龍(2004)이 포괄적인 연구이다. '4·24'에 대해서는 金慶海(1979)가 정리되어 있
고, 金慶海 編(1988)에는 1988년 이전의 문헌목록이 기재되어 있다.

2 [옮긴이 주] 1896~1977. 교육관료. 1946년부터 문부성 학교교육국장이 되어 전후 학교제
도개혁에 진력한 인물로 평가받고 있다. 이후 국립교육연구소장. 문부사무차관 등 역임.

3 〈大沼·入管資料〉 9, 179쪽.

4 松下(2010).

5 金德龍(2004: 78).

6 〈在日同胞教育問題의 重大危機 東京十六校에 또 閉鎖令〉,《解放新聞》, 1948년 4월 25일 자.

7 金太基(1997: 403).

8 リケット(1995: 235).

9 金太基(1997: 394-395).

10 金太基(1997: 396).

11 金太基(1997: 395).

12 在日本朝鮮人連盟中央総本部, 〈第十三回中央委員会議事録〉 43, 44쪽;《集成》 1.

13 〈教育問題重大化す 署名運動をおこそう〉,《東京朝連ニュース》, 1948년 4월 10일 자.

14 《学校를 지키자!》, 1948년 4월 24일 자.

15 〈在日朝鮮人教育의 實情(一)〉,《学校를 지키자!》, 1948년 4월 24일 자.

16 〈東京 奴隷教育은 限死코 실타 弾圧反対学父兄大会〉,《学校를 지키자!》, 1948년 5월 2일 자;
〈自主的教育をまもれ あくまで日政弾圧と闘争〉,《東京朝連ニュース》, 1948년 4월 20일 자.

17 〈教育用語는 朝鮮語로! 四条件을 日政에 回答〉,《学校를 지키자!》, 1948년 4월 24일 자.

18 〈十九日限 閉鎖命令 都下 十四校에〉,《学校를 지키자!》, 1948년 4월 24일 자.

19 〈通牒文을 返還하고 閉鎖令에 對하야 抗議〉,《学校를 지키자!》, 1948년 4월 24일 자.

20 金德龍(2004: 80).

21 金慶海(1979: 55-56).

22 荒(1994: 89-90).

23 金德龍(2004: 83).

24 〈東京朝鮮中学校実情調査〉,《学校를 지키자!》, 1948년 4월 24일 자.

25 〈東京事態 愼重히 進捗中 各学校責任者全員被検〉,《学校를 지키자!》, 1948년 5월 2일 자.

26 〈臨時休校에도 不拘 閉鎖違反이라고 戒告!〉,《学校를 지키자!》, 1948년 5월 5일 자.

27 〈臨時休校에도 不拘 閉鎖違反이라고 戒告!〉

28 〈最後의 勝利를 為하야 鬪爭力量을 蓄積 敎対委戒告令受理〉,《学校를 지키자!》, 1948년 5월 5
일 자.

29 〈東京十六同志釈放〉,《学校를 지키자!》 6, 1948년 5월 8일 자.

30 小沢(1973).

31 [옮긴이 주] 1888~1984. 도쿄제대 조교수 시절 크로포트킨의 사회사상에 관한 논문이
문제가 되어 사직. 이후 노동자 교육이나 무산자운동에 대해서도 관심을 기울였다. 패전
후에는 일본사회당에 참가하여 46년 중의원의원에 당선, 당내 우파의 이론적 지도자가
된다. 47~48년의 가타야마 데쓰片山哲·아시다 히토시芦田均 내각의 문부대신을 역임.
교육의 기회균등의 이념 아래 9년 의무교육제도(6·3제) 시행, 교육위원회 공선제 제정에
힘썼다.

32 〈覚書交換의 理由〉,《学校를 지키자!》, 1948년 5월 8일 자.

33 〈教育鬪爭自己批判과 今後의 発展方向 朝連全國文化部長會議結論〉,《解放新聞》, 1948년 5월 25
일 자.

34 일본타이프라이터주식회사 공장에서 노동조합원이 행한 생산관리에 대해 경찰이 폭력
을 휘둘러 약 250명이 구속된 사건. 이 회사의 노동조합이 1947년 9월 임금인상을 요구
하자 회사 측은 공장을 폐쇄했다. 조합 집행부는 인원 정리를 인정하고 생산을 속행하겠
다는 각서를 회사와 교환했으나, 조합대회는 이것을 인정하지 않고 집행부를 불신임하
여 생산관리에 들어갔고, 도쿄도 노동위원회에 제소했다. 회사는 법원에 생산관리 해제
가처분을 신청했고, 법원은 가처분을 집행, 특히 미타三田에서는 다수의 경찰관이 폭력
을 휘둘러 250여 명이 구속되었다. 도쿄도 노위의 조정으로 일부 조합원의 자발적 퇴직,
퇴직금 증액 등의 조건으로 타결되었다. 法政大学大原社会問題研究所 編,《新版 社会·労働運
動大年表》, 労働旬報社, 1995, 484쪽.

35 군마현 기류시桐生市의 이즈미기계제작소에서 생산관리를 행한 노동조합원을 경찰이 구
속한 사건. 이 제작소는 양말 짜는 기계 등을 만드는 종업원 21명의 개인 소유 소규모 공
장이었지만, 저임금, 장시간 노동뿐만 아니라 노동조합에 가입하지 말 것을 고용조건으

로 하는 등 노동환경이 열악하였다. 이로 인해 종업원 등이 1948년 1월 노동조합을 결성하려고 하자, 공장주는 산별계 전일본기계에 가맹하면 공장을 폐쇄하겠다고 협박했고, 실제로 조합 결성 후에 해고를 선언했다. 공장주가 단체교섭을 거부했기 때문에, 조합 측은 생산관리를 개시했고, 이에 대해 공장주는 경찰에 호소하여 48년 2월 기류 경찰서 무장경관들이 조합위원장 등을 모두 구속했다. 〈治維法以上の暴圧 全群馬労農団体起つ〉, 《アカハタ》, 1948년 2월 24일 자.

36 [옮긴이 주] 1946년부터 1948년 사이에 3차에 걸쳐 일본의 유명한 영화제작회사인 도호東宝에서 발생한 노동쟁의를 가리킨다. 패전 초기부터 활발히 노조 활동을 전개하여 종업원의 90%를 조합원으로 확보한 노조 측이 회사와 대치했다. 특히 1948년의 제3차 쟁의는 대규모로 이루어져, 결국 촬영소를 접수하자 경시청 예비대와 미군까지 출동했다. 전후 최대의 노동쟁의로 일컬어진다.

37 1948년 3월 일본적십자사 종업원조합 간부였던 이케우치 다쓰오池内達郎(일본적십자사 중앙병원 위원)가 해고된 사건. 이케우치는 이 해고는 조합의 약화를 노린 것으로, 노동조합법 제11조를 위반했다고 하여 제소했다. 〈日赤組合から提訴〉, 《朝日新聞》, 1948년 6월 4일 자 조간.

38 〈教育問題·人民大會引責으로 全幹部總辞職의 運命 朝聯山本部에 大衆批判의 旋風〉, 《朝鮮新報》, 1948년 5월 21일 자.

39 〈社説 民主主義擁護同盟에 参加하자〉, 《解放新聞》, 1948년 9월 12일 자.

40 〈十二月事件教育事件時與黨은 落選시키자 日總選擧에 在留同胞의 態度〉, 《解放新聞》, 1948년 11월 27일 자.

41 〈反動の元凶 玄氏殺さる〉, 《朝連中央時報》, 1949년 1월 21일 자.

42 民団兵庫55年史編纂委員会 編(2003: 39).

43 〈反動の元凶 玄氏殺さる〉, 《朝連中央時報》, 1949년 1월 21일 자; 民団兵庫55年史編纂委員会 編(2003: 39). 또한 호소카와 가로쿠細川嘉六는 1948년 5월 24일 참의원 치안 및 지방제도위원회의 〈오사카, 고베 소요사건의 조사보고에 관한 건〉에서 "그(건청 효고) 위원장이 된 자는 현효섭이라는 사람입니다. 이 자는 전시중에 일본의 헌병협력대장이 되어 일한 사람입니다. 지금은 산노미야에서 나이트클럽을 경영하고 있다"고 언급하고 있다(國会会議録). 다만, 전전의 육군헌병사령부 밑에는 정식 명칭이 '헌병협력대'인 조직은 존재하지 않는다.

[44] 朴憲行(1990: 262).

[45] 朴憲行(1990: 302).

[46] 주 43)의 호소카와 가로쿠 발언 참조.

[47] 朴憲行(1990: 298).

[48] 朴憲行(1990: 300/308).

[49] 〈反動の元凶 玄氏殺さる〉,《朝連中央時報》, 1949년 1월 21일 자.

[50] 朴憲行(1990: 262). "특히 현효섭 씨의 화술이랄까 정확하고 완벽한 일본어에 어쩐지 나는 감동했다.…… 뭔가 야전지휘관이라고 할 만한 인상이었다. 당시 일본의 동포사회는 대개의 사람들이 교육을 받을 기회는커녕 생활의 여유도 없었고, 먹는 것조차 허덕이는 상황에 놓여 있었다. 따라서 내가 만난 동포 중에는 이러한 유형의 사회적으로도 경제적으로도 풍요롭고 유능한 느낌을 주는 의지적 인물은 만난 적이 없었다."

[51] 朴憲行(1990: 272).

[52] 在日本朝鮮人連盟, 〈報告書〉, 6쪽;《叢書》9.

[53] 〈反動の元凶 玄氏殺さる〉,《朝連中央時報》, 1949년 1월 21일 자.

[54] 朴憲行(1990: 260).

[55] 〈鉄面皮의 狂言〉,《民衆新聞》, 1946년 7월 20일 자.

[56] 정식 명칭은 남조선대한국민대표민주의원. 1946년 2월 14일 미군정의 자문기관으로 설립되었지만, 실질적으로는 이승만, 김구 등의 반탁 우익세력의 거점이었다. 다만, 1947년 현재 이미 민주의원은 남조선과도입법의원으로 명칭을 변경하여 존재하지 않는다. 당시 함상훈은 한국민주당의 선전부장이었다. 건청이 이전의 직명으로 편지를 송부했을 가능성이 높다. 아울러 함상훈은 그 후 49년 5월 실시된 제주도 재선거에 입후보하여, 서북청년단의 지원을 얻어 당선되었다. 이것은 4·3항쟁으로 인해 실시되지 못했던 제헌의회 선거를 다시 실시한 것이다. 함상훈은 북조선 황해도 출신이었다.

[57] CIS, Box no. 8682 Folder no. 1, From: Hyogo Prefectural Head Office of the CHOSUN KAWN KUK TCHOK CHIN CHUNGYUN DONG MAING, To: HAM Sang Hoon, Director of Public Information Dept, of the South Korean Democratic Council, Seoul Korea, Oct 4. 1947.

[58] Ibid. From: Hyogo Prefectural Head Office of the CHOSUN KAWN KUK TCHOK CHIN CHUNGYUN DONG MAING, To: HAM Sang Hoon, Director of Public Information Dept, of the South Korean Democratic Council, Seoul Korea, Oct 27. 1947.

[59] 《促進新聞》, 1948년 1월 27일 자.

[60] 民団兵庫55年史編纂委員会 編(2003: 47).

[61] 〈大衆の熱望に応え兵庫県本部結成〉, 《大阪民団時報》, 1948년 7월 1일 자. 民団兵庫55年史編纂
委員会 編(2003)에는 민단 효고현 본부 결성이 46년 12월 25일로 되어 있는데(46쪽), 적어
도 48년 6월 이전에 민단 효고현 본부 결성에 대해 기술한 자료는 현 시점에서 필자는
확인하지 못했다.

[62] 〈阪神視察報告 留守は婦女子だけ 建青, 徹夜で前後措置に奔走〉, 《民主新聞》, 1948년 5월 1일 자.

[63] 〈論壇 学校閉鎖指令と共産主義〉, 《民主新聞》, 1948년 5월 1일 자; 〈朝鮮人学校閉鎖令問題 居留
民団中央総本部で声明〉, 《民主新聞》, 1948년 5월 1일 자.

[64] 〈閉鎖指令もなく有為な二世教育に専念〉, 《民主新聞》, 1948년 5월 8일 자. 발언자인 김구연
은 이미 47년 4월 교토부 민생부장 앞에서 "일본에 거류하는 조선인 중 극소수가 일본
천황제에 반대하고 있고, 대다수는 천황제를 절대적으로 지지하고 있다. 천황제에 반
대하는 자는 극소수의 공산주의자뿐이다"라고 언급했으며〈朝鮮人の天皇制反対は極小数
教育会長金氏の見解〉, 《朝鮮新報》, 1947년 4월 15일 자), 김구연이 회장을 역임한 교토 조선
인교육회는 47년 9월 20일 재빨리 재조선미군정청 문교부 발행 교과서 사용을 결정했
다〈南鮮教科書を使用 京都教育会で決定〉, 《朝鮮新報》, 1947년 9월 18일 자).

[65] 〈在日同胞教育問題考慮中 安在鴻民政局長談話〉, 《朝鮮情報》, 1948년 4월 15일 자.

[66] 金太基(1997: 417–418).

[67] 〈在日朝鮮人学校問題の原因は一部人士の煽動〉, 《朝鮮情報》, 1948년 5월 7일 자. 딘 군정장관
은 그 전날 제주도를 방문하여 안재홍 민정국장, 조병옥趙炳玉 경무부장 등과 '5·5최고
수뇌회담'을 개최했고, 6일의 기자회견에서는 제주도 시찰에 대해서도 견해를 발표했
다. 그리고 이 5월 5일 회담을 경계로 군정 당국은 제주도에 대해 '무력에 의한 진압'을
선택하게 되었다〈済民日報, 四·三取材班, 1995: 제六장/제7장).

[68] 〈座談会 神戸朝鮮人学校事件〉, 《歴史と神戸》 1963년 4월호, 17쪽; 金慶海 編(1988)

[69] 〈愛國者의 嚴重處斷에 協力〉, 《解放新聞》, 1948년 5월 5일 자.

[70] 李同爕, 〈さながら〈朝鮮人狩り〉の神戸──九日間の獄中記(上)〉, 《朝連中央時報》, 1948년 5월 21
일 자.

[71] 朴元俊, 〈弾圧の下で──神戸事件抄 ある新聞記者の手記(二)〉, 《朝連中央時報》, 1948년 7월 9;
朴元俊, 〈弾圧の下で──神戸事件抄 ある新聞記者の手記(三)〉, 《朝連中央時報》, 1948년 7월 23

일 자.

72 〈阪神視察報告 留守は婦女子だけ 建靑, 徹夜で前後措置に奔走〉, 《民主新聞》, 1948년 5월 1일 자.

73 〈火事泥で─もうけ 阪神事件における 建青の背族行爲〉, 《朝連中央時報》, 1948년 5월 21일 자.

74 東洋経済新報社 編(1991). 일당에 대해서는 62~63쪽, 월급에 대해서는 20쪽을 참조.

75 하지만 이 고가의 '증명서'의 매각에 대해서는 현효섭 스스로 48년 5월 27일 술집 '해피'
에서 "나는 건청위원장과 친한 사이인데, 고베사건으로 현 위원장은 3,000엔에서 2만
엔 정도 받았다. 우리들도 가끔 술값을 받고 있다. 오늘 밤도 현효섭 씨한테서 술값을
막 받아왔다"는 소문을 퍼뜨렸다고 하여 변호사 고가 모토키치古賀元吉를 고베지검에
명예훼손으로 고발했다(〈身分証明書のデマから 建青委員長が古賀弁護士を告発〉, 《神戸新聞》,
1948년 5월 28일 자).

76 〈朝連第十五回中央委員会会議録〉, 金慶海 編(1988: 50~51). 편자인 김경해 씨는 이것에 "외
국인 등록증명서의 의미"라는 주를 달고 있는데, 필자가 조사한 범위에서는 이 건청의
증명서가 외등증이었다는 사실은 확인하지 못했다. 아마도 외등증이 아니라 비상사태
선언하에 군정부가 독자적으로 발행한 증명서가 아닐까.

77 〈兵庫建青의 罪惡相 監房에서 補導員 노릇하는 前憲兵隊協力隊長 玄孝燮〉, 《解放新聞》, 1948
년 5월 15일 자.

78 〈愛國者의 嚴重處斷에 協力 兵庫建青의 賣族行爲를 보라!〉, 《解放新聞》, 1948년 5월 5일 자.

79 〈兵庫建青의 罪惡相 監房에서 補導員 노릇하는 前憲兵隊協力隊長 玄孝燮〉, 《解放新聞》, 1948
년 5월 15일 자.

80 朴憲行(1990: 320).

81 民団兵庫55年史編纂委員会 編(2003: 54).

82 〈救出運動展開 神戸建青에서〉, 《朝鮮新報》, 1948년 5월 1일 자.

83 〈建青の受刑者育成運動〉, 《民団新聞》, 1947년 9월 20일 자.

84 〈在日本朝鮮居留民団司法育成会規約〉, 《民団新聞》, 1947년 6월 30일 자.

85 〈司法関係日本諸名士招待 民団司法育成会懇親会を開催す〉, 《民団新聞》, 1947년 6월 10일 자;
〈朴烈氏刑余者の保護に進出 朝鮮居留民団司法育成会を設立〉, 《司法保護》, 1947년 7월 1일 자.

86 〈朝鮮居留民団司法育成会発会式〉, 《朝鮮新報》, 1947년 12월 6일 자.

87 〈司法育成會創設 民團京都本部에서〉, 《朝鮮新報》, 1947년 12월 12일 자.

88 〈在留同胞の法権擁護の為 民団大阪司法育成会誕生〉, 《大阪民団時報》, 1948년 7월 11일 자.

89 〈受刑者慰安大会開催〉, 《朝鮮新報》, 1947년 8월 1일 자.

90 金太基(1997: 830). 원 자료는 Spot Intelligence from C.A.W. to Chief of Staff, 14 Jan. 1949, Subj: Assassination of Prominent Rightist Korean Leader. 이 GII 자료에는 현효섭은 "고베·오사카 지역의 가장 귀중한 CIC로의 정보제공자"라고 기술되어 있다.

91 예를 들면, 47년 7월 25일 야마가타현 니시오키타마군西置賜郡 나가이정長井町에서 일어난 조련과 민단의 충돌이나, 47년 10월 15일 아이치현 나고야시名古屋市에서 일어난 충돌 당시에도 민단은 CIC에 통보하여 사건 해결을 도모했다(〈朝連テロ 暴行! 一時間 民団 幹部人事不省〉, 《民団新聞》, 1947년 8월 16일 자; 〈又, 不法侵入! 朝連"名古屋" 事件〉, 《民主新聞》, 1947년 11월 1일 자).

92 〈共産主義と闘う 建青第六回全体大会〉, 《民主新聞》, 1948년 3월 6일 자.

93 〈南北の単政反対 建青の態度決定す〉, 《民主新聞》, 1948년 4월 17일 자.

94 〈青同民青に合流 十七日正式に調印終る〉, 《朝連中央時報》, 1948년 5월 14일 자.

95 〈注目すべき反動の言動 南朝鮮単選に対し民団―支持 建青―反対〉, 《朝連中央時報》, 1948년 5월 14일 자; 〈国連決定案を絶対支持〉, 《民主新聞》, 1948년 4월 24일 자.

96 〈論壇 南北要人会談への疑問〉, 《民主新聞》, 1948년 4월 17일 자.

97 〈建青·日警提携の豪華版 会衆より多い警官 建青主催中央政府樹立促成大会〉, 《朝連中央時報》, 1948년 5월 21일 자.

98 〈単選支持を決議 建青中委のどろ仕合い〉, 《朝連中央時報》, 1948년 7월 9일 자.

99 〈建青中委 南鮮単選支持決定〉, 《朝鮮新報》, 1948년 6월 30일 자.

100 〈反共の革新同盟生る〉, 《民主新聞》, 1948년 6월 5일 자; 〈革新同盟発会式〉, 《朝鮮新報》, 1948년 5월 31일 자.

101 기노시타 한지木下半治에 따르면, "일본반공연맹이라는 이름을 내세운 단체는 전후 각지에 있었는데, 가장 존재감을 드러낸 것은 도쿠다 규이치 습격사건 등으로 알려진 "일본반공연맹 오즈루大鶴 지부"라고 한다. 이것은 1947년 11월 2일에 창립되어 사가현 히가시마쓰우라군東松浦郡에 본부를 두었는데, 1948년 8월 14일 해산되었다(木下, 1977: 138).

102 〈単選支持を決議 建青中委のどろ仕合い〉, 《朝連中央時報》, 1948년 7월 9일 자.

103 〈大衆の熱望に応え兵庫県本部結成〉, 《大阪民団時報》, 1948년 7월 1일 자. 《민단 효고 55년의 발자취民団兵庫55年の歩み》에는 민단 효고현 본부의 결성은 46년 12월 5일이라고 되어

있지만(46쪽), 적어도 48년 6월 이전에 민단 효고현 본부 결성에 대해 기술한 자료를 현 시점에서 필자는 확인하지 못했다.

[104] 48년 5월 29일 건청 간사이 지방 연락협의회는 "남조선 총선거는 지금 조선인민의 3분의 2 이상의 총의로 시행된 것이며, 이것이 건청 강령의 취지인 조선통일과 민주주의를 실현시키는 유일한 노선"이라는 결의문을 중앙에 제출했다〈南鮮選挙建青綱領趣旨と合致〉, 《朝鮮新報》, 1948년 6월 2일 자).

[105] 〈大韓民国政府絶対支持 建青第八回全国大会〉, 《民主新聞》, 1948년 11월 6일 자.

[106] 崔德孝(2005: 105).

[107] 朴憲行(1990: 334).

[108] 〈大韓青年団と化すか? 建青全国大会〉, 《統一民報》, 1949년 5월 28일 자.

[109] 〈民族総意に反した南朝鮮単選 国土両断, 民族分裂五・一〇選挙認めず 朝連議長團声明發表〉, 《朝連中央時報》, 1948년 5월 21일 자.

[110] 〈人共樹立에 対한 聲明 全盟員의 깊은 認識 要望 朝聯議長團 發表〉, 《解放新聞》, 1948년 9월 24, 27일 자 합병호.

[111] 조련의 국기게양투쟁과 점령 당국의 탄압에 대해서는 손문규(1997).

[112] 〈朝連弾圧에 建青と野合 前全北地主小寺神戸市長〉, 《解放新聞》, 1948년 6월 1일 자. 고데라 겐키치小寺謙吉(1877~1949)는 효고현 고베시에서 태어나, 예일대, 콜롬비아대에서 법률, 존스 홉킨스대에서 정치경제학을 배우고, 독일, 오스트리아에서 수학한 후 귀국. 1908년 이래 중의원의원 당선 6회. 그사이 고베 시의원, 44년 고향에 미타三田중학을 창립하여 이사. 1937년 고데라コデラ공업소 설립. 38년 나니와浪速화학 사장, 이와키 가나야마岩木金山를 경영. 전후 46년 신일본신문사장, 47년부터 고베 시장(《政治家人名辞典》, 日外アソシエーツ, 1990, 209쪽). 부재지주였던 것으로 보인다.

[113] 〈主張 建青の陰謀を粉砕せよ〉, 《民青兵報》, 1948년 6월 1일 자.

[114] 〈売族的挑発の元兇 玄孝燮を抹殺せよ 建青中央でも非難の的となる〉, 《解放新聞》大阪版, 1948년 5월 25일 자.

[115] 〈反動の元凶 玄氏殺さる〉, 《朝連中央時報》, 1949년 1월 21일 자.

[116] 〈民団兵庫縣本部団長玄氏射殺さる〉, 《民主新聞》, 1949년 1월 22일 자. 김태기는 앞의 최용선 총무부장 살해에 대한 보복이 아닐까 추측하고 있다(金太基, 1997: 830).

[117] 〈《暴力》の自業自得 民総宣伝部談〉, 《解放新聞》, 1949년 1월 24일 자.

118 〈在日同胞, 本国選挙権なし〉,《朝鮮情報》, 1948년 3월 26일 자. 이 기사에 따르면 "만 21세
이상의 조선시민으로 투표구(행정구역인 부, 읍, 면 구 단위로 이루어진다)에 선거일 이전 60
일 이래 거주하여 선거인 등록을 마친 자가 투표할 수 있다"고 되어 있다. 앞에서 언급
한 대로, 하지 장관이 선거 실시를 표명한 것은 3월 4일이다. 직후에 남조선에 주거를
옮기지 않는 한, 5월 10일 선거에는 맞추지 못한다.

[제7장] '조국과의 직결'과 일본의 민주화

1 선행연구는 공화국 창건 전후에 조련 내부에 일본공산당원 그룹과 '조국'을 지지하는 두
그룹이 생겼다고 이해한다. 예를 들면, 홍인숙洪仁淑은 48년 시점에 '조국파', '일공파',
'통일파'의 3파가 조련 내부에 형성되었고, '조국파'가 주도권을 장악했다고 주장한다(洪
仁淑, 2000; 신정화, 2004). 조선총련의 한덕수 의장(당시 조련 의장)도 일본혁명을 중시하는
사람과 '조국'의 혁명을 중시하는 사람이 나뉘어 있었다고 기록했다(韓德銖, 1986). 또한
오규상吳圭祥은 제17중위에 대해 "민족을 대표하는 영수의 지도하에 조선민주주의인민
공화국을 지지하고 모든 활동을 거기로 직결시킨다는 정치노선을 확정한 회의였다"고
하면서도, 그러나 "조련은 17중위의 정치노선상의 문제를 보다 부연시켜, 그것을 조련
의 조직, 사상 건설사업에 철저히 관철시키지 못했다. 조련 조직 내부에서는 일본공산당
의 지도하에 일본의 민주화에 보다 큰 중점을 두는 활동가가 있었고, 활동가끼리의 완전
한 의지의 통일을 보지는 못했다"고 평가한다(吳圭祥, 2009: 70~71). 그러나 제7장에서 논
하듯이, 이러한 견해는 실증적으로는 지지하기 힘들다.

2 松本(1988).

3 金太基(1997: 462~463).

4 김태기가 직접 본인에게 물었더니, 핀은 한 번도 재일조선인과 만난 적이 없고, 주로 와
지마 에이지倭島英二 외무성 관리국장, 아사카이 고이치로朝海浩一郎 종연 총무부 제1과
장 등과의 의견교환을 통해 이 연구를 정리했다고 한다(金太基, 1997: 467~468).

5 공화국 국기 계양문제에 대해서는 リケット(1995), 손문규(1997)를 참조.

6 天川晃 他編(1996: 167). "전쟁의 결과 그 지위를 바꾼 나라의 국민"이란 연합국 국적을 가
지는 이탈리아인 등을 가리키며, '무국적자'는 '백계 러시아인이나 독일인이었던 자'를

주로 가리킨다(天川晃 他編, 1996: 166).

7 大沼(1986: 43).

8 天川晃 他編(1996: 168).

9 〈要求書 農相宛て提出〉, 《朝連中央時報》, 1948년 11월 1일 자.

10 〈主張 外国人として正当に遇せよ〉, 《朝連中央時報》, 1948년 11월 1일 자.

11 〈職場と正当な外國人待遇を闘争でかく得せよ 関東地方協議会の代表者会議〉, 《朝連中央時報》, 1948년 11월 21일 자.

12 鄭東文, 《新しい段階における在日朝鮮人運動》, 日本共産党関東地方委員会, 1948, 18쪽; 《叢書》 15.

13 [옮긴이 주] 1880~1953. 평생 인권변호사로 활동. 특히 의열단사건, 조선공산당사건, 타이완 자당농민조합사건 등 식민지 관련 사건의 변론을 맡은 것으로 유명. 치안유지법 위반 등으로 징역형을 살기도 했다. 전후에도 노동운동 탄압사건이나 한신 교육투쟁사건의 변론을 맡기도 했다. 2004년 대한민국건국훈장을 수여받았다.

14 48년 5월의 좌담회에 대해서는 〈[史料紹介] 座談会《在日朝鮮人問題に就て》(一九四八年)〉, 《研究紀要》 10, 2005 및 이 잡지의 미즈노 나오키의 해설 참조.

15 〈第五回全体大会議事録〉, 104쪽; 《叢書》 9.

16 〈이번 總選擧는 어떻한 條件 밑에 展開되는가? 法規를 中心으로〉, 《解放新聞》, 1948년 12월 18·21일 자.

17 〈第五回全体大会議事録〉, 61쪽.

18 〈当面の最大課題は生活擁護の闘い 先づ態勢を確立せよ 李書記長との一問一答〉, 《朝連中央時報》, 1948년 12월 6일 자.

19 당시의 서기국원은 도쿠다 규이치(서기장), 노사카 산조, 하세가와 히로시長谷川浩, 이토 리쓰伊藤律, 가메야마 고조亀山幸三이다.

20 지령 318호, 〈在日本朝鮮人民大衆の解放と總選擧戦について〉(日本共産党中央委員会書記局発, 各地方府縣委員会宛, 一九四八年一二月一五日); 《共産党資料》 4, 478단.

21 〈誤謬を指摘 外国人待遇と四合獲得闘争〉, 《朝連中央時報》, 1948년 12월 21일 자.

22 〈日本總選擧와 在留同胞의 動向〉, 《解放新聞》, 1949년 1월 15일 자; 〈一二月事件教育事件時與 黨은 落選시키자〉, 《解放新聞》, 1948년 11월 27일 자.

23 전부 6통의 왕복서한 중에 제1신, 제1답신, 제2신까지가 《조선의 별》 48년 12월 20일 자에, 제2답신, 제3신, 제3답신이 49년 1월 1일 자에 게재되어 있다. 이하의 인용에 대해

서는 이 잡지를 참조.

24 〈李さんを当選させろ 農調委に朝鮮人候補〉, 《朝鮮の星》, 1948년 11월 26일 자.

25 〈誤謬を指摘 外国人待遇と四合獲得闘争〉, 《朝連中央時報》, 1948년 12월 21일 자.

26 〈外国人待遇獲得は私の権限外だ 在日韓国代表記者団に語る〉, 《民青時報》, 1949년 1월 1일 자.

27 〈注目す可き発展 朝·日の共同闘争 第十一回関東地協の重要報告〉, 《朝連中央時報》, 1949년 1월
16일 자.

28 〈活動を祖国に直結せよ〉, 《朝連中央時報》, 1949년 2월 16일 자.

29 〈主張 現下の情勢と当面の任務〉, 《朝連中央時報》, 1949년 2월 26일 자.

30 〈幹部教室 反動の正体をつかんで生活に即した斗争へ!〉, 《朝連中央時報》, 1949년 2월 6일 자.

31 〈主張 四·二四事件の一周年を迎えて〉, 《朝連中央時報》, 1949년 4월 21일 자.

32 在日本朝鮮人連盟中央総本部, 《第十八回中央委員会会議録》, 1949년 5월, 3쪽. 이 사료는 조선
대학교 김철수 선생님께서 제공해주셨다. 이 자리를 빌려 감사드린다.

33 〈主張 吉田内閣の打倒は祖国の繁栄と直結〉, 《朝連中央時報》, 1949년 6월 14일.

34 조국전선에 대해서는 이신철(2008)을 참조.

35 〈祖国統一民主主義戦線綱領〉, 《北韓關係史料集六(一九四五〜一九四九年)》, 大韓民國文教部國史編
纂委員會, 1988. 다만, 중요한 강령 제2항은 조련계 신문과 기관지에는 정확히 게재되어
있지 않고, 단지 "제국주의 정책에 반대하고 평화 옹호를 위해 투쟁한다"고 되어 있다
(《朝連中央時報》, 1949년 7월 5일 자). 검열을 회피하기 위한 것으로 보인다.

36 〈三千万人民の歓呼裡に国土完整の暁鐘鳴響く〉, 《朝連中央時報》, 1949년 7월 2일 자.

37 〈大会役員〉, 《朝連中央時報》, 1949년 7월 5일 자.

38 〈憤激燃え立つ教育事件記念人民大会 反動何ものぞ! われ等にこの組織力!〉, 《朝連中央時報》, 1949
년 5월 1일 자. 다만 〈四·二四一周年記念全国大会〉(《解放新聞》, 1949년 4월 30일 자)는 288명
이라고 보도했다.

39 《解放新聞》, 1949년 6월 19일 자.

40 〈祖国統一民主戦線をめぐって(その二)〉, 《民主朝鮮》, 1949년 9월호, 3〜4쪽. 48년 12월에 재
일조선인 대표단은 공화국에서 김일성과 회견하고 김일성은 대표자 앞으로 23일 자 〈담
화〉를 발표했다고 한다(김일성, 1997). 여기에는 한덕수도 참가한 것으로 보이므로, 이 발
언은 돌발적인 것이 아니라고 할 수 있다.

41 〈西新井分会青年大会〉, 《民衆新聞》, 1946년 3월 1일 자.

42 〈私は何故入党したか 茨城県 金義元〉,《朝鮮の星》, 1949년 1월 27일 자.

43 〈入党の喜びを語る人々〉,《朝鮮の星》, 1949년 1월 27일 자.

44 金永春,〈私はなぜ共産党に入党したか〉,《朝鮮の星》, 1948년 9월 1일 자.

45 〈入党の喜びを語る人々〉,《朝鮮の星》, 1949년 1월 27일 자.

46 〈入党の喜びを語る人々〉.

47 鄭東文,《新しい段階における在日朝鮮人運動》, 90쪽.

48 〈入党の喜びを語る人々〉,《朝鮮の星》, 1949년 1월 27일 자.

49 金学根,〈R君えの手紙 朝鮮人の生活を守るものは誰か〉,《朝鮮の星》, 1948년 12월 20일 자.

50 金学根,〈R君えの手紙 朝鮮人の生活を守るものは誰か〉.

51 鄭在弼,〈組織問題 グループ活動の偏向について〉,《朝鮮の星》, 1948년 6월 15일.

52 〈実いまだ熟せず 朝連洋裁学院座談会〉,《民青時報》, 1947년 10월 5일.

53 제7장 주 1 참조. 박정진은 49년 2월 조련 제17회 중앙위원회를 기해, 조련에 대한 일본 공산당의 지도는 부정되었다고 한다(朴正鎭, 2012: 46). 하지만 여기에서 살펴본 것처럼, 오히려 이 시기에 조련은 조국전선의 산하에 들어가는 한편, 공산당의 지도도 받게 되었다. 공화국의 조국전선과 일본공산당 사이에는 대립이 없었고, 역으로 재일조선인운동을 둘러싼 모종의 합의가 있었다고 보는 것이 타당하지 않을까.

[제8장] 조련과 민청 해산

1 GS, Memorandam for Imperial Japanese Government, Through: Central Liaison Office, Tokyo, Subj: Abolition of Certain Political Parties, Association, Societies and Other Orgarnizations, Dec 1945. GHQ民政局資料〈占領改革〉編集委員会(1998: 34~44).

2 内務省令 第一〇号,〈昭和二十一年勅令第一〇一号(昭和二十年勅令第五百四十二号ポツダム宣言の受諾に伴い発する命令に関する件に基づく政党, 協会其の他の団体の結成の禁止等に関する勅令)の施行に関する件〉, 最高裁判所事務総局刑事局, 1949, 11~14쪽.

3 総発 乙 第三一七号,〈政党協会その他の団体の結成禁止等に関する件〉(内務省地方局長発, 各地方長官宛),《内務時報》복간 1(1), 1946, 30쪽.

4 이에 대해서는 단규령 제정 당시에 "중화인(외국인)은 연합국인이므로 적용되지 않아

신고의 필요는 없다"고 되어 있어, 칙령 제101호 시대부터 일관되게 신고 대상에서 제외된 것으로 추측된다(《団体等規正令関係質疑応答集 第一集》, 最高裁判所事務総局刑事局, 1949, 65쪽).

5 46년 8월 1일자 내무성 지방국장 통첩 〈쇼와 21년(1946) 칙령 제101호 제5조의 운용에 관한 건 의명통첩〉에서 "노동조합과 그에 준하는 단체, 예를 들면 농민조합 같은 것은 어떠한 정치적 활동을 하더라도 당분간 신고를 필요로 하지 않는다"고 되어 있다(法務府特別審査局, 1950, 161-162). 이 사료는 미야모토 마사아키宮本正明 씨가 제공해주셨다. 이 자리를 빌려 감사드린다.

6 公安課澤柳生, 〈勅令第一〇一号に就て〉, 《旭の友》 1, 長野縣警察部教養課, 1946, 28쪽.

7 厚生省発 第三六号, 〈朝鮮人, 台湾人及び中国人労務者の給与等に関する件〉; 山田 他(2005: 245).

8 在日本朝鮮人連盟, 〈第七回中央委員会〃錄〉 11, 12쪽. 다만 이 회의록에 보고 내용은 기재되어 있지 않다.

9 〈朝聯第三回定期大会外務部活動報告〉, 1946년 10월, 16쪽; 《集成》 1.

10 日本共産党中央委員会書記局, 〈緊急指令〉, 1946년 6월 9일; 《共産党資料》 4, 27단.

11 GS, Box no. 2275HH, Folder 15, For: Major Jack C. Napier, Government Section, G.H.Q, Subj: Concerning the filing of the declaration regarding the formation of the Korean organization, Oct 20, 1948.

12 雲龍洞人, 〈在日本団体に対する展望〉, 《自由朝鮮》 2, 10~11쪽. 탈고는 1946년 8월 15일 자.

13 〈民団ごよみ〉, 《民団新聞》, 1947년 2월 21일 자.

14 在日本朝鮮人連盟, 〈第十回中央委員会議事録〉, 153쪽; 《集成》 1.

15 CIS, Box no. 8616, Folder 34, From Calvin K. Sakamoto to Sin Honsik, Chief of Forreign Department.4 Mar. 1947.

16 〈第十回中央委員会議事録〉, 153쪽.

17 〈内務省の新たな"外国人活動調査"を警戒せよ〉, 《朝連中央時報》, 1947년 12월 19일 자.

18 점령 당국이 내무성에 조사를 요구한 단체에는 칙령 제101호에 의한 신고가 필요하지 않는 단체도 포함되었는데, 이에 대해 내무성은 "연합군 당국에서 입수한 정보나 자료에 기초하여 더 깊이 그 단체의 실태를 파악함으로써 칙령 제101호 위반 사실이 없는지를 정사하려는 의도"라고 설명하고 있다(〈諸団体調査事務の運用について〉, 法務府特別審査局, 1950, 176쪽).

19 法務府特別審査局(1951：119~120/143-144).

20 法務府特別審査局(1951：119~120/143-144).

21 《勅令百一号》結社届問題 朝連을 政党視는 不当〉,《解放新聞》, 1948년 6월 5일 자.

22 GS, Box no. 2275HH, Folder 15, For: Major Jack C. Napier, Government Section, GHQ, Subj: Concerning the filing of the declaration regarding the formation of the Korean organization, Oct 20, 1948.

23 Ibid.

24 荻野(1999).

25 瀧内(1949：63-64).

26 적어도 가타야마 내각 발족 당시까지는 조련도 예를 들면 외등록 문제에 대해 "가타야마 수반 내각은 본질적으로 구태의연한 보수 내각"이지만, "과거의 어느 내각보다도 진보적이라고 보는 것이 정당하며, 진보적 정책을 수행하지 않으면 안 되는 대중의 압력이 부단히 가해지고 있다"고 다소 기대하고 있다(〈社説 外國人登録令에關하야〉,《解放新聞》, 1947년 7월 1일 자).

27 이하의 기술에 대해서는 法務府特別審査局(1951：36-39).

28 이에 대해 의용단은 재산은 모두 민단에서 차용했을 뿐만 아니라, 단원 개개인의 갹출로 운영했기 때문이라고 설명하고 있다. CPC, Box no. 3716, Folder7, To: The Director of the Civil Affairs Bureau, Attorney-General's Office, From: Govenor of Chiba Prefecture, Subj: Seizure of Property of Dissolved Organization, Sept 18, 1948.

29 法務府告示第六九号(《日本占領法令集》11, 日本図書センター, 109쪽).

30 朴昌根, 〈朝鮮国軍準備隊의前途〉,《時鐘》2, 1947.

31 [옮긴이 주] 1907~1988. 도쿄제대 법학부 졸업. 변호사 및 고검 검사장. 좌익운동에 참여했으나, 쇼와 초기의 공산당 탄압 속에서 전향한 후 좌익 탄압의 기수가 되었다. 1941년 조르게사건의 주임검사를 역임. 전후에 공직 추방을 면하여 1948년에 법무청 사무관을 거쳐 특별심사국장이 되었다. 1949년에 조련 해산, 1950년에 일본공산당 중앙위원 추방 등의 탄압조치를 취했다. 또한 1952년에는 파괴활동방지법의 성립을 강행 추진, 1964년에 공안조사청장관, 1968년에 히로시마 고검 검사장 역임.

32 1949년 6월 18일의 참의원 법무위원회에서 요시카와 미쓰사다가 한 발언.

33 法務府特別審査局(1051：38)

570   해방 공간의 재일조선인사

[34] 〈千葉에 暴力團 軍政違反으로 幹部投獄〉,《解放新聞》, 1948년 9월 1일 자.

[35] 〈不良朝鮮人を自主的に追放〉,《世界日報》, 1948년 6월 11일 자.

[36] 荻野(1999: 69-72).

[37] 소련 출신 독일인 리하르트 조르게Richard Sorge가 코민테른 본부의 지령으로 1933년에 신문기자 명의로 일본으로 건너가 고노에近衛 내각의 브레인이었던 오자키 호쓰미尾崎 秀実 등의 협력을 얻어, 일본과 독일 사이의 기밀정보를 소련에 흘린 스파이 사건. 조르 게와 오자키는 44년 사형에 처해졌다.

[38] 荻野(1999: 81-82).

[39] 〈宗教団体に対し勅令第百一号適用上の取扱について〉,《曹洞宗報》160, 1948, 4쪽.

[40] 〈宗教団体に対し勅令第百一号適用上の取扱について〉

[41] 《昭和廿三年起 特別審査局よりの報告綴》, 監査課(國立公文書館所蔵).

[42] 増田(1998: 23).

[43] 1949년 6월 18일의 참의원 법무위원회에서의 발언.

[44] [옮긴이 주] 1904~1965. 노동운동가. 아사히신문사 기자. 1945년 신문사 노조 초대 위 원장. 이후 산별회의 의장. 1945년 공산당에 입당, 1947년 1월 우익단체 신예 대중당의 습격을 받아 전치 1개월의 중상을 입었다. 1949년 중의원의원. 1958년 《아카하타》 편집 국장.

[45] 1949년 6월 18일의 참의원 법무위원회에서의 발언.

[46] 法務府特別審査局(1951: 95).

[47] 1949년 6월 18일의 참의원 법무위원회에서의 발언.

[48] 〈団体等規正令及び同施行規則の施行について〉, 最高裁判所事務総局刑事局, 1949, 53쪽.

[49] 〈団体等規正令及び同施行規則の施行について〉.

[50] 法務府特別審査局(1949: 157).

[51] 〈朝連について(一九四九・六)〉,《特審資料》, 法務府特別審査局, 1951.

[52] 金太基(1997: 517-518).

[53] 在日本朝鮮人連盟中央総本部,《第十八回中央委員会会議録》, 1949, 57쪽.

[54] 〈民團追放을 決議 朝聯, 日本民主團體와 共鬪〉,《解放新聞》, 1949년 4월 18일 자.

[55] リケット(1995: 263-265).

[56] 鄭祐宗(2010: 892-893).

57 金太基(1997: 561).

58 그 간의 경위에 대해서는 金太基(1997: 561~569).

59 1949년 11월 7일 중의원 법무위원회에서의 요시카와의 발언.

60 재산 접수의 규모에 대해서는 坪井(1959: 281~282)의 법무부 민사국 조사에 의한다. 다만 조련은 48년 10월 현재 이것보다 많은 626개 지부, 1,996개 분회를 두고 있어서《五全大会提出報告書》,《集成》1) 실제 접수 규모에 대해서는 검토가 필요할 것이다.

61 四九年九月一二日電,〈現在行われている朝連解散等団体の接収に関する法的説明〉(検務局長発, 検事長·検事正宛),《検察月報》7, 1949, 87~89쪽.

62 法務府告示第五七号,〈解散団体の財産の管理及び処分等に関する政令第二条第二項の規定による財産の指定〉,《検察月報》7, 1949, 87~89쪽.

63 坪井(1959: 277).

64 検務第二六四六四号,〈在日本朝鮮人連盟等解散指定に伴い発生を予想される事犯の処理について〉(一九四九年九月八日, 刑政長官通牒),《検察月報》8, 1949.

65 〈暴力主義는 吉田政府 山形市民들의 世論〉,《解放新聞》, 1949년 9월 17일 자.

66 1949년 9월 13일 참의원 지방행정위원회에서의 요시카와의 발언.

67 法務府民事局民事甲第二二二八号,〈解散団体在日本朝鮮人連盟及び在日本民主青年同盟の財産接収及び処理について〉(民事局長発, 知事宛),《検察月報》8, 1949.

68 文管庶第六九号,〈朝鮮人学校に対する措置について〉(文部省管理局長·法務府特別審査局長発, 都道府県知事·都道府県教育委員会宛, 一九四九年一〇月一三日);〈大沼·入管資料〉14.

69 小林与三次,〈公職に関する就職禁止, 退職等に関する勅令について〉,《内務時報》7, 1947.

70 〈朝鮮人学校に対する措置について〉

71 吉橋(1951: 119~122).

72 吉橋(1951: 119~122).

73 金徳龍(2004: 264~272).

74 〈利用せよ 中小商工業起死回生策〉,《朝連中央時報》, 1948년 12월 6일 자.

75 49년 9월 13일 참의원 지방행정위원회에서의 요시카와 발언.

76 殖田俊吉,〈公開状 差別的弾圧にあらず〉,《日本週報》, 1949년 10월.

77 法意四分発第六三号,〈朝鮮人の犯罪事件に関する統計表について照会〉,《検察月報》5, 1949, 98~99쪽. 아울러 이미 45년 8월 15일부터 48년 5월 31일까지의 통계에 대해서는, 이것

을 사용하여 도쿄 고검 감사 우에마쓰 다다시植松正가 〈전후 조선인의 범죄〉를 집필, "조선인은 일본인보다도 신용, 방화의 두 죄를 제외하고 다른 모든 범죄에서 범죄율이 높다"는 결론을 도출했다(《警察学論集》 7, 1949).

78 〈朝連解散은 《餓死處分》 商去來도 忌避하는 日本人〉, 《解放新聞》, 1949년 9월 23일 자.

79 〈朝連の解散問題に付き日本の皆さんに訴う〉, 《解放新聞》, 1949년 9월 17일 자.

80 〈朝連彈壓의 非法性〉, 《解放新聞》, 1949년 9월 17일 자.

81 〈抗議文〉, 《アカハタ》, 1949년 9월 10일 자.

82 〈朝連·民青の解散に関する議会答弁資料〉(《佐藤達夫関係文書》国立国会図書館憲政資料室蔵).

83 GS, Japan Communist Party and the "CHOREN", Sept 9, 1949(《民政局資料》 10, 223~224쪽).

84 GS, Subj: Japan Communist Party and the Choren Dissolution. Sept 15, 1949(《民政局資料》 10, 230쪽).

85 〈社説 침착과 냉정 속에서 鬪爭을 百倍 앙양하자〉, 《解放新聞》, 1949년 9월 13일 자.

86 朝鮮建国促進青年同盟中央総本部, 〈声明書〉(滋賀県立大学朴慶植文庫蔵).

87 CIS, Box no. 8701, Folder 30, CCD Intercept From: DAI KAN MINKOKU KYORYUMINDAN Headquarters To: Union of Greater Korean Republic in Japan Fukuoka‒ken Headquarters, Sep 8, 1949.

88 〈第一次声明書〉, 《民主新聞》, 1949년 9월 24일 자.

89 〈遂に朝連と民青系崩壊 過去を反省民主陣営に参ぜよ〉, 《民主新聞》, 1949년 9월 24일 자; 〈声明書〉, 《新世界新聞》, 1949년 9월 21일 자.

90 〈第二次声明書〉, 《民主新聞》, 1949년 9월 24일 자.

91 吳斗女, 〈自由論壇 民團聲明에對한批判(一)〉, 《新世界新聞》, 1949년 10월 7일.

92 全致五, 〈自由論壇 朝連民靑解散에對하여(承前)〉, 《新世界新聞》, 1949년 9월 27일 자.

93 GS, Box no. 2275HH, Folder 15, Memorandom for: General Whitney Subj: Korean Ambassador Request Japanese Police Assistance in Registration Program, Oct 11. 1949.

94 四発第一五一号, 〈第三国人団体の届出について〉(法務府特別審査局第四課長発, 各都道府県総務部長, 各支局長宛, 一九五〇年六月八日), 法務府特別審査局, 1950, 233~234쪽.

95 四発第二〇八号, 〈朝鮮人団体の準軍事的訓練について〉(法務府特別審査局第四課長発, 各支局長, 一九五〇年八月二一日), 法務府特別審査局, 1950, 235쪽.

96 法務研修所(1952: 194).

97 〈百三十三政黨團體整理 李哲源公報處長發表〉,《東亞新聞》, 1949년 10월 19일 자. 다만, 이것
은 조련 서울위원회만을 노린 것이라기보다 민주주의민족전선 계열 단체 전체의 등록
취소의 일환이었다.

[제9장] 외국인 등록체제의 형성

1 金太基(1997: 627–650).

2 リケット(1995: 208–209).

3 連合国最高司令官総司令部回章第三号, 〈個人, 貨物, 航空機及び船舶の日本出入国管理〉, 1950년
2월 3일 자, 〈芳賀四郎関係文書〉.

4 法務府検務局検務第二六一七号, 〈外国人登録令違反者の退去について〉(法務府刑政長官発, 各都道
府県知事宛一九四九年九月八日), 《登録例規通牒綴①》.

5 民事甲第二四九一号(六)第一五九号, 〈未登録外国人の新規登録申請に関する件〉(法務府民事法務長
官田中治彦·法務府刑政長官佐藤藤佐発, 各都道府県知事宛, 一九四九年一一月一日), 《登録例規通
牒綴①》.

6 大沼(1996: 75–76).

7 民事甲第二七七一号(六)二三一号, 〈外国人登録証明書の切替について〉(法務府民事法務長官発, 各
都道府県知事宛, 一九四九年一二月三日), 《登録例規通牒綴①》.

8 民事甲第二七七一号(六)二三一号, 〈外國人登録証明書の切替について〉.

9 法務府民事局, 〈外国人登録事務要領〉(一九四九年一一月一一日), 《登録例規通牒綴①》.

10 〈生活権과 人権을 蹂躙하는 外國人登録令의 改惡 全同胞는 團結하야 이렇게 싸우자〉, 《解放新
聞》, 1950년 1월 11일 자.

11 〈外国人登録斗争委構成 松岡で解教総会〉, 《解放新聞》, 1950년 1월 9일 자.

12 〈戸主가 一括的으로 舊寫眞을 그대로 使用〉, 《解放新聞》, 1950년 1월 9일 자.

13 〈登録寫眞代 日政이 負担〉, 《解放新聞》, 1950년 1월 17일; 〈手續은 解救에서 一括 寫眞代金 市
에서 負担〉, 《解放新聞》, 1950년 1월 11일 자.

14 〈市係員이 戸別訪問 川口市에서 要求通過〉, 《解放新聞》, 1950년 1월 19일 자.

15 〈日當을 要求 日人失業同盟에서 抗議〉, 《解放新聞》, 1950년 1월 11일 자.

16 〈失業者엔 縣民稅 除外 奈良同胞들의 年始鬪爭〉, 《解放新聞》, 1950년 1월 19일 자.

17 〈"大韓"으로 記入한 登錄證은 無效〉, 《解放新聞》, 1950년 1월 19일 자.

18 法務硏修所(1955: 106-107).

19 김득중(2009: 546-552).

20 곤도 겐이치近藤劍一는 "대한민국에서는 이번 국회에서 국민등록제를 의결하려고 하여, 등록하지 않으면 공산분자로 보고 국민으로서의 처우를 하지 않는 제도를 취하려고 하고 있다. 재일조선인은 당연히 대표부에 의해 등록되겠지만, 문제는 원래 대한민국에 반항하는 사람들이다"라고 언급하고 있다. 近藤劍一, 〈旋回する在日朝鮮人問題〉, 《朝鮮硏究所報》 42, 1949년 9월 24일 자.

21 大韓民國居留民團, 〈第八回全體大會報告〉(1949년 10월 18~19일), 《集成》 3, 75쪽.

22 GS, Box no. 2275HH, Folder 15, Memorandum for: General Whitney Subj: Korean Ambassador Request Japanese Police Assistance in Registration Program, Oct 11, 1949.

23 四涉第一四一六号, 〈外国人登録簿等の閲覧について〉(京都府総務部長発, 各市長, 各地方事務所長, 1949년 10월 29일), 《登録例規通牒綴①》

24 四涉一四六三号, 〈外国人登録証明書の取扱について〉(京都府総務部長発, 各市長, 各地方事務所長宛, 1949년 11월 10일), 《登録例規通牒綴①》

25 〈意見書〉, 《外国人登録例規通牒綴 其ノ二 昭和二十五年》, 京都府総務部渉外課(이하 《登録例規通牒綴②》로 약기)

26 法務府民事局民事甲第九五号, 〈外国人登録証明書の切替に関する件〉(法務府民事局長第六課長発, 在日本大韓民國居留民團中央総本部中央常任執行委員会宛, 1950년 1월 13일), 《登録例規通牒綴②》.

27 〈外人登録に使用する〈朝鮮〉という名称の件〉(DS発, 日本政府宛, 1950년 1월 11일), 《登録例規通牒綴②》.

28 〈外人登録に使用する〈朝鮮〉という名称の件〉(外務省発, 総司令部宛, 1950년 1월 23일), 《登録例規通牒綴②》. 아울러 이 문서는 近連合第九一号, 〈外国人登録事務に於ける朝鮮の國号について〉(近畿連絡調整事務局長発, 1950년 3월 14일)에 첨부된 것으로, 원문은 영문이다. 일본어 역은 교토부 원고 용지에 손 글씨로 쓰여 있으므로, 교토부에서 번역한 것으로 보인다(《登録例規通牒綴②》). 단, 원사료에서는 '이민과'로 되어 있는데, 이것은 입국관리부를 의미할 것이다.

29 民事甲第二三三号(六)四二号, 〈外国人登録証明書の切替に関する件〉(法務府民事局長第六課長発,

在日本大韓民国居留民団中央総本部宛, 1950년 1월 25일), 《登録例規通牒綴②》.

30 法務府民事局長発, 京都府知事宛電文(1950년 1월 25일), 《登録例規通牒綴②》.

31 電番号第五七一号, 〈外国人登録申請に対する措置について〉(国警本部警備部長発, 各警察管区本部警備部長, 各都道府県警備部長宛, 1950년 1월 25일), 《登録例規通牒綴②》.

32 近連合第九一号, 〈外国人登録事務に於ける朝鮮の国号について〉(近畿連絡調整事務局長発, 1950년 3월 14일), 《登録例規通牒綴②》.

33 50년 2월 3일 중앙연락협의회에서 기무라木村 외무성 연락국장은 "외국인등록령에 의한 등록에 임해, 조선 측으로부터 신분증명서의 국적란에 한국 또는 대한민국이라고 기입하도록 해주기 바란다는 요청이 있었던 것은 앞에 언급한 바입니다만, 일본 측에서는 지금으로서는 '조선'이라는 것으로 밀고 있습니다. GHQ 측에는 싫어하는 명칭은 피하도록 하면 어떻겠냐는 어드바이스가 있습니다. 어플리케이션 용지의 기입은 어느 쪽이든 상관없지만, 증명서에 어플리케이션대로 쓰면 여러 가지 문제를 야기하므로, 본 건은 목하 DS에서 고려중"이라고 발언했다(〈第三十二回中央連絡協議会議事要旨〉, 外務省連絡局, 1~2쪽; 荒敬 編, 《日本占領外交関係資料集 第一期》8.

34 〈朝鮮に対し〈韓国〉の名称を使用する件〉(DSより外務省宛, 1950년 2월 20일), 《登録例規通牒綴②》

35 法務府民事局民事甲第六一七号, 〈外国人登録事務取扱に関する件〉(法務府民事局長発, 各都府県宛, 1950년 3월 6일), 《登録例規通牒綴②》.

36 〈駐日韓國代表部 日本政府가 〈韓國〉이란 名稱을 受容한 것을 歓迎한다고 声明〉, 《自由新聞》, 1950년 3월 4일 자; 《資料大韓民國史》16.

37 [옮긴이 주] 1910~1992. 교토제대에서 조선사 수학. 이후 조선총독부 근무중에 종전을 맞이함. 전후에 외무성에 들어가 14년에 걸친 한일국교정상화 교섭 기록에 착수. 그사이 일본인 귀환자들로부터 증언 청취 작업을 계속해 《조선 종전의 기록朝鮮終戦の記録》(1964)을 간행.

38 法務研修所(1955).

39 한국에서 병역법과 징병제의 역사에 대해서는 한홍구(2008)를 참조.

40 〈待望의 軍門은 열리다 徴兵申告는 月内完了〉, 《東亞日報》, 1949년 11월 6일 자.

41 〈全國最初로 光州地域에서 徴兵検査實施〉, 《서울新聞》, 1949년 12월 6일 자; 《資料大韓民國史》15.

42 〈國務会議 満二〇歳徴兵義務를 骨子로 하는 兵役法案을 通過〉, 《서울新聞》, 1949년 3월 15일

자; 《資料大韓民國史》 11.

⁴³ 〈在外同胞는 卄六歲까지 延期 徵兵適齡在學生身體檢查는 必要하다〉, 《東亞日報》, 1950년 2월 22일 자.

⁴⁴ 〈千葉縣市原郡一同胞에 李承晚에서 《徵兵通告書》〉, 《解放新聞》, 1949년 12월 10일 자.

⁴⁵ 〈壯丁調査를 日政에 依賴〉, 《解放新聞》, 1950년 1월 27일 자.

⁴⁶ 〈第三十六回中央連絡協議会〉, 外務省連絡局, 4쪽; 《日本占領·外交関係資料集 第一期》 8.

⁴⁷ 〈所謂 〈大韓國民登錄〉問題 斷固拒否가 必要〉, 《解放新聞》, 1949년 10월 15일 자.

⁴⁸ 〈徵兵忌避者에 金報道課長警告〉, 《東亞日報》, 1950년 5월 19일 자.

⁴⁹ 坪井(1959: 304).

[종장] 조선 독립으로 가는 험난한 길

¹ 〈在東京朝鮮勞働者二万名强制帰還〉, 《朝鮮日報》, 1929년 9월 15일 자.

² 梶村(1993b: 145).

³ 〈ア司令官大阪府知事などに賛辞〉, 《神戸新聞》, 1948년 4월 28일 자.

⁴ 김동춘(2000: 201).

⁵ 효고현 히메지시姫路市 아보시網干에서는 '조선민주주의인민공화국'이라고 표기하는 승인을 받아냈다〈國籍은 人民共和國을 記入〉, 《解放新聞》, 1950년 2월 2일 자).

⁶ 이상의 경과에 대해서는 リケット(2006: 216)을 참조.

⁷ 袖井 編訳(2000: 275–277). 요시다는 ① 조선인을 위한 식량 수입 부채까지 장래 세대에게 짊어지게 하는 것은 불공정하다, ② 조선인의 대다수는 일본경제에 공헌하지 않는다, ③ 조선인은 범죄율이 높고 공산주의자가 많기 때문에 원칙적으로 모든 조선인을 송환하고, 일본경제의 재건에 공헌할 수 있는 자만은 거주를 허가하고자 하는 취지를 맥아더에게 전했지만, 받아들여지지 않았다.

⁸ [옮긴이 주] 패전 후 일본과 대한민국 사이의 국교 정상화에 이르기까지의 일련의 회담의 준비회담을 말한다. 한국전쟁 중인 1951년 10월부터 GHQ의 시볼트 외교국장의 중개로 선린관계 수립을 위한 예비교섭이 개시되었다. 한일회담의 주요 의제는 국교 수립의 전제가 되는 대일 재산청구권, 재일조선인의 처우, 어업문제 등이었다. 예비회담 후

1952년 2월부터 본회의가 개시되었지만, 난항을 거듭하여 이후 7회에 걸친 단속적인 교섭 끝에 1965년 6월 22일 한일기본조약이 체결되었다.

[보론 1] 전쟁 책임과 식민지 지배 책임, 재일조선인은 어떻게 보았나

[1] 永原陽子(2009: 11).

[2] 清水正義(2009: 51-58).

[3] 永原陽子(2009: 12).

[4] 동아시아사에서 '식민지 책임론'의 '저류'를 생각하는 데에 또 하나 빼놓을 수 없는 계보는 '한국병합 무효론'일 것이다. 일본군 '위안부' 문제에 관한 책임 추궁도 '한국병합'의 불법, 무효를 역사인식상의 배경으로 삼고 있다. 荒井信一(2011).

[5] 由井正臣(1994).

[6] 宮本正明(2006).

[7] 吉田裕(1997). 관련된 논고로 荒敬(1994), 赤澤史朗(1976) 참조.

[8] 吉田裕(1997: 196). 이 발언은 후세 다쓰지布施辰治, 조 후미쓰라, 스즈키 도민鈴木東民을 해설자로 하여 니지마 시게루新島繁의 사회로 진행된 〈도쿄재판'에서 무엇을 배울 것인가: 공개 연구회 속기록《東京裁判》から何を学ぶか: 公開研究会速記録》(《自由懇話会》 2(3), 1947)에 게재되어 있는데, 메릴랜드대학의 고든 프랑게Gordon William Prange문고(이하 '프랑게문고')에 소장된 교정본을 보면, 이 속기록 전체에 "delete" 지시가 있다. 아울러 조 후미쓰라는 패전 직후에《패전비사: 전쟁 책임 비망록敗戰秘史: 戰爭責任覚え書》을 공간했는데, 이 책에는 식민지 지배에 대한 언급은 거의 없고, 겨우 1943년 노무 동원 통계를 열거하면서 "반도인 8만 명"이라는 글자가 보일 뿐이다(長文連, 1946: 205). 또한 이 비판도 미·영·소에 비해 통제를 강화해도 생산력이 향상되지 않는 일본의 "봉건적 질곡"을 지적하는 것이어서 식민지 지배와 관련된 비판은 아니다. 1947년에 조선인생활권옹호위원회는 세타가야 구의원 선거에 입후보한 조 후미쓰라에 대한 지원을 호소했는데(《長文連氏 世田谷区議選に立候補》,《朝鮮人生活権擁護委員会ニュース》, 1947년 4월 20일 자), 조선인과의 구체적인 접촉을 통해 조 후미쓰라는 이러한 시각을 가지게 되었을 가능성도 지적할 수 있다.

[9] 吉見義明(1992: 88), 吉見義明(2014)도 함께 참조.

[10] 粟屋憲太郎(2013: 484~485).

[11] 吉澤文寿(2009: 138~140).

[12] 아라이 신이치荒井信一는 1973년 단계에서 도쿄재판이 '평화에 반한 죄'에만 초점을 맞추어 "예를 들면 강제연행한 중국인, 조선인 등을 공장이나 광산 등에서 비인도적으로 혹사시킨 사례처럼 '인도에 반한 죄'에만 해당되고 직접적으로 '평화에 반한 죄'와는 관계없어 보이는 사람들은 피고에서 제외되는 결과를 낳았다"는 점을 지적했다(荒井信一, 1973. 인용은 荒井信一, 1977: 44). 그 외에도 '인도에 반한 죄'의 미적용에 대해서는 細谷千博·安藤仁介大沼保昭 編(1989), 幼方直吉(1984), 粟屋憲太郎(1989: 156~158) 등이 일찍이 지적했다. 조선인 B·C급 전범에 대해서는 内海愛子(1982). 도쿄재판과 식민주의에 대해서는 大沼保昭(2007: 21) 참조.

[13] 林博史(2005), 林博史(2007), 戸谷由麻(2006), 戸谷由麻(2008).

[14] 鄭栄桓(2008).

[15] 朴慶植(1986).

[16] 小林聡明(2007: 9).

[17] 일본공산당과 재일조선인운동의 관계에 대해서는 이 책 제5장을 참조. 이 신문은 그 후 《조선민중신문朝鮮民衆新聞》→《민중신문民衆新聞》→《우리신문ウリ新聞》(오사카의 《대중신문大衆新聞》과 합동)→《해방신문解放新聞》→《조선민보朝鮮民報》로 개칭되어 오늘날의 재일조선인총연합회 중앙상임위원회 기관지 《조선신보朝鮮新報》에 이른다.

[18] 〈天下에 惡毒한 大義黨 正体의 曝露〉; 〈一心會의 沿革〉; 〈一心會 機構와 役員〉, 《民衆新聞》, 1945년 10월 15일 자.

[19] 金斗鎔(1947: 51~57). 이 책은 1947년 10월에 교도서방郷土書房에서 출판된 후, 김두용의 《朝鮮近代社会史話》(郷土書房, 초판 1947)가 1948년 6월에 재판되었을 때 〈부록〉으로 합책되었다.

[20] 金斗鎔(1947: 53~54)에 수록된 《미타미신문みたみ新聞》 기사(발행 연월일 미상)에서.

[21] 조련 창립대회에서 일심회 간부를 추방한 김두용은 이후에 "이 모임이 특히 문제가 되었던 것은 조선인연맹이 만들어질 당초, 즉 종전 직후의 연맹 중앙준비위원회 시대에 종전 직전까지, 아니 8월 15일까지 일심회의 간부였던 일당이 그대로 조련에 뻔뻔하게 나타나서 게다가 그 간부석을 점령했다"고 묘사했다(金斗鎔, 1947: 51-52).

[22] 〈一心會 機構와 役員〉, 《民衆新聞》, 1945년 10월 15일 자.

23 権逸(1987: 100-101). 아울러 《민중신문》 특집호에는 권혁주가 말했던 표현은 없다. 특집호와는 별도로 창간호가 있었던 것으로 보인다.

24 〈反動分子一掃를 決議 東京支部 結成大會에서〉, 《民衆新聞》 1945년 10월 15일 자.

25 金斗鎔(1947: 57-58).

26 坪井豊吉(1959: 26·88).

27 朴慶植(1986: 298).

28 日本共産党出版部 編(1946: 23-24).

29 日本共産党出版部 編(1946: 18-19).

30 朝鮮人人権擁護委員会, 〈日本人民に訴ふ〉, 法政大学大原社会問題研究所蔵.

31 布施辰治·長文連·鈴木東民(1947).

32 GS, Memorandum for Imperial Japanese Government, Through: Central Liaison Office, Tokyo, Subj: Abolition of Certain Political Parties, Association, Societies and Other Organizations, Dec 1945. GHQ民政局資料〈占領改革〉編集委員会(1998: 34-44). 칙령 제101호와 재일조선인단체의 관계에 대해서는 본서 제8장과 鄭栄桓(2009) 참조.

33 민전에 대해서는 서중석(1991: 346)에서 참조.

34 在日本朝鮮人連盟, 〈第七回中央委員會々録〉, 88~95쪽(朴慶植 編, 2000). 아울러 민전의 '친일파, 민족반역자' 규정은 처벌 기준으로는 친일파의 범위를 행정관료의 경우는 국장급, 즉 칙임관 이상으로 규정, 그 범위를 '행위'보다 '직위'를 중심으로 규정한 점에 특색이 있었다. 이강수(2003: 50·51).

35 《朝連青年部全国大会々議録》, 在日本朝鮮人連盟中央総本部, 1946, 25쪽. 学習院大学東洋文化研究所 〈友邦協会·中央日韓協会文庫〉 소장.

36 협화회는 간토대지진 사후 조치를 위해 1924년 설립된 오사카부大阪府 내선협화회內鮮協和會를 위시한 조선인 통제단체이다. 1934년의 각의결정 〈조선인 이주 대책의 건朝鮮人移住対策の件〉에 따라 조선인에 대한 '지도 강화'가 전면에 나오자, 1936년 8월 31일 내무성이 지방장관에게 보낸 〈협화사업 실시 요지協和事業実施要旨〉에 의해 부현府縣 기구의 하부기관으로서 전국적으로 지방 협회회(외장: 지사, 임원: 사회과장·특고과장)의 결성이 추진되었다(39년 6월에 중앙협화회 설립총회 개최). 그 후 44년에는 중앙협화회가 중앙흥생회로 개조, 흥생사업을 전관専管으로 하는 후생성 민생과가 설치되어, 지도부장에는 권혁주가 취임했다. 樋口雄一(1986) 참조.

37 外村大(2004: 329).

38 姜鐵(1984: 35·36).

39 崔碩義(2004: 38).

40 李羨娘(2000). 이 논문에 따르면 이 위원장은 그 경력 탓에 공산당에 입당할 수 없었다고 한다.

41 在日朝鮮科学技術協会, 〈在日朝鮮人の生活実態: 東京都江東区枝川町の朝鮮人集団居住地域における調査〉, 在日朝鮮科学技術協会, 1951, 8~9쪽; 《集成》 4.

42 姜鐵(1984: 36).

43 보도원 명부는 〈京都府協和会要覧〉; 樋口雄一 編(1995: 430-434). 해방 후의 조련 교토부 본부 관하의 임원은 《朝鮮新報》 1947년 8월 15일 자와 1947년 9월 6일 자 참조.

44 〈徵用協力者를 怨望戰病者末亡人〉, 《朝鮮新報》, 1947년 10월 21일 자.

45 在日本朝鮮人連盟, 〈總務部経過報告〉(三全大会), 59쪽; 朴慶植 編(1983).

46 〈所謂 居留民團이라고 朴烈 李康勲 等 또 策動 그 背後에는 民族反逆者가〉, 《解放新聞》 1946년 10월 10일 자.

47 〈橫説數説〉, 《建同特信》, 1946년 8월 10일 자.

48 〈創刊の辞〉, 《民団新聞》, 1947년 2월 21일 자.

49 在日本朝鮮人連盟, 〈第十回中央委員会議事録〉; 《集成》 1, 156쪽. 아울러 제10중위에 대해서는 원자료 쪽수가 불명료하기 때문에 《集成》 쪽수를 표시한다.

50 〈歷史的全國代表者会議開く 準連合國人待遇を〉, 《朝鮮人生活権擁護委員会ニュース》, 1946년 11월 29일 자.

51 법적 지위와 국적문제, 전쟁 책임문제는 당시의 재일조선인에게 극히 밀접한 관계에 있었다. 1946년 11월 1일 조선인생활옹호위원회 전국대표자회의는 "조선인은 인도상 당연히 연합국민에 준하는 자로서 대우를 받아야 한다"고 하여 '준연합국인 대우'를 요구했는데, 그 근거는 "어떠한 국민보다 조선인은 일본의 제국주의적 침략으로 인해 커다란 피해"를 입은 점에 있었다(〈歷史的全国代表者会議開く 準連合国人待遇を〉, 《朝鮮人生活権擁護委員会ニュース》, 1946년 11월 29일 자). 그러나 일본정부는 조선인은 '제국 신민'이며 강화조약 발표까지는 일본 국적이라고 하는 입장을 양보하지 않았다. 1947년 5월 2일에 공포, 시행된 〈외국인등록령〉의 해석도 마찬가지였다. 이러한 해석에 기초하여 재일조선인 전체가 연합국이나 조선 본국으로부터 '대일협력자'로 간주될 위험성을 회피하기

위해 자신의 손으로 조사를 하려고 한 것으로 보인다. 아울러 재일조선인의 법적 지위를
둘러싼 일본정부와 재일조선인단체의 해석 차에 대해서는 본서 제2장과 제3장 참조.

52 〈朝鮮人身分을 確定 対日協力者反日闘士實績調査〉, 《解放新聞》, 1947년 7월 10일 자.

53 在日本朝鮮人連盟中央総本部, 〈第十一回中央委員会議事録〉, 28쪽; 《集成》 1.

54 〈脚絆으로 눈 싸매고 日本刀로 斬首〉, 《解放新聞》, 1947년 3월 15일 자.

55 《조선신보》는 '오구라 모리조 씨(당시 37)'로 보도했다(〈日本軍閥의 暴虐曝露 徴用工 二名 斬
首〉, 《朝鮮新報》, 1947년 3월 11일 자).

56 〈徴用同胞斬殺事件 責任은 日本政府라고〉, 《朝鮮新報》, 1947년 5월 11일 자.

57 〈日本軍閥의 暴虐曝露 徴用工 二名 斬首〉, 《朝鮮新報》, 1947년 3월 11일 자.

58 〈日本戰犯者 嚴重 處斷하라 民戦서 談話〉, 《独立新報》, 1946년 5월 23일 자.

59 〈南, 小磯等 重刑要求 民戦서 要望〉, 《中外新報》, 1946년 6월 5일 자; 〈朝鮮을 桎梏한 日戦犯 極
刑處分을 要望〉, 《中央新聞》, 1946년 6월 6일 자.

60 〈社説 戰犯裁判에 寄하야 民族反逆者를 追求하자〉, 《民衆新聞》, 1946년 6월 15일 자.

61 呉壽麟, 〈侵略을 合理化하려는 弁護士들의 怪弁護〉, 《解放新聞》, 1947년 3월 1일 자. 오수린
은 자주 이 신문에 논설을 기고했으며, 조련 계열의 《인민문화人民文化》 편집을 맡았을
뿐만 아니라, A. 오트린의 《소련의 소수민족 정책》도 번역한 인물이다(呉圭祥, 2009: 247).

62 〈朝鮮人連盟 大阪本部 第三回 定期大会 開催〉, 《解放新聞 関西版》, 1946년 10월 5일 자.

63 〈戦犯の徹底的な追究が新日本の建設〉, 《朝鮮國際新聞》, 1946년 3월 1일 자. 아울러 본 사료는
시가현립대학滋賀縣立大学 박경식문고에 소장되어 있는 것이다. 또한 프랑게문고에는
《조선국제신문》 46년 7월 1일 자(제12호)에서 8월 22일 자(제23호)가 포함되어 있다.

64 小林聡明(2007: 98). 고바야시 소메이는 46년 5월부터 《조선국제신문》이 발행되기 시작되
었다고 했지만(小林聡明, 2007: 35), 46년 3월 1일 자로 제3호가 발행된 점으로 보아 창간
이 5월보다 빠른 것은 틀림없다.

65 〈朝鮮人と話したから殺した福原 ジョンソンさんの霊悼む〉, 《朝鮮國際新聞》, 1946년 3월 1일 자.

66 〈社説 日本軍の暴虐〉, 《朝鮮國際新聞》, 1946년 8월 6일 자.

67 〈社説 戰犯東京裁判에 對하야〉, 《朝鮮新報》, 1947년 12월 26일 자.

68 〈社説 再次 東京裁判에 對하야〉, 《朝鮮新報》, 1947년 12월 28일 자.

69 〈社説 日本天皇의 退位説〉, 《朝鮮新報》, 1948년 5월 29일 자.

70 〈社説 戰争犯罪と極東軍事裁判〉, 《朝鮮新聞》, 1948년 2월 28일 자.

[71] 허종(2003: 제1장).

[72] 〈입법의원 제35차 본회의〉, 《京鄉新聞》, 1947년 3월 22일 자; 《자료대한민국사》4.

[73] 〈미국무성동북아시아국장 휴 버튼, 미국의 대조선정책 등 기자회견〉, 《朝鮮日報》, 1947년 4월 11일 자; 《자료대한민국사》4.

[74] 〈입법의원 제58차 본회의〉, 《朝鮮日報》, 1947년 4월 25일 자; 《자료대한민국사》4.

[75] 〈경성법조회, 민족반역자처벌법법안에 관한 견해를 요로에 건의〉, 《朝鮮日報》, 1947년 4월 16일 자; 《자료대한민국사》4.

[76] 〈입법의원 제69차 본회의〉, 《京鄉新聞》, 1947년 5월 9일 자; 《자료대한민국사》4. 특별조례안의 '전범' 취급에 대해서는 이강수(2003: 67~69)도 참조.

[77] 〈日帝에 徵發된 朝鮮軍属 南方에서 戰犯으로 重刑 呻吟中〉, 《東亞日報》, 1947년 1월 12일 자.

[78] 〈싱가포르에서 귀환한 鄭浪, 남방잔류동포 구제 호소〉, 《朝鮮日報》, 1947년 1월 14일 자; 《자료대한민국사》4.

[79] 〈同胞 戰犯 容疑者 知友人의 嘆願으로 釈放〉, 《新世界新聞》, 1948년 9월 2일 자.

[80] 〈東京裁判の判決にさいして朝連議長団の談話 追放は自らの手で まだいる日本の戦犯〉, 《民青時報》, 1948년 11월 17일 자. 아울러 1948년 10월 현재 조련 의장단은 윤근, 김민화, 신홍식, 한덕수, 강신창姜信昌 등 5명이다(〈新任中央常任委員〉, 《朝連中央時報》, 1948년 10월 26일 자).

[81] 宇田川幸大(2015: 제3장) 참조.

[82] 〈主張 戦犯はまだいる 厳重に処刑せよ 極東国際軍事裁判に臨む〉, 《朝連中央時報》, 1948년 11월 11일 자.

[83] 〈歴史的東京裁判おわる 恨みの南と小磯に終身禁固刑〉, 《朝聯神奈川》, 1948년 12월 1일 자. 아울러 이 논설에서는 "두 명이 A급 전범으로 체포될 때에는 '조선에서 폭정을 실시했다'는 조항도 포함되어 있었다"고 되어 있는데, 분명히 전범용의자 체포 시점에서 정부에 제출된 GHQ 첩보부 수집정보를 전한 《아사히신문》의 미나미 지로 항목은 〈조선에 압정 행함〉이라는 표제로 "1936년부터 1942년까지는 조선총독으로 압정을 행했다"고 기술되어 있다(〈十一氏に逮捕命令〉, 《朝日新聞》, 1945년 11월 20일 자).

[84] 〈歴史的東京裁判おわる 恨みの南と小磯に終身禁固刑〉, 《朝聯神奈川》, 1948년 12월 1일 자.

[85] 〈主張 歴史の審判は教える〉, 《アカハタ》, 1948년 11월 16일 자.

[86] 〈極東裁判が教えるもの 審判の尺度を尊重 侵略主義終息と断じるは早計 朴烈団長〉, 《民主新聞》, 1948년 11월 27일 자.

87 〈三千万われ等ともに罪あり〉, 朴烈, 《新朝鮮革命論》, 中外出版株式会社, 1948.

88 〈論壇 特権を有するものに非ず〉, 《民主新聞》, 1948년 7월 3일 자.

89 〈社説 断罪と日本人の責務〉, 《國際日日新聞》, 1948년 11월 14일 자. 박노정은 그 외에도 복수의 신문을 경영했을 뿐만 아니라, 민단 가나가와 본부 단장(《民団新聞》, 1947년 2월 28일 자)이나 건청과 공동으로 조직된 외국인등록문제위원회동맹의 민단 측 위원(《民団新聞》, 1947년 9월 23일 자)에 그 이름이 보이며, 47년 10월의 민단 제2차 정기 전체대회에서는 민단 부의장에 선출되고(《民団新聞》, 1947년 10월 18일 자), 48년 9월 4일의 제5회 대회에서도 무임소부장에 선출되었다(《公認を得て初の大会 在留同胞に新しい指針与う 団長には朴烈氏か重任》, 《民主新聞》, 1948년 10월 9일 자).

90 〈社説 戰犯の判決と韓國の要求〉, 《朝鮮新聞》, 1948년 12월 3일 자.

91 金琮斗, 〈"廿世紀の判決"に感あり〉, 《朝鮮新聞》, 1948년 12월 3일 자.

92 〈張澤相외무부장관, 한국은 조선관계 전범 재심사 요구 권리를 保留한다고 표명〉, 《民主日報》, 1948년 11월 20일 자.

93 〈韓国, 南と小磯を要求〉, 《朝日新聞》, 1948년 11월 23일 자; 〈小磯, 南, 板垣引渡しを要求 韓国外相談〉, 《読売新聞》, 1948년 11월 30일 자. 아울러 《동아일보》1948년 11월 30일 자에서는 기자에게 언급한 것은 29일로 되어 있다. 또한 이 기사는 이타가키의 교수형 쪽이 유엔 승인보다 빠를 것이라고 맺고 있다.

94 〈社説 韓國의 戰犯裁判 要求〉, 《新世界新聞》, 1948년 11월 26일 자.

95 〈社説 誤れる言論を駁す〉, 《国際タイムス》, 1948년 11월 30일 자.

96 日本新聞協会 編(2001a: 135-136). 아울러 사시社是는 "일본민족의 민주적 부흥에 협력하고 세계 항구평화에 공헌한다", "좌우에 편향되지 않고 중정독자의 길을 걸으며 강한 책임감과 높은 기품 보유에 힘쓴다", "국제 뉴스를 중심으로 하는 주독지主讀紙로서 일본 신문화 건설에 최선을 다한다"는 것이다(日本新聞協会 編, 2001b: 232).

97 요코타의 경력에 대해서는 日外アソシェ一ツ 編(2004). 하타, 한야에 대해서는 《昭和人名辞典 Ⅱ 第一巻[東京篇]》(1989)를 참조했다.

98 小野秀雄(1956: 157)

99 〈天鼓〉, 《世界経済新聞》, 1948년 11월 24일 자. 아울러 《국제타임즈》의 사설은 이 칼럼을 11월 22일 자로 기록하고 있는데 오류이다.

100 金民樹(2002).

101 〈民族反逆者処罰法 在日朝鮮人中濃厚なる該当者 その人物と略歴しらべ〉, 《朝鮮新聞》, 1948년 9월 2일 자.

102 〈自省謹慎の朴春琴氏 心境を語る〉, 《朝鮮新聞》, 1948년 9월 2일 자.

103 〈反族者摘発投書募集〉, 《新世界新聞》, 1949년 1월 14일 자.

104 〈社説 反族者摘発의意義〉, 《新世界新聞》, 1949년 1월 20일 자.

105 〈社説 春園·六堂과 文化人의 反省〉, 《新世界新聞》, 1949년 2월 16일 자; 〈社説 学園内의 日帝 残滓 清掃〉, 《新世界新聞》, 1949년 2월 18일 자.

106 《新世界新聞》, 1949년 3월 3일 자.

107 〈朴春琴·李起東·李海山等日本隠避反民逮捕〉, 《新世界新聞》, 1949년 7월 26일 자.

108 〈社説 在日反民者를 掃蕩하라〉, 《新世界新聞》, 1949년 7월 26일 자.

109 〈社説 反民調査 結末에 失望〉, 《新世界新聞》, 1949년 9월 3일 자.

110 吉田裕(1997: 199).

111 〈風見鶏〉, 《文教新聞》, 1948년 12월 6일 자.

112 〈民族解放共同戦線へと亜細亜民族結集 在日民族連絡委員会〉, 《解放新聞》, 1947년 4월 15일 자.

113 内海愛子(2000b).

114 高成浩(1953: 13).

[보론 2] 쓰시마 거류 조선인의 '해방 5년사'

1 宮本常一(1963; 1970: 265-266).

2 嶋村初吉(2013).

3 斉藤隼人(1983).

4 李善愛(2001).

5 火野葦平(1950), 湯浅克衛(1952), 兼元淳夫(1954).

6 齋藤隼人, 〈対馬新聞の創刊まで(十年前の回想)〉, 《対馬新聞》, 1956년 5월 25일 자.

7 〈なつかしい祖国が見える 対馬の組織は大多忙 曺喜俊氏の語る対馬だより〉, 《朝連中央時報》, 1948년 7월 9일 자; 〈生業에 勤勉한 対馬島 同胞들 風習도 〈純朝鮮式〉 明朗한 어린이 文工隊〉, 《解放新聞》, 1949년 3월 15일 자; 元容徳, 〈対馬島周辺の人々〉, 《民主朝鮮》 1949년 6월호;

元容德,〈対馬島周辺の人々(つづき)〉,《民主朝鮮》1949년 7월호.

8 辛正寿(2017) 참조.

9 青柳敦子(2011: 12).

10 〈生産減少の対馬木炭 鮮人の製炭夫僅か四百名 旅館等に割当制を実施か〉,《対馬新聞》, 1946년 11월 14일 자.

11 〈サザエ罐詰をハワイの邦人へ 戦後初めての輸出〉,《対馬新聞》, 1948년 10월 1일 자.

12 〈引揚, 戦災者 対馬で八千六名〉,《対馬新聞》, 1946년 11월 14일 자.

13 兼元淳夫(1954: 38).

14 〈公職追放で誰に落ちつくか 対馬の全町村長 公選を前に下馬評の人々〉,《対馬新聞》, 1946년 12월 21일 자.

15 〈色めき立つ対馬の町村長候補者 資格審査迫り活発な動き〉,《対馬新聞》, 1947년 2월 24일 자.

16 〈《対馬の知事》としてしっかり働くつもり 着任の平原支長談〉,《対馬新聞》, 1947년 12월 7일 자.

17 斉藤隼人(1983: 11-13).

18 森田芳夫(1955; 1975: 85)

19 竹前栄治・中村隆英・天川晃 監修(1996: 153).

20 SCAPIN-1015(1946년 6월 12일),〈日本への不法入国の抑圧〉, 大沼保昭(1978: 113).

21 森田芳夫(1955: 86).

22 斉藤隼人(1983: 15).

23 〈対馬本土間の航行禁止解除さる コレラ患者の終息により〉,《対馬新聞》, 1946년 7월 21일 자.

24 〈国境の第一線 対馬両署に警備地区 完璧を期す密航取締り〉,《対馬新聞》, 1946년 7월 28일 자.

25 〈配給証明など速時停止〉,《対馬新聞》, 1946년 7월 28일 자.

26 〈朝鮮人の送還解除〉,《対馬新聞》, 1946년 7월 28일 자.

27 〈密航鮮人二百余名 三回にわたり発見 佐世保連合軍に引き渡し〉,《対馬新聞》, 1946년 8월 7일 자.

28 美津島町誌編集委員会 編(1978: 205).

29 対馬要塞重砲兵聯隊会(1995: 49).

30 〈捕物秘話の筆頭は監視の巡査部長が逆密航〉,《世紀新聞》, 1946년 12월 13일 자. 아울러 이 기사는, 수용소를 설치한 것이 '쓰시마 지청'이라고 기술했지만,《쓰시마신문》은 밀항자 수용소 설치를 '이즈하라경찰서'가 계획 중이라고 보도했다(《対馬新聞》, 1946년 7월 28일 자). 밀항자 단속은 기본적으로는 경찰의 임무였으므로, 후자의 보도가 정확한 것으로 보인다.

31 〈玄海の孤島対馬に密航船をさぐる〉, 《世紀新聞》, 1946년 12월 13일 자.

32 〈国境の第一線 対馬両署に警備地区 完璧を期す密航取締り〉, 《対馬新聞》, 1946년 7월 28일 자.

33 〈ふえる密航鮮人 今年になって百七十余名〉, 《対馬新聞》, 1947년 8월 14일 자. 다만, 이 기사는 이즈하라경찰서가 13개소의 감시초소 근무 경비보조원의 협력을 얻어 밀항을 감시하고 있다고 보도했는데, 사스나경찰서 관하의 경비지구 감시초소를 합치면 더 많을 가능성도 있다.

34 〈賀谷で密航船発見 米, 焼酎, 味噌などを満載 対馬の鯣と交換の目的〉, 《対馬新聞》, 1946년 8월 14일 자.

35 〈密航検挙の両部落を警察部長が表彰〉, 《対馬新聞》, 1946년 10월 14일 자.

36 본서 제2장 참조.

37 〈密航船発見者はすぐに届け出よ 厳原署から一般に注意〉, 《対馬新聞》, 1946년 9월 7일 자.

38 〈警官, 補助員と密輸船員が格闘 安神沖で船中の活劇〉, 《対馬新聞》, 1947년 1월 21일 자. 아울러, 두 명은 호송 도중에 갑자기 쇠파이프로 순사들을 습격하여, 박은 밀수 및 절도살인 미수로 체포되고 이토는 사망했다고 한다.

39 〈密輸船捕はる 文房具など満載〉, 《対馬新聞》, 1947년 8월 28일 자.

40 〈玄海の孤島対馬に密航船をさぐる〉, 《世紀新聞》, 1946년 12월 13일 자.

41 〈厳原から朝鮮へ 直接送還を申請〉, 《対馬新聞》, 1946년 10월 7일 자.

42 〈玄海の孤島対馬に密航船をさぐる〉, 《世紀新聞》, 1946년 12월 13일 자.

43 殷相煥, 〈短編連載小説 海の女人〉, 《世紀新聞》, 1946년 9월 18일 자; 殷相煥, 〈随筆 同胞女性に与ふ〉, 《世紀新聞》, 1946년 9월 26일 자 등.

44 宮本正明(2017).

45 〈対馬島本部를 新設 朝連 十中에서 決議〉, 《解放新聞》, 1947년 6월 1일 자. 김병길의 경력은 다음과 같다. 1917년에 함경북도에서 태어나 1939년 4월에 메이지대학에 입학한 후 동향의 동지와 함께 39년 6월에 몰래 마르크스주의연구회를 결성하여 활동하던 중 40년 3월에 검거되어 같은 해 12월 10일에 치안유지법 위반으로 도쿄지방법원에 송국送局되었다(近代日本社会運動史人物大事典編集委員会, 1997). 해방 후에는 조련의 활동에 참가하여, 창립대회(1945년 10월), 제4회 전체대회(1947년 10월), 제5회 전체대회(1948년 10월)에서는 아이치현 선출 중앙위원이 되었지만, 제3회 전체대회(1946년 10월)만은 후쿠오카현 선출 중앙위원이 되었는데, 마침 규슈 출장소 근무, 쓰시마 출장 시기

와 일치한다. 아울러 전후에 일본공산당 중앙위원 후보가 된 호사카 히로아키保坂浩明
(1915~1966)의 본명도 '김병길'인데, 1943년 11월에 호사카 노리요保坂典代와 결혼한
후 '호사카' 성을 내걸었고, 전후에도 주로 일본공산당원으로 노동쟁의 지도를 중심으
로 활동을 했기 때문에, 쓰시마에 출장 갔던 '김병길'과는 다른 인물로 보인다. 《호사
카 히로아키 자전과 추억保坂浩明 自伝と追想》에 수록된 1946년의 서간에도 조선인연
맹이나 쓰시마에 관련된 기술은 없다(保坂浩明, 1985: 63~67).

46 在日本朝鮮人連盟, 〈第十回中央委員会議事録〉, 8~9쪽; 《集成》1, 182.

47 〈対馬島本部를 新設 朝連 十中에서 決議〉, 《解放新聞》, 1947년 6월 1일 자.

48 〈文化の向上を目ざす連盟対馬本部〉, 《対馬新聞》, 1948년 3월 7일 자.

49 앞의 글.

50 〈文化の向上を目ざす連盟対馬本部〉, 《対馬新聞》, 1948년 3월 7일 자.

51 〈在日朝鮮民主女性同盟全国組織網〉, 《女盟時報》, 1948년 2월 1일 자.

52 〈なつかしい祖国が見える 対馬の組織は大多忙 曹喜俊氏の語る対馬だより〉, 《朝連中央時報》,
1948년 7월 9일 자.

53 본서 제4장 참조.

54 〈文化の向上を目ざす連盟対馬本部〉, 《対馬新聞》, 1948년 3월 7일 자.

55 〈なつかしい祖国が見える 対馬の組織は大多忙 曹喜俊氏の語る対馬だより〉, 《朝連中央時報》,
1948년 7월 9일 자.

56 元容徳, 〈対馬島周辺の人々(つづき)〉, 《民主朝鮮》1949년 7월호, 71쪽.

57 在日本朝鮮人連盟, 〈第十回中央委員会議事録〉, 8~9쪽.

58 月川雅夫(1988: 161). 식민지기 조선인의 제탄업에 대해서는 愼蒼宇(2017).

59 兼元淳夫(1954: 72).

60 〈朝鮮人業者より福岡へ木炭四千俵送る〉, 《世紀新聞》, 1947년 2월.

61 〈自治政府じゅ立や営業税の撤廃を決議 朝鮮人連盟の革命記念大会〉, 《対馬新聞》, 1948년 3월
7일 자.

62 〈なつかしい祖国が見える 対馬の組織は大多忙 曹喜俊氏の語る対馬だより〉, 《朝連中央時報》,
1948년 7월 9일 자.

63 앞의 글.

64 〈生産減少の対馬木炭 鮮人の製炭夫僅か四百名 旅館等に割当制を実施か〉, 《対馬新聞》, 1946년

11월 14일 자.

65 〈島民各位と共に 対馬支庁長〉, 《対馬新聞》, 1948년 1월 1일 자.

66 〈密航防止や木炭増産を協議 朝鮮人連盟九州大会〉, 《対馬新聞》, 1948년 6월 6일 자. 아울러 1948년 3월 신경찰제도 시행과 함께, 이즈하라와 사스나경찰서는 국가경찰로 이관되어, 시모아가타 지구서(이즈하라)와 가미아가타 지구서(사스나)가 지자체 경찰로서 이즈하라 정 경찰서(이치노미야 미네오一宮峰夫 서장)가 설치되었다. 〈両地区に国家警察 自治体警察厳原町に設置〉, 《対馬新聞》, 1948년 1월 1일 자; 〈厳原署長に一宮警部補 両地区国家警察署長は居据り〉, 《対馬新聞》, 1948년 1월 7일 자.

67 〈외상배급등実施 対馬島朝連闘争成果〉, 《解放新聞》, 1949년 7월 11일 자.

68 在日本朝鮮人連盟, 〈第七回中央委員会々録〉, 1946년 8월; 《集成》 1, 不二出版.

69 在日本朝鮮人連盟, 〈第十回中央委員会議事録〉, 8~9쪽.

70 大高知児(1992). 아울러 본서는 주오대학中央大学 부속고교 교원 고화정高和政 씨의 교시를 받았다. 감사의 마음을 전한다.

71 元容徳, 〈対馬島周辺の人々〉, 《民主朝鮮》, 1949년 6월호, 52쪽.

72 〈朝鮮人学校創立一周年〉, 《対馬新聞》, 1949년 6월 6일 자.

73 〈朝鮮人学校の解散勧告と朝連系校の接収終る〉, 《対馬新聞》, 1949년 10월 24일 자.

74 〈生業に勤勉な対馬島 同胞들 風習도 〈純朝鮮式〉 明朗한 어린이文工隊〉, 《解放新聞》, 1949년 3월 15일 자.

75 元容徳, 〈対馬島周辺の人々(つづき)〉, 《民主朝鮮》 1949년 7월호, 70쪽.

76 〈下縣郡に居住の朝鮮人一, 一七四名 中国人五名〉, 《対馬新聞》, 1947년 9월 21일 자.

77 본서 제3장을 참조.

78 〈一人当り一万円 対馬を飛石にふえる密航者 原因は朝鮮の生活不安〉, 《対馬新聞》, 1948년 5월 6일 자.

79 〈五千円の船賃 遺骨を抱く戦死者の妻 密航朝鮮人のいろいろ〉, 《対馬新聞》, 1948년 7월 18일 자.

80 〈密航防止や木炭増産を協議 朝鮮人連盟九州大会〉, 《対馬新聞》, 1948년 6월 6일 자.

81 〈외상배급등実施 対馬島朝連闘争成果〉, 《解放新聞》, 1949년 7월 11일 자. 아울러 다나카 세관지서장의 발언에 대해서는, 〈密航を否認する朝鮮人〉, 《対馬新聞》, 1949년 4월 30일 자.

82 〈対馬島便り〉, 《民青時報》, 1948년 9월 10일 자.

83 〈朝鮮人民大会 大統領排撃など決議〉, 《対馬新聞》, 1948년 8월 18일 자.

84 〈対馬島便り〉,《民青時報》, 1948년 9월 10일 자.

85 〈民団残党 対馬에出没〉,《朝連中央時報》, 1947년 8월 22일 자.

86 〈朝鮮人連盟が反対デモ 韓民国居留民団厳原支部結成式〉,《対馬新聞》, 1949년 1월 24일 자.

87 〈赤色分子の巣となった対馬島に民団支部〉,《民主新聞》, 1949년 4월 23일 자.

88 〈流言に迷わず南北統一を待望 居留民団結成式の挨拶〉,《対馬新聞》, 1949년 1월 24일 자.

89 〈応援員の派遣を要請〉,《対馬新聞》, 1949년 1월 24일 자.

90 〈朝鮮人連盟が反対デモ 韓民国居留民団厳原支部結成式〉,《対馬新聞》, 1949년 1월 24일 자.

91 〈支部結成と演芸会 朝鮮人連盟〉,《対馬新聞》, 1949년 2월 12일 자.

92 〈反動粉砕を誓う 対馬本部の三・一革命記念大会〉,《朝連中央時報》, 1949년 3월 16일 자.

93 〈입의에 대마도를 조선영토로 복구시키자는 제의가 제출됨〉,《서울신문》, 1948년 1월 25일 자;《資料大韓民國史》六. 남조선과도입법의원은 제1차 미소공동위원회의 무기 휴회(46년 5월 6일)를 수용하여, 미군정 당국이 46년 8월 24일 창설을 선언한 과도적인 대의정치기관이다. 모스크바 삼국 외상회의의 결정에 기초한 민주주의 임시정부가 수립될 때까지 정치, 경제, 사회개혁의 기초가 되는 법령의 초안을 작성하는 것을 임무로 했다. 민선의원 45명, 관선의원 45명(하지 미군사령관의 임명)으로 구성되었으며, 47년 12월 12일 개원하여 48년 5월 해산될 때까지 활동했다.

94 정병준(2011: 170–171). 이하, 특별한 주기가 없는 한, 남한의 쓰시마 반환 요구에 대해서는 정병준의 연구를 기반으로 하고 있다.

95 〈対馬の朝鮮返還を南鮮議員六十名か請願〉,《対馬新聞》, 1948년 1월 7일 자.

96 保田彦四郎, 〈朝鮮と対馬(二)〉,《対馬新聞》, 1948년 6월 12일 자.

97 〈寸鉄言〉,《対馬新聞》, 1946년 12월 21일 자.

98 対馬総町村組合, 〈縣議会への陳情書〉; 対馬総町村組合百年史編纂委員会 編(1990: 610). 전후 후쿠오카현으로의 전현운동은 1946년 5월의 쓰시마 총정촌조합의회의 전현 결의로 시작되었다. 운동은 이후에 쓰시마 개발계획(1949)이나 이도離島진흥법(1953)에 의한 개발이 결정되면서 서서히 식어갔지만, 1948년은 후쿠오카현의 전현 조사단의 내도來島(5월)나 전현 기성회 총회에 의한 전현 반대파 현 의원들의 해석 요구 결의가 나오는 등, 운동이 최고조에 달한 시기였다.

99 〈島民は協力せよ 対馬の考古学的調査に楢原元支庁長の便り〉,《対馬新聞》, 1948년 5월 18일 자.

100 〈朝鮮の対馬割譲要求問題 死をとして反対する〉,《対馬新聞》, 1948년 8월 24일 자.

101 〈社説 かん国の対馬割讓要求〉, 《対馬新聞》, 1948년 8월 24일 자.

102 阿比留兼吉, 〈韓国大統領の対馬返還要求に就て〉, 《対馬新聞》, 1948년 8월 30일 자.

103 〈朝鮮と対馬の問題 厳原中学校の討論会(一)〉, 《対馬新聞》, 1948년 10월 6일 자.

104 〈対馬返還要求は何故妥当か?〉, 《民主新聞》, 1948년 9월 11일 자; 〈最初は韓国の属領 日本人学者も証言〉, 《民主新聞》, 1948년 9월 11일 자.

105 在日本朝鮮人連盟中央総本部, 〈第十三回中央委員会議事録〉; 《集成》1, 不二出版.

106 小島安信(朝日新聞東京本社社会部次長), 〈韓国の対馬割讓要求について(2)〉, 《対馬新聞》, 1948년 10월 30일 자. 아울러 《세기신문》의 프랑게문고 소장분은 48년 8월 31일자까지이므로, 원문은 확인하지 못했다.

107 〈朝鮮と対馬の問題 厳原中学生の討論会(二)〉, 《対馬新聞》, 1948년 10월 12일 자.

108 〈韓国の対馬割讓要求について(1)〉, 《対馬新聞》, 1948년 10월 24일 자.

109 元容徳, 〈対馬島周辺の人々〉, 43~44쪽.

110 元容徳, 〈対馬島周辺の人々(つづき)〉, 72쪽.

111 元容徳, 앞의 글.

112 본서 제8장을 참조.

113 〈朝連対馬本部解散 接収に地方課長ら来島〉, 《対馬新聞》, 1949년 9월 12일 자; 〈地方課長と問答四時間余 朝鮮連盟対馬本部接収終る〉, 《対馬新聞》, 1949년 9월 18일 자.

114 〈朝鮮人学校の解散勧告と朝連系校の接収終る〉, 《対馬新聞》, 1949년 10월 24일 자.

115 〈朝鮮人教員の採用など決議 学校閉鎖で鮮人父兄大会 雞知町議会に要望〉, 《対馬新聞》, 1949년 11월 6일 자.

116 〈朝鮮人教員の採用など決議 学校閉鎖で鮮人父兄大会 雞知町議会に要望〉, 《対馬新聞》, 1949년 11월 6일 자. 아울러 1949년 10월 27일 나가사키현 고쿠부国武 교육장대리는 현내 공립학교에 대해 "조선인 아동의 전입학 시에는 학교 당국은 따뜻한 마음으로 맞이하고 민족적 편견을 갖지 않을 것", "일본인 아동 학생과의 교우관계에 대해서는 특히 주의하여 적극적으로 선린우호 정신을 함양하도록 지도할 것" 등을 요청했다(〈朝鮮人学徒の転入学 温い心, 偏見捨てて〉, 《長崎日日新聞》, 1949년 10월 28일 자).

117 〈民生委員会傍聴を陳情〉, 《対馬新聞》, 1949년 11월 6일 자.

118 〈対馬島文工隊同胞を慰安〉, 《解放新聞》, 1950년 3월 7일 자.

119 〈朝鮮青年委員会結成도準備 対馬〉, 《解放新聞》, 1950년 5월 17일 자.

120 〈密航鮮人に関する中間報告(運輸省)〉,《第3次吉田内閣閣議書類綴その12·昭和24年9月(昭和24年月2日~9月16日)》.

121 〈徴兵逃れの密航 青年十一名が捕わる〉,《対馬新聞》, 1950년 5월 30일 자.

122 Box no. 266 Folder title/number(4) 012.42C: CCD Intercepts — Illegal Entry and Exit of Koreans (Book #3), 2 September to 14 October 1949. GHQ/SCAP Records.

123 〈避難民は逮捕〈不法入国とみなす〉〉,《長崎日日新聞》, 1950년 6월 27일 자.

124 〈自動的に非常配置 対馬〉,《長崎日日新聞》, 1950년 6월 27일 자.

125 〈鮮人は無関心〉,《長崎日日新聞》, 1950년 6월 29일 자.

126 〈韓国動乱に島民は平穏 国境の島対馬の警備は万全〉,《長崎日日新聞》, 1950년 7월 6일 자.

127 《長崎日日新聞》, 1950년 7월 6일 자.

128 坂野徹(2012: 32-33).

129 坂野徹(2012: 33).

130 石田郁夫(1965; 1993).

참고문헌

I. 미간행 문서

GHQ SCAP Records (RG331)

CIS, Box no. 8682 Folder no. 1, "Chosen Kenkoku Sokushin Seinen Domei (Youth League for the Promotion of a Korean Republic)"

CIS, Box no. 8701, Folder 30, "Korean Dissolution".

CIS, Box no. 8616, Folder 34, "Zainichi Chosenjin Remmei (League of Koreans Residing in Japan)"

CPC, Box no. 3716, Folder 7, "Chosen Minshu Kokubo Giyu Dan"

G3, Box no. 381, Folder no. 2, "Korea — Plans, Operations and Shuttles"

GS (B), Box no. 2189, Folder no. 19, "Registration of Koreans"

GS (B), Box no.2275HH, Folder 15, "CHOREN: CHOSENJIN REMMEI (Korean League) Book I (1949)"

LS, Box no. 1503, Folder no. 4, "Registration of Aliens"

佐藤達夫 関係文書

西沢哲四郎 関係文書

芳賀四郎 関係文書(以上, 国立国会図書館 憲政資料室所蔵)

《極東国際軍事裁判弁護関係資料》, 法務大臣官房司法法制調査部.

《幣原内閣次官会議書類(昭和二十年十月)》

《幣原内閣閣議決定綴(その四)昭和二十一年二月十六日~三月三十日》

《幣原内閣次官会議書類(其ノ二)》, 内閣官房総務課長

《昭和二十三年起 特別審査局よりの報告綴》, 監査課

《戦争裁判雑参考資料》, 法務省大臣官房司法法制調査部

《通牒綴》(特別高等課, アジア歴史資料センター・レファレンスコードA07040002500, 以上, 国立
公文書館所蔵)

《外国人登録例規通牒綴 其ノ一 自昭和二十二年至昭和二十四年》, 京都府総務部渉外課

《外国人登録例規通牒綴 其ノ二 昭和二十五年》, 京都府総務部渉外課(以上, 京都府立総合資料館
所蔵)

《昭和二十一年三月 朝鮮人, 中華民国人, 本島人及本籍を北緯三十度以南(口之島ヲ含ム)ノ鹿児島
県又ハ沖縄県ニ有スル者ノ登録ニ関スル綴込》, 静岡県磐田郡二俣町

《昭和二十二年度以降 渉外関係書類》, 高根村須走村組合役場(以上, 静岡県立中央図書館歴史文化
情報センター所蔵)

在日本朝鮮人連盟, 〈椎熊三郎氏の演説を駁す〉

在日本朝鮮人連盟埼玉県本部・自由法曹団, 〈声明書〉, 一九四七年八月

朝連埼玉県本部・自由法曹団, 〈寄居被殺事件報告書〉, 一九四7年八月

朝鮮人人権擁護委員会, 〈日本人民に訴ふ〉(以上, 法政大学大原社会問題研究所所蔵)

準備委員会書記局 編, 〈在日本朝鮮居留民団結成大会会議録(檀紀四二七九年一〇月三日)〉(在日韓
人歴史資料館所蔵)

朝鮮建国促進青年同盟中央総本部, 〈声明書〉, 一九四九年九月一〇日(滋賀県立大学朴慶植文庫所
蔵)

在日本朝鮮人連盟中央総本部, 《朝連青年部全国大会々議録》, 1946.

在日本朝鮮人連盟文化部, 《朝連資料第五集 第二回文化部長会議録》, 1946(以上, 学習院大学東洋
文化研究所〈友邦協会・中央日韓協会文庫〉所蔵)

《引揚者援護関係一件集》, 引揚援護院, 1946.

《非日本人輸送関係通牒綴》, 鳥取県厚生課, 1945.

在日本朝鮮人連盟中央総本部, 《第十八回中央委員会会議録》, 在日本朝鮮人連盟中央総本部,
1949.5.

II. 간행 자료

1. 정기간행물·신문
1) 일본어

《旭の友》, 《大阪民団時報》, 《国際タイムス》, 《国際日日新聞》, 《時鐘》, 《司法保護》, 《自由懇話会》, 《自由朝鮮》, 《女盟時報》, 《新刑事月報》, 《新生活》, 《新朝鮮新報》, 《世紀新聞》, 《世紀新報》, 《曹洞宗報》, 《朝華新聞》, 《朝鮮国際新聞》, 《朝鮮新聞》, 《朝鮮人生活権擁護委員会ニュース》, 《朝鮮商工時報》, 《朝鮮情報》, 《朝鮮日報東京》, 《朝鮮の星》, 《朝連大阪時報》, 《朝連 神奈川》, 《朝連中央時報》, 《朝連広島時報》, 《対馬新聞》, 《統一民報》, 《東京朝連ニュース》, 《都市連盟》, 《内務時報》, 《長崎日日新聞》, 《阪神民青旬報》, 《文教新聞》, 《文連時報》, 《マッカーサー司令部重要発表及指令》, 《民主新聞》, 《民青時報》, 《民青東京時報》, 《民青兵庫時報》, 《民団新聞》(이상, 프랑게문고, 国立国会図書館憲政資料室所蔵), 《世界経済新聞》, 《日本評論》(国立国会図書館新聞資料室所蔵), 《朝聯会報特集号》(国立公文書館所蔵), 《闘争ニュース》(法政大学大原社会問題研究所蔵), 《朝鮮国際新聞》(滋賀県立大学朴慶植文庫蔵), 《朝鮮研究所報》(学習院大学東洋文化研究所〈友邦協会·中央日韓協会文庫〉所蔵), 《神戸新聞》, 《朝日新聞》, 《読売新聞》, 《世界日報》, 《検察月報》, 《特審月報》, 《特審資料》, 《アカハタ》

2) 조선어

《解放新聞》, 《新世界新聞》, 《大衆新聞》, 《朝鮮新報》, 《朝鮮民衆新聞》, 《民衆新聞》(이상, 프랑게문고, 国立国会図書館憲政資料室所蔵), 《国都新聞》, 《서울신문》, 《朝鮮日報》, 《東亜日報》, 《民主日報》, 《京郷新聞》, 《獨立新報》, 《中外新報》, 《中央新聞》, 《建同特信》

2. 연감·사전·자료집
1) 일본어

姜德相·琴秉洞編, 《現代史資料6 関東大震災と朝鮮人》, みすず書房, 1963.

姜德相編, 《現代史資料26 朝鮮2》, みすず書房, 1967.

経済企画庁戦後経済史編集室 編, 《復刻版 戦後経済史—総観編》, 原書房, 1992.

近代日本社会運動史人物大事典編集委員会, 《近代日本社会運動史人物大事典①~⑤》日外アソシエーツ, 1997.

金慶海 編, 《在日朝鮮人民族教育擁護闘争資料集 I》, 明石書店, 1988.

大高知児 編著, 〈対馬要塞(雞知〈けち〉)重砲兵連隊本部敷地・建造物跡およびその周辺(雞知町)の航空写真〉, 《神聖喜劇》の読み方》, 晩聲社, 1992.

大沼保昭 編, 〈《資料と解説》出入国管理法制の成立過程1−15〉, 《法律時報》50(4)~51(7), 1978~1979.

東洋経済新報社 編, 《完結 昭和国政総覧》第三巻, 東洋経済新報社, 1991.

メリーランド大学図書館 編, 《占領軍検閲雑誌 昭和20年~昭和24年》, 雄松堂書店, 1982.

美津島町誌編集委員会 編, 《美津島町誌》, 美津島町役場, 1978.

民主朝鮮社 編, 《復刻 民主朝鮮》, 明石書店, 1993.

朴慶植 篇, 《在日朝鮮人関係資料集成》第二, 四巻, 三一書房, 1975~76.

朴慶植 編, 《朝鮮問題資料叢書》第五, 九, 一〇, 一五, 補巻, 三一書房, 1983~91.

朴慶植 編, 《在日朝鮮人関係資料集成《戦後篇》》第一~三, 五, 八~九巻, 不二出版, 2000~01.

法務府, 《法務年鑑 昭和二四年》, 法務府, 1949.

法政大学大原社会問題研究所 編, 《日本労働運動資料集成》第1巻, 大原社会問題研究所, 2005.

司法省刑事局, 《日本占領法令集》第11巻, 日本図書センター, 1995.

《昭和人名辞典 II 第一巻[東京篇]》, 日本図書センター, 1989.

袖井林二郎 編訳, 《吉田茂=マッカーサー往復書簡集 一九四五−−一九五1》, 法政大学出版局, 2000.

日本新聞協会 編, 《日本新聞年鑑 昭和二二年》(占領期新聞資料集成 1), ゆまに書房, 2001a.

日本新聞協会 編, 《日本新聞年鑑 昭和二三, 二四年》(占領期新聞資料集成 2), ゆまに書房, 2001b.

日外アソシエーツ 編, 《20世紀日本人名事典 そ~わ》, 日外アソシエーツ, 2004.

長澤秀 編, 《戦後初期在日朝鮮人人口調査資料集》1, 緑蔭書房, 2011.

《在日朝鮮人管理重要文書集 一九四五~一九五〇年》, 湖北社, 1978.

荻野富士夫編, 《特高警察関係資料集成》32, 不二出版, 2004.

戦後社会運動未公刊資料集刊行委員会 編, 《戦後日本共産党関係資料》, 不二出版, 2007.

《政治家人名辞典》, 日外アソシエーツ, 1990.

趙博・内山一雄 編, 《在日朝鮮人民族教育擁護闘争資料集 II》, 明石書店, 1989.

GHQ民政局資料〈占領改革〉編集委員会, 《GHQ民政局資料〈占領改革〉》, 丸善, 1998.

樋口雄一 編, 《新版増補 協和会関係資料集 III》, 緑蔭書房, 1995.

統一朝鮮新聞社 編,《統一朝鮮年鑑 1965-66》, 統一朝鮮新聞社, 1965.

荒敬 編,《日本占領·外交関係資料集 第一期》, 柏書房, 第一, 八卷, 1991.

2) 한국어

김창흡 편저,《제주도인사실기》, 북제주군·북제주문화원, 2005.

大韓民國文敎部國史編纂委員會 編,《資料大韓民國史》, 第三, 一一, 一五, 一六卷, 探求堂, 1969.

大韓民國文敎部國史編纂委員會 編,《北韓關係史料集六(一九四五-一九四九年)》, 大韓民國文敎部
　　國史編纂委員會, 1988.

3. 저서·논문

1) 일본어

加藤哲郎,〈第一次共産党のモスクワ報告書(下)〉,《大原社会問題研究所雑誌》492, 1999.

姜德相,《朝鮮独立運動の群像: 啓蒙運動から三·一運動へ》, 青木書店, 1984.

姜德相,《呂運亨評伝1: 朝鮮三·一独立運動》, 新幹社, 2002.

姜德相,《新版 関東大震災·虐殺の記憶》, 青丘文化社, 2003.

岡本真希子,〈植民地時期における在日朝鮮人の選挙運動: 1930年代後半まで〉,《在日朝鮮人史研
　　究》24, 1994.

岡本真希子,〈アジア·太平洋戦争末期における朝鮮人·台湾人参政権問題〉,《日本史研究》401,
　　1996.

姜鐵,《わが思い出: 姜鐵》, 私家版, 1984.

兼元淳夫,《海の国境線 対馬の表情》, 富士書苑, 1954.

高木伸夫,〈敗戦直後の在日朝鮮人運動に関する一考察〉,《在日朝鮮人史研究》25, 1995.

高成浩,〈忘れられた歴史は呼びかける 日·朝親善を念願するが故に〉,《朝鮮評論》7, 1953.

高峻石,《在日朝鮮人革命運動史》, 柘植書房, 1985.

宮崎章,〈占領初期のける米国の在日朝鮮人政策: 日本政府の対応とともに〉,《思想》734, 1985.

宮内裕,《戦後治安立法の基本的性格》, 有信堂, 1970.

宮本常一,〈対馬: その自然とくらし〉,《新しい日本》9, 1963.

宮本常一,《宮本常一著作集 5 日本の離島 第2集》, 未来社, 1970.

宮本正明,〈解放後在日朝鮮人史研究とプランゲ文庫·覚書〉, プランゲ文庫展記録集編集委員会

編,《占領期の言論·出版と文化: 〈プランゲ文庫〉展·シンポジウムの記録》, 早稲田大学·立命館大学, 2000.

宮本正明,〈解説〉,《東洋文化研究》6, 学習院大学東洋文化研究所, 2004.

宮本正明,〈敗戦直後における日本政府·朝鮮関係者の植民地統治認識の形成:《日本人の海外活動に関する歴史的調査》成立の歴史的前提〉,《研究紀要》11, 世界人権問題研究センター, 2006.

宮本正明,〈朝鮮の〈解放〉と日本〉, 趙景達 編,《植民地朝鮮 その現実と解放への道》, 東京堂出版, 2011.

宮本正明,〈日本敗戦以降の対馬をめぐる朝鮮·韓国人の在留·移動 1945年〜60年代における概観〉,《大原社会問題研究所雑誌》706, 法政大学大原社会問題研究所, 2017.

権逸,《権逸回顧録》, 権逸回顧録刊行委員会, 1987.

今井清一,《横浜の関東大震災》, 有隣堂, 2007.

吉見義明,〈占領期日本の民衆意識: 戦争責任論をめぐって〉,《思想》811, 1992.

吉見義明,《焼跡からのデモクラシー: 草の根の占領体験》(上·下), 岩波書店, 2014.

吉橋敏雄,《団体等規正令解説》, みのり書房, 1951.

吉田裕,〈占領期における戦争責任論〉,《現代歴史学と戦争責任》, 青木書店, 1997.

吉澤文寿,〈日本の戦争責任論における植民地責任〉,《〈植民地責任〉論 脱植民地化の比較史》, 青木書店, 2009.

金慶海,《在日朝鮮人民族教育の原点: 四·二四阪神教育闘争の記録》, 田畑書店, 1979.

金耿昊,〈解放後の朝鮮人生活権運動における生活保護適用要求の台頭 在日本朝鮮人連盟の生活安定事業·貧困者救済を中心に〉,《在日朝鮮人史研究》40, 2010.

金廣烈,〈戦間期日本における定住朝鮮人の形成過程〉, 一橋大学博士学位論文, 1997.

金広志,〈東京朝鮮人商工会13年の歩み〉,《追悼金広志先生》,《追悼金広志先生》刊行世話人会, 1997.

金達寿,〈雑誌《民主朝鮮》のころ〉,《季刊三千里》48, 1986.

金徳龍,《増補改訂版 朝鮮学校の戦後史一九四五一一九七二》, 社会評論社, 2004.

金斗鎔,《日本に於ける反朝鮮民族運動史》, 郷土書房, 1947.

金民樹,〈対日講和条約と韓国参加問題〉,《国際政治》131, 2002.

金栄,〈在日朝鮮人活動家朴静賢とその周辺〉,《在日朝鮮人史研究》27, 1997.

金栄,〈朝連·民戦期の在日朝鮮女性運動〉,《〈女性·戦争·人権〉学会第八回大会》, (2004)

金英達, 〈在日朝鮮人社会の形成と一八九九年勅令第三五二号について〉, 小松裕・金英達・山脇啓造 編, 《韓国併合》前の在日朝鮮人》, 明石書店, 1994.

金英達, 〈占領軍の在日朝鮮人政策〉, 《季刊青丘》 21, 1995.

金英達, 《金英達著作集Ⅲ 在日朝鮮人の歴史》, 明石書店, 2003.

金乙星, 《アボジの履歴書》, 神戸学生青年センター出版部, 1997.

金太基, 《戦後日本政治と在日朝鮮人問題 SCAPの対在日朝鮮人政策, 一九四五～一九五二年》, 勁草書房, 1997.

内海愛子, 《《三国人〉ということば〉, 《朝鮮研究》 104, 1971.

内海愛子, 《朝鮮人BC級戦犯の記録》, 勁草書房, 1982.

内海愛子, 《《第三国人〉と歴史認識: 占領下の〈外国人〉の地位と関連して〉, 内海愛子, 岡本雅享, 木元茂夫, 《《三国人〉発言と在日外国人: 石原都知事発言が意味するもの》, 明石書店, 2000a.

内海愛子, 〈戦時性暴力と東京裁判〉, 《日本軍性奴隷制を裁く: 二〇〇〇年女性国際戦犯法廷の記録 第一巻 戦犯裁判と性暴力》, 緑風出版, 2000b.

対馬要塞重砲兵聯隊会, 《対馬要塞重砲兵聯隊史壱岐要塞重砲兵聯隊史》, 対馬要塞重砲兵聯隊会, 1995.

対馬総町村組合百年史編纂委員会 編, 《対馬総町村組合百年史》, 対馬総町村組合, 1990.

大沼保昭, 〈出入国管理法制の成立過程〉, 《単一民族社会の神話を超えて》, 東信堂, 1986.

大沼保昭, 《サハリン棄民 戦後責任の点景》, 中公新書, 1992.

大沼保昭, 《《文明の裁き》対《勝者の裁き》を超えて〉, 《東京裁判・戦争責任・戦後責任》, 東信堂, 2007.

嶋村初吉, 《日韓をつないだ在日魂: 民族運動家, 権赫斗の軌跡》, 梓書院, 2013.

東定宣昌, 〈明治期 日本における最初の朝鮮人労働者: 佐賀県長者炭坑の炭坑夫〉, 《《韓国併合〉前の在日朝鮮人》, 明石書店, 1994.

藤野一, 〈地域史に描かれた在日朝鮮人: 〈第三国人〉表現をめぐって〉, 《在日朝鮮人史研究》 8, 1981.

梁永厚, 《戦後・大阪の朝鮮人運動》, 未来社, 1994.

瀧内礼作, 〈特別審査局に与う〉, 《日本評論》 24(12), 1949.

〈李慶泰の歩み〉刊行委員会 編, 《分断と対立を超えて 孤高の民族教育者・李慶泰の歩み》, 海風社, 1999.

李善愛,《海を越える済州島の海女: 海の資源をめぐる女のたたかい》, 明石書店, 2001.

李圭泰,《米ソの朝鮮占領政策と南北分断体制の形成過程》, 信山社, 1997.

梨木作次郎,〈救援運動の再建と政治犯の釈放(三・完)〉,《大原社会問題研究所雑誌》523, 2002.

リケット, ロバート,〈GHQの在日朝鮮人政策〉,《アジア研究》9, 和光大学アジア研究・交流教員
　　グループ, 1994.

リケット, ロバート,〈在日朝鮮人の民族自主権の破壊過程〉,《青丘学術論集》6, 1995.

リケット, ロバート,〈朝鮮戦争前後における在日朝鮮人政策〉, 大沼久夫 編,《朝鮮戦争と日本》,
　　新幹社, 2006.

李榮娘,〈占領期宮城県地域における在日朝鮮人社会〉,《東西南北別冊01 地域社会における在日朝
　　鮮人とCHQ》, 和光大学総合文化研究所, 2000.

林博史,《BC級戦犯裁判》, 岩波書店, 2005.

林博史,〈《慰安婦》問題と戦犯裁判〉,《現代思想》35(10), 青土社, 2007.

林えいだい,《強制連行・強制労働: 筑豊朝鮮人坑夫の記録》, 徳間書店, 1981.

林えいだい,《証言・樺太朝鮮人虐殺事件》, 風媒社, 1992.

マンフレッド・リングホーファー,〈相愛會 朝鮮人同化団体の歩み〉,《在日朝鮮人史研究》10,
　　1982.

木村健二,《在朝日本人の社会史》, 未來社, 1989.

木村健二・小松裕 編,《史料と分析〈韓国併合〉直後の在日朝鮮人・中国人 東アジアの近代化と人の
　　移動》, 明石書店, 1998.

木下半治,《日本右翼の研究》, 現代評論社, 1977.

文京洙,〈在日朝鮮人にとっての〈国民国家〉〉, 歴史学研究会 編,《国民国家を問う》, 青木書店,
　　1994.

文公輝,〈占領初期・大阪府と在日朝鮮人: 占領期の強制送還事業と朝鮮人登録を中心に〉,《大阪人
　　権博物館紀要》8, 2004.

梶村秀樹,〈南朝鮮からの〈労働力導入〉問題について〉,《朝鮮研究》48, 1966(단, 吉永長生로 게재).

梶村秀樹,〈定住外国人としての在日朝鮮人〉,《思想》734, 岩波書店, 1985.

梶村秀樹,《梶村秀樹著作集第三巻 近代朝鮮社会経済論》, 明石書店, 1993a.

梶村秀樹,《梶村秀樹著作集第六巻 在日朝鮮人論》, 明石書店, 1993b.

民団兵庫55年史編纂委員会 編,《民団兵庫55年史》, 在日本大韓民国民団兵庫県地方本部, 2003.

朴慶植,《朝鮮人強制連行の記録》, 未来社, 1965.

朴慶植,《在日朝鮮人運動史 八・一五解放前》, 三一書房, 1979.

朴慶植,〈在日本朝鮮人連盟の解散について：一九四九・九・八〉,《海峡》10, 1981.

朴慶植,《増補改訂版 天皇制国家と在日朝鮮人》, 社会評論社, 1986.

朴慶植,《解放後在日朝鮮人運動史》, 三一書房, 1989.

朴己煥,〈旧韓末と併合初期における韓国人の日本留学〉,《近代日本研究》14, 1997.

朴烈,《新朝鮮革命論》, 中外出版株式会社, 1948.

朴在一,《在日朝鮮人に関する総合調査研究》, 新紀元社, 1957.

朴正鎮,《日朝冷戦構造の誕生: 1945－1965 封印された外交史》, 平凡社, 2012.

朴賛勝,〈一八九〇年代後半における官費留学生の渡日留学〉, 宮嶋博史・金容徳編,《日韓共同研究
　　叢書二 近代交流史と相互認識一》, 慶応義塾大学出版会, 2001.

朴憲行,《軌跡 ある在日一世の光と影》, 批評社, 1990.

法務府特別審査局,《団体等規正令事務提要》, 法務府特別審査局, 1950.

法務府特別審査局,《団体等規正令に基く解散団体の解散理由書》, 法務府特別審査局, 1951.

法務研修所,《検察研究特別資料第五号 公安関係判例通牒集》, 法務研修所, 1952.

法務研修所,《在日朝鮮人処遇の推移と現状》, 法務研修所, 1955.

保坂浩明,《保坂浩明 自伝と追想》, 私家版, 1985.

福島新吾,〈戦後日本の警察と治安〉,《社会科学研究》5(1), 1954.

福本拓,〈アメリカ占領下における朝鮮人〈不法入国者〉の認定と植民地主義〉, 蘭信三 編,《日本帝
　　国をめぐる人口移動の国際社会学》, 不二出版, 2008.

福井譲,〈〈内地〉渡航管理政策について: 一九一三～一九一七年を中心に〉,《在日朝鮮人史研究》
　　29, 1999.

寺尾五郎,〈《前衛》創刊のころ(1)〉,《大原社会問題研究所雑誌》441, 1995.

山代巴,《この世界の片隅で》, 岩波書店, 1965.

山田昭次,《関東大震災時の朝鮮人虐殺: その国家責任と民衆責任》, 創史社, 2003.

山田昭次,〈解説〉,《朝鮮人虐殺関連新聞報道史料》別巻, 緑陰書房, 2004.

山田昭次他,《朝鮮人戦時労働動員》, 岩波書店, 2005.

山脇啓造,《近代日本と外国人労働者》, 明石書店, 1994.

三木理史,〈戦間期樺太における朝鮮人社會の形成:《在日》朝鮮人史研究の空間性をめぐって〉,

《社會経済史学》68(5), 2003.

杉原達, 《越境する民: 近代大阪の朝鮮人史研究》, 新幹社, 1998.

森田芳夫, 《在日朝鮮人処遇の推移と現状》, 法務研修所, 1955.

森田芳夫, 《在日朝鮮人処遇の推移と現状》, 湖北社, 1975.

森田芳夫, 《数字が語る在日韓国·朝鮮人の歴史》, 明石書店, 1996.

桑原真人, 〈敗戦直後における在北海道朝鮮人運動〉, 《在日朝鮮人史研究》3, 1980.

桑原真人, 《近代北海道史研究序説》, 北海道大学図書刊行会, 1982.

徐慶淑, 《生活改善読本 上巻》, 婦女同盟出版部, 1947.

徐根植, 〈山陰線工事と朝鮮人労働者〉, 《〈韓国併合〉前の在日朝鮮人》, 明石書店, 1994.

西川洋, 〈在日朝鮮人共産党員·同調者の実態: 警保局資料による一九三〇年代前半期の統計的分析〉, 《人文学報》50, 1981.

石田郁夫, 〈対馬 1965年3月·対馬·李ライン〉, 《世界》1965년 5월호, 1965.

石田郁夫, 《石田郁夫記録文学選集 2: 天皇制国家と海外侵略 排外主義を撃つ思想的原基》, 御茶ノ水書房, 1993.

細谷千博·安藤仁介·大沼保昭 編, 《国際シンポジウム 東京裁判を問う》, 講談社, 1989.

小林知子, 〈8·15直後における在日朝鮮人と新朝鮮建設の課題: 在日朝鮮人連盟の活動を中心に〉, 《在日朝鮮人史研究》21, 1991.

小林知子, 〈GHQの在日朝鮮人認識に関する一考察: G-Ⅰ民間諜報局〉, 《朝鮮史研究会論文集》32, 1994.

小林知子, 〈GHQ文書の在日朝鮮人関連資料〈民政局·ボックス2275HH〉について(1)〉, 《在日朝鮮人史研究》25, 1995.

小林知子, 〈戦後における在日朝鮮人と〈祖国〉: 朝鮮戦争期を中心に〉, 《朝鮮史研究会論文集》34, 1996.

小林知子, 〈在日朝鮮人の〈多様化〉の一背景: 〈民族〉·〈祖国〉·〈生活〉をめぐって〉, 小倉充夫·加納弘勝 編, 《国際社会6 東アジアと日本社会》, 東京大学出版会, 2002.

小林聡明, 《ブックレット≪アジアを学ぼう≫⑤ 在日朝鮮人のメディア空間 GHQ占領期における新聞発行とそのダイナミズム》, 風響社, 2007.

小林聡明, 《在日朝鮮人のメディア空間: GHQ占領期における新聞発行とそのダイナミズム》, 風響社, 2007.

小松裕, 〈肥薩線工事と中国人・朝鮮人労働者〉, 《〈韓国併合〉前の在日朝鮮人》, 明石書店, 1994.

小野秀雄, 〈東京都新聞史 その四: 昭和中期および後期〉, 《地方別日本新聞史》, 日本新聞協会, 1956.

小沢有作, 《在日朝鮮人教育論 歴史篇》, 亜紀書房, 1973.

粟屋憲太郎, 〈東京裁判の影〉, 《東京裁判論》, 大月書店, 1989.

粟屋憲太郎, 《東京裁判への道》, 講談社, 2013.

宋連玉, 〈〈在日〉女性の戦後史〉, 《環 歴史のなかの〈在日〉》, 藤原書店, 2002.

宋連玉, 〈在日朝鮮人女性にとっての戦後30年〉, 《歴史学研究》807, 2005.

松尾章一, 《関東大震災と戒厳令》, 吉川弘文館, 2003.

松尾尊兊, 《民本主義と帝国主義》, みすず書房, 1998.

松本邦彦, 〈在日朝鮮人の日本国籍剥奪: 日本政府による平和条約対策研究の検討〉, 《法学》52(4), 東北大学法学会, 1988.

松田利彦, 《戦前期の在日朝鮮人と参政権》, 明石書店, 1995.

松村高夫, 《日本帝国主義下の植民地労働史》, 不二出版, 2007.

松下佳弘, 〈占領期朝鮮人学校閉鎖にかかわる法的枠組みとその運用: 滋賀県の事例に即して〉, 《教育史・比較教育論考》20, 2010.

水野直樹, 〈新幹會東京支會の活動について〉, 《朝鮮史叢》1, 1979.

水野直樹, 〈朝鮮総督府の〈内地〉渡航管理政策〉, 《在日朝鮮人史研究》22, 1992a.

水野直樹, 〈戦時期在日朝鮮人の〈寄留届〉について〉, 《朝鮮史研究会会報》108, 1992b.

水野直樹, 〈在日朝鮮人・台湾人参政権〈停止〉条項の成立: 在日朝鮮人参政権問題の歴史的検討(1)〉, 《研究紀要》1, 世界人権問題研究センター, 1996.

水野直樹, 〈朝鮮人の国外移住と日本帝国〉, 《岩波講座 世界歴史19 移動と移民》, 岩波書店, 1999.

水野直樹, 〈〈第三国人〉の起源と流布についての考察〉, 《在日朝鮮人史研究》30, 2000.

水野直樹, 〈国籍をめぐる東アジア関係 植民地期朝鮮人国籍問題の位相〉, 古屋哲夫・山室信一 編, 《近代日本 における東アジア問題》, 吉川弘文館, 2001.

水野直樹, 〈戦前・戦後日本における民族教育・民族学校と〈国民教育〉〉, 《東西南北 2004》, 和光大学総合文化研究所, 2004.

水野直樹, 〈史料紹介 座談会〈在日朝鮮人問題に就て〉(一九四八年)〉, 《研究紀要》10, 世界人権問題研究センター, 2005.

水野直樹,《創氏改名: 日本の朝鮮支配の中で》, 岩波書店, 2008.

市場淳子,《新装増補版 ヒロシマを持ちかえった人々〈韓国の広島〉はなぜ生まれたのか》, 凱風社, 2005.

矢沢康祐,〈関東大震災時における在郷軍人及び軍隊による朝鮮人虐殺について〉,《人文科学年報》 20, 専修大学人文科学研究所, 1990.

植松正,〈戦後における朝鮮人の犯罪〉,《警察学論集》7, 1949.

神田文人,《日本の統一戦線運動 その歴史的経験》, 青木書店, 1979.

辛正寿,〈証言・解放前後の対馬における朝鮮人の生活と運動: 辛正寿氏に聞く〈聞き手: 鄭栄桓・宮本正明〉〉,《大原社会問題研究所雑誌》706, 法政大学大原社会問題研究所, 2017.

慎蒼宇,〈植民地期の対馬における朝鮮人〉,《大原社会問題研究所雑誌》706, 法政大学大原社会問題研究所, 2017.

阿部洋,〈《解放》前韓国における日本留学〉,《韓》5(12), 1976.

岩村登志夫,《在日朝鮮人と日本労働者階級》, 校倉書房, 1972.

永原陽子,〈《植民地責任》論とは何か〉,《植民地責任》論: 脱植民地化の比較史》, 青木書店, 2009.

呉圭祥,《ドキュメント 在日本朝鮮人連盟 一九四五─一九四九》, 岩波書店, 2009.

玉城素,〈日本共産党の在日朝鮮人指導(その一)〉,《コリア評論》1961年4月号, 1961.

外村大,〈植民地期における在外朝鮮人社会〉,《訪韓学術研究者論文集》1, 2000.

外村大,《在日朝鮮人社会の歴史学的研究》, 緑陰書房, 2004.

外村大,〈《日本内地》在住朝鮮人男性の家族形成〉, 阿部恒久他篇,《男性史2 モダニズムから総力戦へ》, 日本経済評論社, 2006.

宇田川幸大,〈東京裁判の史的研究: 検察側・弁護側の裁判準備と審理過程に関する分析から〉, 一橋大学大学院 社会学研究科 博士論文, 2015.

月川雅夫,《対馬の四季 離島の風土と暮らし》, 農文協, 1988.

幼方直吉,〈東京裁判をめぐる諸論点:〈人道に対する罪〉と時効〉,《思想》719, 1984.

由井正臣,〈占領期における〈太平洋戦争〉観の形成〉,《史観》131, 1994.

日本経済機構研究所,《日本政治経済の動向》, 研進社, 1947.

日本共産党出版部 編,《人民の手で戦争犯罪人を》, 日本共産党出版部, 1946.

長久保宏人,〈二・八独立宣言への道: 1910年代後半の在日朝鮮人留学生運動〉,《福大史学〈福島大〉》29, 1980.

長久保宏人, 〈二·八宣言から三·一独立運動へ: ソウルを舞台とした朝鮮人日本留学生の動きを中心に〉, 《福大史学〈福島大〉》31, 1981.

長文連, 《敗戦秘史: 戦争責任覚え書》, 自由書房, 1946.

長沢秀, 〈千葉県における八·一五解放前後の朝鮮人の状態とその運動〉, 《在日朝鮮人史研究》21, 1992.

長澤裕子, 〈《ポツダム宣言》と朝鮮の主権: 〈朝鮮に対する日本の主権維持論〉を中心に〉, 《現代韓国朝鮮研究》6, 2006.

在日朝鮮人の人権を守る会, 《在日朝鮮人の法的地位》, 在日朝鮮人の人権を守る会出版局, 1964.

在日朝鮮人の人権を守る会, 《在日朝鮮人の基本的人権》, 二月社, 1977.

荻野富士夫, 《戦後治安体制の確立》, 岩波書店, 1999.

赤澤史朗, 〈象徴天皇制の形成と戦争責任論〉, 《歴史評論》315, 1976.

井上學, 《日本反帝同盟運動史研究》, 不二出版, 2009.

井上學, 〈戦後日本共産党の在日朝鮮人運動に関する〈指令〉をめぐって〉, 《海峡》24, 2011.

鄭栄桓, 〈金斗鎔と〈プロレタリア国際主義〉〉, 《在日朝鮮人史研究》33, 2003.

鄭栄桓, 〈解放後在日朝鮮人運動における活動家層の形成と展開: 在日本朝鮮人連盟を中心に〉, 一橋大学大学院社会学研究科修士論文, 2005.

鄭栄桓, 〈[史料と解説]東京裁判をめぐる在日朝鮮人発行雑誌新聞·機関紙の論調: プランゲ文庫所蔵史料を中心に〉, 《日韓相互認識》1, 日韓相互認識研究会, 2008.

鄭栄桓, 〈敗戦後日本における朝鮮人団体規制と朝連·民青解散問題: 勅令第百一号·団体等規正令を中心に〉, 《朝鮮史研究会論文集》47, 2009.

鄭祐宗, 〈朝鮮解放直後期における在日朝鮮人の生活と運動: 一九四七年の大阪地方を事例として〉, 大阪大学大学院文学研究科修士論文, 2008.

鄭祐宗, 〈植民地支配体制と分断体制の矛盾の展開 敗戦後山口県の対在日朝鮮人統治を中心に〉, 《立命館法學》二○一○年五·六号, 2010.

井形正寿, 〈反戦投書: 戦時下庶民のレジスタンス〉, 《世界》777, 2008.

斉藤隼人, 《戦後対馬三十年史》, 対馬新聞社, 1983.

《済民日報》四·三取材班, 《済州島四·三事件 第二巻》, 金重明·朴郷丘 共訳, 新幹社, 1995.

趙景達, 《植民地期朝鮮の知識人と民衆 植民地近代性論批判》, 有志舎, 2008.

佐藤太郎, 《佐藤家の人々》, ウニタ書舗, 1993.

竹前栄治, 《占領戰後史》, 岩波書店, 1992.

竹前栄治・中村隆英・天川晃 監修, 松本邦彦 訳・解説, 《GHQ日本占領史16 外国人の取り扱い》, 日本図書センター, 1996.

中西伊之助, 〈日本天皇制の打倒と東洋諸民族の民主的同盟: 朝鮮人聯盟への要請〉, 《民主朝鮮》 一九四六年 七月号, 1946.

中野敏男 他編, 《沖縄の占領と日本の復興 植民地主義はいかに継続したか》, 青弓社, 2006.

増田生成, 〈暴力団と団体等規正令〉, 《レファレンス》 48(4), 1998.

増田知子, 《天皇制と国家 近代日本の立憲君主制》, 青木書店, 1999.

倉敷伸子, 〈研究ノート 地域婦人団体の女性〈民主化〉教育: 性差と〈民主化〉をめぐる一考察〉, 《年報日本現代史》 2, 1996.

川瀬俊治, 《もうひとつの現代史序説 朝鮮人労働者と〈大日本帝国〉》, ブレーンセンター, 1987.

川瀬俊治, 《〈韓国併合〉前後の朝鮮人労働者: 日本での就労実態と民族差別〉, 徐龍達先生還暦記念委員会 編, 《アジア市民と韓朝鮮人》, 日本評論社, 1993.

浅田光輝, 《激動の時代と共に》, 情況出版, 2000.

天川晃 他編, 《GHQ日本占領史16 外国人の取り扱い》, 日本図書センター, 1996.

天川晃 他編, 《GHQ日本占領史35 価格・配給の安定: 食糧部門の計画》, 日本図書センター, 2000.

清宮四郎, 《外地法序説》, 有斐閣, 1944.

青柳敦子, 〈日本からの帰国途上における朝鮮人の遭難について: 真相究明委員会の報告書から〉, 青柳敦子 編, 《解放直後 帰還途上における朝鮮人の遭難と埋葬遺骨に関する調査について 韓国真相究明委員会報告書〈解放直後壱岐・対馬地域の帰国朝鮮人海難事故および犠牲者遺骨問題真相調査〉を中心に》, 宋斗会の会, 2011.

清水正義, 〈戦争責任論から《植民地責任》論へ〉, 《《植民地責任》論: 脱植民地化の比較史》, 青木書店, 2009.

村上尚子, 〈ブランゲ文庫所蔵の在日朝鮮人刊行新聞にみる済州四・三認識 一九四八ー一九四九〉, 《在日朝鮮人史研究》 35, 2005.

最高裁判所事務総局渉外課, 《渉外資料第7号 台湾人に関する法権問題》, 最高裁判所事務総局渉外課, 1950.

最高裁判所事務総局刑事局, 《刑事裁判資料(団体等規正令関係資料)》, 最高裁判所事務総局刑事局, 1949.

崔徳孝, 〈〈反革命〉秩序の形成と在日朝鮮人〉, 岩崎稔 他編, 《継続する植民地主義》, 青弓社, 2005.

崔碩義, 《在日の原風景 歴史·文化·人》, 明石書店, 2004.

崔永鎬, 〈戦後の在日朝鮮人コミュニティにおける民族主義運動研究: 終戦直後南朝鮮の建国運動との連動を中心に〉, 東京大学大学院博士学位論文, 1994.

カミングス, ブルース, 《朝鮮戦争の起源 第一巻 解放と南北分断体制の出現 一九四五ー一九四七年》, 鄭敬謨·林哲 共訳, シアレヒム社, 1989.

コンデ, デヴィッド, 《解放朝鮮の歴史 上》, 岡倉古志郎 監訳, 太平出版社, 1967.

湯浅克衛, 《対馬》, 出版東京, 1952.

樋口雄一, 〈在日朝鮮人戦災者239,320人〉, 《在日朝鮮人史研究》4, 1979.

樋口雄一, 《協和会 戦時下朝鮮人統制組織の研究》, 社会評論社, 1986.

樋口雄一, 《皇軍兵士にされた朝鮮人: 一五年戦争下の総動員体制の研究》, 社會評論社, 1991.

樋口雄一, 〈朝鮮人日本渡航者の出身階層〉, 《在日朝鮮人史研究》25, 1995.

樋口雄一, 《日本の朝鮮·韓国人》, 同成社, 2002.

樋口雄一, 〈敗戦直後の在日朝鮮人〉, 姜徳相先生古稀記念論文集刊行委員会 編, 《日朝関係史論集: 姜徳相先生古稀·退職記念》, 明石書店, 2003.

樋口雄一·山田昭次·古庄正, 《朝鮮人強制動員》, 岩波書店, 2005.

坂野徹, 《フィールドワークの戦後史: 宮本常一と九学会連合》, 吉川弘文館, 2012.

坂元真一, 〈敗戦前日本国における朝鮮戸籍の研究: 登録技術と徴兵技術の関係を中心に〉, 《青丘学術論集》10, 1997.

坪井豊吉, 《在日朝鮮人運動の概況》, 法務研修所, 1959.

布施辰治·長文連·鈴木東民, 〈《東京裁判》から何を学ぶか: 公開研究会速記録〉, 《自由懇話会》2(3), 1947.

韓徳銖, 《主体的海外僑胞運動の思想と実践》, 未來社, 1986.

許光茂, 〈戦前貧困者救済における朝鮮人差別: 〈二重基準〉の背景を中心に〉, 《歴史学研究》733, 2000.

許淑真, 〈日本における労働移民禁止法の成立〉, 《布目潮渢博士古稀記念論集 東アジアの法と社会》, 汲古書院, 1990.

戸谷由麻, 〈東京裁判における戦争犯罪訴追と判決: 南京事件と性奴隷制に対する国家指導者責任を中心に〉, 笠原十九司·吉田裕 編, 《現代歴史学と南京事件》, 柏書房, 2006.

戸谷由麻, 《東京裁判: 第二次世界大戦後の方と正義の追求》, みすず書房, 2008.

洪仁淑, 〈第二次世界大戦直後の東アジアにおける大国の働きと朝鮮民族の対応: 朝鮮半島と日本
地域を中心に〉, 一橋大学大学院博士学位論文, 2000.

火野葦平, 〈対馬 ルポルタージュ〉, 《中央公論》 65(10), 1950.

荒敬, 〈東京裁判·戦争責任論の潮流〉, 《日本占領史研究序説》, 柏書房, 1994.

荒敬, 〈占領下の治安対策と〈非常事態〉神戸朝鮮人教育擁護闘争を事例に〉, 《日本占領史研究序
説》, 柏書房, 1994.

荒井信一, 〈戦争責任について〉, 《現代歴史学と教科書裁判》, 青木書店, 1973.

荒井信一, 《現代史におけるアジア: 帝国主義と日本の戦争責任》, 青木書店, 1977.

荒井信一, 〈韓国強制併合史をめぐる私の軌跡〉, 歴史学研究会 編, 《〈韓国併合〉100年と日本の歴史
学: 〈植民地責任〉論の視座》, 青木書店, 2011.

2) 조선어

김남식, 《南勞黨研究》, 돌베개, 1984.

강덕상 편, 《근·현대한일관계와 재일동포》, 서울대학교출판부, 1999.

김동춘, 《전쟁과 사회; 우리에게 한국전쟁은 무엇이었나》, 돌베개, 2000(金美恵 他訳, 《朝鮮戦争
の社会史 避難·占領·虐殺》, 平凡社, 2008).

김득중, 《'빨갱이'의 탄생 여순사건과 반공국가의 형성》, 선인, 2009.

김명섭, 〈재일한인아나키즘운동연구〉, 단국대학교대학원 사학과 박사학위논문, 2000.

김연식, 〈해방직후 해외동포의 귀환과 미군정의 정책〉, 서울시립대학교 대학원 국사학과 석사학
위논문, 1998.

김영미, 《동원과 저항: 해방전후 서울의 주민사회사》, 푸른역사, 2009.

도진순, 《한국민족주의와 남북관계》, 서울대학교출판부, 1997.

박찬승, 《한국근대 정치사상사연구: 민족주의 우파의 실력양성운동론》, 역사비평사, 1992.

서중석, 《한국현대민족운동연구》, 역사비평사, 1991.

서중석, 《비극의 현대지도자 그들은 민족주의자인가 반민족주의자인가》, 성균관대학교출판
부, 2002(林哲 他訳, 《現代朝鮮の悲劇の指導者たち 分断·統一時代の思想と行動》, 明石書店,
2007).

손문규, 《공화국주권을 옹호하기 위한 재일조선동포들의 투쟁》, 김일성종합대학출판사, 1997.

신정화, 《일본의 대북정책 1945~1992년》, 오름, 2004.

이강수, 《반민특위 연구》, 나남, 2003.

이명종, 〈일제말기 조선인 징병을 위한 기류寄留제도의 시행 및 호적조사〉, 《사회와 역사》 74, 2007.

이승일, 《조선총독부법제정책 일제의 식민통치와 조선민사령》, 역사비평사, 2008.

이신철, 《북한민족주의운동연구》, 역사비평사, 2008.

전준, 《朝總連研究》 전2권, 고려대학교아세아문제연구소, 1972.

정병준, 《한국전쟁 38선 충돌과 전쟁의 형성》, 돌베개, 2008.

정병준, 〈1945~1951년 미소·한일의 대마도 인식과 정책〉, 《한국근현대사연구》 59, 2011.

최영호, 〈일본패전직후 참정권문제에 대한 재일한국인의 대응〉, 《한국정치학회보》 34(1), 2000.

한홍구, 〈한국의 징병제와 병역거부의 역사〉, 전쟁없는세상 외, 《총을 들지 않은 사람들》, 철수와 영희, 2008.

허종, 《반민특위의 조직과 활동: 친일파 청산 그 좌절의 역사》, 선인, 2003.

찾아보기

Ⅰ. 사항

II. 인물

해방 공간의 재일조선인사:

독립으로 가는 험난한 길

The History of Zainichi Koreans in the Post-Liberation Space:
Tumultous Road to the Independence

2019년 8월 29일 1판 1쇄 발행
2020년 8월 11일 1판 2쇄 발행

지은이   정영환
옮긴이   임경화
기획   중앙대·한국외대 HK+ 접경인문학 연구단
펴낸이   박혜숙
펴낸곳   도서출판 푸른역사
    우) 03044 서울시 종로구 자하문로8길 13
    전화: 02)720-8921(편집부) 02)720-8920(영업부)
    팩스: 02)720-9887
    전자우편: 2013history@naver.com
등록: 1997년 2월 14일 제13-483호

ⓒ 중앙대·한국외대 HK+ 접경인문학 기획단, 2020

ISBN 978-11-5612-148-0   93900

• 잘못 만들어진 책은 교환해드립니다.